2만 단어가 수록된
아랍어-한국어
단어장

최영길 편저

قاموس عربي – كوري

최영길

- 한국외국어대학교(학사, 석사 : 아랍어 전공)
- 사우디아라비아 왕립 이슬람대학교(이슬람 전공)
- 수단 움두르만 국립 이슬람대학교(박사 : 이슬람 전공)
- 명지대학교 인문대학장.
- (현) 명지대 아랍지역학과 교수
- (현)WML 최고회의 의원(사우디아라비아)
- EBS 톡 아랍어, 아랍어-한글 사전 외 60권
※ 압둘라 사우디아라비아 국왕 국제번역상 수상
※ 2013년 박근혜 대통령 표창을 받기도 했다.

2만 단어가 수록된
아랍어-한국어 단어장

초판 인쇄 : 2013년 11월 15일
초판 발행 : 2013년 11월 30일
저　자 : 최 영 길
발 행 인 : 서 덕 일
발 행 처 : 도서출판 문예림
등　록 : 1962년 7월 13일 제 2-110호
주　　소 : 서울 광진구 군자동 1-13호 문예하우스 101호
전　화 : (02)499-1281~2
팩　스 : (02)499-1283
http://www.bookmoon.co.kr, www.ebs.co.kr
E-mail : book1281@hanmail.net

ISBN 978-89-7482-768-7 (13790)

*저자와 협의에 의해 인지를 생략합니다.

프로필

한국외국어대학교 아랍어과 학부와 석사과정에서 아랍어와 아랍 문학을 전공했으며 사우디아라비아 왕립 이슬람대학교 학부과정에서 이슬람학을 전공하고 수단 움두르만 국립 이슬람 대학교에서 한국인 최초로 이슬람학 박사학위를 받았다.

사우디아라비아 제다 이슬람문화원 전임교수, 사우디아라비아 이맘 무함마드 이븐 사우드 왕립대학교 초청 객원교수, 명지대학교 인문대학장을 역임하였다. 그 밖에도 한국 중·고등학교 아랍어 국정교과서 교재 편찬 심의위원, IMAX 벤처기업과 LG전자 자문교수, (사)그린레인저 숲사랑소년단 이사장, (재)국제 자연환경 교육재단 이사장을 역임했고 현재는 명지대학교 아랍지역학과 교수로 있으면서 서울대와 서강대에서 이슬람관련 과목을 강의하고 있다. 또한 사우디아라비아 메카에 본부를 두고 있는 전세계 이슬람 총연맹 최고회의 위원으로 있다.

저서 및 번역서로는 『꾸란』 번역을 비롯해 『꾸란 주해』 『예언자 무함마드』 『인간 무함마드』 『다양한 이슬람 이야기 1-5』 『무함마드의 언행록 1-3』 『아랍어—한글 사전』 『꾸란 어휘사전』 『EBS 입에서 톡 아랍어』 『이슬람문화』 『이슬람역사와 문화』 『꾸란과 성서의 예언자들』 『이슬람의 허용과 금기』 『나의 이슬람문화 체험기』 등 65여 편의 아랍어와 이슬람 관련 책들을 저술 및 번역했으며 『무함마드의 언행록 1-3』은 우수학술도서로 선정되는 등 2009년에는 사우디아라비아 압둘라 이븐 압둘아지즈 국왕 국제 번역 상을 수상하고 2013년 박근혜 대통령 표창을 받기도 했다.

서문

　지구촌에 한국어를 모국어로 사용하는 국가는 한국이라고 하는 단한 나라밖에 없다. 그런데 아랍어를 모국어로 사용하는 나라는 무려 22개 국가나 된다. 사우디아라비아를 비롯하여 시리아, 이집트, 쿠웨이트, 아랍에미레이트, 오만, 카타르, 예멘, 코모로, 팔레스타인, 레바논, 리비아, 이라크, 모로코, 지부티, 소말리아, 알제리, 요르단, 바레인, 모리타니, 수단, 튀니지라는 국가들이 있다.

　그래서 아랍어는 이들 국가들로 구성된 아랍연맹의 공식 언어일 뿐만 아니라 유엔의 6대 공용어 가운데 하나이며 57개 이슬람국가들로 구성된 이슬람회의기구의 공식 언어이자 전 세계 18억 무슬림들의 종교와 예배의 언어가 되어 있다.

　이들 18억 무슬림들은 아랍어가 신의 선택을 받은 언어라는 긍지를 갖고 있다. 아랍어의 생명이라고 할 수 있는 꾸란에 의하면 꾸란의 아랍어는 신의 말씀이므로 신은 아랍어를 영원히 보존할 것이라고 약속하고 있기 때문이다. 그래서 아랍어는 지금까지 인류가 사용해온 모든 언어들 중에서 가장 오랜 생명력을 지니고 있다.

　본 아랍어-한글 소사전의 특징은 약 2만 단어를 담고 있으며 단어마다 한국어 발음을 달아놓았기 때문에 아랍어 철자나 문자를 전혀 모르는 사람도 아랍어를 읽고 말할 수 있다는 것이다.

아랍인들과의 만남에서 아랍어는 신의 언어요 예언자 무함마드의 언어라는 것을 알고 아랍어 몇 단어를 배우게 되었다고 말하면 영어 수십만 단어를 사용하는 것보다 더 화기애애한 분위기를 만들 수 있을 것이다.

끝으로 본서의 편찬을 독려해주시고 출간하여 주신 문예림 서덕일 사장님께 감사드리며 독자들에게도 본 사전이 아랍인들과의 대화에 많은 보탬이 되기를 기대합니다.

2013년 8월 21일
최영길

차 례

الألف: 알리프	19
الباء: 바	34
التاء: 타	76
الثاء: 싸	86
الحاء: 하	94
الخاء: 카	129
الدال: 달	183
الذال: 잘	249
الراء: 라	259
الزاء: 자이	314
السين: 씬	337
الشين: 쉰	390
الصاد: 쏴드	435
الضاد: 돠드	462
الطاء: 똬	476

الظاء: 좌		502
العين: 아인		506
الغين: 가인		571
الفاء: 파		603
لقاف: 까프		647
الكاف: 카프		692
اللام: 람		722
الميم: 밈		747
النون: 눈		782
الهاء: 하		845
الواو: 와우		872
الياء: 야		915

모음기호, 명칭, 음가

1. َ (아)

َ

명칭은 파트해(الفَتحة)이며 한국어 모음의 (아, ㅏ)에 해당한다.

2. ُ (우)

ُ

명칭은 담매(الضمة)이며 한국어 모음의 (우, ㅜ)에 해당한다.

3. ِ (이)

ِ

명칭은 카스라(الكسرة)이며 한국어 모음의 (이, ㅣ)에 해당한다.

장모음

아랍어 28개 철자 중에서 (아), (우), (이) 3개 철자가 장모음 기능을 한다.

1. ا (아~)

ا

명칭은 알리프(الألف)이며 (아) 장모음이다.

2. و (우~)

و

명칭은 와우(الواو)이며 (우) 장모음이다.

3. ي (이~)

ي

명칭은 야(الياء)이며 (이) 장모음이다.

철자와 명칭 음가와 발음

1. 함자 (الهمزة)

목구멍 깊숙이 가슴 쪽에서 기도를 닫았다가 갑자기 열릴 때 나는 소리로 한국어 음가의 이응(ㅇ)에 가깝다. 함자(ء)는 알리프(ا)의 위에 또는 아래, 와우(و) 위에, 또는 독립적으로 올 때가 있는데 함자와 알리프를 구별해서 아랍어 철자를 29개로 보는 학자도 있으나 함자와 알리프를 합쳐 28개 철자로 보는 것이 보편적이다.

함자(الهمزة)의 한국어 음가는 **이응(ㅇ)** 으로 표기하였다.

★ 모음기호의 음가에 따라 다음을 읽으시오.

독립형	머리형	중간형	어미형					
أ	أ	ـأ	ـأ	• 장모음 붙여 읽기	أ	أ	إ	أ
				آ وُ نِي	(아)	(우)	(이)	(오)

2. 바 (الباء)

입술을 다물었다가 열면서 입술 가까이서 발음된다.
바(الباء)의 음가는 **비읕(ㅂ)** 으로 표기하였다.

★ 모음기호의 음가에 따라 다음을 읽으시오.

독립형	머리형	중간형	어미형					
ب	بـ	ـبـ	ـب	• 장모음 붙여 읽기	بَ	بُ	بِ	بْ
				بَا بُو بِي	(바)	(부)	(비)	(브)

3. 타 (التاء)

혀 끝 윗부분을 위 앞니 잇몸에 댄 후 혀끝을 밀어내며 발음한다.
타(التاء)의 한국어 음가는 **타읕(ㅌ)** 으로 표기하였다.

∗ 모음기호의 음가에 따라 다음을 읽으시오.

| (트) | (티) | (투) | (타) | ∗ 장모음을 붙여 읽기 | 어미형 | 중간형 | 머리형 | 독립형 |

4. 싸 (الثَّاء)

혀 끝 윗부분을 위 앞니 끝에 마찰시켜 내는 소리로 기도를 막고 혀 끝을 윗니와 아랫니 사이에 넣어 발음한다. 영어 through 발음에서 th 발음과 비슷하다.
싸(الثَّاء)의 한국어 음가는 쌍시옷(ㅆ) 으로 표기하였다.

∗ 모음기호의 음가에 따라 다음을 읽으시오.

| (쓰) | (씨) | (쑤) | (싸) | ∗ 장모음을 붙여 읽기 | 어미형 | 중간형 | 머리형 | 독립형 |

5. 짐 (الجِيم)

혀 중간 부분을 입천장에 마찰시켜 발음한다.
짐(الجِيم)의 한국어 음가는 지읒(ㅈ) 으로 표기하였다.

∗ 모음기호의 음가에 따라 다음을 읽으시오.

| (즈) | (지) | (주) | (자) | ∗ 장모음을 붙여 읽기 | 어미형 | 중간형 | 머리형 | 독립형 |

6. 하 (الحاء)

목구멍 중간 부분에서 목의 양쪽을 마찰시켜 발음한다.
해(الحاء)의 한국어 음가는 히읗(ㅎ) 으로 표기하였다.

※ 모음기호의 음가에 따라 다음을 읽으시오.

حَ	حُ	حِ	حَ		حَا حُو حِي		حَ	حُ	حِ	حْ
(하)	(후)	(히)	(흐)		* 장모음 붙여 읽기		어미형	중간형	머리형	독립형

7. 카 (الخاء)

목 젖 부근에서 앞서 소개한 해(الحاء)보다 강하게 목젖을 진동시켜 강하게 발음한다. 한국인들이 크기 등을 과장해서 '커다란' 이라고 말할 때, 또는 가래를 뱉으려 할 때 나오는 발음과도 유사하다.
캐(الخاء)의 한국어 음가는 키읔(ㅋ) 으로 표기하였다.

※ 모음기호의 음가에 따라 다음을 읽으시오.

خَ	خُ	خِ	خَ		خَا خُو خِي		خَ	خُ	خِ	خْ
(크)	(키)	(쿠)	(카)		* 장모음 붙여 읽기		어미형	중간형	머리형	독립형

8. 달 (الدال)

혀의 윗부분을 위 잇몸에 접착시켜 발음한다.
달(الدال)의 한국어 음가는 디귿(ㄷ) 으로 표기하였다.

※ 모음기호의 음가에 따라 다음을 읽으시오.

독립형	머리형	중간형	어미형	• 장모음 붙여 읽기	دَ	دُ	دِ	دَ
ذ	ذ	ذ	ذ	دا دو دي	(다)	(두)	(디)	(드)

9. 잘 (الذال)

혀끝을 위 앞니 끝에 접촉시켜 발음한다. 한국어의 (ㅈ)과 다급(ㄷ) 사이의 중간 발음이며 영어의 the 에서 th 발음과 유사하다.
잘(ذ)의 한국어 음가는 **지읒(ㅈ)** 으로 표기하였다.

※ 모음기호의 음가에 따라 다음을 읽으시오.

독립형	머리형	중간형	어미형	• 장모음 붙여 읽기	ذَ	ذُ	ذِ	ذَ
ذ	ذ	ذ	ذ	ذا نو ذي	(자)	(주)	(지)	(즈)

10. 라 (الراء)

혀 끝을 입천장 앞부분에 혀가 닿지 않은 상태로 진동시켜 나는 소리다.
래(ر)의 한국어 음가는 **리을(ㄹ)** 로 표기하였다.

※ 모음기호의 음가에 따라 다음을 읽으시오.

독립형	머리형	중간형	어미형	• 장모음 붙여 읽기	رَ	رُ	رِ	رَ
ز	ز	ز	ز	را رو ري	(라)	(루)	(리)	(르)

철자와 명칭 음가와 발음

11. 자이 (الزاي)

혀 끝을 잎니 끝까지 접근시킨 후 그 사이로 공기가 나갈 수 있도록 혀를 당기면서 내는 소리다. 영어의 'z' 발음과 유사하다.
자이(الزاي)의 한국어 음가는 **지읒(ㅈ)** 으로 표기하였다.

★ 모음기호의 음가에 따라 다음을 읽으시오.

زَ	زِ	زُ	زْ	زا زو زي	ز	زِ	زَ	ز
(즈)	(지)	(주)	(자)	• 장모음 붙여 읽기	어미형	중간형	머리형	독립형

12. 씬 (السين)

혀 끝을 위 앞니 잇몸에서 약간 띄운 상태에서 발음한다.
씬(السين)의 한국어 음가는 **쌍시옷(ㅆ)** 으로 표기하였다.

★ 모음기호의 음가에 따라 다음을 읽으시오.

سْ	سُ	سِ	سَ	سا سو سي	سَ	سِ	سُ	س
(쓰)	(씨)	(쑤)	(싸)	• 장모음 붙여 읽기	어미형	중간형	머리형	독립형

13. 쉰 (الشين)

혀 끝과 중간 부분을 입천장 상단에 마찰시켜 발음한다. 한국어의 '쉰' 에서 나는 음가와 비슷하다.
쉰(الشين)의 한국어 음가는 **사읏(ㅅ)** 으로 표기하였다.

※ 모음기호의 음가에 따라 다음을 읽으시오.

독립형	머리형	중간형	어미형	※장모음 붙여 읽기				
شْ	شِـ	شُـ	شَـ	شا شو شي	شْ	شِ	شُ	شَ
					(쉬)	(슈)	(슈)	(샤)
								(쉬)

14. 솨드 (الصاد)

혀 끝을 위 앞니 잇몸에 일착시켜 앞의 쉰(الشين)를 발음할 때보다 강하게 발음한다. 영어 sun을 발음 할 때 나는 소리와 유사하다.
솨드(الصاد)의 한국어 음가는 사왓(ㅅ) 으로 표기하였다.

※ 모음기호의 음가에 따라 다음을 읽으시오.

독립형	머리형	중간형	어미형	※장모음 붙여 읽기				
صْ	صِـ	صُـ	صَـ	صا صو صي	صْ	صِ	صُ	صَ
					(스)	(쉬)	(수)	(솨)

15. 돠드 (الضاد)

혀의 한 쪽, 주로 왼쪽 부분을 위 어금니에 붙여 발음한다. 영어 down의 d 발음과 유사하다. 돠드(الضاد)의 한국어 음가는 디귿(ㄷ) 으로 표기하였다.

※ 모음기호의 음가에 따라 다음을 읽으시오.

독립형	머리형	중간형	어미형	※장모음 붙여 읽기				
ضْ	ضِـ	ضُـ	ضَـ	ضا ضو ضي	ضْ	ضِ	ضُ	ضَ
					(드)	(디)	(두)	(돠)

16. 똬 (الطاء)

혀 끝 윗부분을 위 앞니 잇몸에 접촉시켜 발음한다.
똬(الطاء)의 한국어 음가는 쌍디귿(ㄸ) 으로 표기하였다.

※ 모음기호의 음가에 따라 다음을 읽으시오.

| (뚜) | (뛰) | (뚜) | (똬) | *잠모음 붙여 읽기 | 어미형 | 중간형 | 머리형 | 독립형 |

17. 돠 (الظاء)

혀 끝 윗부분에 위 앞니 끝부분에 접촉시켜 발음한다.
돠(الظاء)의 한국어 음가는 자읒(ㅈ) 으로 표기하였다.

※ 모음기호의 음가에 따라 다음을 읽으시오.

| (즈) | (쥐) | (주) | (좌) | *잠모음 붙여 읽기 | 어미형 | 중간형 | 머리형 | 독립형 |

18. 아인 (العين)

앞서 설명한 하(ح)보다도 더 깊은 목구멍 중간부분에서 나오는 발음이다.
아인(العين)의 한국어 음가는 이응(ㅇ) 으로 표기하였다.

※ 모음기호의 음가에 따라 다음을 읽으시오.

| (으) | (이) | (우) | (아) | *잠모음 붙여 읽기 | 어미형 | 중간형 | 머리형 | 독립형 |

19. 가인 (الغين)

앞서 소개한 카(خ)를 발음할 때보다 약간 깊은 목젖 부근에서 목의 양쪽을 마찰시켜 내는 소리이다. 양치질 할 때 목을 물로 가시는 소리와 비슷하다.
가인(الغين)의 한국어 음가는 갸엨(ㄱ) 으로 표기하였다.

✱ 모음기호의 음가에 따라 다음을 읽으시오.

غُ	غِ	غُ	غَ	غا غو غي	ـغ ـغـ غـ غ
(그)	(기)	(구)	(가)	✱ 장모음 붙여 읽기	어미형 중간형 머리형 독립형

20. 파 (الفاء)

아래 입술을 윗니 끝부분과 접촉시켜 내는 소리로 영어 f 발음이 이와 유사하다.
파(الفاء)의 한국어 음가는 **피읖(ㅍ)** 으로 표기하였다.

✱ 모음기호의 음가에 따라 다음을 읽으시오.

فُ	فِ	فُ	فَ	فا فو في	ـف ـفـ فـ ف
(프)	(피)	(푸)	(파)	✱ 장모음 붙여 읽기	어미형 중간형 머리형 독립형

21. 까프 (القاف)

혀를 목젖 부근으로 잡아당겨 내는 소리로 카프(الكاف)보다 안쪽에서 발음한다.
까프(القاف)의 한국어 음가는 **쌍기역(ㄲ)** 으로 표기하였다.

✱ 모음기호의 음가에 따라 다음을 읽으시오.

قُ	قِ	قُ	قَ	قا قو قي	ـق ـقـ قـ ق
(끄)	(끼)	(꾸)	(까)	✱ 장모음 붙여 읽기	어미형 중간형 머리형 독립형

22. 카프 (الكاف)

혀를 목젖 부분으로 잡아당겨 발음한다. 까프(القاف)보다 가볍게 발음되며 목구멍 깊숙이서
나오는 소리로 '칼' 을 발음 할 때의 발음과 유사하다.
카프(الكاف)의 한국어 음가는 **키읔(ㅋ)** 으로 표기하였다.

★ 모음기호의 음가에 따라 다음을 읽으시오.

| (크) | (키) | (쿠) | (캐) | • 장모음 붙여 읽기 | 어미형 | 중간형 | 머리형 | 독립형 |

23. 람(اللام)

혀 끝을 위 앞니 잇몸 약간 안쪽에 접착시켜 래(ل)를 발음할
때보다 여리게 발음한다. 한국어 "빨리 빨리"를 발음할 때 나는 소리와 유사하다.
람(اللام)의 한국어 음가는 리을(ㄹ)로 표기하였다.

★ 모음기호의 음가에 따라 다음을 읽으시오.

| (르) | (리) | (루) | (라) | • 장모음 붙여 읽기 | 어미형 | 중간형 | 머리형 | 독립형 |

24. 밈(الميم)

양쪽 입술을 붙여서 발음한다.
밈(الميم)의 한국어 음가는 미음(ㅁ)으로 표기하였다.

★ 모음기호의 음가에 따라 다음을 읽으시오.

| (므) | (미) | (무) | (마) | • 장모음 붙여 읽기 | 어미형 | 중간형 | 머리형 | 독립형 |

25. 눈 (النُّون)

혀 끝을 이 앞니 잇몸에 붙여 발음한다.
눈(نُون)의 한국어 음가는 나은(ㄴ) 으로 표기하였다.

※ 모음기호의 음가에 따라 다음을 읽으시오.

نَ نُ نِ نْ	نَ نُ نِ نْ	نا نو ني	어미형 중간형 머리형 독립형
(느) (니) (누) (나)		※ 장모음 붙여 읽기	

26. 하 (الهاء)

목구멍 가장 깊은 곳에서 가장 약하게 발음되는 후음이다.
해(هاء)의 한국어 음가는 히읗(ㅎ) 으로 표기하였다.

※ 모음기호의 음가에 따라 다음을 읽으시오.

ةَ ةُ ةِ ةْ	هَ هُ هِ هْ	ها هو هي	어미형 중간형 머리형 독립형
(흐) (히) (후) (하)		※ 장모음 붙여 읽기	

27. 와우 (الواو)

입 주둥이를 한데 모아 뻐렸다가 다시 오므리면서 발음한다.
와(واو)의 한국어 발음은 이응(ㅇ) 으로 표기하였다.

(الألف : 알리프)

أب 아버지
아브

أبوة 부권
(우부 - 와트)

آب 8월(시리아, 레바논 등)
(아 - 분)

أبجدية 1.알파벳 2.초보자
(아브자디야트)

أبدا 1.영원히 2.항상, 늘
(아바단)

أبدية 불멸, 영구성, 영원한 것
(아바디야트)

أبر 1.쏘다(벌이) 2.비방하다
(아바라)

إبرة 1. 바늘, 침 2. 주사(의학)
(이브라트)

إبريق 단지, 동이
(이브리 - 끄)

أبريل 4월
(아브릴)

إبط 겨드랑이
(이브뜨)

إبل 낙타
(이블)

إبليس 악마, 도깨비, 귀신
(이블리 - 쓰)

ابن 아들
(이븐)

أبّن 추도하다, 애도하다
(압바나)

تأبين 애도, 추모, 추도
(타으비 - ㄴ)

أبى 1.거절하다 2.싫어하다
(아바)

تأب 1.거절 2.거만
(타압)

متأب 1.떳떳한 2.거만한
(무타압)

أبيض 하얀
(아브야드)

مأتم 장례식, 추도회

알리프

(마으탐)

أتى 1.오다 2.가져오다
(아타)

آتٍ 1.오는, 다가오는 2.다음의
(아 - 틴)

أثّث 1.준비하다
(앗싸싸) 2.가구를 마련하다

أثاث 가구, 가재
(아싸-쓰)

تأثيث 가구설비
(타으씨 - 쓰)

مؤثّث 가구가 갖추어진
(무앗쓰쓰)

أثر 1.인용하다 2.말을 전하다
(아싸라)

تأثّر 1.느끼다 2.감동을 받다
(타앗싸라)

آثار 1.자취 2.유물, 유적
(아싸 - 르)

تأثير 1.영향 2.세력 3.인상
(타으씨 - 르)

متأثّر 영향을 받는
(무타앗씨르)

أثم 죄를 짓다, 잘못하다
(아씨마)

إثم 죄, 죄악
(이씀)

مأثم 죄, 죄악, 범죄, 못된 짓
(마으쌈)

أجر 갚다, 보상하다,
(아자라) 보답하다

استأجر 1.고용하다 2.세내다
(이스타으자라)

أجر 1.임금 2.보상
(아즈르)

أجرة 1.임금 2.임대로 3.요금
(우주라트)

تأجير 임대, 임차
(타으지 - 르)

إيجار 1.고용 2.소작 3.임대로
(이자 - 르)

مؤجر 지주, 집주인, 임대인
(무앗지르)

20

مُؤاخذة (무아 - 카자트)	욕, 꾸지람, 비난
أخَّر (앗카라)	1.미루다 2.방해하다
تأخَّر (타앗카라)	1.지각하다 2.지체하다 3.낙후되다
آخِر (아 - 키르)	1.최후의 2.끝 3.한계 4.최신의
أخير (아키 - 르)	1.최근의, 마지막의 2.최후의
تأخير (타으키 - 르)	지체, 지연, 미루는
متأخِّر (무타앗키르)	1.늦은 2.낙후된
آخَى (아 - 카)	의형제를 맺다
تآخَى (타앗카)	형제처럼 대하다
أخ (아크)	형제, 친구, 벗
أخت (우크트)	1.누이, 자매 2.같은 것 3.같은 어원

أجَل (아잘라)	늦어지다, 지연되다
أجَل (아잘)	1.예 2.확실히 3.사실로
تأجيل (타으질)	연기
مؤجَّل (무앗잘)	연기된, 지연된
أجَن (아자나)	1.변하다 2.고이다(물이)
آجِن (아 - 진)	1.썩은 2.고인
أجندة (아진다)	비망록, 수첩
أحَّد (아흐하다)	하나로 만들다, 통일하다
أحَد (아하드)	1.하나 2.한 사람
أخَذ (아카자)	1.얻다 2.받다 3.시작하다 5.붙들다
اتَّخَذ (잇타카자)	1.취하다 2.차지하다 3.이용하다

알리프				

أُخُوَّة 형제관계, 우애
(우쿠와트)

أَدَاة 1.부속품 2.도구, 기구
(아다-트)

أَدَّبَ 1.교양을 갖추다
(앗다바) 2.개조하다 3.처벌하다

آدَاب 문학
(아다-ㅂ)

أَدَب 1.문학
(아답) 2.교양, 예의, 예절
3.윤리, 도덕

أَدِيب 1.작가 2.교양 있는
(아디-ㅂ) 3.예절 바른

أَدِيبَة 여류작가
(아디-바트)

تَأْدِيب 1.교양 2.처벌, 징벌
(타으디-ㅂ)

مَأْدَبَة 연회, 축하연
(마으다바트)

مُتَأَدِّب 1.교양 있는 2.유식한
(무타앗디브)

إِدَام 빵과 더불어 먹는
(이담) 아랍 스프 종류

أَدِيم 1.피부 (그을은)
(아디-임) 2.지구표면

آدَم 아담, 인류의 시조
(아-담)

أَدَّى 1.치르다,
지불하다
(앗다) 2.수행하다

أَدَاء 1.지불, 납부
(아다) 2.수행, 완수

تَأْدِيَة 수행, 집행
(타으디야트)

إِذَا 1.만일 …한다면
(이잔) 2.갑자기 3.때에

إِذَنْ 그렇다면, 따라서,
(이잔) 그러니

آذَار 3월 (시리아, 이라크 등)
(아자-르)

أَذِنَ 1.경청하다 2.허락하다
(아지나)

أَذَّنَ 예배시간을 알리다

(앗나자)

اِستَأذَنَ 허가 받다
(이스타으자나)

إِذن 1.허락, 승낙 2.면허
(이즌)

أَذان 아잔(예배시간 알리는 것)
(아자-ㄴ)

مُؤَذِّن 아잔을 부르는 사람
(무앗진)

مَأذَنة 미나레(이슬람 성원의)
(마으자나)

أَذى 1.해를 입다
(아자) 2.고통을 겪다

أَذى 1.아픔, 고통 2.손해
(아자) 3.손실

إِيذاء 괴로움을 주는 것
(이-자)

أَرُب 1.솜씨 있다. 2.영리하다
(아리바)

أَرَب 1.요구 2.목적
(아라브) 3.솜씨, 재질

إِربة 1.숙련 2.솜씨, 재치
(이르바트)

أَريب 1.총명한 2.재간 있는
(아리-브) 3.독창적인

مَأرَب 목적, 소망, 희망
(마으라브)

أَرَّخ 1.편지에 날짜를 쓰다
(아르라카) 2.사건을 기록하다

تاريخ 1.년, 월, 일, 날짜
 2.시대 3.역사
(타리-크)

مُؤَرِّخ 년, 월, 일이 적힌
(무왈리리크)

الأُردُن 요르단
(알우르둔)

أَرُز 쌀
(우르즈)

أَرض 1.땅 2.지구 3.영토
(아르드) 4.육지 5.방바닥

أَرِق 잠을 못자다
(아리까)

أَرَق 불면증

알리프

알리프			
(아라끄)		مُؤازرة	지원, 원조
أرقان	황달	(무와 - 자라트)	
(아르까 - 누)		مأزِق	1.좁은 길 2.궁지
مأروق	황달병 환자	(마으자끄)	3.싸움터
(마으루 - 끄)		أزل	처음 없이 본래부터
أريكة	1.소파 2. 왕좌, 옥좌	(아잘)	있는 것, 영원
(아리 - 카)		أسّس	1.세우다 2.터를 닦다
أرنب	토끼	(앗싸싸)	
(아르납)		تأسّس	1.수립하다 2.근거하다
أزب	흐르다(물이)	(타앗싸싸)	
(아자바)		أساس	1.기원 2.토대 3.근거
مِئزاب	1.도랑 2.배수관	(아싸 - 쓰)	
(미으자 - 브)		أساسيات	원리, 원칙
أزر	1.덮다 2. 강화하다	(아싸씨야 - 트)	
(앗자라)		تأسيس	창건, 창설, 창립
آزر	돕다, 지원하다	(타으씨 - 쓰)	
(아 - 자라)		مؤسِّس	발기인, 창립자,
تآزر	서로 지원하다	(무앗씨쓰)	창건자
(타아 - 자라)		مؤسَّسة	기업체, 회사
تآزُر	상호원조	(무앗싸싸)	
(타아 - 주르)		استمارة	양식, 서식
		(이스티마 - 라)	

أُسْتَاذ (우스타 - 즈)	교수, 선생	**آسَ** (아 - 씬)	1.위로하는 2.치료하는
أَسَرَ (아싸라)	1.끈으로 묶다 2.생포하다	**آسِيَا** (아 - 씨야)	아세아
أَسِير (아씨 - 르)	1.포로, 2.포로가 된	**تَأْسِيَة** (타으씨야)	위안, 동정
أُسْرَة (우쓰라)	1.왕조 2.가정 3.친척	**أُسْوَة** (우쓰와)	모범, 본보기
أُسْطُورَة (우스뚜 - 라)	신화, 전설, 우화	**مُوَاسَاة** (무와싸 - 트)	1.자선, 박애 2.동정, 위로, 위안
أَسِفَ (아씨파)	슬퍼하다, 유감스럽게 생각하다	**مَأْسَاة** (마으싸 - 트)	비극, 슬픔
آسِف (아 - 씨프)	1. 유감스러운 2.슬퍼하는	**أَشَّرَ** (앗샤라)	사증을 발급해주다
أَسَف (아싸프)	슬픔, 유감, 애석함	**تَأْشِيرَة** (타으쉬 - 라)	1.사증 2.사증발급
مُتَأَسِّف (무타앗씨프)	1. 유감스러워하는 2. 섭섭해 하는	**آصِرَة** (아 - 쉬라)	결속, 유대, 연계, 관계
أُسْلُوب (우쑬루 - 브)	1.방법, 방식, 수단 2.작품 3.문제	**إِصْر** (이스르)	1.짐 2.약속, 의무 3.죄악
آسَى (아싸)	1.치료하다 2.화해하다 3.위로하다 4.슬퍼하다	**أَصَلَ** (아쏼라)	1.굳게 뿌리박다 2.독창적으로 되다

알리프

اِستَأصَل (이스타으살라)	뿌리뽑다, 근절하다
أَصَالة (아살 - 라)	1.기원 2.독창성 3.견고성 4.독자성
أَصل (아슬)	1.뿌리 2.근본 3.시초 근거 4.기본 5.혈통
أُصول (우술)	규칙, 법칙, 원리, 원칙
أَصيل (아실)	1.명문가문의 2.토착의
مُتَأَصِّل (무타앗살)	1.뿌리 깊은 2.만성적인, 고질적인
أَطَر (아따라)	구부리다, 휘게하다
إطار (이따 - 르)	타이어, 틀, 테
إطارة (이따 - 라)	테, 외륜
أغسطس (우그쓰뚜Tm)	8월
أفريقا (아프리 - 까)	아프리카
أفَق (아파까)	유랑하다, 방황하다
آفاق (아파 - 끄)	먼 나라, 변방
أُفُق (우프끄)	1.지평선, 수평선 2.전망 3.변방
أفَك (아파카)	거짓말하다, 날조하다
إفك (이프크)	거짓말, 날조, 중상
أقلَم (아끌라마)	풍토,환경에 적응하다
إقليم (이끌림)	1.지방, 지역 2.기후, 풍토
أكتوبر (우크투 - 바르)	10월
أكَّد (앗카다)	1.공고히 하다 2.강화하다
تأكَّد (타앗카다)	1.든든해지다 2.확증되다 3.자신을 갖다 4.명백해지다

ائتلاف (이으틸라-프)	1.조화 2.합의 3.연합 4.협정	**تأكيد** (타으키-드)	1. 확신, 확증 2.강조
مؤلف (무알리프)	저자, 작가, 편저자	**مؤكد** (무앗카드)	확실한, 확인된
ألق (알라까)	빛나다, 번쩍이다	**متأكد** (무타앗키드)	굳게 믿는, 확실한
تألق (타알루끄)	빛, 광채, 번쩍이는	**أكل** (아칼라)	1.음식을 먹다 2.소모하다 3.깨물다
متألق (무타알리끄)	반짝이는, 빛나는 찬란한	**أكل** (아클)	1.음식, 음식물 2.식사, 먹는 것
ألم (알리마)	아프다, 괴로워하다	**مأكولات** (마으쿨라-트)	음식물, 식료품
تألم (타알라마)	아프다, 괴로워하다	**ألف** (알리파)	1.습관화되다 2.친하다, 좋아하다
ألم (알람)	고통, 아픔, 괴로움, 쓰라림	**تألف** (타알라파)	1.조직되다, 구성되다 2.친해지다
أله (알라하)	신으로 모시다	**ألف** (알프)	천(1000)
إله (일라-흐)	신	**ألفية** (알피야)	천년
إلاهة (일라-하)	여신	**تأليف** (타을리-프)	1.길들이는 것 2.저술, 편찬 작곡

ألوهية (울루히야)	하나님의 신성
أمّ (암마)	1.향하다 2.안내하다 3.어머니가 되다
أمّم (암마마)	국유화하다
أمام (아마 - 마)	앞에, 앞에서
إمام (이맘)	1.예배인도자 2.지도자
تأميم (타으미 - ㅁ)	국유화
أمّ (움므)	1.어머니 2.토대, 기초 3.근원, 기원 4.원본
أمّة (움마)	1.민족 2.백성 3.공동체
أمومة (우무 - 마)	모성애
أمّية (움미야)	무식, 문맹, 무학
أمر (아마라)	1.명령하다 2.권한을 부여하다
تآمر (타아 - 마라)	1.협의하다 2.음모하다
إمارة (이마 - 라)	1.왕국, 추장국 2.통치 3.왕자의 권력
أمر (아므르)	1.일, 사무 2.문제 3.형편, 사정 4.어떤 것
أمير (아미 - 르)	1.왕자, 통치자 2.지휘자, 사령관
أميرة (아미 - 라)	공주
استثمار (이스티으마 - 르)	기입용지
مأمورية (마으무리 - 야)	1.직무 2.사명, 임무 3.출장
مؤامرة (무아 - 마라)	음모, 공모, 모략
مؤتمر (무으타마르)	대회, 회의, 집회
أمس (암쓰)	1.어제 2.과거
إمّعة (임마아)	1.기생충 2.멍텅구리, 바보 3.기회주의자

أمل (아말라)	바라다, 희망하다	**ايمان** (이마-ㄴ)	1.신앙 신심 2.믿음 교리
تأمل (타암말라)	1.눈여겨보다 2.사색에 잠기다	**تأمين** (타으미-ㄴ)	1. 담보 2.보관, 저당 3.보험 4.확신
أمل (아말)	1.희망, 소망, 기대, 기원 2.욕망, 환상	**ائتمان** (이으티만)	믿음, 신임, 신용
تأمل (타암물)	1.명상, 묵상 2.응시, 주시 3.숙고, 고려	**مؤمن** (무으민)	신앙인, 신자
متأمل (무타암밀)	명상적인, 생각에 잠긴	**أمة** (아마트)	하녀, 여종
أمن (아무나)	1.충실하다 2.안전하다	**أنا** (아나)	나, 나는
أمن (아믄)	1.안전, 안정 2.평화	**أنانية** (아나니야)	1.이기주의 2.유아독존
أمين (아미-ㄴ)	1.믿음직한 2.안전한 3.관리인 4.서기	**أنب** (안나바)	1.꾸짖다, 비난하다 2.괴롭히다
أمان (아마-ㄴ)	1.안전, 안정 2.용서	**تأنيب** (타으니-브)	1.꾸짖음, 욕 2.가책(양심의)
أمانة (아마-나)	1.성실성 2.보관물 3.신뢰 4.신임 5.서기국	**أنت** (안타)	당신, 너(2인칭 남성)
آمين (아미-ㄴ)	아멘, 그렇게 되옵소서!	**أنت** (안티)	당신, 너(2인칭 여성)

알리프

أنَّثَ (아누싸)	1.여성답게 행동하다 2. 부드러워지다
أُنْثَوِي (운싸위)	여자의, 여성다운
أُنْثَى (운싸)	1.암컷 2. 여성, 여자
أُنُوثَة (우누 - 싸)	1.여성다움 2.연약성
أَنِيث (아니 - 쓰)	연약한, 부드러운, 사랑스러운
مُؤَنَّث (무안나쓰)	1.여성다운 2. 부드러운 3.여성(문법)
إِنْجِيل (인질)	1.복음 2.신약성경
أَنِسَ (아니싸)	친근하게 대하다, 친숙해지다, 길들이다
آنِسَة (아 - 니싸)	아가씨, 처녀, 젊은 숙녀
إِنْس (인쓰)	사람, 인간, 인류
إِنْسَان (인싸 - ㄴ)	사람, 인간, 인류

إِنْسَانِية (인싼니 - 야)	1.인류, 인간 2.인간성, 인정 3.인도주의
أَنِيس (아니 - 쓰)	1.친한, 정다운, 화목한 2.길든(짐승) 3.친구
مُسْتَأْنِس (무쓰타으니쓰)	길든, 고분고분한
أَنِفَ (아니파)	싫어하다, 혐오감을 느끼다
اِسْتَأْنَفَ (이쓰타으나파)	다시 시작하다
أَنْف (안프)	코
أَنَفَة (안파)	거만, 교만, 거드름
أَنُوف (우누 - 프)	건방진, 우쭐대는
اِسْتِئْنَاف (이쓰티으나 - 프)	1.갱신 2.상소
مُسْتَأْنِف (무스타으니프)	상소하는, 항소하는
مُسْتَأْنَف (무스타으나프)	피고, 피소자

أَنُقَ (아니까)	말끔해지다, 우아해지다
آنَقَ (아 - 나까)	…을 기쁘게 하다
أَناقة (아나 - 까)	우아함, 매끈함, 아름다움
أَنيق (아니 - 끄)	말끔한, 우아한, 미끈한, 아름다운
مُتَأَنِّق (무타안니끄)	지나치게 세심한
أَنَى (아나)	다가오다(시간이)
اِسْتَأْنَى (이쓰타으나)	1.기다리다 2.늑장부리다
إناء (이나 -)	용기, 그릇
أَهَّبَ (아합바)	준비하다, 갖추다
أُهْبة (우흐바)	채비, 준비
تَأَهُّب (타아훕)	준비, 태세
مُسْتَأْهِب (무스타으힙)	준비된, 채비된
أَهِلَ (아힐라)	1.친근한 관계를 갖다 2.익숙해지다 3. …에 거주하다
أَهْل (아흘)	1.가족 2.친척, 일가 3.주민 4.사람들
آهِل (아 - 힐)	…에 사는, 거주하는
مُؤَهِّلات (무아힐라 - 트)	1.능력 2.자격, 자질 3.급수
آبَ (아 - 바)	1.돌아오다 2.입다(손해)
إياب (이얍)	1.돌아 2.돌아오는 길
أَوَّاب (아와 - 브)	후회하는, 뉘우치는
مآب (마아 - 브)	1.돌아오는 곳 2.피난처, 은신처
أَوَّلَ (아우왈라)	해석하다, 설명하다

알리프

알리프

تأويل (타아우왈라)	해석하다, 설명하다
آل (아알)	1.가족, 가문, 친척 2.왕조 3.신기루 4.경험
آلة (알 - 라트)	1.기구 2.도구 3.기계 4.기관
أول (아우왈)	1.시작, 최초 2.중요한, 주요한 3.훌륭한
أولية (아우왈리 - 야)	1.원칙 2.자명한 3.우선권
تأويل (타으윌)	해석, 해설
مآل (마알 - 르)	1.결과, 성과 2.의의, 의미
آن (아 - 나)	시간이 되다
أوان (아와 - ㄴ)	때, 시간, 시절
أوه (아우와하)	한탄하다, 슬퍼하다
آهة (아 - 하)	한숨, 한탄, 신음

أوى (아와)	1.은신처를 찾다, 숨다 2.매달리다
أوى (아우와)	1.숨기다 2.숙박시키다
آوى (아 - 와)	숨겨주다
إيواء (이 - 와)	은신처 제공
آية (아 - 야)	1.표시, 표식 2.기적 3.신기한 것 4.꾸란 절
مأوى (마으와)	1.피난처, 은신처 2.거처
أي (아이유)	어떤, 어느 그 어떤
أيار (아이야 - 르)	5월
أيد (아이야다)	1. 돕다 2. 강화하다
تأيد (타아이야다)	1.지지를 받다 2.강화되다 3.증명되다
مؤيد (무아이이드)	1.지지하는 2.지지자

أيس (아이싸)	실망하다, 절망하다	**أيلول** (아일룰)	9월
إياس (이야-쓰)	실망, 절망	**آم** (암-마)	홀아비가 되다
يأس (야으쓰)	실망, 절망	**أيم** (아이임)	홀아비
آض (아-돠)	1.반복하다 2.돌아가다 3.변하다	**أيمة** (아이마)	과부
أيضا (아이돤)	1.다시 2.역시 3.게다가		

(바 : الباء)

بال (바 - 알)	1.생각 2.기억 3.머리, 정신, 마음
بالة (발 - 라)	꾸러미, 묶음
بالصة (발 - 리사)	보험증서
بأر (바아라)	우물을 파다
بئر (비으르)	우물
بئس (바이싸)	1. 불행하다, 가엾다 2.구차하다
بأس (바으쓰)	1.위력 2.대담성 3.불행 4.악, 해독
بؤس (부으쓰)	불행
بأساء (바으싸 -)	1.불행 2.빈곤 3.고난
بئس (비으쓰)	비참한, 복이 없는
ببغائية (바브가이 - 야)	흉내
بت (밧타)	1.자르다 2.결정하다 3.풀다(문제를)
بت (밧트)	1.절단 2.결정 3.해결
بتة (밧타)	1.결정 2.수여
بتر (바타라)	중단되다, 끊어지다
انبتر (인바타라)	잘리다, 끊어지다
أبتر (아브타르)	1.꼬리 없는 2.불완전한 3.자식이 없는
بتر (바트르)	절단
مبتور (마브투 - 르)	끊어진, 잘린
بترول (비트루 -ㄹ)	석유
بتع (바트으)	힘, 능력, 역량

بشق (바샤까)	관통하다, 뚫다	بتاع (비타 - 으)	소유, 소유물
انبشق (인바샤까)	1. 터지다 2.흘러나오다	بتل (바탈라)	끊다, 잘라내다
انبشاق (인바샤 - 끄)	방사, 발산	تبتل (타밧탈라)	독신으로 살다
منبشق (문바쉬끄)	발산하는	بتول (바툴 -ㄹ)	처녀, 동정녀
بجح (바자하)	기뻐하다, 만족해하다	بتولية (바툴리야)	처녀성, 동정
تبجح (타밧자하)	자랑하다, 뽐내다	بث (밧싸)	1. 파견하다 2. 퍼뜨리다
بجر (바자라)	할목하다	تباث (타밧 - 싸)	1.서로 털어놓다(마음을)
أبجر (아브자루)	배가 볼록한	انبث (인밧싸)	흩어지다, 분산되다
بجرة (부즈라)	1.결함, 흠집 2.배꼽	بث (밧쓰)	1.분산, 전파 2.고백, 실토 3.슬픔, 비애
بجس (바자싸)	붓다, 쏟다	بشر (바샤라)	여드름이 나다
تبجس (타밧자싸)	흐르다, 쏟아지다	بشر (바쉬르)	여드름

바

بحترة (바흐타라)	1.뿌리는 것 2.낭비	انبجس (인바자싸)	1. 흘러나오다, 2 샘솟다
بحث (바하싸)	1. 연구하다, 2.심의하다 3.탐색하다 4.담판하다	بجل (밧잘라)	1.존경하다 2.찬양하다
تباحث (타바-하싸)	연구하다 2. 심의하다	يجيل (바지일)	존경하는
بحث (바흐쓰)	1.토의, 심의 2.조사, 검사 3.연구, 탐구	تبجيل (타브지일)	존경, 경의
مباحثة (무바-하싸)	1.토의 2.회담, 담판 3.논쟁	بجم (바자마)	어안이 벙벙하다
مبحث (마브하쓰)	1.탐구 2.조사 3.연구제목 4.학술논문	بجم (바잠)	1.우둔한 2.얼뜨기
بحر (바히라)	질겁하다, 놀라다	بحبحة (바흐바하)	호강, 호의호식
أبحر (아브하라)	1.항해하다 2.출항하다	مبحبح (무바흐바흐)	1.탁트인, 넓은 2.편안한 3.헐렁한(옷이)
بحار (바흐하-르)	1.선원 2.해병 3.항해자	بحت (바흐트)	순수한
بحار (부하-르)	뱃멀미	بحتر (바흐타라)	1.뿌리다 2.낭비하다
بحر (바흐르)	1.바다, 대양 2.큰 강 3.시의 운율	بحتر (부흐타르)	짝달막한, 야무진

بحران (부흐란 - ㄴ)	1.혼수(의학) 2.잠꼬대, 헛소리(환자의)
البحرين (알바흐라인)	바레인
بحيرة (부하이라)	작은 호수
بحرية (바흐리 - 야)	해군
بخ (밧카)	1.코골다 2.내뿜다
بخيخة (부카이카)	주사기, 물뿌리개
بخت (바크트)	행복, 행운
بخر (바카라)	증발하다
باخرة (바 - 키라)	기선
بخار (부카 - 르)	증기, 김, 수증기
بخور (바쿠 - 르)	향, 향목
أبخر (아부카르)	입 냄새가 고약한
بخس (바카싸)	1.줄이다 2.값을 깎다 3.속여넘기다
بخس (바크쓰)	1.값싼 2.부족 3.헐값
بخشش (바크샤샤)	팁을 주다, 사례금을 주다
بخشيش (바크쉬 - 쉬)	팁, 사례금
بخق (바키까)	애꾸가 되다
باخق (바 - 키끄)	애꾸눈의
بخل (바쿨라)	인색해하다, 아까워하다
بخل (부클)	인색
بخيل (바키 - ㄹ)	1.인색한 2.욕심이 많은
بد (밧다)	나누다, 가르다

بدد (밧다다)	1.낭비하다, 탕진하다 2.분산시키다
استبد (이스타밧다)	1.전횡을 부리다 2.억압하다
بد (붓드)	1.출구, 피할 길 2.몫
تبديد (타브디 - 드)	1.분산 2.낭비, 탕진
استبداد (이스티브다 - 드)	1.전횡 2.독재정치
مستبد (무스타빗드)	1.폭군, 독재자 2.횡포한
بدأ (바다아)	1.개시하다 2.시작하다, 착수하다
ابتدأ (이브타다아)	1.시작하다 2.시작되다
بدء (바드으)	시작, 처음, 발단
بداية (비다 - 야)	시작, 처음
بدائية (바다 - 이야)	원시적인 것, 단순한 것
ابتداء (이브타다 - 으)	1.시작 2. 시초 3.초보
مبدأ (마브다오)	1. 출발점 2.기초, 초보 3.원리, 원칙
مبتدأ (무브타다오)	1.시작, 기원 2.주부(문법)
بدر (바다라)	1.문득 나타나다 2.서두르다 3.불쑥 나가(바다라)다
بادر (바 - 다라)	1.서두르다 2.앞서다 3.발기하다
تبادر (타바 - 다라)	1.서두르다 2⋯ 할 용의가 있다
بدر (바드르)	보름달
بدرة (바드라)	1.돈가방 2.거액
بدارة (바다 - 라)	병아리
مبادرة (무바 - 다라)	1.발기, 창의 2.먼저하기
بدع (바다아)	1. 고안하다 2.창조하다 3.새로운 것을 도입하다

ابتدع 1.생각해내다 2.창조하다 (이브타다아) 3.발명하다	**بادل** 바꾸다, 교체하다 (바 - 달라)
بدع 창조, 창작 (바드으)	**تبادل** 서로 주고받다 (타바 - 달라)
بدع 새 것 (비드으)	**بديل** 1.대용품 2.대리자 (바디 - ㄹ)
بدعة 1.새로운 것 (비드아) 2.이설, 이교, 이단	**بدلة** 1.교체, 바꿈 2.옷, 양복 (바들라)
ابداع 창조, 창작 (이브다 - 으)	**بدلية** 배상금, 보석금 (바달리야)
ابداعية 낭만주의 (이브다이 - 야)	**ابدال** 교체, 교환, 교대 (이브다 - ㄹ)
بديع 1.훌륭한, 아름다운 (바디 - 으) 2.창조자, 창작자	**تبادل** 1.상호교환 2.상호성 (타바 - 둘)
بديعة 1.신기한 것, 기적, (바디 - 아)기이한 것 2.예술작품	**متبادل** 1.서로의 2.공동의 (무타바 - 딜) 3.가변적인
مبدع 창조자, 창작가, 창시자 (무브디으)	**بدن** 살찌다, 뚱뚱해지다 (바두나)
مبدعات 작품, 창작물 (무브다아 - 트)	**بادن** 뚱뚱한, 살찐, 몸이 난 (바 - 딘)
بدل 1.변경하다 (바달라) 2.교대하다, 교체하다	**بدانة** 비대함, 뚱뚱함 (바다 - 나)

بَدِين 1.뚱뚱한, 살찐 2.뚱뚱보 (바디 - ㄴ)	**بَادِيَة** 1.사막, 광야, 무인지경 (바 - 디야) 2.유목민
بَدَه 갑자기 닥쳐오다 (바다하)	**بَدَاوَة** 유목생활, 방랑생활 (바다 - 와)
بَادَه 놀라게 하다 (바 - 다하)	**بَذَأ** 모욕하다, 비방하다 (바자아)
اِبْتَدَه 즉흥적으로 창작하다, (이브타다하) 즉석에서 연설하다	**بَذَاءَة** 1.악담, 욕질 2.방탕, 음탕 (바자 - 아)
بَدَاهَة 1.명료성, 정확성 2.직관, (바다 - 하) 직감 3.즉흥 창작	**بَذِيئ** 1.추잡한, 누추한 (바지 - 유) 2.파렴치한 3.상스러운
بَدِيهَة 1.즉흥 2.기만성, 약빠름 (바디 - 하) 3.직관, 직감	
بَدِيهِيَّة 명백한 진리, 원리 (바디히 - 야)	**بَذَخ** 1.우뚝 솟다, 높이 솟다 (바자카) 2.우쭐대다
بَدَا 1.나타나다, 생각이 떠오르다 (바다아) 2.사막에서 살다	**بَاذِخ** 1.우뚝 솟은 2.거만한 (바 - 지크) 3.사치한
أَبْدَى 나타내다, 보이다, (아브다) 표시하다	**بَذْخ** 1.거만, 교만 (바즈크) 2.사치, 호의호식, 호강
تَبَادَى 서로 적대시하다 (타바 - 다)	**بَذَر** 1.땅에 씨앗을 뿌리다 (바자라) 2.뿌리다
بَدْو 1.유목생활 2.유목민 (바두)	**بَذْر** 1.씨앗, 씨 2.후대, 자손 (바즈르)

مبتذل (무브타잘)	1.일상적인 2.헤진(옷이) 3.케케묵은 4.남용한	**بذرة** (바즈라)	씨, 씨앗
برّ (바르라)	1.선량해지다 2.순종하다 3.준수하다	**تبذير** (타브지-르)	1.탕진 2.낭비
بررّ (바르라라)	변명하다, 무죄로 인정하다	**مبذرة** (미브자라)	파종기
بارّ (바-르르)	1.얌전한 2. 착한 3.경건한 4. 정직한	**بذل** (바잘라)	1.희생하다 2.낭비하다 3.노력하다 4.비난하다
برّ (바르르)	육지, 대륙	**تبذّل** (타밧잘라)	등한시하다, 버릇없이 굴다
برّ (비르르)	1.착함, 어짐 2.정직 3.자선	**ابتذل** (이브타잘라)	1.아끼지 않다 2. 케케묵다 3.모독하다
بريّة (바르리-야)	광야, 황야, 부인시성		
مبرّر (무바르리르)	1.변명하는 2.변명, 핑계, 이유	**بذل** (바즐)	1.기울이는 것(노력을) 2.너그러움
بريء (바리아)	1.죄 없다 2.관계없다 3.벗어나다,면하다 4.환자의 건강이 회복되다	**بذلة** (바잘라)	옷
		تبذّل (타밧줄)	버릇없는 것
أبرأ (아브라아)	1.치료하다 2.면제하다	**مبذل** (마브잘)	일상복, 막 입는 옷

بُرْج (부르즈)	1.탑 2.성, 보루, 성채, 요새
بَرِحَ (바리하)	1.그만두다 2.떠나다
بَرَّحَ (바르라하)	1.지치게 하다 2.괴롭히다
بَرْح (바르흐)	고통, 고민, 괴로움, 쓰라림
بَارِح (바 - 리흐)	1.광활한 2.지난, 흘러간
مُبَارَحَة (무바 - 라하)	떠나는 것
بَرَدَ (바라다)	1. 추워지다 2.얼다 3.감기에 걸리다
بَرَّدَ (바르라다)	1.얼리다 2.멎게 하다 3.진정시키다(아픔을)
أَبْرَدَ (아브라다)	편지를 보내다
تَبَرَّدَ (타바르라다)	식다, 차지다, 얼다
تَبَارَدَ (타바 - 라다)	1. 냉정히 대하다 2.따분하게 하다

اِسْتَبْرَأَ (이스타브라아)	(빚을)벗어나다, 면하다
إِبْرَاء (이브라)	1.완치, 회복 2.면제
بَارِئ (바 - 리으)	창조주, 조물주
بَرَاء (바라)	1.죄 없는, 무고한 2.벗어난, 없는
بَرَاءَة (바라 - 아)	1.면제 2. 무죄 3.허가증, 증서
بَرِيء (바리 - 으)	1.관계없는 2. 무고한, 순진한
تَبْرِئَة (타브라아)	1.무죄선언 2.면제 3.변명
بَرْبَرَ (바르바라)	중얼거리다
بَرْبَر (바르바르)	야만, 미개인
بَرْبَرِي (바르바리)	1.야만 2.미개한 3.베르베르족의 일원
بَرْبَرِيَّة (바르바리야)	야만행위, 잔인성

مبردات (무바르리다 - 트)	청량음료	برد (바르드)	1.추운, 서늘한 2.감기, 오한
بردخ (바르다카)	연마하다, 윤을 내다	برد (바라드)	우박
بردخة (바르다카)	연마	بريد (바리 - 드)	1.우편 2.배달인 3.우편물
برز (바라자)	1.나타나다 2.볼록하다	بردية (바르디 - 야)	학질, 오한
برز (바라라자)	남보다 뛰어나다	برداء (부르다 -)	오한, 학질
بارز (바 - 라자)	격투하다, 결투하다	بردان (바르다 - ㄴ)	1.추운, 찬 2.언
أبرز (아브라자)	1.노출시키다 2.제출하다	بارد (바 - 리드)	1.추운, 시원한 2.우둔한
تبرز (타바르라자)	배설하다, 뒤를 보다	بردي (바르디)	파피루스
بارز (바 - 리즈)	1.탁월한 2.볼록한 3.똑똑한	برادة (바르라 - 다)	냉장고, 냉동기
بارزة (바 - 리자)	특출한 인물	تبريد (타브리 - 드)	냉각, 냉동
براز (비라 - 즈)	1.똥, 배설물 2.결투, 격투	مبرد (무바르리드)	얼린, 냉동한

바

برض (바라돠)	싹이 돋아나다	مبارزة (무바 - 라자)	결투, 격투
برطع (바르따아)	뛰다, 내닫다	برزخ (바르자크)	1.지협 2.죽어서 부활까지의 기간
برطعة (바르따아)	달음질, 질주	برس (부르쓰)	목화, 면화
برطل (바르딸라)	매수하다, 뇌물을 주다	برسام (비르싸 - ㅁ)	늑막염
تبرطل (타바르딸라)	뇌물을 받다, 매수되다	برسكوب (바리스쿠 - ㅂ)	잠망경
برطلة (바르딸라)	매수, 뇌물수수	برسيم (비르씨 - ㅁ)	클로버
برطلة (부르딸라)	양산	برش (바리샤)	얼룩이나 반점이 생기다
برطيل (비르띠 - ㄹ)	뇌물	أبرش (아브라쉬)	얼룩진
مبرطل (무바르딸)	1.매수된 2.매수된 사람	برص (바라솨)	문둥병에 걸리다
مبرطل (무바르띨)	매수인	برص (바라스)	나병, 문둥병
برطم (바르따마)	1.화내다 2. 투덜대다	أبرص (아브라스)	나병환자

برق 번쩍이다, 번뜩이다 (바라까)	**برطمة** 격분, 화냄 (바르따마)
برق 1.번개 2.섬광 3.전보, 전신 (바르끄)	**برع** 1.능숙하다 2.뛰어나다 (바라아)
برقية 전보, 전신 (바르끼야)	**برع** 1. 희사하다 2.자발적으로 하다 (바루아)
براق 날개 달린 백마 (부라 - 끄)	**تبرع** 선물하다, 희사하다 (타바르라아)
براق 번쩍이는, 찬란한, 눈부신 (바르라 - 끄)	**براعة** 재간, 재능, 솜씨 (바라 - 아)
إبريق 주전자 (이브리 - 끄)	**تبرع** 희사, 기부, 헌납 (타바르루으)
مبرق 전신주 (무브리끄)	**متبرع** 희사자, 헌납자 (무타바르리으)
برقش 1.색칠하다 2.장식하다 (바르까샤)	**برعم** 1.움트다 2.싹을 틔우다 (바르아마)
برقشة 1.색칠 2.장식 3.얼룩덜룩함 (바르까샤)	**برعم** 싹, 눈, 움, 꽃 (부르움)
مبرقش 여러 색의 (무바르까쉬)	**برعمة** 움트기, 싹트기 (바르아마)
برقع 너울을 쓰다, 베일을 쓰다 (바르까아)	**برغوث** 벼룩 (부르구 - 쓰)

بركان (부르카 - ㄴ)	화산	تبرقع (타바르까아)	베일,면사포,수건을 쓰다
برلمان (바르라마 - ㄴ)	의회, 국회	برقع (부르까오)	베일, 면사포, 너울
برم (바라마)	1.감다, 꼬다 2.확증하다, 비준하다 3.강화하다	برك (바라카)	무릎을 꿇다
برم (바리마)	1.걱정하다 2.싫어하다	بارك (바 - 라카)	축복하다, 축하하다
أبرم (아브라마)	1.꼬다, 돌리다, 감다 2.비준하다 3.체결하다 4.싫증나게 하다	تبرك (타바르라카)	축복을 받다, 축복을 빌다
		بركة (바라카)	축복, 행복
تبرم (타바르라마)	1.걱정하다 2. 귀찮아지다 3.가난에 허덕이다	بركة (비르카)	1.연못 2.웅덩이
انبرم (인바라마)	1.꼬이다 2.튼튼해지다 3.비준되다	بروكة (바루 - 카)	마스코트
برم (바름)	1.꼬는 것, 감는 것 2.확증, 확인, 비준	تبريك (타브리 - ㅋ)	축하, 축복
برمة (부르마)	1.남비, 흙토기 그릇 2.나사, 나사못	مبارك (무바 - 라크)	행복한, 축복받은
إبرام (이브라 - ㅁ)	1.꼬기, 감기 2.비준	مبروك (마브루 - ㅋ)	1.행복한, 축복받은 2.번성하는

بَرَى (바라)	뾰족하게 하다, 지치게 하다	تَبَرَّمَ (타바르룸)	1.불안, 걱정, 시름 2.불만족, 싫증
بَارَى (바 - 라)	1.겨루다 2.모방하다	مُبْرَم (무바람)	1.불가피한 2.확고한, 확정적인
تَبَارَى (타바 - 라)	1.서로 경쟁하다 2.맞서다	مَبْرُوم (마브루 - ㅁ)	꼬인, 감긴
بُرًى (바란)	1.먼지 2.땅, 토지, 토양	بِرْمِيل (비르미 - ㄹ)	나무통
بَرَاءَة (바라라 - 아)	연필 칼, 손칼	بَرْنَامَج (바르나 - 미즈)	1.강령 2.계획서 3.법규 4.목록, 설명서
بَرَايَة (바라라 - 야)	연필 깎기	بَرْهَنَ (바르하나)	증명하다, 논증하다
مُبَارَاة (무바 - 라 - 트)	1.경쟁, 겨룸 2.모방	تَبَرْهَنَ (타바르하나)	증명되다, 논증되다
مَبْرِيّ (마브리)	뾰족하게 깎은, 뾰족한	بُرْهَان (부르하 - ㄴ)	증명, 논증
بَزَّ (밧자)	1.빼앗다, 약탈하다 2.이기다	بَرْهَنَة (바르하나)	증명, 논증
اِبْتَزَّ (이브탓자)	빼앗다, 약탈하다	مُبَرْهَن (무바르한)	증명된
بَزّ (밧즈)	천, 면직물, 아마천	بُرُوفَة (바루 - 파)	1.시험, 실험, 검사 2.교정, 연습

바

ابتزاز (이브티자 - 즈)	탈취, 약취	بزال (비자 - ㄹ)	병마개 따개
بذر (바자라)	(씨앗을) 뿌리다, 심다	بستان (부스타 - ㄴ)	1.정원, 공원 2.과수원
بذر (비즈르)	씨, 씨앗, 종자	بستاني (부스타 - 니)	정원사, 원예사
مبذر (무밧자자)	씨가 있는	بسر (바싸라)	1.때이르게 말하다 2.찡그리다, 찌푸리다
بزغ (바자가)	떠오르다(해가)	بسر (부쓰르)	익기 전의 종려나무 열매
بزوغ (부주 - 그)	1.떠오름 2.유출	ابتسر (이브타싸라)	1.때이르게 시작하다 2.시기상조가 되다 3.침울해지다
بزق (바자까)	침이나 가래를 뱉다		
بزاق (부자 - 끄)	침, 가래	باسر (바 - 씨르)	우울한, 찌푸린, 화난
بزاقة (밧자 - 까)	1.달팽이, 우렁이 2.코브라	باسور (바쑤 - 르)	우울한, 찌푸린, 화난
بزل (바잘라)	구멍을 내다	مبتسر (무브타씨르)	때 이른, 시기상조의
بزال (부자 - ㄹ)	꼭지, 밸브, 마개	مبتسر (무브타싸르)	우울한, 수심에 잠긴, 침울한

بسط 1.펴다(쇠를) 2.확장하다
(바싸따) 3.내밀다 4.해설하다
5.기쁘게 하다 6.버리다

تبسط 1.확대되다 2.몰두하다
(타밧싸따) 3.털어놓고 이야기하다

انبسط 1.확장되다 2.기뻐하다
(인바싸따)

بسط 1.설명, 해설 2.펴는 것
(바쓰뜨) 3.확장 4.기쁨, 흥겨움

بسطة 1.폭넓은 것 2.용량, 용적
(바쓰따) 크기 3.풍부

بسيط 1.단순한 2.소박한
(바씨 - 뜨) 순수한 4.적당한(가격)

بسيطة 1.요소 2.기본사실
(바씨 - 따)

انبساط 1.확장, 확대 2.기쁨,
(인비싸 - 뜨) 흥겨움, 흐뭇함

بساط 양탄자, 주단
(비싸 - 뜨)

بساطة 단순한 것, 간단한 것,
(바싸 - 따) 소박한 것

مبسوط 1.넓은 2.흐뭇한,
(마브수 - 뜨) 만족한 4.부유한

منبسط 1.깔린, 편 2.평탄한
(문바씨뜨) 3. 흥겨운 4.광활한

منبسط 공간, 활짝 트인 곳
(문바싸뜨)

بسق 높아지다, 높이 솟다,
(바싸까) 올라가다

باسق 우뚝 솟은, 높은, 고상한
(바 - 씨끄) 애매한

بسل 용감하다, 대담하다
(바쑬라)

تبسل 찌푸리다, 우울해지나,
(타밧쌀라) 침울해지다

استبسل 용맹을 떨치다
(이브타브쌀라) 죽음을 무릅쓰다

باسل 용감한, 대담한
(바 - 씰)

بسالة 용감성, 대담성
(바쌀 - 라)

بسم 웃다, 생글생글 웃다
(바싸마)

바

바

تباشر (타바-샤라)	1.서로 기쁜 소식 전하다 2.서로 축하하다	تبسم (타밧싸마)	웃다, 미소하다
انبشر (인바샤라)	벗겨지다	ابتسم (이브타싸마)	미소 짓다
استبشر (이스타브샤라)	기뻐하다, 흥겨워하다	بسمة (바쓰마)	미소, 웃음
بشر (비쉬르)	기쁨, 반가움	بسام (밧싸-ㅁ)	1.방긋이 웃는 2.기쁨 어린, 유쾌한
بشر (부쉬르)	기쁜 소식	ابتسامة (이브타싸-마)	미소, 웃음
بشر (바솨르)	인간, 사람, 인류	مبتسم (무브타씸)	미소 짓는, 생글 웃는
بشير (바쉬-르)	1.기쁜 소식을 알리는 2.경고자, 예언자	بشر (바샤라)	1.벗기다 2.긁어내다 3.문지르다
بشرة (바샤라)	가죽, 껍질	بشر (바쉬라)	기뻐하다
بشارة (비샤-라)	1.복음서 2.반가운 소식	بشر (밧샤라)	1.반가운 소식을 알리다 2.알리다
بشارة (부샤-라)	기쁜 소식에 대한 한턱	باشر (바-샤라)	1.진행하다 2.집행 3.경영하다
تبشير (타브쉬-르)	1.기쁜 소식을 알리는 것 2.설교, 전도	أبشر (아브샤라)	1.기뻐하다 2.즐겁게 하다

تباشير 1.첫 열매 2.좋은 징조, (타바 - 쉬르) 기쁜 소식	**أبشم** 지나치게 먹이다 (아브샤마)
مبشر 선교사 (무밧쉬르)	**بشم** 과식, 포식, 소화불량 (바샴)
مباشر 1.수행하는, 집행하는 (무바 - 쉬르) 2.직접적인	**بص** 1.번쩍이다, 빛나다 (밧솨) 2.내다보다 3.물이 세다
مباشرة 1.수행, 집행, 실행 (무바 - 샤라) 2.교배	**تبصص** 탐지하다, 정탐하다 (타밧솨솨)
بشع 1.험상궂다, 징그럽다 (바샤아) 2.혐오감을 자아	**بصاص** 1.탐지하는, 정탐의 (밧솨 - 스) 2.탐정, 간첩, 밀정
بشاعة 험상궂은 것, (바샤 - 아) 흉물스러운 것	**بصة** 시선, 눈길 (밧솨)
بشيع 흉측한, 징그러운, (바쉬 - 으) 망측한	**بصيص** 번썩임, 섬광, 불빛 (바쇠 - 스)
بشك 거짓말 하다 (바샤카)	**بصبص** 1.꼬리를 치다 2.정답게 (바스바솨) 눈짓하다 3.아첨하다
بشاك 거짓말쟁이 (밧샤 - 크)	**تبصبص** 1.살피다, 주시하다 (타바스바솨) 2.아양을 떨다
ابتشاك 거짓, 속임 (이브티샤 - 크)	**بصبصة** 1.꼬리를 치는 것 (바스바솨) 2.눈짓 3.아첨, 아양
بشم 1.과식하다 (바쉬마) 2.싫증을 느끼다	**بصر** 1.보다 2.알아내다, 알다 (바쉬라)

바

بصل (바쌀)	양파, 파	بصر (밧쏘라)	1.설명하다 2.계몽하다
بصم (바쏘마)	도장을 찍다	أبصر (아브쏘라)	1.보다 2.이해하다
بصمة (바스마)	도장, 스탬프 2.인쇄	تبصر (타밧쏘라)	1.궁리하다 2.신중성을 보이다 3. 알아채다
بض (밧돠)	1.줄을 타다(악기의) 2.맞추다, 조율하다(음을)	ابتبصر (이브타브쏘라)	1.살피다 2.명철하다.
بض (밧드)	살결이 부드러운	بصر (바쏘르)	1.시력 2.식별 3.통찰 4.식견 5.시선
بضع (바돠아)	1.해부하다 2.끊다, 자르다	بصير (사쉬 - 르)	1.눈이 좋은 2.식별능력이 있는 3.명철한
تبضع (타밧돠아)	구매하다, 구입하다	بصيرة (사쉬 - 라)	1.이성 2.식별 3.선견지명, 통찰력
بضاعة (비돠 - 아)	상품	تبصر (타밧쉬르)	고려, 심사숙고
بضع (바드으)	절단, 해부	مبصر (무브쉬르)	1.보는 2.시력이 좋은
بضع (비드아)	약간, 얼마, 몇몇	بصق (바쏴까)	침을 뱉다
مضبع (마드바으)	수술칼, 해부칼	بصاق (부쏴 - 끄)	침, 가래

بَطَّ (밧따)	해부하다, 가르다	بَطِيئ (바띠-으)	1.느린, 굼뜬, 완만한 2.게으른
بَطَّطَ (밧따따)	평평하게 만들다, 납작하게 만들다	إِبْطَاء (이브따)	지체, 지연
بَطّ (밧뜨)	오리	بَطَحَ (바따하)	넘어뜨리다, 뒤집어엎다
مُبَطَّط (무밧따뜨)	평평한, 납작한	تَبَطَّحَ (타밧따하)	늘어지다
بَطَّارِيَة (바따-리야)	축전지, 배터리	اِنْبَطَحَ (인바따하)	1.늘어지다 2.부상당하다
بَطَاطَا (바따-따)	감자	بَطْحَة (비뜨하)	평야, 평원
بَطَاطِس (바따-띠쓰)	감자	أَبْطَح (아브따흐)	평야, 평원
بَطِئَ (바띠아)	우물거리다, 늑장부리다	بَطْحَاء (바뜨하)	1.넓은 강바닥 2.골짜기
أَبْطَأَ (아브따아)	1.지체하다 2.늦추다	مُنْبَطِح (문바띠흐)	1.반듯이 드러누운 2.평평한, 밋밋한
تَبَاطَأَ (타바-따아)	늘어지다, 지체되다, 주저하다	بِطِّيخ (바띠-크)	수박
بُطْء (부뜨으)	지체, 완만성	بَطِرَ (바띠라)	1.배은망덕하다 2.건방지게 놀다

بطاقة (비따 - 까)	1.표, 카드 2.꼬리표	بطر (바따르)	1.배은망덕 2.거드름, 교만, 거만
بطل (바똘라)	1.취소되다 2.허황하다 3.실업자가 되다	بطران (바뜨라 - ㄴ)	1.은혜를 모르는 2.건방진, 교만한
بطل (바뚤라)	영웅이 되다	بيطر (바이따라)	말굽을 채우다
تبطل (타밧뚤라)	1.빈둥빈둥 놀다 2.직장을 잃다	بيطرة (바이따라)	1.수의술 2.동물약
إبطال (이브따 - ㄹ)	폐지, 취소	بيطري (바이따리)	수의사
باطل (바 - 똘)	허황한, 헛된, 가치 없는 4.효력 없는	بطرخ (바끄라크)	물고기 알, 철갑상어 알
بطل (바딸)	1.영웅적인 2.용감한 3.영웅, 주인공 4.선수	بطريق (비뜨리 - ㄲ)	펭귄
بطلان (부뜰라 - ㄴ)	허위성, 무익함, 무효	بطش (바따쇠)	1.공격하다 2.타격을 주다 3.붙잡다
بطال (밧따 - ㄹ)	1.빈둥거리는 2.실업의 3.나쁜	بطش (밧따 - 쉬)	1.유력한 2. 무자비한, 잔인한
بطلة (바딸라)	영웅, 챔피언	بطش (바뜨쉬)	위력, 힘 2. 용 맹. 용감성
بطالة (빗딸 - 라)	1.실업 2.한가한 것 3.방학, 휴가	بطشة (바뜨샤)	1.공격 2.타격

بُطولة (부뚤 - 라)	1.영웅주의, 용감성 2.선수권 대회	**بِطْنة** (비뜨나)	쾌락주의
تَبَطَّل (타밧뚤)	빈둥거리는	**بِطانة** (비따 - 나)	(옷 따위의) 안, 속감
مُتَبَطِّل (무타밧띨)	1.무위도식하는 2.건달꾼	**بَطّانية** (밧따니 - 야)	이불, 모포, 담요, 포대기
بَطَن (바따나)	숨겨져, 감추어져 있다	**بَعْبَع** (부으부으)	1.허수아비, 도깨비 2.에비! (아이들을 무섭게 하기 위해 쓰이는 말)
بَطُن (바뚜나)	배가 뚱뚱하다, 배가 크다		
بَطَّن (밧따나)	1.안속을 넣다 2.둥지에 지푸라기 넣다	**بَعَث** (바아싸)	1.보내다 2.파견하다 3.축출하다 4.고무하다 5.촉진시키다
أَبْطَن (아브따나)	숨기다, 감추다	**اِنْبَعَث** (인바아싸)	1.되살리다, 재생시키다 2.파견하다
تَبَطَّن (타밧따나)	1.침투하다 2.연구하다, 파고들다	**بَعْث** (바으쓰)	1.발송, 파견 2.사절단 3.재생, 부활 4.군대 5.조사단, 원정대
بَطْن (바뜬)	1.배, 내장 2.내부, 가운데 3.지하, 땅속 4.탄생		
بَطين (바띠 - ㄴ)	1.배가 큰 2.식충이 대식가	**بَعْثة** (바으싸)	1.파견, 출장 2.탐험대 3.원정군 4.사절단, 5.학자금, 장학금
باطِن (바 - 띈)	1.내부의, 내면의 2.숨은, 비밀의 3.내부, 속	**باعِث** (바 - 이쓰)	1.동기, 원인 2.발송인

바

انبعاث 1.재생, 부활
(인바아 - 쓰) 2.흘러나옴, 발생

مبعوث 1.파견된, 발송된
(마브우 - 쓰) 2.사절, 특파원
3. 대표, 사절단

بعثر 1. 흩날리다 2.낭비하다
(바으싸라) 3.뒤엎다, 뒤집다

تبعثر 흩어지다, 뿌려지다,
(타바으싸라) 흩날리다

بعثرة 1.흩어버리는 것, 살포
(바으싸라) 2.뒤집는 것 3.낭비

مبعثر 1.흩어진, 뿌려진
(무바으싸르) 2.뒤집어진, 엎어진

بعج 1.배를 째다 2.홈을 내다
(바아자)

انبعج 홈이 패이다, 오목해지다
(인바아자)

بعجة 홈, 움푹 패인 곳
(바으자)

بعد 1.멀다, 떨어져 있다
(바우다) 2.믿기 어렵다

بعد 멀리하다, 격리하다
(바으아다)

باعد 1.멀리 떨어져 있다
(바 - 아다) 2.서로 떼어놓다

أبعد 1.멀리하다 2.떼어놓다
(아브아다) 3.추방하다
4. 해고하다 5.제거하다

ابتعد 1.멀어지다 2.헤어지다
(이브타아다) 3.피하다

استبعد 1.멀다고 생각하다
(이스타브아다) 2.불가한 것으로 보다
3.제쳐놓다 4.제거하다

بعد 먼 거리, 먼 곳
(바으드)

بعد 1.거리, 간격 2.크기, 치수
(부으드)

بعد 후에, 지나서 뒤에 다음에
(바으다)

بعاد 이별
(비아 - 드)

بعيد … 후 곧, …직후
(부아이드)

56

بعيد (바이-드)	1.먼 2.오랜, 옛날의 3.믿기 어려운, 어림없는, 인연이 없는
إبعاد (이브아-드)	1.삭제, 제거, 제명 2.격리 3.추방
تباعد (타바-우드)	서로 떨어져 있는 것
استبعاد (이스트브아-드)	제거
مستبعد (무스타브아드)	믿기 어려운
بعر (바아라)	(짐승이) 똥을 누다
بعر (바으르)	똥, 거름
بعير (바이-르)	낙타
بعزق (바으자까)	1.뿌리다 2. 낭비하다
بعزقة (바으자까)	1.뿌리는 것 2.낭비
مبعزق (무바으지꾸)	낭비자
بعض (바으드)	1.일부, 부분, 약간 2.그 누구, 어떤 사람들
بعوض (바우-드)	모기
بعل (바을)	1.남편 2.주인, 나으리 (우상의 일종) 3.바알
بعلة (바을라)	부인
بغت (바가타)	1.급습하다 2.놀라게 하다
انبغت (인바가타)	놀라다, 불의에 닥쳐오다
باغت (바-기트)	불의의, 뜻밖의, 돌발적인
بغتة (바가타)	돌발, 불의
بغداد (바그다-드)	바그다드(이라크의 수도)
بغددة (바그다다)	1.교만, 우쭐대는 것 2.아양, 교태

바

بغش (바가샤)	보슬비가 내리다	**انبغى** (인바가)	원하다, 바라다
بغشة (바가샤)	보슬비	**ابتغى** (이브타가)	원하다, 요구하다
بغض (바구돠)	가증스럽다, 증오스럽다	**باغ** (바 - 긴)	1.억압하는 2.폭군, 박해자
بغض (바그가돠)	증오를 자아내다	**بغاء** (부가 -)	소원, 희망, 염원
باغض (바 - 가돠)	서로 증오하다	**بغاء** (비가 -)	간음, 간통
أبغض (아브가돠)	미워하다, 증오하다	**بغى** (바기)	1.불공평 2.억압, 학대
بغيض (바기 - 드)	가증스러운, 증오스러운, 징그러운	**بغية** (부그야)	희망, 소원
تباغض (타바 - 구드)	상호증오, 서로 미워함	**ابتغاء** (이브티가 -)	1.희망, 소망 2.…의 목적으로
مبغوض (마브구 - 드)	혐오스러운	**مبتغى** (무브타기)	바라는 목적, 추구하는 것
بغل (바갈)	노새	**بق** (밧까)	1.물을 뿌리다 2.지껄이다
بغى (바가)	1.원하다 2.간통하다 3.학대하다, 억압하다	**بقق** (밧까까)	집안에 빈대가 득실거리다

بق (밧끄)	빈대	**بقع** (밧까아)	1.얼룩을 남기다 2.더럽히다
بقاق (밧까 - 끄)	1.수다스러운 2.수다쟁이	**تبقع** (타밧까아)	얼룩이 가다, 어지러워지다 3.옷이 젖다
بقبق (바끄바끄)	1.거품이 일다 2.지껄이다 3.물집이 생기다	**أبقع** (아브까우)	얼룩진, 얼룩덜룩한
بقبوقة (바끄부 - 까)	물집	**بقعة** (부끄아)	1.장소, 지점 2.지방, 지대
بقر (바까라)	해부하다, 가르다, 자르다	**مبقع** (무밧까아)	얼룩진, 얼룩덜룩한
بقار (밧까 - 르)	1.소몰이꾼 2.소주인	**بقل** (바깔라)	돋다, 자라다(풀이)
بقر (바까르)	소	**بقالة** (비깔 - 라)	식료품 판매
بقرة (바까라)	1.암소 2.황소	**بقل** (바끌)	풀, 채소
بقشش (바끄샤샤)	사례금.팁을 주다	**بقى** (바끼야)	1.남다 2.머물다 3.계속되다
بقشيش (바끄쉬 - 쉬)	팁, 사례금, 덤	**أبقى** (아브까)	1.남기다, 보존하다 2.살려주다, 용서해주다
بقع (바까아)	얼룩지다		

بكر (바카라)	1.일찍 일어나다 2.아침 일찍 떠나다 3.아침에 하다 4.미리하다	تبقى (타밧까)	남다
ابتكر (이브타카라)	1.발명하다 2.발기하다 3.첫 열매를 따다	استبقى (이스타브까)	1.보존하려고 애쓰다 2.남겨두다
بكر (바크르)	새끼 낙타	باق (바 - 낀)	1.남은 2.계속되는 3.보존된 4.영원한 5.나머지, 차액
بكر (비크르)	1.첫아이 2.처녀 3.순결한 4.미개척의, 처녀의	بقاء (바까 -)	1.지속 2.영원함 3.체류 4.보존 5.존재, 생존
باكر (바 - 키르)	이른	بقية (바끼야)	1.나머지, 여분 2.잔재
بكير (바키 - 르)	이른, 빨리 익는	مبقى (마브까)	남겨준, 보존된
بكرة (바카라)	1.도르래 2.재봉틀 3.전체, 모두	مستبقى (무스타브까)	남겨둔, 보존된
بكرة (부크라)	1.내일 2.아침 일찍	بكالوريا (바칼루 - 리야)	학사학위
بكرية (비크리 - 야)	1.첫딸 2.아이를 처음 낳는 여성	بكالوريوس (바칼 - 로리유스)	학사
باكورة (바 - 쿠 - 라)	1.첫 열매, 첫 성과 2.첫걸음	بكت (밧카타)	비난하다, 욕하다, 꾸짖다
		تبكيت (타브키 - 트)	비난, 욕, 꾸짖음

바

تباكى (타바-카)	1.우는 체하다 2.남들과 함께 울다	بكارة (바카-라)	처녀성, 순결
باكية (바-키야)	궁륭, 아치	ابتكار (이브티카-르)	1.발명, 창작 2.발기, 창의성 3.독창성
بكّاء (밧카-)	울보, 울음보	مبكر (무밧키르)	이른, 조숙한, 빨리 익은
بكاء (붓카-)	울음, 애도, 통곡	مبتكر (무브탓카르)	독창적인, 새로 발명된
مبكي (무브키)	가엾은, 애석한	مبتكرات (무브타키라-트)	발명품
بلّ (발라)	적시다, 갈증을 식히다	بكم (바키마)	벙어리가 되다
بلّل (발랄라)	직시다, 축이다	تبكّم (타밧카마)	벙어리가 뇌나, 말문이 막히다
تبلّل (타발랄라)	젖다	أبكم (아브카무)	벙어리
بل (발)	그러나, 반대로, 오히려	بكم (부쿰)	벙어리, 말을 못하는 것
بلا (빌라)	…없이	بكى (바카)	1.울다 2.애도하다
بلة (빌라)	습기, 누기, 수분	أبكى (아브카)	눈물을 자아내다

바

바

بليل (발리-ㄹ)	1.습기 찬, 축축한, 젖은 2.산들바람	بلوعة (발부-아)	알약
مبلول (마블루-ㄹ)	젖은	بلج (발라자)	1.비치다 2.동이 트다 3. 밝혀지다
مبتل (무브탈)	젖은	تبلج (타발라자)	1.빛나다 2.날이 밝다
بلبص (발바솨)	1.문지르다 2.걸레질하다	انبلج (인발라자)	동이 트다
بلباص (불바-스)	걸레, 밀대	بلج (발라즈)	섬광, 광채
بلبل (발발라)	1.근심시키다 2.혼란시키다	أبلج (아블라즈)	빛나는, 유쾌한, 명백한
تبلبل (타발발라)	1.불안해하다 2.뒤엉키다	انبلاج (인블라-즈)	새벽
بلبل (불불)	꾀꼬리, 나이팅게일	بلح (발라흐)	종려나무 열매
بلبلة (발발라)	1.불안, 걱정 2.무질서, 혼란, 난장판	بلد (발라다)	살다
تبلبل (타발발)	혼란, 난장판, 수라장	بلد (발루다)	우둔해지다, 멍청해지다
مبلبل (무발발)	불안한, 혼돈된	تبلد (타발라다)	미련한 짓을 하다

تبالد 바보인체, 우둔한체하다 (타발 - 라다)		**بلص** 강탈, 약탈 (발스)	
بلاد 나라, 국가 (빌라 - 드)		**بلصة** 기만, 사기, 협잡 (발쏴)	
بلادة 우둔함, 어리석음 (발라 - 다)		**بلاص** 물동이 (발라 - 스)	
بلد 1.도시 2.지역, 지방 3.나라 (발라드)		**بلط** 1.포장하다 2.나른해지다 (발라따)	
بلدة 도시, 소도시, 고을 (발다)		**تبلط** 포장되다(시멘트로) (타발라따)	
بلدية 시청, 군청, 읍사무소 (발라디야)		**بلاط** 1.보도블록, 넙적한 돌 2.궁전, 왕궁 (발라 - 뜨)	
بليد 1.둔한, 미련한, 어리석은 2. 멍청한, 우둔한 (발리 - 드)		**بلاطة** 타일, 넙적한 돌 (발라 - 따)	
تبلّد 우둔함, 미련함 (탑발루드)		**تبليط** 도로포장, 돌 깔기 (타블리 - 뜨)	
تبليد 기후, 풍토에 적응 (타블리 - 드)		**مبلط** 포장한, 돌을 깐 (부발라뜨)	
ابليس 악마, 사탄 (이블리 - 쓰)		**بلع** 1.삼키다, 들이키다 (발라아)	
بلص 1.강탈하다 2.공갈협박으로 빼앗다 (발라쏴)		**ابتلع** 삼키다, 꿀꺽넘기다 (이브탈라아)	

بلعة (발라아)	한 모금
بلوعة (발루-아)	1.하수도 2.하수장
بلغ (발라가)	1.도달하다 2.성숙하다 3.소식을 접하다 4.밀고하다 5.통지하다
بالغ (발-라가)	과장하다, 허풍떨다
تبلغ (타발라가)	만족해하다, 흐뭇해하다
بالغ (발-리그)	1.성숙한, 어른이 된 2.큰, 성대한
بلاغ (발라-그)	1.통보, 보고 2.소식, 정보 3.경고 4.성명 5.공지
بلاغة (발라-가)	웅변, 말재간, 말주변
بلوغ (불루-그)	1.목적에의 도달 2.성숙 3.청춘기, 한창때
بليغ (발리-그)	1.말재간이 있는, 웅변적인 2.웅변가 3.큰, 거대한, 현저한
تبليغ (타블리-그)	1.통지, 기별, 전달 2.봉정 3.선교
مبلغ (마블라그)	1.금액 2.정도, 크기, 규모 3.범위, 한계
مبلغ (마블리그)	1.통지자, 보고자 2.밀고자, 고발자 3.예언자
مبلغ (무발라그)	1.선포된, 공포된 2.고발된, 적발된
مبالغ (무발-라그)	과장된
مبالغ (무발-리그)	허풍쟁이
مبالغة (무발-라가)	과장, 허풍, 과장법
بلغم (발감)	1.가래, 담 2.침, 타액
بلغمي (발가미)	1.무기력한 2.냉담한 3.담이 많은
بلف (발라파)	기만하다, 허풍 치다
بلف (발프)	1.허풍, 허세, 기만 2.밸브

أبلى (아블라)	1.실험하다 2.경험하다	بلق (발라까)	얼룩지다, 반점이 있다
ابتلى (이블탈라)	1.체험하다 2.시련을 겪다	أبلق (아블라끄)	얼룩진, 반점이 있는, 얼룩덜룩한
بالٍ (발 - 린)	1.낡은 2.헤어진 3.썩은	بله (발라하)	둔하다, 미련하다
بلاء (발라 - 으)	1.시련 2.불행 3.재난 4.불안	تباله (타발 - 라하)	미련한체하다, 둔한척하다
بلوى (발완)	불행, 재난	بله (발라흐)	미련함, 둔함
بلى (발라)	1.예, 아무렴(긍정문에서) 2.아니(부정문에서)	بله (발하)	…을 제쳐놓고, …은 고사하고, …은 커녕
مبالٍ (무바 - 린)	주의를 돌리는, 염려하는	بلاهة (발라 - 하)	1.어리석음, 둔함 2.단순함
مبالاة (무발라 -)	주의, 관심, 염려	أبله (아블라흐)	1.미련한 2.바보, 멍청이
بلور (발와라)	결정체화하다	بلا (발라)	1.시험하다 2.고통을 주다, 괴롭히다
تبلور (타발와라)	결정체로 되다	بلى (발리야)	1.낡아지다 2.썩다 3.고통을 받다
بلور (빌루 - 르)	1.결정체 2.고급유리, 수정	بالى (발 - 라)	1.신경쓰다 2.관심을 갖다

بندقية (분두끼 - 야)	총	**بلورة** (발루 - 라)	1.결정, 결정체 2.수정
بنفسج (바나프싸즈)	제비꽃, 오랑캐꽃	**بليون** (빌리윤)	10억
بنفسجي (바나프싸지)	보라색의	**بن** (분느)	커피 씨, 커피열매
بنك (반크)	1.은행 2.의자, 벤치	**بنادورة** (바나두 - 라)	토마토
بنى (바나)	1.건설하다 2.토대를 세우다 3.장가보내다, 시집보내다	**بنج** (바나자)	본래대로 돌아오다
تبنى (타반나)	1.양아들,양딸로 삼다 2.받아들이다(사상을)	**بنج** (반나자)	1.중독시키다 2.마취시키다
ابن (이븐)	아이, 아들	**تبنج** (타반나자)	1.마비되다 2.마취되다
ابنة (이브나)	딸	**بنج** (반즈)	기원, 근원, 본래
بناء (비나 - 으)	1.건설, 건축 2.건물 3.구조, 구성	**بند** (반드)	1.조항, 항목, 절 1.깃발
بنيان (분야 - ㄴ)	구조	**بندق** (반다까)	총을 쏘다
تبن (타반니)	1.양아들로 삼는 것 2.채택	**بندق** (분두끄)	호두, 개암

مبنى (마브나)	1.건립, 설립 2.건물
مبنى (마브니)	1.건설된, 세워진 2.고정의, 변하지 않는
بنت (빈트)	1.딸 2.처녀
بهت (바후타)	1.놀라다 2.색이 바래다 3.(피)얼빠지다
باهت (바 - 하타)	놀라게 하다, 경탄케하다
انبهت (인바하타)	놀라다, 경탄하다
باهت (바 - 히트)	퇴색한, 희미한, 창백한
بهت (부흐트)	1.거짓, 허위 1.비방, 중상
بهتان (부흐타 - ㄴ)	1.거짓, 허위 1.비방, 중상
مبهوت (마브후 - 트)	놀란, 놀랄만한, 기막힌
بهج (바하자)	기쁘게 하다, 즐겁게 하다
بهج (바히자)	기뻐하다
بهج (바후자)	우아하다, 화려하다
أبهج (아브하자)	기쁘게 하다, 감탄케 하다
ابتهج (이브타하자)	기뻐하다, 환희에 싸이다
بهج (바흐즈)	1.기쁜 2.빛나는, 찬란한 3.아름다운, 우아한
بهيج (바히 - 즈)	기쁘게 하는
بهجة (바흐자)	1.기쁨, 환희, 희열 2.아름다움, 화려한 것
ابتهاج (이브티하 - 즈)	기쁨, 환희, 희열
مباهج (마바 - 히즈)	생활의 기쁨
مبهج (무브히즈)	기쁘게 하는
مبتهج (무브타히즈)	환희에 넘치는, 즐거운

바

بهدل (바흐달라)	불손하게 대하다	تبهرج (타바흐라자)	1.치장하다 2.우쭐거리다
بهدلة (바흐달라)	1.모욕, 천대, 불손한 태도 2.너절한 짓	بهرج (바흐라즈)	1.허영에 뜬 2.허영의
مبهدل (무바흐달)	1.무질서한 2.너절한, 저속한	بهرجان (바흐라자-ㄴ)	금실, 은실
بهر (바하라)	1.빛나다 2.(피)눈부시다	بهرجية (바흐라지-야)	치장, 치레
انبهر (인바하라)	1.눈부시다 2.경탄하다	مبهرج (무바흐라즈)	1.요란한(색이) 2.겉치레한, 허식의
باهر (바-히르)	빛나는, 눈부신, 찬란한, 아름다운	بهظ (바하좌)	부담을 주다, 과중하게 책정하다(세금 등을)
بهار (바하-르)	1.향료 2.양념	أبهظ (아브하좌)	내리누르다, 부담을 주다
بهر (부흐르)	헐떡이는 것, 숨이 차는 것	باهظ (바-히즈)	힘겨운, 과중한(세금이), 과도한
بهرة (부흐라)	중심, 중앙, 가운데	بهاظة (바하-좌)	1.부담 2.지나침, 과도
مبهور (마브후-르)	헐떡이는, 가쁘게 숨쉬는	بهق (바하끄)	버짐(의학)
بهرج (바흐라자)	치장하다, 겉치레하다	بهقان (부흐까-ㄴ)	버짐

أبهم (아브하마)	1.애매하다 2.애매하게 하다	بهل (바힐라)	저주하다
استبهم (이스타브하마)	애매해지다	تباهل (타바-할라)	서로 저주하다
بهم (바함)	제일 먼저 태어난 새끼소 (새끼 양, 새끼염소)	ابتهل (이브타할라)	빌다, 간청하다
بهم (바훔)	새끼	باهل (바-힐)	한가한, 일이 없는
بهيم (바히-ㅁ)	동물, 짐승	بهلة (바흘라)	저주
بهيمي (바히-미)	1.가축의, 짐승의 2.짐승 같은, 잔인한	بهلى (바흘라)	얼굴을 드러낸, 면사포를 쓰지 않는
بهيمية (바히미-야)	야수성, 잔인성	بهلول (바흐루-ㄹ)	어릿광대, 익살꾼
بهيمة (바히-마)	동물, 짐승, 가축	بهلوان (바흘라와-ㄴ)	곡예사
بهمة (바흐마)	새끼	بهلوانية (바흘라와-니야)	곡예
إبهام (이브하-ㅁ)	1.엄지손가락 2.애매함	ابتهال (이브티하-ㄹ)	애원, 간청
مبهم (무브함)	애매한, 희미한, 모호한, 미심쩍은	مبتهل (무브타힐)	1.간청하는, 기원하는 2.간청자

بوب (바우와바)	1.장으로 나누다(책을) 2.선별, 분류하다	**بهى** (바히야)	1.아름답다 2.빛나다
باب (바 - 브)	1.문, 입구, 대문 2.책의 장 3.칼럼 4.과(생물의)	**باهى** (바 - 하)	1.자랑하다, 뽐내다 2.미를 경쟁하다
بابة (바 - 바)	부류, 종류	**تباهى** (타바 - 하)	자랑하다, 자만하다, 우쭐대다
بواب (바우와 - 브)	문지기, 경비	**بهاء** (바하 - 으)	우아함, 아름다움, 화려함
بوابة (바우와 - 바)	대문, 큰 문	**بهى** (바히유)	1.아름다운, 화려한 2.빛나는, 찬란한
تبويب (타브위 - 브)	장의 분류	**مباهاة** (무바하 -)	자랑, 자만
مبوب (무바우와브)	분류된	**متباه** (무타바 - 힌)	1.자랑하는 2.자랑꾼
باح (바 - 하)	1.드러나다 2.누설하다	**بوأ** (바우와아)	거주시키다
أباح (아바 - 하)	1.허용하다 2.합법화하다 3.누설하다	**تبوأ** (타바우와아)	앉다, 오르다(직위에)
استباح (이스티바 - 하)	1.유린하다 2.몰수하다	**بيئة** (비 - 아)	1.위치, 장소 2.형편, 처지 3.환경 4.거처, 주택
باحة (바 - 하)	공터, 마당, 뜰	**مباءة** (무바 - 아)	1.거처 2.발원지 3 근원

إباحة 1.누설 2.허가, 허용
(이바 - 하) 3.방종 4.무죄

إباحي 자유사상가, 허무주의자
(이바 - 히유)

إباحية 1.허무주의
(이바 - 히야) 2.완전한 자유

استباحة 몰수, 유린
(이스티바 - 하)

مباح 1.자유로운 2.합법적인
(무바 - 흐) 3.허용된

مستباح 유린된, 짓밟힌
(무스타바 - 흐)

باخ 1.꺼지다(불이),
(바 - 카) 가라앉다(노여움이)
2.상하다(음식이) 3.색이 날다

بايخ 1.공담 2.야비한 언사
(바 - 이크)

بوذ 부처
(부 - 다)

بوذي 1.불교의 2.불교신자
(부 - 디)

بوذية 불교사상, 불교
(부 - 디야)

بار 1.피멸하다 2.불경기가 되다
(바 - 라) 3.실패하다

بور 묵히다(땅을)
(바우와라)

بائر 1.가꾸지 않는, 묵은(땅이)
(바 - 이르) 2.체화된

بور 좋지 못한, 메마른, 묵은
(부 - 르)

بوار 1.멸망 2.침체, 불경기
(바와 - 르) 3.황폐, 메마른 것

بورصة 거래소
(부 - 르사)

باس 입 맞추다, 키스하다
(바 - 싸)

بوس 입맞춤
(바우쓰)

بوسة 키스, 입맞춤
(바우싸)

بوستة 우체국
(부 - 쓰타)

بوستجي (부쓰타지)	우체부, 우편배달부	**إبالة** (이발 - 라)	상품꾸러미
باش (바 - 샤)	물에 담그어 무르게하다	**بوالة** (바우왈 - 라)	공중변소
بوش (바우쉬)	폭도, 오합지중, 어중이떠중이	**مبال** (무발 - 린)	걱정. 염려가 되는
بوصلة (부 - 슬라)	나침반	**مبالاة** (무발라 - 트)	염려, 관심
بوق (바우와까)	나팔. 트럼펫을 불다	**مبولة** (미브왈라)	1.요강 2.변소, 화장실
بوق (부 - 끄)	나팔	**بولاد** (불라 - 드)	철강
بواق (바우와 - 끄)	나팔수	**بات** (바 - 타)	1.밤을 지새우다 2.…으로 되다 3.시작하다
بال (발 - 라)	오줌 싸다, 소변보다		
تبول (타바우왈라)	오줌 싸다, 소변보다	**بيت** (바이야타)	1.밤을 지새다 2.숙박하다 3.유급당하다
بال (바알)	마음, 회상	**بايت** (바 - 이트)	1.묵은(땅이), 오래된 2.낙제생, 유급생
بول (바울)	오줌	**بيات** (바야 - 트)	1.숙박 2.밤의 습격

بيت (바이트)	집, 주택 2.가정 3.거처 4.가족 5.지역, 구역
مبيت (마비 - 트)	1.숙박 2.여인숙, 거처
مبيت (무바이이트)	음모자, 모사꾼
باد (바 - 다)	소멸하다, 사멸하다
أباد (아바 - 다)	1.소탕하다 2.뿌리 뽑다
إبادة (이바 - 다)	1.소탕, 제거, 파괴, 파멸 2.근절, 박멸
بائد (바 - 이드)	1.섬멸한, 멸망한, 멸종된 2.지나간, 옛날의
بيداء (바이다 - 으)	사막, 황야, 무인지경
مبيد (무비 - 드)	1.파멸적인, 소멸하는, 박멸하는 2.살충제
باض (바 - 돠)	하얗게 되다, 희어지다
بيض (바이아돠)	1.표백하다 2.정서하다 3.찔다(쌀 등을)
أبيض (이브얏돠)	1.표백되다 2.기뻐하다
بيض (바이드)	계란, 달걀
بياض (바야 - 드)	1.흰색 2.횟가루물
بياضات (바야돠 - 트)	속옷
بويضة (부와이돠)	작은 알(곤충 등의)
أبيض (아브야드)	1.흰 2.깨끗한, 말끔한
تبييض (타비 - 드)	1.표백 2.회칠 4.정서필사, (책의)
مبيض (무비 - 드)	1.표백공 2.미장공 3.석도금공 4.필경사
بيطر (바이따라)	편자를 박다(말발굽에)
بيطار (바이따 - 르)	수의사
بيطرة (바이따라)	수의학

바

73

باع (바 - 아)	팔다, 매매하다
بيع (바이야아)	팔게끔 하다
بايع (바 - 야아)	1.계약을 체결하다 2.선서, 서약하다
أباع (아바 - 아)	팔려고 내놓다
ابتياع (이브티야 - 아)	사다, 구입하다
بائع (바 - 이으)	상인, 판매원
بيع (바이으)	판매
بيعة (바이아)	1.판매행위 2. 매매, 교역 3.선서, 서약
مبيع (마비 - 으)	1.팔린 2.판매 3.상품
مبتاع (무브타 - 으)	구매자
مبايعات (무바야아 - 트)	판매계약
بان (바 - 나)	1.헤어지다 2.명백해지다 3.드러나다
بين (바이야나)	1.해명하다 2.드러내다, 폭로하다
باين (바 - 야나)	1.헤어지다 2.모순되다 3.떠나다
تبين (타바이야나)	1.명백해지다 2.탐문하다 3.알려고 하다 4.조사하다
تباين (타바 - 야나)	차이나다, 구별되다
استبان (이스티바 - 나)	명백해지다, 해명하다
بين (바이나)	사이에, 가운데에
بين (바이인)	명백한, 확실한, 뚜렷한
بينة (바이이나)	증거
بيان (바야 - ㄴ)	1.명료성 2.해설 3.선언 4.내용설명서
تبيان (티브야 - ㄴ)	서술, 설명, 해설

اتباين 1.차이, 구별 2.모순, 대립
(타바 - 유느)

مبين 명백한, 명료한, 뚜렷한
(무비 - ㄴ)

متباين 차이나는, 여러 가지의
(무타바 - 인)

بيولوجيا 생물학
(비율루 - 지야)

(التاء : 타)

تابوت 1.상자, 곽 2.관, 널
(타부-트)

تارة 1.한번 2.때때로, 가끔
(타-라탄)

تازج 생생한, 신선한(채소 등이)
(타-자즈)

تأم 쌍둥이를 낳다
(타아마)

توأم 쌍둥이
(타우암)

تب 멸망하다
(탑바)

استباب 질서, 안정, 정상
(이스티바-브)

تبر 소멸하다, 소탕하다
(타바라)

تبار 소멸, 멸망, 죽음
(타바-르)

تبر 광석, 금광석
(티브르)

تبع 1.뒤따르다 2.종속되다 3.계승하다
(타비아)

تابع 1.따르다 2.계속하다 3.찬동하다
(타-바아)

أتبع 종속시키다, 뒤따라 보내다
(아트바아)

تتبع 1.주시하다 2.연구하다 3.미행하다
(타탑바아)

تتابع 꼬리를 물고 일어나다
(타타-바아)

اتبع 1.뒤따르다 2.실시하다 3.지침으로 삼다 4.준수하다
(잇타바아)

تبعة 1.소속 2.예속 3.국적 4.결과 5.책임
(타비아)

تابع 1.뒤따르는 2.종속된 3.부하
(타-비으)

تابعة 1.결과 2.책임
(타-비아)

تابعية 1.소속, 종속 2.속성
(타-비이-야)

إِتْبَاع (잇티바 - 으) 1.뒤따름 2.실시(정책의)	**مُتَبَّل** (무탑발) 양념이나 간을 잘 맞춘
اتباعية (잇티바이 - 야) 고전주의	**تَبَانة** (탑바 - 나) 은하수
تَتَبُّع (타탑부으) 계속, 추종	**تَبَوُّع** (타바우와아) 구토하려고 하다
تَتَابُع (타타 - 부으) 1.뒤따르는 것 2.연속 3.이어달리기	**تُجَاه** (투자 - 하) 1.맞은편에 2.대하여
تَوَابِع (타와 - 비으) 1.부속품 2.위성	**تَجَر** (타자라) 장사하다, 교역하다
مُتَابَعة (무타 - 바아) 1.뒤따름, 추종 2.계속	**تَاجَر** (타 - 자라) 장사하다, 교역하다
مُتَتَابِع (무타타 - 비으) 1.뒤따르는 2.시종일관	**تَاجِر** (타 - 지르) 상인
تَبْغ (타브그) 담배, 잎담배	**تِجَارة** (티자 - 라) 1.상업, 무역 2.상품
تَبَّل (타발라) 쇠약하게,병들게 하다	**مَتْجَر** (마트자르) 1.무역 2.상점 3.상품
تَبَّل (탑발라) 양념을 치다, 간을 맞추다	**تَحْت** (타흐타) 아래의, 밑
تَابَل (타 - 빌) 양념, 조미료	**تَحَوُّت** (투후 - 트) 하층사회

تحفة (투흐파)	1.선물 2.미술작품 3.귀중품, 골동품	**تخم** (투크므)	한계, 경계
متحف (마트하프)	박물관	**تخمة** (투크마)	소화불량
تخ (탓카)	발효하다, 시큼해지다	**متاخم** (무타 - 키무)	인접한, 접경한, 맞닿은
تخت (타크트)	1.긴 의자, 걸상 2.상자 3.옷장	**متخوم** (마트쿠 - 므)	소화불량 환자
تختة (타크타)	1.책상 2.흑판, 칠판	**تخن** (타키나)	비대해지다, 살찌다
تختخ (타크타카)	썩다, 쉬다, 부패하다	**تخن** (투크느)	비대, 살찜
تختخة (타크타카)	발효	**ترابيزة** (타라비 - 자)	책상
تخم (타카마)	경계선을 긋다	**تراث** (투라 - 쓰)	유산
تخم (타키마)	1.과식하다 2.소화불량에 걸리다	**ترب** (타리바)	먼지가 끼다, 먼지가 앉다
تاخم (타 - 카마)	인접하다, 접경하다	**تارب** (타 - 라바)	동갑이 되다, 동등해지다
اتخم (잇타카마)	1.소화불량에 걸리다 2.계속 먹어대다	**تراب** (투라 - 브)	먼지, 흙, 토양

ترب (티르브)	1.동료, 동갑 2.상대가 되는 3.당대의	**مترجم** (무타르짐)	통역사, 번역사
ترب (타리브)	먼지가 낀, 먼지투성이의	**ترح** (타리하)	슬퍼하다, 애달파하다
تربة (투르바)	1.땅, 토양 2.묘지, 무덤	**تترح** (타타르라하)	애달파하다, 슬퍼하다
تريبة (타리-바)	가슴, 가슴뼈	**ترح** (타라흐)	비애, 슬픔
مترب (무트라브)	먼지가 낀, 먼지투성이의	**ترز** (타리자)	1.바싹 바르다 2.굳어지다
متربة (마트라바)	가난, 빈곤	**تارز** (타-리즈)	1.마른 2.굳은, 딴딴한
تربس (타르바싸)	빗장을 치다, 차단하다	**ترس** (타르라싸)	1.방패로 막다 2.바리케이드를 치다
ترباس (티르바-쓰)	빗장, 쐐기	**ترس** (투르쓰)	방패
ترجم (타르자마)	1.통번역하다 2.해석하다	**ترس** (티르쓰)	1.이빨 2.톱니바퀴
ترجمان (투르자마-ㄴ)	번역사, 통역사	**ترسانة** (타르싸-나)	1.병기창, 무기고 2.도크, 조선소
ترجمة (타르자마)	1.번역, 통역 2.해설, 설명, 해석	**ترسينة** (타르씨-나)	발코니, 베란다

타

مترس (미트라쓰)	1.장벽, 바리케이드 2.빗장 3.뚝	**تارك** (타 - 라카)	휴전하다, 정전하다
ترش (타리샤)	고약해지다	**تركيا** (투르키야)	터키
ترش (타리슈)	성질이 고약한	**تركة** (타라카)	유물, 유산
ترع (타리아)	가득 차다	**تريكة** (타리 - 카)	노처녀
ترعة (투르아)	1.운하 수로, 도랑 2.문	**متاركة** (무타 - 라카)	정전, 휴전
مترع (무트라오)	가득 찬, 철철 넘치는	**متروك** (마트루 - 크)	버림받은
ترف (타리파)	부유한 생활을 하다, 호의호식하다	**متروكات** (마트루카 - 트)	유물, 유산
تترف (타타르라파)	호강하다	**تره** (타리하)	1. 빈둥거리다 2.시시한 일을 하다
ترف (타라프)	호사, 호강, 부유한 생활	**ترهة** (투르라하)	1.어리석은 짓 2.빈말 3.사소한 일 4.지름길
مترف (무트라프)	안락한, 호화로운, 호강스러운	**تاسع** (타 - 씨으)	아홉 번째의
ترك (타라카)	1.남기다 2.버리고 가다 3.유산으로 남기다 4.내버려두다 5.포기하다	**تسع** (투쓰으)	9분의 1

تسعة (티쓰아)	아홉, 9	**تعتعة** (타으타아)	1.흔드는 것 2.말을 더듬는 것
تسعون (티쓰우 - 나)	90	**تعس** (타이싸)	불행하게 되다
تسعينات (티쓰이나 - 트)	90년대	**تعِس** (타이 - 쓰)	불쌍한, 가련한, 불행한, 비참한
تشرين (티쉬리 - ㄴ)	10월	**تعاسة** (타아 - 싸)	불행
تعب (타이바)	1.피곤해하다, 지치다 2.일하다	**متعوس** (마트우 - 쓰)	불쌍한, 가련한, 비참한
أتعب (아트아바)	지치게 하다, 고생시키다	**تفاح** (툿파 - 흐)	사과
تعب (타압)	1.피곤, 피로 2.노동, 근로 3.고생	**تفل** (타팔라)	침을 뱉다
تعبان (타으바 - ㄴ)	피곤한, 지친	**تفال** (투파 - ㄹ)	침
متعب (무트압)	피곤한, 지친	**تفه** (타피하)	1.하찮다, 시시하다 1.음식 맛이 없다
متعبة (마트아바)	곤란, 난관	**أتفه** (아트파후)	1.아주 시시한 2.전혀 맛이 없는
تعتع (타으타아)	1.흔들다 2.학대하다 3.말을 더듬거리다	**تافه** (타 - 피흐)	1.케케묵은 2.맛없는 3.사소한

تفه (타파흐)	시시한 것, 보잘것 없는 것
تقن (타까나)	완벽하다, 능통하다
أتقن (아트까나)	능숙하다, 정통하다
إتقان (이트까 - ㄴ)	1.정통, 기교 2.정확성
متقن (무트깐)	완전무결한, 정통한
تقوى (타끄와)	신앙심이 깊은 것, 경건
تل (탈르)	고지, 언덕, 구릉, 작은 산
تليل (툴라일루)	작은 언덕
تلع (탈라아)	들다, 올리다
أتلع (아틀라우)	목이 긴
تلعة (탈아)	고지, 언덕
تلف (탈리파)	1.멸망하다 2.망가지다 3.파괴되다
أتلف (아틀라파)	1.파괴하다 2.멸망시키다 3.썩이다, 부패시키다
تلف (탈라프)	1.손해, 손실 2.부패 3.멸망 4.파손
تالف (탈 - 리프)	1.망가진, 못쓰게 된 2.썩은, 부패한
إتلاف (이틀라 - 프)	1.파괴, 파손 2.썩이는 것
متلوف (마틀루 - 프)	1.썩은 2.망가진
تلفاز (틸파 - 즈)	텔레비전 수상기
تلفزيون (틸피지 - 윤)	텔레비전
تلفون (틸리푸 - ㄴ)	전화, 전화기
تلم (탈리마)	파렴치해지다
تلامة (탈라 - 마)	파렴치, 철면피

تلمود (탈무-드)	탈무드, 유대인의 종교서
تملذ (타말라자)	제자로 삼다, 학생으로 만들다
تلميذ (틸미-즈)	학생, 제자, 생도
تلميذة (틸미-자)	여학생
تلا (탈라)	1.뒤따르다 2.낭송하다
تتالى (타탈-라)	바꾸다(날이), 뒤따르다, 연속되다
تال (탈-린)	다음의, 계속되는
تلاوة (틸라-와)	암송, 낭송
متتال (무타탈-린)	연속적인, 계속적인
تليس (탈리-쓰)	주머니, 자루, 포대
تم (탐마)	1.완전해지다 2.끝나다
أتم (아탐마)	완성하다
تام (탐-므)	완전한, 완성된
تميمة (타미-마)	부적
تمام (타마-ㅁ)	1.완전한 2.완전한 것 3.끝, 마감
إتمام (이트마-ㅁ)	완결, 완수, 완성
متمم (무탐미므)	1.보충하는 2.추가하는
تمر (타므르)	익은 종려나무 열매
تمساح (팀싸-흐)	악어
تمغة (타므가)	상표, 표식, 기호, 도장
تموز (타무-즈)	7월
تنبل (탄발라)	나태하다, 게으름피우다

توبة (타우바)	후회, 뉘우침, 참회	تنبل (탄발)	1.게으른, 나태한 2.게으름뱅이
تويل (타우발라)	양념을 하다	تنبلة (탄발라)	게으름, 나태, 태만
توت (투 - 트)	1.오디 2.뽕나무	تنور (탄누 - 르)	오븐, 화로
توج (타우와자)	왕좌에 앉히다, 즉위시키다	تنورة (탄누 - 라)	치마, 스커트
تتوج (타타우와자)	왕관을 쓰다	تهم (타히마)	썩은 냄새가 나다
تاج (타 - 즈)	왕관, 면류관	أتهم (아트하마)	1.의심하다 2.고발하다
تتويج (타트위 - 즈)	왕위 즉위	تهم (타함)	썩은 내 나는, 구린내 나는
متوج (무타우와즈)	월계관을 쓴	تهمة (투흐마)	1.의심, 혐의 2.고발, 기소
توراة (타우라 - 트)	구약성서, 토라	تاب (타 - 바)	1.후회하다, 회개하다 2.포기하다
تاح (타 - 하)	1.마련되다 2.운명 지워지다	تتاوب (타타 - 와바)	하품하다
أتاح (아타 - 하)	주다, 주어지다(기회가)	تواب (타우와 - 브)	1.후회하는 2.용서하는

타

84

إتاحة (이타 - 하)	주어짐(기회가)	**تيهاء** (타이하 - 으)	황야, 무인지경
تاق (타 - 까)	갈망하다, 열망하다, 그리워하다	**توهان** (타우하 - ㄴ)	헤매는 것, 방황
تائق (타 - 이끄)	갈망하는, 그리워하는	**متاهة** (마타 - 하)	1.황야, 무인지경 2.미로, 미궁
توق (타우끄)	그리움, 갈망	**تيار** (타이야 - 르)	1.흐름 2.경향, 사조 3.전류
تال (탈 - 라)	홀리다, 유혹·매혹시키다	**تين** (티 - ㄴ)	무화과
تولة (타울라)	유혹, 매혹		
متول (무타우왈)	매혹된, 유혹된		
تونس (투니 - 쓰)	튀니지		
تاه (타 - 하)	1.헤매다 2.멸망하다, 죽다 3.혼란되다		
أتاه (아타 - 하)	당황하게 만들다		
تيه (티 - 흐)	1.교만 2.황야, 무인지경		

타

(الثاء : ㅆ)

ثأب 하품하다
(싸이바)

تثاءب 1.하품하다
(타싸-아바) 2.알아내다(소식을)

ثأب 하품
(싸으브)

ثأر 복수하다, 앙갚음하다
(싸아라)

تثاءر 서로 복수하다
(타싸-아라)

ثائر 1.복수하는 2.복수자
(싸-이르)

إثار 복수, 앙갚음
(이싸-르)

ثبت 1.움직이지 않다
(싸비타) 2.확고부동하다
3.고수하다 4.증명되다

أثبت 1.증명하다 2.고착시키다
(아쓰바타) 3.기입하다

تثبّت 1.공고해지다 2.확증되다
(타쌉바타) 3.확신하다

ثبت 1.증거, 증명 2.색인(책의)
(싸바트)

ثابت 1.확고부동한 2.항구적인
(싸-비트) 3.확립된 4.확실한
5.상설적인

إثبات 1.확증 2.확인
(이쓰바-트) 3.증명 4.긍정

ثبوت 1.강인성 2.안정성,
(쑤부-트) 견고성, 3.확신성

تثبيت 확증, 확인
(타쓰비-트)

مثبت 1.확정된, 확인된
(무쌉바트) 2.고착된, 고정된

ثبر 1.축출하다
(싸바라) 2.파괴하다, 멸망시키다

ثبور 멸망, 파괴
(싸부-르)

مثابرة 인내성, 완강성, 끈기
(무싸-바라)

ثبط (싸바따)	저지시키다, 방해하다, 억제하다	**ثرى** (싸라)	부유해지다, 부자가 되다
مثبط (무쌉비뜨)	실망하는, 용기를 잃은	**ثراء** (싸라 - 으)	1.재물, 재산 2.풍부
ثخن (싸쿠나)	1.굵다, 두껍다 2.촘촘하다, 빽빽하다 3.거칠다	**ثريا** (쑤라이야)	샹들리에
ثخين (싸키 - ㄴ)	1.촘촘한 2.조잡한	**ثرى** (싸란)	1.축축한 땅, 습지 2.습기, 누기
ثخانة (싸카 - 나)	1.굵기 2.농도 3.조잡성	**ثعبان** (쑤으바 - ㄴ)	뱀, 살모사
ثدي (싸드유)	1.유방, 젖꼭지 2.유방의	**ثعلب** (싸을라브)	여우
ثرب (싸라바)	비난하다	**ثعلبى** (싸을라비)	여우같은, 간사한
تثريب (타쓰리 - 브)	비난, 힐책	**ثغر** (싸가라)	구멍을 뚫다
ثرثر (싸르싸라)	1.지껄이다 2.분산시키다 3.혼합하다(음식물을)	**انثغر** (인싸가라)	구멍이 나다
ثرثار (싸르싸 - 르)	1.말이 많은, 수다스러운 2.수다쟁이	**اتثغر** (잇싸가라)	돋아나다(이빨이)
ثرثرة (싸르싸라)	잡담, 지껄임, 수다스러움	**ثغر** (싸가르)	1.입 2.앞니 3.항구 4.골짜기 5.국경지대

싸

ثُغْرة (쑤그라)	1.구멍 2.통로 3.간격
ثُغْل (쑤글)	찌끼, 앙금
ثَقَب (싸까바)	구멍내다, 뚫다, 꿰찌르다
انْثَقَب (인싸까바)	뚫리다, 관통되다
ثَقْب (쑤끄브)	구멍, 틈새
مِثْقاب (미쓰까-브)	착공기, 드릴
مَثْقوب (마쓰꾸-브)	구멍 난, 구멍이 송송한
ثَقَّف (싿까파)	1.교육하다, 계몽하다 2.교화하다
ثَاقَف (싸-까파)	칼놀이하다, 칼싸움 하다
ثَقيف (싸끼-프)	총명한, 영리한, 재간있는
تَثْقيف (타쓰끼-프)	교양, 수양, 계몽
ثَقافة (싸까-파)	1.문화 2.교육 3.문화수준
مُثَقَّف (무싿까프)	교양 있는, 교육을 받은, 학식 있는
مُثاقَفة (무싸-까파)	펜싱, 칼놀이
ثَقُل (싸꿀라)	1.무겁다 2.어렵다, 괴롭다
أَثْقَل (아쓰깔라)	괴롭히다, 부담을 주다
ثِقْل (싸낄)	1.무게, 중량 2.짐, 부담
ثِقْلة (싸낄라)	1.짐, 화물 2.난관, 곤란
ثَقيل (싸끼-ㄹ)	1.무거운 2.시끄러운 3.진한(커피가) 4.고된, 힘든
مُثَقَّلات (무싿깔라-트)	아령
مِثْقال (미쓰까-ㄹ)	1.저울추 2.미량 3.핵

مستقل (무스타쓰낄)	1.눈이 감기는(졸려서) 2.깊이 잠든	**ثالوث** (쌀루 - 쓰)	삼위일체
ثكل (싸킬라)	자식을 잃다	**ثلاثة** (쌀라 - 싸)	셋, 3
أثكل (아쓰칼라)	아이를 빼앗아가다	**ثلاثينات** (쌀라씨나 - 트)	30년대
ثاكل (싸 - 킬)	아이를 잃은 어머니	**ثلاثون** (쌀라쑤 - 나)	30
ثلب (쌀라바)	1.비방하다 2.망신시키다	**مثلث** (무쌀라쓰)	삼각형
ثلب (쌀브)	중상, 모략	**ثلج** (쌀라자)	얼리다, 냉각시키다
مثلبة (마쓸라바)	1.결함, 흠 2.모욕, 중상	**ثلج** (쌀즈)	1.눈 2.얼음
ثلث (쌀라싸)	1.삼등분하다 2.세배로 하다	**تثليج** (타쓸리 - 즈)	냉동시키는 것
ثلث (쑬쓰)	3분의 1	**ثلاجة** (쌀라 - 자)	얼음통, 냉장고
تثليث (타쓸리 - 쓰)	1.삼등분, 세곱하기 2.삼위일체론	**مثلج** (무쌀라즈)	1.얼린 2.냉각된 3.차가운, 차디찬
ثالث (쌀 - 리쓰)	세 번째	**مثلج** (마쓸라즈)	얼린

ثمر (싸마라)	열매를 맺다	مثلجات (무쌀라자-트)	청량음료
ثمر (싸마르라)	1.열매를 맺게 하다 2.이용하다 3.투자하다	ثلم (쌀라마)	1.모독하다 2.구멍을 뚫다 3.무디게 하다 4.유린하다(정조를)
استثمر (이스타쓰마라)	1.이용하다 2.착취하다 3.투자,개발하다	أثلم (아쌀라마)	무디게 하다
ثمر (싸마르)	1.과일, 열매 2.생산물 3.이윤 4.성과, 결과	انثلم (인쌀라마)	1.무디어지다 2.유린되다(명예가)
استثمار (이스티쓰마-르)	1.투자 2.이용 3.착취 4.개발	ثلمة (쑬마)	1.구멍 2.무딘 것
مثمر (무쓰미르)	1.열매를 맺는 2. 생산성이 높은	مثلوم (마쓸루-ㅁ)	훼손된(명예가)
ثمل (싸말라)	술에 취하다	منثلم (문쌀람)	평판이 나쁜
ثمالة (쑤말-라)	1.앙금, 찌꺼기 2.거품	ثم (쌈마)	개선.개혁.개량하다
ثمل (싸말)	도취, 취하는 것	ثم (쑴마)	1.거기에, 그곳에 2.그래서, 그러므로
مثملة (마쓰말라)	물통, 물탱크	ثم (쌈마)	1.거기에 2.있다
ثمن (싸무나)	귀중하다, 값지다		

ثمن	8분의 1
(쑤무느)	

ثمانية	8, 여덟
(싸마 - 니야)	

ثمانون	80, 여든
(싸마누 - 나)	

ثمانيات	80년대
(싸마니야 - 트)	

ثمين	값진, 귀중한, 고귀한
(싸미 - ㄴ)	

تثمين	평가, 가격상정
(타쓰미 - ㄴ)	

ثنى 1.굽히다 2.들리다(방향을)
(싸나) 3.포개다 4.두배로 하다

أثنى 1.칭찬 2.말리다, 억제하다
(아쓰나)

استثنى 제외하다, 예외로 하다
(이스타쓰나)

ثناء	1.칭찬, 찬양 2.감사
(싸나 -)	

ثنائى 1.이중의 2.쌍무적인,
(쑤나 - 이) 3.양면의

ثنائية 이중성, 양면성
(쑤나이 - 야)

ثانية	초(시간의)
(싸 - 니야)	

ثانوى 1.두 번째의 2.부차적인,
(싸 - 나위) 이차적인 3.중등의

أثناء	…동안에, …때에
(아쓰나 -)	

إثنان	1.둘 2.쌍
(이쓰나 - 니)	

تثنية 1.접는 것 2.반복
(타쓰니야) 3.두 곱하는 것, 배가
4.쌍수(문법)

استثناء	1.예외 2. 면죄
(이스티쓰나 -)	

مثنى 1.쌍의, 두 곱의
(무싼나) 2.두 개로 구성된
3.쌍수(문법)

مستثنى	제외된, 예외의
(무스타쓰나)	

ثاب 돌아오다, 회복.완쾌되다
(싸 - 바)

ثوب (싸우와바)	1.표창하다, 상을 주다 2.돌아오다
أَثاب (아싸 - 바)	1.보수를 주다 2.채우다
ثوب (싸우브)	1.옷 2.형태
ثواب (싸와 - 브)	1.표창, 보수 2.꿀 3.꿀벌 4.비 5.선량한 일
ثياب (씨야 - 브)	옷, 의상
مثابة (마싸 - 바)	1.집회, 회합장소 2.정도, 등급
مثوبة (마쑤 - 바)	보수, 상장
ثار (싸 - 라)	1.폭동을 일으키다 3.터지다(화산이) 4.오르다(연기)
ثور (싸우와라)	1.혁명을 하다 2.연구하다
أثار (아싸 - 라)	1.흥분시키다 2.야기시키다
ثور (싸우르)	황소, 소
ثورة (싸우라)	1.혁명, 폭동 2.분출(화산) 3.발발(전쟁의) 4.암소
ثورية (싸우리야)	혁명
ثائر (싸 - 이르)	1.분노 2.파도가 이는 3.폭동을 일으키는 4.바람이 세찬 5.반란자 7.분노한
ثائرة (싸 - 이라)	1.흥분 2.분노, 발작
إثارة (이싸 - 라)	흥분, 격동
مثير (무씨 - 르)	1.일으키는 2.흥분시키는 3.선동자, 주동자
ثوم (쑤움)	마늘
ثوى (싸와)	1.머물다 2.누워있다(무덤) 3.매장되다
مثوى (마쓰와)	1.주거지, 집 2.기숙사, 여관, 호텔

ثيب 1.처녀성을 잃은 여자
(싸이브) 2.과부 3.이혼녀

싸

جَبَرُوت (자바루 - 트)	위력, 힘
جَبَّار (잡바 - 르)	1. 거대한 2.잔인한 3.폭군 4.절대자
جَبَّارَة (잡바 - 라)	접골
إِجْبَار (이즈바 - 르)	강요, 강박, 강압, 강제
تَجْبِير (타즈비 - 르)	접골
جِبْرِيل (지브릴)	가브리엘 천사
جِبْرِيَاء (지브리야 -)	교만성, 거만성
مُجَبِّر (무잡비르)	접골사, 접골의사
مُجْبَر (무즈바르)	부득이한, 강요당하는
جَبَّس (잡바싸)	1.벽에 회칠을 하다 2. 깁스하다
جِبْس (자바쓰)	석고, 깁스

(الجِيم : 짐)

جَأَش (자아샤)	가슴이 울렁이다
جَأْش (자으쉬)	흥분, 불안 2.마음, 심장
جَبّ (잣바)	1.절단하다 2.이기다, 압도하다
جُبّ (줍브)	1.깊은 우물 2.지하감방 3.웅덩이
جُبَّة (줍바)	줍바(소매가 터진 상의)
جَبَرَ (자바라)	1.뼈를 제자리에 맞추다 2. 수리하다 3.도와주다 4.강요하다
أَجْبَرَ (아즈바라)	강요하다, 강박하다
تَجَبَّرَ (타잡바라)	1.뼈 제자리에 맞추어지다 2.횡포를 부리다
جَبْر (자브르)	1.접골 2.대수 3.운명 4.강박, 강요
جَبِيرَة (자비 - 라)	깁스, 부목

جبين (자비 - ㄴ)	1.비겁한, 소심한 2.겁쟁이 3.이마	جبّاس (잡바 - 쓰)	미장공
جبنين (주브니 - ㄴ)	누룩, 효모, 발효제	جبل (자발라)	1.만들다, 주조하다 2.반죽하다
جبان (자바 - ㄴ)	1.겁 많은 2.소심한 사람	أجبل (아즈발라)	산에 올라가다, 산으로 들어가다
جبانة (자바 - 나)	비겁, 소심	جبل (자블)	반죽, 형성
جبانة (잡바 - 나)	묘지, 무덤	جبل (자발)	산, 산맥
مجبنة (마즈나바)	치즈공장	جبلاوي (자발라 - 위)	1.산에서 사는 2.산골 사람
جبه (자바하)	1.맞대들다 2.이마를 때리다	جبلاية (자발라 - 야)	인공으로 만든 동굴
جابه (자 - 바하)	1.대면하다 2.나서다 3.물리치다	جبلة (지빌라)	본성, 천성, 성질
جبهة (자브하)	1.이마 2.전선	جبن (자바나)	비겁하게 행동하다
مجابهة (무자 - 바하)	대치, 맞서는 것	جبن (잡바나)	1.치즈를 만들다 2.우유가 엉기다
جبى (자바야)	징수하다, 모으다	جبن (주분)	치즈

اجتبى (이즈타바)	고르다, 선택하다	جحود (주후 - 드)	1.부정 2.불신 3.배은망덕
جاب (자 - 빈)	세금 징수원	جحر (자하라)	동물이 굴속으로 숨다, 들어가다
جباية (자바 - 야)	세금징수	جحر (주흐르)	굴(짐승의)
جث (잣싸)	근절하다, 뿌리 채 뽑다	مجحر (마즈하르)	은폐지
جثة (줏싸)	1.시체, 송장, 주검 2.신체	جحظ (자하좌)	눈망울이 불룩 나오다
جثم (자싸마)	1.쪼그리고 앉다 2. 숨다	جاحظ (자 - 히즈)	1.눈알이 튀어나온 2.튀어나온 눈
جثوم (주쑤 - ㅁ)	악몽	جحف (자하파)	1.쓸어가다 2.편들다, 역성들다
جثمان (주쓰마 - ㄴ)	몸, 신체	أجحف (아즈하파)	1.해를 끼치다, 부당하게 대하다 2.억압하다
جثا (자싸)	무릎을 꿇다, 꿇어앉다	اجتحف (이즈타하파)	1.빼앗다, 약탈하다 2.소멸하다
جثوة (주쓰와)	무덤, 봉분, 고분	جحاف (주하 - 프)	1.세찬 흐름 2.설사
جحد (자하다)	1.부정하다 2.믿지 않다 3.은혜를 저버리다	إجحاف (이즈하 - 프)	1.편견 2.불공평 3.손해, 손실 4.학대, 박해

مجحف (무즈하프)	1.박해하는 2.불공평한 3.탄압자
جحم (자하마)	1.불을 피우다 2.눈을 뜨다
أجحم (아즈하마)	1.삼가다, 억제하다 2.활활 타오르다
جاحم (자 - 힘)	1.불타는, 이글이글한 2.열렬한, 격렬한
جحيم (자히 - ㅁ)	지옥, 불지옥
جخ (잣카)	자랑하다, 큰소리치다
جخة (잣카)	뽐내는 말, 큰소리
جخاخ (자카 - 크)	1.우쭐대는, 허풍 치는 2.허풍쟁이
جد (잣다)	1.위대하다 2.심각하게 간주하다
جدد (잣다다)	1.새롭게 하다 2.갱신하다, 반복하다
جد (잣드)	1.위대한 것 2.행운, 행복 3.할아버지 4.조상, 선조
جد (짓드)	1.노력, 열성, 근면 2.심각성, 신중성, 진지한 것
جدية (짓디 - 야)	신중성, 침착성
جديد (자디 - 드)	1.새로운 2.신기한 새로운 것의
جدة (잣다)	할머니
جاد (잣 - 드)	1.신중한, 심각한 2.열성적인
تجديد (타즈디 - 드)	1.혁신 2.복구, 회복
مجدد (무잣디드)	1.혁신하는, 갱신하는 2.혁신자
مستجد (무스타잣드)	새로운, 최근의
جدب (자다바)	메마르다, 척박하다
جدب (자드브)	1.황량한 2.가뭄 3.흉작, 흉년
جديب (자디 - 브)	1.메마른 2.흉작의

إجداب (이즈바-브)	가뭄, 흉작	**مجدار** (미즈다-르)	허수아비
مجدب (무즈디브)	불모의, 척박한	**مجدور** (마즈두-르)	천연두에 걸린, 얼굴이 얽은
جدر (자두라)	1…할 자격이 있다 2.하여야한다	**جدع** (자다아)	잘라내다, 불구로 만들다
جدر (잣다라)	1.천연두를 앓다 2.뿌리를 내리다	**جذع** (자다으)	1.용감한 2.총명한 3.녀석 4.젊은이 5. 정열적인
جدر (지드르)	1.뿌리 2.감자	**أجدع** (아즈다우)	코.손.손가락 등이 잘린
جدير (자디-르)	…할 자격이 있는, 응당한, 마땅한	**جدف** (잣다파)	1.노를 젓다 2.꾸짖다
جدري (주다리)	마마, 천연두	**تجديف** (타즈디-프)	1.노젓기 2.욕, 꾸중
جديري (주다이리)	수두, 뜨리	**مجداف** (미즈다-프)	노(배를 젓는)
جدرة (자다라)	갑상선종, 종기, 혹	**جدل** (자달라)	1.꼬다, 따다, 엮다 2.넘어뜨리다
جدار (지다-르)	1.벽, 담벼락, 담장 2.기초, 토대	**جادل** (자-달라)	1.논쟁하다 2.말다툼하다
جدارة (자다-라)	능력, 자격	**تجادل** (타자-달라)	서로 논쟁하다

جدل (자달)	1.논쟁, 말다툼 2.변증법	**جدوى** (자드와)	1.선물 2.이익, 이득
جديل (자디-ㄹ)	노끈, 밧줄	**جدول** (자드왈라)	1.줄을 긋다 2.작성하다
جدلية (자달리-야)	변증법	**جدول** (자드왈)	1.개울, 실개천 2.명부, 일정표, 통계표, 도표
جدال (지다-ㄹ)	논쟁, 말다툼	**جدولة** (자드왈라)	줄긋기
مجادلة (무자-달라)	논쟁, 말다툼	**جذب** (자다바)	1.끌다, 당기다 2.유혹.유인하다
مجدل (미즈달)	논쟁을 일삼는 사람	**تجاذب** (타자-다바)	1.서로 잡아당기다 2.서로 마음이 끌리다
مجدول (마즈두-ㄹ)	1.엮어진, 꼰, 땋은 2.든든한	**انجذب** (인자다바)	1.끌리다 2.매혹되다 3.얼빠지다
جدا (자다)	주다, 선물하다, 선사하다	**اجتذب** (이즈타다바)	1.끌다, 잡아당기다 2.유혹.유인하다
أجدى (아즈다)	유익하다, 쓸모 있다	**جذب** (자다브)	끄는 것, 끌어당기는 힘
اجتدى (이즈타다)	빌다, 구걸하다	**جذبة** (자드바)	1.거리, 간격, 사이 2.애착 3.매혹, 매력
استجدى (이스타즈다)	구걸하다, 빌다	**جذبية** (자드비-야)	1.매혹, 매력 2.끌어당기는 힘

싸

جاذبية (자디비 - 야)	1.애착 2.매력 3.재미 4.끌어당기는 힘	**جذع** (지드으)	1.줄기, 대, 그루터기 2.몸뚱이
جذاب (잣다 - 브)	1.매혹적인 2.끌어당기는 힘이 있는 3.아기자기한	**جذل** (자달라)	기뻐하다, 즐거워하다
تجاذب (타자 - 두브)	서로 마음이 끌리는 것 상호인력, 결합	**أجذل** (아즈달라)	기쁘게 하다, 즐겁게 하다
اجتذاب (이즈티다 - 브)	1.끄는 것 2.유혹, 유인 3.잡아당기는 힘 (물리)	**جذل** (자달)	기쁨, 즐거움, 환희
مجذوب (마즈두 - 브)	1.미친, 매력 있는 2.미치광이	**جذلان** (자들라 - 누)	기쁜, 즐거운, 행복한
منجذب (문자디브)	1.매혹된 2.미친	**جذم** (자다마)	1.자르다, 베다 2.문둥병에 걸리다
جذر (자다라)	근절하다, 뿌리 뽑다	**أجذم** (아즈다무)	1.문둥병에 걸린 2.문둥이
جذرى (지드리)	1.뿌리, 근원 2.근본적인	**جذام** (주다 - 므)	문둥병
تجذير (타즈디 - 르)	근절	**جذم** (지담)	1.뿌리 2.줄기, 대
جذع (자다으)	1.젊은이 2.풋내기	**مجذم** (마즈담)	나병환자 촌
		مجذوم (마즈두 - 므)	문둥병에 걸린

싸

جَرَّ (자르라) 1.끌다 2.나르다, 옮기다 3.끌어넣다 4.꺼내다	جَرَّاءَ (자르라 -) …때문에, …하기에
جَرَّرَ (자르라라) 힘껏 끌어당기다, 잡아끌다	جَرَّارَة (자르라 - 라) 1.전갈 2.트랙터
أَجَرَّ (아자르라) 1.되씹다 2.연기,연장하다	اِنْجِرَارِيَّة (인자라리 - 야) 예인, 배 끌기
اِنْجَرَّ (인자르라) 1.끌리다 2.끌리어가다	مَجَرَّة (마자르라) 은하수
اِجْتَرَّ (이즈타르라) 새김질하다	مَجْرُور (마즈루 - 르) 1.끌리어가는 2.배수관, 하수도관
اِسْتَجَرَّ (이스타자르라) 1.천천히 끌다 2.외상으로 사다	جَرُؤَ (자루아) 1.대담성을 보이다 2.감히 …하다
جَرّ (자르르) 1.당기는 것, 끄는 것 2.유인	جَرَّأَ (자르라아) 용기를 북돋워주다
جَرَّة (자르라) 동이, 물동이	تَجَرَّأَ (타자르라아) 감히 …하다, 용기를 내다
جُرَّة (주르라) 발자국, 발자취, 바퀴자리	جَرَاءَة (자라 - 아) 대담성, 용감성, 용기
جِرَّة (지르라) 새김질	جُرْأَة (주르아) 대담성, 용감성, 담력
جَرِيرَة (자리 - 라) 죄악, 범죄	جَرِيئَة (자리 - 아) 덫, 함정

جَرُثومة 1.뿌리, 근본 2.싹 3.세균, (자르쑤 - 마) 박테리아, 미생물	**جَرِب** 옴을 앓다, 색이 바래다 (자리바)
مُجَرثَم 세균에 전염된, (무자르쌈) 세균이 묻은	**جَرَّب** 1.실험하다, 시험하다 (타자르라바) 2.유혹하다
جَرَج 차를 차고에 넣다 (자르라자)	**جَرَب** 피부병, 옴 (자라브)
جَراج 차고 (자라 - 즈)	**جِراب** 1.가죽가방 2.가방, 덮개 (지라 - ㅂ) 3.작은 주머니
جَرَح 1.상처를 입히다 (자라하) 2.반박하다	**جَورب** 양말 (자우라브)
انجَرح 부상당하다 (인자라하)	**أجرب** 1.옴에 걸린 2.옴 환자 (아즈라부)
اجتَرح 1.만들어내다 2.저지르다 (이즈타라하)	**تَجربة** 1.실험, 실습 2.경험 3.유혹 (타즈리바)
جُرح 상처 (주르흐)	**تَجربية** 경험주의 (타즈리비 - 야)
جَريح 1.부상한 2.부상자 (자리 - 흐)	**مُجَرَّب** 1.실험,시험된 2.세련된, (무자르라브) 경험 있는, 노련한
جارحة 1.기관, 부분 2.사나운 (자 - 리하) 날짐승(신체의)	**جَرثَم** 세균을 전염시키다 (자르싸마)
جَراح 외과의사 (자르라 - 흐)	**جُرثَمة** 세균, 전염 (자르싸마)

جِرَاحَة (지라 - 하)	1.상처 2.외과수술	**تَجْرِيدِي** (타즈리 - 디)	추상적인, 추상파의
تَجْرِيح (타즈리 - 흐)	1.상처를 입히는 것 2.모독 3.반박	**تَجْرِيدَة** (타즈리 - 다)	원정, 출정, 원정대
مَجْرُوح (마즈루 - 흐)	1.부상당한 2.부상자	**مُجَرَّد** (무자르라드)	1.나체의 2.순진한 3.추상적인
جَرِد (자리다)	1.벌거벗다 2.색깔이 날다 3.털이 빠지다	**مِجْرُود** (마즈루 - 드)	삽, 부삽
تَجَرَّد (타자르라다)	1.벌거벗다 2. 해방되다	**جَرْدَل** (자르달)	물통, 양동이
جَرَد (자르드)	1.검열, 조사(상품 등의) 2.목록, 명세서	**جَرَس** (자라싸)	1.딸랑거리다 2.종을 치다 3.말하다
جَرِد (자리드)	1.풀 한포기 없는, 불모의 2.벌거벗은	**جَرَّس** (자르라싸)	1.헐뜯다 2.추태를 부리다
جَرَاد (자라 - 드)	메뚜기	**تَجَرَّس** (타자르라싸)	망신당하다, 모욕당하다
جَرِيدَة (자리 - 다)	1.신문 2.명부, 일람표 3.줄기, 대	**جَرْس** (자르쓰)	1.소리, 울림소리 2.종
أَجْرَد (아즈라두)	1.벌거벗은, 나체의 2.털이 빠진	**جُرْسَة** (주르싸)	추태, 망신스러운 일, 스캔들 2.중상, 비방
تَجَرَّد (타자르라드)	1.무관심 2.공정한 것, 공명정대	**جَرْسُون** (자르쑤 - ㄴ)	접대부, 심부름꾼

싸

جروف (자루 - 프)	삽	جرش (자라샤)	찧다, 부수다
جاروف (자루 - 프)	1.삽 2.쓰레받기	جريش (자리 - 쉬)	1.맷돌에 간 2.싸래기
جرافة (자르라 - 파)	1.써레, 쇠스랑 2.준설선	جاروشة (자루 - 샤)	맷돌
مجرفة (미즈라파)	1.삽 2.갈퀴, 쇠스랑 3.쓰레받기	جرض (자라돠)	질식시키다, 숨막히게 하다
جرم (자라마)	1.벌다 2.죄를 짓다	جرض (자라드)	질식, 숨막힘
أجرم (아즈라마)	죄를 짓다, 범죄자가 되다	جرع (자리아)	삼키다, 꿀꺽 마시다
جرم (자르므)	1.작은 배, 보트 2.용적, 체적, 크기	جرعة (주르아)	한 모금, 한번 복용할 량(약 등의)
جرم (주르므)	죄, 범죄	أجرع (아즈라우)	불모의 땅
جرم (지르므)	몸, 신체	جرف (자라파)	1.긁어내다 2.씻어가다
جروم (주루 - ㅁ)	열대지방, 더운 곳	انجرف (인자라파)	씻기어가다, 밀려가다
جريمة (자리 - 마)	죄, 범죄	جرف (주르프)	벼랑, 절벽, 가파른 비탈, 기슭

إجرام (이즈라 - ㅁ)	죄, 범죄, 죄를 저지름	**جراية** (지라 - 야)	배급, 배급식량
مجرم (무즈림)	1.죄지은 2.범인, 죄인	**إجراء** (이즈라 -)	수행, 진행, 실시, 집행
جرن (자르나)	쌓다	**إجراءات** (이즈라아 - 트)	1.수속, 절차 2.대책, 조치
جرن (주룬)	1.탈곡장 2.물탱크, 저수지	**مجرى** (마즈라)	1.강바닥 2.물길 3.방향 4.진행, 과정
جرانيت (자라니 - 트)	화강암	**مجاراة** (무자라 - 트)	1.모방 2.시합, 경기
جرى (자라)	1.달리다 2.불다 3.흐르다 4.유통되다(화폐가)	**مجرور** (마즈루 - 르)	하수도관
جارى (자 - 라)	1.나란히 가다 2.모방하다 3.경쟁하다 4.일치되다	**جزأ** (자자아)	1.분리하나 2.만족해하나
أجرى (아즈라)	1.흐르게 하다 2.맡다 3. 진행하다 4.규정하다	**تجزأ** (타자즈자아)	분할되다, 나누어지다
جرى (자리)	1.뛰기 2.흐름 3.진행, 경과(물의)	**اجتزأ** (이즈타자아)	1.일부를 떼어내다 2.만족하다
جريات (자리야 - 트)	사건, 사변	**جزء** (주즈으)	1.토막 2.부분, 몫
جريان (자라야 - ㄴ)	흐름	**جزئى** (주즈이)	1.부분적인 2.시시한

싸

مجزرة (마즈자라) 도살	**تجزئة** (타즈지아) 분열, 분할, 세분, 분리
جزع (자자아) 1.불안해하다 2.조급해하다 3.무서워하다 4.슬퍼하다	**مجزأ** (무즈자) 대용품
جزع (잣자아) 1.나누다 2.토막을 내다	**جزر** (자자라) 1.잡다, 도살하다 2.줄다(물이)
جزع (자즈으) 1.조급성 2.근심, 불안 3.공포 4.슬픔	**انجزر** (인자자라) 1.도살되다 2.줄다(물이)
جزوع (자주 - 으) 1.성급한, 조급한 2.불안한, 시름겨운	**جزر** (자즈르) 도살
مجزع (무잣자으) 모자이크 된, 얼룩덜룩한	**جزر** (자자르) 홍당무
جزف (자자파) 1.함부로 행동하다 2.모험하다	**جزار** (잣자 - 르) 백정, 도살자
جازف (자 - 자파) 1.모험하다, 함부로 하다 2.통틀어 하다	**جزارة** (지자 - 라) 육류업, 도살업
جزاف (주자 - 프) 분별없는, 무모한	**جزائر** (자자 - 이르) 알제리
مجازفة (무자 - 자파) 경거망동, 무모한 짓, 모험	**جزيرة** (자지 - 라) 조그마한 섬
جزل (자잘라) 1.풍부하다 2.세련되다	**مجزر** (마즈자르) 도살장

جَزَالة (자잘 - 라)	1.풍부한 것 2.거대한 것, 방대한 것	**مُجَازَاة** (무자자 - 트)	1.처벌 2.보상, 배상 3.표창
جَزِيل (자지 - ㄹ)	1.풍부한, 풍족한 2.큰, 거대한	**جَسّ** (잣싸)	1.만지다 2.시험해보다 3.탐지하다
جَزَم (자자마)	1.베내다 2.결정하다 3.맡기다 4.믿다	**تَجَسَّسَ** (타잣싸싸)	정탐하다, 간첩활동을 하다
جَزْم (자즘)	1.절단 2.결심, 각오, 결의	**اجْتَسّ** (이즈타잣싸)	1.탐지하다 2.만지다, 더듬다
جَزْمَة (자즈마)	장화, 구두	**تَجَسُّس** (타잣쑤쓰)	간첩행위, 정탐행위
جَازِم (자 - 짐)	1.결단성 있는 2.확신한	**جَاسُوس** (자쑤 - 쓰)	간첩, 밀정, 탐정, 스파이
جَزَى (자자)	1.충속시키다 2.보상하다 3.상을 주다 4.처벌하다 5.대리하다	**جَاسُوسِيّة** (자쑤 - 씨야)	간첩활동, 성남행위
أَجْزَى (아즈자)	1.만족시키다 2.대리하다 3.유익하다	**مِجَسَّات** (미잣싸 - 트)	탐지기
جَزَاء (자아 -)	1.보수, 보답 2.상, 표창 3.처벌, 처형	**جَسَأ** (자싸아)	거칠어지다, 굳어지다(손이)
جِزْيَة (지즈야)	1.조공 2.토지세, 조세	**جُسْأَة** (자싸아)	거칠은 것, 굳은 것
		جَاسِى (자 - 씨)	거칠은, 껄껄한

싸

جسد (자싸다) 굳어지다, 응결되다	**اجتسر** (이즈타싸라) 통과하다, 횡단하다
جسد (잣싸다) 구현되다, 구체화되다	**جسر** (지쓰르) 1.다리, 육교 2.강다리 3.둑, 제방 4.들보
تجسد (타잣싸다) 구현되다, 구체화되다	**جسور** (자쑤-르) 1.용감한, 대담한 2.무례한, 건방진
جسد (자싸드) 몸, 신체, 육체	**جسارة** (자싸-라) 용감성, 대담성, 용단
تجسد (타잣쑤드) 구현, 체현	**جسارية** (자싸리-야) 부교
تجسيد (타즈씨-드) 구현, 체현	**تجاسر** (타자-쑤르) 용감성, 대담성
مجسدة (무잣씨다) 악보(음악)	**جسم** (자쑤마) 거대하다, 크다
متجسد (무타잣씨드) 구현된, 구체화된	**جسم** (잣싸마) 1.확대하다 2.과장하다 3.형태를 갖추게 하다 4.구현하다
جسر (자싸라) 1.용기를 북돋우다 2.감히 …하다 3.다리를 놓다 4.둑을 쌓다	**تجسم** (타잣싸마) 1.형성되다 2.구현되다 3.증대되다(위험이)
جسر (잣싸라) 1.고무하다 2.다리를 놓다 3.둑을 쌓다	**جسم** (지씀) 1.몸, 신체, 2.본체, 동체, 골조 3.물질, 물체 4.모양, 형태 5.질량

مجش (미잣쉬)	맷돌	**جسمان** (지쓰마-ㄴ)	신체, 몸체
جشأ (자샤아)	트림하다	**جسيم** (자씨-ㅁ)	1.위대한, 중대한 2.거대한 3.뚱뚱한, 비대한, 몸집이 큰
جشأة (주싀아)	트림	**جسيم** (주싸이므)	입자
جشع (자쉬아)	욕심을 부리다	**جسيمة** (주싸이마)	미립자
جشع (자샤으)	탐욕, 욕심	**جسامة** (자싸-마)	1.거대함, 방대함 2.위대함, 중대성
جشم (자샤마)	1.감당하다 2.참다	**مجسم** (무잣쌈)	1.웅장한 2.과장된 3.두드러진 4.입체의
تجشم (타잣샤마)	1.부담을 갖디 2.당하다(위험을) 입다(손실을)	**جش** (잣쒀)	타박상을 입히다, 멍이 들게 하다
جصص (잣쏴쏴)	1.석고를 바르다 2.석회를 칠하다	**جشة** (잣쒀)	목이 쉰 것, 허스키
جص (잣스)	석고, 석회	**أجش** (아잣슈)	1.공허한, 힘없는 2.목이 쉰(목소리가)
جصاصة (자솨-솨)	석회공장	**جشيش** (자쉬-쉬)	부슨, 찧은, 맷돌에 간

싸

جَمْجَاع 소란한, 떠들썩한 (자으자 - 으)	**جَاعَل** 매수하다, 뇌물을 먹이다 (자 - 알라)
جَعِد 1.머리가 곱슬해지다 (자아다) 2.살갗이 쭈글쭈글해지다	**اِنْجَعَل** 정해지다, 지정되다, (인자알라) 규정되다
جَعْدَة 1.곱슬머리 2.인상쓰는 것 (자으다) 3.옷의 주름살	**جُعْل** 1.요금 2.보상 3.수수료 (주을)
جَعِيدَى 불량배, 망나니, 왈패 (주아이디)	**جَعِيلَة** 보수, 삯, 수속비용, 보상 (자일 - 라)
أَجْعَد 1.곱슬곱슬한 2.곱슬머리 (아즈아두)	**مَجْعُول** 1.지정된, 규정된 2.보수 (마즈우 - ㄹ)
تَجْعِيد 주름살, 구김살 (타즈이 - 드)	**جُغْرَافِيَا** 지리, 지리학 (주으그라 - 피야)
مُتَجَعِّد 1.곱슬머리의 (무타자으이드) 2.주름살이 간	**جَفّ** 마르다 (잣파)
جَعَف 넘어뜨리다, 뿌리채 뽑다 (자아파)	**جَفَّف** 1.건조시키다 (잣파파) 2.문지르다(얼굴을)
اِجْتَعَف 뿌리채 뽑다 (이즈타아파)	**جَافّ** 1.메마른 (자 - 핀) 2.딱딱한, 무미건조한
جَعْفَر 실개천 (자으파르)	**تَجْفِيف** 1.건조 (타즈피 - 프) 2.닦는 것(물기를)
جَعَل 1.만들다 2.간주하다 (자알라) 3.하게 하다	**مُجَفَّف** 마른, 물기 없는, 말린 (무잣파프)

مجففات (무잣파파 - 트)	말린 과일	**جاف** (자 - 핀)	1.매몰스러운 2.엄격한 3.거칠은
جفاء (주파 -)	공연히, 쓸데없이, 헛되게	**جفاء** (자파 -)	1.무정함, 쌀쌀함, 박대함 2.엄격함
جفت (지프트)	1.핀셋, 집게 2.사냥총	**جفية** (자피 - 야)	보호창살
جفرة (지프라)	암호	**تجاف** (타자 - 핀)	무뚝뚝함, 쌀쌀함, 냉대, 엄격
جفير (자피 - 르)	칼집	**جل** (잘라)	1.위대하다, 거룩하다 2.더 높다
جفل (자팔라)	겁내다, 놀라서 도망가다	**أجل** (아잘라)	1.높이 모시다, 떠받들다 2.높다고 보다
جفل (자플)	겁, 두려움	**تجلل** (타잘랄라)	높이 솟다, 우뚝 솟다
جفن (자픈)	눈꺼풀, 눈시울	**جل** (줄른)	1.장미꽃 2.가장 중요한 것
جفنة (자프나)	1.접시 2.포도넝쿨	**جلة** (줄라)	1.광주리, 바구니 2.폭탄
جفا (자파)	1.무뚝뚝하다 2.피하다 3.안절부절 하다	**جلة** (질라)	똥, 거름
تجافى (타자 - 파)	서로 멀리하다, 그만두다	**جليل** (잘릴 - 르)	1.위대한 2.중요한 3.존경하는 4.영광스러운

جَلْجَل (줄줄)	1.방울종 2.눈다래끼	جَلالة (잘라 - 라)	존엄, 위대함, 거룩함, 숭고함
جَلَح (잘라하)	대머리가 되다	إِجْلال (이즐라 - ㄹ)	존경, 존중, 받들어 모심
أَجْلَح (아즐라후)	대머리의	جَلَب (잘라바)	1.가져오다 2.끌어들이다 3.초래하다
جَلَخ (잘라카)	1.갈다(칼을)	اِجْتَلَب (이즈탈라바)	1.반입하다, 수입하다 2.얻다
جَلْخ (잘크)	1.밀어내기 2.가죽띠	اِسْتَجْلَب (이스타즐라바)	1.반입하다, 수입하다 2.부르다, 초빙하다
مُجَلَّخ (무잘라크)	1.밀어낸 2.날이 선	جَلْب (잘브)	1.가져오는 것 2.초래, 야기 3.벌이, 획득
جَلَد (잘라다)	1.얼리다, 2.제본하다(책을)	جِلْباب (질바 - 브)	잘바브(두루마기 같은)
جَلُد (잘루다)	완강하다	جَلابية (잘라비 - 야)	잘라비야(아랍 여성들이 외출할 복)
جَلِد (잘리다)	얼다, 얼어붙다	اِجْتِلاب (이즈틸라 - 브)	1.수입, 반입 2.초빙
جالَد (잘 - 라다)	싸우다, 격투하다	مَجْلَبة (마즐라바)	동기, 원인, 이유
تَجَلَّد (타잘라다)	1.어려움을 이겨내다 2.냉동이 되다		

جلاد (질라 - 드)	싸움, 격투
جلاد (잘라 - 드)	1.가죽이나 피혁상인 2.형집행리, 교형리
تجلد (타잘루드)	인내
تجليد (타즐리 - 드)	냉동
مجلد (무잘라드)	1. 냉동된 2.제본 된 3.책 한 권의
مجلدة (미즐라다)	채찍
مجالدة (무잘 - 라다)	싸움, 투쟁
جلس (잘라싸)	앉다
جالس (잘 - 라싸)	1.회의를 하다 2.모여 앉다
أجلس (아즐라싸)	앉히다
تجالس (타잘 - 라싸)	사람들과 같이 앉다

تجالد (타잘 - 라다)	1.대항하다 2.견디어내다 3.서로 싸우다
انجلد (인잘라다)	얻어맞다(채찍에)
اجتلد (이즈탈라다)	1.견고해지다 2.칼에 찔리다
جلد (잘드)	1.채찍질 2.성교중절 3.태형용 기둥 4.참을성 있는, 굳건한
جلد (잘라드)	1.참을성, 인내성 2.창공, 하늘
جلد (잘리드)	완강한, 억센
جليد (잘리 - 드)	얼음
جلد (질드)	1.동물의 표피, 가죽 2.표지(책의)
جلديات (질디야 - 트)	가죽제품
جلدة (잘다)	1.한번의 채찍질 2.채찍질

استجلى (이스타잘라)	1.밝히다 2.알려고 애쓰다	**جالس** (잘 - 리쓰)	앉는, 앉아있는
جلي (잘리)	뚜렷한, 명백한	**جلسة** (잘싸)	1.회의, 모임 2.회기
جلاء (잘라 -)	1.명료성, 명확성 2.철거, 떠남	**جليس** (잘리 - 쓰)	친구, 동료, 벗
جالية (잘 - 리아)	거류민, 거류민 단체	**مجلس** (마즐리쓰)	1. 모임 2.회의장소 3.회의 4.협회, 단체 5.이사회 6.재판소
جلوة (잘와)	1.윤기, 광채 2.너울을 벗기는 것	**مجالسة** (무잘 - 라싸)	교제
إجلاء (이즐라 -)	철거, 철수	**جلط** (잘라뜨)	벗기다
استجلاء (이스티즐라 -)	해명, 밝히는 것, 알아내는 것	**جلف** (잘리파)	버릇없이 굴다, 교양없이 행동하다
جم (잠마)	1.가득 채우다 2.가득하다	**جلف** (질프)	버릇없는 2.불량자, 버릇없는 사람
جمم (잠마마)	1.가득 채우다 2.무성하게 자라다	**جلا** (잘라)	1. 명백해지다 2.물러가다 3.닦다 4.제거하다
تجمم (타잠마마)	1.무성하게 자라다 2.모이다	**تجلى** (타잘라)	뚜렷해지다, 밝혀지다
استجم (이스타잠마)	1.쉬다 2.풍부하다 3.무성하다	**انجلى** (인잘라)	1. 밝혀지다 2.철수하다 3.윤기가 나다 4.끝나다

جَمّ (잠므)	1.많은, 풍부한 2.가득 찬 3.풍부함	جَمَّدَ (잠마다)	1.얼리다 2.응고시키다 3.동결시키다
جُمَّة (잠마)	가발	تَجَمَّدَ (타잠마다)	1.얼다 2.굳어지다 3.동결되다
جَمْبَرِي (잠바리)	새우	اِنْجَمَدَ (인자마다)	얼어붙다, 얼음이 되다
جِمْبَاز (잠바-즈)	체조	جَمَد (자마드)	얼음
جَمْجَمَ (잠자마)	말을 얼버무리다, 중얼거리다	جَامِد (자-미드)	1.무미건조한 2.얼어붙은 3. 응고된 4.움직이지 않는 5.생명이 없는 6.불변의
جَمْجَمَة (잠자마)	말을 얼버무림		
جُمْجُمَة (줌주마)	두개골, 해골	جَمَاد (자마-드)	무생물, 무기물
جَمَحَ (자마하)	1.말이 떼를 쓰다 2.제멋대로 하다	جَمَادِي (주마-다)	5월(이슬람 달력)
جَامِح (자-미흐)	1.사나운 2.고집이 센(말이)	جُمُود (주무-드)	1.침체, 정체 2.생명이 없는 것 3.견고성, 강도
جِمَاح (지마-흐)	1.못된 버릇 2.변덕, 까다로움	تَجْمِيد (타즈미-드)	1.동결 2.얼리는 것 냉동
جَمَدَ (자마다)	1.굳어지다, 단단해지다 2.얼다		

تجمد (타잠무드)	냉동, 얼리는 것	**جميش** (자미 - 싀)	탈모제
مجمد (무잠마드)	1.언, 냉동한 2.굳은 3.냉동된	**تجميش** (타즈미 - 싀)	간지럽힘
متجمد (무타잠미드)	1.언 2.굳어진, 응고된 3.동결된	**جمع** (자마아)	1.모으다 2.통합하다 3.더하다 4.편성하다 5.판을 짜다(인쇄) 6.인연을 맺게 하다
جمر (자마라)	모이다, 모여들다		
جمر (자므르)	불덩이, 불붙는 탄	**جامع** (자 - 마아)	1.단합하다 2.동의하다 3.성관계를 갖다
جمرة (자므라)	1.불덩어리 2.돌멩이 3.화농성 염증	**تجمع** (타잠마아)	1.집결되다 2.뭉치다 3.더해지다 4.집중되다
مجمرة (미즈마라)	화로	**اجتمع** (이즈타마아)	1.모이다 2.합쳐지다 3.만나다
مجمر (무잠마르)	구운, 불에 그슬린	**جمع** (자므으)	1.수집, 채집 2.단합 3.더하기 4.무리, 군중 5.복수(숫자)
جمرك (주므루크)	세관		
جمركجي (주므루쿠지)	세관원	**جميع** (자미 - 으)	모두, 전체, 전부
جمش (잠마샤)	애무하다, 간질이다	**جمعية** (자즈미 - 야)	1.집회, 회의 2.연맹 3.동맹 4.조합, 기구
		جمعة (주므아)	1.주일 2.금요일 3.유전자, 유전인자

جامِع (자 - 미으)	1.전반적인 2.합하는 3.이슬람 성원	**مَجْموعة** (마즈무 - 아)	집(논문, 시 등의), 표본집
جامِعة (자 - 미아)	1.대학교 2.동맹, 연맹	**مُجْتَمَع** (무즈타마으)	1.회의장 2.회의, 모임 3.사회
جِماع (지마 - 아)	1.성교 2.총체 3.합계	**مُجْتَمِع** (무즈타미으)	회의 참가자
جَمّاع (잠마 - 으)	수집가, 채집가	**جَمَلَ** (자말라)	1.합하다 2.총괄하다
جَماعة (자마 - 아)	1.집단, 무리 2.부대	**جَمَّلَ** (잠말라)	장식하다, 치레하다
جَمّاعة (잠마 - 아)	축전지	**جامَلَ** (자 - 말라)	상냥하게 대하다, 정중하게 대하다
جَماعِيّة (자마이 - 야)	십난수의, 십제성	**أَجْمَلَ** (아즈말라)	1.합계하나 2.개괄하나, 총괄하다 3.잘하다
إجْماع (이즈마 - 으)	합의, 의견일치	**تَجَمَّلَ** (타잠말라)	1.장식되다, 미화되다 2.예절을 지키다
اجْتِماع (이즈티마 - 아)	모임, 집회, 회의	**جَمَل** (자말)	낙타
مَجْمَعِيّ (마즈마이)	1.과학원의 2.과학원 회원	**جَميل** (자미 - ㄹ)	1.고운, 아름다운, 좋은, 훌륭한 2.은혜, 은덕
مَجْموع (마즈무 - 으)	1.수집된 2.총계, 총액 3.집단	**جُمْلة** (주물라)	1.통계, 합계, 총액 2.약간, 얼마 3.문장

جمهور (주므후 - 르)	군중, 대중, 청중	**جمال** (자마 - ㄹ)	아름다움, 미, 매력
جمهوري (주므후 - 리)	1.대중의 2.공화제의 3.공화주의자	**إجمال** (이즈마 - ㄹ)	1.계, 총계, 합계 2.개괄, 총계
جمهورية (주므후리 - 야)	공화국	**تجمل** (타잠물)	1.인사, 체면, 정중성 2.참을성, 자제력
جماهيرية (자마히리 - 야)	대중, 대중성	**تجميل** (타즈미 - ㄹ)	장식, 미화, 치레
جن (잔나)	1.숨기다, 덮다 2.미치다	**مجمل** (무즈말)	1.총괄적인, 개괄적인 2.개요, 개관, 요약
أجن (아잔나)	1.미치게 하다 2.숨기다, 가리다	**مجمل** (무잠밀)	치레하는, 장식하는, 미화하는
تجن (타잔나나)	미치다, 이성을 잃다	**مجملات** (무잠밀라 - 트)	장식품, 장식물
تجان (타잔 - 나)	미친척 하다	**مجاملة** (무자 - 말라)	정중성, 예의, 친절
جن (진느)	악마, 도깨비, 귀신	**جمهر** (자무하라)	모으다, 집결하다
جنة (진나)	1.도깨비에 홀린, 귀신들린 2.귀신, 악마 3.미침, 정신 나감	**تجمهر** (타자므하라)	모이다, 집결되다, 모여들다
جنة (준나)	방패, 엄폐물	**جمهرة** (자므하라)	군중, 모인 사람들

جنة (잔나)	1.천국, 천당, 극락 2.정원, 낙원, 동산	تجنب (타잔나바)	피하다, 도피하다
جنان (자나 - ㄴ)	심장, 마음	جنب (잔브)	옆, 측면, 쪽
جنان (지나 - ㄴ)	정신착란, 미치는 것	جنوب (자누 - 브)	1.남쪽 2.남풍
جنان (주나 - ㄴ)	방패	جانب (자 - 니브)	1.측면, 면, 쪽, 편 2.부분, 몫, 양
جنون (주누 - ㄴ)	1.미치는 것, 정신착란 2.발작, 노발대발	أجنبى (아즈나비)	1.남의, 낯설은 2.외국의 3.외국인
جنين (자니 - ㄴ)	태아	جناب (주나 - 브)	늑막염
جنينة (주아이나)	정원	جناب (자나 - 브)	1.각하 등 존칭어의 하나 2.측면, 옆, 쪽
مجنة (미잔나)	방패	تجنب (타잔누브)	회피, 도피
مجنون (마즈누 - ㄴ)	1.미친 2.바보, 정신병자 3.몰입한, 몰두한	مجنبة (무잔나바)	옆, 측면(건물의)
جنب (자나바)	1.옆에다 놓다 2.배제하다	جنح (자나하)	1.다가오다 2.기울어지다 3.지향하다(배가)
جانب (자 - 나바)	1.나란히 있다 2.피하다, 비키다	جنح (잔나하)	1.날개를 달다 2.격려하다 3.신고하다

싸

جُنْحة 죄, 죄악, 범죄, 위법행위 (주느하)	**جندل** 넘어뜨리다, 전복하다 (잔달라)
جانحة 갈비, 늑골 (자 - 니하)	**جندل** 1.바위, 큰 돌 (잔달) 2.여울목, 폭포
جناح 1.날개 2.지느러미 3.곁채 (자나 - 흐) 4.옆, 측	**جنز** 장례를 치르다, 매장하다 (잔나자)
جناح 죄, 죄악, 범죄 (주나 - 흐)	**جناز** 추도예배 2.장례식 (잔나 - 즈)
جند 군을 징집하다, (잔다다) 군대를 동원하다	**جنازة** 1.장례식 (자나 - 자) 2.장례행렬, 영구차
تجند 1.군에 입대하다 (타잔나다) 2.군에 동원되다.	**جنزبيل** 생강 (잔자빌)
جندي 병사, 군인 (준디)	**جنس** 1.같은 종류로 분류하다 (잔나싸) 2. 국적을 주다
جنودية 1.군복무 2.병역제 (주누디 - 야)	**تجنس** 1.비슷하게 되다 (타잔나싸) 2.동화되다
جندارمة 헌병대 (잔다 - 르마)	**جنس** 1.종류, 품종 2.성(남녀) (진쓰) 2.종족, 민족, 인종
تجنيد 1.군징집 2.동원 (타즈니 - 드)	**جنسية** 국적 (진씨 - 야)
مجند 신병 (무잔니드)	**تجنس** 국적을 취함 (타잔누쓰)

تجانس (타자-누쓰)	유사성, 동종, 동성	**جنائى** (지나-이)	1.범죄의 2.형사의
مجنس (무잔니쓰)	1.잡종의, 혼혈의 2.혼혈아, 잡종	**جناية** (지나-야)	1.범죄행위, 범법행위 위법행위 2.중죄
مجانس (무자-니쓰)	비슷한, 유사한	**جنيه** (주나이흐)	화폐단위, 파운드(이집트에서)
مجانسة (무자-니싸)	유사함, 동일함	**جهد** (자하다)	1.노력하다 2.지치게 하다
متجانس (무타-자나쓰)	동일한, 같은 종류의	**جاهد** (자-하다)	1.전력을 다하다 2.싸우다
جنف (자나파)	1.정도에서 벗어나다 2.제멋대로 행동하다	**اجتهد** (이즈타하다)	열심히 하다, 노력하다
جنف (자나프)	전횡	**جهد** (자흐드)	1.노력, 고심 2.전압(전기)
جنى (자나)	1.과일을 수확하다 2.얻다(이익을)	**جهد** (주흐드)	힘, 능력
تجنى (타잔나)	혐의를 갖다	**جهاد** (지하-드)	1.노력 2.성전 3.전투, 투쟁
اجتنى (이즈타나)	따다, 수확하다	**جهادية** (지하디-야)	군복무, 병역
جان (자-닌)	1.수확하는, 따는(과일을) 2.죄지은 3.죄인, 범인	**إجهاد** (이즈하-드)	1.쇠약, 기진맥진 2.노력

اجتهاد (이즈티하-드)	1.노력, 근면 2.해석	**مجهر** (미즈하르)	현미경
مجاهد (무자-히드)	투사, 군인	**مجهار** (미즈하-르)	1.소리 높은, 우렁찬 2.확성기
مجهود (마즈후-드)	힘, 노력, 열성	**جهّز** (자흐하자)	1.준비하다 2.공급하다
مجاهدة (무자-하다)	1.노력, 고심, 분투 2.투쟁, 싸움	**جاهز** (자-히즈)	마련된, 준비된, 기성의
مجتهد (무즈타히드)	부지런한, 근면한, 열성적인	**جهاز** (지하-즈)	1.장치, 기구, 설비 2.계통, 기관
جهر (자하라)	1.큰 소리로 말하다 2.선포하다	**تجهيز** (타즈히-즈)	마련, 준비
تجاهر (타자-하라)	공개적으로 발언하다, 연설하다	**تجهيزات** (타즈히자-트)	장비, 설비
جهر (주흐르)	풍채, 외모, 겉모양	**تجهيزية** (타즈히지-야)	예비반
جهار (지하-르)	공개적인 것, 노골적인 것	**مجهّز** (무자흐하즈)	준비된, 마련된
جاهرة (자-히라)	현미경	**جهش** (자하샤)	울먹거리다
أجهر (아즈하루)	1.근시의, 근시안적인 2.근시, 근시안적인 자	**جهشة** (자흐샤)	울먹거림

| أجهاش | 울음을 터트림 | جاهلية | 무지, 무지몽매 |
| (아즈하 - 쉬) | | (자 - 힐리야) | |

| جهض | 유산시키다 | جهالة | 1.우둔함, 어리석음 |
| (자하돠) | | (자할 - 라) | 2.무지, 무식 |

| جهض | 유산, 조산, 낙태 | مجهل | 1.미개척지 |
| (자흐드) | | (마즈할) | 2.황야, 무인지경 |

إجهاض	유산, 조산, 낙태	مجهول	1.알려지지 않는
(이즈하 - 드)		(마즈후 - ㄹ)	2.미지수(수학)
			3.수동태(문법)

جهيض	조산아		
(자히 - 드)		جهم	1.인상을 쓰다
		(자히마)	2.우울하게 대하다

مجهض	유산을 촉진하는		
(무즈하드)		جهم	우울해지다, 침울해지다
		(자후마)	

جهل	1.모르다, 무지하다		
(자할라)	2.어리석다	تجهم	1.날씨가 찌프륵하다
		(타자흐하마)	3.정세기가 긴장되다

تجاهل	1.모르는 체 하다,		
(타자 - 할라)	시치미 떼다	جاهم	우울한, 침울한,
	2.아랑곳하지 않다	(자 - 힘)	근심스러운

| جهل | 1.우둔함, 어리석음 | جهامة | 우울, 수심, 침울 |
| (자흘) | 2.무지, 무식 | (자하 - 마) | |

| جاهل | 1.무지한, 몽매한 | متجهم | 우울한, 침울한, 음산한 |
| (자 - 힐) | 2.미숙한, 어리석은 | (무타자흐함) | |

جهنم 지옥 (자한남)	**جواب** 1.대답, 답변 (자와ㆍ브) 2.대꾸 3.편지
جو 1.공기, 대기 2.하늘, 공중 (자우우) 3.기후, 날씨, 일기 4.창공, 천계	**إجابة** 1.대답, 답변 2.찬성, 동의 (이자ㆍ바) 2.요구를 들어줌
جاب 1.방랑하다, 돌아다니다 (자ㆍ바) 2.구멍 내다 3.베다	**استجابة** 1.수락 2.대응 3.반응 (이스티자ㆍ바)
جاوب 대답하다, 회답하다 (자ㆍ와바) 답변하다	**مجيب** 대답하는, 응하는 (무지ㆍ브)
أجاب 1.대답하다, 응답하다 (아자ㆍ바) 3.동의하다	**جاح** 소멸하다, 섬멸하다 (자ㆍ하)
تجاوب 1.서로 대답하다 (타자ㆍ와바) 2.부합되다 3.메아리치다	**أجاح** 쓸어버리다, 소탕하다 (아자ㆍ하)
انجاب 1.사라지다, (인자ㆍ바) 없어지다(근심 등이)	**اجتاح** 전멸시키다, 휩쓸다 (이즈타ㆍ하)
اجتاب 연구하다 (이스타ㆍ바)	**جوح** 전멸, 근절 (자우흐)
استجاب 1.들어주다(청탁을) (이스티자ㆍ바) 2.대답하다	**جائحة** 1.재난, 재해 2.태풍 (자ㆍ이하) 2.흑사병, 페스트
جوبة 1.구멍 2.패인자리 (주ㆍ바)	**جاد** 1.너그럽다 2.희생하다 (자ㆍ다) 3.질이 좋아지다
	جود 질을 높이다, 개선하다, (자우와다) 개량하다

أجاد (아자 - 다)	1. 정통하다 2. 개선, 개량하다	**استجار** (이스자자 - 라)	구원을 요청하다, 보호를 구하다
جودة (자우다)	1. 질, 양질 2. 장점, 우월성 2. 효능, 효과, 실효성	**جار** (자 - 르)	이웃, 이웃사람
جود (주우드)	후함, 너그러움	**جور** (자우르)	1. 불공평, 학대 2. 압제, 전횡
جواد (자와 - 드)	1. 말, 준마 2. 너그러움	**جوار** (지와 - 르)	1. 이웃, 인접 2. 보호, 구원
جيد (자이이드)	1. 좋은, 훌륭한 2. 너그러운	**مجاور** (무자 - 위르)	이웃한, 인접한, 접경한
إجادة (이자 - 다)	잘하는 것, 완벽함, 정통	**مجاورة** (무자 - 와라)	이웃
تجويد (타즈위 - 드)	1. 꾸란 낭송 방법의 하나 2. 개량, 개선	**متجاور** (무타자 - 위르)	인접한, 이웃에 있는
جار (자 - 라)	1. 벗어나다 2. 학대하다 3. 침해하다	**جورب** (자우랍)	양말, 목이 긴 양말
جاور (자 - 와라)	1. 이웃에 살다 2. 접경하다	**جاز** (자 - 자)	1. 지나가다 2. 합격하다 3. 허용하다
أجار (아자 - 라)	1. 구원하다 2. 내쫓다	**جوز** (자우와자)	1. 허락하다 2. 위임하다
تجاور (타자 - 와라)	이웃하다	**جاوز** (자 - 와자)	1. 초과하다 2. 위반하다 3. 용서하다

싸

أجاز 1. 허용하다 2.상을 주다
(아자 - 자) 3.통과시키다
4.자격증을 주다

تجاوز 1.초과하다 2.지나가다
(타자 - 와자) 3.그만두다,
단념하다, 끊다
4.용서하다

اجتاز 1.통과하다 2.겪다
(이즈타 - 자) 3.극복하다

جاز 가스
(자 - 즈)

جوز 1.공간 2.핵심, 주요부분
(자우즈) 3.호두

جائز 1.지나가는, 통과하는
(자 - 이즈) 2.허용하는, 허락하는

جائزة 상, 표창, 상장
(자 - 이자)

جواز 1.통행 2.허락, 허용, 허가
(자와 - 즈) 3.여권, 허가증

إجازة 1.허가, 승인, 허락
(이자 - 자) 2.자격증, 합격증,
면허증, 허가증 3.휴가

إجتياز 통과, 횡단
(이즈티야 - 즈)

تجاوز 1.넘는 것, 초과, 초월
(타자 - 위즈) 2.허용, 허가

مجازي 은유의, 비유의
(마자 - 지)

متجاوز 초과하는, 한계를 넘는
(무타자 - 위즈)

جاس 찾아내다, 수색하다,
(자 - 싸) 탐색하다

اجتاس 찾아내다, 수색하다,
(이즈타 - 싸) 탐색하다

اجتياس 실지탐사, 탐험, 수색
(이즈타야 - 쓰)

جاع 1.굶주리다 2.갈망하다
(자 - 아)

أجاع 굶기다
(아자 - 아)

جوع 1.기아, 굶주림, 2.단식
(주 - 으)

جائع 굶는, 굶주린, 허기진
(자 - 이으)

جعان	굶는, 굶주린, 허기진
(자아 - ㄴ)	

جوعان	배고픈, 굶는, 굶주린, 허기진
(자우아 - ㄴ)	

جوف	비다, 속이 비다
(자위파)	

جوف	1.배, 복부 2.속, 안, 내부
(자우프)	

أجوف	빈, 속이 빈, 실속 없는
(아즈와푸)	

تجويف	1.파내는 것 2.홈, 구멍 3.골짜기, 계곡
(타즈위 - 프)	

مجوف	빈, 속이 빈
(무자우와프)	

جوقة	1.단체 2.협주단, 예술단
(자우까)	

أجواق	찌그러진, 이그러진(얼굴이)
(아자와 - ㄲ)	

جال	돌아다니다, 방랑하다
(잘 - 라)	

جول	유랑하다, 관광하다
(자우왈라)	

تجول	돌아다니다
(타자우왈라)	

جولة	1.여행, 유람 2.순회, 순찰
(자울라)	

جوال	자루, 주머니, 포대
(주와 - ㄹ)	

جوال	1.떠돌아다니는, 방랑하는 2.유랑자, 여행자, 관광객
(자우와 - ㄹ)	

تجول	산보, 돌아다니는 것
(타자우왈)	

مجال	1.자리 2.공간 3.무대, 분야, 영역
(마자 - ㄹ)	

متجول	떠돌아다니는, 방랑하는
(무타자우윌)	

جوهر	1.본질, 근본 2.물질 3.보석
(자우하르)	

جوهرية	품질성
(자우하리 - 야)	

جوهرجى	보석공, 보석상
(자우하라지)	

جاف (자 - 파)	1.썩다, 부패하다 2.썩은 냄새가 나다	**جوهرة** (자우하라)	보석
تجيف (타자이야파)	1.썩다, 부패하다 2.썩은 냄새가 나다	**مجوهرات** (무자우하라 - 트)	보석, 보석가공품
جيفة (지 - 파)	시체, 송장	**جاء** (자 - 아)	1.오다 2.알맞다 3.일어나다 4.수행하다 5.가져오다
جوي (자위야)	1.사랑에 불타다 2.슬픔에 잠기다	**مجيئ** (마지 - 우)	도착, 오는 것
اجتوى (이즈타와)	진저리가 나다, 싫어지다	**جاش** (자 - 샤)	1.흥분하다 2.끓다(물이) 3.설레이다
جوى (자완)	정열, 열한 사랑 2.비애, 슬픔	**جيّش** (자이야샤)	군대를 모집하다
جيل (지 - ㄹ)	1.민족 2.세대, 대 3.세기, 시대	**استجاش** (이스타자 - 샤)	1.흥분시키다 2.집합시키다 3.동원시키다
جيولوجيا (지율루 - 지야)	지질학	**جيش** (자이쉬)	군대, 군인
		جائش (자 - 이쉬)	1.흥분하는, 설레이는 2.끓는, 들끓은 3.약동하는
		جيشان (자이솨 - ㄴ)	1.흥분, 격동 2.솟구치는 것

싸

(하 : الحاء)

حانوت 1.가게 2.술집, 주점
(하누-트)

حب 1.사랑하다 2.바라다
(합바)

حبب 1.애착을 갖게 하다
(합바바) 2.여물다(곡식알이)

أحب 1.사랑하다 2.곡식이 여물다
(아합바) 3.씨앗을 모종하다

تحبب 1.사랑을 표시하다
(타합바바) 2.구애하다

تحابب 서로 사랑하다
(타하-바바)

استحب 1.좋아하다
(이스타합바) 2.…을 더 좋아하다

حب 1.사랑, 애정 2.항아리
(훕브)

حبي 사랑스러운, 정겨운,
(훕비) 애정의

حب 1.낟알 2.씨 3.곡식
(합브)

حبة 1.씨앗 2.낟알 3.알약
(합바) 4.약간의 5.여드름

حباب 1.잔물결 2.잔거품
(하바-브)

حباب 1.사랑, 우애 2.애인
(후바-브)

حبيب 1.사랑하는 2.애인
(하비-브) 3.사랑하는 친구

حبيبة 사랑하는 여인
(하비-바)

تحابب 연애, 사랑
(타합-부브)

محب 1.사랑하는 2.애인
(무힙브) 3.애호가

محبة 사랑, 애착, 애정
(마합바)

محبوب 1.사랑스러운 2.우호적인
(마흐부-브) 3.바람직스러운

متحاب 우호적인, 친근한,
(무타합-브) 서로 사랑하는

مستحب 1.사랑하는 2.찬성하는
(무스타합브) 3.재미있는

حبذ (합바자)	1.찬성하다 2.찬양하다, 찬미하다	حبس (하바싸)	1.감금하다 2.제지하다 3.차단하다 4.보관하다 5.억누르다(감정을)
تحبيذ (타흐비 - 즈)	1.찬성 2.칭찬	حبس (합바싸)	구류하다, 투옥하다, 감금하다
حبر (하바라)	1.장식하다 2.기쁘게 하다	انحبس (인하바싸)	1.붙잡히다 2.저지되다 3.숨이 막히다
أحبر (아흐바라)	기쁘게 하다	احتبس (이흐타바싸)	1.감금되다 2.틀어박히다 3.막히다
تحبر (타합바라)	1.장식되다 2.수식되다 3.거멓게 되다	حبس (하브쓰)	1.감금, 구류, 구급 2.감옥, 유치장
حبر (히브르)	잉크, 먹	حبيس (하비 - 쓰)	1.갇힌 2.죄수 3.은퇴자
حبرة (하바라)	검은 너울, 검은 망토	حبسخانة (하브싸카 - 나)	감옥, 유치장
حبور (후부 - 르)	기쁨, 환희	حبسة (하브싸)	몸값, 배상금
حبار (히바 - 르)	흔적, 표식	حبس (히브쓰)	1.둑, 제방 2.침대보
حبار (합바 - 르)	오징어	احتباس (이흐티바 - 쓰)	1.멈춤, 막힘 2.감금, 구류
محبرة (미흐바라)	잉크병		

하

حبك (합바카)	조여 매다, 튼튼히 하다	محبس (마흐비쓰)	1.감옥 2.보관소 3.창고, 저장소
احتبك (이흐타바카)	엮어지다, 얽히다	محبسة (마흐비싸)	은신처, 은거지
حبكة (후브카)	1.띠 2.구성, 짜임새	محبوس (마흐부-쓰)	1.구류된 2.죄수
محبوك (마흐부-크)	촘촘히 짠	حبش (합바샤)	1.속을 채워 넣다 2.양념을 하다
حبل (하발라)	줄로 묶다, 올가미로 잡다	حبش (하바싀)	에티오피아
حبل (하빌라)	1.가득 차다 2.임신하다	حبط (하바따)	실패하다, 망하다
أحبل (아흐발라)	교배시키다	حبط (합바따)	농담하다, 웃기다
احتبل (이흐타발라)	올가미로 잡다	أحبط (아흐바따)	파탄시키다, 좌절시키다
حبل (하블)	1.노끈, 줄 2.정맥 3.연계, 관계	حبط (하바뜨)	멍, 맞은 자리
حبل (하발)	임신, 수태	حبوط (후부-뜨)	실패, 파탄
حبلان (하블라-누)	1.가득 찬, 넘치는 2.임산부	حبك (하바카)	촘촘히 뜨다 2.엮어 꼬다, 꿰매다 4.탄탄히 만들다

하

حتات (후타 - 트)	부스러기	حبلى (후블라)	임산부
حتد (하타다)	혈통이 순수하다	حبالة (히발 - 라)	올가미, 그물
محتد (마흐타드)	혈통, 출신	حبا (하바)	1.기다, 이어가다 2.선물하다 3.접근하다
حتار (히타 - 르)	1.테두리, 테(안경의) 2.가장자리, 모서리	حابى (하 - 바)	편을 들다, 편애하다
حترة (후트라)	조각, 부스러기	حباء (히바)	선물, 예물
حتف (하트프)	죽음, 사망, 멸망	محاب (무하 - 빈)	편견을 하는, 공평하지 못한
حتم (하타마)	1.책임을 지우다 2.결심하다 3.요구하다	محاباة (무하바 - 트)	편견, 편애
تحتم (타핫타마)	1.책임이 지워지다 2.반드시 해야 한다	حت (핫타)	1.문대다 2.좀먹다 3.털다(나무를)
حتم (하틈)	최종 결정, 결정, 단정	تحات (타핫 - 타)	1.부식하다 2.닳다 3.파괴되다 4.우수수 떨어지다(나뭇잎이)
حتمى (하트미)	1.필연적인 2.결정적인, 단호한	حتة (횟타트)	1.부스러기 2.한푼, 은전 3.구역(도시의)
حتمية (하트미 - 야)	1.불가피성, 필연성 2.결정론		

하

아랍어	한국어 뜻
حتامة (후타 - 마)	음식찌꺼기, 찌꺼기
محتم (무하탐)	불가피한, 운명적인, 필연적인
محتوم (마흐투 - ㅁ)	1.운명의, 필연적인 2.의무의
متحتم (무타핫팀)	절대적으로 필요한
حث (핫싸)	1.선동하다 2.내몰다, 고삐를 풀다
احتث (이흐탓싸)	부추기다, 고무하다, 독촉하다
استحث (이스타핫싸)	부추기다, 선동하다
حثيث (하씨 - 쓰)	재빠른, 날랜
مستحث (무스타핫쓰)	흥분된, 고무된
حج (핫자)	1.성지순례하다 2.논쟁하다
حاج (핫 - 자)	1.논쟁하다 2.설득시키려고 애쓰다
تحجج (타핫자자)	1.변명하다 2.논증하다, 증명하다
تحاج (타핫 - 자)	옥신각신하다, 논쟁하다
احتج (이흐탓자)	1.증명하다 2.변명하다 3.반박하다, 항의하다
حج (핫즈)	성지순례
حاج (핫 - 지)	순례자, 순례객
حجة (훗자)	1.증거, 논증 2.핑계, 구실, 변명
حجة (힛자)	1.해, 년 2.성지순례
حجاج (히자 - 즈)	1.변론, 논증 2.논쟁
احتجاج (이흐티자 - 즈)	1.항의 2.반박, 논박 3.핑계, 구실
محجة (마핫자)	1.길, 대로 2.한복판 3.순례지
محاجة (무핫 - 자)	1.논증, 변론 2.다툼, 언쟁, 논쟁

مُحْتَجّ (무흐탓즈)	반론자	حَجْر (하즈르)	1.금지, 폐지 2.보호, 후견 3.시민권 박탈
حَجَبَ (하자바)	1.덮다 2.숨기다 3.막다	حَجِر (하지르)	금지된
حَجَّبَ (핫자바)	덮다, 가리우다	حُجْرَة (후즈라)	방, 칸
اِحْتَجَبَ (이흐타자바)	1.가려지다 2.사라지다 3.폐간되다 4.틀어박히다(집에)	حُجَيْرَة (후자이라)	작은 방
حَاجِب (하 - 지브)	1.안내인 2.문지기 3.가리는, 차단하는 4.눈썹	حَجَّار (핫자 - 르)	석공
حِجَاب (히자 - 브)	1.베일, 가리개, 씌우개 2.병풍, 칸막이, 막	مَحْجَر (마흐자르)	검역소
مَحْجُوب (마흐주 - ㅂ)	가리운, 막힌, 덮힌, 베일을 쓴	مَحْجُور (마흐주 - 르)	차단된, 금지된
حَجَرَ (하자라)	제지하다, 막다, 차단하다	مُتَحَجِّرَات (무타하지라 - 트)	화석
تَحَجَّرَ (타핫자라)	1.돌로 변하다 2.돌처럼 굳어지다	حَجَزَ (하자자)	1.막다 2.저지시키다 3.갈라놓다 4.몰수하다
حَجَر (하자르)	돌	اِنْحَجَزَ (인하자자)	1.차압되다 2.억류되다
		اِحْتَجَزَ (이흐타자자)	1.틀어박히다(집에) 2.품어두다

하

아랍어	뜻
حجز (하자즈)	1.차단 2.장애, 방해 3.차압, 몰수
حجزة (후즈자)	띠
حاجز (하 - 지즈)	1.차단하는 2.차압하는 3.장벽 4.차단봉 5.둑, 제방 6.담, 울타리
حاجزة (하 - 지자)	피뢰침
محجوز (마흐주 - 즈)	1.저지된, 차단된, 막힌 2.보관된
حجم (하자마)	부항을 붙이다
أحجم (아흐자마)	1.삼가다 2.물러서다, 퇴진하다
حجم (하즘)	크기, 부피, 용량, 체적, 규격
إحجام (이흐자 - ㅁ)	1.삼가 끊는 것(담배 등) 2.후퇴, 퇴각
محجم (미흐잠)	부항, 뜸단지
حجن (하자나)	굽히다, 구부리다
أحجن (아흐자누)	굽은, 구부러진, 휜
محجن (미흐잔)	1.꼬부라진 지팡이 2.갈쿠리
حجا (하자)	생각하다, 간주하다
حاجى (하 - 자)	수수께끼를 내다
تحاجى (타하 - 자)	서로 수수께끼를 내다
حجا (히자)	1.이지 2.지혜 3.슬기, 위트
أحجية (아흐지야)	수수께끼
حد (핫다)	1.제한하다 2.경계선을 긋다 3.칼날을 갈다 4.곡을 하다 5.화를 내다
حدد (핫다다)	1.제한하다 2.규정하다 3.세우다(칼날을), 벼리다(쇠를)

하

أحد (아핫다)	상복을 입다
تحدد (타핫다다)	1.제한하다 2.정해지다
احتد (이흐탓다)	1.화를 내다 2.예민해지다
حد (핫드)	1.한계, 끝 2.경계, 국경 3.날(칼의) 4.정의, 규정
حدة (힛다)	1.분노 2.첨예함 3.열정 4.토라짐 5.통찰력
حداد (히다-드)	1.슬픔 2.상복
حدادة (히다-다)	철공일 하는 사람
حداد (핫다-드)	대장공, 철공
حاد (핫-딘)	1.날카로운 2.신경질적인
حديد (하디-드)	1.예리한 2.열정적인 3.철, 쇠
حديدة (하디-다)	1.쇠붙이, 쇳조각 2.철제품, 쇠그릇
تحديد (타흐디-드)	1.정의 2.국한, 제한 3.경계선 설정
محدد (무핫다드)	예리한, 날카로운
محدود (마흐두-드)	경계가 있는, 끝이 있는 3.국한된 4.고정된
محدودية (마흐두디-야)	제한성
محتد (무흐탓드)	격분한, 화가 난, 약이 오른
حدب (하디바)	1.곱사가 되다 2.볼록해지다 3.역성들다
تحدب (타핫다바)	1.휘다, 구부러지다 2.수그러지다
احدودب (이흐다우다바)	곱사가 되다
حدب (하디브)	1.곱사, 곱사등 2.휜(칼이) 3.볼록한, 도드라진
حدب (하다브)	경사, 비탈

136

حدبة 1.혹 2.꼽추 3.볼록한 것 (하다바)	**استحدث** 1.새로 만들다 (이스타흐다싸) 2.야기시키다 3.새로 도입하다
أحدب 1.곱사, 곱사등 (아흐다부) 2.휜(칼이) 3.볼록한	**حدث** 1.젊은이, 청년 (하다쓰) 2.새 소식 3.사건, 사변 4.변화, 곡절 5.배설물, 똥
محدب 혹이 난, 볼록한 (무핫다브)	
محدودب 1.곱사, 곱사등 (무하다우다브) 2.볼록한	**حدثان** 운명의 파란곡절 (하다싸 - 니)
حدث 일어나다, 발생하다 (하다싸)	**حديث** 1.새로운 2. 담화 (하디 - 쓰) 3.풍문 4.전설 5.예언자 무함마드의 말씀
حدث 새롭다 (하두싸)	
حدث 1.이야기하다 (핫다싸) 2.현대화하다	**حادثة** 1.사건 2.사고, 불상사 (하 - 디싸) 3.현상
حادث 담화하다, (하 - 다싸) 회견하다, 회담하다	**حداثة** 1.새로운 것 2.젊음 (하다 - 싸)
أحدث 1.발명하다 (아흐다싸) 변을 보다	**أحدوثة** 1.화제 2.이야기, 전설 (아흐두 - 싸)
تحدث 이야기하다, 말하다 (타핫다싸)	**محدث** 이야기하는 사람 (무핫디쓰)
تحادث 담화하다, 회담하다 (타하 - 다싸)	**محدث** 벼락부자 (무흐다쓰)

하

حدار (후다 - 르)	종기, 부스럼	محادثة (무하 - 다싸)	담화, 회담
تحدر (타핫두르)	경사, 경사도	متحدث (무타핫디쓰)	1.이야기하는, 담화하는 2.대변인, 대화자
انحدار (인히다 - 르)	1.경사, 비탈 2.타락	مستحدث (무스타흐다쓰)	현대적인, 새로운
منحدر (문하디르)	경사, 경사도	حدر (하다라)	내리다, 굴러 떨어지다
حدس (하다싸)	생각하다, 짐작하다, 추측하다	حدر (핫다라)	1.내리우다 2.경사지게 하다
حدس (하드쓰)	추측, 짐작, 예측, 눈치	تحدر (타핫다라)	1.경사지다 2.굴러 내리다 3.유래하다
حدق (하다까)	1.둘러싸다, 포위하다 2.찬찬히 바라보다	انحدر (인하다라)	1.경사지다 2.출신이다. 3.출신이다 4.넘어가다 5.도달하다
أحدق (아흐다까)	둘러싸다, 포위하다	حدرة (후드라)	1.무리(사람들의) 2.떼(낙타들의)
حدقة (하다까)	눈동자, 눈알, 눈망울	حدور (후두 - 르)	하강, 내리는 것
حديقة (하디 - 까)	정원	حادر (하 - 디르)	비대한, 뚱뚱한
حادق (하 - 디끄)	1.짠(음식이) 2.시큼한 3.매운 4.능란한		

하

حَدَى (하디야) 머물다, 체류하다, 묵다	حَداقة (하다-까) 재간, 솜씨, 재주, 기교, 재치
تَحَدَّى (타핫다) 1.도전하다 2.경쟁하다 3.견지하다, 지키다	مُحدِق (무흐디끄) 포위하는
تَحَدّ (타핫딘) 도전, 도발행위	حَدَل (하달라) 학대하다, 평탄하게 하다
مُتَحَدّ (무타핫딘) 도전자, 도발자	حادِلة (하-딜라) 불도저
حَذِر (하자라) 조심하다, 경계하다, 주의하다	مِحدَلة (미흐달라) 롤러
تَحَذَّر (타핫자라) 조심하다, 경계하다, 주의하다	حَدِم (하다마) 1.불타다 2.화를 내다 3.치열하다(전투가)
حاذِر (하-지르) 조심하는, 주의하는	احتِدام (이흐티다-ㅁ) 발작, 격분
حَذارِ (하자-르) 조심하시오!	مُحتَدِم (무흐타담) 분노한, 성난, 불타는
تَحذير (타흐지-르) 경고, 주의, 경계	حَدا (하다) 1.낙타를 몰다 2.부추기다
مَحذور (마흐주-르) 1.주의사항 2.위험 3.불상사, 재난	حادٍ (핫-딘) 낙타몰이꾼
حَذَف (하자파) 1.던지다 2.넘어뜨리다 3.생략하다 4.자르다	أُحدُوّة (우흐두와) 낙타몰이꾼의 노래

حذو (하즈으)	모방	انحذف (인하자파)	생략되다, 빠지다
حذاء (히자-)	1.구두, 신발 2.맞은편에	حذف (하즈프)	1.생략, 제거, 삭제 2.던지는 것
احتذاء (이흐티자-)	모방	حذق (하자까)	1.솜씨를 보이다 2.시큼해지다
محاذاة (무하자-트)	1.맞은 편 2.평행, 병행	حذق (히즈끄)	재간, 솜씨, 재주, 재치, 기교
حر (하르라)	뜨거워지다, 더워지다	حذاقة (하자-까)	재간, 솜씨, 재주, 재치, 기교
حرر (하르라라)	1.해방하다 2.교정하다 3.편집하다 4.겨누다 5.계몽하다	حذلق (하즐라까)	박식한 척하다, 아는 체하다
		تحذلق (타하즐라까)	아는 체하다
تحرر (타하르라)	1.해방되다 2.집필하다, 편찬하다	حذلقة (하즐라까)	아는 체하는 것
حر (하르르)	열, 뜨거움	حذا (하자)	모방하다, 본뜨다
حر (후르르)	1.자유로운 2.자유애호의 3.고결한 4.자유인 5.약속이 없는 6.순수한	أحذى (아흐자)	선물하다
حار (하-르르)	1.뜨거운, 따뜻한, 더운 2.자극성이 있는	احتذى (이흐타자)	1.신을 신다 2.모방하다, 본받다

حرارة (하라-라)	1.열, 뜨거움, 더움 2.열정, 열의 3.발진, 꽃돋이(의학) 4.자극성(음식의)	حرب (하르브)	전쟁, 전투
حرور (하루-르)	열풍	حربة (하르바)	1.창 2.종교의 부패
حرير (하리-르)	명주, 명주실, 견직물	محاربة (무하-라바)	전쟁, 전투
حرية (후르리-야)	1.자유 2.독립	حرث (하라싸)	1.쟁기로 땅을 일구다 2.경작하다, 농사를 짓다
تحرر (타하르루르)	해방	حرث (하르쓰)	1.밭갈이 2.농경지
تحرير (타흐리-르)	1.해방 2.집필, 편집 3.교열, 교정	حارث (하-리쓰)	농부
محرر (무하르리르)	1.해방하는 2.독립운동가 3.작가, 기자 4.편찬자, 편집위원	حراثة (히라-싸)	1.밭갈이 2.농사, 농업
محرار (미흐라-르)	체온계, 온도계	محراث (미흐라-쓰)	쟁기
حرب (하라바)	약탈하다, 전쟁하다	حرج (하리자)	1.좁아지다 2.죄를 짓다 3.금지되다 4.난처해지다
حارب (하-라바)	싸우다, 전쟁을 하다	أحرج (아흐라자)	1.괴롭히다 2.난처하게 만들다 3.금지시키다

تحرج (타하르라자)	1.난처해지다 2.긴장되다	**حرز** (하루자)	견고해지다, 난공불락으로 되다
حرج (하리즈)	1.좁은 2.위태로운, 아슬아슬한 3.난처한	**أحرز** (아흐라자)	달성하다, 이룩하다, 성취하다
حرج (하라즈)	1.금지 2.죄, 죄악 3.난관, 곤경 4.산림	**تحرز** (타하르라자)	경계하다, 조심하다, 예방하다
حرجة (하라자)	1.숲, 산림 2.죄, 죄악	**احترز** (이흐타라자)	조심하다, 경계하다
حراج (하라 - 즈)	공매	**حرز** (히르즈)	1.보호, 방비 2.요새, 보루 3.물적 증거
حراجة (하라 - 자)	곤경, 위기	**حرزة** (하라자)	정수, 보배, 귀중한 것
تحريج (타흐리 - 즈)	1.곤경 2.복잡, 긴장 (정세 등이) 3.조림(임업에서)	**حارزة** (하 - 리자)	퓨즈(전기)
محرج (무흐리즈)	1.난처하게 하는 2.긴장시키는	**حريز** (하리 - 즈)	견고한, 물샐틈없는
جرد (자라다)	1.화를 내다 2. 막다 3.벗어나다 4.억제하다	**احتراز** (이흐티라 - 즈)	조심, 예방, 방지
		حرس (하라싸)	1.지키다, 수호하다 2.보호하다
جردان (자르다 - ㄴ)	화난, 품성이 고약한	**احترس** (이흐타라싸)	조심하다, 경계하다

حرس (하라쓰)	1.경비대 2.근위대
حارس (하-리쓰)	1.지키는 2.조심성 있는 3.보호자 4.경비원 5.문지기(체육)
حراسة (하르라-싸)	보호, 방비, 수비, 경비
احتراس (이흐티라-쓰)	경계, 조심
محترس (무흐타리쓰)	주의하는, 조심하는
حرش (하라샤)	할퀴다, 허비다
تحرش (타하르라샤)	1.도발하다 2.달려들다 3.간섭하다
حرش (하리쉬)	거칠은, 껄껄한
حريش (하리-쉬)	지네
أحرش (아흐라슈)	거칠은, 껄껄한
تحرش (타하르루스)	1.도발행위, 도전 2.간섭
تحريش (타흐리-스)	1.부추김 2.나무심기 3.거칠음
حرص (하라솨)	1.갈망하다 2.조심하다 3.탐내다 4.아끼다
حرص (하르라솨)	야기시키다
حرص (히르스)	1.열망, 갈망 2.탐욕 3.보존, 아끼는 것 4.조심성, 주의
حريص (하리-스)	1.갈망하는 2.아끼는 3.욕심이 많은, 탐욕스러운 4.조심스러운
حرض (하르라돠)	선동하다, 부추기다
تحريض (타흐리-드)	1.선동, 부추김 2.유도, 감응
محرض (무하르리드)	1.선동자 2.감응기(전기)
حرف (하라파)	1.변경하다 2.기울게 하다 3.돌리다(방향을)
حرف (하르라파)	1.왜곡하다 2.수정하다

انحرف 1.어긋나다 2.벗어나다 3.기울다 (인하라파)	**أحرق** 불사르다, 태워버리다 (아흐라까)
احترف 직업에 종사하다 (이흐타라파)	**تحرق** 불타다 (타하르라까)
حرف 1.끝, 가장자리 2.칼날 3.산꼭대기 4.글자, 철자, 문자 (하르프)	**انحرق** 타버리다, 타다 (인하라까)
حريف 1.친구, 동료, 동업자 2.고객 (하리 - 피)	**احترق** 불타다, 불타오르다 (이흐타라까)
حرفة 1.직업 2.수공업 (히르파)	**حرق** 1.방화, 불사르는 것, 2.화상 (하르끄)
تحريف 1.왜곡, 전도 2.수정 (타흐리 - 프)	**حرق** 1.연소 2.열 (하라끄)
انحراف 1.어긋나는 것, 이탈 2.경향, 편향 (인히라 - 프)	**حرقان** 속태움, 가슴앓이 (하라까 - ㄴ)
محرف 왜곡된 (무하르라프)	**حرقة** 1.타는 것 2.열정, 열 3.노여움, 격분 (후르까)
منحرف 기울어진, 경사진, 비뚤어진 (문하리프)	**حريق** 1.불타는, 연소되는 2.연로 3.화재 (하리 - 끄)
محترف 스튜디오, 작업장, 제작실 (무흐타라프)	**حريقة** 1.모닥불 2.화재 (하리 - 까)
حرق 1.태우다 2.굽다(벽돌을) 3.불에 데다 (하라까)	**حارق** 1.불사르는 2.방화자 (하 - 리끄)

حراقة (후라 - 까)	인화물	تحرك (타하르라카)	움직이다, 흔들리다
حراقة (후르라 - 까)	물집, 수포	حركة (하라카)	1.이동, 운동 2.행동, 동작 3.활동 4.흐름, 과정 5.모음기호
حراقة (하르라 - 까)	어뢰정, 함대		
احتراق (이흐티라 - 끄)	연소	تحركة (타하르라카)	움직임, 출발
محرقة (무흐라까)	번제(짐승을 통째로 구워 제단에 바치는 행사)	تحريك (타흐리 - 크)	1.흔드는 것 2.부추김, 자극
محرق (무흐라끄)	한 푼도 없는, 빈털터리	محرك (무하르리크)	1.움직이는 2.흥분시키는 3.엔진, 발동기 4.선동자, 주동자
محرق (마흐라끄)	소각장		
محرقات (마흐루까 - 트)	연료	متحرك (무타하르리크)	움직이는, 이동의
حرك (하라카)	움직이다, 흔들다	حرم (하루마)	금지되다
حرك (하르라카)	1.흔들다 2.젓다 3.자극하다 4.부추기다 5.모음기호를 붙이다	حرم (하라마)	1.박탈하다 2.금지시키다 3.파문하다
		حرم (하르라마)	1.신성불가침으로 선포하다 2.금지시키다 3.끊다, 단념하다(술 등)

تحريم (타흐리-ㅁ) 금지	تحرم (타하르라마) 1.금지되다 2.신성화되다
احترام (이흐티라-ㅁ) 1.존경 2.신성불가침	احترم (이흐타라마) 1.존경하다 2.지키다(질서를)
محرم (마흐람) 1.금지된 2.친척 3.여성의 보호자	حرم (하람) 1.금지된 2.신성한 3.부인 4.피라미드 5.성원, 성지
محرمة (마흐라마) 손수건	حرمان (히르마-ㄴ) 박탈
محروم (마흐루-ㅁ) 1.빼앗긴, 박탈당한 2.불행한, 가련	حرمة (후르마) 1.금지된 것 2.불가침 3.존경 4.부인, 아내 5.여성, 여자, 부녀
محرم (무하르람) 1.금지된 2.1월(이슬람력)	حرام (하라-ㅁ) 1.금지된 2.신성한 3.불법의 4.죄
محترم (무흐타람) 1.존경하는 2.상관이나 고관에게 붙이는 존칭어	حرامي (하라-미) 도둑, 강도, 절도범
حرن (하루나) 1.떼쓰다, 버티다(말이) 2.고장나다(기계가)	حرام (히라-ㅁ) 이불, 홑이불
حرون (하루-ㄴ) 고집이 센, 완고한, 양보하지 않는	حريم (하리-ㅁ) 1.아내, 처 2.안방, 부인의 방 3.하렘, 궁녀
حرى (하리야) 적당하다, 적절하다	احرام (이흐라-ㅁ) 순례자가 입는 순례복
تحرى (타하르라) 1.연구하다 2.조사하다 3.준수하다	

하

حزب (히즙)	당, 정당, 파벌
حازب (하-지브)	불행, 비통한 일
تحزب (타핫주브)	1.당적 2.편견, 불공평
متحزب (무타핫지브)	1.당에 소속된 2.편견을 가진
حيزبون (하이주분)	간악한 노파, 마녀, 못생긴 여자
حزر (하자라)	알아맞히다, 추측하다
حزر (하즈르)	짐작, 추측, 예상
حزورة (하주-라)	수수께끼, 골칫거리
محزرة (마흐자라)	예측, 추측, 예상, 짐작
حزيران (하지란-)	6월
حزق (하자까)	1.조이다, 누르다 2.딸꾹질하다

أحرى (아흐라)	보다 좋은, 보다 나은
حز (핫자)	1.베어내다 2.상처를 입히다 3.괴롭히다
احتز (이흐탓자)	베내다, 잘라내다
حز (핫즈)	1.벤 자리 2.상처
حزة (핫자)	1.상처 난 자리 2.가슴앓이
حزاز (하자-즈)	1.머리의 비듬 2.버짐
حزازة (하자-자)	분노에 찬 앙심, 악의
حزب (하지바)	괴롭히다, 상심시키다
حزب (핫자바)	1.집결시키다 2.합당하다
حازب (하-자바)	1.같은 당에 속하다 2.지지하다
تحزب (타핫자바)	1.입당하다 2.당을 조직하다 3.편을 들다 4.반대하다

하

حزق (하즈끄)	1.조이는 것, 누르는 것 2.딸꾹질	**حزيم** (하지 - ㅁ)	확고한, 단호한
حزوقة (핫자우까)	딸꾹질	**محزم** (마흐잠)	1.앞치마 2.띠 3.보자기
محزوق (마흐주 - 끄)	곤경에 빠진	**حزن** (하지나)	슬퍼하다, 애달파하다
حزم (하자마)	1.확고한 태도를 취하다 2.신중하다	**أحزن** (아흐자나)	슬프게 하다
حزم (핫자마)	1.띠를 두르다 2.묶다	**حزن** (후즌)	슬픔, 애수, 우울, 비애
انحزم (인하자마)	묶이다	**حزنان** (하즈나 - ㄴ)	슬픈, 서글픈, 애석한
احتزم (이흐타자마)	띠를 두르다	**حزين** (하지 - ㄴ)	슬픔에 잠긴, 구슬픈
حزم (하즘)	1.매는 것 2.결단성	**محزن** (무흐진)	애달픈, 슬픈, 비통한, 불쌍한
حزمة (후즈마)	1.꾸러미 2.뭉치, 묶음, 단	**محزون** (마흐주 - ㄴ)	슬픈, 애수에 잠긴, 애통한
حازم (하 - 짐)	1.확고한, 단호한 2.신중한	**حس** (핫싸)	1.느끼다 2.동정하다 3.청소하다
حزام (히자 - ㅁ)	혁띠, 혁대, 띠	**حسس** (핫싸싸)	1.더듬어가다 2.만져보다, 더듬다

حَسْب (하쓰브)	1.계산 2.의견, 견해 3.고려, 참조 4.	تَحَسَّسَ (타핫싸싸)	1.알아내다 2.더듬다 2.감정에 싸이다
حَسَب (하싸브)	1.높은 신분, 명문 출신 2.공적, 공로 3.	حِسّ (힛쓰)	1.감촉, 느낌 2.바스락 소리 3.목소리
حِسْبَة (히쓰바)	총수, 총액, 합계	حِسِّيَة (힛씨야)	감수성
حِسَاب (히싸-ㅂ)	1.세는 것 2.셈, 계산 3.결산	حَسَّاس (핫싸-쓰)	감상적인, 민감한, 다감한
حُسْبَان (히쓰바-ㄴ)	1.고려, 타산 2.예견 예상, 예측	حَسَّاسَة (핫싸-싸)	감각기관
أحْسَب (아흐싸부)	1.백인 2.백혈종(식,동)	حَسَّاسِيَة (핫싸-씨야)	감수성, 느낌
مُحَاسِب (무하-씨브)	경리사원	حَسِيس (하씨-쓰)	1.감수성 있는 2.설레임 소리
مُحَاسَبَة (무하-싸바)	1.결산 2.검열 3.회계 4.조심, 주의	إحْسَاس (이흐싸-쓰)	1.느낌, 감촉, 감각 2.감정 3.예감
مَحْسُوبِيَة (마흐쑤비-야)	편애, 치우친 사랑	مَحْسُوس (마흐쑤-쓰)	1.느낄 수 있는 2.눈에 띄는, 현저
مُحْتَسَب (무흐타싸브)	내세에서 얻는 보상	حَسَب (하싸바)	1.헤아리다, 계산하다 2.간주하다
حَسَد (하싸다)	부러워하다, 시기하다, 탐을 내다	تَحَسَّب (타핫싸바)	1.탐지하다 2.경고나 주의를 하다

하

حاسر (하 - 씨르)	벗은	**تحاسد** (타하 - 싸다)	서로 질투하고 시기하다
حسير (하씨 - 르)	1.피로한 2.무력한 3.근시안의	**حسد** (하싸드)	욕심, 탐욕, 부러움, 질투
تحسر (타핫쑤르)	슬픔, 비애, 서러움	**حاسد** (하 - 씨드)	1.부러워하는 2.시기하는 사람
حسم (하싸마)	1.베다 2.바로잡다 3.공제하다	**محسود** (마흐쑤 - 드)	부러움을 받는
انحسم (인하싸마)	1.해결되다 2.베어지다	**حسر** (하싸라)	1.드러내다, 벗다 2.지치다
حسم (하씀)	1.해결, 조정 2.공제 3.결단성	**حسر** (하씨라)	슬퍼하다
حاسم (하 - 씸)	결정적인, 단호한	**تحسر** (타핫싸라)	1.슬퍼하다 2.털이 빠지다
حسام (후싸 - ㅁ)	칼, 검	**انحسر** (인하싸라)	1.노출되다 2.제기되다 3.줄다(물이)
حسن (하쑤나)	1.좋다, 훌륭하다 2.적당하다	**حسر** (하씨르)	지친, 피로한
حاسن (하 - 쑤나)	친절하게 대하다	**حسرة** (하쓰라)	슬픔, 애수, 비애, 불행, 고통
أحسن (아흐싸나)	잘하다, 자선을 베풀다	**حسور** (후쑤 - 르)	근시안

حسو (하쑤)	국, 국물	تحسّن (타핫싸나)	1.회복되다 2.개선되다
حشّ (핫샤)	1.풀을 베다 2.대마초를 피우다	حسن (하싼)	아름다운, 좋은, 훌륭한
حشّ (핫쉬)	풀, 잔디 깎기	حسنة (하싸나)	1.덕행, 미덕 2.좋은 측면 3.특징, 점
حشاش (후샤 - 쉬)	최후의 숨, 마지막 호흡	حسنى (후쓰나)	1.훌륭한 2.선, 착한 일
حشيش (하쉬 - 쉬)	1.풀 2.마른 풀 3.잡초 생아 4.대마초 5.사	إحسان (이흐싸 - ㄴ)	1.은혜 2.자선
محشّ (미핫쉬)	큰 낫(자루가 긴)	تحسين (타흐씨 - ㄴ)	개선, 개량, 다듬기
محششة (마흐샤샤)	대마초 흡연 소굴	تحسّن (타하쑨)	1.회복 2.개선
حشد (하샤다)	1.집결시키다 2.모이다 3.군대를 징집하다	محسن (무흐씬)	1.선량한 2.자선가, 은인
تحشّد (타핫샤다)	모여들다, 집결되다, 단합되다	محاسن (마하 - 씨누)	1.훌륭한 품성, 덕성, 미덕
حشد (하쉬드)	1.모인, 집합된 2.수많은, 가득 찬	حسا (하싸)	마시다
حاشدة (하 - 쉬다)	배터리, 건전지	حساء (하싸 -)	국물, 국

محتشد (마흐타샤드)	집합장소, 집결장소	متحشف (무타핫쉬프)	옷차림이 허술한
حشر (하샤라)	1. 모으다 2. 끼우다, 삽입하다	متحشفة (무타핫쉬파)	단정치 못한, 여자, 매춘녀
تحشر (타핫샤라)	간섭하다, 참견하다	حشم (하샤마)	창피주다, 망신시키다
حشر (하스르)	1. 수집 2. 삽입, 끼우는 것	أحشم (아흐샤마)	망신시키다
حشرة (하샤라)	곤충, 벌레	تحشم (타핫샤마)	1. 겸손하다 2. 수줍어하다
حشرات (하샤라-트)	인간쓰레기	حشمة (히슈마)	1. 수줍음 2. 겸손, 예절
حشري (히샤리)	1. 아무데가 참견하는 2. 호기심 많은	حشيم (하쉬-ㅁ)	1. 수줍어하는 2. 존경하는
حاشر (하-쉬르)	세금징수원	احتشام (이흐티샤-ㅁ)	부끄러움, 겸손, 예절
محشر (마흐샤르)	1. 무리, 군중 2. 집합장소, 집결지	محتشم (무흐타쉼)	1. 겸손한 2. 수줍어하는, 쑥스러워하는
حشف (하샤파)	초라한 옷을 입고 다니다	حشى (핫샤)	1. 잔뜩 채우다 2. 삽입하다
حشيف (하쉬-프)	낡은 옷	احتشى (이흐타샤)	가득 차다

하

حَاشَا (하 - 샤)	제외하고는, 외에, 밖에	حَشَا (하샤)	내장, 내부
مُحَشٍّ (무핫쉬)	주석자, 주해자, 해석자	حَشْو (하슈)	1.속넣기 2.속 3.삽입 4.장탄(만두의)
حَصَّ (핫솨)	몫이 되다	حَشْوَة (하슈와)	1.속넣기 2. 속 3.인간쓰레기들(만두의)
حِصَّة (힛솨)	1.몫 2.수업시간 3.배당금	حَشِيَّة (하쉬야)	1.매트리스 2.내부, 속 3.베개
مُحَاصَّة (무핫 - 사)	1.분할 2.소작료	حَاشِيَة (하 - 쉬야)	1.변두리 2.주해 3.측근 4.여백, 빈자리
حَصَبَ (하쓰바)	1.뿌리다 2.자갈을 깔다 3. 홍역을 치르다	تَحْشِيَة (타흐쉬야)	1.삽입 2.주석, 해석
حَصْب (하솨브)	잔돌, 자갈	مَحْشُو (마흐슈)	1.가득 찬 2.속을 넣은 3.장탄 된
حَصْبَة (하솨바)	돌멩이	مَحْشِي (마흐쉬)	만두
حَصْبَة (하스바)	홍역	حَشِيَ (하쉬야)	헐떡거리다, 천식을 앓다
حَاصِب (하 - 쓰브)	폭풍, 광풍	حَاشَى (하 - 샤)	제명하다, 배제하다
مَحْصُوب (마흐수 - ㅂ)	홍역환자	تَحَشَّى (타핫샤)	1.떨어뜨리다 2.피하다

حصد 1.수확하다 2.자르다 (하쏘다)	**حصير** 1.돗자리, 방석 2.감옥 (하씨 - 르)
حصد 수확, 추수 (하스드)	**حصيرة** 돗자리 (하씨 - 라)
حصيد 작물, 수확물 (하씨 - 드)	**انحصار** 국한, 제한 (인히쏴 - 르)
حصادة 수확하는 기계 (핫쏴 - 다)	**محاصرة** 봉쇄, 포위 (무하 - 쏘라)
محصدة 낫, 수확하는 농기계 (미흐쏘다)	**محصور** 1.제한된 2.포위된 (마흐수 - 르) 3.협소한 4.변비증에 걸린
محصود 걷어 들인, 수확한 (마흐수 - 드)	
حصر 1.둘러싸다 2.제한하다 (하쏘라) 3.막다 4.계산하다	**حصف** 1.이성을 가지다 (하수파) 2.심중히 생각하다
حصر 1.말을 더듬다 (하씨라) 2.지키다(비밀을)	**حصف** 1.이지적인, 슬기로운 (하씨프) 2.심중한
حاصر 포위하다, 봉쇄하다 (하 - 쏘라)	**حصف** 땀띠 (하쏘프)
انحصر 1.제한되다 2.집중되다 (인하쏘라) 3.포위되다	**حصافة** 1.건전한 사고 (하쏘 - 파) 2.심중성
حصر 1.제한 2.에워싸는 것 (하스르) 3.봉쇄 4.구류	**حصيف** 1.이지적인, 명철한 (하씨 - 프) 2.심중한

حصل (하살라) 1.일어나다 2.달성하다 3.얻다 4.빚어지다	**أحصن** (아흐쏘나) 1.방위하다 2.순결하다 3.결혼하다(여성이)
تحصل (타핫쌀라) 1.도출되다 2.획득하다	**تحصن** (타핫쏘나) 1.강화되다 2.방어되다
حاصل (하 - 실) 1.결말 2.감옥 3.수확 4.창고 5.본질	**حصن** (히슨) 요새, 보루, 성채
حصالة (후쌀 - 라) 1.나머지, 찌꺼기 2.겨(낟알의)	**حصان** (하쏸 - ㄴ) 순결한 여성
حصالة (하쌀 - 라) 저금통장	**حصان** (히쏸 - ㄴ) 말
حصيل (하씨 - ㄹ) 얻어진 결과	**حصانة** (하쏴 - 나) 1.견고성, 난공불락 2.순결성
حصيلة (하씰 - 라) 1.수집품 2.수입 3.총계, 총화	**إحصان** (이흐쏴 - ㄴ) 순결, 흠이 없는 것
تحصيل (타으씰 - ㄹ) 1.획득 2.징수 3.공부, 학습	**حصين** (하씨 - ㄴ) 1.견고한, 난공불락의 된 2.병에 면역이
محصل (마흐쌀) 결과, 결말	**حصين** (후쏴이누) 작은 요새
محصول (마흐수 - ㄹ) 1.수확 2.생산품, 산물 3.결말, 결과	**تحصين** (타흐씨 - ㄴ) 1.강화, 요새화 2.면역
حصن (하쑤나) 1.견고해지다 2.순결하다(여성이)	**تحصينات** (타흐씨나 - ㅌ) 군사방어시설

محصن (무핫쏀)	1.강화된, 보호된 2.면역이 된
حصى (하쏴)	돌판매질하다
أحصى (아흐쏴)	1.헤아리다, 세다 2.통계를 내다 3.조사하다(연구 등을)
حصى (하싼)	자갈, 조약돌
إحصاء (이흐쏴 -)	1.통계 2.인구조사
إحصائية (이흐쏴이 - 야)	통계자료
حض (핫돠)	선동하다, 부추기다
حض (핫드)	부추김, 선동, 사촉
حضيض (하디 - 드)	1.저지대 2.가장자리 3.밑 4.산기슭 5.낭떠러지(바닥의)
حضر (하돠라)	1.참석하다 2.오다 3.준비되다 4.도시에서 살다
حاضر (하 - 돠라)	1.강의하다 2.경쟁하다
أحضر (아흐돠라)	1.준비하다 2.가져오다
تحضر (타핫돠라)	1.준비되다 2.문화인이 되다
احتضر (이흐투디라)	죽어가다, 사멸하다
استحضر (이스타흐돠라)	1.소환하다 2.확고하다
حضر (하돠르)	1.도시생활, 정착생활 2.토착민 3.문명, 문화
حضرة (하드라)	씨, 귀하, 각하
حضور (후두 - 르)	1참석, 참가 2.도착
حاضر (하 - 뒤르)	1.도착의 2.도시주민 3.참석한 4.현재의
حاضرة (하 - 듸라)	주요도시, 대도시

حضارة (하돠 - 라)	1.도시생활, 문화생활 2.문명, 문화	**حضن** (하돠나)	1.품안에 안다 2.키우다, 기르다
تحضير (타흐듸 - 르)	준비	**احتضن** (이흐타돠나)	1.포옹하다 2.키우다
احتضار (이흐티돠 - 르)	죽음, 사멸	**حضن** (히드느)	1.가슴, 젖가슴 2.한 아름 3.품
استحضار (이스티흐돠 - 르)	소환, 호출	**حاضنة** (하 - 듸나)	유모, 보모
محضر (무핫디르)	조수, 조교	**حضانة** (하돠 - 나)	1.양육 2.보호, 보살핌 3.잠복기(의학)
محاضر (무하 - 듸르)	강사, 연사	**محضنة** (마흐돠나)	탁아소
محاضرة (무하 - 돠라)	강의, 강연	**حط** (핫따)	1.놓다 2.벗기다 3.벗다 4.착륙하다 5.낮추다
محضور (마흐두 - 르)	1.귀신들린, 신들린 2.귀신이 사는 곳	**انحط** (인핫따)	1.내리다 2.감소되다 3.쇠퇴하다 4.놓이다
متحضر (무타핫듸르)	문명의, 문화적인	**حطة** (힛따)	1.삭감, 인하 2.멸시, 천대
محتضر (무흐타돠르)	죽어가는, 사멸하는	**حطيطة** (하띠 - 따)	할인, 에누리
مستحضر (무스타흐디르)	실험용 표본, 약재	**انحطاط** (인히따 - 뜨)	1.쇠퇴, 몰락 2.하강

하

아랍어	뜻	아랍어	뜻
محطة (마하따)	정류장, 정거장, 역	تحطيم (타흐띠-ㅁ)	파괴, 붕괴, 격파
منحط (문핫뜨)	1.낮은 2.저속한 3.쇠퇴한, 몰락한	محطم (무핫띰)	파괴하는, 부수는
حطب (하따바)	나무를 모으다	حظ (핫자)	행운이 있다
احتطب (이흐타따바)	1.벌목하다 2.장작을 패다	حظ (핫즈)	1.행운 2.부유함 3.즐거움, 쾌락
حطب (하뜨브)	나무, 장작, 연료	محظوظ (마흐주-즈)	1.행복한, 운이 좋은 2.기쁜, 유쾌한
حطاب (핫따-브)	나무꾼	محظوظة (마흐주-자)	만족, 기쁨
حطم (하따마)	파괴하다, 부수다	حظر (하자라)	1.금지하다 2.우리에 가두다
تحطم (타핫따마)	산산조각나다, 박살나다	حظر (하즈르)	금지, 단속
انحطم (인하따마)	파괴되다, 산산이 부서지다	حظار (히자-르)	담, 울타리 2.가리개
حطمة (히뜨마)	파편, 조각	حظيرة (하지-라)	담, 울타리, 우리(동물의)
حاطمة (하-띄마)	쇄빙기	محظور (마흐주-르)	금지된

하

حفد (하파다)	빨리 하다, 서둘러 하다	**محظورات** (마흐주라 - 트)	금지품
حافد (하 - 피드)	하인, 심부름하는 사람	**حظي** (하지야)	1.얻다, 받다 2.누리다
حفيد (하피 - 드)	손자	**حظوة** (후즈와)	1.호의 2.찬성 3.존경
حفيدة (하피 - 다)	손녀	**حف** (핫파)	1.포위하다 2.털을 깎다 3.살랑거리다(나뭇잎이)
حفر (하파라)	1.파다 2.새기다, 조각하다	**حفف** (핫파파)	1.포위하다 2.털을 밀다
احتفر (이흐타파라)	파내다	**احتف** (이흐탓파)	둘러싸다
حفرة (후프라)	구멍, 구덩이, 굴, 함정	**حاف** (핫 - 프)	1.둘러싸는 2.심심한(음식이)
حافر (하 - 피르)	동물의 발자국	**حافة** (핫 - 파)	끝, 모서리, 변두리, 기슭
حافرة (하 - 피라)	1.원상태 2.굴착기 3.최초에 4.즉석에서	**حفيف** (하피 - 프)	바스락 소리, 살랑거림
حفار (핫파 - 르)	1.굴착기 2.조각가 3.땅강아지	**محفة** (마핫파)	단가, 들것
أحفور (아흐푸 - 르)	1.화석 2.발굴물	**محفوف** (마흐푸 - 프)	어려움에 처한

حفيرة 1.구멍, 구덩이 2.발굴
(하피 - 라)

محفور 1.파놓은 2.조각한
(마흐푸 - 르)

حفز 1.선동하다 2.찌르다
(하파자)

احتفز 준비되다
(이흐타파자)

حافز 충동, 자극
(하 - 피즈)

حفظ 1.보전하다 2.보호하다
(하피좌) 3.암기하다

حافظ 1.보존하다 2.지키다
(하 - 파좌) 3.보살피다, 수호하다

أحفظ 화나게 하다
(아흐파좌)

تحفظ 1.조심하다 2.자제하다
(타핫파좌) 3.보살피다

احتفظ 1.간직하다 2.유의하다
(이흐타파좌) 3.지키다 4.보존되다

حفظ 1.보호, 예방, 보존
(히프즈) 2.경계, 주의
3.암기 4.보살핌

حافظ 1.보존하는 2.꾸란 암송자
(하 - 피즈) 3.보호자 4.박물관장

حافظة 1.목록, 명세서 2.가방
(하 - 파좌)

حفاظ 보호, 수호, 옹호
(히파 - 즈)

حفيظ 1.보관하는 2.지키는
(하피 - 즈) 3.보관자

حفيظة 분노, 격분
(하피 - 좌)

تحفظ 1.조심성, 경계, 예방
(타핫푸즈) 2.억제, 자제
3.보수주의

تحفيظ 암기 꾸란 암기 및 암송
(타흐피 - 즈)

محفظة 1.가방, 지갑 2.캡슐
(마흐파좌)

محافظ 1.지키는 2.보좌하는
(무하 - 피즈) 3.보수적인
4.보수주의자 5.도지사, 지사

محافظة 1.수호 2.보존
(무하 - 파좌) 3.성도(행정국역),

하

محفوظ (마흐푸-즈)	1.보존된 2.기억된 3.저장된	**محفل** (마흐팔)	1.회의장소 2.회의, 모임
محفوظات (마흐푸좌-트)	1.문헌, 고문서 2.암기과제 3.통조림 음식	**محفلة** (마흐팔라)	들것, 단가
مستحفظ (무스타흐파즈)	예비군, 증원부대, 후방군	**حفى** (하피야)	1.친절히 맞다 2.맨발로 다니다 3.발에 상처가 생기다
حفل (하팔라)	1.모이다 2.가득 차다 3.의의를 부여하다	**أحفى** (아흐파)	1.연구하다 2.캐묻다 3.깔끔히 면도하다
احتفل (이흐타팔라)	1.모이다 2.경축하다 3.성대히 맞이하다 4.관심을 돌리다	**تحفى** (타핫파)	1.존경을 표시하다 2.노력하다
حفل (하플)	1.군중, 무리 2.경축	**احتفى** (이흐티피)	1.반갑게 맞이하다 2.간심을 돌리다
حفلة (하플라)	1.경축연, 기념모임, 연회, 잔치	**حاف** (하-핀)	맨발의, 발 벗은
حافل (하-필)	1.성대한 2.수많은 3.가득 찬, 충만한	**حفاوة** (하파-와)	1.환대 2.기쁨
حافلة (하-필라)	대중교통, 버스, 차량	**احتفاء** (이흐티파-)	환대
احتفال (이흐티파-ㄹ)	1.충만 2.경축, 기념 3.기념행사, 예식	**محتفى** (무흐타판)	친절한 환대를 받는
		حق (핫까)	1.확고하다 2.확신하다 3.의무이다

하

하	
حقق (핫까까)	1.실현하다 2.조사하다 3.연구하다 4.확인하다
استحق (이스타핫까)	…에 대한 권리를 갖다, …할 만하다
حق (핫끄)	1.진실 2.함, 통 3.정확한 4.권리, 의무 5.법, 법률
حقوقي (후꾸 - 끼)	1.법률의, 2.법률가, 법학자, 법학도
حقيق (하끼 - 끄)	자격, 권리가 있는, …할 만한
حقيقة (하끼 - 까)	1.정통성 2.사실, 현실 3.본질 4.진실
حقيقي (하끼 - 끼)	1.진실한, 진정한 2.실제적인
أحق (아핫꾸)	가장 정당한, 가장 응당한
أحقية (아핫끼야)	1.권리 2.정당성, 합법성 3.우선권
تحقيق (타흐끼 - 끄)	1.실천 2.조사, 심의 3.확인, 확증
استحقاق (이스티흐까 - 끄)	1.권리, 자격 2.만기
استحقاقات (이스티흐까 - 트)	임금, 보수
محقق (무핫까끄)	1.실현된, 수행된 2.확실한, 확정적인
محقق (무핫끼끄)	1.조사자 2.수행하는 3.검사하는 4.연구하는
مستحق (무스타힛끄)	1.가치 있는 …할 만한 2.미지불 된
حقب (후끄브)	1.80년, 80년 이상 2.세기, 연대
حقب (하까브)	허리띠, 띠
حقبة (히끄바)	시기, 기간
حقيبة (하끼 - 바)	가방, 배낭
حقد (하까다)	원한을 품다, 앙심을 품다
حقد (히끄드)	악의, 증오, 원한
حاقد (하 - 끼드)	1.증오하는 2.앙칼진, 흉악한

حقيدة (하끼-다)	악의, 양심, 원한, 증오	حاقل (하-깔라)	밭떼기로 사다
حقر (하꾸라)	너절하다, 보잘것없다	حقل (하끌)	1.밭 2.분야, 영역 3.난, 칼럼(신문의)
حقر (하까라)	멸시하다, 업신여기다	حقن (하까나)	1.주사 놓다 2.관장을 하다(의학)
احتقر (이흐타까라)	멸시하다, 깔보다	احتقن (이흐타까나)	1.주사를 맞다 2.관장을 하다 3.충혈 되다
استحقر (이스타흐까라)	업신여기다, 깔보다	حقن (하끈)	1.주사 2.관장 3.억제, 제지
حقارة (하까-라)	1.너절함, 볼품없는 것 2.멸시	حقنة (후끄나)	1.주사약 2.주사 3.관장 4.주사기
حقير (하끼-르)	1.초라한 2.하찮은 3.저속한 4.하층의	احتقان (이흐티까-ㄴ)	충혈, 출혈
احتقار (이흐티까-르)	경멸, 업신여기는 것	محقنة (미흐까나)	주사기
تحقير (타흐끼-르)	경시, 천대, 멸시	محتقن (무흐타낀)	충혈된
محتقر (무흐타까르)	너절한, 저속한	حك (핫카)	1.비비다 2.긁다, 할퀴다
حقل (핫깔라)	땅을 떼기로 나누다		

하

حكّ (핫카카)	1.문대다 2.연마하다	احتكار (이흐티카-르)	1.몽땅 사들이는 것 2.독점, 전매 3.투기
أحكّ (아핫카)	1.옴을 앓다 2.가렵다 3.근질근질해지다	احتكارية (이흐티카-리야)	독점자본주의
تحكّك (타핫카카)	1.몸을 비비다 2.싸움을 걸다	محتكر (무흐타키르)	1.독점자본가 2.투기꾼, 매점매석가
احتكّ (이흐탓카)	1.몸을 비비다 2.마찰되다 3.접촉하다	حكم (하카마)	1.통치하다 2.지배하다 3.명령을 내리다 4.제지하다 5.판결하다
حكّ (훗크)	나침반, 자석	حكم (하쿠마)	현명하게 행동하다
حكّ (핫크)	1.문지름, 마찰 2.긁는 것, 할퀴는 것	حاكم (하-카마)	1.재판하다 2.고발하다
حكّة (힛카)	옴(의학)	تحكّم (타핫카마)	좌우지하다, 전횡을 부리다
احتكاك (이흐티카-크)	1.마찰 2.접촉 3.마찰	احتكم (이흐타카마)	1.소송하다 2.통치하다 3.점유하다
حكر (하카라)	1.수매하다 2.매점매석하다	حكم (하캄)	중재자, 심판
احتكر (이흐타카라)	1.모조리 사다 2.독점하다 3.투기하다	حكم (후큼)	1.통치 2.치세 3.지배 4.결정 5.선고 6.제도
حكرة (후크라)	독점, 전매		

حكمة (히크마)	1.철학 2.지혜 3.격언 4.의학, 의술 5.묘치	**محكم** (무흐캄)	단단한, 정밀한, 확고한
حكومة (후쿠-마)	1.정부 2.통치 3.국가	**محكم** (무핫캄)	중재인, 중재자
حكومية (후쿠미-야)	국가제도, 국가체제	**محكمة** (마흐카마)	재판소, 법정, 법원
حكيم (하키-ㅁ)	1.현명한 2.현명한 사람 3.철학가 4.의사	**محكوم** (마흐쿠-ㅁ)	1.백성, 피지배자 2.판결 받은, 언도 받은
حكمدار (히크미다-르)	1.경찰서장 2.시장 3.지휘관	**حكى** (하카)	1.말해주다 2.이야기하다 3.비방하다 4.닮다
حكمدارية (히크미다리-야)	1.경찰서, 시청, 도청 2.지휘소	**حكاية** (히카-야)	1.이야기, 단편소설 2.소식을 전하는 것
حاكم (하-킴)	1.통치자 2.심판원 3.법관, 재판관, 판사	**حل** (할라)	1.자유롭게 두다, 해방시키다 2.거주하다 3.해결하다
إحكام (이흐카-ㅁ)	1.강화 2.견고성 3.정통 4.정밀도 5.법집행	**حلل** (할랄라)	1.분석하다 2.허락하다 3.분해하다 4.풀어놓다
تحكم (타핫쿰)	1.통치, 지배 2.전횡, 독재	**أحل** (아할라)	1.설치하다, 배치하다 2.허용하다, 승낙하다
تحكيم (타흐키-ㅁ)	1.중재, 조정 2.치료	**تحلل** (타할랄라)	1.용해되다 2.분해되다 3.해결되다 4.해방되다
استحكام (이스티흐카-ㅁ)	1.강화 2.방어시설		

하

احتل (이흐탈라)	1.점령하다, 강점하다 2.차지하다
حلال (할라 - ㄹ)	1.허용된, 허락된 2.합법적인, 정당한
حلول (훌루 - ㄹ)	1.체류 2.도래, 대두, 다가오는 것
حليل (할리 - ㄹ)	남편
حليلة (할릴 - 라)	아내
تحليل (타흘리 - ㄹ)	1.푸는 것 2.분석 3.허락, 허용
انحلال (인힐라 - ㄹ)	1.해결 2.해산 3.분해 4.약화 5.타락
انحلالية (인힐랄리 - 야)	퇴폐주의, 세기말적인 기분
احتلال (이흐틸라 - ㄹ)	점령, 강점
محل (마할)	1.장소, 자리, 지점 2.방, 건물 3.상점
محلى (마할리)	1.지방의, 현지의 2.국부적인
محلل (무할릴)	1.허용하는, 합법화하는 2.용해하는 3.용매
محلة (마할라)	1.야영지 2.임시거처 3.구역, 구(도시의)
محلول (마훌루 - ㄹ)	1.녹은, 용해된 2.용액 3.풀린, 느슨한
منحل (문할르)	방탕한, 비도덕적인
محتلة (무흐탈라)	점령지
حلب (할라바)	젖을 짜다
تحلب (타할라바)	흐르다, 분비하다
انحلب (인할라바)	1.젖이 나다 2.흐르다(눈물, 땀이)
احتلب (이흐탈라바)	젖을 짜다
حلب (할브)	젖 짜기
حلبة (할바)	1.경마장 2.무대, 활동범위

حالب (할 - 리브)	1.젖을 짜는 2.요도	حلاس (힐라 - 쓰)	실내복, 평복
حلابة (힐라 - 바)	분유	أحلس (아흘라쑤)	1.밤색의 2.대머리, 빈대머리
حليب (할리 - 브)	젖, 우유	حلف (할라파)	맹세하다, 선서하다
محلب (마흘라브)	분유공장, 우유공장	تحالف (타할 - 라파)	서로 동맹을 맺다
محلاب (미흘라 - 브)	우유통	استحلف (이스타흘라파)	맹세시키다
حلج (할라자)	솜을 타다	حلف (할프)	1.맹세 2.동맹 3.조약 4.동맹자, 동맹국
حلاجة (힐라 - 자)	솜타기	تحالف (타할 - 루프)	동맹, 연합
محلج (마흘라즈)	솜타는 기계	محلف (무할라프)	1.선서한 2.배심원 3.조약기구 위원
محلجة (마흘라자)	솜타는 공장	محالفة (무할 - 라파)	1.동맹체결 2.협약, 협정
حلزون (할라주운)	달팽이	حلق (할라까)	1.머리 깎다 2.면도하다
حلس (할라싸)	1.머물다 2.들어붙다	حلق (할라까)	1.유유히 날다 2.돌돌말다 3.둘러싸다

하

تحلق (타할라까)	둘러앉다, 원을 형성하다	**محلقة** (미흘라까)	면도칼, 안전면도기
حلق (할끄)	1.이발 2.목구멍, 인후	**محلوق** (마흘루-끄)	면도한, 민숭한
حلق (할라끄)	귀고리, 가락지	**حلقوم** (훌꾸-ㅁ)	목구멍
حلقة (할까)	1.귀고리 2.원 3.고리 4.집단 5.시리즈의 한 부분	**حلك** (할라카)	1.암담해지다 2.새까맣게 되다
حلقية (할라끼-야)	원, 원형, 동그라미	**حلك** (할리크)	1.검은 2.어두운, 암담한
حالق (할-리끄)	높은 산, 높은 곳	**حلكة** (할카)	1.어둠, 암흑 2.검은색
حلاق (할라-끄)	이발사	**حالك** (할-리크)	1.암담한 2.새까만
حلاقة (힐라-까)	1.면도 2.이발	**حلوكة** (훌루-카)	어둠, 암흑
تحليق (타흘리-끄)	1.빙빙도는 것 2.우주비행(새가)	**حلم** (할라마)	1.꿈꾸다 2.성숙하다
محلق (무할리끄)	높이 떠 있는, 고도의	**حلم** (할루마)	온순하다, 부드럽다
محلقة (무할리까)	격납고	**تحلم** (타할라마)	순해지다, 부드러워지다

احتلم (이흐탈라마)	성숙하다, 사춘기가 되다	**حلوى** (할와)	사탕, 당과류
حلم (훌므)	1.꿈 2.공상, 망상 3.성숙	**حلوان** (훌와-ㄴ)	1.선물 2.상, 상금
حلم (힐므)	1.부드러움 2.참을성	**حم** (함마)	1.불을 때다, 데우다 2.목욕하다
حلمة (할라마)	젖꼭지 2.귓불 3.기생충	**تحمم** (타함마마)	목욕하다
حليم (할리-ㅁ)	1.부드러운 2.참을성 있는 3.너그러운	**استحم** (이스타함마)	목욕하다, 미역을 감다
محتلم (무흐탈림)	1.성년이 된 2.성인, 어른	**حم** (함므)	1.열, 더위 2.시아버지 3.장인
حلى (할리야)	1.달콤하다 2.맛이 있다 3.아름답다 4.마음에 들다 5.장식되다	**حماة** (하마-트)	1.시어머니 2.장모
تحلى (타할라)	1.달콤해지다 2.장식되다	**حمة** (함마)	온천
حلو (훌루우)	1.달콤한, 시원한 2.아름다운(물이)	**حمة** (힘마)	죽음, 멸망
حلية (힐야)	장식품, 보석	**حمى** (훔마)	열병, 오한, 열
حلاوة (할라-와)	1.단맛 2.아름다움 3.사탕 4.보상금	**حميم** (하미-ㅁ)	1.뜨거운 2.뜨거운 물 3.땀 4.친구

하

أحمد (아흐마드)	1.찬양할만한 2.아흐마드(인명)	حمام (히마 - ㅁ)	죽음, 멸망
محمد (무함마드)	1.찬양받은, 칭송받는 2.예언자 무함마드	حمام (하마 - ㅁ)	비둘기
محمود (마흐무 - 드)	칭찬할 만한, 훌륭한	حمام (함마 - ㅁ)	목욕탕
حمر (함마라)	1.불게 물들이다 2.고기를 굽다 3.입술연지를 바르다	استحمام (이스티흐마 - ㅁ)	목욕, 미역
تحمر (타함마라)	1.붉게 물들다 2.입술연지를 바르다 3. 기름에 튀기다	محم (마함므)	가마, 물 끓이는 그릇
		محموم (마흐무- ㅁ)	1.열병의 2.열병환자
حمار (히마 - 르)	당나귀	مستحمام (무스타흐마 - ㅁ)	해수욕장
حمارة (함마 - 라)	무더위	حمد (하미다)	1.칭찬하다, 찬양하다 2.감사를 드리다
حمرة (후므라)	1.붉은 색 2.연지 3.벽돌 4.흉조	حمد (함드)	1.칭찬, 찬양, 찬미 2.감사
أحمر (아흐마루)	붉은, 빨간	حامد (하 - 미드)	1.칭찬하는 2.고마운
محمر (무함마르)	기름에 볶은	حميد (하미 - 드)	1.찬양 받을만한 2.평판이 좋은 3.심(병이)하지 않는

حمص (함마사)	볶다, 굽다	**حمز** (하마자)	1.혀를 물다 2.혀를 데다
تحمص (타함마사)	굽다, 볶아지다	**حامز** (하 - 미즈)	혀를 깨무는
حمص (훔므스)	이집트 콩	**حمس** (하마싸)	볶다, 지지다
محمص (무함마스)	튀긴, 구운	**حمس** (하무싸)	용감성을 보이다
حمض (하무돠)	시큼하다, 시큼해지다	**حمس** (함마싸)	고무하다, 격려하다
حمض (함마돠)	1.산화시키다 2.사진을 현상하다	**تحمس** (타함마싸)	1.고무되다 2.흥분되다
تحمض (타함마돠)	시어지다	**استحمس** (이스타흐마싸)	선동하다, 부추기다
حمض (함드)	산(화학)	**حمس** (하마쓰)	열의에 충만된
حامض (하 - 미드)	1.신, 시큼한 2.산(화학)	**حماسة** (하마 - 싸)	1.용감성 2.열성, 열의
حموضة (후무 - 돠)	1.산성, 산도 2.신맛	**تحمس** (타함무쓰)	열성, 분발, 열의
تحميض (타흐미 - 드)	1.신맛 2.산성화 3.현상(사진)	**متحمس** (무타함미쓰)	열렬한, 흥분된

하

محمض (무함마드)	1.신, 시큼한, 산의 2.산화된	تحمل (타함말라)	1.걸머지다 2.견디다 3.질기다(옷, 신발이)
حمق (하마까)	1.우둔하게 행동하다 2.화내다	حمل (하말)	양새끼
تحامق (타하-마까)	바보인 체하다	حمل (하믈)	1.운반 2.드는 것 3.임신
انحمق (인하마까)	화를 내다, 약이 오르다	حملة (하믈라)	1.공격 2.원정, 출정 3.캠페인
حمق (후므끄)	1.우둔함, 어리석음 2.분노, 분통	حامل (하-밀)	1.운반하는 2.휴대한 3.소유자 4.임신한, 임산부
حماق (후마-끄)	수두, 작은 마마	حمال (함마-ㄹ)	짐꾼, 지게꾼, 포터
حماقة (하마-까)	1.우둔함 2.어리석은 행위 3.화가 남	حمالة (함말-라)	1.들 것, 단가 2.멜빵 3.받침대, 교각(다리)
حمقان (하므까-ㄴ)	약이 오른, 화가 난	حمول (하무-ㄹ).	참을성과 인내심 있는
أحمق (아흐마끄)	우둔한, 바보, 멍텅구리	حمولة (후물-라)	1.짐 2.적재량, 용량
محموق (마흐무-끄)	성난, 화난, 약이 오른	حميل (하미-ㄹ)	태아
حمل (하말라)	1.나르다 2.지다(짐을) 3.휴대하다 8.임신하다 9.품다(감정을)	احتمال (이흐티마-ㄹ)	1.견디는 것 2.가능성 3.질긴 것

محمل (마흐말)	1.가마 2.지니는 것 3.근거, 이유, 동기	**حمى** (하미)	금지된
محمل (무함말)	짐을 실은	**حمية** (하미-야)	1.열정, 정력 2.교만성 3.멸시, 경시
محمول (마흐무-ㄹ)	1.실은 2.운반되는 3.용량, 용적(짐을)	**حمية** (히므야)	식사요법, 다이어트, 식이요법
محتمل (무흐타말)	가능한, 참을 수 있는, 있을 수 있는	**حماية** (히마-야)	보호, 수호, 옹호, 방어, 비호
حمى (하마)	1.보호하다 2.방어하다	**محام** (무하-민)	1.옹호하는, 보호하는 2.옹호자, 수호자 3.변호사
حمى (하미야)	뜨거워지다, 치열해지다(싸움이)	**محاماة** (무하마-트)	1.변호 2.변호사 직업 3.밉, 밉률
أحمى (아흐마)	데우다, 가열하다	**محمى** (마흐마)	난로
احتمى (이흐타마)	1.피하다 2.식사요법을 지키다 3.보호를 요구하다	**محمى** (마흐미)	1.보호받는 2.보호받는 사람
حمة (후마)	1.살, 침 2.독(벌 등의)	**محمية** (마흐미야)	1.보호통치제도 2.보호국
حمى (히만)	보호, 방지, 수호	**حن** (한나)	1.갈망하다 2.불쌍히 여기다

하

حنة (한나)	동정심, 자비심, 인정	**حنطة** (힌따)	메밀
حنان (하나 - ㄴ)	1.동정심 2.정다움, 애틋함	**تحنيط** (타흐니ㅣ - 뜨)	미라화 박제(시체의),
حنان (하나 - ㄴ)	동정어린, 인자한, 정다운	**حنف** (하나파)	기울다
حنون (하누 - ㄴ)	1.인자한 2.애수에 찬 3.정겨운	**حنفية** (하나피야)	1.수도꼭지 2.하나피 법률학파
حنو (후누)	동정, 사랑	**حنيف** (하니 - 프)	진실한, 정통의, 올바른
حنين (하니 - ㄴ)	1.갈망 2.그리움 3.한숨	**حنق** (하나까)	1.화를 내다 2.증오하다
حنية (힌니야)	동정심, 자비심, 인정	**أحنق** (아흐나까)	1.화나게 하다 2.원한을 품다
حنأ (한나아)	빨갛게 염색하다	**حنق** (하니끄)	화난, 분노한
حناء (힌나)	헤나, 물감이름	**حانق** (하 - 니끄)	1.화가 난 2.증오하는
حنجرة (한자라)	목구멍, 후두, 인후	**محنق** (무흐나끄)	1.화난 2.악의에 찬
حنط (한나따)	1.시체에 향유를 바르다 2.박제하다	**حنك** (하나카)	경험을 가지게 하다, 세련시키다

حاث (하 - 싸)	발굴하다, 파내다	أحنك (아흐나카)	경험을 가지게 하다, 세련시키다
إحاثة (이하 - 싸)	발굴	حنكة (훈카)	생활철학, 경험
حاج (하 - 자)	빈곤을 느끼다	محنك (무한나크)	경험 있는, 세련된
حوج (하우와자)	필요로 하게 되다	حنى (하나)	1.숙이다 2.몸을 굽히다
أحوج (아흐와자)	필요하게 되다	انحنى (인하나)	1.허리를 굽히다 2.구불구불해지다(길이) 3.고개숙여 인사하다
احتاج (이흐타 - 자)	요구되다, 필요하다	حانة (하 - 나)	술집, 주막
حاجة (하 - 자)	1.필수품 2.필요, 수요 3.희망, 목적	حنو (하누)	1.경사 2.굴곡 3.수그림
حاجيات (하지야 - 트)	필수품	حنية (하니야)	1.굴곡(건축) 2.굽이 3.활모양 4.궁륭
احتياج (이흐티야 - 즈)	필요, 요구	انحناء (인히나 -)	1.경사 2.굴곡, 휜 것 3.인사, 절
محتاج (무흐타 - 즈)	필요되는, 요구되는	محنى (마흐니)	수그러진, 굽은, 휜
حاذ (하 - 자)	몰아내다, 빨리 몰다	منحنيات (문하니야 - 즈)	곡선

محاورة (무하 - 와라)	1.논평, 토론 2.대화, 회화	أحوذ (아흐와자)	빨리 몰다
حاز (하 - 자)	1.소유하다 2.획득하다 3.포함하다	استحوذ (이스타흐와자)	1.점유하다 2.쟁취하다
تحوز (타하우와자)	꼬다(뱀이), 사리다(뱀이)	حور (하우와라)	모양을 바꾸다
انحاز (인자 - 자)	1.편을 들다 2.가담하다 3.멀리하다	حاور (하 - 와라)	1.대화를 나누다 2.논쟁하다
اجتاز (이즈타 - 자)	1.점유하다 2.쟁취하다 3.포함하다	أحار (아하 - 라)	답변하다, 회답하다
استحوز (이스타흐와자)	소유하다, 장악하다, 점유하다	تحاور (타와 - 와라)	이야기 나누다, 담화하다
حائز (하 - 이즈)	1.소유한, 보유한 2.소유자, 보유자	حورية (후 - 리야)	1.선녀 2.요정 3.천국의 처녀
حوز (하우즈)	1.점령, 장악, 소유 2.획득, 쟁취 3.수문	حارة (하 - 라)	1.구역, 구 2.골목 3.주택
حوزة (하우자)	1.소유, 장악, 점유 2.방향	حوار (히와 - 르)	1.회답 2.대화, 회화 3.토론, 논쟁
حاووز (하우 - 즈)	1. 저수지 2.수문	حواري (하와 - 리)	1.예수의 제자, 사도 2.후계자, 제자
حيز (하이즈)	1.공간, 장소 2.범위	أحور (아흐와루)	눈이 새까만

하

아랍어	한국어 뜻
حوض (하우드)	1.저수지, 물탱크 2.구유 3.골반 4.도크(항구의)
حوط (하우와따)	1.포위하다 2. 보호하다
حاوط (하 - 와따)	속이려고 애쓰다, 꾀다
أحاط (아하 - 따)	1.포위하다 2.사로잡다 3.정통하다
تحوط (타하우와따)	1.지키다 2.예방대책을 취하다
احتاط (이흐타 - 따)	1.포위하다 2.보살피다 3.예방하다 4.예비로 작만하다
حائط (하 - 이뜨)	벽, 담, 담벼락
حواط (하우와 - 뜨)	도적, 협잡꾼, 사기꾼
حواطة (하와 - 따)	교활성, 간교
حيطة (히 - 따)	조심, 경계
احاطة (이하 - 따)	1.포위 2.아는 것 3.소유 4.통지
حيازة (히야 - 자)	1.소유, 점유 1.방향
انحياز (인히야 - 즈)	1.편을 드는 것 2.가담
متحيز (무타하이즈)	편견이 있는, 불공평한
حاش (하 - 샤)	1.에워싸다 2.저지하다 3. 비호하다
حوش (하우와샤)	1.모으다 2.축적하다
احتوش (이흐타와샤)	포위하다
حوش (하와슈)	오합지중, 어중이떠중이, 군중
حوشى (후 - 쉬)	1.이해할 수 없는 2.고리타분한
حواشة (후와 - 샤)	방계친족
تحويش (타흐위 - 슈)	저축, 저금
حوض (하우와돠)	저수지를 만들다

하

تحوطات (타하우뜨 - 트)	예방대책	**حيق** (하이끄)	1. 결과, 결말 2. 효과, 효력
احتياط (이흐티야 - 뜨)	1. 예방책 2. 조심, 경계 3. 예비	**حيك** (하이야카)	천을 짜다
احتياطات (이흐타야따 - 트)	예방대책	**حياكة** (히야 - 카)	뜨개질, 천을 짜는 것
محيط (무히 - 뜨)	1. 환경, 주위 2. 둘레 3. 대양 4. 둘러싼,	**حول** (하우왈라)	1. 이동하다 2. 돌리다 3. 전환하다 4. 개조하다 5. 가공하다 6. 송금하다
حوف (하우와파)	포위한 벼랑 끝에 놓다	**حاول** (하 - 왈라)	1. 원하다 2. 시도하다 3. 속이려고 하다
تحايف (타하이야파)	1. 조금씩 먹어 들어가다 2. 손해를 입히다 3. 학대하다	**أحال** (아할 - 라)	1. 전환시키다 2. 넘기다, 돌리다
حافة (하 - 파)	끝, 모서리, 가장자리	**تحول** (타하우왈라)	1. 변화하다, 전환되다 2. 돌아서다, 그만두다
حيف (하이프)	학대, 천대, 모독, 모욕	**احتال** (이흐탈 - 라)	꾀를 부리다, 속여 넘기다
حوق (하우와까)	1. 둘러싸다, 포위하다 2. 영향을 주다	**استحال** (이스티할 - 라)	변화되다
حيق (하이야까)	음식에 양념을 넣다	**حال** (하 - ㄹ)	1. 상황 2. 유모차 3. 배낭
أحاق (아하 - 까)	포위하다, 둘러싸다	**حاليات** (할리야 - 트)	당면문제

حيال (히야-르)	1. …에 대하여 2. 앞에 3. …와는 달리	حالة (할-라)	1. 형편, 상태, 정세 2. 경우
حيلة (힐-라)	1. 꾀, 묘안 2. 술책 3. 교활성 4. 책략	حلاتي (할라-티)	1. 시류에 편승하는 사람 2. 변덕스러운
حيول (후유-르)	동물의 성적불능	حائل (하-일)	1. 달라진 2. 방해, 장애 3. 병풍
حيلولة (하일루-라)	합법적인 이혼	حول (하울르)	1. 힘, 위력 2. 년, 해 3. 변화, 변동
أحول (아흐왈루)	1. 눈을 흘기는 것 2. 사팔뜨기	حولي (하울리)	1. 일년 되는, 일년생의 2. 한해의, 년간의
تحول (타하우왈르)	1. 변화 2. 이행, 전환	حولية (하울리야)	연감, 연보
تحويل (타흐위-르)	1. 전달 2. 변경 3. 송금 4. 수표 5. 수표이서 6. 개조	حوليات (하울리야-트)	한해동안의 사건
احتيال (이흐티야-르)	교활성, 협잡, 기만	حول (하울라)	1. 주위에, 옆에, 곁에 2. 대하여, 관하여
استحالة (이스티할-라)	1. 변화 2. 전환, 이행 3. 불가능성 4. 불가능	حولة (하울라)	변화
		حوالى (하왈-리)	약, 대략, 거의
محال (무할-르)	1. 불가능한 2. 황당한	حوالة (하왈-라)	송금

محالة (무할 - 라)	1.수완, 재간 2.출구	**محتوى** (무흐타와)	내용
محاولة (무하 - 왈라)	시도, 기도	**محتويات** (무흐타위야 - 트)	내용, 의미
محتال (무흐타 - ㄹ)	1.교활한 2.사기꾼	**حي** (하이이)	1.살다 2.수줍어하다
مستحيل (무스타히 - ㄹ)	1.불가능한 2.황당한, 터무니없는	**استحى** (이스타하)	부끄러워하다, 쑥스러워하다
حام (하 - 마)	1.빙빙 돌다(소문이) 2.떠돌다 3.거닐다	**حي** (하이이)	1.살아있는 2.생생한 3.생존해 있는 4.유기체 5.구역
حومة (하우마)	1.소용돌이 2.한창 3.주요부분	**حياء** (하야 -)	1.부끄러움, 수줍음 2.겸손, 신중
حوامة (하우와 - 마)	헬리콥터	**حية** (하이야)	뱀, 구렁이
حوى (하와)	1.모으다 2.포함하다 3.기억하다	**حياة** (하야 - 트)	생명, 생활, 생존, 삶, 생명력
تحوى (타하와)	돌돌말리다, 감기다	**حوين** (후와이인)	미생물
احتوى (이흐타와)	포함하다, 포괄하다	**حيوان** (하야와 - ㄴ)	동물
حوية (하우위야)	1.똬리 2.내장	**حيوانية** (하야와니 - 야)	동물성, 야수성

하

حيي (하이이)	부끄러워하는, 수줍어하는	حيد (하이드)	1.이탈, 탈선 2.돌출부, 볼록한 것
حيي (후야이)	세균, 미생물	حيدة (하이다)	1.이탈 2.중립
حيوي (하야위)	1.생명의 2.절박한	محيد (마히-드)	1.이탈 2.회피
حيوية (하야위야)	생활력, 생명력	محايدة (무하-야다)	1.기권, 중립 2.객관성
أحياء (아흐야-)	1.살리는 것, 재생 2.기념하는 것, 베푸는 것	حير (하이야라)	당황.난처하게 하다
تحية (타히야)	축하, 인사, 경의	تحير (타하이야라)	당황하다, 어쩔줄 모르다
تحيات (타히야-트)	인사, 경의	احتار (이흐타-라)	당황하다, 어쩔줄 모르다
محيا (무하이야)	얼굴모습, 용모, 생김새	حيرة (하이라)	당황, 어리둥절, 얼빠짐
حيد (하이다)2.중립을 지키게 하다	1.제쳐놓다	حائر (하-이르)	당황한, 어리둥절한
حايد (하-야다)	1.피하다 2.기권하다 3.객관적으로 보다	متحير (무타하이이르)	당황한, 어리둥절한, 얼빠진
حائد (하-이드)	중립적인	حان (하-나)	시간이 되다, 닥쳐오다

تحين 기다리다(기회 등을)
(타하이야나)

استحان 기다리다(기회 등을)
(이스티하 - 나)

حين 때에
(히 - 나)

(خ : 카)

خام 1.가공하지 않는 2.미숙한
(카 - ㅁ)

خامات 원료
(카마 - 트)

خبأ 숨기다
(캅바아)

تخبأ 숨다, 사라지다
(타캅바아)

اختبأ 숨다, 사라지다
(이크타바아)

خبئة 비밀
(카비아)

تخبية 은폐, 숨기는 것
(타크비아)

اختباء 은폐, 사라지는 것
(이크티바 -)

مخبأ 1.은폐지 2.피난처
(마크바으)

مختبىء 숨은, 잠복한, 사라지는
(무크타비으)

خبت 겸손해지다, 겸허하다(신 앞에)
(카바타)

اختبت 순종하다, 복종하다
(이크타바타)

خبت 저지대
(카브트)

خبث 1.고약하다 2.심술궂다 3.악성으로 되다(의학)
(카부싸)

تخابث 남의 불행을 고소해하다
(타카 - 바싸)

خبث 1.심술 2.악성(의학)
(쿠브쓰)

خباثة 1.사악함 2.악질 3.악성
(카바 - 싸)

خبيث 1.나쁜 2.추악한 3.해를 끼치는 4.악성의(의학) 5.구린내 나는
(카비 - 쓰)

خبيثة 못된 짓
(카비 - 싸)

خبر 잘 알다, 정통하다, 조예가 깊다
(카부라)

خبر 1.경험을 통해서 알다 2.시험하다
(카바라)

أُخْبَارِي 1.보도기자, 탐방기자 (아크바-리) 2.역사가	**خَابَرَ** 서신 거래하다, 회담하다 (카-바라)
اِخْتِبَار 1.실험, 시험(전문가의) (이크티바-르) 2.검진, 감정	**أَخْبَرَ** 전하다, 알리다, 통지하다 (아크바라)
اِسْتِخْبَار 탐지, 정탐, 정찰 (이스티크바-르)	**تَخَابَرَ** 서로 소식을 전하다 (타카-바라)
مَخْبَر 실험실 (마크바르)	**اِخْتَبَرَ** 1.물어보다 (이크타바라) 2.시험하다, 해보다
مُخْبِر 1.전하는 2.보도자, 밀고자 (무크비르) 3.기자, 통신원	**اِسْتَخْبَرَ** 1.조회하다 (이스타크바라) 2.정보를 수집하다
مُخَابَرَة 1.서신거래 2.통신교환 (무카-바라) 3.회담, 협상	**خَبَر** 1.통보, 정보 (카바르) 2.소식, 뉴스
مُخْتَبِر 경험이 풍부한 (무크타비르)	**خَبَرِيَّة** 소문, 풍문, 소식 (카바리-야)
مُخْتَبَر 실험실 (무크타바르)	**خِبْرَة** 경험, 조예, 지식 (키브라)
خَبَزَ 빵을 굽다 (카바자)	**خَبِير** 1.경험 있는 2.전문가 (카비-르)
اِنْخَبَزَ 빵이 구워지다 (인카바자)	**إِخْبَار** 통지, 알림 (이크바-르)
اِخْتَبَزَ 빵을 굽다 (이크타바자)	**إِخْبَارِيَّات** 정보, 통보, 소식 (이크바리야-트)

카

خبط (카바따)	때리다, 구르다(발을)	خبز (쿠브즈)	빵
تخبّط (타캅바따)	1.몸부림치다 2.모색하다	خبّاز (캅바 - 즈)	빵굽는 사람, 제과점 주인
خبطة (카브따)	두드림, 노크, 때림, 구타	خبازة (카바 - 자)	제과업이나 제과점
خبل (카발라)	1.어리둥절하게 하다 2.방해하다, 미치게 하다	خبيز (카비 - 즈)	구운
تخبّل (타캅발라)	혼란에 빠지다	مخبز (마크바즈)	제과점
اختبل (이크타발라)	떨떨해지다, 흐려지다(정신이)	خبص (카바솨)	1.섞다 2.이간질시키다 3.비방하다 4.밀고하다
خبل (카블)	1.당황 2.광증, 미치는 것	خبّص (캅바솨)	혼합하다, 혼란시키다
خبلة (카블라)	1.당황 2.광증, 미치는 것	انخبص (인카바솨)	혼합되다
خبل (카빌)	정신나간, 미친	خبّاص (캅바 - 스)	1.몹시 혼란시키는 2.밀고자, 비방자
خبال (카바 - ㄹ)	1.혼란, 무질서 2.정신이상	خبيص (카비 - 스)	뒤범벅, 잡동사니, 잡다한 집단
اختبال (이크티바 - ㄹ)	정신착란	مخبوص (마크부 - 스)	1.뒤섞인 2.혼란된 3.혼합물
مخبّل (무캅발)	1.당황한 2.미친 3.뒤헝클어진(머리 등이)		

مخاتلة (무카-탈라)	거짓, 기만	**مخبول** (마크부-ㄹ)	미친
ختم (카타마)	1.도장을 찍다 2.봉인하다 3.끝내다 4.아물다	**مختبل** (무크타발)	발광적인, 미친
تختم (타캇다마)	끼다(반지를)	**خبا** (카바)	꺼지다(불이)
انختم (인카타마)	봉인되다	**أخبى** (아크바)	끄다(불을)
اختتم (이크타타마)	끝내다, 마감하다	**ختر** (카타라)	기만하다, 배반하다
ختم (카틈)	1.도장 찍는 것 2.도장, 스탬프 3.우표	**خاتر** (카-티르)	배반하는, 배신적인
خاتم (카-팀)	1.반지 2.직인, 도장 3.항문(의학)	**ختار** (캇타-르)	배반자, 배신자
خاتمة (카-티마)	마감, 결론, 맺는 말	**ختل** (카탈라)	속이다, 기만하다
ختام (키탐-ㅁ)	1.끝, 마감 2.결론, 맺는 말 3.종곡(음악)	**اختتل** (이크타탈라)	속이다, 기만하다
خواتيم (카와-팀)	마지막	**خاتل** (카-틸)	거짓말쟁이, 사기꾼
اختتام (이크티타-ㅁ)	결론부분, 마감, 마지막	**مخاتل** (무카-틸)	속이는, 거짓의, 허위의

مختوم (마크투-ㅁ)	1.도장이 찍힌 2.봉인된	**تخثر** (타캇쑤르)	응결
ختن (카타나)	할례하다	**مخثر** (무캇싸르)	엉긴, 걸죽한
ختان (키타-ㄴ)	할례	**خجل** (카질라)	수줍어하다, 부끄러워하다
ختين (카티-ㄴ)	할례를 한	**أخجل** (아크잘라)	부끄럽게 만들다, 창피를 주다
مختون (마크투-ㄴ)	할례를 한	**تخاجل** (타카-잘라)	무안해하다, 멋쩍어하다
خثر (카싸라)	엉기다, 응결되다	**خجل** (카잘)	1.부끄러움, 수줍음 2.창피
أخثر (아크싸라)	엉기게 하다, 응결시키다	**خجلان** (카즐라-ㄴ)	부끄러워, 수줍어하는
تخثر (타캇싸라)	응결되다, 걸죽해지다	**خجلة** (카즐라)	부끄러움, 쑥스러움
خثرة (카쓰라)	엉긴 것, 응결물, 엉긴 덩어리	**خجول** (카주-ㄹ)	1.부끄러운, 수줍은 2.소심한
خاثرة (카-씨라)	핏덩이	**مخجل** (무크질)	창피한, 수치스러운, 부끄러운
خثارة (쿳싸-라)	찌꺼기	**مخجول** (마크주-ㄹ)	부끄러운, 쑥스러운

카

خدّ (캇다)	이랑을 만들다, 밭갈이하다	**خدر** (카다르)	마비, 마취
خدد (캇다다)	고랑을 내다	**خدرة** (쿠드라)	마취, 무감각, 마비
تخدد (타캇다다)	쭈글쭈글해지다	**خادر** (카 - 디르)	숨어있는, 은폐된
خدّ (캇드)	1.볼, 뺨 2.이랑, 고랑	**تخدير** (타크디 - 르)	마취
خدد (쿠다드)	고랑	**مخدر** (무캇다르)	마취된
أخدود (아크두 - 드)	1.우묵한 곳, 홈 2.고랑, 이랑	**مخدرات** (무캇디라 - 트)	마취제, 마약
مخدة (미캇다)	베개	**خدش** (카다샤)	1.후비다, 긁다 2.찢다, 째다 3.유린하다
خدر (카다라)	1.마비되다, 마취되다 2.가두어두다	**خدش** (카드쉬)	할퀸자리
خدر (캇다라)	1.마취시키다 2.집에 가두어두다	**خدشة** (카드샤)	긁힌 자리, 할퀸자리
أخدر (아크다라)	마취시키다, 정신을 잃게 하다	**خدع** (카다아)	1.기만하다 2.우롱하다
خدر (키드르)	1.휘장, 두터운 커튼 2.안방, 여자방	**تخادع** (타카 - 다아)	1.서로 속이다 2.속은 체하다

카

خدمة (키드마)	1.근무 2.협조 3.봉사	انخدع (인카다아)	기만당하다, 속임수에 빠지다
خادم (카 - 딤)	1.고용인 2.직원 3.근로자	خدعة (쿠드아)	기만, 술책, 속임수
خادمة (카 - 디마)	하녀	خداع (키다 - 으)	1.기만 2.이중성, 거짓
تخديم (타크디 - ㅁ)	취업알선	خداع (캇다 - 으)	1.거짓말 잘하는 2.사기꾼
استخدام (이스티크다 - ㅁ)	1.이용 2.복무, 근무	خديعة (카디 - 아)	기만, 협잡행위
مخدم (무캇딤)	고용중개업	خيدع (카이다으)	신기루
مخدوم (마크두 - ㅁ)	수인, 고용주	مخدوع (마크두 - 으)	기만당한
مستخدم (무스타크담)	1.이용되는 2.고용된 3.직원	خدل (카달라)	1.마비되다 2.지치다
مستخدم (무스타크딤)	사용자, 고용주	خدلان (카들라 - ㄴ)	감각이 없는, 마비된
خذل (카잘라)	1.저버리다 2.방임하다 3.실망케 하다	خدم (카다마)	1.복무하다 2.봉사하다
خاذل (카 - 잘라)	1.저버리다 2.맥이 풀리다 3.조심을 하다	استخدم (이스타크다마)	1.고용하다 2.이용하다

카

انخذل 1.나른해 지다 2.실망하다 (인카잘라)	**خرب** 무너진, 황폐화 된 (카립)
خذلان 1.저버림 2.실패 3.방임 (카즐라 - ㄴ)	**خربة** 1.관골구(해부) 2.바늘귀 (쿠르바)
تخاذل 나른해 지는 것, 소심성 (타카 - 줄)	**خربة** 폐허, 잿더미 (키르바)
مخذول 버림받은 (마크주 - ㄹ)	**خربان** 고장 난, 부서진, 파괴된 (카르바 - ㄴ)
متخاذل 1.나른한 2.소심한 (무타카 - 질)	**خرابة** 폐허, 잿더미 (카라 - 바)
خر 1.졸졸 흐르다(물이) 2.코를 풀다 3.똑똑 떨어지다 (카르라)	**تخريب** 파괴, 황폐와 (타크리 - ㅂ)
خرارة 1.배수관 2.하수도 (카르라 - 라)	**مخرب** 1.파괴적인, 파괴하는 2.파괴자 (무카르립)
خرير 1.졸졸 흐르는 소리 2.코고는 소리 (카리 - 르)	**خبرط** 1.못쓰게 만들다 2.문란시키다 (카르바똬)
خرب 1.파괴하다 2.파괴책동을 하다 (카르라바)	**تخربط** 못쓰게 되다, 고장나다 (타카르바똬)
تخرب 파괴되다, 허물어지다 (타카르라바)	**خربطة** 1.파손 2.위반, 문란 (카르바똬)
خرب 파괴, 황폐화 (카릅)	**خرج** 1.나가다 2.이탈하다 (카라자)

خرج (카르라자)	1. 꺼내다 2.제명하다	**إخراج** (이크라 - 즈)	1.꺼내는 것 2.수출 3.제거 4.연출
أخرج (아크라자)	1.추방하다 2.발간하다	**استخراج** (이스티크라 - 즈)	1.증류 2.채취 3.얻어내는 것
تخرج (타카르라자)	졸업하다	**مخرج** (마크라즈)	1.출구 2.항문 3.분모(수)
استخرج (이스타크라자)	1.얻어내다 2.채취하다	**مخرج** (무크리즈)	연출가
خرج (카르즈)	1.지출 2.식량	**متخرج** (무타카르리즈)	졸업생
خروج (쿠루 - 즈)	나가는 것, 진출	**مستخرج** (무스타크라즈)	발굴된, 채취된, 채굴된
خريج (키르리 - 즈)	졸업생	**مستخرجات** (무스타크라자 - 트)	부산물
خارج (카 - 리즈)	1.나가는 2.넘는(한계를) 3.외부의, 해외의	**خرد** (카리다)	1.순결하다 2.얌전하다
خارجي (카 - 리지)	1.외부의 2.외부사람 3.이단자 4.탈당자	**خرود** (카루 - 드)	1.얌전한 2.숫처녀
خراج (카라 - 즈)	땅세, 토지세	**خريدة** (카리 - 다)	숫처녀
خراج (쿠라 - 즈)	부스럼, 종기	**خردة** (쿠르다)	1.잡화 2.잔돈

카

خراص	1.거짓말쟁이 2.비방자	**خردل**	겨자씨
(카르라 - 스)		(카르달)	
تخرص	1.날조 2.증상, 비방	**خرز**	구멍을 뚫다, 꿰찌르다
(타카르루스)		(카라자)	
خرط	1.쇠를 깎다	**خرز**	구슬
(카라따)	2.나무토막을 내다	(카라즈)	
خرّط	1.잘게 썰다	**مخرز**	송곳
(카르라따)	2.관장하다(의학)	(미크라즈)	
تخرّط	관장되다, 씻기다	**خرس**	1.벙어리가 되다
(타카르라따)		(카리싸)	2.입을 다물다
خرطة	조각, 부스러기	**أخرس**	1.벙어리로 만들다
(카르따)		(아크라싸)	2.침묵하게 하다
خارطة	1.지도 2.여행 침낭	**خرسانة**	콘크리트
(카 - 리따)	3.군인의 침낭	(카라싸 - 나)	
خريطة	1.지도 2.배낭	**أخرس**	1.벙어리의 2.벙어리
(카리 - 따)		(아크라쑤)	
مخروط	원추, 원뿔	**خرص**	1.추측하다 2.거짓말하다
(마크루 - 뜨)		(카라솨)	
خرطوم	1.코끼리의 코 2.카르툼	**اخترص**	비방하다, 중상하다
(쿠르뚜 - ㅁ)	(수단의 수도)	(이크타라솨)	
خرع	나른해지다	**خرص**	귀고리, 가락지
(카루아)		(쿠르스)	

خريف (카리 - 프)	가을	انخرع (인카라아)	맥이 풀리다
تخريف (타크리 - 프)	허튼소리, 농담, 빈말	خريع (카리 - 으)	쇠약한
خرق (카루까)	미욱하다, 우둔하다	خراعة (카르라 - 아)	허수아비
خرق (카라까)	1.구멍을 뚫다 2.통과하다 3.유린하다	اختراع (이크티라 - 으)	발명
خرق (카르라까)	1.갈기갈기 찢다 2.잔뜩 구멍을 내다	مخترع (무크타리으)	발명가
اخترق (이크타라까)	1.뚫다 2.돌파하다	مخترع (무크타라으)	1.발명한 2.발명품
خارق (카 - 리끄)	1.비상의 2.진귀한 3.기이한 현상	مخترعات (무크타라아 - 트)	발명품
خرق (키르끄)	1.고결한 2.너그러운	خرف (카리파)	1.노망하다 2.잠꼬대하다
خرقة (키르까)	천, 직물, 옷감	خرف (카라프)	1.망령, 노망 2.미신
أخرق (아크라꾸)	1.바보스러운, 미욱한 2.굼뜬, 서투른	خروف (카루 - 프)	양새끼, 숫양
اختراق (이크티라 - 끄)	1.침투, 친입 2.관통 3.돌파	خرافة (쿠라 - 파)	1.미신 2.우화, 전설, 신화

مختزل (무크타질)	속기사

خزن (카자나)	1.넣어두다 2.저장하다 3.비밀을 지키다

اختزن (이크타자나)	1.저축하다 2.보관하다

خزنة (카즈나)	1.보물고 2.장(옷장 등의) 3.보관실 4.탄창

خزان (캇자 - ㄴ)	1.창고업자 2.금고책임자 3.창고 4.저수지, 물탱크

خزانة (키자 - 나)	1.금고 2. 장(옷장 등)

خزينة (카지 - 나)	1.보물 2.금고 3.출납

تخزين (타크지 - ㄴ)	1.저축, 저장 2.보관

مخزن (마크잔)	1.보관소, 창고 2.상점

مخزونات (마크주나 - 트)	예비상품, 재고품

خزى (카지야)	망신과 창피를 당하다

خزر (카자라)	흘겨보다, 곁눈질로 보다, 힐끔힐끔보다

خيزران (카이자라 - ㄴ)	갈대, 대나무

خزف (카자프)	도자기, 질그릇, 사기그릇

خزافة (카자 - 파)	도자기 제작업

خزق (카자까)	1.찌르다 2.찢다, 째다

خزق (캇자까)	갈기갈기 찢다

تخزق (타캇자까)	1.찔리다 2.째지다

خزق (카즈끄)	구멍, 찢는 것

خزل (카잘라)	1.자르다, 베내다 2.줄이다

اختزل (이크타잘라)	축소하다, 생략하다

اختزال (이크티자 - ㄹ)	줄임, 단축, 생략

카

194

خسيس (카씨-쓰)	1.너절한, 천한 2.비열한, 비굴한	أخزى (아크자)	망신시키다
خسية (킷씨야)	1.감소, 축소 2.비굴, 비열	استخزى (이스타크자)	부끄러워하다
خسر (카씨라)	1.손해를 보다 2.지다(경쟁에서) 3.길을 잃다 4.멸망하다 5.부패하다	خزي (키즈유)	1.수치, 치욕 2.창피, 부끄러움
		خزية (카즈야)	수치스러운 행동, 치욕
أخسر (아크싸라)	1.손해를 끼치다 2.못쓰게 만들다 3.멸망케 하다	خزيان (카즈야-ㄴ)	모욕당한, 무안당한, 망신당한
		مخزاة (마크자-트)	수치스러운 행동
استخسر (이쓰타크싸라)	부러워하다, 아끼다	مخزي (마크지)	망신당한, 무안당한
خسارة (카싸-라)	1.손해, 손실 2.멸망, 파멸 3.패배	خس (캇싸)	1.줄이다, 덜다 2.너절하게 행동하다 3.줄어들다
خسران (카쓰라-ㄴ)	1.손해보는 2.멸망 3.손실 4.못쓰게 된	خس (캇쓰)	상추
مخسر (무캇씨르)	손실을 끼치는	خسة (캇싸)	비굴, 비열
خساف (카싸파)	1.내려앉다, 붕괴하다 2.월식하다	خساسة (카싸-싸)	1.너절한 것 2.굴욕 3.인색
انخسف (인카싸파)	1.월식하다 2.사라지다		

خشع (카샤아)	순종하다, 고개를 숙이다	خسف (카쓰프)	천대, 모욕, 굴욕
خاشع (카-쉬으)	온순한, 얌전한, 공손한	خسوف (쿠쑤-프)	월식, 달가림
خشوع (쿠슈-으)	1.순종, 공손 2.경의	خسيف (카씨-프)	미련한, 둔한
خشف (카샤파)	물이 얼다	خش (캇샤)	1.들어가다 2.낙타에 코를 꿰다
خشف (캇샤파)	길을 안내하다	خشاش (키샤-슈)	1.파충류 2.곤충, 벌레
خشف (카샤프)	진눈깨비, 싸래기눈	خشب (캇샤바)	합판을 대다
خشاف (쿠샤-프)	과일 통조림	خشب (카샵)	나무, 목재
خشم (캇샤마)	취하게 하다, 도취시키다	خشيب (카쉬-브)	거칠은
خشم (카슘)	코	تخشيبة (타크쉬-바)	나무로 만든 건물, 임시건물
خيشوم (카이슈-ㅁ)	1.코 2.콧구멍 3.아가미	تخشب (타캇슈브)	거칠음, 딱딱함
خشن (카슈나)	거칠다, 투박하다	متخشب (무타캇쉬브)	단단한, 굳어진

카

خاشن (카-샤나)	버릇없이 대하다	خصّ (캇쌰)	1.특별하다 2.관계되다 3.…의 특성을 가지다
تخشّن (타캇샤나)	거칠어지다, 투박해지다	خصّص (캇쌰쌰)	1.전문화하다 2.지출하다(자금을)
خشانة (카샤-나)	거칠은 것, 조잡성	تخصّص (타캇쌰쌰)	전문화되다, 전문가가 되다
خشونة (쿠슈-나)	투박함, 조잡성, 거칠은 것	اختصّ (이크탓쌰)	1.특징 지워지다 2.관련되다 3.속하다 4.전문화하다
أخشن (아크샤누)	거칠은, 무례한		
خشناء (카슈나-)	불량배들, 미개한 백성	خصّ (쿳스)	오막살이, 초막
خشي (카쉬야)	두려워하다, 꺼려하다	خاصّ (캇-스)	1.특별한, 전문적인 2.사적인 3.…에 관계되는
اختشى (이크타샤)	수줍어, 쑥스러워하다		
خاش (캇-쉰)	두려워하는, 겁 많은, 비겁한	خاصّة (캇-쌰)	1.특징, 특색 2.개인재산 3.특권층, 귀족, 양반
خشيان (카쉬야-ㄴ)	두려워하는, 겁 많은, 비겁한, 소심한	خاصيّة (캇-쉬야)	특징, 특성, 속성
خشية (카쉬야)	두려움, 공포, 겁	خصاصة (캇쌰-쌰)	가난, 빈궁
		خصوص (쿠수-스)	1.특성 2.관계, 관련

카

أخصب (아크쇼바)	1.비옥해지다 2.비옥하게 하다	**خصوصيات** (쿠수쉬야 - 트)	특수성, 특색
خصب (카시브)	1.풍작의 2.기름진, 비옥한	**خصيص** (카시 - 스)	1.전문가 2.벗, 친구
خصوبة (쿠수 - 바)	비옥한 것	**خصيصة** (카시 - 사)	특수, 속성
إخصاب (이크쇼 - 브)	1.비옥하게 하는 것 2.기름진 것	**خويصة** (쿠와이샤)	사생활, 개인의 일
مخصب (무크시브)	1.비옥한 2.풍작의	**أخص** (아캇슈)	특별한, 특수한
مخصب (무크쇼브)	비료	**تخصيص** (타크쉬 - 스)	1.지정 2.지출 3.전문화, 특수화
خصر (카쉬라)	얼다(추위에 손발이)	**اختصاص** (이크티쇼 - 스)	1.관할, 책임범위 2.의무 3.전문화
خاصر (카 - 쏘라)	허리를 안다(춤 출 때)	**مخصصات** (무캇쏘쏘 - 트)	지출액, 배당금
تخاصر (타카 - 쏘라)	얼싸안다	**مخصوص** (마크수 - 스)	1.특별한, 전문적인 2.고의적인
اختصر (이크타쏘라)	1.요약하다, 발췌하다 2.줄이다	**مختص** (무크탓스)	해당한, 관련있는
اختصار (이크티샤 - 르)	1.간략, 요약 2.간결성	**خصب** (카쉬바)	땅이 기름지다

خاصرة (카 - 쇠라)	허리, 옆구리, 히프	انخصم (인카쇠마)	공제되다, 삭감되다
مخصرة (미크사라)	지휘봉, 지시봉	اختصم (이크타쇠마)	1.논쟁을 벌리다 2.적대시하다
متخصر (무크타샤르)	1.요지, 개요 2.간결한 3.요약된	خصم (카슴)	1.공제 2.할인 3.적수, 경쟁자
خصف (카쇠파)	고치다, 수선하다(신발 등을)	خصام (키사 - ㅁ)	1.분쟁 2.언쟁 3.소송, 기소
خصفة (카쇠파)	광주리	خصومة (쿠수 - 마)	1.논쟁 말다툼 2.반목
مخصف (미크쇠프)	송곳	خصيم (카쉬 - ㅁ)	적수, 상대
خصلة (카슬라)	습관, 습성, 성질 특성	مخاصم (무카 - 쉬무)	소송당사자 (원고와 피고)
خصلة (쿠슬라)	머리채, 드리운 머리칼	مخاصمة (무카 - 쏴마)	1.논쟁 2.소송
خصم (카쇠마)	1.이기다 2.공제하다 3.할인하다	خصى (카사)	난소를 제거하다
خاصم (카 - 쏴마)	1.옥신각신 다투다 2.적대시하다	أخصى (아크사)	전문적으로 연구하다, 전공하다
تخاصم (타카 - 쏴마)	1.서로 다투다 2.서로 적대시하다	انخصى (인카사)	난소를 제거하다

기

خَضَرٌ (카돠르)	1.푸른 색, 파란 색 2.푸성귀	خِصَاءٌ (키솨-)	거세, 난소제거
خَضِرٌ (카디르)	파릇파릇한, 푸른, 새파란	إخْصَائِيٌّ (이크솨-이)	전문가
خَضْرَوَاتٌ (카드라와-트)	1.푸른 빛 2.푸성귀 3.채소, 야채	مَخْصِيٌّ (마크쉬)	거세된
خُضَيْرَاءُ (쿠돠이라-)	천국	خَضَّ (캇돠)	1.흔들어 섞다, 젓다 2.불안케 하다
خُضَارٌ (카돠-르)	1.푸른 빛 2.푸성귀 3.채소, 야채	خَضْخَضَ (캇돠돠)	장식하다(금실 따위로)
أَخْضَرُ (아크돠루)	파란, 푸른, 익지 않은	اِنْخَضَّ (인캇돠)	놀라다, 질겁하다
مَخْضَرَةٌ (마크돠라)	1.채소, 식물 2.초원, 목장	خَضَّةٌ (캇돠)	1.젓는 것 2.놀람
مُخَضَّرَاتٌ (무캇돠라-트)	야채류, 채소류	خَضَبَ (카돠바)	염색하다, 색칠하다
خَضَعَ (카돠아)	1.순종하다, 복종하다 2.예속되다	خِضَابٌ (키돠-브)	물감, 안료
أَخْضَعَ (아크돠아)	길들이다, 굴복시키다	خَضِيبٌ (카디-브)	물든, 염색한, 색칠한
خَاضِعٌ (카-디으)	1.온순한, 고분고분한 2.예속된	خَضِرَ (카두라)	파랗게 되다, 푸르러지다

مخط (미캇뜨) 자	**خضوع** (쿠두-으) 복종, 굴종, 순종, 예속
مخطط (무캇따뜨) 줄쳐진, 계획된, 설계된	**إخضاع** (이크돠-으) 굴복, 항복
مخططات (무캇따따-뜨) 1.도로 2.계획 3.초안	**خضل** (캇달라) 적시다(물을), 축이다
مخطوطة (마크뚜-따) 1.초고 2.필사본	**خضل** (카딜) 1.젖은, 축축한, 누기찬 2.시원한
خطىء (카띠아) 1.실수하다 2.죄를 짓다	**خط** (캇따) 1.줄을 긋다 2.설계하다 3.돌아나다
أخطأ (아크따아) 1.오류를 범하다 2.죄짓다	**خطط** (캇따따) 1.줄을 긋다 2.측량하다 3.설계하다
خاطىء (카-띠으) 1.그릇된 2.오류를 범한 사람	**تخطط** (타캇따) 화장하다
خطيئة (카띠-아) 1.죄, 범죄 2.오류, 과오	**خط** (캇뜨) 1.선, 줄 2.서체 3.이랑
مخطىء (무크띠) 틀리는, 그릇된, 잘못된	**خطة** (쿳따) 1.노선, 전술 2.계획, 구상 3.수법
خطب (카따바) 1.설교하다 2.약혼하다 3.중매하다	**خطاط** (캇따-뜨) 달필, 명필, 서예가
خاطب (카-따바) 환담하다, 편지를 쓰다	**تخطيط** (타크띠-뜨) 1.측량 2.설계 3.고랑 4.줄, 무늬

카

تخاطب 1.대화하다
(타카 - 따바) 2.서신을 왕래하다

انخطب 약혼하다
(인카따바)

خطبة 1.연설, 발언 2.설교, 훈계
(쿠뜨바)

خطبة 청혼, 약혼
(키뜨바)

خاطب 1.연설하는 2.중매쟁이
(카 - 띠브) 3.금요 설교자
4.약혼한 남자, 신랑

خاطبة 1.여자 중매인
(카 - 띠바) 2.약혼녀, 신부

خطاب 1.연설 2.편지, 서한
(키따 - 브)

خطابة 1.연설.설교하는 것
(키따 - 바) 2.웅변술
3.연설, 강연

خطوبة 청혼, 약혼
(쿠뚜 - 바)

خطيب 1.연사, 강연자 2.청혼자
(카띠 - 브) 3.신랑, 약혼자
4.대중연사

خطيبة 신부, 약혼녀
(카띠 - 바)

مخاطبة 담화, 대화
(무카 - 따바)

مخطوب 1.약혼한 남자, 신랑
(마크뚜 - 브) 2.약혼한

مخطوبة 1.약혼한
(마크뚜 - 바) 2.약혼녀, 신부

خطر 1.심각해지다 2.위험해지다
(카따라) 3.흔들리다
4.머리에 떠오르다

خاطر 1.내기를 걸다
(카 - 따라) 2.모험을 하다

أخطر 알리다, 통지하다,
(아크따라) 경고하다

تخطر 1.거들대다 2.흔들리다
(타캇따라)

تخاطر 도박하다, 내기하다
(타카 - 따라)

خطر 1.위험, 모험 2.중요성
(카따르)

خطر 위험한, 위급한, 모험적인
(카띠르)

خَطْرَة (카뜨라)	1.순간, 찰나 2.한번 3.사색, 사고	**تَخَاطَفَ** (타카 - 따파)	서로 덮치다, 서로 빼앗다
خَطَرَان (카뜨라 - ㄴ)	거들먹거림, 우쭐댐	**اِخْتَطَفَ** (이크타따파)	채가다, 납치하다
خُطُورَة (쿠뚜 - 라)	1.중요성, 의의 2.위험성	**خَطْف** (카뜨프)	덮쳐가는 것, 납치, 잡아채는 것
خَاطِر (카 - 띠르)	1.생각 2.소원 3.마음 4…을 위해서	**خَاطِف** (카 - 띠프)	1.채가는, 덮치는 2.순간적인
خَاطِرَة (카 - 띠라)	생각	**اِخْتِطَاف** (이크티따 - 프)	납치
خَطِير (카띠 - 르)	심각한, 중대한, 중요한	**مَخْطُوف** (마크뚜 - 프)	1.빼앗긴 2.순간적인
إِخْطَار (이크따 - 르)	통지, 예고, 경고	**خَطَلَ** (카딸라)	1.떠벌리다 2.우쭐대다, 뽐내다
مُخْطِر (무크띠르)	위험한, 위태로운, 위급한	**تَخَاطَلَ** (타캇딸라)	뽐내다, 잘난 체하다
مُخَاطِر (무카 - 띠르)	1.모험적인 2.모험가 3.도박꾼	**خَطَل** (카딸)	터무니없는 말, 허튼 소리
مُخَاطَرَة (무카 - 따라)	모험, 위험한 사건	**خَطَا** (카따)	걷다, 전진하다
خَطَفَ (카따파)	1.유괴하다 2.덥석 채다 3.도주하다	**تَخَطَّى** (타캇따)	1.넘어가다(승급에서) 2.침범하다 3.초과하다 4.뛰어넘다

اختطى (이크타똬)	걷다, 전진하다	تخفيف (타크피-프)	1.경감, 덜어주는 것 2.완화 3.줄임
خطوة (카뜨와)	1.한걸음 2.보조	استخفاف (이스티크파-프)	1.경솔한 태도 2.무시, 경시
خطوة (쿠뜨와)	한 걸음, 보조	مخفف (무캇피프)	완화시키는, 경감시키는
خطية (카띠야)	실수, 잘못, 오류	مستخف (무스타킷프)	1.멸시하는 2.경솔한
خف (캇파)	1.가벼워지다 2.감소되다 3.약화되다 4.서두르다	خفت (카파타)	조용해지다, 잠잠해지다
خفف (캇파파)	가볍게 하다, 완화시키다	خافت (카-파타)	조용조용 말하다
استخف (이스타캇파)	1.가볍게 여기다 2.무시하다 3.흥분시키다	انخفت (인카파타)	조용해지다
خف (쿳프)	1.발(짐승의) 2.실내화, 슬리퍼	خافت (카-피트)	1.조용한 2.희미한
خفة (킷파)	1.가벼움 2.경솔함 3.민첩성	خفر (카파라)	1.호위하다 2.호송하다
خفيف (카피-프)	1.가벼운 2.농도가 약한 3.경박한 4.재빠른	تخفر (타캇파라)	부끄러워하다 쑥스러워하다
		خفر (카파르)	부끄러움, 수줍음

منخفض (문카피드)	낮은	**خافرة** (카 - 피라)	해양순찰 순양함
منخفض (문카피드)	저지, 저지대	**خفارة** (카파 - 라)	경비, 호위
خفق (카파까)	1.두근거리다 2.나부끼다 3.때리다	**خفير** (카피 - 르)	경비원, 보초병
أخفق (아크파까)	1.실패하다 2.휘날리다(깃발이)	**مخفر** (마크파르)	1.경찰서 2.초소
خفق (카프끄)	1.고동(심장의) 2.발걸음소리	**خفض** (카파돠)	1.낮추다 2.감소하다 3.업신여기다
خفاق (캇파 - 끄)	고동치는, 두근거리는(가슴이)	**تخفض** (타캇파돠)	내려가다, 낮아지다
إخفاق (이크파 - 끄)	1.실패 2.피난 3.날개침(새가)	**انخفض** (인카파돠)	낮아지다, 내리다(값이)
خفى (카파)	숨기다, 감추다	**خفض** (카프드)	1.낮추는 것 2.풍족한 것
أخفى (아크파)	숨겨두다, 감추다	**خافض** (카 - 피드)	내려가는(가격이), 떨어지는
تخفى (타캇파)	1.숨다 2.위장하다	**انخفاض** (인키파 - 드)	저하, 인하, 감소
اختفى (이크타파)	숨다, 사라지다	**مخفوض** (마크푸 - 드)	낮아진

خلّ (칼랄라)	1.시큼해지다 2.초나 소금에 절이다 3.이빨을 빼다	استخفى (이스타크파)	사라지다, 자취를 감추다
أخلّ (아칼라)	1.위반하다 2.상하게 하다	خفيّ (카피유)	1.은밀한 2.숨겨진 3.모호한
تخلّ (타칼라)	침투하다, 새어들다	خفيّة (카피-야)	1.비밀 2.특무, 첩보원
اختلّ (이크탈라)	1.위반하다 2.못쓰게 되다	خاف (카-핀)	1.숨기는 것 2.비밀의
خل (칼르)	식초	خافية (카-피야)	비밀
خلّة (칼라)	1.특성 2.습성 3.빈곤 4.수요 5.부족함	اختفاء (이크티파-)	사라지는 것
خلّة (쿨라)	우정	إخفاء (이크파-)	감추는 것
خلاة (칼라-트)	초산염	تخفية (타크피야)	감추는 것, 숨기는 것
خلال (킬라-ㄹ)	1.핀, 못 2.쇠꼬챙이 3.간격 4.복판	مخفيّ (마크피)	숨은, 은폐된, 은밀한
خلالة (킬라-라)	이쑤시개	متخفّ (무타캇핀)	변장한, 위장한
		خلّ (칼라)	속아내다

خلل (칼랄르)	1.결함 2.무질서 3.틈, 짬 4.파손 5.착란	**خالب** (칼 - 리브)	유혹하는, 매혹적인, 황홀한
خليل (칼리 - ㄹ)	1.친구 2.애인, 님	**خلاب** (칼라 - 브)	1.기만적인 2.황홀한, 매혹적인
خليلة (칼릴 - 라)	여자애인, 정부	**خلابة** (킬라 - 바)	아름다움, 매력, 매혹
إخلال (이클라 - ㄹ)	1.위반 2.손상	**مخلب** (미클라브)	발톱
اختلال (이크틸라 - ㄹ)	1.못쓰게 되는 것 2.혼란, 비정상	**خلج** (칼라자)	1.사로잡다 2.걱정시키다 3.흔들다
مخلل (무칼랄)	식초나 소금에 절인	**تخلج** (타칼라자)	흔들리다, 진동하다, 떨다
مخلول (마클루 - ㄹ)	1.못쓰게 된, 상한 2.비정상적인	**اختلج** (이크탈라자)	1.움추리다 2.떨다 3.줄어들다
مخللات (무칼랄라 - 트)	절임, 소금절임	**خلجة** (칼자)	불안, 시름, 마음의 떨림
مختل (무크탈)	1.고장난 2.흠집있는 3.비정상적인 4.혼란된	**خالجة** (칼 - 리자)	불안(마음의), 고민, 우려
خلب (칼라바)	1.발톱으로 덮치다 2.유혹하다	**خليج** (칼리 - 즈)	바다의 만, 물굽이
اختلب (이크탈라바)	1.속이다 2.유혹하다	**خلد** (칼라다)	1.영생하다 2.거주하다

أخلد (아클라다)	1.머물다 2.매달리다 3.영구화하다	**مختلس** (무크탈리쓰)	공금 횡령자
تخلد (타칼라다)	영원히 남아 있다, 영생불멸하다	**خلص** (칼라쏴)	1.순수하다 2.충실하다 3.끝내다 4.끝나다 5.해방되다
خلد (쿨드)	영생, 영구불멸	**خلّص** (칼라쏴)	1.해방하다 2.구출하다 3.정제하다 4.종결짓다
خالد (칼 - 리드)	1.영원한 2.불후의, 영생불멸의	**تخلّص** (타칼라쏴)	해방되다, 구원되다, 벗어나다
خوالد (카왈 - 리드)	산, 산악, 산맥	**استخلص** (이스타클라쏴)	1.선택하다 2.도출해내다 3.결론짓다
تخليد (타클리 - 드)	영구화	**خالص** (칼 - 리스)	1.순수한 2.자유로운 3.진실한 4.끝난
خلس (칼라싸)	훔치다, 가로채다	**خلاص** (칼라 - 스)	1.구원, 구출 2.구조
اختلس (이크탈라싸)	훔치다, 가로채다	**خلاصة** (쿨라 - 솨)	1.본질 2.개요 3.알맹이 4.결과 5.줄거리(소설 등의)
خلسة (쿨싸)	몰래, 살짝, 살그머니		
خلاسى (킬라 - 씨)	흑인과 백인의 혼혈아	**إخلاص** (이클라 - 스)	진심, 성실성, 충실성
اختلاس (이크틸라 - 쓰)	횡령, 도적질		

اختلاط (이크틸라 - 뜨)	1.혼합 2.성관계
مخالطة (무칼 - 라따)	교제, 관계, 성교
مخلّط (무칼라뜨)	1.뒤섞인 2.무질서한, 난잡한
مخلوط (마클루 - 뜨)	섞인, 혼합된
مخاليط (마칼리 - 뜨)	1.혼합물 2.합금
مختلط (무크탈리뜨)	1.혼합된, 혼성의 2.혼란된
خلع (칼라아)	1.벗다(옷 등을) 2.뽑다 3.해임시키다
تخلّع (타칼라아)	1.저리다(뼈마디가) 2.풀리다(나사가) 3.몰두하다
اختلع (이크탈라아)	벗다(옷, 신발을)
خلع (칼으)	1.벗는 것 2.저림(뼈마디가) 3.뽑는 것(이빨을) 4.면직

استخلاص (이스티클라 - 스)	구원, 구출, 도출
مخلص (무클리스)	충실한, 진실한, 정직한
مستخلص (무스타클라스)	요약, 요점, 핵심
خلط (칼라따)	1.섞다, 혼합하다 2.혼동시키다
خالط (칼 - 라따)	1.뒤섞다 2.관계하다(여자와)
اختلط (이크탈라따)	혼합되다, 뒤범벅이 되다
خلط (칼뜨)	1.혼합 2.복합성 3.혼합물
خلطة (칼따)	1.혼합물 2.혼란
خلاطة (칼라 - 따)	믹서기, 혼합기
خليط (칼리 - 뜨)	1.뒤섞인, 혼합된 2.혼합물 3.친구
تخليط (타클리 - 뜨)	1.혼합 2.헛소리, 잠꼬대

خلف 1.계승자, 상속자
(칼리파) 2.후대 3.대체 4.보상

خلف 1.등 2.뒤, 배후, 후면
(칼프) 3.젖꼭지

خلفية 배경
(칼피 - 야)

خالف 1.낙후한 2.계승하는
(칼 - 리프) 3.대신하는

خلاف 1.차이, 상이 2.모순
(킬라 - 프) 3.불일치

خلافة 1.계승 2.통치권 3.대리
(킬라 - 파)

خليف 후계자
(칼리 - 프)

خليفة 1.칼리파 2.후계자, 계승자
(칼리 - 파)

تخلف 1.낙후 2.결석
(타칼루프)

اختلاف 1.다양함 2.차이, 구별
(이크틸라 - 프) 3.변동(가격의)
4.모순, 불일치

خلعة 명예의 예복,
(킬아) 선물받은 옷

خلاعة 방탕, 음탕
(칼라 - 아)

خليع 1.해임된 2.옷이 헤어진
(칼리 - 으) 3.방탕한

مخلع 1.저린(뼈마디가) 2.마비된
(무칼라으)

مخلوع 1.탈구가 된(뼈가)
(마클루 - 으) 2.전복된 3.해임된

خلف 1.계승하다 2.생존하다
(칼라파) 3.대신하다 4.뒤쳐지다

خالف 1.거역하다 2.모순되다
(칼 - 라파) 3.위반하다

أخلف 1.위반하다 2.변상하다
(아클라파)

تخلف 1.나타나지 않다
(타칼라파) (…가 죽은 후에)
2.남다 3.뒤떨어지다

اختلف 1.다양하다 2.상반되다
(이크탈라파) 3.차이가 나다

استخلف 1.후계자로 삼다
(이스타클라파) 2.유산으로 남기다

مخلف (무칼라프)	남은, 나머지의	**خلق** (칼끄)	1.창조 2.조작 3.인간 4.기분 5.울분 6.성격
مخالف (무칼 - 리프)	1.모순되는 2.거역하는 3.법에 위반되는	**خلقة** (킬까)	1.본성, 천성 2.외모, 용모, 몸매
مخالفة (무칼 - 리파)	1.모순 2.위반, 3.거역, 불복종	**خلق** (칼라끄)	해진(옷이)
مخلفات (무칼라파 - 트)	1.유산, 유물 2.잔재	**خلقة** (칼라까)	누더기, 넝마, 헌옷
متخلف (무타칼리프)	뒤떨어진, 낙후된	**خالق** (칼 - 리끄)	조물주, 창조주, 하나님, 알라
متخلفات (무타칼리파 - 트)	찌꺼기, 잔재	**خلاق** (칼라 - 끄)	수치스러운, 불명예스러운
مختلف (무크탈리프)	1.다양한 2.서로 다른	**خليق** (칼리 - 끄)	적절한, …을 할만한
خلق (칼라까)	1.창조하다, 창작하다 2.날조하다	**خليقة** (칼리 - 까)	1.우주, 만물, 피조물 2.대자연
أخلق (아클라까)	옷을 해지게 하다	**أخلاق** (아클라 - 끄)	1.도덕, 품성 2.누더기, 넝마
تخلق (타칼라까)	1.모방하다 2.화를 내다	**أخلاقية** (아클라끼 - 야)	1.도덕 2.윤리적인 것
اختلق (이클탈라까)	위조하다, 날조하다	**اختلاق** (이크틸라 - 끄)	1.위조, 날조 2.거짓

카

مخلوق (마클루 - 끄)	1.생물 2.인간 3.만물 4.피조물	**خلية** (칼리야)	1.벌집 2.새장 3.세포
مختلق (무크탈리끄)	날조한, 위조한 사람	**خال** (칼 - 린)	1.텅빈 2.자유로운 3.…없는 4.지나간
مختلقات (무크탈라까 - 트)	날조, 허구	**إخلاء** (이클라 -)	철거, 소개
خلا (칼라)	텅비다, 없다 3.내버려두다	**تخلية** (타클리야)	1.비우는 것 2.석방 3.철거, 소개
خلّى (칼라)	1.비우다 2.철거하다, 소개시키다	**خمّ** (캄마)	쓸다 2.곰팡이가 슬다
أخلى (아클라)	1.해방하다 2.남겨두다 3.비우다 4.철거하다	**خمة** (캄마)	구린내, 썩은 냄새, 곰팡이 냄새
تخلّى (타칼라)	1.해방되다 2.버리고 떠나다 3.포기하다	**مخمة** (미캄마)	빗자루
خلاء (칼라 - 으)	1.공간 2.빈 상태 3.벽지, 시골, 촌	**خمد** (카마다)	1.잠잠해지다 2.불이 꺼지다
خلو (쿨루우)	1.공허, 빈 것 2.결원, 빈자리	**أخمد** (아크마다)	1.불을 끄다 2.진정시키다
خلوة (칼루와)	1.고독 2.한적한 곳 3.은신처	**خامد** (카 - 미드)	1.잔잔한 2.꺼진(불이)
		خمود (쿠무 - 드)	1.정숙, 고요 2.꺼지는 것

خمير (캄미-르)	술꾼, 주정뱅이	خمر (카마라)	1.가리다 2.발효시키다
تخمير (타크미-르)	발효시키는 것	أخمر (아크마라)	앙심을 품다
مخمور (마크무-르)	술취한, 얼큰한	تخامر (타카-마라)	모략하다, 음모를 꾸미다
مختمر (무크타미르)	발효하는	اختمر (이크타마라)	1.발효하다 2.면사포를 쓰다
خمس (쿰쓰)	5분의 1을 가지다	خمر (카므르)	술
خمس (쿠마쓰)	5분의 1	خمار (쿠마-르)	술깬 후의 두통
خمسة (캄싸)	다섯, 5	خمار (캄마-르)	술집주인, 술상자
خمسون (캄쑤-나)	오십, 50	خمارة (캄마-라)	술집, 주막
خمسينات (캄씨나-트)	50년대	خمار (키마-르)	면사포, 너울, 베일
خميس (카미-쓰)	목요일	خمير (카미-르)	누룩, 효모
مخمس (무캄마쓰)	1.오각형의 2.오각형	خميرة (카미-라)	1.누룩, 효모 2.자금, 자본금

카

خنث (카나싸) 1.여자답다 2.여자처럼 행동하다	**خمل** (카말라) 알려지지 않다, 잊혀지다
خنث (카니쓰) 여자다운, 나약한, 연약한	**خمل** (카믈) 1.선잠, 낮잠 2.솜털
خنجر (칸자르) 단도, 단검, 비수	**خامل** (카 - 밀) 1.시들시들한 2.게으른 3.무관심한
خندق (칸다까) 참호를 파다	**خمول** (쿠무 - ㄹ) 1.나른함 2.무관심 3.게으름 4.침체
خندق (칸다끄) 참호	**خمالى** (캄말 - 리) 팔리지 않은 재고품
خنزير (킨지 - 르) 돼지	**خميلة** (카밀 - 라) 덤불, 숲, 수풀
خنزرة (칸자라) 망치	**خمن** (캄마나) 1.추측하다 2.평가하다
خنع (카나아) 굴복하다, 굽실거리다	**تخمين** (타크미 - ㄴ) 예측, 짐작
خانع (카 - 니으) 복종하는, 굽실거리는	**خن** (칸나) 콧소리하다, 코먹은 소리하다
خنوع (쿠누 - 으) 굴복, 굴종, 복종, 비굴	**خنة** (쿤나) 콧소리
خنق (카나까) 1.교살하다 2.질식시키다	**أخن** (아칸누) 1.콧소리 하는 2.코맹맹이

خانق (카-나까)	말다툼하다, 서로 욕설을 하다	أخنى (아크나)	1.욕설을 하다 2.부당한 짓을 하다
تخانق (타카-나까)	서로 말다툼하다	خنى (카난)	1.욕설, 쌍소리 2.방탕 3.매춘
انخنق (인카나까)	교살되다, 질식되다	خواجة (카와-자)	씨, 귀하, 선생
خانق (카-니끄)	교살하는, 질식시키는	خار (카-라)	1.울부짖다 2.약해지다, 맥빠지다
خناقة (키나-까)	1.말다툼 2.싸움, 주먹다짐	خور (카와르)	1.쇠약, 기진맥진 2.낙심
اختناق (이크티나-끄)	질식, 숨막히는 것	خور (카우르)	1.강바닥(말라버린) 2.물구비, 만, 강어구
مخنق (마크나끄)	복, 복구멍	خوار (카우와-르)	1.약한, 맥빠진 2.성격이 나약한
مخنقة (미크나까)	목걸이, 목구슬	خاض (카-돠)	1.여울을 건너다 2.몰두하다
مخنوق (마크누-끄)	교살된, 질식된, 목이 맨	مخاضة (마카-돠)	여울, 개울
مختنق (무크타니끄)	질식된, 교살된	خاف (카-파)	1.무서워하다 2.우려하다
خنى (카나)	욕설을 하다	خوف (카우와파)	무섭게 하다, 놀래다

خوف (카우프)	두려움, 공포, 겁	**اختان** (이크타 - 나)	배신하다, 속이다
خائف (카 - 이프)	1.무서워하는 2.꺼려하는 3.겁 많은	**استخون** (이스타크와나)	불신하다, 의심하다
إخافة (이카 - 파)	공포, 두려움, 무서움	**خان** (카 - ㄴ)	여관, 여인숙, 호텔
تخويف (타크위 - 프)	놀램, 무섭게 하는 것	**خانة** (카 - 나트)	기둥, 원주, 지주
مخافة (마카 - 파)	무서움, 공포	**خائن** (카 - 인)	1.배신적인 2.배신자
مخيف (무키 - 프)	무시무시한, 끔찍한, 무서운	**خيانة** (키야 - 나)	변질, 배신, 배반, 반역
خول (카우왈라)	권리를 부여하다, 허용하다	**خاب** (카 - 바)	1.실패하다 2.목적 성공 못하다
خال (칼 - 룬)	외삼촌	**خيب** (카이야바)	1.속이다 2. 뿌리치다(청탁을)
خالة (칼 - 라)	이모	**خائب** (카- 이브)	실망케 하는, 헛된, 보람없는
خول (카왈)	1.노예, 농노, 노비 2.가축	**خيبة** (카이바)	1.실망, 환멸 2.실패, 실수
خان (카 - 나)	1.배반하다 2.속이다 3.위반하다	**خار** (카 - 라)	1.고르다 2…을 더 좋아하다

카

مختارات (무크타라 - 트)	선집, 저작선집	**تخير** (타카이야라)	1.고르다 2…을 더 좋아하다
خاط (카 - 따)	바느질 하다, 꿰매다, 깁다	**اختار** (이크타 - 라)	1.선택하다 2…을 더 좋아하다
خيط (카이야따)	바느질하다, 꿰매다	**استخار** (이스티카 - 라)	복을 빌다, 점을 치다
خيط (카이뜨)	1.섬유, 실 2.끈, 줄	**خير** (카이르)	1.좋은, 훌륭한 2.더 좋은 3.복리 4.재산
خياط (키야 - 뜨)	바늘	**خيرة** (키 - 라)	1.선택 2.알짜, 정수
خياطة (키야 - 따)	양재, 바느질, 깁는 것	**خيرات** (카이라 - 트)	1.복리 2.재산, 자원 3.은혜
مخيط (미크아뜨)	바늘	**خيرية** (카이리 - 야)	자선
مخيط (마키 - 뜨)	기운, 꿰맨	**خيار** (키야 - 르)	1.선택, 선정 2.알맹이 3.오이
خيف (카이야파)	물러나다, 칩거하다	**اختيار** (이크티야 - 르)	1.선택, 선정 2.도태
أخياف (아크야 - 프)	이부형제, 씨다른 형제	**متخير** (무타카이야르)	골라낸, 정선한, 선별한
خال (칼 - 라)	생각하다, 상상하다	**مختار** (무크타 - 르)	1.선정된 2.촌장, 부족장

카

اختيال (이크티야-ㄹ)	교만, 거드름
خيل (카이알라)	1.말을 타고 달리다 2.눈부시게 하다
مخيل (무크일)	혼돈의 상상의
تخيل (타카이알라)	상상하다, 그려보다
مخيلة (마킬-라)	1.특징, 성질 2.표식, 기색
تخايل (타카-알라)	1.뽐내다 2.생각되다
مخيلة (무카이일라)	상상력, 환상, 상상
خيل (카일)	1.말떼 2.기병, 기병대
مختال (무크타-ㄹ)	자만하는, 우쭐대는, 뽐내는
خيال (카야-ㄹ)	1.상상, 환상 2 영상 3.유령
خيم (카이야마)	1.천막을 치다 2.드리우다(어둠이) 3.사로잡다
خيال (카이야-ㄹ)	기수, 기마병
خيالة (카이얄-라)	기병대
تخيم (타카이야마)	천막을 치다, 숙영하다, 야영하다
خيالة (카얄-라)	1.그림자, 영상 2.영화
خيم (키임)	1.소질, 취미 2.성격 3.속셈
خيلولة (카이룰-라)	1.상상 2.교만, 자만
خيمة (카이마)	1.천막 2.처마, 처양
خيالة (카이얄-라)	상상력, 상상
مخيم (무카이암)	숙영지, 야영지
أخيل (아크얄루)	거만한, 우쭐대는

(الدال : 달)

دادة 유모, 보모
(다 - 다)

داية 조산원, 산파
(다 - 야)

دأب …에 빠지다, 열중하다
(다아바)

دأب 버릇 2.강인성 3.열중
(다으브)

دؤوب 1.열중하는 2.완강한
(다우 - 브)

دب 1.기어가다 2.네발로 가다
(답바)

دب 곰
(둡브)

دباب 1.기어감 2.흘러들어옴
(답바 - 브) 3.파충류 동물

دابة 1.집짐승, 사람이 타는 동물
(답 - 바) 2.맹수

دبابة 1.탱크, 장갑차 2.파충류
(답바 - 바)

دويبة 미세한 동물, 곤충
(두와이바)

مدبب 날카로운, 예리한,
(무답바브) 뾰족한

دبج 1.꾸미다(말을) 2.집필하다
(답바자)

ديباج 비단, 실크
(디바 - 즈)

ديباجة 1.서문 2.용모 3.문체
(디바 - 자)

مدبج 장식된, 미화된
(무답바즈)

دبر 1.등을 돌리다 2.물러가다
(다바라) 3.지나가다

دبر 1.준비하다 2.절약하다
(답바라) 3.운영하다

دابر 반대하다, 적대시하다
(다 - 바라)

أدبر 1.돌아서다
(아드바라) 2.후퇴하다, 물러나다

تدبر 곰곰이 생각하다,
(타답바라) 심사숙고하다

مدبغة (마드바가)	피혁공장
دبق (답바까)	1.접착시키다(아교 등으로) 2.획득하다
دبق (다비꼬)	찐득찐득한, 끈적끈적한
دبل (다발라)	거름을 주다, 비료를 주다
دبل (다블)	실개천
دبلة (디블라)	가락지, 약혼반지
دبال (두바-르)	비료, 거름
دبلج (다블라자)	번역 녹음하다
دبلجة (다블라자)	번역 녹음
دبلوم (디블루-ㅁ)	허가증, 자격증, 자격증서
دبلوماسية (디블루마씨-야)	외교

استدبر (이스타드바라)	되돌아서다, 퇴각하다
دبر (두브르)	1.엉덩이 2.후미 3.뒤꼬리, 뒷부분
دبرة (다브라)	1.패배 2.마지막, 결과
دبور (다부-르)	서풍
دابر (다-비르)	1.지나간 2.마지막의 3.뿌리, 근본
تدبير (타드비-르)	1.대책, 2.관리 4.절약
مدبر (무답바르)	1.준비된, 정돈된 2.미리 준비된
دبس (답바싸)	1.핀으로 달다(훈장 등을) 2.당밀을 만들다
دبس (디브쓰)	당밀이나 종려나무 열매의 꿀
دبوس (답부-쓰)	핀, 안전핀
دبغ (다바가)	가죽을 무두질하다 2.염색하다

مدجج (무닷지즈)	철저히 무장된	**دثر** (다싸라)	지워지다, 사라지다
دجر (다자라)	당황하다, 곤경에 빠지다	**دثر** (닷싸라)	1.지우다 2.소멸하다 3.덮다, 가리다
ديجور (디주-르)	어둠, 암흑	**اندثر** (인다싸라)	1.사라지다 2.지나가다 3.꺼지다 4.낡아지다
دجل (다잘라)	거짓말하다	**دثر** (다쓰르)	재산, 재물, 풍부한 것
دجل (닷잘라)	1.칠하다 2.기만하다 3.땅에 비료를 주다 4.아는 체하다 5.도금하다	**دثور** (두쑤-르)	소멸, 사멸
دجل (다슬)	거짓, 기만, 협잡	**داثر** (다-씨르)	1.지워진 2.낡은
دجلة (디즐라)	티그리스강(이라크의)	**دجج** (닷자자)	철저히 무장하다
دجال (다자-ㄹ)	1.금물 2.거름, 비료	**تدجج** (타닷자자)	머리끝에서 발끝까지 무장하다
دجال (닷자-ㄹ)	1.거짓말쟁이 2.점쟁이 3.돌팔이 의사	**دجة** (둣자)	암흑, 어둠
تدجيل (타드지-ㄹ)	기만, 사기	**دجاج** (다자-즈)	가금, 닭
		دجاجة (다자-자)	암탉

달

دحدر 굴리다, 아래로 굴리다 (다흐다라)	**دجن** 1.길들이다 2.캄캄해지다 (다자나)
تدحدر 굴러가다, 굴러떨어지다 (타다흐다라)	**داجن** 아첨하다, 구슬리다 (다 - 자나)
دحدورة 비탈, 경사 (다흐두 - 라)	**دجن** 폭우, 세찬 비 (다즌)
دحر 1.격파하다 2.패배당하다 (다하라)	**دجنة** 어둠, 암흑 (두즈나)
اندحر 패배하다, 격파당하다 (인다하라)	**دجنة** 몽둥이, 곤봉 (다자나)
اندحار 패배 (인디하 - 르)	**داجن** 1.집에서 기르는 2.가금, 가축 (다 - 진)
اندحارية 패배주의 (인디하리 - 야)	**أدجن** 어두운, 캄캄한, 암담한 (아드자누)
مدحور 패배당한, 격파당한 (마드후 - 르)	**دجا** 1.캄캄해지다 2.헐렁하다 3.퍼지다 (다자)
دحض 반박하다, 논박하다 (다하돠)	**داجى** 1.아첨하다 2.적의를 품다 (다 - 자)
دحض 반발, 논박 (다흐드)	**دجوة** 어둠, 암흑 (다즈와)
مدحاض 정당치 않는 요구 (미드하 - 드)	**مداجاة** 위선, 아첨 (무다자 - 트)

دخيل (다키-ㄹ)	1.외래의, 외국인 2.타고장 사람	**دخل** (다칼라)	1.들어가다 2.시작하다 3.침투하다
دخيلة (다킬-라)	1.의도, 의향, 속심 2.기밀, 비밀	**داخل** (다-칼라)	간섭하다, 참견하다
إدخال (이드카-ㄹ)	1.도입 2.넣는 것 3.포함시키는 것	**أدخل** (아드칼라)	1.도입하다 2.포함시키다, 망라하다 3.들여놓다
تدخل (타닷쿨)	간섭, 참견	**تدخل** (타닷칼라)	간섭하다, 참견하다
تداخل (타다-쿨)	1.간섭, 참견 2.상호침투	**تداخل** (타다-칼라)	1.간섭하다 2.서로 침투하다
مدخل (마드칼)	1.입구, 현관 2.머리글 3.품행, 행실	**دخل** (다클)	1.수입 2.간섭, 참견 3.관계, 관련 4.의혹
مدخول (마드쿠-ㄹ)	1.비정상적인 2.수입	**داخل** (다-킬)	1.들어가는 것 2.내부의 3.내부
مداخيل (마다키-ㄹ)	수입, 수익, 소득	**داخلة** (다-킬라)	1.깊은 곳, 내부 2.의향, 속심, 의도
متدخل (무타닷킬)	1.간섭하는 2.간섭자	**داخلية** (다-킬리-야)	안, 속, 내부
متداخل (무타다-킬)	1.간섭하는 2.깊이 들어가는	**دخول** (두쿠-ㄹ)	1.들어가는 것 2.입학 3.침투
دخن (다카나)	연기냄새가 나다	**دخولية** (두쿨리-야)	도시 입주세

달

دخّن (닷카나)	그을리다, 담배를 피우다	**درة** (두르라)	1.진주 2.앵무새
أدخن (아드카나)	연기를 뿜다	**درة** (디르라)	1.젖통 2.채찍
دخنة (두크나)	연기색, 뿌연색	**مدرار** (미드라 - 르)	철철 흐르는
داخن (다 - 킨)	1.담배냄새가 나는 2.연기 자욱한	**أرّ** (다라아)	1.밀치다 2.격퇴하다
دخان (둣카 - ㄴ)	1.담배 2.증기, 김 3.연기	**أرّأ** (다르라아)	1.물리치다 2.떼어놓다
تدخين (타드키 - ㄴ)	담배 피우는 것, 흡연	**دريئة** (다리 - 아)	1.목표물, 과녁 2.방패
مدخن (무다킨)	담배 피우는 사람	**درّب** (다르라바)	훈련시키다, 연습시키다
مدخنة (마드카나)	굴뚝, 연통	**تدرّب** (타다르라바)	1.훈련하다 2.익숙되다
درّ (다르라)	1.많이 나오다 2.땀이 많이 나다	**درب** (다르브)	1.산길 2.오솔길 3.길
درّ (다르르)	젖	**دربة** (두르바)	경험, 숙련
درّ (두르르)	진주, 보석	**تدريب** (타드리 - 브)	훈련, 연습, 교육, 양성

اندرج (인다라자)	1.포함되다 2.게제되다, 실리다	**مدرب** (무다르립)	교관, 코치
استدرج (이스타드라자)	1.승진하다 2.인도하다 3.승진시키다 4.유인하다	**متدرب** (무타다르립)	1.숙련된 2.경험이 있는
درج (다라즈)	1.층계, 계단 2.길	**دربك** (다르바카)	1.소리내다 2.두드리다
درج (두르즈)	1.서랍 2.책상	**دربكة** (다르바카)	1.소음 2.두드리는 소리
درجة (다라자)	1.계단 2.등급, 등수 3.장소 4.표시, 번호 5.층계	**دربكة** (다르부카)	소고, 북
		درج (다라자)	접다, 말다
دارج (다 - 리즈)	1.유통되는 2.평범한 3.일상적인 4.민간의 5.유행되고 있는	**درج** (다리자)	계단으로 올라가다
دارجات (다리자 - 트)	방언, 사투리	**درج** (다르라자)	1.점차 움직이다 2.등급으로 나누다 3.습관화시키다 4.접다 5.유통시키다
درّاج (다르라 - 즈)	1.바퀴 2.롤러 3.들꿩	**أدرج** (아드라자)	1.포함시키다 2.게재하다(신문에)
درّاجة (다르라 - 자)	자전거	**تدرج** (타다르라자)	1.승급하다 2.계단으로 오르다 3.학위를 받다
إدراج (이드라 - 즈)	1.포함 2.등록, 기입 3.게재		

درس (다르싸)	가르치다, 깊이 연구하다	تدريج (타드리 - 즈)	점차적 상승
دارس (다 - 라싸)	함께 배우다, 함께 연구하다	مدرج (마드라즈)	1.길 2.활주로
أدرس (아드라싸)	가르치다, 가르쳐주다	مدرج (무다르라즈)	1.반원형, 극장 2.눈금 3.계단식 교실
تدارس (타다 - 라싸)	함께 연구하다, 같이 배우다	درد (다라다)	이빨이 빠지다
اندرس (인다라싸)	지워지다, 사라지다	درد (두르드)	찌끼, 앙금
درس (다르쓰)	1.탈곡 2.교훈 3.퇴치 4.공부 5.과목	أدرد (아드라두)	이빨 빠진, 이빨이 없는
دارس (다 - 리쓰)	탈곡, 마당질	دردرة (다르다라트)	1.잡담 2.급류(물의)
دراسة (다르라 - 싸)	1.탈곡기 2.도리깨	دردور (두르두 - 르)	1.회오리바람 2.소용돌이
دراسة (디라 - 싸)	학습, 공부, 연구	دردش (다르다샤)	지껄이다, 허튼소리 하다
تدريس (타드리 - 쓰)	교육, 지도, 교수, 수업	دردشة (다르다샤)	잡소리, 공담, 허튼소리
مدرس (무다르리쓰)	선생님, 교사	درس (다르싸)	1.사라지다 2.지우다 3.공부하다 4.탈곡하다

مدرسة (마드라싸)	1.학교 2.학파, 사조
درع (다르라아)	갑옷을 입히다
تدرع (타다르라아)	1.갑옷을 입다 2.무장하다 3.방비되다
درع (디르으)	1.갑옷 2.상의 셔츠
دارع (다 - 리으)	무장한, 갑옷을 입은
دارعة (다 - 리아)	장갑차, 무장 순항함
مدرع (무다르라으)	1.갑옷을 입은 2.무장한
مدرعة (무다르라아)	장갑차
درك (다르라카)	쉴새없이 내리다(비가)
أدرك (아드라카)	1.따라잡다 2.열매가 익다 3.이해하다 4.도달하다
تدارك (타다 - 라카)	1.바로잡다 2.예방책을 취하다 3.서로 따라잡다
استدرك (이스타드라카)	1.따라잡으려고 애쓰다 2.시정하다 3.보충하다
درك (다르크)	1.밑, 바닥 2.끝, 한계
درك (다라크)	순회, 순찰
دركة (다라카)	단계, 수준, 등급
دركي (다라키 - 유)	경찰, 헌병, 방범
دارك (다 - 리크)	지탱점
إدراك (이드라 - 크)	1.도달 2.획득 3.인식 4.이성
استدراك (이스티드라 - 크)	1.수정 2.보완
مدرك (무드리크)	1.의식적인 2.따라잡는 3.도달하는 4.성숙한
مدرك (무드라크)	이해된, 파악된, 인식된

متدرن	결핵을 앓은, 결핵환자	**مدارك**	지혜, 이성, 정신력
(무타다르린)		(무다 - 리크)	
درهم	돈, 화폐(화폐단위),	**متدارك**	부단한, 끊임없는
(디르함)		(무타다 - 리크)	
درويش	1.탁발을 한 무슬림	**درم**	이빨이 빠지다
(다르위 - 쉬)	2.염세주의자	(다리마)	
درى	알다, 인식하다	**درم**	손톱을 깎다
(다라)		(다르라마)	
دارى	1.아양을 떨다 2.숨기다	**أدرم**	이가 없는, 이빨이 빠진
(다 - 라)		(아드라무)	
أدرى	알게 하다, 통지하다	**تدريم**	손톱손질, 매니큐어
(아드라)		(타드리 - ㅁ)	
دراية	지식, 학습	**درن**	더럽다, 어지럽다
(디라 - 야)		(다리나)	
أدرية	불가지론(철학), 회의론	**درن**	결핵을 앓다
(아드리 - 야)		(다르라나)	
مداراة	1.은폐, 숨김	**أدرن**	어지럽다, 더럽다
(무다라 - 트)	2.아첨, 아부, 아양	(아드라나)	
دس	1.음모를 꾸미다	**تدرن**	결핵을 앓다
(닷싸)	2.몰래 넣다(독약을)	(타드르라나)	
تدسس	스며들다, 기어들다	**درنة**	결핵
(타닷싸싸)		(다라나)	

اندس (인닷싸)	잠입하다, 몰래들어가다	**دشت** (다슈트)	1.폐물 2.황무지 3.무질서
دسيسة (다씨-싸)	음모	**دشر** (닷솨라)	남기다, 버리고 가다
دست (다스트)	1.직위 2.솥, 가마 3.한 벌	**دشرة** (다슈라)	농촌, 시골(북아프리카 지역)
دستور (두스투-르)	1.헌법, 법 2.제도 4.통치제도	**دشن** (다샨나)	1. 개막하다 2.기념하다 3.성찬식을 갖다
دستورية (두스투리-야)	합법성, 입헌성	**تدشين** (타드쉬-ㄴ)	1.바치는 것 2.개막식, 개통식
دسم (다쌈)	기름, 지방	**دشى** (닷솨)	트림하다
دسومة (두쑤-마)	기름진 것, 뚱뚱한 것	**تدشى** (타닷솨)	트림하다
أدسم (아드싸무)	지방질이 많은, 살찐, 기름진, 뚱뚱한	**دعب** (다아바)	농담하다, 놀다
دش (닷솨)	1.찧다 2.지껄이다	**دعب** (다으아바)	1.놀리다 2.희롱하다
دش (둣슈)	목욕, 샤워, 물에 물끼얹기	**تداعب** (타다-아바)	서로 놀리다
دشاش (닷솨-쉬)	말쟁이	**داعب** (다-이브)	익살스러운, 유쾌한

دعص (디으스)	모래언덕	دعاب (다아 - 브)	몹시 쾌활한
دعق (다아까)	욕하다, 저주하다	دعابة (다아 - 바)	익살꾼, 장난꾼, 농담꾼
مدعوق (마드우 - ㄲ)	저주스러운	مداعبة (무다 - 아바)	농담, 장난
دعك (다아카)	1.맛사지하다 2.문지르다 3.구기다	دعج (다으아자)	눈을 까맣게 그리다
دعم (다아마)	1.지지하다 2.강화하다	أدعج (아드아주)	눈이 검은
دعم (다으아마)	1.지지하다 2.강화하다 3.돕다 4.세우다	دعر (다아라)	방탕한 생활을 하다
تدعم (타다으아마)	1.후원을 받다 2.강화되다	داعر (다 - 이르)	방탕한, 음탕한
ادعم (잇다아마)	기대다, 의지하다	دعارة (다아 - 라)	방탕, 음탕
دعامة (디아 - 마)	1.기둥, 지주 2.두목	دعس (다아싸)	1.밟다 2.가득 채우다
تدعيم (타드이 - ㅁ)	지원, 강화	دعسة (디으싸)	발자국
دعا (다아)	1.부르다 2.축복을 기원하다 3.호소하다 4.총청하다	مدعس (마드아쓰)	밟은 자리

دَغَرَ (다가라)	공격하다, 습격하다	**داعى** (다 - 아)	1.논쟁하다 2.허물다
دُغْر (다그르)	습격, 공격, 돌격	**ادّعى** (잇다아)	1.주장하다 2.고발하다 3.…인 체하다
دُغْرِي (두그리)	1.곧은, 직선의 2.곧바로	**استدعى** (이스타드아)	1.소환하다 2.요구하다
دَغَل (다길)	1.흠집 2.숲, 수풀 3.부패 4.썩은	**دعوى** (다으와)	1.요구, 주장 2.소송, 기소 3.안건 4.논증, 인증
دَغَلة (다갈라)	숲, 수풀	**مدّع** (뭇다인)	1.기소자, 원고 2.검사 3.신청자
داغِل (다 - 길)	부패한, 상한	**مدّعاة** (마드아 - 트)	1.초청, 초빙 2.호소 3.원인, 이유
مُدْغِل (무드길)	1.숲이 우거진 2.해로운	**مدعوّ** (마드우)	1.초대받은 2.손님
دَغَمَ (다가마)	1.병합하다 2.삽입하다 3.동화시키다	**مدّعى** (뭇다아)	기소된
أدغَمَ (아드가마)	1.삽입하다 2.합치다 3.동화시키다	**مستدعى** (무스타드아)	요구, 요청
اندغَمَ (인다가마)	1.포함되다 2.통합되다 3.동화되다	**دَغْدَغَ** (다그다가)	1.간지럽게 하다 2.흥분시키다
ادّغَمَ (잇다가마)	1.포함하다 2.합병하다 3.동화시키다	**دَغْدَغة** (다그다가)	1.간지럼 2.흥분

إدغام (이드가 - ㅁ)	1.포함 2.병합 3.동화	**دفاءة** (다파 - 아)	열, 더위, 온기
دفف (닷파파)	1.서둘다 2.소고를 치다	**دفاية** (다파 - 야)	난로
دف (둣프)	1.손북, 소고 2.옆, 측면	**دفيئ** (다피 - 으)	따뜻한, 따사로운, 가열된
دفة (닷파)	1.키 2.옆, 측면 3.책표지	**تدفئة** (타드피아)	난방, 데우는 것
دفية (다피 - 야)	느슨한 털외투 (이집트에서)	**مدفأ** (미드파오)	난로
دفئ (다피아)	따뜻해지다, 더워지다	**دفتر** (다프타르)	공책, 기록장
أدفأ (아드파아)	따뜻하게 하다, 불에 쪼이다	**دفر** (다파라)	떠밀다, 밀치다
تدفأ (타닷파아)	쪼이다, 열을 받다	**دفر** (다피라)	썩다, 악취를 풍기다
استدفأ (이스타드파아)	쪼이다, 따뜻해지다	**دفر** (다파르)	1.악취, 구린내 2.눈병
دفء (다프으)	1.열, 온기 2.가열	**دفرة** (디프라)	흙손, 모종삽
دافئ (다 - 피으)	따뜻한, 따사로운, 더운	**دفع** (다파아)	1.물리치다 2.떠밀다(억지로) 3.부추기다 4. 넘겨주다 5.옹호하다 6.지불하다

مدفع (미드파으)	대포	**دافع** (다 - 파아)	1.수호하다 2.변호하다
مدفعية (미드파이 - 야)	1.포병 2.대포 3.포격술	**تدفع** (타닷파아)	세차게 흐르다
مدافع (무다 - 피우)	1.방위하는 2.수호자 3.변호인	**تدافع** (타다 - 파아)	밀치락달치락하다
مدفوع (마드푸 - 으)	지불된, 납부된	**اندفع** (인다파아)	1.돌진하다 2.밀리다 3.열중하다 4.시작하다
مدفوعات (마드푸아 - 트)	지불금, 납부금	**استدفع** (이스타드파아)	밀어내려고 애쓰다
دفق (다파까)	1.흐르다, 솟아나다 2.쏟다	**دفع** (다프으)	1.미는 것 2.배척 3.반박 4.격퇴 5.지불
تدفق (타닷파까)	1.북받치다(감정이) 3.돌진하다	**دفعة** (다프아)	1.한번 미는 것, 충격 2.지불 3.한번
اندفق (인다파까)	1.솟구치다 2.약동하다 3.돌진하다	**دافع** (다 - 피으)	1.미는 2.방어하는 3.동기, 원인 4.지불하는
دفقة (두프까)	광선, 섬광	**دفاع** (디파 - 으)	1.방어, 수호, 옹호 2.변호
دافق (다 - 피끄)	흐르는, 흘러넘치는, 솟구치는	**اندفاع** (인디파 - 아)	1.돌진 2.열정 3.무모함 4.급함
متدفق (무타닷피끄)	솟구치는, 약동하는		

دق (닷끄)	1.찧는 것 2.두드리는 것 3.울리는 것 4.문신하는 것 5.예방접종
دقة (닷까)	1.섬세함 2.보잘 것 없는 것 3.정확성
دق (둣까)	가루, 양념가루
دقاق (다까 - 끄)	1.제분공 2.절구
دقاقة (다까 - 까)	책상시계
دقيق (다끼 - 끄)	1.가루(밀가루) 2.섬세한 3.정확한 4.까다로운 5.심각한 6.꼼꼼한
دقيقة (다끼 - 까)	1.분(시간의) 2.분자, 입자 3.섬세함
تدقيق (타드끼 - 끄)	1.상세한 연구 2.정확성
مدق (마닷끄)	오솔길, 길
مدقق (무닷끼끄)	세심히 파고드는

دفن (다파나)	1.매장하다 2.감추다
اندفن (인다파나)	1.파묻히다 2.은폐되다
دفن (다폰)	1.매장 2.은폐
دفينة (다피 - 나)	보배, 보물(파묻어 둔)
مدفن (마드판)	묘지, 무덤, 공동묘지, 산소
مدفون (마드푸 - ㄴ)	1.매장된 2.은폐된
دق (닷까)	1.가루를 만들다 2.박다(못) 3.두드리다(문을) 4.치다(종을) 5.주조하다(화폐를) 6.접하다(식물) 7.연주하다
دقق (닷까까)	1.가루를 만들다 2.정확성을 요구하다
أدق (아닷까)	가루를 내다, 찧다
اندق (인다까)	1.가늘어지다, 섬세해지다

234

دل (달라)	1.증명하다 2.안내하다 3.지휘하다 4.아양떨다	**مدقوق** (마드꾸 - ㄲ)	찧은, 가루가 된
أدل (아달라)	허물없이 대하다, 스스럼없이 대하다	**مستدق** (무스타딧꼬)	가느다란, 섬세한
تدلل (타달랄라)	1.애교부리다 2.장난하다	**دقن** (다끈)	턱수염
استدل (이스타달라)	1.증명하다 2.안내를 부탁하다	**دك** (닷카)	1.고르게 하다(땅을) 2.장탄하다 3.채워넣다
دل (달르)	애교, 아양, 교태	**دكك** (닷카카)	1.섞다 2.허리띠를 띠다
دلال (달랄 - 르)	1.중재자, 중매인 2.경매인	**اندك** (인닷카)	1.파괴되다 2.반반해지다 3.장탄되다
دلالة (달랄 - 라)	1.징조 2.표시, 기호 3.의미, 뜻	**دك** (닷크)	1.땅을 고르는 것 2.파괴
دلالة (딜랄 - 라)	1.중개 2.중개업 3.경매 4.가리킴 5.표식	**دكة** (닷카)	자갈
دليل (달리 - ㄹ)	1.증거 2.목격 3.길잡이 4.목록 5.안내서	**دكة** (딧카)	긴 의자, 벤치
أدلة (아딜라)	증거, 증명	**دكان** (둣카 - ㄴ)	1.상점, 가게 2.제작소
تدليل (타드리 - ㄹ)	증명, 입증, 논증	**دكتور** (두크투 - ㄹ)	1.의사 2.박사

دلع (달으)	1.애교, 교태 2.애무	**تدلل** (타달룰)	애교, 아양, 교태
دلوع (달루 - 으)	버릇없는, 어리광부리는	**مدلول** (마드루 - ㄹ)	의미, 뜻, 의의
تدلع (타달루으)	응석, 교태	**دلج** (달라자)	물을 푸다(우물에서)
مدلع (무달라으)	버릇없는	**أدلج** (아들라자)	밤길을 떠나다
دلق (달라까)	1.칼을 뽑다 2.붓다, 쏟다	**مدلج** (미들라자)	물통, 바께쓰
اندلق (인달라까)	흘러나오다, 두드러지다	**دلس** (달라싸)	속이다, 기만하다
دلق (달라끄)	족제비	**تدليس** (타들리 - 쓰)	기만, 협잡
دلك (달라카)	안마하다, 주무르다	**مدلس** (무달리쓰)	1.속이는 2.위조하는 3.위조자
دلوك (둘루 - ㅋ)	일몰, 해넘이	**دلع** (달라아)	1.혀를 내밀다 2.귀여워하다
دلوك (달루 - ㅋ)	연고, 고약	**تدلع** (타달라아)	어리광부리다, 변덕부리다
تدليك (타들리 - ㅋ)	안마, 맛사지	**اندلع** (인달라아)	솟구치다(불길이)

دميم (다미 - ㅁ)	1.보기흉한, 망측한 2.난쟁이	دله (달라하)	정신을 잃게 하다, 얼빠지게 하다
مدمة (미담마)	쇠스랑, 갈퀴	تدله (타달라하)	미치다, 얼빠지다
دمث (다무싸)	온순하다, 유순하다	مدله (무달라흐)	사랑에 빠진, 홀딱 반한
دماثة (다마 - 싸)	온순, 얌전	دلى (달라)	1.물을 푸다 2.내리우다, 드리우다
دمج (다마자)	가입하다, 삽입되다	أدلى (아들라)	1.내리우다 2.증명하다 3.발표하다
أدمج (아드마자)	1.가입시키다 2.합치다 3.동화시키다	دلو (달루)	물통, 바께스
اندمج (인다마자)	1.편입하다 2.결합되다, 동화되다	مدلى (무달라)	드리워진, 걸려있는
إدماج (이드마 - 즈)	삽입, 병합, 포함	دم (담마)	1.칠하다 2.고루다(땅을)
تدميج (타드미 - 즈)	속기	دمم (담마마)	색칠하다, 도색하다
اندماج (인디마 - 즈)	연합, 결합	دم (담므)	1.도료, 페인트 2.피
مدمج (무드마즈)	1.견고한 2.긴밀한	دمام (디마 - ㅁ)	입술연지, 루즈

달

مندمج 합병한, 병합한, 편입한 (문다미즈)	**دمس** 1.파묻다 2.삶다, 끓이다 (담마싸)
دمدم 1.중얼거리다 2.투덜대다 3.욕하다 (담다마)	**دماسة** 재, 불꽃이 남아있는 재 (다마-싸)
دمدمة 1.중얼거리는 것 2.투덜대는 것 (담다마)	**ديماس** 1.지하실 2.고분 3.지하감옥 (다이마-쓰)
دمر 1.멸망하다 2.파괴되다 (다마라)	**مدمس** 끓인, 찐, 삶은 (무담마쓰)
دمر 파괴하다, 황폐화시키다 (담마라)	**دمع** 눈물을 흘리다 (다마아)
دمار 1.멸망, 파멸 2.파괴, 붕괴 (다마-르)	**دمع** 눈물 (다므으)
دميرة 범람기(나일강의) (다미-라)	**دموع** 눈물이 빨리 흐르는, 눈물이 많은
تدمير 파괴 (타드미-르)	**مدمع** 1.눈물관 2.눈물 (마드마오)
مدمر 1.파괴하는 2.파괴자 (무드미르)	**دمغ** 1.논박하다 2.소탕하다 3.날인하다 (다마가)
مدمرة 1.구축함 2.전투기 (무담미라)	**دمغة** 1.낙인 2.부호, 기호 3.검사 (다므가)
دمس 1.파묻다 2.감추다 (다마싸)	**دامغ** 확고한, 논박할 여지없는 (다-미그)

دماغ (다마-그)	1.뇌, 두뇌 2.머리	**اندمل** (인다말라)	아물다
مدموغ (마드무-그)	도장찍힌 우표	**دمل** (둠말)	종기, 부스럼
دمق (다마까)	1.침입하다 2.훔치다	**دمن** (다마나)	거름을 주다, 비료를 주다
اندمق (인다마까)	1.침입하다 2.훔치다	**أدمن** (아드마나)	1.몰두하다 2.중독되다
دمقرط (담까리따)	민주화하다	**دمنة** (디므나)	거름더미
دمقراطة (담끼라-따)	민주화	**دمان** (디마-ㄴ)	거름, 비료, 두엄
دمقراطية (담끄라띠-야)	민주주의	**إدمان** (이드마-ㄴ)	1.몰두 2.중독
دمك (다마카)	1.비틀다 2.솟다(해가)	**مدمن** (무드민)	중독된, 인이 배긴
مدموك (마드무-크)	탄탄한, 촘촘한	**دمى** (다미야)	피를 흘리다
دمل (다말라)	거름을 주다, 비료를 주다	**أدمى** (아드마)	피흘리게 하다
دمل (다밀라)	아물다(상처가)	**دم** (담)	피, 혈액

달

دنس (다니쓰)	1.불결한 2.모독당한	**دموى** (다마위)	1.피묻은 2.잔인한
دناسة (다나-싸)	모욕, 더러움, 때	**دمية** (두므야)	1.유화 2.인형 3.우상 4.사람모형
تدنيس (타드니-쓰)	1.오염 2.모독	**دنأ** (다나아)	너절하다, 비열하다
دنف (다니파)	1.심하게 앓다(병을), 2.접근하다 3.서산에 기울다(해가)	**دنؤ** (다누아)	1.저속하다 2.너절하다
أدنف (아드나파)	증병을 앓다	**دنيء** (다니-으)	저열한, 비열한
دنف (다나프)	질병	**دناءة** (다나-아)	비열, 비굴, 너절함
دنق (다나까)	동사하다, 얼어 죽다	**دنر** (단나라)	화폐를 주조하다
دنق (단나까)	얼굴이 수척해보이다	**دينار** (디나-르)	디나르(화폐단위)
دنى (다니야)	비열하다, 미천하다	**دنس** (다나싸)	더러워지다, 불결해지다
دنى (단나)	1.가깝게 하다 2.접근시키다	**دنس** (단나싸)	더럽히다, 유린하다
دانى (다-나)	1.가깝다 2.경쟁하다	**تدنس** (타단나싸)	더러워지다, 유린당하다

دهش (다히샤)	놀라다	**أدنى** (아드나)	접근시키다
أدهش (아드하샤)	놀라게 하다	**تدنى** (타단나)	1.점점 가까워지다 2.떨어지다(값이) 3.타락하다
اندهش (인다하샤)	치이다, 깔리다(차에)	**دنى** (다니 - 유)	1.천한, 시시한 2.가까운
دهشة (다흐샤)	놀라움, 경탄	**دنيا** (둔야)	1.세상, 누리 2.날씨
مدهش (무드히슈)	놀랄만한, 경탄을 자아내는	**دناية** (다나 - 야)	1.비열, 비굴 2.가까움
مدهشات (무드히샤 - 트)	기적, 신기한 물건	**أدنى** (아드나)	1.가장 가까운 2.최저의 3.최소의
مدهوش (마드후 - 슈)	놀라운	**دهر** (다흐르)	1.시대, 세기 2.팔자, 운명
مندهش (문다히슈)	놀란, 질색한, 당황한	**دهرى** (다흐리 - 유)	1.세기적인 2.무신론의 3.금욕주의의
دهق (다히까)	1.붓다, 쏟다 2.채우다	**دهس** (다하싸)	1.짓밟다 2.치다(차가 사람을)
أدهق (아드하까)	가득 채우다(잔에)	**اندهس** (인다하싸)	치이다, 깔리다(차에)
دهاق (디하 - 끄)	가득 찬, 넘쳐흐르는		

دهقان 1.지도자 2.뛰어난 사람
(디흐까 - ㄴ)

دهم 갑자기 닥치다, 달려들다
(다하마)

داهم 1.갑자기 달려들다(위험이)
(다 - 하마) 2.불시에 들어닥치다

دهمة 검은 것, 검은 색
(두흐마)

دهماء 군중, 대중, 백성
(두흐마 - 으)

أدهم 칠흑같이 캄캄한, 어두운
(아드하무)

دهن 1.색칠하다 2.기름칠하다
(다하나)

داهن 1.아첨하다
(다 - 하나) 2.묵인하다

تدهن 칠해지다, 도색되다
(타다흐하나)

دهن 기름, 비계, 지방
(두한)

دهان 1.기름 2.도료, 페인트
(디하 - ㄴ) 3.왁스 4.연고, 고약

دهينة 연고
(다히 - 나)

مدهن 기름진, 살찐
(무드히느)

مداهن 1.아첨하는 2.아첨꾼
(무다 - 히누)

مداهنة 아첨, 아부
(무다 - 히나)

دهور 1.떨어뜨리다 2.타락시키다
(다흐와라)

تدهور 1.떨어지다 2.타락되다
(타다흐와라) 3.몰락하다
4.쇠약해지다

تدهور 1.떨어짐 2.타락 3.몰락
(타다흐와르) 4.쇠퇴, 쇠약

دهى 닥치다(불행이나 병이)
(다하)

دهى 교활하게 행동하다
(다히야)

دهى 닥치다(불행 등이)
(다흐하)

242

داهية 1.재난 2.영리한 사람 (다 - 히야)	**دايخ** 1.현기증 나는 2.멀리 (다 - 이크) 3.머리가 핑도는
دهاء 1.교활성 2.영리함 3.수완 (다하 -)	**تدويخ** 1.정복 2.종속 (타드위 - 크)
أدهى 참혹한, 무서운, 비참한 (아드하)	**دود** 구더기가 득실거리다 (다우와다)
داء 병, 질병 (다 -)	**دود** 구더기, 벌레, 애벌레 (두 - 드)
داب 녹다 (다 - 바)	**دودة** 구더기, 벌레 (두 - 다)
داخ 1.굴복하다 2.머리가 핑돌다 (다 - 카) 3.졸도하다 4.뱃밀미가 나다	**ديدان** 구더기, 벌레 (디다 - 느)
دوخ 1. 정복하다 2. 굴복시키다 (다우와카) 3.현기증나게 하다	**مدود** 구더기가 우글거리는 (마두 - 드)
دوخة 멀미, 어지럼증 (다우카)	**مدود** 여물통, 구유 (미드와드)
دوخان 멀미, 어지럼증 (다우카 - 누)	**دار** 1.방향을 바꾸다 (다 - 라) 2.순회하다
دائخ 1.현기증 나는, 핑도는 (다 - 이크) 2.멀미	**دور** 1.환시키다 2.뒤집다 (다우와라) 3.현기증나게 하다
	أدار 1.회전시키다 (아다 - 라) 2.운영하다

تدور (타다우라)	순회하다, 주위를 돌다	**دوار** (다우와 - 르)	1.순회하는 2.회전하는
دور (다우르)	1.차례 2.기회 3.기간 4.주기 5.단계 6.회전 7.층계 8.정기회의 9.역할	**دوارة** (다우와 - 라)	1.팽이 2.외출을 좋아하는 여자 3.콤파스
دورة (다우라)	1.주기 2.순서 4.회전 5.정기회의 6.교대	**إدارة** (이다 - 라)	1.운영, 경영 2.행정
دورية (다우리 - 야)	1.순찰대 2.교대(작업의)	**ديرة** (디 - 라)	거주지
دار (다 - 르)	집, 주택, 건물	**مدار** (마다 - 르)	1.축, 축대 2.중추 3.범위, 영역 4.궤도(천체)
دارة (다 - 라)	무리 (해 둘레에 생기는)	**مدور** (무다위르)	둥근, 원형의
دائر (다 - 이르)	1.도는 2. 둥근 3.유행하는 4.순환되는	**مدير** (무디 - 르)	1.관리자, 지배인, 책임자 2.교장
دائرة (다 - 이라)	1.원 2.대사전 3.구역 4.정기모임 5.범위 6.층 7.기관, 부서	**مدرية** (무디리 - 야)	1.도, 주 2.국, 청
داورية (다우리 - 야)	1.순찰대 2.초소	**مستدار** (무스타다 - 르)	궤도
دوار (두와 - 르)	멀미, 현기증	**مستدير** (무스타디 - 르)	둥근, 원형의
		دوش (다와샤)	떠들썩 부산을 피우다

دوش (두 - 쉬)	샤워, 간단히 목욕하는 것	**دوك** (다우와카)	야단법석을 떨다, 소란을 피우다
دوشة (다우샤)	소음, 야단법석, 북새통	**دوكة** (다우카)	소란, 소동, 야단법석
مدووش (마드우 - 쉬)	몹시 떠드는, 소란한, 부산한	**دال** (달 - 라)	1.경과하다 2.변하다(시대가) 3.낡아지다 4.교체되다 5.닥쳐오다
دوغ (다우와가)	도장을 찍다, 표식을 하다	**دول** (다우왈라)	국제화하다
داغ (다 - 그)	날인, 불도장	**داول** (다 - 왈라)	1.회담하다 2.교체하다
داف (다 - 파)	1.때리다 2.섞다 3.짓다(약)	**أدال** (아날 - 라)	1.유통시키다 2.넘기다 (손에서 손으로)
دوف (다우프)	1.심장의 고동 2.맥질	**تداول** (타다 - 왈라)	1.유통되다 2.토론하다 3.교섭하다 4.번갈아하다
داق (다 - 까)	음식을 맛보다		
دوق (두 - 끄)	1.공작 2.군주	**دولة** (다울라)	1.흥망성쇠 2.정부, 국가 3.왕조 4.왕국
دوقة (두 - 까)	공주	**دولية** (둘왈리 - 야)	국제주의
دوقية (두끼 - 야)	공국, 공작의 영지	**دويلة** (두와일라)	소국, 작은 나라

دائم (다 - 임)	1.항구적인 2.지속되는 3.다년생의	**تدويل** (타드위 - ㄹ)	국제화
دوام (다와 - ㅁ)	1.지속, 영구성 2.근무시간	**تداول** (타다 - 울)	1.유통, 순환 2.통용 3.교체, 교대
دوامة (다우와 - 마)	팽이	**مداولة** (무다 - 왈라)	1.담판 2.상담, 의견교환 3.교대
ديمة (디 - 마)	궂은 비	**متداول** (무타다 - 월)	1.통용되는 2.유행되는 3.유통되는
ديمومة (다이무 - 마)	1.지속성, 장기성 2.황야, 무인지경	**دولاب** (둘라 - 브)	1.바퀴, 차륜 2.장(옷장, 책장 등)
مداومة (무다 - 와마)	계속성, 연속성	**دام** (다 - 마)	1.지속되다 2.맴돌다
مستديم (무스타디 - ㅁ)	1.일상적인 2.계속적인, 항구적인 3.만성적인	**دوم** (다우와마)	1.떠돌다 2.회전시키다
دوّن (다우와나)	기록하다, 등록하다, 써넣다	**داوم** (다 - 와마)	계속되다, 시간을 보내다
تدوّن (타다우와나)	기록되다, 등록되다	**أدام** (아다 - 마)	항구화하다, 질질끌다
دين (다인)	1.귀 2.부채	**استدام** (이스타다 - 마)	지속되다, 계속되다
		دوم (다움)	1.지속, 계속 2.항구성, 영구성

달

ديوان 1.소파 2.시집 3.사무실 (디와 - ㄴ) 4.법정, 법원	**دان** 1.대부하다 5.종교를 믿다 (다 - 나)
ديوانة 세관 (디와 - 나)	**أدان** 1.규탄하다 (아다 - 나) 2.유죄판결하다
ديوانية 관료주의 (디와니 - 야)	**تدين** 1.종교를 믿다 2.빚지다 (타다이야나)
مدونات 일지, 기록장 (무다우와나 - 트)	**استدان** 1.빌리다 (이스타다 - 나) 2.외상으로 사다
دوى 1.울리다 (다와) 2.떠들다, 소리내다	**دائن** 채권자 (다 - 인)
دوى 앓다 (다위야)	**دين** 1.부채, 채무 2.차용 (다인) 3.책임 4.은혜
داوى 치료하다, 간호하다 (다 - 와)	**دين** 종교, 신앙 (디 - ㄴ)
تداوى 치료되다, 약을 먹다 (타다 - 와)	**دين** 경건한, 신앙심이 깊은 (다이인)
دواء 약, 약품 (다와 -)	**ديانة** 1.종교, 신앙 2.교리 (디야 - 나)
دواة 잉크병 (다와 - 트)	**إدانة** 1.규탄, 비난 2.유죄판결 (이다 - 나)
دوى 1.산울림, 메아리 2.소음 (다위 - 유)	**مداين** 채권자 (무다 - 이누)

달

مدين 1.빚을 진 2.채무자
(마디 - 느)

مدينة 도시
(마디 - 나)

مديون 1.빚을 진 2.채무자
(마드유 - 느)

مديونية 1.빚, 부채
(마드유니 - 야) 2.은혜, 신세

متدين 경건한, 신앙심이 깊은
(무타다이인)

달

(الذال : 잘)

ذا 1.이것, 이것은 2...의 소유의
(자)

ذلك 그것은, 그
(잘 - 리카)

ذات 1.가지고 있는
(자 - 트) 2.본질, 자체

ذاتية 1.자립성 2.주관
(자티 - 야) 3.독특성 4.신분

ذأب 무섭게 하다, 위협하다
(자아바)

استذأب 늑대처럼 되다
(이스타즈아바)

ذئب 이리, 늑대
(지으브)

ذب 보호하다, 변호하다
(잡바)

ذباب 칼날
(주바 - 브)

ذبابة 파리
(주바 - 바)

مذبة 파리채
(미잡바)

ذبح 1.제물로 바치다
(자바하) 2.도살하다

تذابح 살상하다
(타자 - 바하)

ذبح 희생물, 제물,
(지브흐) 도살한 짐승

ذبيحة 1.도살한 짐승 2.제물
(자비 - 하)

ذباح 백정, 도살자
(잡바 - 흐)

ذبحة 편도선염, 후두염
(지브하)

ذبيح 1.도살된 2.도살된 짐승
(자비 - 흐)

مذبح 1.도살장 2.제단 3.성찬대
(마즈바흐)

مذبوح 도살된, 살생된
(마즈부 - 흐)

مذبحة 1.유혈전 2.살육, 학살
(마즈바하)

ذَخِيرَة (자키―라)	1.자금, 기금 2.예비품 3.재물 4.탄약
اِدِّخَار (잇디카―르)	저장, 저축
مَذْخَر (무잣카르)	창고, 저장소
مَذْخَرَات (무잣카라―트)	저장품, 보유량, 예비
مَذْخُور (마즈쿠―르)	예비, 예비군
ذَرّ (자르라)	1.싹이 나다 2.뿌리 나다 3.뜨다(해가) 4.뿌리다
ذَرّ (자르르)	1.작은 개미, 불개미 2.뿌림
ذَرَّة (자르라)	1.분자, 입자 2.원자 3.가루, 티끌
ذُرَة (주라)	옥수수, 수수
ذَرُور (자루―르)	분가루, 분말
ذُرِّيَّة (주루리―야)	자손, 후손

ذَبْذَب (자브자바)	1.흔들리다 2.흔들다
تَذَبْذَب (타자브자바)	1.흔들리다 2.동요하다
ذَبْذَبَة (자브자바)	1.진동 2.동요
مُتَذَبْذِب (무타자브지브)	1.흔들리는 2.동요하는
ذَبَل (자발라)	1.시들다 2.색이 날다
ذَابِل (자―빌)	1.시든 2.색이 바랜 3.초라한
ذُبَالَة (주발―라)	심지, 도화선
ذَخَر (자카라)	어려운 때를 대비하여 저축하다
ذَخَّر (잣카라)	장만하다, 저장하다, 모아두다
اِدَّخَر (잇다카라)	저축하다, 저장하다
ذُخْر (주크르)	1.축적, 예비 2.기여

ذری (자라)	1.날리다 2.키질하다 3.찬양하다	ذرور (자루-르)	분산된, 뿌려진
أذرى (아즈라)	1.뿌리다 2.흘리다(눈물) 3.날리다	ذرع (자라아)	재다, 측정하다
تذرى (타자르라)	1.키질하다(곡식을) 2.오르다(산으로)	ذرع (자리아)	화해시키다, 중재하다
استذرى (이스타자라)	보호를 요구하다	تذرع (타자르라아)	1.핑계대다 2.무장하다
ذرى (자란)	보호, 엄호	ذرع (자르으)	1.팔 기장 2.힘
ذروة (주르와)	산꼭대기, 절정, 정점	ذراع (지라-으)	1.팔, 팔꿈치 2.손잡이 3.길이의 단위
ذعر (자아라)	1.성살지다 2.겁먹다	ذريع (자리-으)	1.널랜 2.불가피한
أذعر (아즈아라)	놀래다, 질겁하게 하다	ذريعة (자리-아)	1.구실, 변명 2.수단, 방법
انذعر (인자아라)	무서워하다, 겁먹다	ذرف (자라파)	눈물을 흘리다
ذعر (자으르)	질겁, 공포	ذرف (자르라파)	1.흘리다(눈물) 2.초과하다
مذعور (마즈우-르)	질겁한, 혼난	ذرا (자라)	1.바람에 날리다(곡식을) 2.키질하다

تذكر (타잣카라)	기억하다, 회상하다, 돌이켜보다	ذعن (자이나)	순종하다, 복종하다
تذاكر (타자 - 카라)	1.함께 토의하다 2.같이 회상하다 3.함께 공부하다	أذعن (아즈아나)	순종하다, 복족하다
ادكر (이닷카라)	기억하다, 회상하다	إذعان (이즈아 - ㄴ)	복종, 순종, 굴복
استذكر (이스타즈카라)	1.회고하다 2.암송하다, 외우다	مذعان (마즈아 - ㄴ)	온순한, 유순한
ذكر (자카르)	1.수컷 2.남자성기 3.남자, 남성	مذعن (무즈인)	순종하는, 온순한
ذكرة (자키라)	여장부, 사나운 계집	ذفر (자파르)	악취, 구린내
ذكرة (주크라)	1.회상 2.기억 3.명예, 명성	ذقن (자끈)	1.아래턱 2.턱수염
ذكرى (지크라)	추억, 회상, 회고	ذكر (자카라)	1.언급하다 2.상기하다 3.칭찬하다
ذاكرة (자 - 키라)	기억, 기억력	ذكر (잣카라)	1.상기시키다 2.타이르다 3.교배시키다
تذكرة (타즈키라)	1.표, 차표 2.통지 3.훈시, 설교	ذاكر (자 - 카라)	1.협의하다 2.외우다 3.복습하다
		أذكر (아즈카라)	상기시키다

تذكار (타즈카-르)	1.회상, 회고 2.기념품	**ذكاء** (자카-)	1.총명 2.통찰력 3.지혜
تذكير (타즈키-르)	1.회고, 회상 2.수정 교배	**ذكى** (자키-유)	1.영리한 2.향기로운
مذكر (무잣카르)	남성	**ذل** (잘라)	천하다, 너절하다, 비련하다
مذكر (무잣키르)	생각나는	**ذلل** (잘랄라)	1.비굴하게 만들다 2.굴복시키다 3.길들이다(말을)
مذكرة (무잣키라)	1.각서, 비망록 2.수첩 3.보고서	**أذل** (아잘라)	1.천대하다 2.극복하다 3.길들이다(말을)
مذكرات (무잣키라-트)	회상기, 수기, 일지	**تذلل** (타잘라라라)	1.굽신거리다 2.굴복하다
مذاكرة (무자-카라)	1.복습 2.회담 3.협의 4.암기	**استذل** (이스타잘라)	천대하다, 천시하다
مذكور (마즈쿠-르)	1.지적된 2.뜻 깊은	**ذل** (줄르)	비굴, 굴종, 굴욕
ذكى (자카)	명철하다, 영리하다	**ذلة** (줄라)	수치
ذكى (잣카)	1.도살하다 2.제물을 바치다	**ذلالة** (잘라-라)	1.천대 2.비굴
أذكى (아즈카)	1.불길을 일으키다 2.세련시키다		

잘

ذَلِيل (잘리-ㄹ)	1.비굴한 2.천대를 받는 3.기죽은 4.온순한
إذلال (이즐라-ㄹ)	천대, 학대, 멸시
تذلل (타잘룰)	비굴, 굴종
تذليل (타즐리-ㄹ)	1.천대, 학대 2.굴복, 굴종
ذلق (잘루까)	1.칼을 날카롭게 하다 2.유창하게 말하다
ذلق (잘끄)	1.예리한 2.유창한 3.씩씩한, 활발한
ذلاقة (잘라-까)	1.화술, 말의 유창함 2.말의 빠름
ذليق (잘리끄)	유창한
ذليق (잘리-끄)	유창한
ذم (잠마)	비난하다, 헐뜯다, 흠을 잡다
ذمم (잠마마)	1.모질게 나무라다 2.외상으로 팔다
تذمم (타잠마마)	부끄러워하다, 수줍어하다
ذم (잠므)	1.비난 2.비평
ذمة (짐마)	1.보증 2.보호 3.빚, 채무 4.양심 5.권위 6.조약
ذمام (지마-므)	의무, 본분, 책임
ذميم (자미-ㅁ)	1.비난 받아야 할, 2.불쾌한
ذمي (짐미)	이슬람국가에서 세금을 지불하고 자유인으로 사는 비무슬림
مذموم (마즈무-ㅁ)	비난 받을, 불명예스러운
ذمر (자마라)	사자가 으르렁거리다
تذمر (타잠마라)	투덜거리다, 불평하다
ذمار (지마-르)	인격, 가장 귀중한 것

ذهب (자하바)	1.가다 2.사라지다 3.죽다 4.데려가다
ذهب (자흐하바)	도금하다
أذهب (아즈하바)	1.제거하다 2.가져가다 3.보내다
ذهب (다합)	금
ذاهب (자 - 히브)	1.가고 있는 2.사라지는
ذهاب (자하 - 브)	가는 것, 출발
مذهب (마즈하브)	1.학설, 학파 2.신조 3.행동, 방법
مذهبية (마즈하비 - 야)	파벌주의, 학벌주의
مذهب (무자흐하브)	도금한, 도금된
مذهوب (마즈후 - 브)	제정신이 아닌, 미친
ذهل (자할라)	잊어버리다

تذمر (타잠마르)	불평, 불만, 두털거림
متذمر (무타잠미르)	불만에 찬, 투덜거리는
ذمى (자미야)	운명할 순간에 있다
ذماء (자마 - 으)	생명의 최후 숨결, 임종의 모지름
ذنب (잔나바)	처벌하다, 징벌하다
أذنب (아즈나바)	1.죄를 짓다 2.잘못하다
استذنب (이스타즈나바)	1.유죄로 인정하다 2.죄상을 들어내다
ذنب (잔브)	1.죄, 죄악 2.잘못, 과오
ذنب (자나브)	1.꼬리 2.앞잡이, 추종자, 졸개
مذنب (무즈니브)	1.죄지은 2.범인, 죄인
مذنب (무잔나브)	1.꼬리가 있는 2.혜성

ذوب (자우와바)	1.녹이다 2.없애버리다	ذهل (자힐라)	1.놀라다, 당황하다, 어리벙벙하다
أذاب (아자-바)	녹이다, 용해시키다, 풀다	أذهل (아즈할라)	1.당황케 하다 2.망하게 하다
ذائب (자-이브)	용해된, 녹은	تذاهل (타자-할라)	당혹해 하다
ذوبان (바우바-ㄴ)	용해	انذهل (인자할라)	어쩔줄을 모르다, 놀라다
إذابة (이자-바)	용해	ذاهل (자-힐)	어리둥절한, 당황한
تذويب (타즈위-브)	용해	ذهول (주후-ㄹ)	얼빠짐, 당황, 아연질색
مذاب (무자-브)	녹은, 용해된	مذهل (무즈힐)	놀랄만한, 비범한, 비상한
مذيب (무지-브)	용해되는, 녹이는	منذهل (문자힐)	얼빠진, 당황한
ذاد (자-다)	1.지키다 2.쫓다	ذهن (지혼)	1.정신, 지능 2.기억 3.두뇌
ذائد (자-이드)	옹호자, 보호자	ذهنية (지흐니-야)	1.사고방식 2.지적 수준
ذود (자우드)	방어, 수호, 보호	ذاب (자-바)	녹다, 융해되다

잘

مذود (마주-드)	구유, 여물통
ذاق (자-까)	1.맛보다 2.체험하다
أذاق (아자-까)	맛보게 하다, 체험시키다
تذوق (타자우와까)	1.맛보다 2.즐기다
ذوق (자우끄)	1.맛 2.취미 3.미감 4.절도
ذائقة (자-이까)	맛
ذواق (자와-끄)	맛
ذواق (자우와-끄)	맛있는, 군침이 도는
مذاق (마자-끄)	맛
مذوق (무즈위끄)	맛있는, 우아한
ذوى (자위야)	시들다, 마르다
أذوى (아즈와)	말리다
ذاع (자-아)	퍼지다, 보급되다, 전파되다
أذاع (아자-아)	1.방송하다 2.발표하다 3.유포시키다 4.공개하다
ذائع (자-이으)	전파된, 보급된, 알려진
إذاعة (이자-아)	1.전파 2.방송 3.공포
مذياع (미지야-으)	1.수다스러운 2. 마이크 3.메가폰 4.라디오
مذيع (무지-으)	1.방송된 2.아나운서
ذيل (자이알라)	마지막에 덧붙이다
ذيل (자일)	1.자락(옷의) 2.꼬리 3.첨부
تذييل (타즈이일)	첨가, 첨부, 보충, 부록

مَذيل   1.부록이 달린
(무자이얄르)   2.꼬리가 붙은

ذَام   꾸짖다, 비난하다
(자 - 마)

مَذيم   비난 받을, 꾸중들을
(마지 - ㅁ)

잘

(الراء : 라)

رَأَبَ (라아바)	1.수리하다 2.중재하다
رُؤْبَة (루우바)	1.나무조각 2.수요, 요구
مَرْأَب (마르아브)	1.정비공장 2.차고
رَأَسَ (라아싸)	1.지휘하다 2.사회를 보다
تَرَأَسَ (타라으아싸)	1.거느리다 2.사회를 보다
رَأْس (라으쓰)	1.꼭대기 2.두뇌 3.머리 4.처음
رَأْسِيّ (라으씨 - 유)	1.머리의 2.수직의
رَئِيس (라이 - 쓰)	1.대통령 2.장 3.위원장
رَئِيسَة (라이 - 싸)	1.여성 대통령 2.여성 지도자
رَئِيسِيّ (라이씨 - 유)	주요한, 기본적인, 중심적인
رَأْسْمَال (라으쓰마 - ㄹ)	자본금
رَأْسْمَالِيّ (라으쓰말리 - 유)	자본주의의, 자본가
رَأْسْمَالِيَّة (라으쓰말리 - 야)	자본주의
رِئَاسَة (리아 - 싸)	지휘권
تَرْوِيسَة (타르위 - 싸)	표제, 제목
مَرْؤُوس (마르우 - 쓰)	1.종속되는 2.하급자
رَأَفَ (라아파)	가엾게 여기다, 불쌍히 생각하다
اسْتَرْأَفَ (이스타르아파)	위로하다
رَأْفَة (라으파)	동정, 가엾음
رَؤُوف (라우 - 프)	인자한, 동정어린
رَأَمَ (라아마)	수리하다, 수선하다

라

رِئَة (리아)	허파
مِرْآة (미르아 - 트)	거울
مَرْئِيّ (마르이 - 유)	보이는, 눈에 띄는
رَبَّ (랍바)	1.주인이 되다 2.지배하다 3.양성하다
تَرَبَّبَ (타랍바바)	양육하다, 양성하다
رَبّ (랍브)	1.주님 2.주인 3.나으리 4.통치자
رُبَّ (룹바)	1.자주 2.아마 3.가능한
رَبَّة (랍바)	주부, 안주인
رِبَّة (립바)	꽃돋이, 발진
رُبُوبِيَّة (루부비 - 야)	통치
رَبِيب (라비 - 브)	1.양육자 2.의붓아버지 3.의붓아들

رَئِمَ (라이마)	1.귀여워하다 2.애무하다
رَؤُوم (라우 - 므)	1.사랑에 넘치는 2.길든
رَأَى (라아)	1.보다 2.만나다 3.의견을 갖고 있다
أَرَى (아라)	1.보여주다 2.간주하다
تَرَاءَى (타라아아)	1.나타나다 2.여기다
اِرْتَأَى (이르타아)	1.궁리하다 2.고려하다
رَأْي (라으유)	1.생각 2.의견, 견해 3.자문
رَايَة (라 - 야)	깃발, 기치
رُؤْيَا (루으야)	1.꿈속에서 보는 것 2.꿈
رُؤْيَة (루우야)	1.보는 것 2.의견, 견해
رِئَاء (리아 - 으)	위선, 가장, 허위

ربيبة (라비 - 바)	1.의붓딸 2.계모 3.유모	**رباح** (리바 - 흐)	이윤, 이익, 소득
مربة (무랍바)	쨈	**مربح** (무르비흐)	수익성 있는
مربوب (마르부 - 브)	양아들	**مرابحة** (무라 - 비하)	증권매매
ربا (라바아)	1.오르다 2.살피다 3.찾다	**ربد** (라바다)	머물다, 체류하다
مربأ (마르바오)	전망대, 감시소	**تربد** (타랍바다)	1.구름이 끼다 2.침울해지다
ربت (라바타)	쓰다듬다	**ارتبد** (이르타바다)	1.잿빛이 되다 2.흐려지다
ربتة (라브타)	쓰다듬는 것	**ربدة** (루브다)	잿빛, 회색
ربح (라바하)	1.이윤을 얻다(도박에서) 2.이기다	**أربد** (아드라드)	1.잿빛이 나는, 회색의 2.독사
أربح (아르바하)	1.이윤을 얻다(도박에서) 2.이기다	**مربد** (무르바드)	잿빛의
ربح (리브흐)	이윤, 소득, 이익	**ربس** (라바싸)	치다(손으로), 때리다
رابح (라 - 비흐)	이득이 있는, 소득이 있는	**ربس** (라브쓰)	1.너절한 일 2.대량의, 허다한

라

رابطة (라 - 비따)	1.연계 2.연맹, 협회	**ربص** (라바쏴)	숨어서 살피다
رباط (라바 - 뜨)	1.여인숙 2.노끈 3.붕대 4.넥타이	**تربص** (타랍바쏴)	매복하여 기다리다
رباطة (라바 - 따)	관련, 연관성	**متربص** (무타랍비스)	매복하고 있는
ترابط (타라 - 부뜨)	1.상호연관 2.단결, 단합	**ربض** (라바돠)	1.꿇어앉다 2.숨어서 살피다
ارتباط (이르티바 - 뜨)	1.약속 2.연계 3.관계	**مربض** (마르바드)	1.울타리 2.짐승의 굴
مربط (마르비뜨)	1.매어 두는 곳 2.마구간	**ربط** (라바뜨)	1.묶다 2.동여매다 3.제정하다
مرابط (무라 - 비뜨)	1.주둔한 2.경비하고 있는	**رابط** (라 - 바뜨)	1.주둔하다 2.냉정하다 3.매복하다
مربوط (마르부 - 뜨)	1.매어 있는 2.구속된 3.연결된	**ترابط** (타라 - 바뜨)	서로 연결되다
مترابط (무타라 - 비뜨)	논리정연한	**ارتبط** (이르타바뜨)	관련되다, 연계되다
مرتبط (무르타비뜨)	연결된, 결합된, 연관된	**ربط** (라브뜨)	1.연계 2.묶는 것 3.설정
ربع (라바아)	봄이 오다	**ربطة** (라브따)	1.꾸러미, 보따리 2.끈

라

أَرْبِعَاء (아르비아-으)	수요일	رَبَّع (랍바아)	1.제곱하다(수학) 2.네배로 하다 3.사각형으로 만들다
أَرْبَعَة (아르바아)	넷, 4	تَرَبَّع (타랍바아)	1.책상다리를 하다 2.자리잡다
أَرْبَعُون (아르바우-나)	사십, 마흔	رُبْع (루브으)	1.사분의 일 2.한 분기
أَرْبَعِينَات (아르바이나-트)	40년대	رَابِع (라-비으)	네 번째의, 넷째의
مَرْبَع (마르바으)	1.목장 2.초원	رُبَاع (루바-으)	넷씩, 네배로
مُرَبَّع (무랍바으)	1.정사각형 2.평방	رُبَاعِيَات (루바이야-트)	4행시(문학)
مُرَبَّعَة (무랍바아)	지렛대	رُبُوع (루부-으)	땅, 국토, 영토
رَبَغ (라바가)	넉넉하게 살다	رَبِيع (라비-으)	1.봄 2.봄에 따는 꿀 3.봄비
رَابِغ (라-비그)	넉넉한, 편안한, 안락한	رَبِيعَة (라비-아)	1.화원, 꽃밭 2.투구
رَبَاغَة (라바-가)	넉넉한 것, 풍족, 부유함	أَرْبَاع (아르바-우)	군중, 사람들의 무리
رَبَق (라바까)	목에 올가미를 씌우다		

라

ارتبق (이르타바까)	올가미에 걸리다	**ربى** (랍바)	1.기르다(짐승) 2.양육하다
ربقة (리브까)	올가미	**رابى** (라 - 바)	이자놀이를 하다
ربيقة (라비 - 까)	올가미에 걸린 짐승	**أربى** (아르바)	1.늘이다 2.초과하다
ربك (라바카)	1.복잡하게 하다 2. 당황하게 하다	**تربى** (타랍바)	1.자라나다 2.육성되다
ارتبك (이르타바카)	1.당황하다 2.복잡해지다	**ربا** (리바)	이자놀이, 비합법적인 이윤
ربكة (라브카)	당황, 곤경, 난처함	**ربو** (라부)	천식(의학)
ارتباك (이르티바 - 크)	1.혼란, 곤경 2.당황	**ربوة** (루브와)	언덕, 구릉, 고지
مربك (무르비크)	시끄러운, 싫증나는	**تربية** (타르비야)	1.기르기 2.교양, 교육
مرتبك (무르타비크)	1.복잡한 2.난처한	**مراب** (무라 - 빈)	고리대금업자
ربون (라부 - ㄴ)	1.담보, 보장 2.예약금	**مراباة** (무라바 - 트)	고리대금업
أربون	1.담보, 보장 2.예약금	**مرب** (무랍비)	교육자, 교사, 가정교사
ربا (라바)	1.성장하다 2.증가하다		

라

مُرَتَّب (무랏탑)	1.정돈된 2.준비된 3.월급	**مُرَبِّي** (무랍비)	쨈
مَرْتَبَة (마르타바)	1.직급 2.매트리스 3.위치	**مُرَبِّية** (무랍비야)	1.여자가정교사 2.보모
رَتَعَ (라타아)	가축이 한가롭게 풀을 뜯어먹다	**رَتَّبَ** (랏타바)	1.조직하다 2.정돈하다 3.배열하다
مَرْتَع (마르타으)	1.방목지 2.넓은 곳	**تَرَتَّبَ** (타랏타바)	1.배열되다 3.도출되다
رَتَلَ (라탈라)	1.산뜻하다 2.잘 정돈되다	**رَتَبَة** (라타바)	단, 층계, 계단
رَتَّلَ (랏탈라)	1.찬송을 부르다 2.노래하다	**رُتْبَة** (루트바)	1.범위 2.지위, 등급 3.신분, 직급
رَتْل (라틀)	대열, 종대	**رَاتِب** (라 - 팁)	1.규정된 2.월급
تَرْتِيل (타르티 - ㄹ)	리듬을 넣어 꾸란을 암송하는 것	**رَتُوبَة** (루투 - 바)	단조로운, 무미건조한
تَرْتِيلَة (타르틸 - 라)	1.노래 2.찬송가, 찬가	**رَوَاتِب** (라와 - 팁)	지정된 시간 혹은 매일 읽는 꾸란경문
مُرَتِّل (무랏틸)	1.노래하는 2.꾸란 낭송자	**رَتِيب** (라티 - 브)	1.단조로운, 따분한, 천편일률적인
رَثَّ (랏싸)	해지다(옷이)	**تَرْتِيب** (타르티 - 브)	1.조직 2.정돈 3.순서 4.준비

رِثَّة (릿싸)	누더기, 넝마, 헌옷	مُرتَج (무르탓즈)	1.진동하는 2.흥분된
رَثَاثَة (라싸 - 싸)	낡음, 해진 것	رَجَأ (라자아)	연기하다, 미루다
رَثِيث (라씨 - 쓰)	초라한 모습의	إِرجَاء (이르자 - 으)	연기, 늦춤, 연장
رَثَا (라싸)	1.곡을 하다 2.동정하다	رَجَب (라자바)	1.부끄러워하다 2.두려워하다
رَثْى (라쓰이)	1.애도, 곡하는 것 2.애석함	رَجَب (라잡)	7월(이슬람력의)
رَثْيَة (라쓰야)	관절염(의학)	رَجَح (라자하)	한쪽으로 기울다
مَرثِيَة (마르씨야)	추도문, 추도시, 추도가	تَرَجَّح (타랏자하)	흔들리다, 진동하다
رَجَّ (랏자)	1.떨다 2.흔들리다	اِرتَجَح (이르타자하)	흔들리다
اِرتَجَّ (이르탓자)	흔들리다, 진동하다	اِستَرجَح (이스타르자하)	예측하다, 짐작하다
رَجَّة (랏자)	진동, 떨림, 흔들림	رَجَاحَة (라자 - 하)	엄숙함, 침착성, 신중성
اِرتِجَاج (이르티자 - 즈)	떨림, 진통	رُجَّاحَة (랏자 - 하)	1.그네 2.요람

رجيح (라지-흐)	훌륭한, 우월한	رجع (라자아)	1.돌아오다 2.돌려주다
أرجح (아르자후)	틀림없는, 영낙없는	رجّع (랏자아)	1.반환하다 2.반복하다
أرجوحة (아르주-하)	1.시이소, 그네 2.요람	راجع (라-자아)	1.교열하다 2.대조하다
ترجيح (타르지-흐)	편중, 치중	ارتجع (이르타자아)	1.후퇴하다, 물러서다 2.되돌려주다
مرجح (무랏지흐)	우세한	استرجع (이스타르자아)	1.화수하다 2.소환하다 3.철회하다
مرجوحة (마르주-하)	널뛰기, 시소	رجعة (라즈아)	1.회답 2.후퇴
رجز (라자자)	짓다(시를), 읊다	راجع (라-지으)	돌아오는, 나시 나타나는
أرجوزة (아르주-자)	시(운율에 맞추어 지어진 시)	تراجع (타라-주으)	1.후퇴, 퇴각 2.퇴보
رجس (라지싸)	비열한 짓을 하다, 불결하다	ارتجاع (이르티자-으)	1.반동 2.반환
رجاسة (라자-싸)	더러움, 지저분함	استرجاع (이스티르자-으)	1.소환 2.화수 3.취소
رجيس (라지-쓰)	더러운, 어지러운	مرجع (마르지으)	1.본래자리 2.참고서 3.출처 4.상환청구권

라

ارتجل (이르타잘라)	즉흥적으로 하다	**مراجع** (무라 - 지으)	검사원
رجل (라즐)	1.보병 2.보행인	**مراجعة** (무라 - 자아)	1.반복 2.재고 3.조사 4.검열 5.복습
رجل (라줄)	1.사람 2.남자, 사나이	**رجف** (라자파)	1.흔들다 2.떨다, 진동하다
رجل (리즐)	1.다리 2.무리, 떼	**ارتجف** (이르타자파)	떨다, 진동하다, 떨리다
رجولة (루줄 - 라)	1.성년 2.남성다움	**رجفة** (라즈파)	1.떨림(의학) 2.경련
مرجل (미르잘)	가마, 보일러, 솥	**رجاف** (랏자 - 프)	떨리는, 헛소문
مرتجل (무르타잘)	즉흥적인, 즉석의	**إرجاف** (이르자 - 프)	헛소문, 유언비어
رجم (라자마)	1.돌을 던지다 2.저주하다	**مرجف** (무르지프)	유언비어를 퍼뜨리는 사람
رجم (랏자마)	추측하다, 예측하다	**رجل** (라질라)	걸어가다, 도보로 가다
ترجم (타르자마)	번역하다	**رجل** (랏잘라)	빗다(머리를)
رجم (라즘)	1.운석 2.돌로 때리는 것 3.짐작	**ترجل** (타랏잘라)	1.내리다(차에서) 2.어른이 되다

라

أرجى (아르자)	연기하다, 뒤로 밀다	رجم (라잠)	1.묘 2.우물 3.난로
ترجّى (타랏자)	1.바라다 2.부탁하다	رجمة (루즈마)	1.비석 2.돌무덤
ارتجى (이르타자)	바라다, 희망하다	رجمة (라즈마)	돌을 던지는 것
رجا (라자)	1.끝, 변두리 2.지방	رجيم (라지-ㅁ)	저주스러운, 죽어 마땅한
رجاء (라자-으)	1.기대 2.구원, 청원	مرجم (무랏잠)	의심스러운, 미심쩍은
مرجو (마르주-)	바라는, 기대하는	رجن (라자나)	거주하다, 살다
رحب (라히바)	넓다, 광활하다	رجين (라지-ㄴ)	치명적인 독, 독약
رحّب (라흐하바)	환영하다, 축하하다	رجينة (라지-나)	나무진, 송진
تراحب (타라-하바)	확장되다(차츰)	مرجونة (마르주-나)	광주리, 바구니
رحب (라흐브)	1.넓은 2.관대한	رجا (라나)	1.바라다 2.축복하다 3.부탁하다
رحابة (라하-바)	넓음, 광활함	رجي (라지야)	침묵하다

رحلة (리흘라)	여행	ترحيب (타르히-브)	1.환영 2.반가움
راحل (라-힐)	1.떠나간 2.고인 3.망명자 4.유목민	ترحاب (타르하-브)	환영, 맞이함
راحلة (라-힐라)	여행용 낙타	مرحب (마르하브)	활짝트인 공간
رحالة (라흐할-라)	여행가	مرحبة (마르하바)	광활한 범위, 넓은 곳
رحيل (라-힐)	1.출발, 떠남 2.이주	رحض (라하돠)	씻다, 행구다
ترحيل (타르히-ㄹ)	1.떠나보내는 것 2.이동	مرحاض (미르하-드)	화장실
ارتحال (이르티하-ㄹ)	1.출발 2.망명, 이주	رحيق (라히-ㄲ)	잘 익은 술, 독한 술
مرحلة (마르할라)	1.하루의 여정 2.단계, 시기	رحل (라할라)	1.떠나다 2.파견하다
رحم (라히마)	1.동정하다, 불쌍히 여기다	ترحل (타하르할라)	떠돌아다니다, 여행하다
تراحم (타하-하마)	서로 동정하다	ارتحل (이르타할라)	1.떠나다 2.이주하다 3.망명하다
استرحم (이스타르하마)	1.동정을 바라다 2.애원하다	رحل (라흘)	1.안장 2.길짐

라

رحم (라홈)	1.자궁 2.친척관계 3.내부, 안	رخيص (라키 - ㅅ)	1.연한 2.값싼 3.질이 낮은 4.시시한
رحمان (라흐마 - ㄴ)	자비심 많은	ترخيص (타르키 - ㅅ)	값을 낮추는 것
رحمة (라히마)	동정심, 자비심, 인정	مرتخص (무르타키스)	값싼
رحيم (라히 - ㅁ)	자비스러운, 동정어린	رخم (라쿠마)	부드럽다(목소리가), 듣기 좋다
مرحوم (마르후 - ㅁ)	1.동정을 받는 2.고인	رخم (라카마)	알을 품다, 알을 깨다
رحوى (라흐위 - 유)	도는, 회전하는	رخم (랏카마)	1.부드럽게 소리내다 2.대리석을 깔다
رحاية (라하 - 야)	맷돌	رخم (라쿰)	부화(달걀의)
رخص (라카샤)	1.값이 싸다 2.부드럽다	رخام (루카 - ㅁ)	대리석
رخص (랏카샤)	1.낮추다(값) 2.허락하다	رخيم (라키 - ㅁ)	부드러운(목소리가), 듣기 좋은
ترخص (타랏카샤)	내려가다(값이) 2.허용하다	رخو (라쿠)	나른하다, 무기력하다
رخصة (루크사)	1.허가증 2.운전면허증 3.허가	رخا (라카)	부유하게 호화롭게 살다

라

아랍어	뜻
تردد (타랏다다)	1.망설이다 2.의심하다 3.반복되다
ارتد (이르탓다)	1.돌아오다 2.물러서다 3.떠나다
استرد (이스타랏다)	1.되찾다(손실을) 2.물리치다
رد (랏드)	1.반환 2.대답, 답변 3.반사 4.격퇴 5.논박
ردة (랏다)	1.메아리 2.후렴(음악) 3.격세유전 4.배교 5.반작용, 반응
تردد (타랏두드)	1.망설임 2.의심 3.주파수 4.반복
ارتداد (이르티다-드)	1.후퇴 2.배신 3.배교
استرداد (이스티르다-드)	1.철수 2.회수 3.회복
مرددون (무랏디두나)	후렴 가수보조원들
مردودون (마르두-드)	1.격퇴당한 2.수입 3.수확, 생산량
أرخى (아르카)	1.약화시키다 2.느슨하게 하다
ارتخى (이르타카)	나른해지다, 무기력해지다
استرخى (이스타르카)	약해지다, 맥없이 되다
رخو (라크우)	1.연약한 2.늘어진, 처진
رخوة (라크와)	1.허약, 쇠약 2.부드러움
رخاء (라카-으)	1.안락 2.행복, 번영
رخاوة (라카-와)	1.허약 2.부드러움
تراخ (타라-킨)	1.허약, 연약 2.무사, 태평
ارتخاء (이르티카-으)	약화, 나른해지는 것
رد (랏다)	1.돌려주다 2.물리치다 3.대답하다
ردد (랏다다)	되풀이하다, 반복하다

ردع (라다아)	1.억제하다 2.밀치다	مرتد (무르탓드)	1.격퇴당한 2.배교자
ارتدع (이르타다아)	1.막다 2.제지하다	ردؤ (라두아)	나쁘다, 나빠지다
رادع (라 - 디으)	억제, 견제, 구속, 통제	تردأ (타랏다아)	악화되다, 나빠지다
ردف (라다파)	1.뒤따르다 2.뒤에 타다	رديء (라디 - 으)	1.나쁜 2.악의에 찬
رادف (라 - 다파)	동의어가 되다	رداءة (라다 - 아)	1.나쁜 것 2.악의, 심술
أردف (아르다파)	보태다, 첨가하다	ردب (라드브)	막다른 골목, 막힌 골목
ترادف (타라 - 다파)	동의어가 되다	ردح (라다하)	꾸짖다, 욕하다
ردف (리드프)	1.뒤의, 배후의 2.엉덩이	رادح (라 - 다하)	반박하다
رادف (라 - 디프)	뒤따르는	ردح (라드흐)	욕설, 질책
رديف (라디 - 프)	1.뒤따라 가는 2.예비군	ردس (라다쓰)	땅을 다지다
ترادف (타라 - 두프)	동의어, 유사어	مردس (미르다쓰)	땅을 다지는 롤러

라

مرادف (무라 - 디프)	유사어, 비슷한 말, 동의어	أردى (아르다)	1.꺼꾸러뜨리다 2.살해하다
مترادفة (무타라 - 디파)	동의어	ارتدى (이르타다)	옷을 입다
ردم (라다마)	1.메우다 2.수리하다	رداء (리다 - 으)	옷, 외투, 두루마기, 베일
أردم (아르다마)	계속되다	رديء (라디 - 으)	파괴, 파멸
تردم (타랏다마)	수리하다, 깁다	رذ (랏자)	보슬비가 내리다
ردم (라듬)	1.흙(파헤친) 2.폐허 3.쓰레기	رذاذ (라자 - 즈)	보슬비
ردام (루다 - ㅁ)	폐물, 무용지물	رذل (라줄라)	너절하다, 졸렬하다
رديم (라디 - ㅁ)	파헤친	أرذل (아르잘라)	욕하다, 비난하다
ردن (라다나)	실을 뽑다, 실을 잣다	استرذل (이스타르잘라)	얕잡아보다
مردن (미르단)	꾸리, 방주	رذل (라즐)	1.비열한 2.비도덕적인
ردى (라디야)	멸망하다, 몰락하다	رذالة (라잘 - 라)	1.비굴성 2.비도덕적인 것

라

رذيل (라지-ㄹ)	1.너절한 2.비도덕적인	**رزء** (루즈으)	재난
رذيلة (라질-라)	죄악, 악덕, 악행	**رزيئة** (라지-아)	재난
مرذول (마르주-ㄹ)	1.비열한 2.비도덕적인	**رزب** (라자바)	남아있다(자리에)
رذم (라자마)	1.가득 채우다 2.가득 차다	**مرزاب** (미르자-브)	배수관, 수채
أرذم (아르자마)	가득 채우다	**مرزبة** (마르자바)	1.쇠방망이 2.절구공이
رز (랏자)	박다, 꽂다, 끼우다	**رزح** (라자하)	1.기진맥진하다 2.억압하다
رزز (랏자자)	닦다, 윤을 내다	**رازح** (라-지흐)	1.신음하는 2.고된
أرز (아랏자)	1.박다 2.전화를 걸다	**رزق** (라자까)	먹여살리다
رز (룻즈)	쌀	**ارتزق** (이르타자까)	1.밥벌이하다 2.배급을 받다
أرز (아룻즈)	쌀	**رزق** (리즈끄)	1.생계수단 2.팔자 3.재산 4.부양 5.식량
رزأ (라자아)	입히다, 당하게 하다	**استرزاق** (이스티르자-끄)	독립생활, 자급자족

라

275

راسب (라 - 씨브)	1.침전물, 찌끼 2.낙제생	مرزوق (마르주 - 끄)	1.없을 것이 없는 2.행복한
ترسيب (타르씨 - 브)	침전	مسترزقة (무스타르자까)	고용병들
ترسبات (타랏싸바 - 트)	침전물, 잔재	رزم (라자마)	묶다, 매다, 싸다
رسخ (라싸카)	1.견고해지다 2.뿌리박다	رزمة (리즈마)	보따리, 꾸러미, 소포, 묶음
رسخ (랏싸카)	1.공고히 하다 2.뿌리내리게 하다	رزن (라자나)	1.심중하다 2.헤아리다
أرسخ (아르싸카)	1.고착시키다 2.강화하다	ترزن (타랏자나)	심중하게 행동하다
ترسخ (타랏싸카)	공고히 되다, 강화되다	رزانة (라자 - 나)	심중성, 침착성
راسخ (라 - 씨크)	1.견고한 2.굳센 3.확고히 뿌리내린	رزين (라지 - 느)	1.심중한, 침착한 2.점잖은
رسوخ (루쑤 - 크)	견고성, 확고성	رسب (라싸바)	떨어지다(시험에서)
ترسيخ (타르씨 - 크)	강화, 공고히 함	رسب (랏싸바)	침전시키다
رسخ (라싸가)	빠지다(진창에)	ترسب (타랏싸바)	가라앉다, 침전되다

라

مُرسَل (무르쌀)	1.선교사 2.사절 3.보낸, 파견된	رُسغ (루쓰그)	1.팔목뼈 2.팔목
مُرسِل (무르씰)	1.보내는, 발송하는 2.보내는 사람	رَسَّل (라씰라)	내리드리우다 (머리카락이)
مُرسَلِيَّة (무르쌀리-야)	임무, 사명	رَاسَل (라-쌀라)	1.편지를 보내다 2.통신원이 되다
مُرَاسِل (무라-씰르)	통신원	أَرسَل (아르쌀라)	1.보내다 2.기르다(수염을)
مُرَاسَلَة (무라-쌀라)	1.서신왕래 2.전령병, 통신병	تَرَسَّل (타랏쌀라)	1.흘러나오다(빛이) 2.가져오다
مِرسَال (미르싸-ㄹ)	1.연락병 2.사절	رَسل (라쑬)	1.조용한, 고요한 2.머리가 풀린
رَسَم (라싸마)	그림을 그리다	رِسلَة (리쓸라)	1.평온, 조용함 2.침착성
تَرَسَّم (타랏싸마)	1.제도하다 2.계획을 짜다	رَسُول (라쑤-ㄹ)	1.사절 2.경고자 3.사도
اِرتَسَم (이르타싸마)	1.묘사되다(미소가) 2.어리다	رِسَالَة (리쌀라-라)	1.편지 2.사명, 임무 3.논문, 학위논문
رَسم (라쌈)	1.그림 2.도안 3.묘사 4.세금, 관세	إِرسَال (이르싸-ㄹ)	1.파견 2.송신, 발신
رَسمِي (라쓰미-유)	1.공식적으로 2.합법적인	إِرسَالِيَّة (이르쌀리-야)	1.사절단 2.탐험대

라

أرسى (아르싸)	1.정박시키다 2.튼튼히 하다	رسميات (라쓰미야-트)	1.문서 2.격식 3.관료주의
راس (라-씬)	1.고정된 2.정박한	رسام (랏싸-ㅁ)	1.화가 2.도안자, 설계사
مرساة (미르싸-트)	닻	ترسم (타랏쑴)	계획, 설계, 디자인
مرسى (마르싸)	부두	ارتسام (이르타싸-ㅁ)	표현, 묘사
رش (랏샤)	뿌리다, 뿜다(물을), 끼얹다	مرسم (마르쌈)	화실
رش (랏슈)	1.보슬비 2.물을 뿌리는 것	مرسوم (마르쑤-ㅁ)	1.삽화가 있는 2.계획된
رشاشة (랏샤-샤)	1.물뿌리개 2.기관총	مراسم (마라-씨무)	의식, 예식
رشوش (라슈-슈)	1.분가루 2.가루, 분말	مراسيم (마라씨-무)	1.예식, 의식 2.법령
مرشة (미랏샤)	물뿌리개	رسمل (라쓰말라)	투자하다(자본을)
رشح (라샤하)	1.스미다 2.땀이 나다	رسمال (라쓰마-ㄹ)	자본, 자금
رشح (랏샤하)	1.여과하다 2.후보자로 추천하다	رسا (라싸)	닻을 내리다, 정박하다

라

ارتشح (이르타샤하)	새다, 스미다	**رشيد** (라쉬-드)	1.옳은 2.이지적인 3.성숙한
رشح (라슈흐)	1.새는 것 2.배어드는 것	**إرشاد** (이르샤-드)	1.가르침 2.지시, 지침
راشح (라-쉬흐)	여과기	**مرشد** (무르쉬드)	1.안내자 2.강사, 선생님
ترشيح (타르쉬-흐)	1.여과 2.후보자 추천	**رشف** (라쉬파)	흡수하다, 조금씩 마시다
مرشح (무랏샤흐)	후보자, 입후보자	**ترشف** (타랏샤파)	천천히 마시다
مرشح (무랏쉬흐)	여과기, 필터	**ارتشف** (이르타샤파)	1.빨다 2.조금씩 마시다
رشد (라샤다)	1.올바른 길로 가다 2.성년이 되다	**رشفة** (라쉬파)	한모금
أرشد (아르샤다)	1.인도하다 2.훈시하다 3.지도하다	**رشق** (라슈까)	1.우아하다 2.날씬하다 3.날래다
رشد (루슈드)	1.의식 2.자각, 각오 3.이성, 이지	**رشق** (라샤까)	던지다, 뿌리다
راشد (라-쉬드)	1.합리적인 2.성년의 2.옳은 길로 나가는	**رشاقة** (라샤-까)	1.민첩성 2.날랜, 재빠른
رشاد (라샤-드)	1.의식 2.자각성 3.이성 4.정확성	**رشا** (라샤)	뇌물을 주다, 매수하다

رصاصة (라솨 - 솨)	탄알, 총알	أرشى (아르샤)	매수하다
رصيص (라싀 - 스)	1.촘촘한 2.꽉 찬	ارتشى (이르타샤)	뇌물을 받다
أرصوصة (아루수 - 솨)	중절모자	رشوة (라슈와)	뇌물, 매수
مرصوص (마르수 - 스)	촘촘한, 조밀한	رشاوية (라샤위 - 야)	뇌물수수행위
متراص (무타라 - 스)	1.빽빽한, 조밀한 2.단합된	راش (라 - 쉰)	뇌물제공자
رصد (라솨다)	1.관측하다 2.규정하다 3.축적하다	إرشاء (이르샤 - 으)	매수
رصد (랏솨다)	1.균형을 맞추다 2.장부에 기입하다	مرتش (무르타쉬)	뇌물수령자
أرصد (아르솨다)	1.지출하다 2.저축하다 3.매복시키다	رص (랏솨)	1.정돈해 놓다 2.다져 넣다
ترصد (타랏솨다)	1.주시하다 2.매복하다	رصص (랏솨솨)	연으로 도금하다
ارتصد (이르타솨다)	감시하다, 관측하다	ارتص (이르탓솨)	조밀해지다
رصد (라스드)	관찰, 관측, 감시	رصاص (라솨 - 스)	1.연 2.연필 3.탄알

라

رصد (라사드)	1.매복 2.간첩 3.악마	**رصع** (라솨아)	머물다, 체류하다
راصدة (라 - 시다)	망원경	**رصع** (랏솨아)	1.박아 넣다(보석을) 2.틀다(둥지를)
رصاد (랏솨 - 드)	관측자, 감시자	**ارتصع** (이르타솨아)	1.갈다 2.맞붙다, 엉키다
رصيد (라시 - 드)	차액, 잔액, 잔고	**مرصع** (무랏솨으)	끼운, 박아 넣은
مرصد (마르솨드)	1.감시소 2.천문대, 관측소	**رصف** (라솨파)	포장하다
مرصدة (미르솨다)	망원경	**رصف** (라수파)	배열하다, 배치하다
مرصد (무르솨드)	양도가 불가능한 재산	**رصف** (라시파)	정돈하다, 가지런히 하다
مرصاد (미르솨 - 드)	천문대, 기상대	**رصف** (랏솨파)	포장하다, 깔다
مرصود (마르수 - 드)	신기한, 요술 같은	**رصافة** (라솨 - 파)	견고성, 단단한 것
رصع (라수아)	1.치다 2.찌르다	**رصيف** (라시 - 프)	1.포장된 도로 2.플랫폼 3.항구
رصع (라시아)	맞붙다, 엉키다	**مرصافة** (미르솨 - 파)	나무망치

라

ارتضع (이르타돠아)	젖을 빨다	مرصوف (마르수 - 프)	1.포장된 2.정돈된
استرضع (이스타르돠아)	유모를 구하다	رصن (라수나)	1.침착하다 2.굳다
رضع (라듸으)	유아, 젖먹이, 갓난아이	أرصن (아르솨나)	튼튼히 하다
راضع (라 - 듸으)	1.젖먹이 2.젖니	رصانة (라솨 - 나)	신중성, 점잖음
رضاعة (라돠 - 아)	젖을 빠는 것	رصين (라시 - 느)	1.침착한, 점잖은 2.아픈
رضاعة (랏돠 - 아)	젖병	رض (랏돠)	타박상을 입히다
رضيع (라듸 - 으)	1.유아 2.젖형제	ترضض (타랏돠다)	1.깨지다 2.타박상을 입다
إرضاع (이르돠 - 으)	젖을 먹이는 것	رض (랏드)	멍, 타박상
مرضع (무르듸으)	유모, 양육자	مرضوض (마르두 - 드)	타박상을 입은
ارتضى (라듸야)	1.만족해하다 2.수락하다 3.원하다	رضع (라돠아)	젖을 빨다, 젖을 먹다
راضى (라 - 돠)	1.비위를 맞추다 2.화해시키다	أرضع (아르돠아)	젖을 빨리다

مرضاة (마르돠 - 트)	만족	ترضى (타랏돠)	환심을 사려고 애쓰다
رطب (라따바)	축축해지다, 신선해지다	ارتضى (이르타돠)	1.만족해하다 2.합의를 보다
أرطب (아르따바)	눅눅하게 하다	رضا (라돠)	1.만족 2.호감, 호의
رطب (루따브)	잘 익은 종려나무 열매	رضاء (리돠 - 으)	1.만족 2.호의, 호감
رطوبة (루뚜 - 바)	누기, 습기, 수분	رضى (리드)	1.호의, 호감 2.만족
رطيب (라띠 - 브)	1.습기 찬 2.신선한 3.연한	رضوان (리드와 - ㄴ)	1.동의 2.수락 3.승인 4.호의 5.기쁨
مرطب (무랏띠브)	시원하게 하는, 신선한	راض (라 - 딘)	1.만족한 2.유쾌한
مرطبات (무랏띠바 - 트)	청량음료	إرضاء (이르돠 - 으)	비위를 맞추는 것
رطم (라뜨마)	1.곤경에 빠뜨리다 2.배를 여울목에 두다	تراض (타라 - 딘)	화목, 상호만족
ارتطم (이르타뜨마)	1.곤경에 처하다 2.충돌하다(배가)	ترضية (타르디 - 야)	1.만족시키는 것 2.보상, 배상
مرطم (마르따므)	방파제	مرض (무르딘)	1.흐뭇한 2.유리한 3.즐거운

라

رعد 1.우뢰가 치다 2.위협하다 (라아다)	**رطن** 외래어로 말하다 (라따나)
ارتعد 부들부들 떨다, 겁을 먹다 (이르타아다)	**أرطن** 모르는 말로 저들끼리 이야기하다 (아르따나)
رعد 우뢰, 천둥, 벼락, 우레소리 (라으드)	**رطانة** 외래어, 은어 (라따 - 나)
رعدة 1.우뢰, 벼락 2.떨림, 전율 (라으다)	**رعب** 겁나게 하다, 놀라게 하다 (라아바)
رعش 떨다, 전율하다 (라아샤)	**أرعب** 겁나게 하다 (아르아바)
أعرش 떨게 하다, 전율케 하다 (아으라샤)	**ارتعب** 놀라다, 겁에 질리다 (이르타아바)
ارتعش 떨다, 흔들리다 (이르타아샤)	**رعب** 두려움, 공포 (루으브)
رعش 떨림, 전율 (라으슈)	**رعيب** 비겁한, 겁에 질린 (라이 - 브)
رعشة 오르가니즘, 성적흥분 (라으샤)	**رعبوب** 1.처녀 2.미인 (루으부 - 브)
ارتعاش 떨림 (이르티아 - 슈)	**مرعب** 무서운, 소름이 끼치는 (무르이브)
مرتعش 흔들리는, 떨리는 (무르타이슈)	**مرعوب** 비겁한, 겁에 질린 (마르우 - 브)

رعن (라우나)	철이 없다, 무모하다	**رعص** (라아사)	움직이다, 선동하다
رعن (라아나)	일사병에 걸리다	**أرعص** (아르아사)	움직이다, 흔들다, 선동하다
رعن (라은)	일사병	**ترعص** (타라으아샤)	요동하다, 꿈틀거리다
رعون (라우-ㄴ)	1.어둠 2.씩씩한	**ارتعص** (이르타아샤)	요동하다, 꿈틀거리다
رعونة (루우-나)	경솔함, 경박성, 경거망동	**رعف** (라아파)	코피가 흐르다
أرعن (아르아누)	경솔한, 경박한, 무모한	**رعاف** (루아-프)	코피가 나는, 코피
رعا (라아)	뉘우치다, 후회하다	**مرعوف** (마르우-프)	코피가 나는
ارتعى (이르타아)	1.후회하다 2.억제하다	**رعلة** (루을라)	화관, 꽃다발
رعى (라아)	1.관찰하다 2.방목하다	**رعيل** (라이-ㄹ)	집단, 무리
راعى (라-아)	1.준수하다 2.존중하다 3.고려하다	**رعام** (루아-ㅁ)	콧물
أرعى (아르아)	방목하다, 놓아기르다	**رعوم** (라우-ㅁ)	여윈, 살이 빠진

رغبة (라그바)	희망, 소망, 바램	**ارتعى** (이르타아)	풀을 뜯어먹다, 방목하다
رغيبة (라기 - 바)	희망, 염원, 바라는 것	**استرعى** (이스타르아)	시선을 끌다
ترغيب (타르기 - 브)	1.회유 2.소망	**رعى** (라으이)	1.방목, 목축 2.준수, 보살핌
مرغب (무랏기브)	마음을 끄는	**رعية** (라이 - 야)	1.백성, 주민 2.떼, 무리
مرغوب (마르구 - ㅂ)	바라는, 희망하는	**راع** (라 - 인)	1.목동 2.목사 3.보호자
رغث (라가싸)	젖을 빨다	**رعاية** (리아 - 야)	1.보살핌 2.보호 3.후원
ارتغث (이르타가싸)	젖을 먹다	**رعوية** (라아위 - 야)	국적, 공민권
رغوث (라구 - 쓰)	젖먹이, 짐승의 새끼	**مرعى** (마르아)	목장, 방목지, 풀밭
رغد (라가다)	풍요롭게 살다	**مراعاة** (무라아 - 트)	1.준수 2.보살핌 3.존중
رغادة (라가 - 다)	부유함, 풍족함	**رغب** (라기바)	1.바라다 2.피하다 3.간청하다
رغيد (라기 - 드)	부유한, 유족한	**أرغب** (아르가바)	흥미를 갖게 하다

라

مُراغَمة (무라-가마)	일부러, 쾌씸해서	رَغَف (라가파)	개다, 반죽하다
رَغا (라가)	1.거품이 일다 2.울다(낙타)	رَغيف (라기-프)	납작하고 둥근 빵
رَغى (라가)	지껄이다	رَغَم (라가마)	1.강요하다 2.싫어하다
أَرغى (아르가)	1.거품이 일다 2.몹시 격분하다	راغَم (라-가마)	피하다
رَغاوة (라가-와)	물거품, 수포	أَرغَم (아르가마)	강요하다
رَف (랏파)	1.깜박이다 2.반짝이다	رَغم (라금)	1.강제, 강요 2.싫음
أَرَف (아랏파)	1.퍼덕이다 2.펄럭이다	راغِم (라-김)	1.바라지 않는 2.부득이한
اِرتَف (이르탓파)	1.펄럭이다 2.피덕이다	رَغام (라가-ㅁ)	먼지, 티
رَف (랏프)	1.시렁, 선반 2.무리, 떼	رُغام (루가-ㅁ)	콧물
رَفاف (랏파-프)	1.떨리는 2.빛나는 3.펄럭이는	إِرغام (이르가-ㅁ)	강요, 강압
رَفيف (라피-프)	1.떨림 2.나부끼는 것	مَرغَمة (마르가마)	강제, 강요

라

رفد (라파다)	1.돕다 2.증정하다	رفأ (라파아)	1.깁다 2.기슭에 대다(배를)
أرفد (아르파다)	1.드리다 2.협조하다	أرفأ (아르파아)	부두에 대다(배를)
استرفد (이스타르파다)	도움을 청하다	رفاء (라파 - 으)	화목, 단란함
رفد (라프드)	1.예물 2.지원 3.기둥	مرفأ (마르파오)	항구, 부두
رافد (라 - 피드)	1.도와주는 2.지류(강의)	رفت (라파타)	1.찢다 2.해고하다
رافدة (라 - 피다)	1.기둥, 지주 2.서까래	ارتفت (이르타파타)	해임되다
رفرف (라프라파)	1.나래치다 2.휘날리다(깃발이)	رفت (라프트)	해임, 해고, 파면
رفرف (라프라프)	1.눈가리개 2.바퀴덮개	رفات (루파 - 트)	시체, 시구
رفروف (라프루 - 프)	눈가리개	رفتية (라프티 - 야)	해고장, 해임장
رفش (라프슈)	1.삽 2.쓰레받기	رفث (라파싸)	나쁜 욕을 하다
رفض (라파돠)	거절하다, 거부하다	رفث (라파쓰)	욕설, 불결한 언행

أرفض (아르파돠)	마치다, 종결하다	**ترافع** (타라-파아)	1.변호하다 2.기소하다
ترفض (타랏파돠)	완고해지다, 광신자가 되다	**ارتفع** (이르타파아)	1.높아지다 2.오르다(가격)
ارفض (이르팟돠)	1.해산되다 2.끝나다(회의가)	**رفع** (라프으)	1.향상 2.취소, 제거, 철수
رفض (라프드)	거절, 거부, 부결	**رفعة** (리프아)	1.향상 2.높은 직위 3.각하
رافض (라-피드)	1.광신자 2.배교자	**رفيع** (라피-으)	1.고상한 2.날씬한
رافضة (라-피돠)	1.배반자 2.라피다 (쉬야파의 일종)	**رافعة** (라-피아)	1.기중기 2.승강기 3.지렛대
رفيض (라피-드)	거절당한, 배반당한	**رفاعة** (라파-아)	높은 직위, 고위식
ترفض (타랏푸드)	광신, 열광, 맹신	**ترفيع** (타르피-으)	승급, 승진
رفع (라파아)	1.들어올리다 2.취소하다 3.제출하다	**ترفع** (타랏푸으)	1.거만, 교만 2.멸시, 무시
رافع (라-파아)	변호하다	**ارتفاع** (이르티파-으)	1.상승 2.증대 3.고도
ترفع (타랏파아)	1.뽐내다 2.무시하다	**مرفوع** (마르푸-으)	올라간, 들려진

라

مرافعة (무라 - 파아)	1.변호 2.기소, 소송	**ترافق** (타라 - 파까)	함께 가다, 동행하다
مترفع (무타랏피으)	거만한, 안하무인의	**ارتفق** (이르타파까)	1.이익을 보다 2.이용하다 3.기대다
مرتفع (무르타피으)	1.높은 2.높이 올라가는 3.뛰어난	**رفق** (리프끄)	1.친절, 상냥 2.너그러움
مرتعف (무르타파으)	1.오르막 2.고지, 구릉	**رفقة** (리프까)	동행, 동반
رفغ (라파가)	유족하다, 부유하다	**رفيق** (라피 - 끄)	1.동료, 동행자 2.조합원
رفغ (라프그)	1.백성, 서민 2.황야, 불모의 땅	**رفيقة** (라피 - 까)	여자 애인
رفيغ (라피 - 그)	부유한, 넉넉한, 풍족한	**ترفق** (타랏푸끄)	동정
رفق (라파까)	1.도움을 주다 2.상냥하게 대하다	**مرفق** (미르파끄)	1.팔꿈치 2.분야 3.시설
رافق (라 - 파까)	1.동행하다 2.사귀다 3.반주하다(음악)	**مرفق** (무르파끄)	첨부된, 덧붙인
أرفق (아르파까)	1.동행하다 2.덧붙이다	**مرفقات** (무르파까 - 트)	부록, 첨부, 첨가문건
ترفق (타랏파까)	1.불쌍히 여기다 2.침착하게 하다	**مرافق** (무라 - 피끄)	동반자, 수행원

라

أرق (아랏까)	1.가늘게 하다 2.부드럽게 하다
ترقق (타랏까까)	1.동정하다 2.부드럽게 하다
استرق (이스타랏까)	1.노예화하다 2.부드러워지다
رق (랏끄)	기름종이, 모조지
رق (릿끄)	1.노예의 신분 2.작은 북 3.양피지
رقة (릿까)	1.엷은 것 2.섬세함 3.부드러움
رقاق (루까 - 끄)	얇은 빵
رقيق (라끼 - 끄)	1.노예 2.얇은 3.부드러운 4.정다운
رقيقة (라끼 - 까)	1.얇은 껍질, 막 2.박막, 얇은 층
استرقاق (이스티르까 - 끄)	노예화
مرقوق (마르꾸 - 끄)	1.얇은 2.만두
مرافقة (무라 - 파까)	1.동반, 동행 2.반주(음악)
مرتفق (무르타파끄)	1.받침대 2.화장실, 변소
مرتفق (무르타피끄)	타인 재산에 대한 소유권
رفه (라푸하)	호강하다, 부유하게 살다
أرفه (아르파하)	호강시키다
ترفه (타랏파하)	호사하다, 호강하다
رفاه (라파 - 흐)	1.복리 2.호강 3.번영
رفاهة (라파 - 하)	1.행복 2.호사 3.번영
رفاهية (라파히 - 야)	1.행복 2.사치 3.번영
رق (랏까)	1.가늘어지다 2.애정을 베풀다 3.점잖다
رقق (랏까까)	1.가늘게 하다 2.연약하게 하다 3.압연하다

라

رقيب (라끼 - 브)	1.감시하는 2.감시자	رقأ (라까아)	멎다
رقيبة (라끼 - 바)	멍에	رقوء (라꾸 - 으)	1.지혈을 시키는 2.지혈제
ارتقاب (이르티까 - 브)	기다림, 대기	مرقاة (미르까 - 트)	지혈대, 지혈기
مرقب (미르까브)	천체망원경	رقب (라까바)	1.관측하다 2.감독하다 3.주시하다
مرقبة (마르까바)	관측소	راقب (라 - 까바)	1.감시하다 2.검열하다 3.무서워하다(신을)
مراقب (무라 - 끼브)	1.감시자, 감독 2.관찰자, 관측자	ترقب (타랏까바)	1.기다리다(숨어서) 2.기대하다
مراقبة (무라 - 까바)	1.관찰, 관측 2.감독, 검열, 검사	ارتقب (이르타까바)	기다리다, 대기하다, 기대하다
رقد (라까다)	1.자다 2.잠자리에 들다 3.침체하다	رقبة (라까바)	1.목 2.병목 3.노예
أرقد (아르까다)	1.재우다, 눕히다 2.안정시키다	رقبة (라끄바)	1.관찰 2.검열, 감시 3.경계, 주의
رقدة (라끄다)	잠, 선잠	رقابة (라까 - 바)	1.감시, 관찰, 관측 2.검열, 검사
راقد (라 - 끼드)	1.누워있는 2.경기가 없는(시장)	رقوبة (라꾸 - 바)	1.비상금, 밑천, 밑돈 2.밀알

라

تراقص (타라 - 까솨)	깡충깡충 뛰다	**رقاد** (루까 - 드)	1.잠 2.눕는 것
ارتقص (이르타까솨)	1.두근거리다 2.값이 오르다	**ترقيد** (타르끼 - 드)	휘묻이
رقص (라끄스)	무용, 춤	**ترقيدة** (타르끼 - 다)	1.묘목 2.싹
رقصة (라끄솨)	무용, 춤	**مرقد** (마르까드)	잠자리, 침대
راقصة (라 - 끼솨)	여자 무용수	**مرقد** (무랏끼드)	1.수면제 2.최면의
رقاص (랏까 - 스)	무용수	**رقش** (라까샤)	장식하다, 얼룩지게 하다
رقاصة (랏까 - 솨)	1.여자무용수 2.황무지	**أرقش** (아르까슈)	얼룩덜룩한
مرقص (마르까스)	1.무도장 2.무도회 3.춤놀이	**مرقاش** (미르까 - 슈)	붓, 화필, 솔
رقط (라까따)	1.얼룩지게 하다 2.얼룩지다	**رقص** (라까솨)	춤추다
ترقط (타랏까따)	반점이 생기다, 얼룩지다	**راقص** (라 - 까솨)	짝을 지어 춤추다, 함께 춤추다
رقطة (루끄따)	반점, 얼룩	**ترقص** (타랏까솨)	흔들다, 동요하다

라

رقمية (라끄미 - 야)	수량, 수효	**مرقط** (무랏까뜨)	반점이 있는, 얼룩진
رقيم (라끼 - ㅁ)	1.날짜를 적은, 기한이 적힌	**رقع** (라까아)	1.꽝 닫다(문을) 2.수리하다(옷을) 3.어리석다 4.경솔하다
ترقيم (타르끼 - ㅁ)	1.문장부호법 2.번호달기 3.계산	**رقعة** (루끄아)	1.기운 헝겊 2.줄무늬
مرقم (미르깜)	1.크레용 2.도안연필	**رقيع** (라끼 - 으)	1.경솔한 2.우둔한
مرقوم (마르꾸 - ㅁ)	1.기록된, 쓰여진 2.번호가 달린	**رقاعة** (라까 - 아)	1.무모함 2.우둔함, 미련함
رقن (랏까나)	1.줄을 긋다 2.장식하다	**أرقع** (아르까우)	우둔한, 어리석은, 미련한
أرقن (아르까나)	물들이다(손톱에)	**ترقيع** (타르끼 - 으)	깁는 것 수리, 덧대는 것
ارتقن (이르타까나)	물들이다	**ترقيعى** (타르끼이 - 유)	1.수리의 2.성형의
رقوة (라끄와)	주문(종교)	**رقم** (라까마)	1.점을 찍다 2.번호를 달다 3.날짜를 찍다
رقوانى (루끄와와니 - 유)	무당	**رقم** (라끔)	1.숫자, 수 2.번호
رقى (라끼야)	1.주문을 외워 악령을 쫓아내다 2.오르다 3.전진하다 4.승진하다		

라

رقى (랏까)	1.올리다 2.승진하다 3.개선하다, 발전하다	**ركة** (룻카)	물레(발로 돌리는)
ترقى (타랏까)	1.높아지다 2.승진되다 3.발전하다	**ركاك** (루카-크)	1.허약한 2.가련한
ارتقى (이르타까)	1.오르다 2.진화하다	**ركاكة** (라카-카)	1.허약, 약함 2.엉터리
رقى (라끄유)	1.상승 2.진보, 전진 3.주문(종교)	**ركيك** (라키-크)	1.병약한 2.서투른 (말이), 엉터리의
رقية (루끄야)	주문(종교)	**ركب** (라카바)	1.오르다(탈 것에) 2.죄를 짓다
ترقية (타르끼-야)	1.개선 2.승진, 진급 3.발전	**ركب** (랏카바)	1.앉히다 2.가설하다 3.조립하다(악기의 줄을) 4.조율하다 5.끼우다(보석을)
ارتقاء (이르티까-으)	1.오름 2.발전, 진화		
مرقاة (미르까-트)	1.계단식 사다리 2.계단	**أركب** (아르카바)	앉히다, 태우다
مرتق (무르타낀)	1.높은 2.발전된	**تركب** (타랏카바)	구성하다, 조립하다, 편성하다
رك (랏카)	1.약하다 2.부정확하다(말이) 3.위임하다	**ارتكب** (이르타카바)	저지르다(실수를)
رك (랏크)	기초, 토대, 발판, 기둥	**ركب** (라큽)	1.카라반, 기마대 2.행렬 3.승무원

라

ركد (라카다)	1.고이다(물이), 침체되다 2.불경기가 되다
راكد (라-키드)	1.고인, 침체한 2.불경기의 3.고인물
ركود (루쿠-드)	1.고임(물의),침체 2.불경기
ركز (라카자)	1.꽂다 2.의지하다
ركز (랏카자)	1.집중시키다 2.광을 내다(금속을)
أركز (아르카자)	1.설치하다 2.함유하다(금, 은을)
تركز (타랏카자)	집중되다
ارتكز (이르타카자)	1.의지하다 2.집중되다 3.머물다
ركز (리크즈)	1.금광, 은광(지하의) 2.보물
ركز (라크즈)	1.안정 2.견고성
ركزة (라크자)	잠깐 동안의 휴식, 잠깐 동안의 정지

ركبة (루크바)	무릎
ركاب (리카-ㅂ)	행렬
ركاب (랏카-ㅂ)	경마기수, 기수
ركبان (루크바-ㄴ)	1.말탄 사람들 2.대상, 카라반
تركيب (타르키-ㅂ)	1.구성, 조립 2.조직 3.배합, 합성(의학)
تركيبة (타르키-바)	1.건설 2.구조 3.구성
مركب (마르캅)	선박, 배
مركب (무랏캅)	1.복합의 합성의 2.조성된, 구성된
مركبة (마르카바)	1.수레, 마차 2.차량
مركبة (무랏카바)	구성부분, 구성요소, 성분
مركوب (마르쿠-ㅂ)	구두, 장화

라

تراكض (타라-카돠)	1.달리기 경주하다 2.함께 뛰다	**راكز** (라-키즈)	1.견고한, 안전한 2.침착한
ارتكض (이르타카돠)	1.움직이다 2.설레다	**ركيزة** (라키-자)	1.기둥 2.광맥 3.말뚝
ركض (라크드)	달리기, 질주	**تراكيز** (타라키-즈)	집중
ركاض (랏카-드)	달리기 선수	**ارتكاز** (이르티카-즈)	의지, 의탁, 의거
ارتكاض (이르티카-드)	태아의 움직임	**مركز** (마르카즈)	1.중심. 2.장소 3.상황 4.신분
ركع (라카아)	1.허리굽혀 인사하다 2.무릎을 꿇다	**مركِّز** (무랏키즈)	집중하는
أركع (아르카아)	무릎을 꿇게 하다, 굴복시키다	**مركزية** (마르카지-야)	중앙집권제
ركعة (라크아)	허리구부림(인사할 때)	**مرتكز** (무르타키즈)	1.거점, 지탱점 2.기초, 토대
ركوع (루쿠-으)	무릎을 꿇는 것	**ركس** (라카싸)	뒤집다, 뒤집어 놓다
ركل (라칼라)	발로 차다, 걷어차다	**ارتكس** (이르타카싸)	1.뒤집다 2.되돌아가다 (본래의 상태로)
ركلة (라클라)	발로 차는 것, 발길질	**ركض** (라카돠)	1.뛰다 2.도망가다

라

ركم (라카마)	1.모으다 2.쌓다, 축적하다	**ركانة** (라카 - 나)	1.견실함 2.신중성, 엄숙함
ارتكم (이르타카마)	쌓이다, 축적되다	**ركين** (라키 - 느)	1.튼튼한 2.기본적인 3.당당한
ركم (라캄)	뭉게구름	**أركان** (아르카 - 느)	1.기둥 2.구석 3.토대 4.기본요소 5.난 (신문이나 잡지의)
ركام (루카 - ㅁ)	1.누더기 2.무리, 때 3.뭉게구름	**إركان** (이르카 - 느)	신뢰, 믿음, 신용
تراكم (타라 - 쿰)	축적	**مركن** (미르칸)	대야, 세수대야
مركم (미르캄)	축전지	**رم** (람마)	썩다, 부패하다
ركن (라카나)	1.의지하다 2.신임하다 3.기울어지다	**رمم** (람마마)	고치다, 수리하다
أركن (아르카나)	1.믿다, 신뢰하다 2.의지하다	**ترمم** (타람마마)	수리되다
ارتكن (이르타카나)	1.기대다 2.의거하다, 입각하다	**رم** (람므)	수리, 수선
ركنة (루크나)	구석, 모서리	**رمة** (람마)	1.썩은 뼈 2.시체
ركون (루쿠 - 느)	신임, 신뢰, 신용		

رمد (라마다)	눈병을 앓다	**رمة** (룸마)	전체, 총체, 전부
أرمد (아르마다)	눈병에 걸리다	**رمام** (루마 - ㅁ)	썩은
ترمد (타람마다)	1.재로 변하다 2.눈병을 앓다	**رميم** (라미 - ㅁ)	1.썩은, 부패한 2.썩은 뼈
رمد (라마드)	눈병, 눈앓이, 결막염	**ترميم** (타르미 - ㅁ)	1.수리 2.복사
رماد (라마 - 드)	재	**ترميمات** (타르미마 - 트)	수리작업
رمدان (룸다 - ㄴ)	눈병을 앓고 있는	**مرمم** (무람밈)	1.수리하는 2.수리공
رمادي (라마디 - 유)	1.재의 2.잿빛의, 회색의	**رمح** (라마하)	1.창으로 찌르다 2.뒷발로 차다 3.뛰다
ترميد (타르미 - 드)	시체화장	**رمح** (루므흐)	창, 투창
رمز (라마자)	1.암시하다 2.상징하다	**رماح** (람마 - 흐)	1.창기병 2.창던지는 선수
ترمز (타람마자)	1.준비되다 2.약동하다 3. …로 특징 지워지다	**رماحة** (리마 - 하)	달리기, 질주
ارتمز (이르타마자)	1.준비되다 2.격동하다 3.특출하다	**مرمح** (마르마흐)	1.경마장 2.곡마장

라

رمش (림슈)	속눈썹	رمز (람즈)	상징, 표시 2.암시 3.가명, 익명, 힌트
رمشة (람샤)	깜박거림(눈을)	رمزية (람지 - 야)	상징주의
رمض (라마돠)	무더워지다	راموز (라무 - 즈)	견본, 표본, 본보기
أرمض (아르마돠)	1.고통을 주다 2.내려쬐다(해가)	رميز (라미 즈)	1.헤아릴 수 없는 2.고요한 3.고귀한 4.총명한
رمض (라마드)	일사병	رمس (라마싸)	1.파묻다 2.흔적을 없애다
رمضاء (라마돠 - 으)	무더위, 불볕	ارتمس (이르타마싸)	잠기다(물에)
رمضان (라마다 - ㄴ)	라마단(이슬람력 9월 단식하는 달)	رمس (람쓰)	무덤, 묘
رماع (루마 - 으)	황달병	رموس (라무 - 쓰)	무덤, 묘
رمق (라마까)	1.눈여겨보다 2.관찰하다	روموس (루 - 미쓰)	뗏목
رمق (람마까)	1.뚫어지게 보다 2.간신히 처리하다	رمش (라마샤)	1.손끝으로 집다 2.눈을 깜박거리다
رامق (라 - 마까)	감시하다, 경계하다	رمش (라마슈)	결막염

رمق (라마끄)	1.여생 2.마지막 힘(생명의)	أرملة (아르말라)	과부
ترميق (타르미 - 끄)	잡동사니, 날림일	ترمل (타람물)	홀아비 생활, 과부생활
مرموق (마르무 - 끄)	1.중요한 2.현저한 3.유명한	ترملة (타르말라)	과부신세
رمك (라마카)	거주하다, 체류하다	مرملة (마르말라)	모래상자
رمكة (라마카)	1.종자말 2.허약한 사람	رمان (룸마 - ㄴ)	석류나무, 석류열매
رمل (람말라)	1.모래를 뿌리다 2.과부로 만들다	رمانة (룸마 - 나)	1.석류 2.손잡이 3.수류탄
أرمل (아르말라)	홀아비가 되다, 과부가 되다	رمى (라마)	1.던지다 2.버리다 3.고찰하다 4.헐뜯다
ترمل (타람말라)	과부가 되다, 홀아비가 되다	ارتمى (이르타마)	1.눕다 2.몸을 던지다 3.엎드리다
رمل (라믈)	모래	رمى (라므)	1.던지기 2.사격, 발사
رملة (라믈라)	모래땅	رام (라 - 민)	1.사격수 2.던지는
أرمل (아르말)	홀아비	رماية (리마 - 야)	사격

라

مترنح (무타란니흐)	1.비틀거리는 2.술 많이 취한	**مرمى** (마르마)	1.사정거리 2.목표, 과녁 3.목표 4.골대
رنق (란나까)	1.찬찬히 보다 2.깨뜨리다(정적을)	**رن** (랏나)	1.딸랑거리다 2.소리치다 3.메아리치다
رنق (라나끄)	흐린	**رن** (란느)	울리는 소리
رونق (라우나끄)	화려함, 아름다움	**رنان** (란나-ㄴ)	1.울리는 소리 2.낭랑한 4.허풍 치는
رنم (라니마)	노래하다	**رنة** (란나)	1.울리는 소리 2.메아리
ترنم (타란나마)	1.노래하다 2.흥얼거리다 3.찬미하다	**رنين** (라니-ㄴ)	1.우뢰소리 2.메아리 3.구슬픈
ترنيمة (타르니-마)	노래	**مرن** (무란느)	쟁쟁한, 낭랑한
رنا (라나)	찬찬히 보다, 시선을 돌리다	**رنح** (란나하)	1.기울다, 휘다 2.흔들리다
رنى (라나)	1.노래하다 2.기쁘게 하다	**ترنح** (타란나하)	1.휘청거리다 2.비틀거리다
رهب (라하바)	겁내다, 두려워하다	**رنح** (란흐)	현기증, 어지러움
رهب (라흐하바)	위협하다, 겁을 주다	**مرنحة** (마르나하)	뱃머리

라

رهبنة 수도원생활, 금욕생활 (라흐바나)	**أرهب** 1.무섭게 하다 (아르하바) 2.테러를 행하다
رهبانية 승려생활, 수도생활 (라흐바니 - 야)	**ترهب** 위협하다, 협박하다 (타라흐바)
مرهوب 무서운, 무시무시한 (마르후 - 브)	**تراهب** 서로 무서워하다 (타라 - 하바)
رهج 1.먼지를 일으키다 (라하자) 2.불화를 조성하다	**رهبة** 무서움, 공포 (라흐바)
أرهج 1.먼지를 일으키다 (아르하자) 2.불화를 조성하다	**راهب** 중, 수도승, 승려 (라 - 히브)
رهج 1.먼지 2.성층 (라흐즈) 3.소동, 소란, 야단법석	**راهبة** 수녀, 여승 (라 - 히바)
رهص 1.토대를 닦다 2.싸내다 (라하쏴) 3.꾸짖다	**رهيب** 1.무서운 2.삼엄한 (라히 - 브)
أرهص 기초를 닦다, 준비하다 (아르하쏴)	**إرهاب** 1.위협 2.테러행위 (이르하 - 브)
إرهاص 1.기초 2.전제조건 (이르하 - 스)	**إرهابى** 1.폭력의 2.테러분자 (이르하비 - 유)
رهط 게걸스럽게 먹다 (라하뜨)	**ترهيب** 위협, 공갈, 테러, 경고 (타르히 - 브)
رهط 1.무리, 떼 2.가죽 허리띠 (라흐뜨)	**رهبن** 수도승이 되다 (라흐바나)

라

رهف (라후파)	1.가늘다 2.날카롭다	مرهق (무르히끄)	힘겨운, 괴롭히는, 억압하는
رهف (라하파)	갈다(칼을)	مراهق (무라 - 히끄)	청년, 청춘
أرهف (아르하파)	1.귀를 기울다 갈다(칼을) 2.칼을 갈다 3.살피다	مراهقة (무라 - 하까)	성년기, 청춘기
ترهف (타라흐하파)	가늘어지다, 엷어지다	رهل (라할라)	맥이 풀리다, 무기력해지다
رهافة (라하 - 파)	날카로움, 예리성	ترهل (타라흐할라)	1.맥이 풀리다 2.처지다
رهيف (라히 - 프)	1.예리한 2.얇은 3.날씬한	رهل (라할)	무기력한, 쇠퇴한
مرهف (무르하프)	1.예리한 2.예민한 3.첨예화 된	ترهل (타라흐할)	1.무기력, 쇠약 2.해이해짐
رهق (라히까)	억압하다, 학대하다	مترهل (무타라흐힐)	1.맥풀린 2.처진 3.연약한
راهق (라 - 하까)	어른이 되다, 성숙하다	رهن (라하나)	1.저당잡히다 2.머물다 3.지속되다
أرهق (아르하까)	압박하다, 학대하다	راهن (라 - 하나)	내기를 하다, 도박하다
إرهاق (이르하 - 끄)	억압, 학대, 박해	أرهن (아르하나)	저당잡히다

라

مرهون (마르후 - 나)	저당 잡힌	تراهن (타라 - 하나)	서로 내기를 하다
مراهنة (무라 - 하나)	1.내기, 도박 2.저당, 저당물	ارتهن (이르타하나)	1.저당을 잡다 2.의존하다
مرتهن (무르타하느)	저당권자	استرهن (이스타르하나)	담보를 요구하다
مرتهن (무르타히느)	전당포업자	رهن (라흔)	1.저당, 자당물, 담보 2.인질 3.의존된
راب (라 - 바)	응결되다(우유가), 쉬다	رهنا (라흐나)	1…의 대상으로 2…에 의존되어
روب (라우와바)	응결시키다, 엉기게 하다	راهن (라 - 힌)	1.현재의 2.현실의
أراب (아라 - 바)	응결시키다, 엉기게 하다	رهان (리하 - ㄴ)	내기, 도박
رائب (라 - 이브)	엉킨 응결된(우유가), 쉰	رهين (라히 - ㄴ)	1.저당 잡힌 2.의존된 3.저당물
روب (루 - 브)	관복, 법관복, 망토	رهين (라히 - 나)	…을 조건으로
روية (루 - 바)	1.수요 2.편안한 생활 3.야밤	رهينة (라히 - 나)	1.저당, 저당물 2.인질
روب (라우브)	시큼한 우유	مرهن (마르하느)	전당포

라

روح (라우와하)	1.부채질하다	مروب (무라우와브)	응결된(우유가), 쉰
أراح (아하-하)	안정시키다, 쉬게 하다	رويصة (라우바사)	몽유병
أروح (아르와하)	썩은 냄새가 나다, 악취를 풍기다	ترويص (타라우부스)	몽유병
تروح (타라우와하)	바람을 일으키다	راث (라-싸)	짐승이 똥을 싸다
تراوح (타라-와하)	1.왔다갔다하다 2.…의 사이에 있다	روث (라우쓰)	짐승의 똥
ارتاح (이르타-하)	1.쉬다 2.기뻐하다 3.안심하다	راج (라-자)	1.유통되다(화폐가) 2.퍼지다
استراح (이스티라-하)	1.휴식을 취하다 2.시름을 놓다	روج (라우와자)	1.유포시키다 2.유통시키다(화폐를)
راحة (라-하)	휴식, 안정, 여가	رائج (라-이즈)	1.유통되는 2.경기가 좋은
رائح (라-이흐)	1.지나간 2.앞으로의	رواج (라와-즈)	1.유통 2.통용
رائحة (라-이하)	냄새, 향기	ترويج (타르위-즈)	1.보급 2.유통
رواح (라와-흐)	1.출발 2.저녁에 돌아옴	راح (라-하)	1.떠나다 2.저녁에 돌아오다

라

ترويحة (타르위 - 하)	산보, 산책	روح (루 - 흐)	1.영혼 2.마음 3.본질
تراويح (타라위 - 흐)	타라위 예배	روح (라우흐)	1.휴식, 안정 2.기쁨
ارتياح (이르티야 - 흐)	만족, 기쁨	روحى (루히 - 유)	1.정신적인 2.알코올의
استراحة (이스티라 - 하)	1.휴식 2.안정	روحية (루히 - 야)	유신론
استرواح (이스티라와 - 흐)	1.환기 2.호흡	روحانى (루하니 - 유)	1.정신적인 2.목사
مراح (마라 - 흐)	1.저녁 2.야간 오락장	رياح (라이야 - 흐)	도량, 수로
مراح (무라 - 흐)	1.마구간, 우리 2.목장	ريح (리 - 흐)	1.바람 2.냄새 3.방귀
مروحة (미르와하)	1.부채, 기 3.통풍기	ريحان (라이하 - ㄴ)	향기나는 식물
مريح (무리 - 흐)	편안한, 쾌적한	ريحة (리 - 하)	냄새
مريح (무르이흐)	배에 가스가 찬	إراحة (이라 - 하)	휴식을 취하는 것
مرتاح (무르타 - 흐)	편안한, 만족스러운	ترويح (타르위 - 흐)	1.통풍 2.부채질

라

راز (라-자)	1.저울에 달다 2.시험하다(사람을)	مستراح (무스타라-흐)	1.휴게실 2.화장실 3.편안한
روز (라우와자)	헤아리다, 평가하다	راد (라-다)	1.탐구하다 2.찾다 3.배회하다
رائز (라-이즈)	건축가	راود (라-와다)	1.기만하다 2.유혹하다 3.간청하다
رياضة (리야-자)	건축공학, 건축술	أراد (아라-다)	1.원하다 2.선택하다 3.염두에 두다
مرازة (마라-자)	무게, 중량	ارتاد (이르타-다)	1.연구하다 2.탐사하다 3.방문하다
راض (라-돠)	1.짐승을 길들이다 2.훈련시키다	رائد (라-이드)	1.소년단 2.선구자 3.탐구자 4.안내자
راوض (라-와돠)	달콤한 말로 꾀다	ريادة (리야-다)	1.탐구 2.탐사
تريض (타라이야돠)	산보하다, 산책하다	إرادة (이라-다)	1.의지, 의도, 의향 2.희망 3.명령, 칙령
تراوض (타라-와돠)	1.경쟁하다 2.흥정하다	مراد (무라-드)	1.의도 2.목적 3.요망되는
ارتاض (이르타-돠)	1.훈련하다 2.산보하다	مراد (마라-드)	공간, 범위, 무대
استراض (이스티라-돠)	산보하다, 기뻐하다	مريد (무리-드)	1.추종자(수피의) 2.연구생 3.수련생

라

ارتاع (이르타-아)	놀라다, 공포에 질리다	رائض (라-이드)	1.말조련사 2.코치
روع (루-으)	마음, 심정	رياض (리야-드)	리야드(사우디아라비아 수도이름)
روع (라와으)	아름다움, 훌륭함	رياضي (리야디-유)	1.운동의 2.수학의
روع (라우으)	두려움, 공포, 겁	رياضيات (리야듸야-트)	수학
روعة (라우아)	1.공포, 놀람 2.매력	رياضة (리야-돠)	1.초원 2.정원 3.체육 4.산보 5.수학
رائع (라-이으)	1.아름다운, 놀랄만한 2.무서운	ترويض (타르위-드)	훈련, 연습
رائعة (라-이아)	대표작	مروض (무라우위드)	1.길들이는 .훈련사, 조련사
أروع (아르와으)	보다 훌륭한, 걸출한	راع (라-아)	1.겁나게 하다 2.감동시키다
ارتياع (이르티야-으)	놀람, 당황, 경황	روع (라우와아)	놀라게 하다, 겁나게 하다
مروع (무라우와으)	질겁한, 겁먹은, 놀란	أراع (아라-아)	놀라게 하다, 무섭게 하다
مريع (무리-으)	무서운, 무시무시한	تروع (타라우와아)	겁에 질리다

라

أراق (아라 - 까)	1.쏟다(물을), 흘리다(피를)	مرتاع (무르타 - 으)	겁에 질린, 놀란
تروّق (타라우와까)	조반을 먹다, 아침을 먹다	راغ (라 - 가)	잔꾀를 부리다, 발뺌하다
راق (라 - 끄)	지층, 층	راوغ (라 - 와가)	속이다, 기만하다
رائق (라 - 이끄)	1.깨끗한, 투명한 2.훌륭한	أراغ (아라 - 가)	1.노리다 2.바라다
رواق (라와 - 끄)	1.복도 2.특별석 3.베란다	رواغ (라와 - 그)	꾀, 기만, 술책, 교활
إراقة (이라 - 까)	유혈, 피가 흐름	رواغ (라우와 - 그)	1.교활한 2.능구렁이
تريقة (타리 - 까)	빈정거림, 조소, 풍자	رويغة (루와이가)	꾀, 간교, 기만, 술책
ترويق (타르위 - 끄)	여과, 정화	مراوغ (무라 - 위그)	교환한, 간교한
مروق (무라우와끄)	깨끗한, 여관된	مراوغة (무라 - 와가)	1.회피 2.음모, 책동
رول (라우왈라)	침을 흘리다	راق (라 - 까)	1.깨끗하다 2.마음에 들다 3.능가하다
رول (루울)	공판 일정표, 소송사건목록	روق (라우와까)	투명하게 하다, 정제하다

أروى (아르와)	1.물을 대다 2.물을 주다(화초에)	**روال** (루와-ㄹ)	침, 타액
تروى (타라우와)	1.깊이 생각하다 2.관개되다	**رام** (라-마)	1.바라다 2.떠나다, 가버리다
ارتوى (이르타와)	1.관개되다 2.실컷 마시다	**ريم** (라이야마)	남아있다 2.속이다
رى (라이)	1.관개 2.갈증을 식히는 것	**تروم** (타라우와마)	비웃다
راو (라-윈)	서술자, 전언자, 전승가	**روم** (라움)	1.목적, 의도 2.희망, 소원
رواء (라와-으)	민물, 마실물	**ريم** (라임)	거품, 찌끼, 불순물
روائى (라와이-유)	1.소설가 2.극작가	**ريم** (라이무)	1.무덤 2.언덕, 동산
رواية (리와-야)	1.소식 2.소문 3.소설	**ريمة** (라이마)	거품, 찌꺼기
روية (라와야야)	사색, 사고	**مرام** (마라-ㅁ)	희망, 염원, 소망
ريان (라이야-ㄴ)	1.물을 댐(전답에) 2.즙이 많은	**روى** (라와)	1.이야기하다 2.인용하다 3.관개하다
رئة (리아)	위	**روى** (라위야)	1.관개하다 2.갈증을 덜다

라

مريب (무리 - 브)	수상한, 미심쩍은	إرواء (이르와 - 으)	관개
مرتاب (무르타 - 브)	의심하는, 의심스러운	ترويه (타르위 - 야)	관개, 물공급
مستراب (무스타라 - 브)	혐의를 받고 있는	مروى (마르와)	관개수로
مستريب (무스타리 - 브)	의심스러운	مروي (마르위)	1.구전의 2.관개한
راث (라 - 싸)	느리다, 굼뜨다	راب (라 - 바)	1.의심을 하다 2.불안해하다
ريث (라이야싸)	1.지치다 2.부드럽게 하다	تريب (타라이야바)	의심하다
تريث (타라이야싸)	1.지체하다 2.대기하다	ارتاب (이르타 - 바)	1.의심하다 2.당황하다
تريث (타라이유쓰)	망설임, 주저함	استراب (이스타라 - 바)	의심하다, 의혹을 품다
راش (라 - 솨)	1.깃털이 나다 2.축적하다(재물을)	ريب (라이브)	의심, 의혹
أراش (아라 - 솨)	깃을 달다(화살에)	ريبة (라이바)	의혹, 의심, 불안
تريش (타라이야솨)	부유해지다, 호강하다	ارتياب (이르타야 - 브)	의심, 의혹, 당황

라

ريش (리 - 슈)	1.새의 깃털 2.펜촉
ريشة (리 - 샤)	1.깃, 깃털 2.붓(화가의) 3.수술칼 4.날개
راع (라 - 아)	1.자라나다 2.놀라다
ريع (라이야아)	증가하다, 증대하다, 늘다
ريع (라이으)	1.생산물 2.수익, 소득 3.증가
ريعان (라이아 - ㄴ)	1.한창때 2.개화기
ريعة (리 - 아)	낮은 언덕
مريع (무리 - 으)	1.풍작의 2.수입이 많은
ريف (리 - ㅍ)	1.농촌 2.시골 3.강변
راق (라 - 까)	1.흐르다 2.반짝이다
أراق (아라 - 까)	쏟다, 흘리다
رائق (라 - 이끄)	깨끗한
ريق (리 - 끄)	침, 타액
ريق (라이끄)	1.개화, 번영 2.섬광
رال (랄 - 라)	침을 흘리다
ريال (리야 - ㄹ)	1.침, 타액 2.리얄(화폐단위)
مريول (마르유 - ㄹ)	행주치마, 내프킨
راية (라 - 야)	국기, 깃발

라

(الزاء : 자이)

زأم (자아마)	급사하다	زبدية (자브디 - 야)	그릇, 단지
زؤام (주아 - ㅁ)	급사	مزبدة (미즈바다)	큰 우유통
زبب (잡바바)	포도를 말리다	زبر (자바라)	1.베끼다 2.헐뜯다
أزب (아잡부)	1.털이 많은 2.털보	ازدبر (이즈다바라)	베끼다
زب (잡브)	남성 생식기	زبر (자브르)	음경, 페니스
زبيب (자비 - 브)	마른포도	زبور (자부 - 르)	다윗의 시편
زبد (자바다)	버터를 만들다	مزبور (마즈부 - 르)	쓰여진, 기록된
أزبد (아즈바다)	1.거품이 일다 2.부글부글 끓다(분노가)	زبق (자바까)	털을 뽑다
زبد (자바드)	1.거품 2.찌꺼기	انزبق (인자바까)	스며들다, 침투하다
زبدة (주브다)	1.버터 2.본질, 요점	زبل (잡발라)	거름을 주다, 비료를 주다
		زبل (지불)	거름, 두엄, 똥

أزجى (아즈자)	1.움직이다 2.부추기다	**زبال** (잡바 - ㄹ)	청소부, 미화원
زجر (자자라)	1.막다 2.비난하다	**زبالة** (줍발 - 라)	쓰레기, 폐기물
ازدجر (이즈다자라)	억제하다, 자제하다	**مزبلة** (마즈발라)	1.쓰레기통 2.거름무더기
زجر (자즈르)	1.억제 2.질책, 비난	**زبان** (자바 - ㄴ)	침, 살(벌레의)
زاجرة (자 - 지라)	억제, 제한, 제지	**زبانة** (자바 - 나)	고객들
زجل (자잘라)	1.던지다 2.놓아주다(새를)	**زبانية** (자바니 - 야)	앞잡이들
زجل (자잘)	아랍시의 일종, 아랍민요	**زبون** (자부 - ㄴ)	1.미련한 2.치열한 3.고객
زجلية (자잘리 - 야)	민요	**زجج** (잦자자)	1.눈썹을 그리다 2.유리로 만들다
زاجل (자 - 질)	통신용 비둘기	**زجاج** (주자 - ㅈ)	유리, 글라스
زجال (잣자 - ㄹ)	민요가수, 민요작곡가	**زجاجة** (주자 - 자)	1.판유리 2.유리병
زحر (자하라)	이질에 걸리다	**زجا** (자자)	1.밀어 넣다, 밀다 2.부추기다

تزحل (타자흐할라)	자리를 뜨다	زاحر (자 - 히르)	신음하는, 괴로워하는
زحل. (주할)	토성	زحار (주하 - 르)	심한 설사, 이질
زحلق (자흘라까)	1.굴리다 2.미끄러지게 하다	زحف (자하파)	1.네발로 가다 2.행군하다
تزحلق (타자흐라까)	자치다, 스케이트를 타다	زحف (자흐하파)	평평하게 고르다
زحلقة (자흘라까)	얼음타기, 미끄럼타기	تزحف (타자흐하파)	1.진격하다 2.야양 떨다
زحلوقة (자흘루 - 까)	얼음판, 스케이트장	زحف (자흐프)	진격, 공격, 포복
تزحلق (타자흐루끄)	얼음지치기, 스케이팅	زاحف (자 - 히프)	기어가는, 포복하는
زحم (자하마)	1.조이다 2.누르다	زحافات (자하파 - 트)	1.파충류 2.삽, 가래
زاحم (자 - 하마)	1.경쟁하다 2.조이다	زواحف (자와 - 히프)	파충류
تزاحم (타자 - 하마)	1.서로 밀치다 2.서로 경쟁하다	زحل (자할라)	옮기다, 자리를 뜨다
ازدحم (이즈다하마)	1.붐비다 2.혼잡하다	أزحل (아즈할라)	멀리 옮기다

تَزَخَّرَ (타잣카라)	1.부풀다 2.넘치다 3.가득 차다	زَحْمَة (자흐마)	1.붐비는 것, 체증 2.곤경 3.떼, 무리
اِزْدَخَرَ (이즈다카라)	가득 차다, 넘치다	زِحَام (지하-ㅁ)	복잡, 만원
زَاخِر (자-키르)	넘쳐나는, 충만한	اِزْدِحَام (이즈디하-ㅁ)	1.붐비는 것 2.만원
تَزَخَّار (타즈카-르)	충만, 가득함	تَزَاحُم (타자-후므)	상호경쟁
زَخْرَفَ (자크라파)	장식하다, 꾸미다	مُزَاحِم (무자-히무)	경쟁자, 적수
زُخْرُف (주크라프)	1.장식 2.장식무늬	مُزَاحَمَة (무자-하마)	1.경쟁 2.비좁음
مُزَخْرِف (무자크리프)	실내징식가	مُزْدَحِم (무즈다히므)	복잡한, 혼잡
زَخَمَ (자카마)	떠밀다, 강제로 밀어내다	زَخَّ (잣카)	백열하다, 작열하다
زَخِمَ (자키마)	고가가 상하다, 썩다	زَخِيخ (자키-크)	백열, 작열
زَخِم (자키므)	변질된, 상한(고기가)	زَخَّة (잣카)	폭우, 집중호우
زَخْم (자크므)	1.밀어붙임 2.에너르기	زَخَرَ (자카라)	1.부풀다 2. 범람하다 3.자랑하다

자이

317

زربية (자르비 - 야)	우리(동물의), 울타리	زخمة (자크마)	악취, 불쾌한 냄새
مزرب (무자르라브)	우리에 갇힌	زخمة (주크마)	1.채찍, 가죽띠 2.채(북의)
مزراب (미즈라 - 브)	배수관	أزخم (아즈카므)	변질된, 상한(고기가)
زرد (자라다)	1.질식시키다 2.삼키다	زر (자르라)	1.눈을 감다 2.단추를 채우다
تزرد (타자르라다)	꿀꺽 삼키다	زر (지르르)	1.단추 2.식물의 짝
ازدرد (이즈다라다)	삼키다	زرب (자라바)	배설하다(동물이)
زرد (자르드)	갑옷	زرب (자리바)	물이 흐르다
زردة (자라다)	고리, 쇠고리	زرب (자르라바)	우리에 몰아넣다
مزرد (마즈라드)	인후, 후두, 식도	زاروب (자루 - 브)	오솔길
زرع (자라아)	1.씨를 뿌리다 2.경작하다	زربة (주르바)	무리, 떼
زارع (자 - 라아)	소작하다	زربية (주르비 - 야)	1.베개 2.카펫, 융단

자이

ازدرع (이즈다라아)	1. 키우다 2. 땅을 가꾸다	**أزرق** (아즈라까)	푸르러지다
زرع (자르으)	1. 재배 2. 경작 3. 이식(심장)	**زرق** (자르끄)	새똥
زرعة (자르아)	1. 전답 2. 곡식	**زرقة** (주르까)	푸른 색
زريعة (자리 - 아)	묘, 싹, 맹아	**زورق** (자우라끄)	카누, 소형보트
زراع (자르라 - 으)	1. 농사짓는 2. 농민, 농부	**أزرق** (아즈라끄)	푸른, 청색의
زراعة (지라 - 아)	1. 농업, 경작 2. 이식(심장)	**مزراق** (미즈라 - 끄)	창
مزرعة (마즈라아)	경작지, 농경지, 농장	**زرى** (자라)	책망하다, 비웃다
مزارع (무자 - 리으)	농부, 소작농	**أزرى** (아즈라)	1. 업신여기다 2. 비웃다
مزارعة (무자 - 라아)	소작경작 계약	**ازدرى** (이즈다라)	깔보다, 업신여기다
زرق (자라까)	1. 새가 똥을 싸다 2. 박다	**زراية** (지라 - 야)	1. 질책 2. 멸시
زرق (자리까)	푸르다	**ازدراء** (이즈디라 -)	조소, 경멸, 멸시

자이

زَعْزَاع (자으자 - 으)	강풍, 태풍, 폭풍	زَعَجَ (자아자)	1.불안하게 하다 2.교란시키다
مُزَعْزِع (무자으자으)	움직이는, 동요하는	أَزْعَجَ (아즈아자)	걱정을 시키다
مُتَزَعْزِع (무타자으자으)	동요하는, 확고하지 못한	اِنْزَعَجَ (인자아자)	근심하다, 걱정하다
زَعَطَ (자아따)	1.교살하다 2.울다(당나귀 등이)	زَعَج (자으즈)	불안, 걱정
زَعِيط (자이 - 뜨)	하층민, 부랑자	إِزْعَاج (이즈아 - 즈)	교란, 불안케 함
زَعَفَ (자아파)	즉사시키다	اِنْزِعَاج (인지아 - 즈)	불안, 걱정
زُعَاف (주아 - 프)	치명적인, 즉사시키는	مُزْعِج (무즈이즈)	걱정스러운, 불안한
زَعَافَة (자아 - 파)	종려나무 가지	زَعْزَعَ (자으자아)	흔들다, 진동시키다
تَزْعِيف (타즈이 - 프)	집안 대청소	تَزَعْزَعَ (타자으자아)	흔들리다, 동요하다
مُزْعِف (무즈아프)	치명적인, 즉사시키는	زَعْزَع (자으자으)	강풍, 태풍, 폭풍
زَعَقَ (자아까)	비명을 지르다	زَعْزَعَة (자으자아)	진통, 흔들림, 요동

자이

زعم 1.주장, 단언 2.가정, 가설 (자음)	**زعق** 고함소리 (자으끄)
زعامة 주도권, 지도자적 지위 (자아 - 마)	**زعاق** 짭짤한, 짠 (주아 - 끄)
زعيم 1.보증하는 2.우두머리 (자이 - 므)	**زعيق** 외침소리, 비명 (자이 - 끄)
مزعوم 1.확인된 2.소위, 이른바 3.꾸며낸 (마즈우 - 므)	**زعل** 짜증나다, 지루하다 (자일라)
زغد 1.탁 치다 2.누르다 3.밀치다 (자가다)	**أزعل** 1.불안케 하다 2.화나게 하다 (아즈알라)
انزغد 충격을 받다 (인자가다)	**زعل** 1.짜증 2.화가남 (자알)
زغدة 중격 (자그다)	**زعلان** 1.번거로운 2.불안스러운 (자을라 - 느)
زغرد 혀를 굴리며 환성을 지르다 (자그라다)	**زاعولة** 화가남, 분노, 괴로움 (자울 - 라)
زغردة 여성들이 혀를 굴려내는 소리 (자그라다)	**زعم** 1.주장하다 2.담보하다 (자아마)
زغرودة 여성들이 혀를 굴려서 내는 소리 (자그루 - 다)	**أزعم** 가능하게 되다, 순종하다 (아즈아마)
زغط 삼키다 (자가따)	**تزعم** 1.소문을 퍼뜨리다 2.지도자가 되다 (타자으아마)

زفت 1.채우다 2.피곤하게 하다 (자파타) 3.화나게 하다	**زغطة** 딸꾹질 (주구따)
زفت 타르를 칠하다, (잣파타) 아스팔트 포장을 하다	**زغل** 1.조금씩 따르다(물을) (자갈라) 2.위조하다(화폐를)
زفت 1.타르 2.아스팔트 (지프트)	**أزغل** 조금씩 쏟다 (아즈갈라)
تزفيت 아스팔트포장 (타즈피-트)	**زغل** 1.가짜의 2.위조 3.위조화폐 (자갈)
مزفتة 아스팔트포장 기계 (미즈파타)	**زف** 신부를 데려가다 (잣파)
زفر 한숨 쉬다, 탄식하다 (자파라)	**أزف** 1.서두르다 (아잣파) 2.신부를 데려가다
زفر 버터를 바르다 (잣파라)	**زفة** 행렬 (잣파)
زفر 지방, 기름기, 지방질 (자파르)	**زفاف** 결혼, 결혼잔치, 결혼식 (자파-프)
زفر 1.구린내 나는 2.더러운 (자피르) 3.기름진 4.짜증스러운	**زفوف** 날랜, 빠른 (자푸-프)
زفرة 탄식, 한숨, 신음 (자프라)	**أزف** 빠른, 날랜 (아잣프)
زفارة 지방성, 기름진 것 (자파-라)	**مزفة** 가마, 결혼식 마차, 꽃마차 (미잣파)

자이

322

زقوم (자꾸 - ㅁ)	지옥의 나무 이름	**زق** (잣까)	새가 새끼에게 먹이를 주다
زكب (자카바)	채우다, 가득 넣다	**زق** (짓꼬)	가죽부대, 가죽자리
زكيبة (자키 - 바)	주머니, 포대, 자루	**زقة** (잣까)	충격
زكم (자카마)	1.절룩거리다 2.감기에 걸리다	**زقاق** (주까 - 끄)	1.골목길 2.해협
زكام (주카 - ㅁ)	감기	**زقطة** (주끄따)	딸꾹질
مزكوم (마즈쿠 - ㅁ)	감기에 걸린	**زقل** (자깔라)	던지다, 내동댕이 치다
زكن (자카나)	파악하다, 이해하다	**زقلة** (주끌라)	곤봉
زاكن (자 - 카나)	접근하다	**زقيلة** (자낄 - 라)	오솔길, 좁은 길
زكانة (자카 - 나)	건전한 생각, 견해	**زاقول** (자꿀 - 르)	도적, 사기꾼
زكا (자카)	1.유익하다 2.번영하다	**زقم** (자까마)	1.꿀꺽꿀꺽 마시다 2.삼키다
زكى (자카)	깨끗하다, 순결하다	**أزقم** (아즈까마)	먹이를 먹이다

زكّى (잣카)	1.무죄로 인정하다 2.발전시키다 3.추천하다	أزلج (아즐라자)	얼음을 타다
أزكى (아즈카)	증대하다, 강화하다	تزلّج (타잘라자)	얼음을 타다
تزكّى (타잣카)	1.순결해지다 2.의연금을 내다	انزلج (인잘라자)	미끄러지다
زكاة (자카 - 트)	1.깨끗함 2.이슬람세	زلِج (잘리즈)	미끄러운
تزكية (타즈키 - 야)	1.육성 2.변명, 실증 3.추천 4.깨끗이하는 것, 결백	زليج (줄라이즈)	채색을 한 도자기, 채색 타일
زلّ (잘라)	1.미끄러지다 2.실수하다	مزلاج (미즐라 - 즈)	빗장, 걸쇠
أزلّ (아잘라)	미끄러지게 하다	مزلجة (미즐라자)	썰매
زلّة (잘라)	실수, 잘못	مزلجة (마즐라자)	스케이트장
زلال (줄라 - ㄹ)	1.샘물 2.단백질	متزلّج (무타잘리즈)	1.스케이트를 타는 2.스케이트 선수
مزلة (마잘라)	1.미끄러운 곳 2.잘못, 실수	زلح (잘라하)	1.맛보다 2.대머리가 되다
زلج (잘리자)	1.미끄러지다 2.스케이트를 타다	أزلح (아즐라흐)	대머리

تزلف (타잘라파)	1.접근하다 2.아첨하다	زلحفة (질히파)	거북이
ازدلف (이즈달라파)	아첨하다, 아양을 떨다	زلخة (줄라카)	요통
زلف (잘라프)	아첨, 아양, 아부	زلزل (잘잘라)	흔들다, 진동시키다
زلفة (줄파)	1.물통 2.접시 3.주전자	تزلزل (타잘잘라)	흔들리다, 진동하다
تزلف (타잘루프)	아첨, 아양, 아부	زلزلة (질잘라)	지진
متزلف (무타잘리프)	아첨쟁이	زلزال (질자ㄹ)	1.진동 2.지진
زلق (잘리까)	미끄러지다	زلط (잘라따)	1.빨리 가다 2.삼키다 3.벌거벗기다
أزلق (아즈라까)	미끄러지게 하다	تزلط (타잘라따)	벌거벗다
تزلق (타잘라까)	미끄러지다	زلط (잘뜨)	벌거숭이, 나체
انزلق (인잘라까)	1.미끄러지다 2.스케이트를 타다	زلطة (잘라따)	자갈
زلق (잘라끄)	1.흙탕 2.미끄러운 곳	زلف (잘라파)	1.접근하다 2.아부하다 3.과장하다

자이

زلقة (잘까)	미끄럼질, 지치기	زمامات (지마마-트)	책임, 의무
انزلاق (인질라-끄)	미끄럼타기, 얼음지치기	زمت (자무타)	엄숙하다, 심각하다
مزلق (마즐라끄)	미끄럼대, 미끄럼판	تزمت (타잠마타)	심각한 표정을 짓다
مزلق (미즐라끄)	스케이트장	زماتة (자마-타)	엄숙성, 심각성
مزلقة (미즐라까)	썰매	زميت (자미-트)	엄숙한, 신중한
مزلقات (마즐라까-트)	1.언덕, 경사면 2.뚝 3.건널목	تزمت (타잠마트)	엄격함, 침착함
منزلق (문잘라끄)	1.미끄러운 곳 2.곤경	متزمت (무타잠미트)	엄숙한, 신중한
زم (잠마)	1.동여매다 2.다물다(입을) 3.꿰다(짐승의 코를)	زمر (자마라)	피리를 불다
زمم (잠마마)	1.목록을 작성하다 2.꿰다(짐승의 코를)	زمر (자므르)	1.피리, 퉁소 2.호른(음악)
انزم (인잠마)	묶이다, 얽매이다	زمرة (주므라)	무리, 집단, 떼
زمام (지마-므)	1.고삐 2.끈, 줄 3.경작지	زمار (잠마-ㄹ)	피리연주가

زمارة (잠마-라)	피리, 퉁소	زمل (자말라)	뒤따르다
مزمار (미즈마-르)	피리, 퉁소, 클라리넷	زامل (자-말라)	1.동반하다 2.친구가 되다
مزمور (마즈무-르)	시편(종교)	تزمل (타잠말라)	둘러쓰다, 입다
زمرد (주므르루드)	에메랄드	زملة (주믈라)	1.친선 2.동반 3.집단
زمزم (잠자마)	중얼거리다	زمالة (자말-라)	친근한 관계, 동료관계
زمزم (잠잠)	1.풍부한 2.잠잠 우물	زميل (자미-ㄹ)	동료, 친구, 급우
زمزمة (잠자마)	1.중얼거리는 것 2.우뢰소리	أزميل (아지미-ㄹ)	끌, 정
زمزمية (잠잠미-야)	1.물통 2.보온병	زمن (자미나)	만성질환에 걸리다
زمع (잠마아)	결심하다, 결의하다	أزمن (아즈마나)	1.오래 머물다 2.만성이 되다
أزمع (아즈마아)	결심하다, 결의하다	زمن (자민)	만성병 환자
مزمع (무즈마으)	예정된, 결심한	زمانة (자마-나)	만성질환, 고질병

자이

زمان (자마-ㄴ)	때, 시간, 시기, 시대	**زند** (자나드)	1.손목관절 2.팔뚝뼈 3.부싯돌
مزمن (무즈민)	1.장기적인 2.고질적인, 만성적인	**زناد** (자나-드)	1.부시 2.방아쇠
متزامن (무타자-민)	동시의, 동시적인, 동시성의	**زندقة** (잔다까)	1.신앙이 깊은 척 하는 것 2.무신론
زنج (잔즈)	흑인	**زنديق** (진디-끄)	1.위선자 2.불신자, 무신론자
زنجبيل (잔자비-ㄹ)	생강	**زنر** (잔나라)	띠를 매어주다
زنخ (자나카)	변질하다(과일 등이)	**زنار** (잔나-르)	허리띠, 요대, 벨트
زنخ (자니크)	구리내나는	**زنطر** (잔따라)	건방지게 행동하다
زناخة (자나-카)	부패한 냄새	**زنطرة** (잔따라)	거만, 교만, 거드름
زند (자나다)	1.가득 채우다 2.부싯돌을 치다	**زنطارية** (잔따-리야)	이질(의학)
زند (자니다)	목이 마르다, 갈증을 느끼다	**زنق** (자나까)	1.조이다 2.인색하다 3.멍에를 씌우다(짐승에)
أزند (아즈나다)	늘어나다, 증가하다	**زنق** (잔나까)	1.꽉 조르다 2.인색하다

استزهد (이스타즈하다)	하찮게 여기다
زهد (주흐드)	1.무관심 2.금욕주의, 신앙심이 깊은 것 3.자제, 절제
زهادة (자하-다)	1.무관심 2.금욕주의
زاهد (자-히드)	금욕주의자, 수도승
زهيد (자히-드)	1.하찮은 2.의미없는
تزهد (타자흐후드)	금욕생활, 은둔생활
زهر (자하라)	빛나다, 잔짝이다
زهر (자흐하라)	꽃피다, 개화하다
زاهر (자-하라)	번영하다, 융성하다
أزهر (아즈하라)	1.빛나다 2.꽃피다

زناق (자나-끄)	목걸이
زنقة (잔까)	압박, 구속, 누르는 것
زنقة (자나까)	골목, 좁은 거리
منزقة (만자까)	목걸이
زنى (자나)	간통하다, 간음하다
زنى (지나)	1.간통 2.매춘
زناء (지나-)	1.간통 2.매춘
زان (자-닌)	간통자, 성폭행자
زانية (자-니야)	매춘부, 간음한 여성
زهد (자하다)	1.단념하다 2.무관심하다
تزهد (타자흐하다)	수도생활을 하다

자이

مزهر (미즈하르)	하프, 루트	**ازدهر** (이즈다하라)	번영하다, 융성하다
مزهر (무자흐히르)	1.빛나는 2.꽃피는	**زهر** (자흐르)	1.꽃 2.선철, 주철
مزهرية (마즈하리 - 야)	꽃병	**زهرة** (자흐라)	1.꽃송이 2.전성기 3.아름다움
زهف (자하파)	가깝다, 다가오다	**زهرة** (주흐라)	1.아름다움 2.반짝임
ازتهف (이즈타하파)	찰나에 있다	**زهرية** (주하리 - 야)	매독
زهق (자하까)	1.사라지다 2.죽다 3.싫어하다	**زهرة** (주하라)	1.금성 2.비너스, 사랑의 여신
أزهق (아즈하까)	소멸하다, 없애다	**زاهر** (자 - 히르)	1.번영하는 2.빛나는, 밝은
زاهق (자 - 히끄)	죽어가는, 사멸하는	**زهار** (자흐하 - 르)	꽃장사
زهقان (자흐까 - ㄴ)	지친, 맥빠진, 피로한	**أزهر** (아즈하르)	1.빛나는 2.예쁜
زهم (자하마)	소화불량에 걸리다	**ازدهار** (이즈디하 - 르)	번영, 번창, 번성
زهم (주훔)	구린내, 악취	**تزهير** (타즈히 - 르)	번영, 개화

زهمة (주흐마)	구린내, 악취	**تزوج** (타자우와자)	결혼하다
زهومة (주후-마)	구린내, 악취	**ازدوج** (이즈다와자)	1.쌍을 이루다 2.이중으로 되다
زها (자하)	1.빛나다 2.꽃이 피다	**زواج** (자와-즈)	결혼, 혼인, 결혼생활
أزهى (아즈하)	1.꽃피다 2.자랑하다	**زوج** (자우즈)	1.남편 2.아내 3.짝수
ازدهى (이즈다하)	1.감탄하다 2.깔보다	**زوجية** (자우지-야)	부부생활, 결혼생활
زهو (자흐우)	1.허영심 2.자만 3.광채 4.개화	**زوجة** (자우자)	아내, 부인, 처
زهوة (자흐와)	번영, 개화	**تزوج** (타자우와즈)	결혼, 혼인
زهاء (주하-)	1.대략 2.광채 3.약간의 양	**تزويج** (타즈위-즈)	결혼시킴
زوج (자우와자)	결혼시키다, 시집보내다	**تزاوج** (타자-우즈)	근친결혼
زاوج (자-와자)	1.결혼시키다 2.결합시키다	**ازدواج** (이즈디와-즈)	이중
أزوج (아즈와자)	장가보내다, 시집보내다	**ازدواجية** (이즈디와지-야)	양면성, 이중성

자이

تزويد (타즈위 - 드)	1.공급 2.장비	**مزدوج** (무즈다위즈)	이중의, 두 개의
مزادة (마자 - 다)	배낭	**مزاوجة** (마자 - 와자)	짝짓기
مزود (무자우위드)	계약자, 공급자	**متزوج** (무타자우위즈)	1.기혼자 2.결혼한
زار (자 - 라)	방문하다, 찾아가다	**زاح** (자 - 하)	1.떠나다 2.분산시키다 3.제거되다
زور (자우와라)	위조하다, 날조하다	**أزاح** (아자 - 하)	1.옮기다 2.제거하다
زاور (자 - 와라)	외면하다, 피하다	**انزاح** (인자 - 하)	1.떠나다 2.제거되다
ازور (이즈와우와라)	외면하다, 피하다	**زود** (자우와다)	1.주다 2.식량을 공급하다
استزار (이스티자 - 라)	손님으로 초청하다	**أزاد** (아자 - 다)	공급하다(식량을)
زائر (자 - 이르)	1.방문객 2.손님 3.방문하는	**تزود** (타자우와다)	1.휴대하다 2.공급받다(식량을) 3.배우다
زور (주우르)	1.기만 2.위조 3.허위	**زاد** (자 - 드)	식량, 공급물자, 양식
زيارة (지야 - 라)	1.방문 2.성지순례 3.왕진	**زوادة** (자우와 - 다)	양식(여행자의)

자이

زواق (자와-끄) 1.장식 2.금실로 수놓은 천	**زير** (지-르) 1.풍속 2.바람둥이
تزويق (타즈위-끄) 장식, 장식품	**أزور** (아즈와르) 구부러진, 휘어진
مزوق (무자우와끄) 1.단지 외모가 아름다운 2.장식된	**تزوير** (타지위-르) 1.위조 2.기만
زال (잘-라) 1.끝나다 2.기울다 3.아직도 …하다	**مزار** (마자-르) 1.방문지 2.성지
زوّل (자우왈라) 제거하다	**مزور** (무자우와르) 위조된, 조작된, 날조된
زاول (자-왈라) 노력하다, 시도하다	**مزور** (무자우위르) 위조자, 날조자
أزال (아잘-라) 1.밀리하다 2.지워버리다 3.제거하다	**زورق** (자우라끄) 배, 보트
زائل (자-일) 1.순간적인 2.덧없는	**زاغ** (자-가) 1.벗어나다 2.빠져나가다
زول (자울) 1.인물 2.형식 외형 3.유령	**أزاغ** (아자-가) 빗나가게 하다, 이탈시키다
زوال (자와-ㄹ) 1.종말 2.사라짐 3.일몰	**زوغان** (자우가-ㄴ) 벗어남, 빗나감
زولان (자울라-ㄴ) 소멸, 사멸	**زوّق** (자우와까) 1. 장식하다 2.마음속에 그려보다

زيت (자이트)	기름	**أزالة** (아잘-라)	제거
زيتون (자이투-ㄴ)	올리브, 올리브나무	**مزول** (미즈왈)	1.사분면 2.해시계
زيتيات (자이트이-트)	석유채취기업	**مزاولة** (무자-왈라)	수행, 집행, 실천
مزيتة (마즈야타)	기름통, 오일버너	**زوى** (자와)	1.구석에 놓다 2.감추다
زاح (자-하)	1.떠나가다 2.제거하다	**زوّى** (자우와)	1.감추다 2.구부리다
أزاح (아자-하)	제거하다, 없애버리다	**انتزى** (인타자)	1.떨어지다 2.숨다
زيح (지-흐)	1.선 2.헝겊조각	**زاوية** (자-위야)	1.구석 2.작은 기도실
زياح (지야-흐)	종교적 행렬	**انزواء** (인지와-)	고립, 은둔
إزاحة (이자-하)	제거	**مزواة** (미즈와-트)	각도계, 측각기
زاد (자-다)	1.늘어나다 2.첨가되다 3.초과하다	**زات** (자-타)	기름을 넣다, 기름을 치다
زايد (자-야다)	더 높은 가격을 치르다	**زيّت** (자이야타)	기름을 넣다

تزيد 늘어나다, 가격이 오르다
(타자이야다)

ازداد 늘어나다, 증가되다, 증대되다
(이즈다 - 다)

زائد 1.초과하는 2.더하기
(자 - 이드)

زائدة 여분, 첨가물, 부속물
(자 - 이다)

زيادة 1.첨가, 첨부 2.여분 3.증가
(지야 - 다)

تزيد 1.증가 2.과장 3.인상(가격)
(타자이유드)

ازدياد 확대, 증가, 증대, 강화
(이즈디야 - 드)

مزاد 경매, 공매
(마자 - 드)

مزايد 경매자, 입찰자
(무자 - 이드)

مزايدة 1.경매 2.값을 올리는 것 (경매에서)
(무자 - 야다)

مزيد 1.증대, 초과 2.증가된, 증가한
(마지 - 드)

متزائد 증대되는, 증가하는
(무타자 - 이드)

زاط 떠들다, 외치다
(자 - 따)

زيط 떠들다
(자이야따)

زياط 떠들썩한, 소란스러운
(자이야 - 뜨)

زيطة 소음, 소란, 무질서
(자이따)

زيطة 할미새(조류)
(지 - 따)

زاغ 1.기울어지다 2.이탈하다 3.흐려지다(시력이)
(자 - 가)

أزاغ 다른 데로 돌리다(시선을)
(아자 - 가)

زائغ 기울어진, 이탈한
(자 - 이그)

زيغ 이탈
(자이그)

زاف 위조하다(돈을)
(자 - 파)

مزين (무자이야느)	이발사, 미용사	زيف (자이야파)	위조하다
زى (자야)	옷을 입다	زائف (자 - 이프)	위조한, 모조한
تزيى (타자이야)	옷을 입다, 옷을 갈아입다	تزييف (타즈이 - 프)	위조
زى (지이)	1.옷 2.정장 3.화장 4.모델(씬) 5.형태	مزيف (무자이프)	위조자
		مزيف (무자이야프)	위조된
		زان (자 - 나)	꾸미다, 장식하다
		زين (자이야나)	1.장식하다 2.유혹하다
		تزين (타자이야나)	1.장식되다 2.면도하다
		زين (자인)	장식, 미화, 수식
		زينة (지 - 나)	1.장식 2.화장실 3.옷차림
		تزين (타즈이 - 인)	장식, 꾸밈

(السين : 씬)

سادة 1.단색의 2.단순한 3.설탕을 넣지 않은
(싸 - 다)

ساروخ 1.로켓 2.꽃불
(싸루 - 크)

سام 셈(노아의 장남)
(싸 - ㅁ)

سئر 남다, 잔존하다
(싸이라)

سائر 1.나머지의 2.모든, 전체
(싸 - 이르)

سؤرة 나머지, 찌꺼기(음식의)
(싸우라)

سأل 1.부탁하다 2.질문하다
(싸알라)

ساءل 물어보다, 질문하다
(싸 - 알라)

تسأل 구걸하다, 동냥하다
(타싸으알라)

سائل 1.묻는 2.거지 3.액체
(싸 - 일)

سؤال 1.부탁 2.의문, 질문
(쑤와 - ㄹ)

تسؤل 구걸
(타싸울)

مسألة 1.요구 2.주제 3.사건 4.과제
(마쓰알라)

مسؤول 책임이 있는
(마쓰우 - ㄹ)

مسؤولية 책임, 책임성
(마쓰울리 - 야)

سئم 싫증나게 하다, 진저리나다
(싸이마)

سأم 혐오, 싫증
(싸으므)

سئم 싫증나는, 귀찮은
(싸이므)

سآمة 갑갑증, 진절머리
(싸아 - 마)

سؤوم 심심한, 지긋지긋한
(싸우 - 므)

سب 1.비방하다 2.험담하다
(쌉바)

씬

سبب (쌉바바) 야기시키다, 이유를 달다	**سبت** (싸바타) 쉬다, 휴식을 취하다
تسبب (타쌉바바) 원인이 되다, 발생하다	**أسبت** (아쓰바타) 안식일에 들어가다
سب (쌉브) 욕, 저주, 비방, 중상	**سبات** (쑤바 - 트) 1.인정 2.혼미상태 3.겨울잠
سبب (싸바브) 1.원인 2.근원 3.이유 4.동기 5.방법	**سبت** (쌉트) 1.안식일의 날 2.토요일
سببية (싸바비 - 야) 인과관계	**سبت** (싸바트) 광주리
سباب (씨바 - 브) 욕설, 저주, 모욕	**مسبت** (무쓰비트) 마취시키는, 최면의
سبابة (쌉바 - 바) 둘째 손가락	**سبح** (싸바하) 1.수영하다 2.항해하다
مسبب (무쌉비브) 원인제공자	**سبح** (쌉바하) 찬양하다, 찬미하다
مسبب (무쌉바브) …에 의해 야기된	**سبحة** (쑤브하) 1.신주, 염주, 묵주 2.장엄, 위엄
مسببة (무쌉바바) 비방, 모욕적인 언사	**سايحة** (싸 비하) 글라이더, 활공기
متسبب (무타쌉비브) 장본인	**سباح** (쌉바 - 흐) 1.수영선수 2.헤엄치는

سَبْخَة (싸브카)	소금기가 있는 땅	سِبَاحَة (씨바-하)	수영, 헤엄
سِبَاخ (씨바-크)	비료, 거름	سَبُوح (쑤부-흐)	탁월한 수영선수
تَسْبِيخ (타쓰비-크)	깊은 잠, 혼수상태	تَسْبِيح (타쓰비-흐)	1.찬양, 찬미 2.신주, 염주, 묵주
سَبَرَ (싸바라)	1.측정하다 2.조사하다 3.밝혀내다	تَسْبِيحَة (타쓰비-하)	찬송가, 찬미가, 찬가
سَبْر (싸브르)	조사, 탐사, 측정	مَسْبَح (마쓰바흐)	수영장
سَبُور (싸부-르)	운동, 체육, 스포츠	مَسْبَحَة (미쓰바하)	신주, 염주, 묵주
سَبُورَة (쌉부-라)	흑판, 칠판	مُسْبِحَة (무쑵비하)	둘째 손가락
سَبْرُوت (쑤브루-트)	1.가난한 2.가난뱅이	سَبَخَ (싸바카)	깊은 잠을 자다
مِسْبَار (미쓰바-르)	검사(의학)	سَبَّخَ (쌉바카)	거름을 주다
سَبْسَبَ (싸브싸바)	1.쓰다듬다 2.흘리다(눈물을)	سَبَخ (싸바크)	1.거름, 두엄 2.불모지
سَبْسَب (싸브싸브)	사막, 황폐한 땅	سَبِخ (싸비크)	짠, 소금기가 있는

سبعون (싸부우-나)	70	سبسبة (싸브싸바)	쓰다듬는 것
سبعينات (싸브이나-트)	70년대	سبط (싸부따)	가지런히 하다(머리카락을)
أسبوع (우쓰부-으)	일주일, 주일	أسبط (아쓰바따)	1. …에 질리다 2. 벙어리가 되다
مسبع (무쌉바으)	7각형, 7변형	بسط (비쓰뜨)	1. 손자, 외손자 2. 부족(이스라엘 민족의)
سبغ (싸바가)	1. 완전하다 2. 길다 3. 넓다	سبع (싸바아)	1. 일곱 번째가 되다 2. 잡아먹다(짐승이)
أسبغ (아쓰바가)	1. …을 완성하다 2. 넓히다 3. 부여하다	سبع (쌉바아)	1. 일곱배하다 2. 칠등분하다
سابغ (싸-비그)	1. 넉넉한(옷이) 2. 넓은 3. 길고 느슨한	سبع (싸브으)	1. 맹수 2. 사자
سبق (싸바까)	1. 앞서다 2. 능가하다 3. 앞서 도착하다	سبع (쑤브으)	7분의 1
سبق (쌉바까)	선수를 쓰다, 미리 앞질러 …하다	سبع (쑵바으)	1. 칠각형의 2. 칠각형
سابق (싸-바까)	1. 경주하다 2. 경쟁하다	سبعة (싸브아)	일곱
تسابق (타싸-바까)	경쟁하다, 시합하다	سابع (싸-비으)	일곱 번째의

مسبوق (마쓰부-끄)	뒤떨어진, 추월당한, 압도된	**سبق** (싸브끄)	1.앞서는 것 2.일등 3.우선권
سبك (싸바카)	녹여 주조하다, 녹여 붓다	**سبق** (싸바끄)	경마에서 건 돈
سبك (싸브크)	1.주조, 주물 2.용해	**سابق** (싸-비끄)	1.앞서의, 선행의 2.과거의
سباك (쌉바-크)	용해공, 주조공	**سابقة** (싸-비까)	1.전례(법) 2.재범
سباكة (씨바-카)	주물업, 주조업	**سباق** (쌉바-끄)	1.항상 앞서는 2.우승자
مسبك (마쓰바크)	주물공장	**سباق** (씨바-끄)	1.경기, 시합 2.경쟁
سبل (쌉발라)	재물을 기증하다, 희사하다	**أسبقية** (아쓰바끼-야)	우선권
سابل (싸-발라)	현물교역을 하다	**تسابق** (타싸-부끄)	경쟁, 경기, 대항
أسبل (아쓰발라)	1.내리우다 2.흘리다(눈물) 3.감다(눈을)	**مسابق** (무싸-비끄)	1.경쟁하는 2.경쟁자
سبل (싸발)	1.비 2.이삭	**مسابقة** (무싸-바까)	경쟁, 시합, 경기
سبلة (싸발라)	1.이삭 2.콧수염	**متسابق** (무타싸-비끄)	1.경쟁하는 2.경쟁자, 적수

씬

سبلة (싸블라)	거름	**ستة** (씻타)	여섯, 6
سابلة (싸-빌라)	길가는 사람들, 통행인, 보행자	**ستون** (씻투-나)	육십, 60
سبيل (싸비-ㄹ)	1.길, 도로 2.수단, 방법	**ستينات** (씻티나-트)	60년대
أسبل (아쓰발르)	길고 부드러운 머리	**ستر** (싸타라)	1.씌우다 2.감추다 3.보호하다
مسبول (마쓰부-ㄹ)	커튼이 내려진	**ساتر** (싸-타라)	1.숨기려고 애쓰다 2.품다(악의를)
سبى (싸바)	1.사로잡다 2.매혹하다 3.추방하다	**تستر** (타싯타라)	1.은폐하다 2.가장하다 3.감싸주다
استبى (이쓰타바)	1.포로로 잡다 2.매혹하다	**استتر** (이쓰타타라)	1.은폐하다 2.가장하다
سبى (싸비)	1.포로로 잡는 것 2.추방	**ستر** (씨트르)	1.덮개 2.커튼 3.병풍
سبى (싸비-유)	1.포로가 된, 사로 잡힌 2.포로	**سترة** (싸타라)	커튼, 가리개
سبية (싸비-야)	여자포로	**ستار** (씻타-르)	막, 장막, 커튼
ست (씻트)	1.부인, 여자 2.노파	**تستر** (타싯투르)	1.은폐 2.가장

سجاد (삿자 - 드)	주단, 양탄자, 카펫	**مساترة** (무싸 - 타라)	어릿광대
سجادة (삿자 - 다)	카펫, 예배용 카펫	**مستتر** (무스타티르)	1.숨은 2.은밀한 3.숨어있는
سجود (쑤주 - 드)	경배, 숭배	**مستور** (마쓰투 - 르)	1.가면을 쓴 2.순결한 3.정직한
مسجد (마쓰지드)	성원, 예배당, 사원	**متستر** (무타쌋티르)	익명의, 가명의
سجع (싸자아)	운을 맞춰 쓰거나 읊다	**ستف** (쌋타파)	저장하다, 넣어두다(상품)
سجع (싸즈으)	운을 맞춘 시	**تسقيف** (타쓰끼 - 프)	상품저장
سجف (싸자파)	장막이나 커튼을 치다	**سجح** (싸자하)	1.부드럽다 2.잘 생기다(얼굴이)
سجف (싸자프)	커튼, 베일	**سجاحة** (싸자 - 하)	온순함, 얌전함
سجف (씨즈프)	1.장막 2.막, 커튼, 베일	**أسجح** (아쓰자흐)	잘 생긴, 미모의
سجل (쌋잘라)	1.등록하다(기록을) 2.돌파하다	**سجد** (싸자다)	1.절하다 2.예배하다
ساجل (싸 - 잘라)	1.교대로 하다 2.경쟁하다	**سجدة** (싸즈다)	1.절 2.경배

씬

سَجْل (싸즐)	두레박, 큰 물통	**اِنْسَجَنَ** (인싸자나)	구류되다, 투옥되다
سِجِل (씻질)	기록부, 등록부	**سَجْن** (싸즌)	감금, 구류, 구금
تَسْجِيل (타쓰지-ㄹ)	등록, 기록, 기입	**سِجْن** (찌즌)	감옥, 형무소
مُسَجِّل (무쌋질)	1.기록사 2.녹음기 3.공증인	**سَجَّان** (쌋자-ㄴ)	간수, 감옥지기
مُسَاجَلَة (무싸-잘라)	1.경합 2.토론, 논쟁	**سَجِين** (싸지-ㄴ)	1.죄수, 수인 2.투옥된
سَجَمَ (싸자마)	1.흐르다 2.흘리다	**سَجَا** (싸자-)	1.조용하다 2.정겹다
أَسْجَمَ (아쓰자마)	쏟다, 흘리다	**سَجَّى** (쌋자)	1.싸다(시체) 2.감싸주다
اِنْسَجَمَ (인싸자마)	1.흐르다 2.유창하다 3.어울리다	**سَاجٍ** (싸-진)	1.고요한 2.정겨운
اِنْسِجَام (인씨자-ㅁ)	1.유창함 2.어울림	**سَجِيَّة** (싸지-야)	1.성격, 기질 2.천성, 본성
مُنْسَجِم (문싸짐)	1.흐르는 2.유창한 3.어울린	**مُسَجًّى** (무쌋자)	덮인, 수의를 입힌
سَجَّنَ (싸자나)	감금시키다, 투옥시키다	**سَحَبَ** (싸하바)	1.잡아당기다 2.철수하다

مسحج (마쓰하즈)	대패
مسحوج (마쓰후-즈)	벗겨진, 까진
سحر (싸하라)	1.감탄시키다 2.유혹하다
سحر (싸흐르)	폐
سحر (싸하르)	이른 아침, 새벽
سحر (씨흐르)	1.매혹 2.요술, 마술
ساحرة (싸-히라)	마녀, 무당
سحار (싸흐-르)	마술사, 요술쟁이
سحارة (싸흐하-라)	1.궤짝 2.마술
سحور (쑤후-르)	라마단 달 새벽참
مسحور (마쓰후-르)	마술에 걸린, 매혹된
تسحب (타싸흐하바)	침투하다, 기어들다
انسحب (인싸하바)	1.철수하다 2.퇴각하다
استحب (이쓰타하바)	많이 하다, 악용하다
سحب (싸흐브)	1.철수 2.회수 3.인출
سحاب (싸하-브)	구름
سحبة (싸흐바)	단번에, 단숨에
سحابة (싸하-바)	1.구름 2.…하는 동안
انسحاب (인씨하-ㅂ)	1.퇴각 2.철수, 철퇴
مسحب (마쓰하브)	통풍장치
سحج (싸하자)	1.할퀴다 2.껍질을 벗기다
سحجة (싸흐자)	할퀸 자리, 벗어진 자리

سحق (싸하까)	가루로 만들다	ساحل (싸 - 할라)	해변으로 가다
انسحق (인싸하까)	1.부서지다 2.상심하다	ساحل (싸 - 힐)	해변, 바닷가, 해안
سحق (싸흐끄)	누더기, 넝마, 헌옷	سحالة (쑤할 - 라)	대패밥, 깎임밥
سحق (쑤후끄)	1.먼 곳 2.깊이, 넓음	سحلية (씨흘리 - 야)	도마뱀
سحاق (씨하 - 끄)	여성간의 동성애	سواحلي (싸와 - 힐리)	1.해변의 2.수아힐리어의
ساحق (싸 - 히끄)	1.압도적인 2.치명적인	مسحل (미쓰할)	1.대패 2.줄칼
سحيق (싸히 - 끄)	1.먼, 아득한 2.깊은	مسحول (마쓰후 - ㄹ)	여윈, 허약한
انسحاق (인씨하 - 끄)	1.패배 2.후퇴	سحم (싸흠)	검정, 흑색
مسحوق (마쓰후 - 끄)	1.가루가 된 2.가루	سحمة (쑤흐마)	검정, 흑색
منسحق (문싸히끄)	상심한, 우울한, 뉘우치는	سحام (쑤하 - ㅁ)	검정, 흑색
سحل (싸할라)	1.깎아내다(대패로) 2.밀다	سحماء (싸흐마 -)	검은, 까만

سحن (싸하나)	찧다, 부수다	سخرية (쑤크리-야)	1.웃음거리 2.희롱, 조소
سحنة (싸흐나)	외관, 겉모양, 용모	تسخير (타쓰키-르)	1.착취 2.복종시키는 것
مسحنة (미쓰하나)	절구, 찧는 도구	مسخرة (마쓰카라)	웃음거리, 가면무도회
سحا (싸하-)	1.제거하다 2.면도하다	مسخر (무쌋키르)	압제자, 박해자
سحاءة (씨하-아)	뇌막	سخسخ (싸크싸카)	졸도하다, 기절하다
مسحاة (미쓰하-트)	삽	سخسخة (싸크싸카)	졸도, 기절, 실신
سخر (싸카라)	일만 시키다, 부려먹다	سخط (싸카따)	1.화내나 2.앙심을 품다
سخر (싸키라)	조롱하다, 놀려주다	أسخط (아쓰카따)	약을 올리다
سخر (쌋카라)	1.강제노동을 시키다 2.종속시키다	تسخط (타쌋카따)	화를 내다, 분노하다
سخر (쑤크르)	조소, 조롱	سخط (쑤크뜨)	분노, 울분, 노여움, 불만
سخرة (쑤크라)	1.강제노역 2.웃음거리	سخطة (쑤크따)	발작, 분노의 폭발

씬

مسخطة (마쓰카따)	격분할 행위
مسخوط (마쓰쿠-뜨)	1.징그러운 2.바보
سخف (싸쿠파)	1.어리석다 2.연약하다
استسخف (이쓰타쓰카파)	1.우둔하다고
سخف (싸크프)	1.우둔한 것 2.황당무계
سخافة (싸카-파)	1.어리석음 2.불합리
سخيف (싸키-프)	1.연약한 2.유치한
سخم (싿카마)	검게 하다
تسخم (타싿카마)	앙심을 품다
سخم (싸캄)	1.검정색 2.원한, 앙심
سخمة (쑤크마)	검은 색

سخام (쑤카-ㅁ)	1.매연 2.검은색
سخمة (싸키-마)	분노, 악의, 증오, 앙심
أسخم (아쓰카무)	검은
سخن (싸쿠나)	1.따뜻하다 2.열이 나다
أسخن (아쓰카나)	가열하다, 데우다
تسخن (타싸쓰카나)	데워지다, 뜨거워지다
سخن (쑤큰)	뜨거운, 따뜻한
سخانة (싸카-나)	1.따뜻함 2.열
سخانة (싿카-나)	1.가열기 2.온수기
سخونة (쑤쿠-나)	1.따뜻함 2.오한, 열병
سخين (싸키-ㄴ)	1.뜨거운 2.흥분된

سد 1.폐쇄 2.장애물 3.댐, 제방 (싿드)	**مسخن** 온수통 (미쓰칸)
سدة 1.문 2.문턱 3.왕좌, 옥좌 (쑷다)	**مسخنة** 가마 (미쓰카나)
سداد 1.정확성 2.합리 3.지불 (싸다 - 드)	**مسخنات** 가열기, 전기풍로 (무쌋카나 - 트)
سدادة 1.마개, 덮개 2.폐쇄기 (씨다 - 다)	**سخى** 너그럽다, 온순하다 (싸키야)
سديد 1.명중의 2.정확한, 옳은 (싸디 - 드)	**سخاء** 관대성, 너그러움 (싸카 -)
تسديد 1.조준 2.지불 (타쓰디 - 드)	**سخى** 너그러운, 관대한, 후한 (싸키)
انسداد 1.막히는 것(혈관의) 2.폐색 (인씨다 - 드)	**سخاوة** 유연함, 온순함 (싸카 - 와)
مسد 막힌 곳 (마쌋드)	**سد** 1.닫다 2.틀어막다(빛을) 3.갚다 (쌋다)
مسدود 1.막힌 2.차단된 (마쓰두 - 드)	**سدد** 1.겨누다 2.갚다, 치르다 (쌋다다)
سدر 1.당황하다 2.눈부시다 (싸디라)	**أسد** 명중하다, 맞히다 (아쌋다)
سدر 당황한, 어리둥절한 (싸디르)	**انسد** 1.막히다 2.차단되다 (인쌋다)

سدفة 1.땅거미, 황혼 2.서광 (쑤드파)	**سدرة** 칠천에 있는 연나무 (씨드라)
سدل 1.풀다(머리를) 2.내리다(막을) (싸달라)	**سادر** 1.무관심한 2.무분별한 (싸 - 디르)
أسدل 내리우다, 드리우다 (아쓰달라)	**سدارة** 태양이 있는 모자 (씨다 - 라)
تسدل 내리워지다, 드리워지다 (타싯달라)	**سدس** 여섯 번째가 되다 (싸다싸)
انسدل 아래로 늘이다 (인싸달라)	**سدس** 1.여섯배 하다 2.육각형으로 만들다 (쌋다싸)
سدل 1.씌우개 2.막, 커튼 3.목걸이 (씨들)	**سدس** 6분의1 (쑤드쓰)
سدم 서글퍼하다, 후회하다 (싸다마)	**سادس** 여섯 번째의 (싸 - 디쓰)
انسدم 말리다, 말라붙다 (인싸다마)	**سداس** 여섯 개씩 (쑤다 - 쓰)
سدم 후회와 슬픔 (싸담)	**مسدس** 여섯으로 된 (무쌋다쓰)
سديم 1.안개 2.성운, 별구름 (싸디 - ㅁ)	**مسدسة** 권총 (무쌋다싸)
سادن 카으바 신전 관리자 (싸 - 딘)	**سدف** 1.땅거미, 황혼 2.서광 (싸다프)

씬

استسر (이쓰타싸르라)	은폐되다	**سدانة** (씨다 - 나)	카으바 신전의 관리직
سِرّ (씨르르)	1.비밀, 기밀 2.근원, 핵심	**سدى** (쌋다)	주다, 선사하다
سُرّ (쑤르르)	탯줄, 배꼽	**أسدى** (아쓰다)	내밀다(손), 이익을 주다
سُرّة (쑤르라)	1.배꼽 2.복판, 중심	**سداة** (싸다 - 트)	실마리(이야기나 논쟁의)
سرر (쑤루르)	손금, 이마의 주름살	**سدى** (수단)	공연히, 쓸데없이
سرور (쑤루 - 르)	기쁨, 환희, 반가움	**ساذج** (싸 - 지즈)	1.소박한 2.천진한
سراء (싸라라 -)	기쁨, 행복, 안락	**سذاجة** (싸자 - 자)	1.소박함 2.고지식함
سرار (씨라 - 르)	1.이맛살 2.손금	**سرّ** (싸르라)	1.기쁘게 하다 2.기뻐하다
سرير (싸리 - 르)	침대, 옥좌	**سارّ** (싸 - 르라)	비밀을 주고받다
سريرة (싸리 - 라)	1.마음 2.의향	**أسرّ** (아싸르라)	1.기쁘게 해주다 2.숨기다
سرية (쑤르리 - 야)	내연의 처	**تسرر** (타싸르라)	첩을 두다

씬

اسْتِسْرار (이쓰티쓰라-르)	내연의 관계	**سِرْبة** (쑤르바)	무리, 떼
مُسِرّ (무씨르르)	기쁘게 하는, 즐거운	**سارِبة** (싸-리바)	파충류 동물
مَسَرَّة (마싸르라)	기쁨, 즐거움, 쾌락	**سَراب** (싸라-ㅂ)	1.신기루 2.하수도물
مَسْرور (마쓰루-르)	기쁜, 즐거운	**تَسَرُّب** (타싸르라브)	새는 것, 침투, 침습
سِراط (씨라-뜨)	길	**مَسْرَب** (마쓰랍)	1.도랑 2.배수관, 하수도관
سَرِبَ (싸리바)	흐르다, 새다	**سَرْبَل** (싸르발라)	입히다
سَرَبَ (싸라바)	1.방목하다 2.흐르다	**تَسَرْبَل** (타싸르발라)	입다
سَرَّبَ (싸르라바)	방목시키다	**سِرْبال** (씨르바-ㄹ)	옷, 적삼
اِنْسَرَبَ (인싸라바)	침투하다, 기어들다	**مُتَسَرْبِل** (무타싸르발)	젊음의 축복을 받은
سَرَب (싸랍)	지하통로, 땅굴, 갱도	**سَرَجَ** (싸라자)	엮다, 땋다(머리채를)
سِرْب (씨릅)	1.집단 2.마음, 심성	**سَرَّجَ** (싸르라자)	1.안장을 얹다 2.엮다, 땋다

تسرح (타싸르라하)	머리 빗다	**أسرج** (아쓰라자)	1.안장을 풀다 2.불을 붙이다
انسرح (인싸라하)	1.석방되다 2.방임되다	**سرج** (싸르즈)	말의 안장
سرح (싸르흐)	방목떼	**سراج** (씨라-즈)	1.등잔, 등불, 램프
سرحة (싸르하)	공간, 공지	**سيرج** (씨-라즈)	참기름
سرحان (싸르하-ㄴ)	잡념에 사로잡힌	**سرجين** (씨르지-ㄴ)	비료, 거름, 두엄
سراح (싸라-흐)	1.석방 2.이혼	**أسروجة** (아쓰루-자)	거짓, 허위
سريح (싸리-흐)	행상인	**مسرجة** (마쓰라자)	등잔대
تسريح (타쓰리-흐)	1.집단해고 2.제대	**سرح** (싸라하)	1.방목하다 2.배회하다
تساريح (타싸리-흐)	허가, 인준	**سرح** (싸리하)	마음대로 …하다
تسريحة (타쓰리-하)	1.머리단장 2.화장대	**سرح** (싸르라하)	1.석방하다 2.이혼하다
انسراح (인씨라-흐)	해방, 자유롭게 함	**أسرح** (아쓰라하)	석방하다, 해방시키다

씬

سرط (싸리따)	삼키다, 꿀꺽 넘기다
مسرح (무싸르라흐)	1.제대한 2.제대군인
استرط (이쓰타라따)	삼키다
مسرح (마쓰라흐)	1.극장, 무대 2.활동장소
سراط (시라 - 뜨)	길, 도로
مسرحية (마쓰라히 - 야)	희곡, 연극
سرطان (싸르따 - ㄴ)	1.게, 가재 2.암, 종양
منسرح (문싸리흐)	1.자유로운 2.빠른
سرع (싸루아)	1.빠르다 2.서두르다
سرد (싸라다)	1.열거하다 2.인용하다
سرع (싸르라아)	재촉하다, 촉진하다
سرد (싸르라다)	2.구멍 내다 2.꿰매다
سارع (싸 - 라아)	1.서둘다 2.달리기 시합하다
سرد (싸르드)	인용, 인증
أسرع (아쓰라아)	1.서두르다 2.촉진시키다
مسرد (마쓰라드)	색인표(책의)
تسرع (타싸르라아)	서두르다, 빨리하다
سرداب (씨르다 - ㅂ)	지하통로, 땅굴
سرع (쑤르으)	고삐
سرادق (싸라 - 디끄)	천막, 정자
سرعة (쑤르아)	1.빠른 것, 속도 2.급한 것
سرسام (씨르쌈 - ㅁ)	뇌막염

مسرف (무쓰리프)	1.탕진하는 2.과소비자	**سريع** (싸리 - 으)	빠른, 급한
مسراف (미쓰라 - 프)	낭비가 심한	**إسراع** (이쓰라 - 으)	급행, 들진, 가속
سرق (싸라까)	도적질하다	**أسروع** (아쓰루 - 으)	모충, 풀쐐기
سرق (싸르라까)	도둑으로 몰다	**تسرع** (타싸르루으)	1.서두는 것 2.조급성
انسرق (인싸라까)	1.약해지다 2.슬며시 가버리다	**تسريع** (타쓰리 - 으)	촉진, 앞당기는 것
سارق (싸 - 리끄)	도적, 약탈자	**مسرع** (무쓰리으)	빠른, 서두는, 조급한
سراق (싸르라 - 끄)	1.도적 2.작은 톱	**مسارعة** (무싸 - 라아)	조급성
سرقة (싸리까)	1.약탈, 절도 2.절도범죄	**متسرع** (무타싸르리으)	서두는, 덤비는
سريقة (싸리 - 까)	훔친 물건	**سرف** (싸라파)	1.낭비하다 2.지나치다
مسرقات (마쓰루까 - 트)	장물	**سرف** (싸라프)	지나침, 과도함, 낭비
منسرق (문싸리끄)	약한	**إسراف** (이쓰라 - 프)	1.낭비 2.지나침

씬

씬

سرك (씨르크)	곡마단, 곡예단	سرى (싸라)	1.밤에 가다 2.효력을 발생하다
سركي (싸르키)	지불승인서	أسرى (아쓰라)	밤에 여행하다
سرمد (싸르마드)	영원, 무한	سار (싸-린)	1.전염하는(병이) 2.유효한
سرا (싸라)	고결하다, 관대하다	سرية (싸리-야)	분대, 중대(군대)
سرى (싸르라)	기쁘게 하다, 위안하다	سارية (싸-리야)	1.분위기 2.돛대
تسرى (타싸르라)	첩을 두다	إسراء (이쓰라)	밤여행
انسرى (인싸라)	없어지다(슬픔이)	سطح (싸따하)	1.평평하게 하다 2.눕히다
سراة (싸라-트)	1.중심 2.우두머리 3.고위층	تسطح (타쌋따하)	1.펴지다 2.평평해지다
سرى (싸리이)	명문, 귀족, 양반	انسطح (인싸따하)	1.평평해지다 2.깔리다
تسرية (타쓰리야)	기분전환, 오락	سطح (싸뜨흐)	1.지붕, 꼭대기 2.면, 표면
سروال (씨르와-ㄹ)	바지	سطيح (싸띠-흐)	1.평평한 2.허약한

مِسْطَار (미쓰따 - 르)	1.미장칼 2.제도기	تَسْطَح (타쓰뚜흐)	평행, 고름, 평평함
مُسَيْطِر (무싸이띠르)	1.감독 2.통치자	مَسْطَح (마쓰따흐)	표면, 겉
سَطَعَ (싸따아)	1.비치다 2.일다(먼지가)	مُسَطَّح (무쌋띠흐)	1.평면 2.면적
سَطْع (싸뜨으)	1.눈부심 2.일어나는 것(먼지가)	مُسَطَّحَات (무쌋따하 - 트)	평지
سَاطِع (싸 - 띠으)	1.찬란한 2.명백한	سَطَرَ (싸따라)	1.선을 긋다 2.기록하다
سُطُوع (쑤뚜 - 으)	찬란함, 눈부심	سَطْر (싸뜨르)	1.줄, 선 2.열
سَطَّلَ (싸딸라)	마취시키다	سُطُور (싸뚜 - 르)	큰 칼
اِنْسَطَلَ (인싸딸라)	마취되다	سَيْطَرَة (싸이따라)	지배, 통치권력
سَطْل (싸뜰)	물통, 바께스	أُسْطُورَة (우쓰뚜 - 라)	우화, 전설
أُسْطُول (우쓰뚤 - 르)	함대	تَسْطِير (타쓰띠 - 르)	기록
مَسْطُول (마쓰뚤 - 르)	마취된	مِسْطَرَة (미쓰따라)	1.자 2.견본, 표본

씬

씬

أسطوانة (우쓰뚜와-나)	레코드판	**سعدانة** (싸으다-나)	1.원숭이 2.젖꼭지
سطو (싸똬)	1.공격하다 2.침입하다	**سعيد** (싸이-드)	1.행복한 2.무사한
سطو (싸뚜)	1.공격, 습격 2.힘, 세력	**مساعد** (무싸-이드)	1.도와주는 2.조교
سطوة (싸뜨와)	1.습격 2.세력 3.통치	**مساعدة** (무싸-아다)	1.지원 2.지지
سعد (싸이다)	행복하다	**مسعود** (마쓰우-드)	행복한, 복받은
ساعد (싸-아다)	1.돕다 2.촉진시키다	**سعر** (싸아라)	1.불을 피우다 2.미치다(개가)
أسعد (아쓰아다)	행복하게 하다	**سعر** (싸으아라)	값을 매기다
سعد (싸으드)	행운	**ساعر** (싸-아라)	흥정하다
ساعد (싸-이드)	손, 팔	**أسعر** (아쓰아라)	불을 키다
ساعدة (싸-이다)	지류(강의)	**تسعر** (타쓰으아라)	1.불타다 2.값이 정해지다
سعادة (싸아-다)	1.행복 2.귀하	**انسعر** (인싸아라)	미치다(개가)

استعر (이쓰타아라)	타오르다	سعط (싸아뜨)	코로 들어마시다
سعر (씨으르)	값, 가격, 시세	استعط (이쓰타아따)	코로 들이마시다
سعرة (싸으라)	광증, 미치는 것	سعوط (쑤우 - 뜨)	코로 들이마심
سعار (쑤아 - 르)	1.폭식 2.광증	سعف (싸아파)	구원하다, 구제하다
سعران (싸으라 - ㄴ)	미친	ساعف (싸 - 아파)	살리다, 구원하다
سعير (싸이 - 르)	불, 불길, 화염	أسعف (아쓰아파)	응급조치를 취하다
تسعير (타쓰이 - 르)	가격산정	سعف (싸으프)	구원, 구제
تسعيرة (타쓰이 - 라)	1.요금 2.정가	إسعاف (이쓰아 - 프)	구제, 응급조치
مسعر (무싸으이르)	방화자	إسعفات (이쓰아파 - 트)	구급약, 약품
مسعار (미쓰아 - 르)	1.방화자 2.불쏘시개	سعل (싸알라)	기침하다
مسعور (마쓰우 - 르)	미친, 정신나간	سعلة (쑤을라)	기침

مسغبة (마쓰가바)	굶주림, 기아	سعال (쑤아-ㄹ)	기침
سف (싸파)	1.삼키다 2.엮다	سعلاء (씨을라-)	마녀, 마귀할멈
أسف (아싸파)	1.찬찬히 보다 2.걷다(노선을)	سعى (싸아)	1.걷다, 달리다 2.애쓰다
استف (이쓰탓파)	삼키다(가루약을)	سعى (싸이)	1.달리기 2.지향 3.노력
سفوف (싸푸-프)	가루약	ساع (싸-인)	1.중상모략자 2.배달자
سفيف (싸피-프)	여윈, 허약한	سعاية (싸아-야)	1.밀고 2.중상
سفح (싸파하)	흘리다(피를)	مسعى (마쓰안)	노력
سافح (싸-파하)	간음하다	سغب (싸기바)	굶주리다, 배고프다
تسافح (타싸-파하)	간음하다	سغب (싸가브)	기아, 허기, 굶주림
سفح (싸프흐)	1.산기슭 2.비탈 3.유혈	سغابة (싸가-바)	굶주림, 기아
سفاح (싸파-흐)	피를 흘리게 하는 사람	سغبان (싸그바-ㄴ)	배고픈, 굶주린

سفرة (쑤프라)	1.여행음식 2.식탁	**سفاح** (씨파 - 흐)	간음, 간통
سافرة (싸 - 피라)	베일을 벗은 여자	**سفد** (싸파다)	교배시키다
سفارة (싸파 - 라)	1.중재 2.대사관	**سفد** (쌋파다)	고기를 꼬챙이에 꿰다
سفور (쑤푸 - 르)	베일을 쓰지 않음	**سافد** (싸 - 파다)	교배시키다
سفير (싸피 - 르)	1.대사 2.중재자	**سفاد** (씨파 - 드)	교배, 교배
سفرجي (쑤프라지)	식당 종업원	**سفر** (싸파라)	1.베일을 벗다 2.여행하다
مسافر (무싸 - 피르)	여행자, 승객	**سافر** (싸 - 파라)	여행하다
سفسطة (싸프싸따)	궤변, 궤변론	**أسفر** (아쓰파라)	1.초래하다 2.노출시키다
متسفسط (무타싸프씻뜨)	궤변론자	**سفر** (씨프르)	경전, 성서, 성경, 꾸란
سفسفة (싸프싸파)	잡담, 공담	**سفر** (싸파르)	1.여행 2.통행 3.행군
سفساف (싸프싸 - 프)	어리석은, 공연한	**سفرية** (싸파리 - 야)	여행, 수학여행

سفط (싸파뜨)	생선비늘을 벗기다	**سفل** (싸팔라)	낮다, 아래로 향하다
سفط (싸파뜨)	광주리, 바구니	**تسفل** (타샷팔라)	1.낮아지다 2.타락하다
سفط (싸프뜨)	생선비늘	**سفل** (씨플)	1.아래, 밑 2.깊은 곳
سفع (싸파아)	1.태우다 2.치다	**سافل** (싸필)	1.졸렬한 2.낮은
سفعة (쑤프아)	검은 얼룩, 흑점	**سفالة** (싸팔 - 라)	1.아래, 밑 2.토대
أسفع (아쓰파우)	가무잡잡한	**سفيل** (싸피 - ㄹ)	1.낮은 2.너절한
سفك (싸파카)	1.흘리다(피를) 2.붙다	**أسفل** (아쓰팔루)	1.밑바닥의 2.…보다 낮은
تسافك (타싸 - 파카)	서로 살상하다	**تسفل** (타샷풀)	졸렬한 것, 천한 것
انسفك (인싸파카)	흐르다	**سفلت** (싸플라타)	아스팔트를 깔다
سفك (싸프크)	흘리는 것(피를)	**أسفلت** (아쓰팔트)	아스팔트
سفاك (쌋파 - 크)	살인범, 살인자	**سفلقة** (싸플라까)	무위도식, 기생충생활

أسفى (아쓰파)	불다(바람이)	**سفلاق** (씨플라 - 끄)	밥벌레, 건달꾼
سافياء (싸피야 - 우)	먼지	**سفان** (쌋파 - 누)	선박 제작사
سقب (싸끄브)	낙타새끼	**سفانة** (씨파 - 나)	선박건조, 조선산업
سقط (싸까따)	1.떨어지다 2.상실되다(권리가)	**سفينة** (싸피 - 나)	배, 선박
أسقط (아쓰까따)	1.박탈하다(권리를) 2.유산시키다	**سفه** (싸피하)	1.어리석다 2.파렴치하다
تسقط (타쌋까따)	1.못쓰게 되다 2.타락하다	**سفه** (싸푸하)	무례하다
تساقط (타싸 - 까따)	계속 떨어지다	**سفه** (쌋파하)	경멸하나
سقط (싸까뜨)	1.부스러기 2.불합격품	**سفه** (싸피흐)	1.어림석음 2.파렴치함
سقط (싸끄뜨)	1.강우량 2.유산아 4.이슬	**سفاهة** (싸파 - 하)	1.어리석음 2.낭비
سقطة (싸끄따)	1.낙하 2.실수, 과오	**سفيه** (싸피 - 흐)	1.어리석은 2.파렴치한
ساقط (싸 - 끼뜨)	1.떨어지는 2.너절한	**سفى** (싸파)	바람이 먼지를 일구다

씬

مسقف (무싹까프)	지붕을 한	**ساقطة** (싸 - 끼따)	매춘녀
سقالة (싸깔 - 라)	잔교, 구름다리	**سقوط** (쑤꾸 - 뜨)	1.떨어지는 것 2.상실(권리의)
سقم (싸끼마)	1.앓다 2.핼쑥해지다	**سقيط** (싸끼 - 뜨)	우박, 눈, 서리
أسقم (아쓰까마)	병들게 하다	**إسقاط** (이쓰까 - 뜨)	1.박탈 2.전복 3.유산(태아)
انسقم (인싸까마)	허약해지다	**تساقط** (타싸 - 꾸뜨)	빠짐(머리카락이)
سقم (싸꿈)	병, 허약, 아픔	**مسقط** (마쓰까뜨)	1.도면 3.무스카트(오만 수도)
سقم (쑤꿈)	1.허약함, 여윔 2.부족	**سقف** (싸까파)	지붕을 씌우다
سقام (싸까 - ㅁ)	병, 허약, 아픔	**سقف** (싿까파)	1.천정을 하다 2.손뼉을 치다
سقيم (싸끼 - ㅁ)	1.아픈 2.수척한	**سقف** (싸끄프)	1.지붕, 이영 2.천정
سقى (싸까)	1.마실 물을 주다 2.관개하다	**سقيفة** (싸끼 - 파)	1.처마 2.헛간 3.정자(공원의)
أسقى (아쓰까)	1.물을 먹이다 2.관개하다	**أسقف** (아쓰까프)	대주교

سكة (씻카)	1.주조한 화폐 2.도로	استقى (이쓰타까)	물을 긷다, 물을 청하다
أسك (아싹크)	1.귀먹은 2.귀머거리	استسقى (이쓰타쓰까)	비가 내리기를 빌다
مسكوكات (마쓰쿠카-트)	주조한 화폐, 쇠돈	سقى (싸끄이)	1.관개 2.관개한 밭
سكب (싸카바)	붓다, 쏟다	ساقية (싸-끼야)	1.술집 여자 2.수차
انسكب (인싸카바)	쏟아지다, 흘러나오다	سقاء (싸까-)	가죽자루(물을 운반하는)
سكيب (싸키-브)	쏟아진, 부어진	سقاية (싸까-야)	관개, 관수
سكيبة (싸키-바)	술, 술잔치	استسقاء (이쓰티쓰까-)	물고임(의학)
انسكاب (인씨카-브)	1.쏟아짐 2.새는 것	مسقى (마쓰까)	관개수로, 물도랑
مسكب (마쓰캅)	주조하는 솟	سك (싻카)	1.문을 잠그다 2.화폐를 주조하다
سكت (싸카타)	1.침묵하다 2.대답을 하지 않다	سكك (싸카카)	귀먹다
أسكت (아쓰카타)	침묵하게 하다	سك (싻크)	못, 나무못

سكر (숫카르)	설탕	سكت (싸크트)	침묵, 정숙, 안정
سكرية (숫카리-야)	설탕 그릇	سكتة (싸크타)	1.마비, 중풍 2.침묵
سكريات (숫카리야-트)	설탕, 사탕	سكوت (쑤쿠-트)	침묵, 무언, 묵묵함
سكرين (싸카리-ㄴ)	사카린	سكيت (씻키-트)	피를 빠는 작은 모기
سكرة (싸크라)	1.술판 2.취기, 주정질	مسكت (무쓰키트)	확고한, 단호한
سكران (싸크라-ㄴ)	1.술에 취한 2.주정뱅이	سكر (싸키라)	취하다
سكاكر (싸카-키르)	당과, 설탕졸임의 과일	سكر (싸카라)	문을 닫다, 문을 채우다
تسكير (타쓰키-르)	색맹	سكر (쌋카라)	1.취하게 하다 2.설탕을 치다
مسكر (무쌋카르)	설탕에 절인, 설탕졸임한	أسكر (아싸카라)	취하게 하다
مسكرات (무쓰카라-트)	술, 주류	تساكر (타싸-카라)	취한체 하다
سكرتير (씨크리티-르)	비서, 서기	سكر (쑤크르)	주정, 취한 것

씬

سكرتاية (씨크리타리-야)	1.비서직무 1.비서국	تسكين (타쓰키-ㄴ)	진정시킴, 평정화
سكن (싸카나)	1.살다 2.고요하다	مسكن (마쓰칸)	집, 주거지
أسكن (아쓰카나)	거주시키다	مسكنة (마쓰카나)	1.빈곤, 가난 2.비참한 처지
تساكن (타싸-카나)	동거하다	مسكين (미쓰키-ㄴ)	1.가련한 2.비참한
سكن (싸칸)	1.거주 2.살림집	مسكنات (무싯키나-트)	진정제, 진통제
سكنة (싸카나)	안정상태, 정지상태	مسكون (마쓰쿠-ㄴ)	1.거주하는 2.인구가 많은
ساكن (싸-킨)	1.조용한 2.거주하는	مسكونة (마쓰쿠-나)	세계, 우주, 지구
سكون (쑤쿠-ㄴ)	1.평온 2.정적	مساكن (무싸키-ㄴ)	이웃, 주민
سكين (씻키-ㄴ)	칼	مساكنة (무싸-카나)	동거, 동침
سكينة (싸키-나)	1.칼 2.안정, 평온	سل (쌀라)	1.몰래 빼내다 2.결핵을 앓다
إسكان (이쓰카-ㄴ)	거주시킴	تسلل (타쌀랄라)	침투하다, 잠입하다

سلب (쌀브)	1.약탈 2.약탈물	انسل (인쌀라)	1.침입하다 2.결핵을 앓다
سلاب (씰라-브)	약탈자, 강도	استل (이쓰탈라)	1.뽑다(칼을) 2.빼앗다
سليب (쌀리-브)	빼앗긴, 박탈당한	سلة (쌀라)	바구니, 광주리
أسلوب (우쓸루-브)	1.방식 2.문체	سلالة (쑬랄-라)	1.후손 2.품종 3.가문 4.왕조
استلاب (이쓰틸라-브)	약탈	سليل (쌀리-ㄹ)	1.결핵에 걸린 2.결핵환자
مسلوب (마쓸루-브)	1.약탈당한 2.미친	مسلول (마쓰룰)	결핵에 걸린, 결핵환자
سلح (쌀라하)	새가 똥을 싸다	سلاطة (쌀라-따)	샐러드
تسلح (타쌀라하)	무장하다	سلب (쌀라바)	1.약탈하다 2.무장을 해제하다 3.조산하다
سلح (쌀흐)	새똥	انسلب (인쌀라바)	약탈당하다
سلاح (씰라-흐)	무기, 무장	استلب (이쓰탈라바)	약탈하다
تسليح (타쓸리-흐)	무장화, 군비	سلب (쌀라브)	1.훔친 물건, 장물

تسلح (타쌀루흐)	재무장, 재군비	سليخ (쌀리-크)	1.맛이 없는 2.갈지 않은 땅
مسلح (무쌀라흐)	무장된, 무장의	مسلخ (마쌀라크)	도살장
مسلحة (마쌀라하)	1.무기고 2.수비대	مسلاخ (미쌀라-크)	1.가죽 2.탈, 가면
سلحفاة (쑬라흐파-)	거북이, 자라	منسلخ (문쌀리크)	껍질이 벗겨진
سلحفائية (쑬라흐파이-야)	1.거북이걸음 2.더딘 일	منسلخ (문쌀라크)	월 말
سلخ (쌀라카)	1.껍질을 벗기다 2.분리하다	سلس (쌀리싸)	1.온순하다 2.부드럽다 3.매끄럽다(문장이)
تسلخ (타쌀라카)	1.탈피하다 2.터져나오다(함성이)	أسلس (아쌀라싸)	1.순하게 하나 2.유연하게 하다
انسلخ (인쌀라카)	가죽을 벗다, 분리되다	سلس (쌀라쓰)	요실금(의학)
سلخ (씰크)	벗긴 가죽, 뱀가죽	سلس (쌀리쓰)	1.온순한 2.부드러운 3.유창한
سلخة (쌀카)	양새끼, 좁고 긴 땅떼기	أسلس (아쌀라쑤)	1.온순한 2.유연한 3.유창한
سلاخة (쌀라-카)	맛이 없는 것, 씁쓸함	سلسل (쌀쌀라)	1.쇠사슬로 연결하다 2.붓다

씬

سلطة (쌀따)	자켓	**تسلسل** (타쌀쌀라)	1.연결되다 2.연속되다
سلاطة (쌀라-따)	1.말재간 2.파렴치 3.샐러드	**سلسل** (쌀쌀)	1.작은 폭포 2.민물
سليط (쌀리-뜨)	1.첨예한 2.말재간이 있는	**سلسلة** (쌀쌀라)	1.쇠사슬 2.연속, 시리즈
تسلط (타쌀루뜨)	1.통치 2.장악 3.정권	**تسلسل** (타쌀쑬)	1.연속 2.기원, 유래
سلطن (쌀따나)	통치자로 선포하다	**مسلسل** (무쌀쌀)	연속된, 계속되는
تسلطن (타쌀따나)	술탄이 되다	**متسلسل** (무타쌀씰)	1.연속적인 2.순차적인
سلطنة (쑬따나)	술탄 왕국, 군주국	**سلط** (쌀루따)	언변이 좋다
سلطان (쑬따-ㄴ)	1.통치자 2.통치권력	**سلط** (쌀라따)	1.권한을 주다 2.사주하다
سلطانة (쑬따-나)	왕비, 술탄의 부인	**تسلط** (타쌀라따)	1.장악하다 2.통치하다
سلع (쌀리아)	1.트다(살결이) 2.문둥병에 걸리다	**سلطة** (쑬따)	1.통치권력, 권한 2.통치
سلع (쌀라아)	쪼깨다, 가르다	**سلطة** (쌀라따)	샐러드, 생채, 생채요리

سَلِيف (쌀리-프)	선구자	اِنْسَلَعَ (인쌀라아)	갈라지다, 트다(살결이)
سِلْف (씰프)	1.동서 2.시동생	سَلْع (쌀으)	틈(살결이), 튼 자리
سِلْفَة (씰파)	1.동서 2.제수	سِلْعَة (씰아)	1.물자, 상품 2.피지성 낭포, 혹(의학)
سُلْفَة (쑬파)	이자가 붙는 대부	أَسْلَع (아쓸라우)	1.튼(살결이) 2.문둥이
سُلْفَات (쑬파-트)	유산염	سَلَفَ (쌀라파)	1.대부하다 2.앞서다 3.과거가 되다
سَالِف (쌀-리프)	1.앞서는 2.과거의, 선조	أَسْلَفَ (아쓸라파)	1.미리…하다 2.위에서 언급하다 3.대부하다
سُلَافَة (쑬라-파)	넥타, 가장 좋은 술	تَسَلَّفَ (타쌀라파)	1.대부받다 2.차관계약을 맺다
تَسْلِيف (타쓸리-프)	대부, 대여	اِسْتَلَفَ (이쓰탈라파)	대부받다, 빌리다
تَسْلِيفَة (타쓸리-파)	신용, 대부	سَلَف (쌀라프)	1.선조, 조상 2.선임자 3.무이자대부
سَلْفَتَ (쌀파타)	아스팔트를 깔다	سَلَفِيَّة (쌀라피-야)	대부금, 선불금
سَلْفَتَة (쌀파타)	아스팔트 포장		

مسلفت (무쌀파트)	포장된, 포장한	**مسلوق** (마쓸루-끄)	끓인, 삶은
سلق (쌀라까)	1.고기를 끓여 요리하다 2.욕설을 퍼붓다 3.채소를 데치다	**مسلوقة** (마쓸루-까)	삶은 고기
تسلق (타쌀라까)	오르다(산을)	**متسلق** (무타쌀리끄)	기어오르는
انسلق (인쌀라까)	삶아지다, 익다	**سلك** (쌀라카)	1.처신하다 2.길을 따라가다
سلق (쌀끄)	끓이는 것, 데치는 것	**أسلك** (아쓸라카)	꿰다(실을)
سلاق (쌀라-끄)	요리사	**سلك** (쌀크)	이동, 가는 것, 운송
سلاقة (쌀라-까)	욕질, 파렴치, 철면피	**سلك** (씰크)	1.줄, 실 2.구성원 3.부서
سليق (쌀리-끄)	끓인, 삶은, 데친	**سالك** (쌀-리크)	1.트인 2.길이 트여 있는
سليقة (쌀리-까)	천성, 본능, 본성, 기질	**سلاكة** (쌀라-카)	이쑤시개
تسلق (타쌀루끄)	오르는 것(높은 곳을)	**سلوك** (쑬루-크)	1.행동, 품행 2.도덕, 윤리
		مسلك (마쓸라크)	1.길, 행로 2.품행 3.방법

سلام 1.평화 2.인사 3.애국가 (쌀라 - ㅁ)	سلم 1.무사하다 2.흠이 없다 (쌀리마)
سلامة 1.건전함 2.안전 3.구원 (쌀라 - 마)	سلم 1.인사하다 2.맡기다 (쌀라마)
سليم 1.건전한 2.결함이 없는 (쌀리 - ㅁ)	سالم 화해하다, 타협하다 (쌀 - 라마)
إسلام 1.이슬람종교 (이쓸라 - ㅁ) 2.이슬람사상	أسلم 1.복종하다 (아쓸라마) 2.넘겨주다(포로를)
إسلامية 이슬람의 이념, (이쓸라미 - 야) 이슬람사상	تسلم 받다, 수령하다 (타쌀라마)
تسلم 받는 행위, 인수 (타쌀룸)	تسالم 서로 화해하다 (타쌀 - 라마)
تسليم 1.승낙 2.항복 (타쓸리 - ㅁ) 3.인계 4.인사	استلم 1.받다, 수신하다 (이쓰탈라마) 2.장악하다, 인수하다
استلام 수령, 인수 (이쓰틸라 - ㅁ)	استسلم 1.항복하다 2.양보하다 (이쓰타쓸라마)
استسلام 1.항복 2.복종 (이쓰티쓰라 - ㅁ)	سلمية 평화주의 (씰미 - 야)
مسلم 1.하나님을 믿는 자 (무쓸림) 2.이슬람 이념이나 사상을 따르는 자	سلم 사다리, 층계, 층층대 (쑬람)
	سالم 1.건전한 2.온전한 (쌀 - 림)

씬

373

سم (쌈마)	중독시키다, 독살하다
سمم (쌈마마)	중독시키다, 독약을 넣다
تسمم (타쌈마마)	중독되다, 독약을 먹다
سم (쌈므)	1.바늘귀 2.독, 독소
سام (쌈 - 므)	독이 있는, 유독성의
سميات (쌈미야 - 트)	독해물, 독약
سمامة (싸마 - 마)	제비
سموم (쑤무 - 므)	열풍
تسميم (타쓰미 - 므)	독약을 넣는 것
تسمم (타쌈뭄)	중독
مسام (마쌈 - 므)	땀구멍
مسلم (무쌀람)	1.허용되는 2.논쟁의 여지가 없는
مسالم (무쌀 - 림)	1.평화애호가 2.관대한
مسالمة (무쌀 - 라마)	화해, 타협
مستلم (무쓰탈림)	1.받는 사람 2.수신기
سلا (쌀라)	1.위로되다 2.망각하다
سلى (쌀리야)	1.위로하다 2.즐겁게 하여주다
تسلى (타쌀라)	1.위로되다 2.즐기다
سلوان (쑬와 - ㄴ)	1.위로, 위안 2.망각
سلوى (쌀와)	1.위안, 위로 2.메추리
تسليات (타쓸리야 - 트)	유희, 오락
مسلاة (마쓸라 -)	오락장소

سمح (싸므흐)	1.너그러움 2.관대한
سماح (싸마-흐)	1. 용서, 관용 2.허락, 승인
سماحة (싸마-하)	1.너그러움 2.경칭어
سميح (싸미-흐)	관대한, 너그러운
سموحات (싸무하-트)	무관세 상품
تسامح (타싸-무흐)	관용, 관대, 너그러움
مسامحة (무싸-마하)	1.관용 2.휴가
مسماح (미쓰마-흐)	너그러운, 관대한
مسموح (마쓰무-흐)	허락된, 허용되는
سمد (싸마다)	우쭐대다
سمد (쌈마다)	땅에 비료를 주다

مسموم (마쓰무-ㅁ)	중독된, 독이 스민
سمج (싸마자)	1.조잡하다 2.흉측하다
سمج (쌈즈)	1.조잡한 2.보기흉한
سماجة (싸마-자)	조잡한 것, 흉측한 것
سميج (싸미-즈)	1.조잡한 2.보기흉한
سمح (싸마하)	1.허락하다 2.관대하다
سمح (쌈마하)	간과하다, 묵과하다
سامح (싸-마하)	용서하다, 관대하다
تسمح (타쌈마하)	참다, 인내하다
تسامح (타싸-마하)	너그럽다, 관대하다
استسمح (이쓰타쓰마하)	1.관용을 바라다 2.사죄하다

씬

سمار (싸마 - 르)	거무스름한 색, 갈색	سماد (싸마 - 드)	거름, 비료
سوامر (싸와 - 미르)	야유회, 저녁파티	سميد (싸미 - 드)	소맥, 밀가루
سمير (싸미 - 르)	말동무(밤에)	تسميد (타쓰미 - 드)	비료주기, 거름주기
أسمر (아쓰마루)	거므스레한, 거뭇거뭇한	سمر (싸무라)	갈색이 되다
مسمر (무쌈마르)	못박힌	سمر (싸마라)	밤을 지새우다
مسامرة (무싸 - 마라)	1.밤의 이야기 2.야회	سمر (쌈마라)	1.못을 박다 2.고정시키다
مسمار (미쓰마 - 르)	못, 핀	تسامر (타싸 - 마라)	서로 담화하다(밤에)
سمسر (쌈싸라)	중개업을 하다	اسمر (이쓰마르라)	거무스레해지다
سمسرة (쌈싸라)	1.중개 2.중개료	سمر (싸마르)	1.밤에 나누는 이야기 2.야회
سمسار (씸싸 - 르)	1.중개업 2.중개업자	سمرة (쑤므라)	거무스름한(살결이)
سمسم (씸씸)	참깨	سامر (싸 - 미르)	1.야회 2.말동무(밤에)

تسمع (타쌈무으)	1.청취 2.청진(의학)	سمط (싸마따)	침묵하다
مسمع (미쓰마으)	청각기관, 귀	سمط (씸뜨)	목걸이
مسماع (미쓰마-으)	청진기	سماط (씨마-뜨)	1.식탁보 2.식탁, 밥상
مسموع (마쓰무-으)	1.들리는 2.뜬소문	سميط (싸미-뜨)	가락지빵, 꽈배기 과자
مستمع (무쓰타미으)	청취자	سمع (싸미아)	1.듣다 2.복종하다
سمق (싸마까)	높다, 키가 크다	سمع (쌈마아)	1.들려주다 2.모욕하다
تسامق (타싸-마까)	솟다, 올라가다	تسمع (타쌈마아)	귀담아 듣다
سامق (싸-미끄)	높은, 우뚝 솟은	استمع (이쓰타마아)	듣다, 청취하다
سمك (싸무카)	높다	سمعة (쑤므아)	명성, 평판, 소문
سمك (쌈마카)	두껍게 만들다	سماعة (쌈마-아)	1.수화기 2.청진기(의학)
سمك (싸므크)	1.높이, 깊이 2.두께	سماعيات (싸마이야-트)	음향학

씬

سمك (싸마크)	생선	سمانة (싸마-나)	살찐 것, 기름진 것
سماك (씨마-크)	지주, 받침대	سمين (싸미-ㄴ)	살찐, 뚱뚱한, 비대한
سماك (쌈마-크)	1.생선장수 2.어부	سما (싸마)	1.숭고하다 2.올라가다
سماكة (씨마-카)	고기잡이, 어업	سمى (쌈마)	부르다, 호명하다
سماكة (싸마-카)	1.높이 2.무게 3.밀도	أسمى (아쓰마)	1.이름을 달다 2.높이다
سميك (싸미-크)	두터운, 두툼한	تسامى (타싸-마)	1.명예를 다투다 2.우쭐대다
مسمكة (마쓰마카)	어항, 수족관	سمو (쑤무우)	고상함, 숭고함, 거룩함, 위대함
سمن (싸미나)	1.지방이 많아지다 2.몸무게가 늘다	سماء (싸마-)	1.하늘 2.천공 3.천국
أسمن (아쓰마나)	1.비대하게 하다 2.뚱뚱해지다	اسم (이쓰ㅁ)	1.이름, 명칭 2.명성 3.제목
سمن (싸믄)	녹인 버터, 요리용 버터	أسمى (아쓰마)	가장 숭고한, 고상한
سمنة (씨므나)	뚱뚱한 것, 비대함	تسمية (타쓰미야)	1.작명 2.바스말라

씬

مسمى (무쌈마)	1.불리우는 2.정해진	**سنح** (싼나하)	1.관대하다 2.눈감아주다
سن (싼나)	1.칼날을 세우다 2.규정을 제정하다	**سانحة** (싸 - 니하)	1.기회 2.우연한 생각
أسن (아싼나)	나이가 들다	**سنخ** (싸나카)	변절되다(기름 등이)
استن (이쓰탄나)	전통을 확립하다	**سنخ** (씬크)	뿌리, 근원, 토대
سن (씬느)	1.치아 2.나이, 연령	**سناخة** (싸나 - 카)	부패, 썩음
سنة (쑨나)	1.순나 2.규정 3.전통, 관습	**سند** (싸나다)	1.기대다 2.지지하다
سنة (씨나)	졸음	**ساند** (싸 - 나다)	지지하다, 성원하다
سنة (싸나)	해, 연도, 년	**أسند** (아쓰나다)	1.버티다 2맡기다
سنبل (싼발라)	이삭이 패다	**استند** (이쓰타나다)	1.의탁하다 2…에 근거를 두다
سنبل (쑨불)	이삭	**سند** (싸나드)	1 문건, 문서 2.채권, 채무증서
سنح (싸나하)	1.생각나다 2.생기다(기회)	**سنادة** (씨나 - 다)	발판, 기둥, 받침대

سنم (싸나마)	큰 혹을 가지고 있다
تسنم (타싼나마)	낙타에 올라타다
سنمة (싸나마)	정상, 꼭대기
سنام (싸나 - ㅁ)	낙타의 등
سهب (싸흐브)	황야, 사막, 스텝지역
سهب (쑤흐브)	평원, 방대한 벌판
مسهب (무쓰하브)	장황한, 자세한, 상세한
سهد (싸히다)	잠이 오지 않다
أسهد (아쓰하다)	잠못이루게 하다
تسهد (타싸흐하다)	불면증에 걸리다
ساهد (싸 - 히드)	잠못이루는, 불면증에 걸린

سندانة (씬다 - 나)	화분
إسناد (이쓰나 - 드)	1.받침대 2.증거 3.문헌 4.계보
تساند (타싸 - 누드)	상호의지, 상호지지
استناد (이쓰티나 - 드)	의거, 의지, 의탁
مسند (미쓰나드)	1.베개 2.등받이
مسند (마쓰나드)	방석, 베개, 안락의자
مساندة (무싸 - 나다)	1.지지, 지원 2.떠받침
مستند (무쓰타나드)	1.받침대 2.문서 3.문헌, 사료
سنع (싸누아)	아름답다, 우아하다
سانع (싸 - 니으)	아름다운, 고운
سنيع (싸니 - 으)	아름다운, 고운

씬

		씬
سهاد (쑤하 - 드) 잠을 못자는 것	تسهل (타싸흐할라) 용이하게 되다	

아랍어	뜻
سهاد (쑤하 - 드)	잠을 못자는 것
سهر (싸히라)	1.밤을 새우다 2.보초서다
سهر (싸흐르)	1.철야 2.경각성, 주목
سهرة (싸흐라)	야회, 저녁파티
سهار (쑤하 - 르)	밤을 지새우는 것
سهاري (싸하 - 리)	야간등
مسهر (마쓰하르)	야회장, 유흥장
سهل (싸훌라)	1.쉽다 2.고르다
سهل (하흐할라)	1.편하게 하다 2.닦다(길을)
ساهل (싸 - 할라)	너그럽게 대하다
أسهل (아쓰할라)	완화시키다, 설사시키다
تسهل (타싸흐할라)	용이하게 되다
تساهل (타싸 - 할라)	쉽게 해주다, 묵과하다
انسهل (인싸할라)	설사하다
سهل (싸흘)	1.벌판 2.쉬운 3.평평한
سهول (싸후 - ㄹ)	설사약
سهولة (쑤훌 - 라)	쉬운 것, 용이한 것
إسهال (이쓰하 - ㄹ)	설사
تسهيل (타쓰히 - ㄹ)	용이함, 손쉽게 함
تسهيلات (타쓰힐라 - 트)	1.조치 2.우대 3.설비
تساهل (타싸 - 훌)	1.관대성 2.묵과 3.양보
مسهل (무쓰힐)	1.설사제 2.하제의

씬

مسهل (무쓰힐) 설사, 설사환자	**سهو** (싸흐우) 1.망각 2.무관심 3.방심
متساهل (무타싸 - 힐) 1.관대한 2.인정많은	**سهوان** (싸흐와 - ㄴ) 소홀히 하는
سهم (싸후마) 1.해쓱해지다 2.우울하다	**ساء** (싸 - 아) 1.나쁘다 2.악화되다
ساهم (싸 - 하마) 1.추첨하다 2.참가하다	**أساء** (아싸 - 아) 1.해치다 2.모독하다
أسهم (아쓰하마) 한몫하다, 기여하다	**استاء** (이쓰타 - 아) 1.화내다 2. 망신당하다
سهم (싸흠) 1.화살 2.몫 3.주식	**سوء** (쑤 - 으) 1.해악 2.우울 3.불행
ساهم (싸 - 힘) 1.창백한 2.생각에 잠긴	**سوأة** (싸우와트) 1.못된 짓 2.생식기
مساهم (무싸 - 힘) 1.주주 2.참가자들	**سيىء** (싸이이으) 나쁜, 악한, 추악한
مساهمة (무싸 - 하마) 1.기여 2.참가, 가담	**إساءة** (이싸 - 아트) 1.해악을 끼침 2.모독
سها (싸하) 등한히 하다	**استياء** (이쓰티야 -) 분노, 격분, 분개
ساهى (싸 - 하) 실수를 노리다	**مساءة** (마싸 - 아트) 1.못된 짓 2.불행

سائد (싸 - 이드)	1.통치하는 2.지배적인	مسيء (무씨 - 으)	해악을 끼치는, 악영향을 미치는
سواد (싸와 - 드)	1.검은색 2.다수, 군중	ساح (싸 - 하)	여행하다, 방랑하다
سويداء (쑤와이다 - 우)	우울증	تسوح (타싸우와하)	여행하다
سيد (싸이이드)	선생, 각하, 씨, 주인	ساحة (싸 - 하)	1.마당, 정원 2.공터 3.무대
سيدة (싸이이다)	1.여사 2.부인 3.무당벌레	سائح (싸 - 이흐)	여행자, 관광객
سيادة (씨야 - 다)	1.통치 2.지배 3.귀하	سياح (쑤이야 - 흐)	여행자, 관광객
أسود (아쓰와두)	1.암담한 2.새까만, 검은	ساد (싸 - 다)	1.다스리다 2.지배하다
تسويدة (타쓰위 - 다)	1.초고, 초안 2.교정지	سود (싸위다)	검다, 검어지다
مسؤود (마쓰우 - 드)	우울증에 걸린	سود (싸우와다)	초안을 쓰다, 초고를 쓰다
مسودة (무싸우와다)	1.초고, 초안 2.메모	أسود (이쓰왈다)	검게 되다, 검어지다
سودن (싸우다나)	수단화하다	سادة (싸 - 다)	순수한, 있는 그대로의

씬

سايس (싸 - 야싸)	1.비위를 맞추다 2.보조를 맞추다	**سودنة** (싸우다나)	수단화
سوس (쑤 - 쓰)	벌레, 좀, 유충	**سودان** (쑤우다 - ㄴ)	1.흑색인종, 흑인 2.수단
سويس (쑤위 - 쓰)	수에즈	**سار** (싸 - 라)	1.기어오르다 2.가다
سياسة (씨야 - 싸)	1.관리 2.정치 3.외교	**سور** (싸우와라)	담을 치다, 담을 쌓다
ساط (싸 - 따)	1.채찍으로 때리다 2.섞다	**ساور** (싸 - 와라)	공격하다, 달려들다
سوط (싸우뜨)	채칙, 회초리	**سورة** (쑤 - 라)	장(꾸란 혹은 책의)
متسوط (무타싸우와뜨)	매질하는 사람	**سور** (쑤 - 르)	1.벽 2.장벽 3.울타리
ساع (싸 - 아)	넣다, 수용하다	**سوار** (씨와 - 르)	1.팔찌 2.목걸이
ساعة (싸 - 아트)	1.육십분 2.시간 3.시계	**ساس** (싸 - 싸)	1.관리하다 2.돌보다
سويعة (쑤와이아)	잠시, 짧은 시간	**سوس** (싸우와싸)	1.좀슬다 2.썩다(이빨이)
ساغ (싸 - 가)	1.허용되다 2.순조롭게 되어가다	**ساوس** (싸 - 와싸)	일치하다, 부합되다

سَاقَ (싸 - 까)	1.몰다(짐승을) 2.비행하다
تَسَوَّقَ (타싸우와까)	장사하다, 사고팔다
سَاق (싸 - 끄)	1.다리, 발 2.줄기, 대
سَائِق (싸 - 이끄)	1.운전사, 조종사 2.몰이꾼, 마부
سَوْق (싸우끄)	1.운전 2.징집, 동원(군인)
سُوق (쑤 - 끄)	시장
سُوقَة (쑤 - 까)	1.평민 2.부하
سِيَاق (씨야 - 끄)	1.흐름, 과정 2.중재자
سِيَاقَة (씨야 - 까)	운전, 조종
تَسْوِيق (타쓰위 - 끄)	시장성, 판매
تَسْوِيقَة (타쓰위 - 까)	할인판매, 바겐세일

سَوَّغَ (싸우와가)	1.허가하다 2.세를 내다
اِسْتَسَاغَ (이쓰타싸 - 가)	1.승낙하다 2.쉽게 소화하다
سَائِغ (싸 - 이그)	1.허용되는 2.맛있는
تَسْوِيغ (타쓰위 - 그)	임대
مَسَاغ (마싸 - 그)	1.용이한 접근 2.가능성 3.허락
مُسَوَّغ (무싸우위그)	1.법적 근거 2.타당한 이유
سَوَّفَ (싸우와파)	미루다, 늦추다
اِسْتَافَ (이쓰타 - 파)	냄새맡다
تَسْوِيف (타쓰위 - 프)	연기, 지체, 지연
مَسَافَة (마싸 - 파)	거리, 간격, 사이
مُسَوَّف (무싸우와프)	1.지체되는 2.더딘

씬

씬

تساوق (타싸-우끄) 조화, 화합, 어울림	**سول** (싸우왈라) 충동질하다, 유혹하다
انسياق (인씨야-끄) 복종, 순종	**تسول** (타싸우왈라) 구걸하다, 동냥하다
مساق (마싸-끄) 1.인용 2.흐름, 과정(예문의)	**تسول** (타싸우왈) 구걸행위
ساك (싸-카) 1.문지르다 2.닦다(이빨을)	**متسول** (무타싸우윌) 거지
سوك (싸우와카) 1.비비다 2.닦다(이빨을)	**سام** (싸-마) 1.상품을 팔려고 내놓다 2.맡기다(일을)
تسوك (타싸우와카) 닦다(이빨을)	**سوم** (싸우와마) 1.맡기다 2.평가하다
سواك (씨와-크) 칫솔, 이쑤시개	**ساوم** (싸-와마) 흥정하다, 값을 깎다
مسواك (미쓰와-크) 칫솔, 이쑤시개	**أسام** (아싸-마) 방목장으로 내몰다
سوكر (싸우카라) 1.보험을 계약하다 2.보증하다	**سائمة** (싸-이마) 방목, 집짐승
مسوكر (무싸우카르) 보험에 가입된, 보험에 든	**سيماء** (씨마-) 1.표적 2.용모
سال (쌀-라) 질문하다	**سيمة** (씨-마) 표식, 부호, 기호

مساومة (무싸-와마)	흥정, 거래	استواء (이쓰타와-)	1.평등 2.유사함
سوى (싸위야)	동등하다, 평등하다, 같다	مساواة (무싸와-)	평등
سوى (싸우와)	1.고르게 하다 2…을 행하다 3.끓이다	مستوى (무쓰타와)	1.수평, 수준 2.평면
ساوى (싸-와)	1.균등하다 2.조정하다	ساب (싸-바)	1.흐르다(물이) 2.방임하다
تساوى (타싸-와)	동등하다, 같다	سيب (싸이야바)	1.단념하다 2.놓아주다
استوى (이쓰타와)	1.평탄하다 2.동일해지다	سائب (싸-이브)	1.방임된 2.방황하는
سواء (싸와-)	1.동일 2..평평, 고른	سائبة (싸-이바)	짐승
سواء (씨와-)	동등한, 똑 같은	سيب (싸이브)	1.흐르는 2.달리는
سوية (싸위이야)	1.함께 2.평등, 동등	ساح (싸-하)	1.흐르다(물이) 2.녹다
سواسية (싸와-씨야)	동등한, 유사한	أساح (아싸-하)	1.녹이다 2.흐르게 하다
تسوية (타쓰위야)	1.정돈 2.조정, 해결 3.화해	سائح (싸-이흐)	1.관광객 2.녹는

씬

مَسِير (마씨-르)	걸음, 행군, 행진, 흐름	سَيَّاح (쑤이야-흐)	관광객, 여행가
مَسِيرَة (마씨-라)	1.거리 2.행군	سِيَاحَة (씨야-하)	여행
سَيْطَر (싸이따라)	통치하다, 지배하다	تَسْيِيح (타쓰이-흐)	용해
تَسَيْطَر (타싸이따라)	통치하다, 관리하다	سَار (싸-라)	1.가다 2.출발하다 3.걷다
سَيْطَرَة (싸이따라)	1.지배 2.통제 3.통치권	سَيَّر (싸이야라)	1.보내다 2.운행하다
مُسَيْطِر (무싸이따르)	1.통제자 2.통치자	سَايَر (싸-야라)	1.함께 가다 2.적응하다
سَاف (싸-파)	칼로 치다	أَسَار (아싸-라)	1.달리게 하다 2.운전하다
سَيْف (싸이프)	칼, 칼날	سَائِر (싸-이르)	1.모든 2.기타의
سِيف (씨-프)	1.해변 2.변두리	سَيْر (싸이르)	1.걸어가는 2.진행 3.행동 4.보행
سَيَّاف (싸이야-프)	교형리, 사형집행인	سِيرَة (씨-라)	1.명성 2.전기 3.생활양식
مُسَايَفَة (무싸-야파)	격검	سَيَّارَة (싸이야-라)	1.유성 2.카라반 3.자동차

سَالَ 1.흐르다 2.액체가 되다
(쌀 - 라)

أَسَالَ 1.흘리다 2.녹이다
(아쌀 - 라)

سَيْل 1.흐름 2.급류 3.개천
(싸일)

سَائِل 1.액체 2.흐르는 3.수력의
(싸 - 일)

سَيَّالَة 하수도, 배수로, 도랑
(싸이얄 - 라)

سِيلَان 석류석(광물)
(씨일라 - ㄴ)

سَيَلَان 1.흐름 2.새는 것 3.임질(의학)
(싸일라 - ㄴ)

سُيُولَة 유동성
(쑤율 - 라)

إِسَالَة 액화
(이쌀 - 라)

مَسِيل 1.하수도, 도랑 2.강바닥
(마씨 - ㄹ)

(쉰 : الشين)

شائم (샤 - 임)	불길한, 상서롭지 못한
شأمة (샤으마)	불길한 징조
شؤم (슈움)	불행, 불운, 흉조
شِئمة (샤이마)	1.성질 2.특성 3.관습
تشاؤم (타샤 - 움)	비관주의, 염세주의
مشؤوم (마쉬우 - ㅁ)	불행한, 운이 나쁜
متشائم (무타샤 - 임)	비관적인, 비관주의자
شأن (샤온)	1.업무 2.연계 3.중요성 4.이해관계
شب (샵바)	1.청년이 되다 2.불타다
تشبب (타샵바바)	젊어지다
شب (샵브)	명반(화학)
شاء (샤 -)	양
شاش (샤 - 싀)	가제(소독)
شاشة (샤 - 샤)	영사막, 브라운관
شاكوش (샤쿠 - 스)	망치
شالية (샬 - 리야)	1.화분 2.질그릇
شام (샤 - ㅁ)	1.시리아 3.다마스쿠스
شاي (샤 - 유)	홍차, 차
شأم (샤아마)	불운이 닥치다
تشاءم (타샤 - 아마)	염세주의자가 되다
استشأم (이쓰타쉬아마)	재앙을 예고하다

شبث (샤비스)	매달리는, 집요한	**شبة** (샵바)	1.처녀 2.명반(화학)
متشبث (무타샵비쓰)	매달리는, 집착하는	**شاب** (샵 - 브)	청년, 젊은이
شبح (샵바하)	1.손을 내밀다 2.손짓하다	**شابة** (샵 - 바)	처녀
شبح (샤바흐)	1.환상 2.모습 3.영상	**شباب** (샤바 - 브)	1.청춘 2.청년(들)
شبحية (샤바히 - 야)	대물렌즈	**شبابة** (샤바 - 바)	피리, 퉁소
شبر (샤바라)	뼘으로 재다	**شبيبة** (샤비 - 바)	1.청춘 2.젊은이들
شبر (쉬브르)	힌뼘	**تشبب** (타샵부브)	회춘, 젊어짐
شبور (샵부 - 르)	나팔	**مشبوب** (마슈부 - 브)	1.열렬한 2.타버린
شبورة (샵부 - 라)	안개(이집트에서)	**متشبت** (무타샵비트)	고집스러운, 집착하는
شبرق (샤브라까)	조각조각 찢다	**شبث** (샤비싸)	집착하다, 매달리다
شبرقة (샤브라까)	1.찢는 것 2.용돈	**تشبث** (타샵바싸)	1.붙잡다 2.견지하다

쉬

쉬

شبق (샤바끄)	방탕, 음탕, 색정	**شبشب** (쉽쉽)	슬리퍼
شبك (샤바카)	1.뒤섞다 2.복잡하게 하다	**شبط** (샤바따)	1.집착하다 2.반하다
تشبك (타샵바카)	1.얽히다 2.복잡해지다	**شباط** (슈바 - 뜨)	12월(샴 지여에서)
تشابك (타샤 - 바카)	엉키다, 얽히다	**شبع** (샤비아)	1.배부르다 2.가득 차다
اشتبك (이쉬타바카)	1.뒤엉키다 2.복잡해지다	**أشبع** (아쉬바아)	1.배불리 먹이다 2.충족시키다
شبكة (샤바카)	1.그물, 망 2.올가미	**تشبّع** (타샵바아)	1.잔뜩 먹다 2.가득 차다
شبكة (샤부카)	약혼선물	**شبع** (샤바으)	1.배부름, 포화 2.만족
شبكية (샤바키 - 야)	망막(해부)	**شبعان** (샤브아 - ㄴ)	1.배부른 2.포화된
شباك (쉽바 - 크)	1.창문 2.그물, 망	**إشباع** (이쉬바 - 으)	포화, 만족
تشابك (타샤 - 부크)	1.혼란 3.교착	**مشبع** (무샵바으)	1.포화된 2.충전된
اشتباك (이쉬티바 - 크)	1.개입, 휘말림 2.충돌, 교전	**شبق** (샤비까)	방탕하다

شبهة (슈브하)	1.유사성 2.의혹 3.혐의	مشتبك (무쉬타바크)	얽힌, 휘말린, 교착상태에 있는
شبيه (샤비-흐)	닮은, 유사한, 비슷한	شبن (샤바나)	부유하게 자라다, 풍요롭게 자라다
إشباه (이쉬바-흐)	유사, 근사, 닮음	شبين (샤비-ㄴ)	1.신랑들러리 2.대부, 스폰서
تشابه (타샤-부흐)	1.유사성 2.어렴풋함	شبينة (샤비-나)	신부들러리
تشبيه (타쉬비-흐)	1.비교 2.유사함	شبه (샤비하)	유사하다, 닮다,
اشتباه (이쉬티바-흐)	1.의혹 2.닮음 3.모호함	شابه (샤-바하)	닮다, 유사하다,
مشبه (무샵바흐)	까다로운, 애매모호한	أشبه (아쉬바하)	비슷하다, 유사하다
مشابهة (무샤-바하)	유사성, 근사성	تشبه (타샵바하)	모방하다, 본따다
متشابه (무타샤-비흐)	1.비슷한 2.모호한	تشابه (타샤-바하)	서로 비슷하다
مشتبه (무쉬타바흐)	의심스러운, 수상한	اشتبه (이쉬타바하)	1.혐의를 잡다 2.비슷하다
شت (샷타)	1.흩어지다 2.분리되다	شبه (쉬브흐)	1.유사한 2.유사함 3.형태 4.반, 준

쉰

مشتل (마쉬탈)	모판, 양모장	شتت (샷타타)	1.분산시키다 2.다양하게 하다
شتم (샤타마)	욕하다, 험담하다	تشتت (타샷타타)	흩어지다, 분산되다
تشاتم (타샤-타마)	서로 욕질하다	شت (샷트)	1.흩어진 2.다양한
شتم (샤틈)	욕설, 험담, 비방	شتى (샤타)	상이한, 개별적인
شتام (샷타-ㅁ)	1.욕을 잘하는 2.욕설쟁이	تشتيت (타쉬티-트)	분산, 해산
شتيم (샤티-ㅁ)	1.징그러운 2.욕먹는	تشتت (타샷투트)	분산
شتيمة (샤티-마)	욕, 꾸중, 험담	شتر (샤타라)	절단하다, 자르다
مشاتمة (무샤-타마)	꾸지람, 욕	شترات (쉬트라-트)	구연산염
شتا (샤타)	겨울을 지내다	شتل (샤탈라)	옮겨심다, 이식하다
شتى (샷타)	1.겨울을 나다 2.비가 오다	شتل (샤틀)	묘목, 모
تشتى (타샷타)	겨울을 보내다	شتلة (샤틀라)	1.이식 2.모, 묘목

شاجر (샤-자라)	말다툼하다	شتاء (쉬타-)	1.겨울 2.비, 우기철
تشاجر (타샤-자라)	말다툼하다	مشتى (마샤탄)	겨울 휴양소
شجر (샤자르)	나무	شجّ (샷자)	1.부수다 2.쪼개다
شجرية (샤자리-야)	수림, 수풀, 숲	شجّة (샷자)	두개골 골절
شجيرة (슈자이라)	관목, 작은 나무	شجب (샤자바)	규탄하다, 슬프게 하다
شجار (쉬자-르)	말다툼, 논쟁, 언쟁	أشجب (아쉬자바)	슬프게 하다
شجار (샤자-르)	1.빗장 2.들 것	شجب (샤자브)	파괴, 파멸
شجير (샤지-르)	나쁜 친구	تشجيب (타쉬지-브)	규탄, 비난
تشجير (타쉬지ㅣ-르)	식목, 조림	مشجب (미쉬자브)	옷걸이(벽에 걸린)
مشجر (무쉬지르)	나무가 많은	شجر (샤자라)	1.받치다 2.논쟁하다
مشجر (마쉬자르)	산림지대	شجّر (샷자라)	나무를 심다

쉰

شَجِيَ (샤지아)	걱정하다, 슬퍼하다	مُشَاجَرَة (무샤-자라)	1.말다툼 2.주먹싸움질
أَشْجَى (아쉬자)	슬프게 하다	شَجُعَ (샤자아)	용감하다, 대담하다
شَجَن (샤진)	슬픔, 애달픔, 구슬픔	شَجَّعَ (샷자아)	1.응원하다 2.격려하다
شَجْو (샤즈우)	슬픔, 비애, 애수	تَشَجَّعَ (타샷자아)	용기를 내다
شَجْوَى (샤자위)	근심에 찬, 수심에 찬	شُجَاع (슈자-으)	용감한, 대담한
شَجْوِيَّة (샤자위-야)	멜로드라마	شَجَاعَة (샤자-아)	대담성, 용기, 용맹
شَحَّ (샤흐하)	인색하다	شَجِيع (샤지-으)	용감한, 대담한
شُحّ (슈흐흐)	1.인색 2.결핍, 부족	تَشْجِيع (타쉬지-으)	1.격려, 장려 2.응원
شَحِيح (샤히-흐)	1.인색한 2.부족한	مُشَجِّع (무샷지으)	1.격려하는 2.응원자
شَحِيحَة (샤희-하)	가무는 해, 흉년	شَجِنَ (샤지나)	슬퍼하다
شَحَائِح (샤하-이흐)	건기철	شَجَن (샤잔)	슬픔, 비애, 애수

شحب (샤자바)	창백해지다(얼굴이)
شحوب (슈후 - 브)	창백함, 핼쓱함
شحت (샤하타)	구걸하다, 빌어먹다
شحات (샤흐하 - 트)	거지
شحاتة (쉬하 - 타)	거걸, 동냥
شحذ 1.갈다(칼을) 2.구걸하다 (샤하자)	
شحذ (샤흐즈)	1.연마 2.구걸
شحاذ (샤흐하 - 즈)	거지, 걸인
شحر (샤흐하라)	검댕이를 칠하다
شحوار (슈흐와 - 르)	검댕이, 매연
مشحر (무샤흐하르)	검댕이를 칠한
شحط (샤하따)	1.켜다(성냥불을) 2.좌초하다(배가)
شاحط (샤 - 히뜨)	먼, 아득한
شحاطة (샤흐하 - 따)	성냥
شحم (샤후마)	기름지다, 살찌다
شحمة 1.비개덩이 2.과일의 살 (샤흐마)	
مشحم (무샤흐함)	기름진, 살찐
شحن (샤하나)	싣다, 선적하다
شحن (샤히나)	증오하다, 앙심을 품다
أشحن (아쉬하나)	1.내쫓다 2.적재하다
تشاحن (타샤 - 하나)	앙심을 품다
انشحن (인샤하나)	가득 실리다

쉬

شخر (샤카라)	코를 드르렁거리다
شخير (샤키-르)	코를 고는
شخص (샤카솨)	1.우뚝 솟다 2.나타나다
شخّص (샷카솨)	연기하다, 인격화하다
تشخّص (타샷카솨)	출현하다, 나타나다
شخص (샤크스)	인물, 배역, 출연자
تشخيص (타쉬키-스)	1.연기 2.진단 3.의인화
مشخّص (무샷키쉬)	배우, 연기자, 출연자
مشخّصة (무샷킷솨)	여배우
مشخّصات (무샷키솨-트)	특성, 특징
شدّ (셔터)	1.당기다 2.묶다 3.조이다

شحنة (샤흐나)	1.짐, 화물 2.충전
شحنة (쉬흐나)	앙심, 적의, 악의
شاحن (샤-힌)	가득 적재한
شاحنة (샤-히나)	1.화차 2.화물자동차
مشاحنة (무샤-하나)	1.악의 2.말다툼
مشحون (마슈후-ㄴ)	1.가득 실린 2.충전된
مشحونات (마슈후나-트)	짐, 화물
شخّ (샷카)	소변보다, 오줌누다
شخة (샤카)	대변, 대변보는 것
مشخّات (마쉿카-트)	공중화장실
شخر (샤카라)	코를 풀다

398

شدد 1.강화하다 2.엄격히 처벌하다 (셔터다)	**مشدود** 강화된, 강조된 (마슈두-드)
تشدد 1.강화되다 2.엄격해지다 (타샷타다)	**متشدد** 1.완강한 2.엄격한 (무타샤디드)
تشاد 다투다, 옥신각신하다 (타샤-다)	**شدف** 용두레로 물을 푸다 (샤다파)
اشتد 강해지다, 더욱 더해지다 (이쉬탓다)	**تشادف** 흔들리다 (타샤-다파)
شدة 1.힘 2.강렬함 3.엄격성 (쉿다)	**شادوف** 용두레 (샤두-프)
شديد 1.강한 2.어려운 3.엄한 (샤디-드)	**شدق** 턱, 턱뼈 (쉬드끄)
شديدة 불행, 재난 (샤디-다)	**متشدق** 허풍선이, 떠드는 (무타샷디끄)
تشدد 강화됨, 격화됨 (타샷두드)	**شده** 당황하게 하다 (샤다하)
اشتداد 강화, 격화 (이쉬티다-드)	**مشدود** 어리벙벙한, 당황한 (마슈두-드)
مشدد 강화된, 강조된 (무샷다드)	**شدا** 1.찬양하다 2.지저귀다 (샤다-)
مشادة 말다툼, 충돌, 싸움 (무샤-다)	**شاد** 1.가수 2.낭송자 (샤-딘)

شذ (샷자)	불규칙이다, 예외가 되다	**شرار** (샤라-르)	불꽃튀는
شذ (샷즈)	1.예외 2.불규칙 3.변태	**شرارة** (샤라-라)	불꽃, 섬광
شاذ (샷-진)	비정상적인, 예외의, 드문	**شرير** (샤리-르)	악독한, 악한
شواذ (샤와-즈)	예외	**شرير** (쉬리-르)	흉악한, 악질적인
شذا (샤자)	향기를 풍기다	**شرب** (샤리바)	1.마시다 2.담배 피우다
شذا (샤자)	향기, 아로마향기	**أشرب** (아쉬라바)	1.물을 먹이다 2.배게하다(냄새 등이)
شذو (샤즈우)	향기	**تشرب** (타샤르라바)	1.가득 차다 2.스며들다
شذى (샤지이)	향기로운, 향기 그윽한	**استشرب** (이쓰타쉬라바)	빨아들이다
شر (샤르라)	흐르다, 새다	**شرب** (슈릅)	1.흡수 2.마시는 것
شر (샤르르)	1.악 2.손해 3.죄악	**شربة** (슈르바)	1.한모금 2.국물 3.물약
شرة (쉬르라)	1.짜증 2.사악 3.재앙	**شربة** (샤르바)	1.한모금 2.설사약

شَرْبَكَة (샤르바카)	혼란, 혼잡, 뒤엉킴	شَرَبَات (샤르바-트)	시럽, 청량음료
شَرِثَ (샤리싸)	살갗이 트다	شَارِب (샤-리브)	1.마시는 2.콧수염
شَرَث (샤라쓰)	틈(살갗이)	شَرَاب (샤라-브)	1.음료수 2.시럽
شَرَجَ (샤라자)	대강대강 꿰매다	شِرَّاب (샤르라-브)	술고래, 술꾼
شَرَج (사라즈)	1.올가미 2.단추구멍	شُرَّاب (슈르라-브)	양말, 긴 양말
شَيْرَج (쉬이라즈)	참기름	شُورُبَة (슈-루바)	국, 국물
شَرَحَ (샤라하)	1.설명하다 2.썰다 3.열다(마음을)	تَشَرُّب (타샤르랍)	흡수, 스며듦
اِنْشَرَحَ (인샤라하)	1.열리다 2.기뻐하다	مَشْرَب (마슈라브)	1.경향 2.취미
شَرْح (샤르흐)	1.해석, 주해 2.논평, 비평	مَشْرَبِيَّة (마슈라비-야)	창살, 문살
شَرِح (샤리흐)	즐거운, 명랑한	مَشْرُوب (마슈루-브)	음료수
شَرْحَة (샤르하)	부스러기, 토막, 조각	شَرْبَك (샤르바카)	혼란시키다

تشرد (타샤르라다)	떠돌아다니다	شارح (샤 - 리흐)	1.해설자, 주해자
شرد (샤르드)	열풍	تشريح (타쉬리 - 흐)	해부, 분석
شارد (샤 - 리드)	유랑자, 방랑자	انشراح (인쉬라 - 흐)	기쁨, 즐거움, 만족
شاردة (샤 - 리다)	퍼뜩 떠오르는 생각	مشرح (무샤르리흐)	해부학자
شرود (슈루 - 드)	1.도주 2.유랑, 방랑	مشرحة (마쉬라하)	해부실
شريد (샤리 - 드)	떠돌아다니는, 유랑하는	منشرح (문샤리흐)	흥겨운, 기쁜, 즐거운
تشرد (타샤르루드)	방랑생활, 유랑생활	شرخ (샤라카)	1.쪼개다 2.자라다
تشريد (타쉬리 - 드)	1.방랑생활 2.추방	شرخ (샤르크)	틈, 갈라짐
مشرد (무샤르라드)	1.거리에 내쫓긴 2.피난민	مشروخ (마쉬루 - 크)	금이 간, 쪼개진
متشرد (무타샤르리드)	집없는, 살곳이 없는	شرد (샤라다)	1.도망가다 2.헤매다
شرس (샤리싸)	악독하다, 흉악하다	شرد (샤르라다)	추방하다, 내쫓다

شرط (샤르라따)	1.베다 2.끓다(천을)	شرس (샤라쓰)	악의, 흉악, 악날함
شارط (샤 - 라따)	계약하다, 내기를 하다	شراس (샤라 - 쓰)	구두약
تشارط (타샤르라따)	부대조건을 내걸다	شراسة (샤라 - 싸)	간악함, 흉악함, 악날성
اشترط (이쉬타르라따)	1.조건을 부여하다 2.규정하다	شريس (샤리 - 쓰)	악독한, 악날한, 흉악한
شرط (샤라뜨)	표적, 기호, 부호	شرش (샤르라샤)	뿌리를 내리다
شرط (샤르뜨)	1.규정화 2.규정, 조항	تشريش (타쉬리 - 싀)	뿌리를 내리게 함
شرطية (샤르뛰 - 야)	협정, 계약	مشرش (무샤르라싀)	뿌리 내린
شرطى (슈르뛰)	1.경찰의 2.경찰	شرشر (쉬르쉬르)	뿌리
شريط (샤리 - 뜨)	1.리본 2.댕기, 띠	شراشر (샤라 - 쉬르)	영혼, 자신, 본성
شريطة (샤리 - 따)	조건	شرشف (샤르샤프)	침대보, 홋이불
شرطوطة (샤르뚜 - 따)	1.넝마 2.방탕한 여자	شرط (샤라따)	조건을 붙이다, 조건으로 삼다

اشتراط (이쉬티라 - 뜨)	조건, 조항	**شراعة** (슈르라 - 아)	부채형 창문
مشارطة (무샤 - 라따)	협정, 협약, 계약	**شروع** (슈루 - 으)	시작, 기도, 시도
مشرط (미쉬라뜨)	수술칼	**شريعة** (샤리 - 아)	법, 이슬람법, 샤리아법
مشترط (무쉬타리뜨)	조건이 붙은, 단서가 붙은	**تشريع** (타쉬리 - 으)	입법, 법률제정, 법령
شرع (샤리아)	1.법령을 제정하다 2.계획을 세우다	**تشريعية** (타쉬리이 - 야)	입법회의
أشرع (아쉬라아)	겨누다, 조준하다	**اشتراع** (이쉬티라 - 으)	입법, 법률제정
اشترع (이쉬타라아)	법령을 제정하다	**مشروع** (마슈루 - 으)	1.계획, 2. 초안 3.공사, 사업
شرع (샤르으)	1.종교법전 2.법률, 법령	**مشروعية** (마슈루이 - 야)	1.합법성 2.사업 3.계획
شرعية (샤르이 - 야)	합법성, 적법성	**متشرع** (무타샤리으)	입법자, 법제정자
شارع (샤 - 리으)	1.입법자 2.거리, 도로	**شرف** (샤루파)	고상하다, 고결하다
شراعية (쉬라이 - 야)	돛단배	**شرف** (샤리파)	높다, 솟다

مُشْرِف (무쉬리프)	1.사감 2.지도교수	شَرَّفَ (샤르라파)	1.명예를 높이다 2.존중하다
مُشْرَف (무쉬라프)	1.구릉 2.고지 3.베란다	أَشْرَفَ (아쉬라파)	감독하다, 지휘하다
مُشَرِّف (무샤르리프)	존경하는, 경애하는	تَشَرَّفَ (타샤르라파)	명예를 갖다
شَرَقَ (샤라까)	1.뜨다(해가) 2.빛나다	شَرَف (샤라프)	1.영광 2.고결 3.위엄
شَرِقَ (샤리까)	목이 메이다	شَرْف (샤르프)	목도리
أَشْرَقَ (아쉬라까)	1.떠오르다 2.빛나다	شُرْفَة (슈르파)	1.베란다, 발코니 2.특별석
تَشَرَّقَ (타샤르라까)	동양화되다	شَرَاقَة (샤라ー파)	발코니, 베란다
اِسْتَشْرَقَ (이쓰타쉬라까)	동양을 연구하다	شَرِيف (샤리ー프)	1.고귀한 2.명예로운
شَرْق (샤르끄)	1.동쪽 2.동방국가들	إِشْرَاف (이쉬라ー프)	관찰, 관리, 지도
شَرْقِيَّات (샤르끼야ー트)	동방학	تَشْرِيف (타쉬리ー프)	1.명예 2.존경 3.의례
شُرُوق (슈루ー끄)	떠오르는 것, 일출	تَشْرِيفَة (타쉬리ー파)	성대한 초대연

شرك (샤라크)	1.그물 2.올가미, 덫	**شراق** (쉬라-끄)	학생, 소년
شرك (쉬르크)	우상숭배	**إشراق** (이쉬라-끄)	광채, 빛나는 것
شركة (샤리카)	1.협회, 단체 2.회사	**استشراق** (이쓰티쉬라-끄)	동양학
شريك (샤리-크)	1.동업자 2.공모자	**مشرق** (무쉬리끄)	1.빛나는 2.해가 솟는
تشارك (타샤-루크)	협력, 합작	**مشرق** (마쉬리끄)	동쪽, 동방, 해뜨는 곳
اشتراك (이쉬티라-크)	1.합작 2.참가 4.참가비	**مستشرق** (무쓰타쉬리끄)	동양연구가
اشتراكية (이쉬티라키-야)	사회주의	**شرك** (샤리카)	동참하다, 협력자가 되다
مشرك (무쉬리크)	우상숭배자, 다신론자	**شارك** (샤-라카)	참가하다, 협력하다
مشارك (무샤-리크)	참가자, 동참자	**أشرك** (아쉬라카)	다신론자가 되다
مشاركة (무샤-라카)	1.참가 2.협력	**تشارك** (타샤-라카)	합작하다, 협력하다
مشترك (무쉬타라크)	1.연합의 2.일반적인	**اشترك** (이쉬타라카)	1.참가하다 2.신청하다

شرم (샤라마)	쪼개다, 째다, 가르다	شرى (샤라)	구매하다
انشرم (인샤라마)	쪼개지다, 갈라지다	أشرى (아쉬라)	불화를 조성하다
شرم (샤름)	베진 자리, 째진 자리	اشترى (이쉬타라)	사다, 구입하다
شرميتة (샤르미-타)	격전, 유혈전	شراء (쉬라-)	구매, 구입
أشرم (아슈라므)	1.언청이 2.단정하지 못한	شروة (샤르와)	1.구입 2.거래, 교역
شرمط (샤르마따)	갈기갈기 찢다	شريان (쉬르야-ㄴ)	동맥
شرموطة (샤루무-따)	1.누더기 2.매춘부	استشراء (이쓰티쉬라-)	격화, 악화
شرنقة (샤르나까)	누에고치, 번데기	مشتر (무쉬타리)	구매자
شره (샤리하)	1.탐욕스럽다 2.게걸스럽다	شزر (샤자라)	흘겨보다, 곁눈질하다
شراهة (샤라-하)	1.탐욕 2.게걸스러운 것	شزراء (사즈라-)	흘겨보는, 노기서린
شروال (쉬르와-ㄹ)	바지, 고쟁이	شسع (샤싸아)	1.아득하다 2.광활하다

쉬

تشطيب (타싀띠 - 브)	잘게 베리는 것	شاسع (샤 - 씨으)	1.아득한 2.드넓은
شطح (샤따하)	배회하다, 산보하다	شسوع (슈쑤 - 으)	아득함
شطحة (샤뜨하)	1.산보, 견학 2.인사불성	ششمة (샤스마)	화장실, 변소
شطر (샤뚜라)	교활하다, 약삭빠르다	شط (샷따)	1.한도를 넘다 2.지나치다(가격이)
شطر (샷따라)	분할하다, 분산하다	اشتط (이싀탓따)	극단에 빠지다, 지나치다
شاطر (샤 - 따라)	같이하다(생사고락을)	شط (샷뜨)	1.학대 2.기슭, 연안
تشطر (타샷따라)	솜씨를 보이다	شطط (샤따뜨)	1.극단 2.실수, 실책
انشطر (인샤따라)	분할되다, 분열되다	شطيطة (솨띠 - 따)	고추, 후추의 종류
شطر (샤뜨르)	1.분할 2.절반 3.부분	شاطىء (샤 - 띠으)	해변, 연안, 기슭
شاطر (샤 - 띠르)	1.영리한 2.교활한	شطب (샤따바)	1.토막내다 2.취소하다
شطارة (샤따 - 라)	1.솜씨 2.교활 3.총명	شطب (샤뜨브)	1.상처 2.말살, 삭제

مشطور (마쉬뚜-르)	나누어진, 분산된	**شظف** (샤좌프)	1.쪼들림 2.고난
شطف (샤따파)	1.씻다 2.가버리다	**شظف** (샤지프)	구차한, 쪼들린
شطف (샷따파)	말끔히 씻다	**شظى** (샤좌)	산산이 부서지다
تشطيف (타쉬띠-프)	세척	**شع** (샤으아)	1.유포되다 2.빛을 발산하다
مشطوف (마쉬뚜-프)	1.경사진 2.말끔히 씻은	**تشعع** (타샤으아아)	빛나다, 퍼지다(빛이)
شطن (샤따나)	단단히 매다	**شعاع** (슈아-으)	1.광선, 빛 2.반경
تشيطن (타샤이따나)	악마처럼 행동하다	**شعاع** (샤아-으)	1.분산 2.마음이 산란한
شطن (샤따느)	밧줄	**شعاعة** (샤아-아)	촬영
شطون (샤뚜-ㄴ)	1.먼 2.깊은	**إشعاع** (이쉬아-으)	방사
شيطان (샤이따-ㄴ)	1.사탄 2.귀신, 유령	**اشعاعية** (이쉬아이-야)	방사성, 방사능
شظف (샤좌파)	정자나 난소를 제거하다	**مشعاع** (미쉬아-으)	방사선 사진

쉰

تشعب (타샤으우브)	분파, 지파	شعب (샤아바)	1.모이다 2.분산시키다
شعبذ (샤으바자)	요술을 피우다	شعب (샤으아바)	분리하다, 분할하다
شعبذة (샤으바자)	1.요술 2.협잡	تشعب (타샤으아바)	1.분리되다 2.서로 다르다(의견)
شعوذة (샤우 - 자)	주술, 마법, 마술	انشعب (인샤아바)	분리되다, 분할되다
شعر (샤아라)	1.느끼다, 인식하다 2.시를 짓다	اشتعب (이쉬타아바)	갈라지다(길이)
أشعر (아쉬아라)	알리다, 통지하다	شعب (샤으브)	1.국민 2.군중 3.부족
استشعر (이쓰타스아라)	알아차리다, 눈치채다	شعبية (샤으비 - 야)	1.국민성, 대중성 2.인기
شعر (샤으르)	1.머리, 머리털 2.지식	شعوبية (슈우비 - 야)	민족주의, 국민주의
شعر (시으르)	시	شعب (싀으브)	1.산길, 오솔길 2.암초
شعرية (싀으리 - 야)	국수	شعبان (샤으바 - ㄴ)	샤으반(이슬람력 8월)
شعرانى (샤으라 - 니)	털보의	شعبة (슈으바)	1.부문, 분야 2.과, 부

شعطة (샤으따)	화상	شاعر (샤 - 이르)	1.시인 2.느끼는
شعف (샤이파)	사랑에 빠지다	شاعرة (샤 - 이라)	여류시인
شعفة (샤아파)	정상, 꼭대기	شعار (쉬아 - 르)	1.구호 2.상징 3.국장
شعل (샤알라)	불피우다	شعور (샤우 - 르)	1.느낌 2.감정 3.감수성
أشعل (아쉬알라)	불지르다	شويعر (슈와이아르)	삼류시인
اشتعل (이쉬타알라)	불타다	شعير (샤이 - 르)	보리
شعلة (슈을라)	1.불길 2.햇불, 봉화	شعيرة (샤이 - 라)	1.눈다래끼 2.의식(종교)
شعيلة (슈아일라)	모닥불	إشعار (이쉬아 - 르)	통지, 기별
شعليلة (슈을라일라)	모닥불	مشعر (미쉬아르)	1.느낌 2.감각기관
إشعال (이쉬아 - ㄹ)	불을 피우는 것	مشعور (마쉬우 - 르)	1.느껴지는 2.미친
اشتعال (이쉬티아 - ㄹ)	연소, 불타는 것	شعط (샤아따)	화상을 입히다

쉰

شَغَرَ (샤가라)	자리가 비다, 결원되다	مُشْعِل (무시일)	1.방화자 2.불을 지르는
شاغِر (샤 - 기르)	빈, 텅빈, 결원된	مِشْعَل (마시알)	1.횃불 2.등잔
شاغور (샤구 - 르)	폭포	مِشْعال (미쉬아 - ㄹ)	봉화, 횃불
شَغَفَ (샤가파)	사로잡다, 마음을 끌다	مُشْتَعِل (무시타일)	불타는, 불타고 있는
اِنْشَغَفَ (인샤가파)	반하다, 매혹되다	شَعْلَقَ (샤을라까)	달아매다, 걸다
شَغَف (샤가프)	사랑, 열정, 매혹	تَشَعْلَقَ (타샤을라까)	매달리다
شَغُوف (샤구 - 프)	사랑하는, 매혹된	شَغَبَ (샤가바)	소동을 피우다
شِغاف (샤가 - 프)	심낭(해부)	شاغَبَ (샤 - 가바)	말썽을 피우다
شَغَلَ (샤갈라)	1.차지하다 2.일감을 주다 3.바쁘다	شَغَب (샤가브)	1.반란, 봉기 2.소동, 말다툼
شَغَّلَ (샷갈라)	1.일거리를 주다 2.분주하게 만들다	شَغّاب (샷가 - 브)	1.폭도 2.말썽꾼
اِنْشَغَلَ (인샤갈라)	염려하다, 근심하다	مُشاغَبَة (무샤 - 가바)	1.반란 2.싸움, 다툼

اشتغل	1.분주하다 2.종사하다
شغل (슈글)	1.일, 직업 2.고용, 노동
شغّال (샷가-ㄹ)	노동자, 근로자
شغّالة (샷갈-라)	파출부
شغلتية (샤갈티-야)	고용된 박수부대
اشغال (이쉬가-ㄹ)	일거리를 주는 것
تشغيل (타쉬기-ㄹ)	1.고용 2.조업
انشغال (인샤가-ㄹ)	1.염려, 우려 2.초과근무
مشغلة (마쉬갈라)	1.일, 사업 2.공장
مشغول (마싀구-ㄹ)	1.바쁜 2.예약된 3.통화중
مشغولية (마싀굴리-야)	1.분주한 것 2.근심
شف (샾파)	1.내비치다 2.드러내다
شفف (샾파파)	게 하다
انشف (인샾파)	그릇을 비우다(마셔서)
شف (샤프)	투명한 천
شفة (샾파)	입술
شفاف (샤파-프)	1.투명한 2.투사지
شفافية (샤파피-야)	투명함, 투명
شفوفة (샤푸-파)	면사포, 너울
شفيف (샤피-프)	투명한, 얇은, 비치는
شفتر (샤프타라)	입을 삐죽거리다
شفتورة (샤프투-라)	아랫입술

شفع (샤프으)	짝, 쌍, 짝수	مشفتر (무샤프티르)	입술이 두터운
شافع (샤 - 피으)	1.중재자 2.비호자	شفر (샤파라)	욕하다, 꾸짖다
شفاعة (샤파 - 아)	1.중재 2.변호	شفرة (샤프라)	변두리, 끝
شفيع (샤피 - 으)	1.중재자 2.비호자	شفرة (쉬프라)	암호
شفق (샤피까)	동정하다, 불쌍히 여기다	شفير (샤피 - 르)	끝, 가장자리, 모서리
أشفق (아쉬파까)	1.동정하다 2.보살피다	شفشف (샤프샤파)	젖을 다 짜내다
شفق (샤파끄)	황혼, 저녁노을	شفشاف (샤프샤 - 프)	진눈깨비
شفقة (샤파까)	동정, 자비, 친절	شفط (샤파뜨)	1.빨다 2.홀짝마시다
شفيق (샤피 - 끄)	동정심이 많은, 인정있는	شفاطة (샤파 - 따)	흡수관, 송풍기
إشفاق (이쉬파 - 끄)	1.동정 2.두려움 3.염려	شفع (샤파아)	1.중재하다 2.짝을 짓다
شفاه (샤파 - 흐)	대화, 담화, 좌담	تشفع (타샷파아)	1.편들다 2.중재하다

مشافهة (무샤 - 파하)	입으로, 말로	**شق** (샷까)	1.쪼개다 2.동녘이 트다
شفى (샤파)	1.치료하다 2.회복되다	**تشقق** (타샷까까)	쪼개지다, 금이 가다
أشفى (아쉬파)	…할 지경에 이르게 하다	**انشق** (인샷까)	1.분열되다 2.분리되다
تشفى (타샤파)	1.완치되다 2.값을 치르다	**اشتق** (이쉬탓까)	1.파생되다 2.기원하다
استشفى (이쓰타쉬파)	치료되다	**شق** (샷끄)	1.분열, 균열 2.갈라진
شاف (샤 - 프)	1.몸에 좋은 2.단호한	**شقة** (샷까)	주택, 아파트
شفاء (쉬파 -)	1.회복 2.치료 3.약	**شقة** (쉿까)	1.균열 2.난관 3.고생
شفاخانة (쉬파카 - 나)	가축병원	**شقة** (숫까)	1.고달픈 여행 2.반달, 초승달
استشفاء (이쓰티쉬파 -)	치료, 건강회복	**شقاق** (쉬까 - 끄)	1.분열 2.불화, 반목, 이간
مشفى (마쉬파)	병원, 치료기관	**شقيق** (샤끼 - 끄)	1.형제 2.절반
مستشفى (무쓰타쉬파)	1.병원 2.요양소, 양호실	**شقيقة** (샤끼 - 까)	1.자매 2.편두통(의학)

شقشق 1.지저귀다 2.지껄이다 (샤끄샤까)	**انشقاق** 1.분열 2.이탈 3.알력 (인시까 - 끄)
شقشقة 1.수다스러움 2.지껄임 (샤끄샤까)	**اشتقاق** 1.파생 2.기원, 어원 (이시티까 - 끄)
شقشقة 낙타의 목주머니 (쉬끄쉬까)	**اشتقاقات** 파생어 (이시티까까 - 트)
شقع 차곡차곡 쌓다 (샤까아)	**مشقة** 1.난관 2.애로, 곤란 (마샷까)
شقل 1.저울에 달다 2.물을 긷다 (샤깔라)	**متشقق** 금이 간, 쪼개진 (무타샷끼끄)
شقل 저울질 (샤끌)	**شقر** 연한 갈색이 나다 (샤꾸라)
شقلب 뒤집다 (샤끌라바)	**شقر** 방문하다, 찾아가다 (샤까라)
تشقلب 뒤집히다 (타샤끌라바)	**شقر** 금빛(두발의) (샤까르)
شقلبة 뒤집히는 것 (샤끌라바)	**أشقر** 1.주홍색의, 2.금발머리 (아시까르)
مشقلب 뒤집힌 (무샤끌라브)	**شقرق** 명랑하게 놀다 (샤끄라까)
شقي 불행하다, 비참하다 (샤끼야)	**شقرقة** 쾌활, 명랑 (샤끄라까)

شك (샷크)	1.의심, 의혹 2.혐의	أشقى (아스까)	고생시키다
شكة (샷카)	찌르는 것	تشاقى (타샤-까)	독단을 부리다
شكك (슈쿠크)	외상으로	شاقٍ (샤-낀)	불행한
شكوك (샤쿠-크)	1.의심스러운 2.회의주의적인	شقاء (샤까-)	1.불행, 고통 2.유해
مشكوك (마스쿠-크)	이상한, 수상한	شقوة (샤끄와)	1.가난, 빈궁 2.불행
شكر (샤카라)	감사를 드리다, 칭찬하다	شقاوة (샤까-와)	1.불행 2.전횡 3.강탈
شكر (슈크르)	1.감사, 사의 2.칭찬, 찬양	شقي (샤끼이)	1.불행한 2.독단적인
شكران (슈크라-ㄴ)	감사, 고마움	شك (샷카)	1.찌르다 2.의심하다
شاكر (샤-키르)	감사를 드리는, 고마운	شكك (샷카카)	1.의심케 하다 2.외상으로 사고팔다
شاكرية (샤키리-야)	단검, 단도	تشكك (타샷카카)	의심하다
شكارة (슈카-라)	선물(감사의 표시로)	انشك (인샷카)	찔리다

شاكل (샤 - 칼라)	1.유사하다 2.다투다	شكور (샤쿠 - 르)	고마움, 감사
أشكل (아쉬칼라)	1.애매하다 2.힘겨웁다	شيكران (샤이카라 - ㄴ)	독식물
تشكل (타샷칼라)	1.조직되다 2.이양을 떨다	مشكور (마싀쿠 - 르)	1.고마운 2.칭찬할만한
استشكل (이쓰타싁칼라)	1.의심이 들다 2.힘겨웁다	متشكر (무타샷키르)	감사드리는
شكل (샤칼)	말다툼	شكس (샤키싸)	사악하다, 악을 올리다
شكلة (샤칼라)	애교있는 여자	شاكس (샤 - 카싸)	트집을 잡다
شكل (샤클)	1.외모 2.도안 3.방법	تشاكس (타샤 - 카싸)	서로 욕하다
شكلية (샤클리 - 야)	형식주의	شكاسة (샤카 - 싸)	1.못된 성미 2.신경질 3.까다로움
شكل (싀클)	1.애교 2.우아함	مشاكسة (무샤 - 카싸)	1.트집 2.싸움, 다툼질
شكال (쉬카 - 르)	족쇄	شكل (샤칼라)	1.묶다 2.복잡하다
شاكلة (샤 - 킬라)	1.옆, 측면 2.모양, 부류	شكل (샷칼라)	구성하다, 조직하다

아랍어	한국어
اشتكى (이쉬타카)	1.하소연하다 2.앓다
شكاء (샤카-)	1.불평이 많은 2.원고(법)
شكاوة (샤카-와)	1.불평, 하소연 2.고소
شكوى (샤크와)	불평, 불만, 하소연
مشكو (마쉬쿠우)	피고, 범인
مشتك (무쉬탓크)	1.하소연하는 2.기소자
شل (샬라)	마비시키다, 마비되다
شلل (샬랄라)	누비다, 시침하다
أشل (아샬라)	마비시키다
انشل (인샬라)	마비되다
شلة (샬라)	1.목표, 목적 2.한때 그룹
إشكال (이쉬카-ㄹ)	어려움, 복잡성
تشكيل (타쉬키-ㄹ)	1.각양각색 2.구성, 조직
تشكيلة (타쉬킬-라)	1.꽃다발 2.구성
تشاكل (타샤-쿨)	1.유사함 2.일치, 적응
مشكلة (무쉬킬라)	1.난관 2.문제
مشكل (무샷칼)	여러가지의, 가지각색의
مشاكلة (무샤-칼라)	유사성, 비슷함
شكم (샤카마)	입을 틀어막기 위해 매수하다
شكيمة (샤키-마)	1.기만 2.정력
شكا (샤카)	1.불평하다 2.신고하다 3.앓다
تشاكى (타샤-카)	서로 신고하다

استشلح (이쓰타쉴라하)	옷을 벗다	**شلة** (쉴라)	1.패거리 2.실타래, 실꾸리
مشلح (마쉴라흐)	실내에서 입는 편안한 옷	**شلات** (샬라-트)	1.큰 폭포 2.여울, 급류
مشلح (무솰라흐)	탈의실	**شلل** (샬랄르)	마비, 중풍
شلفط (샬파따)	1.갈겨쓰다 2.배다	**شلالة** (샬랄-라)	시침, 누비기
شلفطة (샬파따)	난필, 갈겨쓰는 것	**مشلول** (마쉴룰-르)	마비된, 중풍에 걸린
شلق (샬라까)	쪼개다	**شلت** (샬라타)	발로 차다
شلوق (슐루-끄)	열풍	**شلتة** (샬타)	매트리스
شم (샴마)	1.냄새 맡다 2.거만하게 행동하다	**شلوت** (샬루-트)	발길질
تشمم (타샴마마)	1.냄새 맡다 2.탐지하다	**شليتة** (샬리-타)	자루, 포대
استشم (이쓰타샴마)	느끼다, 감촉하다	**شلتوتة** (샬투-타)	걸레
شم (샴므)	1.냄새를 맡는 것 2.후각	**شلح** (샬라하)	1.벗어던지다 2.폭로하다

شَمِتَ (샤미타)	고소해지다	شَمَّ (샤맘)	1.교만 2.고도
أَشْمَتَ (아쉬마타)	남의 불행을 고소해하다	شَامَّة (샴-마)	후각
شَمَاتَة (샤마-타)	남의 불행을 기뻐하는 것	شَمَّام (샴마-ㅁ)	참외
شَمْتَان (샤므타-ㄴ)	남의 불행을 고소해하는	شَمِيم (샤미-ㅁ)	향긋한 냄새
شَمَخَ (샤마카)	1.높다, 솟다 2.거만하다	أَشَمّ (아샴므)	1.높은 2.거만한
تَشَامَخَ (타샤-마카)	1.뽐내다 2.높이 솟다	مِشَمّ (미샴-ㅁ)	후각기관
شَمَخَة (샤므카)	거민, 교민	مَشْمُوم (마쉬무-ㅁ)	1.사향 2.냄새
شَامِخ (샤-미크)	1.우뚝 솟은 2.건방진	شَمْأَز (샤므아자)	1.몸서리치다 2.격분하다
شُمُوخ (슈무-크)	1.높이 2.거만, 자랑	تَشَمَّزَ (타샴마자)	인상을 쓰다, 찡그리다
تَشَامُخ (타샤-무크)	거만, 교만	اِشْمِئْزَاز (이쉬미이자-즈)	혐오감, 역겨움
مُتَشَامِخ (무타샤-미크)	거만한, 건방진	مُشْمَئِزّ (무쉬마잇즈)	몸서리나는, 징그러운

شمسية (샴씨 - 야)	우산, 양산, 파라솔
شامس (샤 - 미쓰)	1.햇빛이 난 2.반항하는
شموس (샤무 - 쓰)	고집이 센
شميسة (슈마이싸)	해님
مشمس (무시미쓰)	햇빛이 잘 드는
مشموس (마시무 - 쓰)	더위 먹은
مشمسة (마시마싸)	일광욕 장소
شمط (샤마따)	1.약탈하다 2.빼앗다
شمط (샤미따)	머리가 희다
أشمط (아시마뜨)	머리가 센
شماطة (샤마 - 따)	북새, 소란, 소동

شمر (샤마라)	1.서두르다 2.걷어올리다(소매를)
تشمر (타샴마라)	달라붙다, 착수하다
شمار (싀마 - 르)	1.멜빵 2.브래지어
شمز (샤마자)	1.몸서리치다 2.격분하다
تشمز (타샴맛자)	아니꼽게보다
اشمأز (이싀마으자)	몸서리치다
شمس (샤마싸)	반항하다
شمس (샤미싸)	햇볕이 나다
شمس (샴싸)	햇볕을 쪼이다
تشمس (타샴마싸)	일광욕을 하다
شمس (샴쓰)	1.태양 2.햇빛이 잘 드는

شَمال (샤마-ㄹ)	1.북쪽 2.북풍	شَمَعَ (샤마아)	놀다, 장난하다
شِمال (쉬마-ㄹ)	1.왼쪽, 왼편 2.좌파	شَمَّعَ (샴마아)	왁스를 칠하다
شَمول (샤무-ㄹ)	북풍	شَمعة (샤므아)	1.초, 양초 2.촉수
شُمول (슈무-ㄹ)	포함, 포괄	شَمّاعة (샴아-아)	옷걸이
شَميلة (솨밀-라)	천성, 성격	مُشَمَّع (무샴마오)	1.왁스가 칠해진 2.비옷
مَشمول (마쉬무-ㄹ)	1.포함된 2.휩싸인	شَمِلَ (샤밀라)	1.포함하다 2.일반적이다
مُشتَمَل (무쉬타말)	신장, 작은 집	تَشَمَّلَ (타샴말라)	감싸이다, 휩싸이다
مُشتَمَلات (무쉬타말라-트)	내용, 목록	اِشتَمَلَ (이쉬타말라)	1.구성하고 있다 2.포괄하다
شَنَّ (샨나)	1.쏟다 2.공격하다	شَمل (샤믈)	단합, 연합, 통합
أشَنَّ (아샨나)	1.붓다 2.공격하다	شَملة (샤믈라)	1.터반 2.망토, 외투
اِستَشَنَّ (이쓰타샨나)	1.헐다 2.여리다	شامِل (샤-밀)	1.포괄적인 2.포함하는

쉰

쉰

تشنج (타샨나즈)	경련, 쥐가 남	مشنة (미샨나)	광주리
شنر (샨나라)	망신시키다	شنأ (샤나아)	증오하다, 원한을 품다
شنار (샤나-르)	수치, 치욕	تشاءنا (타샤-아나)	서로 증오하다
شنط (샤나뜨)	매다, 묶다	شانئ (샤-니으)	원한을 품은
شنطة (샨따)	1.가방 2.배낭	شنآن (샨아-느)	증오하는
شنيطة (샤니이따)	올가미	شنأة (샤나아트)	증오, 원한
شنع (샤누아)	징그럽다, 추악하다	شنب (샤니바)	차가워지다
شنع (샤니으)	1.추악한 2.끔찍스러운	شنب (샤니브)	추운, 서늘한
شناعة (샤나-아)	추악함, 징그러움	شنب (샤나브)	수염
شنيع (샤니-으)	1.추악한 2.섬뜩한	شنج (샤나자)	1.경련을 일으키다
شنق (샤나까)	교살하다	تشنج (타샨나자)	쥐가 나다

أُشهِد (아쉬하다)	1.증인으로 요청하다	انشنق (인샤나까)	교살되다
أُشهِد (우쉬히다)	희생되다, 순교하다	شنق (샤나끄)	목매는 밧줄
استشهد (이쓰타쉬하다)	인용하다	شنق (샨끄)	교살
استشهد (이쓰투쉬히다)	순교하다, 전사하다	مشنقة (마쉬나까)	교살장
شهد (샤흐드)	벌꿀	مشنقة (미쉬나까)	교수대
شاهد (샤 - 히드)	1.목격자, 증인 2.인용	منشوق (만슈 - 끄)	목매죽은
شاهدة (샤 - 히다)	1.사몬 2.승거사뇨	شهب (샤후바)	회색빛이 나다
شهادة (샤하 - 다)	1.증명 2.증언	شهاب (쉬하 - 브)	1.별 2.유성
شهيد (샤히 - 드)	순교자, 전사자	أشهب (아쉬하브)	회색의
استشهاد (이쓰티쉬하 - 드)	1.순교 2.입증	شهد (샤히다)	1.참석하다 2.증인이 되다
مشهد (마쉬하드)	1.전경 2.장면	شاهد (샤 - 하다)	1.관찰하다 2.참관하다

쉬

쉰

شهير (샤히 - 르)	저명한, 유명한	مشاهد (무샤 - 히드)	참관자, 관찰자
إشهار (이시하 - 르)	공포, 선포	مشاهدة (무샤 - 하다)	1.참관 2.대면
اشتهار (이쉬티 - 하르)	1.명성 2.평판	مشهود (마쉬후 - 드)	1.목격된 3.볼만한
مشهور (마쉬후 - 르)	이름난, 유명한	مشهودات (마쉬후다 - 트)	보고들은 것
مشاهرة (무샤 - 하라)	월급, 봉급	شهر (샤하라)	1.유명하게 만들다 2.알리다
شهق (샤히까)	1.숨을 들이쉬다 2.딸꾹질하다	شاهر (샤 - 하라)	고용하다, 채용하다
أشهق (아쉬하다)	통곡하다, 엉엉울다	أشهر (아쉬하라)	선포하다, 경매에 붙이다
شهقة (샤흐까)	1.외침 2.헛기침	اشتهر (이쉬타하라)	1.저명해지다 2.퍼지다
شاهق (샤 - 히끄)	높이 솟은	شهر (샤흐르)	1.월 2.공고, 알림
شاهقة (샤 - 히까)	마천루, 고층건물	شهرة (슈흐라트)	1.명성, 명예 2.평판
شهيق (샤히 - 끄)	1.숨을 들이쉼 3.흐느낌	شهرية (샤흐리 - 야)	월급, 봉급

شهية (샤히-ㅇ)	1.입맛 2.희망	**شهل** (샤흐할라)	1.급송하다 2.촉진시키다
شهوان (샤흐와-ㄴ)	성욕이 강한	**شهل** (샤흘)	신속한(업무에 있어)
اشتهاء (이스티하-)	1.희망 2.입맛	**شهلة** (샤흘라)	파란 눈
مشهيات (무스히야-트)	전채	**أشهل** (아스할르)	파란 눈
مشتهى (무스타하)	열망하는, 바라는	**شهم** (샤후마)	1.용감하다 2.총명하다
شاب (샤-바)	1.섞이다 2.더럽히다	**شهامة** (샤하-마)	1.대담성 2.명철
شائبة (샤-이바)	1.결함 2.얼룩	**شهى** (샤히야)	1.길밍하다 2.식욕이 들다
شوية (샤우바)	1.열, 더위 2.기만	**تشهى** (타샤흐하)	1.맛있게 먹다 2.갈망하다
مشوب (마슈-브)	1.얼룩이 간 3.상한	**اشتهى** (이스타하)	원하다, 바라다
شوحة (슈-하)	매(조류)	**شهوة** (샤흐와)	1.식욕 2.성욕, 정욕
شوحية (슈히-야)	서까래	**شهى** (샤히이)	입맛을 당기는

쉬

تشاور (타샤-우르)	협상, 협의
استشارة (이쓰티샤-라)	협상, 협의
مشار (무샤-르)	위에서 지적한
مشاورة (무샤-와라)	협의, 협상, 의논
مشوار (미쉬와-르)	1.용무 2.심부름
مشورة (마쉬와라)	충고, 권고
مشير (무쉬-르)	1.가리킴 2.가리키는
مشيرة (무쉬-라)	둘째손가락
مستشار (무쓰타샤-르)	1.고문 2.참사
شوربة (슈-르바)	국물, 수프
شاش	아픔을 느끼다, 아프다
تشويح (타쉬위-흐)	손짓, 손시늉
شار (샤-라)	1.끌어모으다 2.지시하다
شور (샤우와라)	1.지시하다 2.신호하다
شاور (샤-와라)	1.협의를 하다 2.신호하다
أشار (아샤-라)	1.가리키다, 신호하다
تشور (타샤우와라)	산보하다, 거닐다
تشاور (타샤-와라)	협상하다, 협의하다
استشار (이쓰티샤-라)	1.자문을 구하다 2.협의하다
شارة (샤-라)	표식, 부호
شورى (슈-라)	1.협의 2.충고
إشارة (이샤-라)	1.지적 2.신호

شاف (샤 - 파)	보다, 구경하다	**شوش** (샤와샤)	1.교란하다 2.혼돈시키다
شوف (샤우파)	1.장식하다 2.보여주다	**تشوش** (타샤와샤)	1.왜곡되다 2.매독에 걸리다
تشوف (타샤우와파)	1.내려다보다 2.열망하다	**شاش** (샤 - 싀)	가제, 하얀천
شوفة (샤우파)	외모, 모습, 풍경	**شاشة** (샤 - 샤)	영화스크린
شائف (샤 - 이프)	보는, 보고 있는	**تشوش** (타샤우와슈)	혼란, 무질서
تشوف (타샤우와프)	열망, 갈망	**تشويش** (타싀위 - 슈)	1.교란 2.왜곡 3.매독
شاق (샤 - 까)	1.즐겁게 하다 2.갈망을 유발하다	**مشوش** (무쇠우와슈)	1.매독환자 2.왜곡된
شوق (샤우와까)	마음을 끌다	**شاط** (샤 - 따)	타다, 눋다(밥이)
تشوق (타샤우와까)	갈망하다, 열망하다	**شوط** (샤우와따)	먼 여행을 하다
اشتاق (이싀타 - 까)	1.갈망하다 2.그리워하다	**شوط** (샤우뜨)	1.목적 2.거리 3.횟수
شائق (샤 - 이끄)	1.매혹적인 2.아름다운	**شوطة** (샤우따)	전염병

شَوْكَة (샤우카)	1.가시 2.삼지창 3.위력 4.용감	شَوْق (샤우끄)	1.열정 2.갈망, 그리움
شَالَ (샬 - 라)	1.오르다 2.옮기다	شَيِّق (샤이이끄)	1.절실한 2.재미있는
أَشَالَ (아샬 - 라)	1.들다 2.운반하다	اِشْتِياق (이쉬티야 - 끄)	갈망, 소망
شَال (샤알)	숄(머리 어깨를 가리는 것)	مَشْوُوق (무샤우위끄)	아기자기한
شَالِيَة (샬 - 리야)	항아리, 화분	مَشْوُوقات (무샤우위까 - 트)	재미있는 대목
شَوْل (샤윌)	신속한, 빠른	مُشْتاق (무쉬타 - 끄)	갈망하는, 그리워하는
شَوْلَة (샤우왈라)	반점, 콤마(,)	شاك (샤 - 카)	가시가 돋다
شُوال (슈와 - ㄹ)	자루, 포대	أَشاك (아샤 - 카)	찌르다
شَوَّال (샤우와 - ㄹ)	이슬람력 9월	شائِك (샤 - 이크)	1.가시있는 2.어려운
شَيَّال (샤이야 - ㄹ)	짐꾼, 포터	شَوْك (샤우크)	1.가시 2.포크
شَيَّالَة (샤이얄 - 라)	짐 운반비	شَوَّك (샤위크)	가시가 돋친

쉬

مشوه (무샤우와흐)	1.불구가 된 3.왜곡된	**شيلة** (샤일라)	짐
شوى (샤와)	1.굽다(고기를) 2.태우다	**أشول** (아싀왈르)	왼손잡이
شواء (싀와 -)	구운 고기, 불고기	**شون** (샤우와나)	곡식을 창고에 저장하다
شواء (샤우와 -)	불고기 요리사	**شونة** (슈 - 나)	곡식창고
شواية (샤우와 - 야)	적쇠	**شاه** (샤 - 하)	보기흉하다
مشوى (마싀위)	구운 불고기	**شوه** (샤우와하)	1.훼손시키다 2.왜곡하다
مشواة (미싀와 -)	적쇠	**تشوه** (타샤우와하)	1.왜곡되다 2.병신이 되다
شاء (샤 - 아)	원하다, 바라다	**شاه** (샤 - 하)	페르시아 군주
شيء (샤이으)	1.사물 2.그 어떤 것	**شائه** (샤 - 이흐)	1.보기흉한 2.불구가 된
شوية (쉬와이 - 야)	약간, 조금	**شوه** (샤와흐)	1.기형 2.왜곡
شاب (샤 - 바)	백발이 되다	**شوهة** (슈 - 하)	보기흉한 것

شائب (샤 - 이브)	1.백발이 된 2.백발	**شياخة** (쉬야 - 카)	쉐이크 칭호
شيب (샤이브)	1.백발 2.노년	**شاد** (샤 - 다)	건축하다, 짓다
شيبة (샤이바)	쑥(식물)	**شيد** (샤이야다)	건축하다, 짓다
أشيب (아쉬야브)	1.백발이 된 2.백발	**أشاد** (아샤 - 다)	1.짓다 2.찬양하다
مشيب (마쉬 - 브)	1.백발 2.노령	**إشادة** (이샤 - 다)	칭송, 칭찬
شاخ (샤 - 카)	늙다, 노인이 되다	**تشييد** (타쉬이 - 드)	건설, 건축
شيخ (샤이야카)	족장으로 임명하다	**مشيد** (무샤이야드)	건설된, 건축된
شائخ (샤 - 이크)	1.늙은 2.낡은	**شيش** (쉬 - 슈)	긴 칼
شيخ (샤이크)	1.노인 2.족장 3.이슬람석학 4.상원의원	**شيشة** (쉬 - 샤)	물담배, 쉬샤
شيخة (샤이카)	1.노파 2.이슬람여성 학자	**شاط** (샤 - 따)	타다, 그슬다
شيخوخة (샤이쿠 - 카)	노년, 고령	**أشاط** (아샤 - 따)	그슬리다, 태우다

شايع 1.추종하다 2.편을 들다 (샤 - 야아)	**تشيط** 타다, 눋다(음식이) (타샤이야따)
أشاع 소식을 전하다 (아샤 - 아)	**اشتشاط** 타오르다 (이쉬티샤 - 따)
تشيع 시야파의 일원이 되다 (타샤이야아)	**شياط** 타는 냄새 (쉬야 - 뜨)
تشايع 의견의 일치를 보다 (타샤 - 야아)	**شيطن** 악마처럼 행동하다 (샤이따나)
شائعة 소문, 풍문 (샤 - 이아)	**تشيطن** 장난하다 (타샤이따나)
شيوع 퍼짐, 유포, 전파 (슈유 - 으)	**شيطنة** 도깨비 짓, 추잡한 술책 (샤이따나)
شيوعية 공산주의 (슈유이 - 야)	**شيطان** 1.도깨비, 귀신, 악마 (샤이따 - ㄴ) 2.장난꾸러기
شيعة 분파, 종파, 교파, 학파 (쉬 - 아)	**شيطانية** 잔인성, 도깨비 장난 (샤이따니 - 야)
إشاعة 1.풍문 2.유포 (이샤 - 아)	**شاع** 소문이 나다.. 일반화하다
تشييع 장례식 (타싀이 - 으)	**شيع** 1.배웅하다 2.동행하다 (샤이야아) 3.고인에게 마지막 인사를 하다 5.고수하다 6.보내다
مشاع 공동의, 공동소유의 (무샤 - 으)	

쉬

شيمية (쉬미 - 야)	소용돌이	مشاعية (무샤이 - 야)	공동체
مشيمة (마쉬 - 마)	태반, 태(해부)	مشايع (무샤 - 이으)	지지자, 옹호자
شان (샤 - 나)	모독하다	مشايعة (무샤 - 야아)	지지, 신봉, 옹호
شين (샤인)	1.수치 2.나쁜	مشيع (무샤이야으)	대담한, 용감한
شائن (샤 - 인)	창피한, 불명예스러운	شيك (쉬 - 크)	1.수표 2.우아한
مشاين (마샤 - 이느)	못된 짓, 악습	شياكة (샤야 - 카)	문체의 화려함
مشين (마쉬 - 느)	1.수치 2.나쁜	شام (샤 - 마)	1.간파하다 2.추측하다
		شام (샤 - ㅁ)	샴지역, 시리아
		شامة (샤 - 마)	복점
		شائم (샤 - 임)	…의 성질을 가진
		شيمة (쉬 - 마)	1.습관 2.기질

(쏴드 : الصاد)

صابون (쏴부-ㄴ)	비누	
صاروخ (쏴루-크)	로켓	
صالة (쏼-라)	홀, 응접실	
صالون (쏼루-ㄴ)	응접실, 홀	
صب (쏩바)	1.붓다 2.주물하다 3.그리워하다	
تصبب (타쏩바바)	1.흐르다 2.매혹되다	
انصب (인쏩바)	흘러들어가다, 몰두하다	
صب (쏩브)	1.붓는 것 2.사랑에 빠진	
صبابة (쏴바-바)	열애, 갈망	
صبيب (쏴비-브)	1.쏟아진 2.피 3.땀	
مصب (마쏩브)	1.하구(송유관의) 2.종점	
مصبوب (마스부-브)	1.쏟아진 2.주조된	
مصبوبات (마스부바-트)	주조물	
صبح (쏴바하)	아침에 일어나다	
صبح (쏩바하)	아침인사를 하다	
أصبح (아스바하)	아침이 되다	
استصبح (이쓰타스바하)	물을 켜나	
صبح (수브흐)	아침, 새벽	
صباح (쏴바-흐)	아침, 새벽	
صباحة (쏴바-하)	신선한 것	
صبوح (사부-흐)	1.아름다운 2.신선한	

صبور (쑤부-르)	끈기있는, 강인한	صبيح (쑤비-흐)	아름다운, 우아한
صبار (쑵바-르)	선인장(식물)	مصباح (미스바-흐)	등, 등불
صبارة (쌉바-라)	1.황무지 2.정찰병	صبر (쏴바라)	참다, 자제하다
صبير (수바이르)	가시가 있는 무화과	صابر (쏴-바라)	참아내다
صبير (쑤비-르)	흰구름	تصبر (타쌉바라)	안정되다, 진정되다
تصبيرة (타스비-라)	요기, 입가심	اصطبر (이스따바라)	참다, 견디다
صبع (쏴바아)	손가락으로 가리키다	صبر (쏴브르)	인내성, 참을성
صباع (수바-으)	손가락	صبرة (쏴브라)	혹한, 몹시 추운
إصبع (이스바으)	1.손가락 2.발가락	صبر (수브르)	끝, 모서리
مصبوع (마스부-으)	교만한, 오만한	صبرة (수브라)	더미, 무더미
صبغ (쏴바가)	1.염색하다 2.세례를 주다	صابر (쏴-비르)	참을성 있는,

쏴드

صابون (쏴부-ㄴ)	비누	**انصبغ** (인쏴바가)	물들다, 염색되다
مصبنة (마스바나)	비누공장	**اصطبغ** (이스따바가)	1.물들다 2.세례받다
صبا (쏴바)	그리워하다, 사모하다	**صبغ** (시브그)	양념, 조미료
صبي (쏴비야)	아이처럼 행동하다	**صبغة** (시브가)	1.세례 2.염료 3.양식
تصبى (타쌉바)	젊어지다	**صباغ** (시바-그)	물감, 염료, 안료
استصبى (이쓰타스바)	철없이 놀다	**صباغة** (시바-가)	염색업, 염색공업
صبا (쏴바)	동풍	**صبوغة** (쏴부-가)	절인 물고기
صبا (싀바)	1.그리움 2.청춘	**مصبغة** (마스바가)	염색공장
صباء (쏴바-)	청춘, 젊음	**مصبوغ** (마스부-그)	1.염색된 2.감염된
صبوة (쏴브아)	1.젊음 3.그리움	**صبن** (쏴바나)	농간을 부리다, 속이다
صبوة (수브와)	청춘	**صبن** (쌉바나)	비누로 씻다

쏴드

أصحب (아스하바)	동행시키다, 호위하다	صبى (쏴비이)	소년, 사내아이
اسطحب (이쓰타스하바)	1.동행하다 2.호위하다	صبية (쏴비 - 야)	1.소녀 2.처녀
صحبة (수흐바)	1.동행 2.우의	صح (쏴흐하)	1.회복되다 2.사실이다
صويحب (수와이히브)	남자친구, 애인	صحح (쏴흐하하)	시정하다, 교정하다
صويحبة (수와이히바)	여자친구, 애인	تصحح (타쏴흐하하)	1.시정되다 2.완치되다
صاحب (쏴 - 히브)	1.동료 2.친구	صحة (시하)	건강, 위생
صاحبة (쏴 - 히바)	1.여주인 2.여자친구	صحيح (쏴히 - 흐)	1.옳은 2.진정한
صحابة (쏴하 - 바)	교우 또는 동료	تصحيح (타스히 - 흐)	1.교정 2.건강회복
اصطحاب (이스띠하 - 브)	1.동행 2.호위	مصحة (마쏴흐하)	요양원, 휴양소
مصاحب (무쏴 - 히브)	동반자, 애인	صحب (쏴히바)	1.동행하다 2.친구로 사귀다
مصاحبة (무쏴 - 히바)	1.동반 2.우정	صاحب (쏴 - 하바)	1.사귀다 3.함께하다

صحن (쏴흔)	1.접시 2.요리	مصحوب (마스후 - 브)	동반된, 동행한
صحا (쏴하)	1.깨다 2.정신을 차리다 (잠에서)	صحراء (쏴흐라 -)	사막, 황야, 무인지경
أصحى (아스하)	1.깨우다 2.깨다(술에서)	صحارة (사흐하 - 라)	상자
صاح (쏴 - 힌)	1.맑은 2.정신을 차린	صحف (쏴흐하파)	틀리게 읽다, 잘못 쓰다
صخب (사키바)	1.떠들썩하다 2.꾸짖다	صحف (수후프)	신문, 출판물
تصاخب (타쏴 - 카바)	서로 외쳐대다	صحفي (수흐피)	기자, 저널리스트
اصطخب (이스똬카바)	소란을 피우다	صحفة (쏴흐파)	큰 접시, 사발
صخب (쏴카브)	고함소리, 소음	صحافية (쏴하피 - 야)	여기자
صاخب (쏴 - 키브)	소란한, 떠들썩한	صحيفة (쏴히 - 파)	1.쪽, 페이지 2.신문
اصطخاب (이스띠카 - 브)	고함, 소음	مصحف (무스하프)	1.꾸란 2.책
صخر (쏴크르)	돌, 바위	صحن (쏴하나)	찧다

쏴드

صخرة (쏴크라)	바위, 바위돌	صدر (쌋다라)	1.수출하다 2.발행하다
صد (쌋다)	1.제지하다 2.방해하다	صادر (쏴 - 다라)	몰수하다, 박탈하다
صدد (쌋다다)	상처가 곪다	أصدر (아스다라)	1.출간하다 2.수출하다
تصدد (타쌋다다)	직면하다, 맞서다	صدر (쏴드르)	1.가슴, 마음 2.여명기
صد (쌋드)	1.제지 2.격퇴	صدرية (쏴드리 - 야)	폐병, 호흡기 질환
صدد (쏴다드)	1.관계 2.목적	صادرات (쏴디라 - 트)	수출품
صديد (쏴디 - 드)	고름	إصدار (이스다 - 르)	1.수출 2.출판, 발행
صدئ (쏴디아)	녹이 슬다	تصدير (타스디 - 르)	1.수출 2.서두
صداءة (쏴다 - 아)	녹, 산화	استصدار (이쓰티스다 - 르)	1.발행 2.공표
صدئ (쏴디으)	녹이 쓴	مصدر (마스다르)	1.근원 2.발생
صدر (쏴다라)	1.가다 2.발간하다	مصادرة (무쏴 - 다라)	몰수

صدع (쏘다아)	1.쪼개다 . 2.머리가 아프다	صدف (쏴다프)	1.조가비 2.자개
صدع (쏴드으)	틈, 터진구멍, 금, 균열	صدفة (수드파)	우연한 일, 우연성
صداع (수다 - 으)	두통	مصادفة (무쏴 - 다파)	우연한 만남, 우연성
مصدوع (마스두 - 으)	1.금이 간 2.머리가 아픈	صدق (쏴다까)	1.진실을 말하다 2.옳다
صدغ (쏴다가)	1.막다 2.잡다	صدق (쏫다까)	1.신뢰하다 2.비준하다
صدغ (시드그)	뻔뻔스러운	صادق (쏴 - 다까)	1.사귀다 2.비준하다
مصدغة (미스다가)	베개	أصدق (아스다까)	혼인금을 수다
صدف (쏴다파)	1.거절하다 2.우연히 일어나다	تصدق (타쏫다까)	자선을 베풀다
صادف (쏴 - 다파)	1.뜻밖에 만나다 2.일치하다	صدق (시드끄)	1.진실 2.사실 3.정직
تصدف (타쏫다파)	외면하다, 피하다	صدقة (쏴다까)	희사, 동냥, 헌금
تصادف (타쏴 - 다파)	1.서로 만나다 2.일치하다	صادق (쏴 - 디끄)	1.진실한 2.사실의

تصادم (타쇼 - 둠)	1.충돌 2.충격	صداق (쏴다 - 끄)	혼인금, 마흐르
اصطدام (이스띠다 - ㅁ)	1.충돌 2.완충기	صداقة (쏴다 - 까)	친선, 우의, 우정
مصادمة (무쏴 - 다마)	충돌, 충격	صديق (쏴디 - 끄)	1.진실한 2.진실한 친구
صدى (쏴디야)	심한 갈증을 느끼다	تصديق (타스디 - 끄)	1.신뢰 2.비준
أصدى (아스다)	메아리치다	مصدق (무쌋다끄)	믿을 만한
تصدى (타쌋다)	1.도전하다 2.간섭하다	مصادقة (무쏴 - 다까)	1.동의 2.비준
صدى (쏴드이)	메아리, 산울림, 반향	مصداق (미스다 - 끄)	1.표준 2.시금석
صديان (쏴드야 - ㄴ)	목이 마른	صدم (쏴다마)	1.충돌하다 3.상충되다
تصدية (타스디 - 야)	손뼉치는 소리	صادم (쏴 - 다마)	부딪치다, 충돌하다
صر (쏘르라)	1.묶다 2.갈다(이빨을)	تصادم (타쏴 - 다마)	서로 부딪치다
صرر (쏘르라라)	귀를 기울이다	صدمة (쏘드마)	1.일격, 타격 2.충격

صرح (쏴르흐)	궁전, 고층건물	أصر (아쏴르라)	1.집착하다 2.결심하다
صراح (쏴라 - 흐)	1.뚜렷한 2.순수한	صرة (수르라)	꾸러미, 보따리
صراحة (쏴라 - 하)	명료성, 솔직성	صرور (쏴루 - 르)	독신, 홀아버지
صراحية (수라히 - 야)	술통	صريرة (쏴리 - 라)	돈가방, 돈주머니
صريح (쏴리 - 흐)	1.명백한 2.확실한	إصرار (이스라 - 르)	고집, 완고성
تصريح (타스리 - 흐)	1.선언 2.승인, 허가	مصر (무시르르)	1.완강한 2.결심이 선
مصارحة (무쏴 - 라하)	솔직성	صرح (쏴라하)	설명하다, 밝히다
صرخ (쏴라카)	비명을 지르다	صرح (샤르라하)	1.선포하다 2.허락하다
تصارخ (타쏴 - 라카)	서로 외치다	أصرح (아스라하)	선언하다, 언명하다
استصرخ (이쓰타스라카)	살려달라고 외치다	تصرح (타사르라하)	허락되다, 허용되다
صرخة (쏴르카)	외침소리, 비명	انصرح (인쏴라하)	명백해지다

쏴 드

صرع (쏴라아)	넘어뜨리다	صراخ (수라 - 크)	고함, 외침소리
صرع (수리아)	지랄병에 걸리다	صاروخ (쏴루 - 크)	로켓
صارع (쏴 - 라아)	씨름하다	صاروخة (쏴루 - 카)	어뢰
تصارع (타쏴 - 라아)	서로 격투하다	صريخ (쏴리 - 크)	고함, 외침소리
انصرع (인쏴라아)	1.넘어지다 2.질겁하다	صرد (쏴라다)	명중하다
صراعة (시라 - 아)	씨름, 레슬링	أصرد (아스라다)	명중하다
صراع (수라 - 으)	발작, 지랄병	صرد (쏴르드)	혹독한 추위
صريع (쏴리 - 으)	1.넘어짐 2.간질병에 걸린	صرصر (쏴르쏴라)	강풍이 불다
مصرع (마스라으)	1.죽음 2.씨름터	صرصر (쏴르쏴르)	강추위, 강풍
مصارع (무쏴 - 리으)	씨름, 싸움, 격투	صرصر (수르수르)	귀뚜라미
مصروع (마스루 - 으)	지랄병에 걸린	صراط (시라 - 뜨)	길

تصريف 1.처분(상품의) 2.배수 (타스리 - 프)	**صرف** 1.소비하다 2.환전하다 (쏘라파)
تصرف 1.처분 2.행위 (타쏘르라프)	**صرف** 1.처분하다 2.바꾸다(작은 돈으로) (쏘르라파)
تصاريف 인생의 허무함 (타쏘리 - 프)	**أصرف** 해고하다, 해임시키다 (아스라파)
انصراف 1.떠남 2.포기 (인스라 - 프)	**تصرف** 제멋대로 하다 (타사르라파)
مصرف 1.판매 2.용돈 3.은행 (마스리프)	**انصرف** 떠나다, 물러가다 (인쏘라파)
مصرف 배수로, 배수관 (미스라프)	**صرف** 1.환전 2.소비 (쏘르프)
مصارفة 환율 (무쏘 - 라파)	**صراف** 1.회계원 2.환전상 (쏘라라 - 프)
مصروف 경비, 비용, 지출 (마스루 - 프)	**صرافة** 여출납원 (쏘라라 - 파)
متصرف 통치자, 도지사 (무타쏘르리프)	**صرافة** 1.환전 2.출납업무 (시라 - 파)
متصرفية 1.지역, 성 2.당국 (무타쏘르리피 - 야)	**صروف** 운명의 우여곡절 (수루 - 프)
منصرف 1.출구 2.판매, 처분 (문쏘라프)	**صريف** 삐걱소리 (쏘리 - 프)

쏴드

مصطبة (마스따바)	돌의자, 옥외의 돌벤치	صرم (쏴라마)	1.자르다 2.떠나다
صعب (쏴우바)	어렵다, 힘들다	صرم (수리마)	죽다, 숨을 거두다
صعب (쏴으브)	어려운, 힘든, 고달픈	صرم (쏴루마)	엄격하다, 냉혹하다
صعوبة (수우-바)	1.난관 2.고집	صرم (쏴르라마)	헤어지다, 인연을 끊다
مصاعب (마쏴-이브)	애로, 난관	انصرم (인쏴라마)	1.종말이 되다 2.죽다
صعد (쏴이다)	1.올라가다 2.이륙하다	صرم (쏴름)	절교, 단교
تصعد (타쏴으아다)	1.올라가다 2.증발하다	صرم (수름)	직장(해부)
تصاعد (타쏴-아다)	앙양되다	صارم (쏴-림)	1.예리한 2.잔인한
استصعد (이쓰타스아다)	올라가다	صرامة (쏴라-마)	1.엄격성 2.날카로움
صعدة (쏴으다)	1.상승 2.높은 곳	مصارمة (무쏴-라마)	이간질, 분열, 조장
صعداء (수아다-)	한숨	منصرم (문쏴림)	지나간, 과거의

مصعوق (마스우-끄)	벼락맞은	صعود (수우-드)	상승, 오르는 것
صعلكة (솨을라카)	빈곤, 가난, 빈궁	صعيد (솨이-드)	1.고지 2.범위, 분야
صعلوك (수을루-크)	빈민, 거지	تصاعد (타솨-우드)	상승, 앙양
تصعلك (타솨을라크)	방랑	مصعد (마스아드)	양극(전기)
متصعلك (무타솨을리크)	1.가난한 2.방랑자	مصعدة (미스아다)	승강기, 엘리베이터
صغر (솨기라)	1.작다 2.어리다	متصاعد (무타솨-이드)	오르는, 상승하는
صغر (솟가라)	1.줄이다 2.깎아내리다	صعق (솨아까)	번개치다, 벼락치다
أصغر (아스가라)	과소평가하다	صعق (수이까)	놀라다
تصغر (타솟가라)	어린체 하다	أصعق (아스아까)	아연케 하다
استصغر (이쓰타스가라)	하찮게 여기다	صعق (솨아끄)	천둥소리, 우레소리
صغر (시가르)	작은 것,	صاعقة (솨-이까)	번개, 벼락

쏴드

إصغاء (이스가 -)	1.청취 2.주목	**صغرة** (시그라)	막내둥이
صف (솻파)	정렬시키다, 줄을 세우다	**صغار** (쏴가 - 르)	1.멸시 2.불명예
تصاف (타솻 - 파)	정렬하다, 줄을 서다	**صغارة** (쏴가 - 라)	1.작은 것 2.비열
صف (솻프)	1.대열 2.등급 3.학년	**صغير** (쏴기 - 르)	1.작은, 적은 2.어린
صفة (숫파)	1.선반 2.돌의자	**صغيرة** (쏴기 - 라)	1.경범죄 2.사소한 것
صفح (솨파하)	용서하다, 관용을 베풀다	**صغير** (수가이야르)	작은, 어린
صفح (솻파하)	1.버리다 2.무장하다(칼을)	**تصغير** (타스기 - 르)	1.축소 2.천대
صافح (솨 - 파하)	1.악수하다 2.인사하다	**تصاغر** (타솨 - 구르)	굴종, 비굴
تصفح (타솻파하)	1.유심히 보다, 어보다	**مصغر** (무솻가르)	줄어진, 축소된
تصافح (타솨 - 파하)	악수를 나누다	**صغا** (솨가)	기울다, 주목하다
استصفح (이쓰타스파하)	용서를 빌다	**أصغى** (아스가)	귀를 기울이다

أَصْفَرَ (아스파라)	1.비우다 2.가난해지다	صَفَحَ (쏴프하)	용서, 관용
اِصْفَرَّ (이스파르라)	1.누렇게 되다 2.창백해지다	صَفْحَة (쏴프하)	1.표면 2.쪽, 페이지
صَفَر (쏴파르)	1.사파르(이슬람력 2월) 2.황달병	صَفَّاح (쌋파-흐)	용서하는, 관대한
صَفْر (쏴프르)	휘파람, 호각소리	صَفِيح (쏴피-흐)	1.표면 2.철판
صِفْر (시프르)	1.영, 제로 2.텅빈 것	مُصَفَّح (무쌋파흐)	1.도금한 2.납작한
صُفْر (수프르)	1.금 2.놋, 청동, 황동	مُصَفَّحَة (무쌋파하)	장갑차
صُفْرَة (수프라)	1.노란색 2.창백한 것	مُصَافَحَة (무쏴-파하)	악수
صَفَّارَة (쌋파-라)	경적, 고동, 휘파람	صَفَدَ (쏴파다)	수갑을 채우다
صِفْرِيت (시프리-트)	가난한, 빈곤한	أَصْفَدَ (아스파다)	구속하다
صَفْراء (수프라-)	열, 담즙	صَفَد (쏴파드)	족쇄, 쇠사슬
صَفِير (쏴피-르)	1.휘파람 2.경적	صَفَرَ (쏴파라)	비어있다, 휘파람을 불다

صفاقة (쏴파 - 까)	1.두께 2.철면피	أصفر (아스파르)	1.노란 2.창백한
صفيق (쏴피 - 꾸)	1.두터운 2.철면피한	مصفر (무스피르)	빈손의, 빈털터리의
إصفاق (이스파 - 꾸)	수혈	صفصف (쏘프쏴파)	버리를 빗다
تصفيق (타스피 - 꾸)	박수, 손뼉	صفصف (쏘프쏴프)	평야, 평야, 벌판
مصفق (무쏫피끄)	박수치는, 손뼉치는	صفصافة (쏘프쏴 - 파)	버드나무
صفا (쏴파)	1.정제하다 2.숙청하다	صفع (쏴파아)	뺨을 때리다
صافى (쏴 - 파)	상냥하게 대하다	صفق (쏴파까)	1.치다 2.문을 쾅 닫다
أصفى (아스파)	진실하다, 성실하다	صفق (쏫파까)	1.박수를 치다 2.축하하다
تصفى (타쏫파)	정제되다, 정화되다	انصفق (인쏴파까)	쾅 닫히다(문이)
اصطفى (이스따파)	선택하다	صفقة (쏴프까)	거래, 계약
استصفى (이스타스파)	몰수하다	صفاق (시파 - 꾸)	외피, 피부(해부)

صقع (쏴까아)	수탉이 울다	**صاف** (쏴 - 핀)	1.순수한 2.깨끗한
صقع (수끼아)	얼다, 냉각되다	**صفاء** (쏴파 -)	1.맑음 2.진실성
صقع (수끄으)	1.지방 2.터전, 땅	**صفا** (쏴파)	돌, 바위
صقعة (쏴끄아)	지독한 추위	**صفوة** (쏴프와)	1.선택 2.정수
صاقع (쏴 - 끼으)	거짓말쟁이	**تصفية** (타스피야)	1.여과 2.청산
صقاع (시까 - 으)	방독면	**اصطفاء** (이스띠파 -)	1.선정 2.도태
صقعان (쏴끄아 - ㄴ)	얼어붙은	**استصفاء** (이쓰티스파 -)	몰수, 압수
صقيع (쏴끼 - 으)	1.서리 2.얼음	**مصفاة** (미스파 -)	1.여과기 2.채, 조리
صقل (쏴깔라)	1.연마하다 2.단련시키다	**مصطفى** (무스또파)	1.선택된 2.선택을 받은 자
انصقل (인쏴깔라)	반들반들해지다	**صقر** (쏴끄르)	매(조류)
صقل (쏴끌)	윤이 나는	**صاقورة** (쏴꾸 - 라)	곡괭이

쏴드

صلب (쌀라바)	십자가에 못박다	**صقال** (시까-르)	연마
تصلب (타쌀라바)	굳어지다	**صقالة** (쐬깔-라)	1.발판 2.받침대
صلب (쌀라브)	1.척추 2.골수	**صقيل** (쐬끼-르)	윤이 나는
صلبة (쌀바)	고임대, 받침대	**مصقلة** (미스깔라)	연마기
صلب (쌀리브)	1.견고한 2.십자형	**مصقول** (마스꾸-르)	반들반들한
صلب (술브)	1.등뼈 2.본질 3.강철	**صك** (쌋카)	1.잠그다 2.치다
صلابة (쌀라-바)	견고성, 견실성	**صك** (쌋크)	서류, 영수증
صليب (쌀리-브)	십자가, 십자형	**صكة** (쌋카)	절정, 한창
تصلب (타쌀루브)	경화, 굳어짐	**صل** (쌀라)	짤랑거리다
صلجة (술라자)	누에고치	**صل** (쌀르)	독사
صلح (쌀라하)	1.건전하다 2.부합하다	**صلب** (쌀루바)	딱딱해지다

تصالح (타쌀 - 루흐)	화해	صالح (쌀 - 라하)	화해하다
اصطلاح (이스띨라 - 흐)	1.관습 2.전문용어	أصلح (아슬라하)	1.조정하다 2.개혁하다
استصلاح (이쓰티슬라 - 흐)	개간	تصلح (타쌀라하)	1.시정되다 2.수리되다
مصلح (무슬리흐)	1.개혁가 2.조정자	تصالح (타쌀 - 라하)	서로 화해하다
مصلحة (마슬라하)	1.복리 2.행정부서	انصلح (인쌀라하)	1.개선되다 2.시정되다
مصالحة (무쌀 - 라하)	화해, 평화구축	صلح (술흐)	1.평화 2.화해
مصطلحات (무스딸라하 - 트)	전문용어	صالح (쌀 - 리흐)	1.좋은 2.공익
صلخ (쌀라카)	아무 것도 들리지 않다	صلاح (쌀라 - 흐)	1.실용성 2.복리
أصلخ (아슬라크)	1.귀먹은 2.귀머거리	صلاحية (쌀라히 - 야)	1.합리성 2.전권
صلد (쌀라다)	1.견고하다 2.무정하다	إصلاح (이슬라 - 흐)	1.개선 2.개혁
تصلد (타쌀라다)	굳어지다	تصليح (타슬리 - 흐)	수리

쏴드

أصلى (아슬라)	불태우다	صلد (쌀드)	굳은, 단단한(돌이)
تصلى (타쌀라)	불을 쬐다	صلود (쌀루 - 드)	1.견고한 2.인색한
صلاية (쌀라 - 야)	양념찧는 절구통	صلودة (쌀루 - 다)	1.단단함 2.인색함
صلاة (쌀라 -)	1.예배, 기도 2.축복	صلصال (쌀솨 - ㄹ)	진흙, 점토
مصلى (무쌀라)	임시 예배소	صلع (쌀리아)	대머리가 되다
مصطلى (무스딸라)	날로, 벽난로	صلعة (쌀아)	대머리, 빈대머리
صم (쌈마)	1.마개를 막다 2.귀먹다	أصلع (아슬라으)	대머리, 빈대머리
صمم (쌈마마)	1.설계하다 2.고집하다	صلف (쌀라파)	자랑하다, 허풍떨다
تصام (타쌈 - 마)	귀먹은척 하다	صلف (쌀라프)	1.허풍 2.거드름
صمام (시마 - ㅁ)	1.마개 2.밸브	متصلف (무타쌀리프)	허풍을 떠는
أصم (아쌈므)	1.귀먹은 2.굳은	صلى (쌀라)	예배를 드리다

صميم (쏴미 - ㅁ)	1.순수한 2.절정(더위 등)	**صمود** (쏴무 - 드)	견고성, 강인성
تصميم (타스미 - ㅁ)	1.작정 2.설계	**صمغ** (쏨마가)	송진을 바르다
مصمم (무쌈밈)	1.결심이 선 2.설계사	**صمغ** (쏴므그)	송진, 껌
صمت (쏴마타)	침묵하다	**مصمغ** (무쌈마그)	풀칠한
أصمت (아스마타)	입을 막다	**صنبور** (쑨부 - ㄹ)	수도꼭지
صمت (쏨트)	침묵	**صنوبر** (쏴나우바르)	사철나무
صميت (쏴미 - 트)	말없는, 덤덤한	**صنت** (쏴나타)	듣다, 엿듣다
صمد (쏴마다)	완강히 버티다	**تصنت** (타쏸나타)	엿듣다
صامد (쏴 - 마다)	투쟁하다	**صندوق** (쑨두 - 꾸)	1.상자 2.관 3.금고
صمد (쏴마드)	1.영원한 2.튼튼한	**صنارة** (신나 - 라)	1.낚시대 2.갈쿠리바늘
صامد (쏴 - 미드)	견실한, 강인한	**صنع** (쏴나아)	1…을 만들다 2.생산하다

صانع (쏴 - 나아)	1.아첨하다 2.매수하다	**مصنعية** (마스나이 - 야)	제작비, 생산비
اصطنع (이스타나아)	날조하다	**مصنوع** (마스누 - 으)	1.생산된 2.인위적인
صنع (쏴느으)	제작, 제조, 생산	**مصنوعات** (마스누아 - 트)	제품, 생산품
صنع (수느으)	은혜, 은덕	**مصطنع** (무스따니으)	1.인조의 2.가짜의
صنعة (쏴느아)	1.기교, 기술 2.직업	**صنف** (쏜나파)	1.분류하다 2.집필하다
صناعة (시나 - 아)	1.산업 2.직업 3.생산	**صنف** (신프)	1.부류 2.등급, 계급
صناعات (시나아 - 트)	공업, 산업	**تصنيف** (타스니 - 프)	1.분류 2.저술
صنيع (쏴니 - 으)	1.은덕 2.	**تصنيفة** (타스니 - 파)	선별, 유별
صنيعة (쏴니 - 아)	1.행위 2.선행 3.장난감	**تصانيف** (타쏘니 - 프)	작품, 저작
تصنع (타쏸누으)	위선, 위장	**مصنف** (무쏸나프)	저서, 작품
مصنع (마스나으)	공장	**مصنف** (무쏸니프)	저자, 작가

صهير (쏴히-르)	용해된	صنم (쏴남)	우상, 동상
مصهر (미스하르)	휴즈(전기)	صهد (쏴하다)	얼굴을 태우다
مصاهرة (무쏴-하라)	사돈관계	صهد (쏴흐드)	열
مصهور (마스후-르)	용해된	صهيد (쏴히-드)	더위, 무더위
مصهورات (마스후라-트)	용해물	صهر (쏴하라)	녹이다, 용해하다
صهين (쏴흐야나)	간과하다	صاهر (쏴-하라)	친척이 되다(결혼으로)
صهيونية (시흐유니-야)	시온니슴	تصاهر (타쏴-하라)	사돈이 되다
صاب (쏴-바)	1.향하다 2.명중하다	انصهر (인쏴하라)	녹다, 용해되다
صوب (쏘우와바)	1.조준하다 2.수정하다	صهر (쏴흐르)	용해
أصاب (아쏴-바)	1.명중하다 2.닥치다(불행이) 3.얻다(행운을)	صهر (시흐르)	1.사위 2.매부
		صهار (쏴흐하-르)	용해공

쏴드

صابون (쏴부-ㄴ)	비누	أصيب (우시-바)	1.앓다 2.피살되다
صات (쏴-타)	소리치다, 외치다	صوب (쏴우브)	1.방향 2.…을 향해
صوّت (쏴우와타)	투표하다	صواب (쏴와-ㅂ)	1.이성 2.의식
صوت (쏴우트)	1.소리 2.투표	صوابة (쏴와-바)	온실, 스토브
صوات (수와-트)	고함소리	صوابية (쏴와비-야)	정확성, 정당성
صيت (시-트)	명예, 명성	أصوبية (아스와비-야)	완전무결
صيّت (쏴이이트)	성량이 큰	إصابة (이쏴-바)	1.명중 2.불상사
تصويت (타스위-트)	1.고함 2.투표	مصاب (무쏴-브)	1.재난을 당한 2.부상을 당한
مصوّت (무사우위트)	1.소리나는 2.투표자	مصيب (무시-브)	1.명중하는 2.정확한, 옳은
صوّر (쏴우와라)	1.그림을 그리다 2.사진을 찍다	مصيبة (무시-바)	불행, 재난, 재해
تصوّر (타쏴우와라)	상상하다	صوّن (쏴우바나)	비누로 빨다

쏴 드

صوف (수-프)	1.털(양의) 2.모직	صور (수-르)	나팔
صوفى (수-피)	1.양털의 2.수피의	صورة (수-라)	1.그림, 초상화 2.형태 3.복사
صوفية (수피-야)	이슬람 신비주의	تصوير (타스위-르)	1.그리기 2.묘사 3.촬영
صواف (쇼와와-프)	포목장사	تصور (타쇼우와르)	1.상상 2.환상 3.개념
تصوف (타쇼우우프)	이슬람 신비주의	مصور (무쇼우위르)	1.화가 2.사진사
متصوفة (무타쇼와파)	수피인들	مصورة (무쇼우위라)	카메라
صال (쏼-라)	덤벼들다	صاغ (쏴-가)	1.만들나 2.주조하다
صول (쇼우왈라)	물에 적시다	صائغ (쏴-이그)	보석공
صاول (쏴-왈라)	1.공격하다 2.싸우다	صيغة (시-가)	1.형태, 형식, 양식
تصاول (타쏴-왈라)	서로 덤벼들다	مصوغات (마수가-트)	금은보석
صولة (쏴울라)	힘, 세력, 권력	صوف (쇼우와파)	반죽하여 만들다

싸드

صوال (쏴우와-ㄹ)	맹렬한, 사나운	**صاح** (쏴-하)	1.부르다 2.외치다
صيال (시야-ㄹ)	싸움, 투쟁	**صيحة** (쏴이하)	고함, 외침소리
مصولة (미스왈라)	마당비, 빗자루	**صائحة** (쏴-이하)	고함, 아우성
صام (쏴-마)	1.피하다 2.금식하다	**صياح** (쏴이야-흐)	소란한, 떠들썩한
صائم (쏴-임)	금식하는 사람	**صاد** (쏴-다)	1.사냥하다 2.낚다
صوم (쏴움)	1.절제 2.금식	**تصيد** (타쏴이야다)	사냥하다
صيام (시야-ㅁ)	1.절제 2.금식	**اصطاد** (이스따-다)	사냥하다
صان (쏴-나)	1.보존하다 2.수호하다	**صيد** (쏴이드)	사냥, 사냥물
صون (쏴운)	1.보존 2.보호 3.예방	**صياد** (쏴이야-드)	어부 1.사냥꾼
صيانة (시야-나)	1.옹호 2.수리	**صيادة** (쏴이야-다)	새총
مصون (마수-ㄴ)	보존된	**مصيدة** (마스야다)	낚시터

쏴드

مصيدة (미스야다)	덫, 올가미	**صيف** (쇠이프)	여름
صيدلة (쇠이달라)	약, 약학	**صيفية** (쇠이피 - 야)	여름철
صيدلية (쇠이달리 - 야)	약방, 약국	**اصطياف** (이스띠야 - 프)	피서
صار (쇠 - 라)	1…가 되다 2…로 끝나다	**مصيف** (마시 - 프)	피서지, 별장
أصار (아쇠 - 라)	유도하다, 이끌어가다	**مصطاف** (무스따 - 프)	피서지
صير (시 - 르)	균열, 틈	**صين** (쉬 - ㄴ)	중국
صيرورة (쇠이루 - 라)	1.전환 2.결과	**صيني** (시 - 니)	1.중국인 2.도자기
مصير (마시 - 르)	1.운명 2.결말	**صينية** (시니 - 야)	쟁반
صاف (쇠 - 파)	여름이 되다		
تصيف (타쇠이야파)	여름을 보내다		
اصطاف (이스따 - 파)	피서를 보내다		

쇠드

(الضاد : 돠드)

ضَؤُل (돠울라) 1.약해지다 2.적어지다

ضاءل (돠 - 알라) 경시하다

تضاءل (타돠 - 알라) 1.차츰 약해지다

ضؤولة (두울 - 라) 1.쇠약 2.하찮은 것

ضئيل (돠이 - ㄹ) 1.허약한 2.소량의

ضأن (돠은) 양

ضائن (돠 - 인) 연약한, 힘이 없는

ضائنة (돠 - 이나) 암양

ضبّ (돱바) 빗장을 지르다

أضبّ (아돱바) 안개가 끼다

ضبّ (돱브) 1.도마뱀 2.턱

ضبّة (돱바) 빗장

ضباب (돠바 - 브) 안개

ضبط (돠바따) 1.붙잡다 2.시간이 정확하다

انضبط (인돠바따) 몰수되다

ضبط (돠브뜨) 1.체포 2.몰수 3.정확성

ضابط (돠 - 비뜨) 1.장교 2.규칙

انضباط (인듸바 - 뜨) 질서, 규율

مضبطة (마드바따) 의정서

مضبوط (마드부 - 뜨) 1.차압된 2.체포된

مضبوطات (마드부따 - 트) 물질적 증거

ضَجَّ (닷자)	떠들다, 웅성거리다	**ضَجَعَ** (다자아)	1.눕다 2.잠자다
ضَجَّة (닷자)	소음, 떠들썩함, 소동	**ضَاجَعَ** (다 - 자아)	여자와 동침하다
ضَجَاج (닷자 - 즈)	떠들썩한, 소란한	**أَضْجَعَ** (아드자아)	눕히다
ضَجِيج (다지 - 즈)	소음, 소동	**اضْطَجَعَ** (이드따자아)	동침하다
ضَجِرَ (다자라)	불안해하다, 고민하다	**ضُجَعَة** (두자아)	건달, 게으름뱅이
أَضْجَرَ (아드자라)	싫증나게 하다	**ضَجْعَة** (다즈아)	휴식, 잠깐의 수면
تَضَجَّرَ (타닷자라)	권태감을 느끼다	**ضَجِيع** (다지 - 으)	침대동료
ضَجَر (다자르)	1.노여움 2.싫증	**مَضْجَع** (마드자으)	1.침대 2.침실
ضَجِر (다지르)	1.화가난 2.갑갑한	**مُضْطَجِع** (무드따지으)	누워있는
تَضَجُّر (타닷자르)	불안, 번뇌, 권태감	**ضَحِكَ** (다히카)	1.웃다 2.비웃다
مُتَضَجِّر (무타닷지르)	1.화가난 2.갑갑한	**أَضْحَكَ** (아드하카)	1.웃기다 2.비웃다

تضحى (타돠흐하)	희생되다	تضاحك (타돠 - 하카)	서로 눈짓하며 비웃다
ضاحية (돠 - 히야)	교외	استضحك (이쓰타드하카)	웃음을 자아내다
ضحاء (돠하 -)	늦은 아침	ضحكة (두흐카)	농담, 웃음거리
ضحى (두하)	아침	ضحكة (디흐카)	미소, 방긋웃음
ضحية (돠히 - 야)	1.희생 2.희생물	ضاحكة (돠 - 히카)	앞니
أضحية (우드히 - 야)	도살된 짐승	ضحاك (돠흐하 - 크)	1.잘 웃는 2.익살꾼
تضحية (타드히야)	희생	أضحوكة (아드후 - 카)	1.농담 2.웃음거리
ضخ (돳카)	물을 끌어올리다	مضحك (무드히크)	익살꾼, 어릿광대
مضخة (마돳카)	1.펌프 2.분무기	مضحكة (마드하카)	농담, 익살
ضخم (돠쿠마)	육중하다, 거대하다	ضحا (돠하)	나타나다
تضخم (타돳카마)	커지다, 부풀어오르다	أضحى (아드하)	1.되다 2.밝히다

돠
드

مضاد (무딧 - 드)	반대되는	ضخم (돠큼)	1.거대한 2.큰(부피나 양이)
مضادة (무딧 - 다)	대립, 정반대	ضخامة (돠카 - 마)	1.웅장함 2.뚱뚱함
ضر (돠르라)	해를 끼치다	تضخيم (타드키 - ㅁ)	1.확대 2.과장
ضرر (돠르라라)	엄청난 손실을 주다	ضد (둿다)	승리하다, 이기다
أضر (아돠르라)	1.해를 끼치다 2.강요하다	ضاد (돳 - 다)	1.저항하다 2.모순되다
تضرر (타돠르라라)	못쓰게 되다	أضاد (아돳 - 다)	반작용하다
انضر (인돠르라)	손실을 보다	تضاد (타돳 - 다)	서로 반대하다
اضطر (이드따르라)	강요당하다	ضد (둿드)	1.적수 2.반대
اضطر (이드뚜르라)	부득이 …해야 한다	ضد (둿다)	반대하여
ضر (돠르르)	손실, 손해	ضدية (둿디 - 야)	적대
ضرة (돠르라)	일부다처	تضاد (타돳 - 드)	대립, 반대

تضرب (타돠르라바)	고동치다, 떨다	ضرر (돠라르)	손실, 손해
تضارب (타돠 - 라바)	충돌하다, 서로 싸우다	ضراء (돠르라 -)	고통, 슬픔, 불행
اضطرب (이드따라바)	1.흥분하다 2.초조해하다	ضرورة (돠루 - 라)	필요, 필요성
ضرب (돠르브)	1.구타 2.부과(세금)	ضروري (돠루 - 리)	필요불가결한
ضربة (돠르바)	1.일격 2.재앙 3.흑사병	ضرير (돠리 - 르)	1.눈먼 2.소경
ضراب (돠르라 - 브)	1.투사 2.권투선수	اضطرار (이드따라 - 르)	1.부득이함 2.강요
ضريب (돠리 - 브)	1.세금 2.과세	مضرة (무돠르라)	상처, 손실, 손상
إضراب (이드라 - 브)	파업	مضطر (무드따르르)	1.어쩔 수 없는 2.필요로 한
ضوارب (돠아 - 리브)	구타, 때림	ضرب (돠라바)	1.때리다 2.폭격하다 3.과세하다
تضارب (타돠 - 루브)	1.모순 2.충돌	ضارب (돠 - 라바)	1.투기하다 2.교배시키다
اضطراب (이드따라 - 브)	1.흥분 2.소요	أضرب (아드라바)	버리다, 단념하다

مضرب (무드리브)	파업하는	ضرح (돠라하)	무덤을 파다
مضربة (무돠르라바)	누빈이불	ضريح (돠리-흐)	고분, 무덤
مضارب (무돠-리브)	1.투기꾼 2.경쟁자	ضرس (돠라쓰)	무디어지다
مضاربة (무돠-라바)	1.경쟁 2.투기	ضرس (디르쓰)	어금니
مضروب (마드루-브)	얻어맞은	ضروس (돠루-쓰)	참혹한, 비참한
متضارب (무타돠-리브)	1.충돌하는 2.모순되는	تضريس (타드리-쓰)	울퉁불퉁한 것
مضطرب (무드따르리브)	1.흥분된 2.불안한	ضرط (돠리따)	방귀를 뀌다
ضرج (돠라자)	피로 물들이다	ضرط (돠르뜨)	방귀
تضرج (타돠르라자)	붉게 물들다	ضرع (돠라아)	1.빌다 2.순종하다
انضرج (인돠라자)	비행기에서 낙하하다	ضارع (돠-라아)	유사하다, 닮다
مضرج (무돠르라즈)	물든(피로)	تضرع (타돠르라아)	빌다, 기원하다

돠드

ضرع (돠르으)	젖통, 젖꼭지	ضرام (되라 - ㅁ)	불타는 것, 연소
ضرعيات (돠르이야 - 트)	포유동물	إضرام (이드라 - 므)	방화
ضراعة (돠라 - 아)	애원, 강구(신에게)	مضطرم (무드따리므)	불타는, 불붙는
تضرع (타돠르라으)	1.애원 기원 2.복종	ضعف (돠아파)	두 배가되다
مضارع (무돠 - 리으)	유사한, 비슷한	ضعف (돠우파)	허약하다
مضارعة (무돠 - 라아)	유사성	أضعف (아드아파)	약화시키다
ضرم (돠리마)	불타다, 연소하다	تضاعف (타돠 - 아파)	두 배가 되다
أضرم (아드라마)	방화하다	ضعف (디으프)	배가, 곱절
تضرم (타돠르라마)	불타다	ضعف (두으프)	허약함, 무기력
اضطرم (이드따라마)	불타오르다	ضعيف (돠이 - 프)	약한, 허약한
ضرمة (돠라마)	불, 불덩이	إضعاف (이드아 - 프)	1.약화 2.완화

تضاغط (타돠 - 구뜨)	압박, 강압	تضايف (타돠 - 이프)	내용, 취지, 요지
ضغن (돠가나)	앙심을 품다	مضاعف (무돠 - 아프)	두 배의, 배가 된
ضغن (디근)	악의, 원한, 증오	مضاعفة (무돠 - 아파)	1.배가 2.악화
ضغن (돠긴)	원한을 품은	ضغث (돠가싸)	헛갈리게 하다(말을)
ضغينة (돠기 - 나)	앙심, 증오	ضغث (디그쓰)	1.묶음 2.공상
صفف (쇠파프)	곤경, 빈궁, 빈곤	ضغط (돠가따)	1.압박하다 2.강요하다
ضفة (딋파)	해안, 언안, 강변	ضاغط (돠 - 가따)	누르다, 소나기
ضفر (돠파라)	1.땋다 2.꼬다	ضغط (돠그뜨)	압력, 억압, 죄임
ضافر (돠 - 파라)	돕다, 협조하다	ضاغطة (돠 - 기따)	압착기
تضفر (타돳파라)	엮어지다, 땋아지다	ضاغوط (돠구 - 뜨)	악몽
تضافر (타돠 - 파라)	서로 협력하다	ضغوطية (두구띠 - 야)	1.압축된 2.부득이한

اِسْتَضْلَعَ (이쓰타들라아)	…에 조예가 깊다	ضَفِيرَة (돠피 - 라)	머리댕기
ضِلْع (딜르으)	1.갈비 2.변, 평방근	تَضَافُر (타돠 - 푸르)	상호협력
ضَالِع (돨 - 리으)	…에 노련한	ضَفَا (돠파)	넘쳐흐르다
ضَلِيع (돨리 - 으)	1.힘이 센 2.박식한	أَضْفَى (아드파)	1.부여하다 2.첨가하다
تَضَلُّع (타돨루우)	정통, 능력, 조예	ضَفْوَة (돠프와)	여유있는 생활
اِضْطِلَاع (이드똴라 - 으)	1.수완 2.수행	ضَلَّ (돨라)	헤매다, 방황하다
مُتَضَلِّع (무타돨리으)	능숙한, 정통한	ضَالّ (돨 - 린)	1.잘못된 2.방황하는
ضَمَّ (돰마)	합병하다	ضَلَالَة (돨랄 - 라)	1.오류 3.기만, 현혹
تَضَامَّ (타돰 - 마)	통일하다, 단결하다	تَضْلِيل (타들리 - ㄹ)	기만, 속임
اِنْضَمَّ (인돰마)	합병하다, 포함하다	ضَلُعَ (돨루아)	튼튼하다, 강하다
ضَمّ (돰므)	1.첨가, 첨부 2.병합	تَضَلَّعَ (타돨라아)	박식하다

ضمار (되마-르)	돈을 떼임, 불량대부	ضميمة (되미-마)	친구, 벗
ضمير (되미-르)	1.대명사 3.양심	تضام (타돰-므)	…와 공동으로
إضمار (이드마-르)	1.은폐 2.모략	انضمام (인되마-ㅁ)	합병, 가맹, 연합
مضمر (무담마르)	1.내재된 2.함축된	ضمد (되마다)	붕대로 감다
مضمار (미드마-르)	무대, 활동무대	ضمد (되므드)	애인, 정부(남자)
ضمن (되미나)	보험을 계약하다	ضماد (되마-드)	1.붕대 2.일처다부
تضمن (타돰마나)	포함하다, 포괄하다	ضمر (되마라)	여위다, 위축되다
تضامن (타돠-마나)	상호보증하다, 뭉치다	أضمر (아드마라)	1.품다(악의를) 2.감추다
انضمن (인돠마나)	보증되다, 보장되다	تضمر (타돰마라)	여위다, 홀쭉해지다
ضمن (되므느)	1.내부 2.가운데	انضمر (인돠마라)	메마르다, 시들다
ضمين (되미-느)	1.보장된 2.보증인	ضامر (돠-미르)	1.여윈 2.발육불능의

ضامن (다 - 민)	보증인, 담보자	**ضني** (돠니야)	허약해지다
ضمان (돠마 - ㄴ)	1.보증 2.보험	**ضنو** (돠느우)	쪼무레기들
ضمانة (돠마 - 나)	보장, 보증, 담보	**ضن** (돠닌)	1.지친 2. 여윈
تضامن (타돠 - 마느)	1.공동책임 2.단결, 단합	**ضنى** (돠난)	여윔, 피로, 고달픔
مضمون (마드무 - ㄴ)	1.보험이 된 2.의미, 내용	**مضني** (무드난)	1.지친 2.여윈
متضامن (무타돠 - 미느)	1.상호간 2.단합된	**ضهد** (돠하다)	억합하다
ضن (돤나)	인색하다	**اضطهد** (이드따하다)	학대하다
ضنين (돠니 - ㄴ)	1.인색한 2.빈약한	**اضطهاد** (이드따하 - 드)	1.박해 2.억압
مضنة (마돤나)	보물, 귀중품	**مضطهد** (무드따히드)	1.압박하는 2.억압자
ضنك (돠누카)	쪼들리다, 구차하다	**مضطهد** (무드따하드)	1.억압받는 2.학대받는
ضنك (돤크)	곤난, 빈궁, 궁핍	**ضهى** (돠히이)	비슷한, 흡사한

ضور (두우르)	허기, 배고픔, 굶주림	**مضاه** (무돠-힌)	비슷한, 유사한
ضوضى (돠우돤)	소동, 야단법석	**مضاهاة** (무돠하-트)	1.유사성 2.비교
ضوضاء (돠우돠-)	소음, 야단법석	**ضاء** (돠-아)	빛나다, 비치다
ضار (돠-라)	해를 끼치다	**أضاء** (아돠-아)	비치다, 조명하다
ضائر (돠-이르)	해로운	**ضوء** (돠우으)	빛, 광선
ضير (돠이르)	불행, 난관, 손상	**ضياء** (되야-)	빛
ضاع (돠-아)	1.잃다 2.멸망하다	**إضاءة** (이돠-아)	소녕
ضيع (돠이야아)	낭비하다, 탕진하다	**مضيئ** (무디으)	밝은, 눈부신
أضاع (아돠-아)	놓치다, 잃다	**ضار** (돠-라)	굶주리다
ضائع (돠-이으)	1.없어진 2.불행한	**أضر** (아돠르라)	해치다
ضياع (돠야-으)	1.분실 2.파멸	**تضرر** (타돠르라라)	아픔을 느끼다

إضافة (이돠 - 파)	1.첨가 2.합병	**ضيعة** (디이아)	1.영지 2.부동산
إضافية (이돠피 - 야)	상대성이론	**إضاعة** (이돠 - 아)	상실
مضاف (무돠 - 프)	보충된, 첨가된	**مضيع** (무딕 - 으)	1.낭비하는 2.낭비자
مضافة (무돠 - 파)	손님방	**مضيعة** (마듸 - 아)	1.멸망 2.상실, 손실
مضيف (무딕 - 프)	1.대접하는 2.주인	**ضاف** (돠 - 파)	대접하다(손님으로)
مضيفة (무딕 - 파)	접대여주인, 여승무원	**ضيف** (돠이야파)	대접하다
مضيفة (마드야파)	응접실, 접대실	**أضاف** (아돠 - 파)	첨가하다, 부가하다
ضاق (돠 - 까)	1.좁다 2.짜증나다	**انضاف** (인돠 - 파)	첨가되다, 합류하다
ضيق (돠이야까)	억압하다, 억누르다	**استضاف** (이쓰타돠 - 파)	손님접대를 받다
تضايق (타돠 - 야까)	답답함을	**ضيف** (돠이프)	1.손님 2.방문객
ضيق (듸 - 끄)	1.협소 2.근심 3.궁핍	**ضيافة** (듸야 - 파)	환대, 접대

ضيق 1.비좁은 2.난처한
(돠이이끄)

تضيق 1.좁히는 것
(타드이끄) 2.억압, 구속

مضيق 1.해협 2.오솔길
(마듸 - 끄)

مضايق 1.짜증나는 5.불편한
(무돠 - 야끄)

مضايقة 1.구속
(무돠 - 야까) 2.귀찮게 하는 것

متضايق 1.화난 2.난처한
(무타돠 - 이끄)

ضام 박해하다
(돠 - 마)

استضام 박해하다
(이쓰타돠 - 마)

ضيم 박해, 학대
(돠이므)

مستضام 박해받는
(무쓰타돠 - 므)

تطيب (타따이야바)	치료받다	(الطاء : 따)	
طب (띱브)	1.치료 2.의학	طابق (따부 - 끄)	1.요리 2.접시
طبابة (띠바 - 바)	1.의료업 2.의료실습	طابونة (따부 - 나)	빵집
طبيب (따비 - 브)	의사	طابية (따 - 비야)	보루, 작은 요새
طبيبة (따비 - 바)	여의사	طازج (따 - 지즈)	신선한, 싱싱한
متطبب (무타땁비브)	돌팔이의사	طاغوت (따구 - 트)	악마, 악귀
طبخ (따바카)	요리하다	طاق (따 - 끄)	1.아치 2.층, 지층
طبخ (따바카)	성장하다(어린이가)	طاقة (따 - 까)	창문
انطبخ (인따바카)	요리되다(음식이)	طاولة (따 - 윌라)	탁자, 테이블
طبخ (따브크)	요리된 음식	طب (땁바)	치료하다
طباخ (땁바 - 크)	요리사	طيب (따이야바)	치료하다

اِنْطَبَعَ (인따바아)	1.스탬프가 찍히다 2.출판되다	طَبَّاخَة (띠바-카)	1.요리업 2.요리법
طَبْع (따브으)	1.천성 2.기질 3.인쇄	طَبِيخ (따비-크)	요리된 음식
طَبْعَة (따브아)	1.판(출판물의)	مَطْبَخ (마뜨바크)	1.식당 2.부엌
طَبِيعَة (따비-아)	1.자연 2.천성, 본성	مِطْبَخ (미뜨바크)	요리용 풍로
طِبَاع (띠바-으)	성격, 성질, 본성	مَطْبُوخ (마뜨부-크)	요리된
طِبَاعَة (띠바-아)	인쇄, 출판, 출판업	طَبْر (따브르)	도끼, 전쟁용 도끼
اِنْطِبَاع (인띠바-으)	인상, 감명, 삼상	طَابُور (따부-르)	대대, 대부대(군대)
اِنْطِبَاعِيَّة (인띠바이-야)	인상주의	طَبَرْدَار (따바르다-르)	공병(군대)
مَطْبَعَة (마뜨바아)	인쇄소	طَبَاشِير (따바시-르)	분필, 백묵
مِطْبَعَة (미뜨바아)	인쇄기	طَبَعَ (따바아)	도장을 찍다, 인쇄를 하다
مَطْبُوع (마뜨부-으)	1.인쇄된 2.서식용지	طَبَعَ (따바아)	길들이다(짐승을)

따

طَبَاق (딸바 - 끄)	담배	مَطْبُوعَة (마뜨부 - 아)	판(책)
طَابُوق (따부 - 끄)	벽돌	طَبَق (따바까)	1.닫히다 2.널리 퍼지다
طَبِيق (따비 - 끄)	적응한, 상응한	طَابَق (따 - 바까)	1.적합하다 2.적용하다
تَطْبِيق (타뜨비 - 끄)	1.적용, 응용 2.실습	أَطْبَق (아뜨바까)	1.닫다 2.동의하다
تَطْبِيقَة (타뜨비 - 까)	편자, 말발굽철	تَطَبَّق (타땁바까)	1.닫히다 2.적용되다
تَطْبِيقَات (타뜨비까 - 트)	연습, 연습문제	تَطَابَق (타따 - 바까)	상호부합되다
تَطَابُق (타따 - 부끄)	1.적응 2.유사성	طَبَق (따바끄)	1.접시 2.덮개
مُطْبَق (무뜨바끄)	입힌, 코팅이 된	طَبَقَة (따바까)	1.층 2.급, 등급 3.계급
مُطَابِق (무따 - 비끄)	부합하는, 일치하는	طَبِق (따비끄)	1.닫힌 2.갇힌
مُطَابَقَة (무따 - 바까)	1.대칭 2.적합, 부합	طَابِق (따 - 비끄)	1.층, 층계 2.뚜껑
طَبْل (따발라)	북을 치다	طِبَاق (띠바 - 끄)	1.대비 2.일치, 부합

طجن (따자나)	기름으로 튀기다	طبل (따블)	북, 드럼
طاجن (따 - 진)	1.프라이팬 2.옹기	طبلية (따블리 - 야)	원형 회전식탁
طحل (따할라)	가득 채우다(그릇에)	طبال (땁바 - ㄹ)	드럼치는 사람, 북치는 사람
طحل (따힐라)	비장염을 앓다	تطبل (타땁불)	1.허세 2.뱃속에 가스가 찬
طحل (뚜흘)	앙금, 침전물	طبن (따바나)	불을 파묻다
طحال (띠하 - ㄹ)	비장(의학)	طبن (따비나)	정통하다
طحال (뚜하 - ㄹ)	비장염	طبن (따반)	무리, 떼
مطحول (마뜨후 - ㄹ)	비장염을 앓고 있는	طبن (따빈)	정통한, 잘 아는
طحلب (뚜흘루브)	이끼, 곰팡이	طبنة (띠브나)	지혜, 예지, 총명
طحن (따히나)	가루로 만들다, 빻다	طبونة (따부 - 나)	빵집
تطاحن (타따 - 하나)	적대시하다, 반목하다	طابية (따 - 비야)	요새, 성채

따

طاخية (따 - 키야)	어둠	انطحن (인따하나)	가루가 되다, 빻아지다
طر (따르라)	1.자라다(수염이) 2.몰다(짐승을)	طاحن (따 - 히느)	1.빻는 2.처참한
طر (뚜르르)	예외없이, 모두, 전체가	طاحنة (따 - 히나)	어금니
طرة (뚜르라)	1.이마 2.머리냐 꼬리냐	طحان (따흐하 - 느)	방앗간 주인
طرار (따르라 - 르)	소매치기	طحانة (띠하 - 나)	제분업
طرير (따리 - 르)	금방 수염이 돋아난	طاحونة (따후 - 나)	제분소, 방앗간
طرابزون (따라바주 - 나)	계단의 손잡이	طحين (따히 - 느)	가루
طرابيزة (따라비 - 자)	책상	طحينة (따히 - 나)	참기름 깻묵
طرأ (따라아)	1.갑자기 닥치다(일이) 2.발생하다	تطاحن (타따 - 후느)	적대시, 반목
أطرأ (아뜨라아)	칭찬하다, 찬양하다	مطحن (미뜨하느)	1.방앗간 2.제분기계
طريً (따리으)	신성한, 생생한	طخا (따카)	어두워오다

مطرب (무뜨리브)	1.가수 2.기쁘게 하는	**طارئ** (따 - 리으)	1.이상한 2.뜻밖에
مطربة (무뜨리바)	여가수, 여성 음악가	**طارئة** (따 - 리아)	1.뜻밖의 일 2.불상사
طربوش (따르부 - 쉬)	빨간색의 터키형 모자	**طرب** (따리바)	즐거워하다, 기뻐하다
مطربش (무뜨리바쉬)	따라부쉬 모자를 쓴	**طرب** (따르라바)	노래하다
متطربش (무타따르비쉬)	상류층 구성원, 교육자층	**أطرب** (아뜨라바)	즐겁게 하여주다
طرح (따라하)	물건을 던지다, 제출하다	**استطرب** (이쓰타뜨라바)	노래를 요청하다
طرح (따르라하)	유산시키다	**طرب** (따라브)	1.기쁨, 즐거움 2.음악
أطرح (아뜨라하)	던지다	**طرب** (따리브)	유쾌한, 기쁜, 흥겨운
اطرح (잇따라하)	1.던지다 2.거절하다	**طربة** (뚜르바)	자루, 포대, 마대
طرح (따르흐)	1.던지는 것 2.조산	**طروب** (따루 - 브)	기쁨, 즐거움
طرحة (따르하)	면사포, 베일, 너울	**إطراب** (이뜨라 - 브)	흥겨움, 즐거움

따

استطرد (이쓰타뜨라다)	벗어나다(주제에서)	**طرح** (따르흐)	먼 고장
طرد (따르드)	1.해고 2.추방 3.소포	**طراحة** (따르라 - 하)	매트리스, 침대깔개
طراد (띄라 - 드)	순양함	**طريح** (따리 - 흐)	1.던져진 2.제출된
طريد (따리 - 드)	1.쫓겨난 2.버림받은	**طريحة** (따리 - 하)	도급으로, 도급제로
طريدة (따리 - 다)	쫓기는 사냥감	**أطروحة** (우뜨루 - 하)	학위논문
إطراد (이뜨라 - 드)	계속, 지속	**مطرح** (마뜨라흐)	1.쓰레기장 2.매트리스
استطراد (이쓰티뜨라 - 드)	벗어남(주제에서)	**مطروح** (마뜨루 - 흐)	1.던져진 2.제기된
مطرد (뭇따리드)	1.예외없이 2.연속적인	**منطرح** (문따리흐)	1.버려진 2.추방된
مطارد (무따 - 리드)	1.추격자 2.사냥꾼	**طرد** (따라다)	1.추방하다, 축출하다
مطاردة (무따 - 라다)	추격	**طارد** (따 - 라다)	쫓아가다, 추격하다
طرز (따르라자)	수놓다, 문양을 놓다	**انطرد** (인따라다)	쫓기다, 추방되다

طرز 1.모델, 유행 2.방법, 방식 (따르즈)	**طرطرة** 1.자만 2.벼슬자리 (따르따라)
طراز 1.형태 2.양식(건축) (띠라 - 즈)	**طرطور** 1.키다리 2.인체모형 (따르뚜 - 르)
تطريز 수예 (타뜨리 - 즈)	**طرطير** 치석, 이동 (따르띠 - 르)
طرش 귀먹다, 듣지 못하다 (따리샤)	**طرف** 눈을 깜박이다, 눈짓하다 (따라파)
طرش 토하다, 구토하다 (따라샤)	**طرف** 1.새롭다 2.흥미있다 (따루파)
تطارش 못듣는체 하다 (타따 - 라샤)	**تطرف** 극도에 이르다, 과도하다 (타따르라파)
طرشة 귀먹은 것 (뚜르샤)	**طرف** 1.눈, 시선 2.가장자리 (따르프)
طرشى 피클 (뚜르쉬)	**طرفة** 순간, 찰나 (따르파)
أطرش 귀먹은 , 귀머거리 (아뜨라쉬)	**طرفة** 1.희귀한 것 2.재치있는 말 (뚜르파)
مطرش 구토제 (무따르리쉬)	**طرافة** 1.벼락출세한 2.독창성 (따라 - 파)
طرطر 자만하다, 우쭐대다 (따르따라)	**طريف** 1.독창적인 2.우스운 (따리 - 프)

따

طريق 1.통로, 길 2.방법, 방식 (따리 - 끄)	**طريفة** 1.진귀한 물건 2.희한한 이야기 (따리 - 파)
طريقة 1.방법, 방식 2.학파 (따리 - 까)	**أطراف** 1.끝 2.말단 3.교외 4.사지 (아뜨라 - 프)
انطراق 순응성, 유순성(금속의) (인뜨라 - 끄)	**تطرف** 극단적인 것, 극단주의 (타뜨라르프)
استطراق 통행허가, 자유통행 (이쓰타뜨라 - 끄)	**متطرف** 1.과격한 2.엄청난 (무타뜨르리프)
مطرق 침묵하는, 묵묵한 (무뜨리끄)	**طرق** 생각이 떠오르다, 두드리다 (따라까)
مطرقة 망치 (마뜨라까)	**أطرق** 1.침묵하다 2.숙이다 (아뜨라까)
مطروق 1.벼린 2.길이 난 (마뜨루 - 끄)	**تطرق** 1.길을 가다 2.다루다(주제를) (타뜨라라까)
طرم 뽑다(이빨을) (따르라마)	**طرقة** 1.횟수, 번 3.두드림, 노크 (따르까)
طارمة 작은 정자, 방가로 (따 - 리마)	**طرقة** 올가미 (따라까)
طرمذ 허풍떨다 (따르마자)	**طارق** 1.밤손님 2.격침(군대) (따 - 리끄)
طرمذة 자랑, 허풍 (따르마자)	**طارقة** 재난, 불행 (따 - 리까)

طعم (따이마)	1.먹다 2.맛보다	طرماذ (띠르마 - ズ)	허풍쟁이
طعم (따으아마)	1.접목하다 2.접종하다	طرو (따르와)	1.신선하다 2.연하다
أطعم (아뜨아마)	먹이다, 먹여살리다	طرى (따리야)	1.싱싱하다 2.부드럽다
طعم (따음)	1.맛 2.풍미, 맛	أطرى (아뜨라)	극찬하다, 칭찬하다
طعم (뚜음)	1.뇌물 2.종도, 완친 3.접목	تطرى (타따르라)	연해지다
طعم (따임)	맛있는, 맛좋은	طرى (따리이)	1.야들야들한 2.신선한
طعمة (뚜으마)	모이, 먹이	إطراء (이뜨라 -)	찬양, 칭찬, 칭송
طعام (따아 - ㅁ)	음식, 음식물	طسم (따싸마)	소화불량증에 걸리다
إطعام (이뜨아 - ㅁ)	영양을 공급하는 것	طسم (따쌈)	어둠
تطعيم (타뜨이 - ㅁ)	1.접종 2.접목	مصلق (마슬라까)	건성으로 하다
مطعم (무뜨으암)	1.접종한 2.접목한(나무를)	مصلقة (마슬라까)	날림으로 하는 것

따

طغمة (뚜그마)	도당, 무리, 오합지중	مطعم (마뜨암)	식당
طغا (따가)	1.범람하다(강이) 2.한계를 넘다	مطعوم (마뜨우 - ㅁ)	맛이 소문난
طاغية (따 - 기야)	폭군, 압제자	طعن (따아나)	1.찌르다 2.비난하다
طاغوت (따구 - 트)	1.우상 2.악마, 사탄	طعن (뚜이나)	페스트병에 걸리다
طغيان (꾸그야 - ㄴ)	1.범람 2.폭행, 전횡	طعن (따은)	항의, 공소, 상소
طفف (똣파파)	1.인색하다 2.줄이다(무게)	طاعن (따 - 인)	비방하는, 중상하는
طف (똣프)	1.기슭, 모서리, 옆 2.강기슭	طاعون (따우 - ㄴ)	전염병, 흑사병
طفة (똣파)	무리, 집단, 떼	مطعن (마뜨안)	급소, 요진통
طفاف (똣파 - 프)	쌀장사, 빵장사	مطاعن (마따 - 이느)	욕설
طفيف (따피 - 프)	1.하찮은 3.사소한	مطعون (마뜨우 - ㄴ)	흑사병에 걸림
طفئ (따피아)	불이 꺼지다	طغام (따가 - ㅁ)	천민, 평민, 백성

따

طَفَح (따파흐)	1.충만 2.발진(의), 여드름	طَفِئَ (따파아)	불을 끄다
طَافِح (따 - 피흐)	1.넘쳐나는 2.만취한	أَطْفَأَ (아뜨파아)	끄다, 죽이다(불을)
طُفَاحَة (뚜파 - 하)	거품	اِنْطَفَأَ (인따파아)	꺼지다(불이)
مِطْفَحَة (미뜨파하)	국자	طَافِئ (따 - 피으)	소방대원
طَفَذ (따파자)	파묻다, 매장하다	طَفَّايَة (땃파 - 야)	1.소화기 2.재털이
طَفَذ (따파즈)	묘, 무덤	إِطْفَاء (이뜨파 -)	끄는 것(불을)
طَفَر (따파라)	1.뛰다 2.샘솟다	إِطْفَائِيَّة (이뜨파이 - 야)	소방대
أَطْفَر (아뜨파라)	뛰어넘게 하다	مُطْفَأ (무뜨파으)	1.꺼진(불이) 2.뿌연한
طَفْرَة (따프라)	도약, 뛰어넘기	مِطْفَأَة (미뜨파아)	소화기, 소방펌프
طَافِر (따 - 피르)	뛰는, 건너뛰는	طَفَح (따파하)	넘쳐나다
طَفْرَان (따프라 - ㄴ)	가난뱅이	أَطْفَح (아뜨파하)	넘치게 하다

따

طفس (따파싸)	어지러워지다	**طفولة** (뚜풀 - 라)	유년기, 어린시절
طفس (따피쓰)	어지러운, 더러운	**طفيلى** (투파이일리)	1.불청객 2.식객, 건달
طفش (따파샤)	도망가다, 도주하다	**طفيلية** (뚜팔이일리 - 야)	기생적 생활
طفشان (따프샤 - ㄴ)	탈주자, 도주자	**طفيليات** (뚜파이일리야 - 트)	기생충, 기생물
طفشانة (따프샤 - 나)	쇠갈고리	**طفا** (따파)	1.물위에 뜨다 2.표면에 떠오르다
طفل (따팔라)	1.지다(해가) 2.뜨다(해가)	**طفو** (따프우)	물에 뜨는 것
أطفل (아뜨팔라)	창간되다	**طق** (땃까)	1.쉴새없이 지껄이다 2.파열되다
تطفل (타땃팔라)	불청객으로 오다	**طق** (땃끄)	잡담, 공담
طفلة (따플라)	점토, 찰흙	**طقة** (땃까)	1.부서지는 소리 2.끼니
طفل (띠풀)	아이, 애기, 아동	**طقس** (따끄쓰)	1.기상상태 2.기후
طفالة (따팔 - 라)	1.유년기 2.초기단계	**طقيسى** (뚜까이씨)	광, 헛간

طقطوقة (따끄뚜 - 까)	1.딸랭이 2.소곡, 가요	**طالب** (딸 - 라바)	1.찾다 2.간청하다
طقم (딷까마)	안장을 채우다	**طلب** (딸라브)	1.탐구 2.요구 3.수요
طقم (딷끔)	1.한 조 2.정원	**طلبة** (딸리바)	1.수요, 요구 2.수요가 있는 물건
طاقم (따 - 낌)1	.한 벌 2.승무원	**طلبية** (딸라비 - 야)	1.주문, 신청 2.수요
طل (딸라)	1.방문하다 2.보슬비가 내리다	**طالب** (딸 - 리브)	1.학생 2.지원자 3.원고(법원)
أطل (아딸라)	1.향하다(창문이 …에로) 2.돌출하다	**مطلب** (마뜰라브)	1.추구 2.수요 3.주제
طل (띨르)	큰 독사	**مطالب** (무따 - 리브)	요구자, 신청자, 청구자
طلل (딸랄르)	1.옛터, 폐허 2.휴게실	**مطلوب** (마뜰루 - 브)	1.만기일이 된 2.요구 3.수요
مطل (무딸르)	1.경치, 풍경 2.베란다	**مطلوبات** (마뜰루바 - 트)	1.부채 2.의무, 책임
مطل (무띨르)	1.돌출한 2.향한(창문이 …에로)	**مطالبة** (무딸 - 라바)	요구, 추구
طلب (딸라바)	1.탐구하다 2.요구하다	**متطلبات** (무타딸리바 - 트)	요구

따

طلح 나빠지다, 사악해지다 (딸라하)	**استطلع** 알아내다, 탐지하다 (이쓰타뜰라아)
طالح 1.나쁜 2.악한, 고약한 (딸 - 리흐)	**طلعة** 1.외모 2.비탈길 3.이륙 (딸아)
طلس 지우다, 삭제하다 (딸라싸)	**طالع** 1.징조 2.외모 3.출현 (딸 - 리으)
طلس 지움, 삭제 (딸쓰)	**طالعة** 시초, 시발, 출발 (딸 - 리아)
طلس 불분명한, 읽기 어려운 (띨쓰)	**طلوع** 1.출현 2.부스럼, 종기 (뚤루 - 으)
أطلس 지도, 지도첩 (아뜰루쓰)	**طليعة** 선봉대, 전위대 (딸리 - 아)
طلسم 비밀쪽지, 부적, 암호문건 (띨라쌈)	**إطلاع** 1.지식 2.보는 것 (이뜰라 - 으)
طلع 1.나타나다 2.뜨다(해가) (딸라아)	**تطلع** 1.열망, 기대 2.호기심 (타딸루으)
طالع 1.책을 읽다 2.살펴보다 (딸 - 라아)	**تطلعات** 지향, 갈망 (타딸라아 - 트)
أطلع 통보하다, 통지하다 (아뜰라아)	**استطلاع** 1.탐사 2.정찰, 탐지 (이쓰티뜰라 - 으)
تطلع 1.바라보다 2.열망하다 (타딸라아)	**مطلع** 1.사다리 2.서문 3.징조 (마뜰라으)

طلاقة (딸라 - 까)	생기, 활기, 활달
طالق (딸 - 리끄)	이혼당한
طليق (딸리 - 끄)	1.자유로운 2.쾌활한
إطلاق (이뜰라 - 끄)	1.발사 2.해방 3.총괄
انطلاق (인띨라 - 끄)	1.출발 2.자유로움
تطليق (타뜰리 - 끄)	이혼
مطلق (무뜰라끄)	1.자유로운 2.전적인
مطلقة (무뜰라까)	이혼당한 여성, 이혼녀
طلم (딸라마)	반죽을 반반하게 만들다
طلمة (뚤마)	작으며 둥근 빵
مطلمة (미뜰라마)	밀대(반반하게 미는)
مطالع (무딸 - 리으)	1.읽는 2.독자
مطالعة (무딸 - 라아)	1.독서, 읽기 2.연구
متطلع (무타딸리으)	열망하는
طلق (딸라까)	1.자유롭게 되다 2.이혼하다
أطلق (아뜰라까)	1.발사하다 2.석방하다
تطلق (타딸라까)	명랑해지다, 밝아지다(얼굴이)
انطلق (인딸라까)	1.떠나다 2.해방되다
استطلق (이쓰타뜰라까)	설사가 나다
طلقة (딸라까)	1.사격, 발사 2.탄알, 총탄
طلق (딸끄)	1.열린 2.명랑한 4.산후복통
طلاق (딸라 - 끄)	이혼

따

اطمئنان (이뜨미으나 - ㄴ)	1.안심 2.신용 3.평안	طلى (딸라)	페인트를 칠하다, 코팅하다
طمأنينة (뚜므아니 - 나)	1.안심 2.믿음, 신임	انطلى (인딸라)	성공하다
مطمئن (무뜨마인느)	1.안심하는 2.신임하는	طلاء (딸라 -)	도장공
طمث (따미싸)	생리하다, 월경하다	طلاوة (딸라 - 와)	1.우아한 것 2.재미
طمث (따므쓰)	생리, 월경	مطلى (마뜰라)	도색한, 칠한
طمح (따마하)	갈망하다, 탐을 내다	مطلى (무딸라)	중병
طماح (땀마 - 흐)	1.갈망하는 2.탐욕적인	طم (땀마)	넘쳐나다, 범람하다
طموح (뚜무 - 흐)	1.야심, 탐욕 2.포부	طم (땀므)	많은 양, 대량
مطمح (마뜨마흐)	추구하는 목적	طامة (따 - 마)	커다란 불행, 재난
طمر (따마라)	매장하다, 파묻다	طمأن (따므안나)	안심시키다, 안정시키다
انطمر (인따마라)	매장되다, 파묻히다	اطمأن (이뜨마안나)	믿다, 신용하다

طمطم (땀따마)	중얼거리다	طمر (띠므르)	누더기, 넝마
طماطم (따마 - 띰)	토마토	طومار (뚜마 - 르)	규격, 판형(책 등의)
طمطام (땀따 - 므)	넓은 바다	مطمار (미뜨마 - 르)	추, 연추
طمع (따미아)	1.갈망하다 2.야망을 갖다	مطمور (마뜨무 - 르)	파묻힌, 매장된
أطمع (아뜨마아)	유혹하다, 야심을 갖게 하다	مطمورة (마뜨무 - 라)	지하실, 지하창고
طمع (따므으)	1.갈망, 열망 2.탐욕	طمس (따마싸)	1.지우다 2.눈이 멀다
طماعة (따마 - 아)	1.탐욕, 욕심 2.살방	انطمس (인따마싸)	지워지다, 삭제되다
طمعان (따므아 - ㄴ)	탐욕적인, 욕심이 많은	طمس (따므쓰)	지우는 것, 삭제하는 것
مطمع (마뜨마으)	1.갈망 2.바라는 것	طامس (따 - 미쓰)	지워진, 희미한
مطمعة (마뜨마아)	1.유혹 2.유혹물	طميس (따미 - 쓰)	소경, 장님, 맹인
طمن (따마나)	안심시키다, 믿게 하다	مطموس (마뜨무 - 쓰)	장님, 맹인

إِطْنابة (이뜨나-바)	천막	طُمَأن (따마-ㄴ)	1.평온함 2.안도감
مَطْنِب (마뜨나브)	어깨	تَطْمِين (타뜨미-ㄴ)	진정, 완화
طَنْبَر (딴바르)	짐마차, 말수레	طَما (따마)	범람하다, 넘쳐흐르다
طُنْبُور (뚠부-르)	1.하프 2.원통, 기통	طَمى (따마)	흙탕물이 되다
طَهَر (따하라)	깨끗하다, 청결하다	طام (따-민)	1.범람하는 2.흙탕물의
طَهَّر (따흐하라)	1.씻다 2.할례하다	طَنّ (딴나)	올리다(종이)
تَطَهَّر (타따흐하라)	깨끗해지다	طُنّ (뚠느)	1.몸집 2.톤 3.단, 묶음
طُهْر (뚜흐르)	1.순결, 결백 2.무죄	طَنّان (딴나-ㄴ)	1.쟁쟁한 2.유명한
طاهِر (따-히르)	1.깨끗한 2.처녀의	طَنَب (딴나바)	1.거처하다 2.천막을 치다
طَهارة (따하-라)	1.청결 2.순결 3.할례	أَطْنَب (아뜨나바)	과장하다
طَهُور (뚜후-르)	깨끗함	إِطْناب (이뜨나-브)	과장, 정도를 벗어남

طوب (뚜 - 브)	벽돌	**تطهير** (타뜨히 - 르)	1.소독 2.정화 3.할례 4.말살
طوبى (뚜 - 바)	축복, 아름다움	**مطهر** (마뜨하르)	연옥
طاح (따 - 하)	1.방황하다 2.파멸하다	**مطهر** (무따흐히르)	1.정수기 2.소독제
أطاح (아따 - 하)	파멸시키다, 타도하다	**مطهرة** (무따흐하라)	소독기
تطوح (타따우와하)	비틀비틀하다	**طهق** (따하까)	1.서둘러 가다 2.싫어하다
طوائح (따와 - 이흐)	역경, 운명의 고난	**طهقان** (따흐까 - ㄴ)	흉한, 혐오스러운
مطوحة (무따우위하)	모험	**طها** (따하)	1.기름에 튀기다 2.끓이다
طار (따 - 라)	접근하다, 가까이 오다	**طهى** (뚜한)	요리된 음식
طور (따우와라)	발전시키다, 변화시키다	**طهاية** (따하 - 야)	요리, 요리업
تطور (타따우와라)	1.발전하다 2.진화하다	**طواشى** (따와 - 쉬)	환관, 유약한 남자
طور (따우르)	1.단계 2.한도 3.상태	**طوب** (따우와바)	미화하다, 좋게 하다

따

طُورٌ (뚜 - 르)	산, 시나이 산	طَوَاشِى (따와 - 쉬)	환관, 내시
طَارَةٌ (따 - 라)	1.소북(방울이 달린) 2.테	طَوْشَةٌ (뚜 - 샤)	소동, 소란
طَوَارٌ (뚜와 - 르)	보도, 인도, 옆길	طَاعَ (따 - 아)	복종하다, 순종하다
طَوَارٌ (따와 - 르)	정원, 뜨락	أَطَاعَ (아따 - 아)	복종하다, 말을 듣다
تَطَوُّرٌ (타따우우르)	1.발전 2.진화 3.변화	تَطَوَّعَ (타따와아)	자원하다, 자진하다
تَطَوُّرَاتٌ (타따우우라 - 트)	사태의 발전	اِسْتَطَاعَ (이쓰타따 - 아)	…할 수 있다
تَطْوِيرٌ (타뜨위 - 르)	발전, 발달	طَاعَةٌ (따 - 아)	1.순종, 복종 2.경건한 행위
طَوَّسَ (따우와싸)	장식하다, 치장하다	طَوْعٌ (따우으)	1.공손한 2.복종, 순종
تَطَوَّسَ (타따우와싸)	치레하다, 차려입다	إِطَاعَةٌ (이따 - 아)	순종, 복종
طَاوُوسٌ (따우 - 쓰)	공작새	تَطَوُّعٌ (타따우와으)	자원, 자원봉사
طَوَّشَ (따우와샤)	거세하다	اِسْتِطَاعَةٌ (이쓰티따 - 아)	가능성, 능력, 힘

طوف (따우프)	흙집, 흙담	مطوع (무따우위으)	자원자, 자원봉사
طواف (따우와 - 프)	1.순회, 순찰 2.배회	مطيع (무띠 - 으)	고분고분한, 공손한
طوافة (따우와 - 프)	경비정	متطوع (무타따우위으)	1.자원자 2.지원병
طوفان (뚜파 - ㄴ)	1.큰 물, 2.홍수	مستطاع (무쓰타따 - 으)	할 수 있는
مطاف (마따 - 프)	1.순찰구역 2.순회	طاف (따 - 파)	1.주위를 돌다 2.배달하다
طاق (따 - 까)	1.능력이 있다 2.참다	طوف (따우와파)	빙빙돌다, 떠돌아다니다
طوق (따우와까)	둘러싸다, 에워싸다	أطاف (아따 - 파)	1.둘러싸다 2.정통하다
أطاق (아따 - 까)	1.가능하다 2.참다	تطوف (타따우와파)	1.돌다 2.배회하다
انطاق (인따 - 까)	참다, 견디다	طائف (따 - 이프)	순찰대원, 방범대원
طاق (따 - ㄲ)	1.아치(건축) 2.층	طائفية (따이피 - 야)	1.당파주의 2.종파주의
طاقة (따 - 까)	1.힘, 에너지 2.참을성	طائفة (따 - 이파)	1.등급 2.약간 3.당파

따

طول (따울)	힘, 세력, 위력	طوق (따우끄)	1.힘, 능력 2.참는 것
طولى (뚤 - 리)	경도의, 세로의	تطويق (타뜨위 - 끄)	포위, 봉쇄
طاولة (따 - 윌라)	탁자, 책상, 상	مطاق (무따 - 끄)	참을 수 있는
طوال (따와 - ㄹ)	동안, 내내, 중에	مطوق (무따우와끄)	둘러싸인, 포위된
طوالى (따왈 - 리)	곧바로, 곧바른	طال (딸 - 라)	1.길다 2.능가하다
طويل (따위 - ㄹ)	1.키가 큰, 긴 2.오랜	أطال (아딸 - 라)	오래 끌다, 오래 …하다
طيلة (띨 - 라)	동안, 기간	تطول (타따우왈라)	1.연장되다 2.지연되다
إطالة (이딸 - 라)	1.연장 2.긴 것	تطاول (타따 - 왈라)	1.길어지다 2.목에 힘을 주다
تطويل (타뜨위 - ㄹ)	1.긴 것 것 2.연장	انطال (인딸 - 라)	빠지다, 걸려들다
استطالة (이쓰타딸 - 라)	연장(경기에서)	طائل (따 - 일)	1.막대한 2.힘 3.이익
مطول (무따우왈)	1.매우 긴 2.연장된 3.지루한	طائلة (따 - 일라)	힘, 효력(법령의)

따

طية (따이야)	주름, 구김살	**مطاول** (무따 - 윌)	길쭉한, 늘어진
انطواء (인띄와 -)	내향성, 내성	**مطاولة** (무따 - 왈라)	1.연장 2.침해 3.협박
انطوائية (인띄와이 - 야)	1.유연성 2.내성적인 것	**متطاول** (무타따 - 윌)	길게 늘어진
مطوى (마뜨와)	주름, 구김살	**مستطيل** (무쓰타띠 - ㄹ)	1.긴 2.직사각형
مطواة (미뜨와 -)	접는 칼, 호주머니칼	**طوى** (따와)	1.말다 2.덮다(책을)
منطوى (문따윈)	말린, 감긴	**انطوى** (인따와)	1.휘다 2.내포하다
طاب (따 - 바)	1.좋다 2.즐겁다	**طى** (따이)	마는 것, 접는 것
طيب (따이야바)	향수를 뿌리다, 치료하다	**طوى** (따완)	1.기아, 굶주림 2.굴곡
أطاب (아따 - 바)	유쾌하게 하다, 상쾌하게 하다	**طوية** (따위야)	1.심정 2.주름, 구김살
تطيب (타따이야바)	향수를 바르다	**طواية** (따우와 - 야)	프라이팬
طياب (따이야 - ㅂ)	안마사, 맛사지하는 사람	**طية** (띠이야)	의도, 의향, 목적

따

تطير (타따이야라)	나쁜 징조로 여기다	طوبى (뚜 - 바)	1.행복, 쾌락 2.천국
طائر (따 - 이르)	1.새 2.비행중에, 활동중에	طيب (띄 - 브)	1.향료, 향기 2.상쾌함
طائرة (따 - 이라)	비행기	طيبة (띄 - 바)	1.좋은 것 2.선량함
طير (따이르)	1.새, 날짐승 2.파리	طيب (따이이브)	1.좋은 2.건강한
طيرة (따이라)	1.새 2.파리 3.경솔함	طياب (띄야 - 브)	북쪽바람, 북풍
طيرة (띄 - 라)	불길한 징조	مطايبة (무따 - 야바)	조롱, 놀림, 농담
طيران (따이라 - ㄴ)	비행, 항공	مطيباتى (마띄이바 - 티)	고용된 박수부대
طيار (따이야 - 르)	비행사	مستطاب (무쓰타따 - 브)	좋은, 훌륭한
طيارة (따이야 - 라)	1.여비행사 2.비행기 3.연	طار (따 - 라)	날다, 비행하다
تطيّر (타따이유르)	비관주의	طيّر (따이야라)	1.날려보내다 2.자르다(목을)
مطار (마따 - 르)	공항, 비행장	أطار (아따 - 라)	날게 하다, 날려보내다

مطير 비행 (마띠 - 르)	**طين** 1.진흙, 진탕 2.땅, 토지 (띠 - ㄴ)
متطير 비관주의자 (무타따이르)	**طينة** 1.진흙덩이 2.본성, 본질 (띠 - 나)
مطيور 경솔한, 경박한 (마뜨유 - 르)	
طاش 경솔하다, 무모하다 (따 - 샤)	
طائش 1.경솔한 2.무의미한 (따 - 이쉬)	
طياشة 경솔함, 무모함 (따야 - 샤)	
طاف 꿈에 나타나다 (따 - 파)	
طائف 유령, 환상, 망령 (따 - 이프)	
طيف 1.환상 2.유령, 망령 (따이프)	
مطياف 분광기 (미뜨야 - 프)	
طين 진흙을 바르다 (따이야나)	

따

(الظاء : 좌)

ظرف 1.총명하다 2.우아하다
(좌루파)

ظرف 1.장식하다 2.봉투에 넣다
(좌르라파)

تظرف 화려해지다
(타좌르라파)

ظرف 1.영특함 2.우아함 3.봉투
(좌르프)

ظرافة 1.영특 2.우아함
(좌라 - 파)

ظريف 1.우아한 2.영특한
(좌리 - 프)

ظريفة 1.재치있는 언변 2.총명
(좌리 - 파)

تظريف 1.재치 2.영특함
(타즈리 - 프)

تظرف 우아함, 매력
(타좌르루프)

متظرف 우아한
(무타좌리리프)

ظفر 1.승리하다 2.달성하다
(좌피라)

أظفر 승리를 가져오다
(아즈파라)

تظارف 일치단결하다
(타좌 - 파라)

ظفر 손톱, 발톱
(주프르)

ظفر 승리, 성공
(좌파르)

ظافر 1.승리자 2.백전백승의
(좌 - 피르)

أظفور 1.손톱 2.발톱
(우즈푸 - 르)

مظفر 1.승리하는 2.승리자
(무촤파르)

ظل 1.계속하다 2.남다 3.그늘지다
(쫠라)

تظلل 그늘에 들어서다
(타쫠랄라)

استظل 그늘을 찾다
(이쓰타쫠라)

ظلمة (줄마)	어둠, 암흑
ظلوم (좔루-ㅁ)	1.부당한 2.억압하는
ظلومة (좔루-마)	학대, 억압
ظالم (좔-림)	1.잔인한 2.폭군
ظلام (줄라-ㅁ)	어둠, 암흑
إظلام (이즐라-ㅁ)	어둠, 암흑
تظلم (타좔룸)	하소연
مظلم (무즐림)	어두운, 캄캄한
ظمئ (좌미아)	갈증을 느끼다
ظماء (좌마-)	갈증
ظمأ (좌므으)	갈증, 목마름

ظل (좔르)	1.그늘, 그림자 2.보호
ظلة (줄라)	1.천막, 텐트 2.헛간
ظليل (좔릴-르)	1.그늘진 2.서늘한
مظلة (미좔라)	1.우산 2.낙하산 3.차양
ظلع (좔아아)	발을 절다, 절룩거리다
ظلع (좔으)	1.결함, 흠집 2.절룩거림
ظلم (좔리마)	어두워지다
ظلم (좔라마)	억압하다, 박해하다
تظلم (타좔라마)	하소연하다
انظلم (인좔라마)	학대받다
ظلم (줄므)	1.불공평 2.압박, 박해

좌

أظهر (아즈하라)	1.노출시키다 2.현상하다	**ظمآن** (좌므으아-ㄴ)	목말라하는
تظاهر (타좌-하라)	1…체 하다 2.시위하다	**ظن** (좐나)	1.추측하다 2.의심하다
ظهر (좌흐르)	1.뒷면 2.표면 3.등	**أظن** (아좐나)	수상히 여기다
ظهر (주흐르)	1.정오 2.정오예배	**ظن** (좐느)	1.생각 2.상상, 추측
ظهور (주후-르)	출현	**ظنة** (진나)	의심, 의혹
ظاهر (좌-히르)	1.명백한 2.외면의 3.외형	**ظنون** (좌누-ㄴ)	미심쩍은
ظاهرة (좌-히라)	1.외부, 외면 2.현상	**مظنة** (마진나)	1.예견, 예측 2.의심
ظهار (직하-르)	이슬람 이전 이혼의 한 형태	**مظنون** (마즈누-느)	예상되는, 간주되는
ظهير (좌히-르)	지지자, 후원자	**ظهر** (좌하라)	나타나다, 나오다(결과가)
إظهار (이즈하-르)	1.노출 2.제출 3.해명	**ظهر** (좌흐하라)	이서하다(수표에)
تظهير (타즈히-르)	이서(수표의)	**ظاهر** (좌-하라)	지지하다, 후원하다

تظاهر 1. …인척 하는 것
(타좌 - 후르) 2. 시위

تظاهرة 시위
(타좌 - 하라)

مظهر 1. 현상, 양상
(마즈하르) 2. 외모, 모양

مظهرية 현상, 표상
(마즈하리 - 야)

مظاهرة 1. 시위, 소요
(무좌 - 하라) 2. 후원, 지지

متظاهر 시위자, 시위참가자
(무타좌 - 히르)

(العين : 아인)

عَبَأَ (아바아)	주의하다, 유의하다
عَبَّأَ (압바아)	1.마련하다 2.짐을 꾸리다
عِبء (이브으)	짐, 부담, 책임
عَباء (아바-)	아바야, 망토, 베일
عَباءة (아바-아)	아바야, 베일, 망토
تَعبِئَة (타으비아)	1.가득 넣는 것 2.갖춤
عَبَثَ (아바싸)	1.섞다 2.혼동하다
عَبِثَ (아비싸)	1.장난하다 2.유린하다
عَبَث (아바쓰)	1.쓸데없는 2.효과없는
عَابَثَ (아-바싸)	1.장난하다 2.조롱하다
عَبث (아바쓰)	1.장난, 농담 2.조롱
أَعبُوثَة (아으부-싸)	1.농담 2.조롱 3.익살
مَعبَث (마으바쓰)	장난, 놀음, 오락
مَعابَثَة (무아-바싸)	장난, 놀음, 오락
عَبَدَ (아바다)	1.숭배하다 2.복종하다
عَبِدَ (아비다)	1.화내다 2.꾸짖다
عَبَّدَ (압바다)	1.예속시키다 2.도로를 포장하다
تَعَبَّدَ (타압바다)	종교에 전념하다
استَعبَدَ (이쓰타브아다)	노예화하다
عَبد (압드)	1.노예, 종 2.사람
عِباد (이바-드)	인간, 인류, 사람

عبر (아바라)	1.횡단하다 2.지나가다	عبادة (이바-다)	숭배, 경배
عبّر (압바라)	1.해석하다 2.표현하다	عبيد (아비-드)	1.노예, 종 2.흑인
اعتبر (이으타바라)	1.고려하다 2.교훈을 얻다	تعبيد (타으비-드)	1.노예화 2.포장
استعبر (이쓰타으바라)	눈물을 짓다	تعبّد (타압부드)	경건함, 숭배
عبر (아브르)	1.횡단, 통과 2.통행	استعباد (이쓰티으바-드)	노예화
عبرة (아브라)	눈물, 눈물방울	معبد (마으바드)	교회, 성원, 사원, 절
عبرة (이브라)	1.교훈 2.본보기 3.경고	معبّد (무압바드)	포장된
عابر (아-비르)	1.건너가는 2.순간적인	معبود (마으부-드)	1.알라 하나님 2.우상
عبارة (이바-라)	1.해설 2.문구, 숙어	معبودة (마으부-다)	여신
عبور (우부-르)	건너가는 것, 횡단	متعبّد (무타압비드)	신앙심이 깊은
عبير (아비-르)	1.향수 2.향내, 향기	مستعبد (무쓰타으바드)	노예화 된

عباطة (아바 - 따)	우둔함, 미련함	**تعبير** (타으비 - 르)	1.해설 2.표현 3.해몽
عبيط (아비 - 뜨)	1.우둔한 2.바보	**اعتبار** (이으티바 - 르)	1.존중 2.고려 3.관계
عبق (아비까)	냄새가 퍼지다, 풍기다	**معبر** (마으바르)	1.나룻터 2.통로
تعبق (타압바까)	자욱하다(연기가)	**معبر** (무압바르)	불리우는, 표현되는
عبق (아바꼬)	향기	**عبس** (아바싸)	눈살을 찌푸리다
عبق (아비꼬)	1.향기로운 2.자욱한	**عبس** (아브쓰)	1.우울, 침울 2.엄한 것
عبيق (아비 - 꼬)	향기	**عباس** (압바 - 쓰)	1.우울한 2.엄한
عبقر (아브까라)	요정의 나라, 도원경	**عبوس** (아부 - 쓰)	1.스산한 2.엄격한
عبقري (아부까리)	천재, 영재	**عبوسة** (우부 - 싸)	1.우울, 침울 2.엄한 것
عبقرية (아브까리 - 야)	만능, 선천적인 재주	**عبط** (아바따)	꼭 껴안다, 포옹하다
عبل (아발라)	1.자르다, 베다 2.격퇴하다	**انعبط** (인아바따)	둔해지다, 미련해지다

عتد (아투다)	준비되다, 마련되다	**عبال** (아바 - ㄹ)	산장미, 들장미
أعتد (아으타다)	준비하다, 준비시키다	**أعبل** (아으발르)	화강암
عتاد (아타 - 드)	1.준비, 채비 2.장비	**عبى** (압바)	1.동원하다 2.짐을 지우다
عتيد (아티 - 드)	1.준비된 2.튼튼한	**تعبى** (타압바)	가득 차다
عتر (이트르)	1.기원, 시원 2.종, 품종	**عباية** (아바 - 야)	아바야
عترة (이트라)	가족, 친척	**عتب** (아타바)	주의를 주다
معتر (무앗타르)	1.너절한 2.어리석은	**عاتب** (아 - 타바)	욕하다, 꾸짖다
عترس (아트라싸)	혹독하게 대하다	**تعاتب** (타아 - 타바)	서로 비난하다
عترسة (아트라싸)	1.강압 2.반항, 저항	**عتبة** (아타바)	1.문지방 2.계단, 층계
عتريس (이트리 - 쓰)	1.강한 2.맹렬한	**عتاب** (이타 - 브)	비난, 책망, 질책
عتق (아타까)	해방시키다, 노아주다	**معاتبة** (무아 - 타바)	비난, 질책

아 인

معتقات (무앗타까 - 트)	유물, 유적, 고적	عتق (아투까)	낡다, 오래되다
متعوق (마으투 - 끄)	1.해방된 2.묵은 닭	أعتق (아으타까)	해방시키다, 석방시키다
عتل (아탈라)	운반하다, 나르다	انعتق (인아타까)	석방되다
عتل (우툴)	1.힘센 2.꺽다리	عتق (아트끄)	1.해방 2.오래된 것
عتلة (아탈라)	쇠막대, 지렛대	عاتق (아 - 티끄)	1.어깨 2.소녀, 처녀
عتال (앗타 - ㄹ)	운반인, 짐꾼, 포터	عتيق (아티 - 끄)	1.오랜, 옛적의 2.해방된
عتم (아타마)	1.늦추다 2.꾸물거리다	عتيقة (아티 - 까)	성숙된, 잘 익은(포도주가)
أعتم (아으타마)	지체시키다, 미루다	اعتاق (이으타 - 끄)	해방, 석방
عتمة (아트마)	암흑, 어둠, 불분명	انعتاق (인이타 - 끄)	해방, 석방
عاتم (아 - 팀)	1.희미한 2.지체된	معتق (무으티끄)	노예해방자
معتم (무으팀)	어두운, 캄캄한	معتق (무앗타끄)	1.잘 익은(포도주) 2.낡은

عثرة 1.추락 2.헛디딤 3.실수 (아쓰라)	**عته** 바보가 되다 (우티하)
عاثور 1.함정 2.어려움 (아쑤 - 르)	**عاته** 1.미친 2.분별없는 (아 - 티흐)
عثور 발견 (우쑤 - 르)	**عتاهة** 1.얼빠진 것 2.분별없는 것 (아타 - 하)
عثير 먼지, 가는 모래 (이쓰야르)	**عتاهية** 바보, 백치, 머저리 (아타 - 히야)
معثر 1.불쌍한 2.집 없는 (무앗싸르)	**معتوه** 1.미련한 2.저능한 (마으투 - 흐)
عج 1.외치다 2.우굴거리다 (앗자)	**عتا** 전제정치를 하다 (아타)
عج 1.고함짐, 소리지름 2.소란 (앗즈)	**عتو** 1.횡포 2.무례, 오만 (우투우)
عجة 오믈렛(계란으로 만든) (웃자)	**عات** 1.폭군 2.거만한 3.격렬한 (아 - 틴)
عجاج 1.연기 2.먼지 3.평민 (아자 - 즈)	**عثر** 1.헛디디다 2.찾아내다 (아싸라)
عجيج 1.고함 2.우뢰소리 (아지 - 즈)	**أعثر** 걸려넘어지게 하다 (아으싸라)
عجب 1.놀라다 2.감탄하다 (아자바)	**تعثر** 넘어지다, 걸리다 (타앗싸라)

استعجاب (이쓰티으자 - 브)	경탄, 감탄	أعجب (아으자바)	1.감탄케하다 2.마음에 들다,
معجب (무으지브)	놀라운, 신기한	تعجب (타앗자바)	놀라다, 감탄하다
معجب (무으지브)	좋아하는	استعجب (이쓰타으자바)	감탄하다
عجر (아자르)	돌출, 돌기, 돌출부	عجب (아자브)	1.감탄, 경탄 2.신기하군!
عجر (우즈르)	1.미숙한 2.익지 않은	عجب (우즈브)	허영심, 자만
عجرة (우즈라)	1.매듭 2.결함 3.결핵	عجيب (아지 - 브)	1.놀라운 2.신기한
عجرف (아즈라파)	교만하다, 거만하다	عجيبة (아지 - 바)	기적, 이상한 일
تعجرف (타아즈라파)	잘난체하다	إعجاب (이으자 - 브)	1.감탄 찬미 2.숭배
عجرفة (아즈라파)	1.교만, 거만 2.무례	أعجوبة (우으주 - 바)	기적
متعجرف (무타아즈리프)	거만한, 건방진	تعجب (타앗주브)	놀라움, 경탄, 감탄
عجز (아자자)	늙다, 노쇠하다	تعاجيب (타아 - 지브)	기적

معجزة (무으지자)	기적	عجز (아지자)	적자가 나다
عجف (아자파)	1. 삼가다 2.여위게 하다	أعجز (아으자자)	1.무능하게 하다 2.모자라다
عجيف (아지 - 프)	야윈, 깡마른, 허약한	عجز (아자즈)	1.노년 2.눈이 먼 것
أعجف (아으자프)	여윈, 홀쭉한	عجز (아즈즈)	1.무능 2.결핍 3.미납금, 적자
عجل (아질라)	서두르다, 빨리하다	عجوز (아주 - 즈)	노파, 노인, 늙은이
عجل (앗잘라)	1.앞당기다 2.재촉하다	عجوزة (아주 - 자)	노파, 할머니
عاجل (아 - 잘라)	1.앞지르다 2…보다 먼저하다	عجز (우즈즈)	1.줄기 2.뒷부분 3.엉덩이
أعجل (아으잘라)	재촉하다, 촉진하다	عجزة (우즈자)	막내, 막내둥이
تعجل (타앗잘라)	서두르다	عجيزة (아지 - 자)	1.엉덩이 2.허벅지
عجل (아잘)	1.서두름 2.속력	إعجاز (이으자 - 즈)	1.웅변 2.기적(꾸란의)
عجلة (아잘라)	1.서두름 2.바퀴	معجز (무으지즈)	기적적인

عجلان (아즐라-ㄴ)	서두르는, 바쁜	مستعجلة (무쓰타으잘)	1.더 빠른 2.긴박한
عجل (이즐)	송아지	عجم (아자마)	1.실험하다 2.관찰하다
عاجل (아-질)	1.당면한 2.긴급한 3.속달의	أعجم (아으자마)	1.해석하다 2.풀다(문제를)
عاجلة (아-질라)	덧없는 존재, 현세의 인생	انعجم (인아자마)	애매하다, 불명확하다
عجول (아주-ㄹ)	1.급한 2.새끼낙타	استعجم (이쓰타으자마)	외국 억양으로 말하다
تعجيل (타으지-ㄹ)	촉진, 앞당김, 가속화	عجمة (우즈마)	1.불명료 2.야만, 미개
استعجال (이쓰티으자-ㄹ)	재촉, 서두름	عجمي (아자미)	1.비아랍인 2.페르시아인
معجل (무앗질)	가속기	عجمية (아자미-야)	농축된 꿀
معجل (무앗잘)	1.급박한 2.이른 3.미리	أعجم (아으자므)	1.비아랍인 2.벙어리, 무언
متعجل (무타앗질)	1.조급한 2.기한 전의	أعجمية (아으자미-야)	외국식 발음
مستعجل (무쓰타으질)	긴급한, 속달의	معجم (무으잠)	1.모호한 2.사전, 어휘집

اعتد 1.자신하다 2.고려하다 (이으탓다)	**عجن** 1.반죽하다 2.반복하다 (아자나)
استعد 1.준비하다 2.장비를 갖추다 (이쓰타앗다)	**تعجن** 반죽되다, 이겨지다 (타아자나)
عد 1.계산, 헤아림 2.열거 (앗드)	**اعتجن** 반죽하다, 이기다 (이으타자나)
عدد 수, 수량, 숫자 (아다드)	**عجين** 반죽 (아지 - 느)
عدة 준비 2.장비, 설비 (웃다)	**عجينة** 1.반죽 2.연고, 고약 (아지 - 나)
عدة 1.약간, 몇 몇 2.많은 3.도구 (잇다)	**معجنة** 반죽그릇 (미으자나)
عداد 동등한, …와 같은 (이다 - 드)	**معجون** 1.반죽된 2.연고 3.치약 (마으주 - ㄴ)
عداد 1.계산기 2.계산원 (앗다 - 드)	**معجونات** 반죽해서 만든 음식 (마으주나 - 트)
عديد 1.많은 2.다수의 (아디 - 드)	**عد** 1.세다 2.간주하다 (앗다)
عدية 계수, 계산, 계산법 (아디 - 야)	**أعد** 준비하다, 마련하다 (아앗다)
إعداد 1.준비, 마련 2.육성 (이으다 - 드)	**تعدد** 1.수가 많다 2.초과하다 (타앗다다)

아인

عدسة (아다싸)	확대경, 확대 렌즈	تعدد (타앗두드)	다수, 대량
عدل (아둘라)	공정하다, 공평하다	تعداد (타으다 - 드)	1.통계 2.인구조사 3.총량
عدل (아달라)	1.물러서다 2.거절하다 3.바로잡다	اعتداد (이으티다 - 드)	1.고려, 계산 2.기대
عدل (앗달라)	1.고치다 2.조절하다 3.변경하다	استعداد (이쓰티으다 - 드)	1.준비 2.경향, 소질
عادل (아 - 달라)	1.균형을 맞추다 2.동등하다	معد (무앗드)	준비된
أعدل (아으달라)	1.펴다, 바르게 하다 2.고치다	معدات (무앗다 - 트)	도구, 공구, 기구
تعدل (타앗달라)	1.바로잡히다 2.변화되다	معداد (미으다 - 드)	주산, 수판
تعادل (타아 - 달라)	1.비기다 2.중립을 지키다	معدود (마으두 - 드)	1.얼마 안되는 2.탁월, 뛰어난
انعدل (인아달라)	1.평등해지다 2.수정되다	متعدد (무타앗디드)	1.많은, 수많은 2.몇 몇의
اعتدل (이으타달라)	온건하게 되다, 중용을 지키다	مستعد (무쓰타잇드)	준비된
عدل (아들)	1.공평 2.공명정대 3.올바른	عدس (아다쓰)	편두(식물), 렌즈콩

معتدل (무으타딜)	1.알맞은, 적당한 2.온화한	عدلية (아들리 - 야)	사법, 사법제도
عدم (아디마)	잃다, 상실하다	عادل (아 - 딜)	1.공정한 2.똑바로
أعدم (아으다마)	1.처형하다 2.전멸시키다	عدول (우두 - ㄹ)	포기, 거절
انعدم (인아다마)	소멸되다, 사라지다	عديل (아 - 딜)	1.대등한 2.처남, 매부
عدم (아담)	1.비존재 2.없는 것 3.부족, 결핍	تعديل (타으디 - ㄹ)	1.변경 2.조정 3.삭감
عدمية (아다미 - 야)	1.허무주의 2.허무	اعتدال (이으티다 - ㄹ)	1.온건 2.평등 3.춘분
عدم (우둠)	궁핍, 가난, 손실	تعادل (타아 - 둘)	1.비, 비율 2.평등 3.평형
عادم (아 - 딤)	1.교정할 수 없는 2.쓸모없는	معادل (무아 - 딜)	1.평등한 2.같은 값의
عوادم (아와 - 디므)	배기가스	معدل (무앗달)	1.평균 2.비율 3.단위
عديم (아디 - ㅁ)	1.빼앗긴 2.…이 전혀 없는	معادلة (무아 - 달라)	1.동등 2.균형, 평등
إعدام (이으다 - ㅁ)	1.소멸, 소탕 2.사형, 처형	متعادل (무타아 - 딜)	1.평등한 2.공평한

انعدام (인이다 - ㅁ)	없는 것, 무중력 상태	تعدى (타앗다)	1.넘다(한계를) 2.침입하다(권리를)
معدم (무으딤)	1.가난한, 빈곤한 2.빈민, 영세민	انعدى (인아다)	전염되다, 감염되다
معدوم (마으두 - ㅁ)	존재하지 않는, 없는	اعتدى (이으타다)	1. 침략하다 3.적대시하다
عدن (아다나)	파내다(돌 등을), 채굴하다	عدا (아다)	…외에, …을 제외하고
عدن (아든)	에덴의 동산, 낙원, 천국, 천당	عدو (아두으)	적, 적수, 원수
عدنان (아드나 - ㄴ)	아드난 (아랍인 조상 이름)	عدو (아드우)	달리기, 뛰기
تعدين (타으디 - ㄴ)	1.채광 2.야금, 채탄	عدى (우단)	적들
معدن (마으딘)	1.광산 2.광물 3.무기물	عدوة (우드와)	강기슭, 강안
عدا (아다)	1.달리다 2.적대시하다	عدوى (아드와)	전염, 감염
عدى (앗다)	1.떠나다 2.건너가다	عدوان (우드와 - ㄴ)	1.적대 2.침략, 침범
عادى (아 - 다)	적대시하다, 싸우다	عداوة (아다 - 와)	1.적대, 적의 2.증오, 원한

أعداء (아으다 -으)	적들	عذب (아주바)	1.달콤하다 2.즐겁다
تعدّ (타앗딘)	1.위반, 침해 2.침공 3.초월	عذّب (앗자바)	고통을 주다, 괴롭히다
تعدية (타으디 - 야)	나룻배, 연락선	تعذّب (타앗자바)	괴로워하다
اعتداء (이으티다 -)	1.침략, 침범 2.공격	استعذب (이쓰타으자바)	1.즐기다 2.맛보다
معاداة (무아다 - 트)	적대, 적의, 반감	عذاب (아자 - 브)	괴로움, 고통, 고민
معدى (마으다)	나룻터	عذب (아즈브)	1.단, 달콤한 2.상쾌한
معداوى (마앗다 - 위)	뱃사공	عذوبة (우주 - 바)	1.단맛 2.상쾌함
معدية (마으디 - 야)	나룻배	تعذيب (타으지 - 브)	괴롭히는 것, 고문
متعدّ (무타앗딘)	침범하는, 침해하는	معذّب (무앗지브)	1.괴롭히는 2.고문자
معتدّ (무으타딘)	1.침략하는 2.침략자	مستعذب (무쓰타으잡)	1.달콤한 2.유쾌한
معتدى (무으타다)	침략당한, 침해당한	عذر (아자라)	1.용서하다 2.변명하다

عذل (아잘) 욕, 꾸짖음, 책망, 질책	اعتذر (이으타자라) 1.용서를 빌다 2.변명하다
عاذل (아 - 질) 1.욕하는 2.욕쟁이	عذر (우즈르) 1.용서 2.변명, 구실
عر (아르라) 굴욕을 주다, 망신시키다	عذرة (우즈라) 1.처녀다움 2.처녀막
انعر (인아르라) 망신당하다	عذار (이자 - 르) 1.수줍음 2.순결
عر (아르르) 1.결함 2.수치, 불명예	عذراء (아즈라 - 으) 1.처녀 2.요정 3.번데기
عرة (우르라) 1.옴 2.매춘부	عذراوية (아즈라위 - 야) 처녀성, 순결성
عارور (아루 - 르) 부끄럼, 수치스러움	تعذر (타앗주르) 곤란, 어려움, 불가능함
معرة (마아르라) 1.불명예 2.오점, 결함	اعتذار (이으티자 - 르) 1.사죄 2.변명 3.결석계
عرب (아루바) 1.순수 아랍인이다 2.분석하다	معذرة (마으자라) 1.용서 2.실례합니다.
عرب (아르라바) 자신을 표현하다	متعذر (무타앗지르) 1.힘겨운 2.불가능한
أعرب (아으라바) 1.표명하다 2.분석하다	عذل (아잘라) 꾸짖다, 비난하다

مُعرَب (무아르라브)	1.아랍어로 번역된 2.아랍화 된	تعرب (타아르라바)	아랍화되다
مُعربات (무아르라바 - 트)	외래에서 차용한 아랍어 단어들	عرب (아랍)	아랍 사람들, 베두인들
مُستعرب (무쓰타으리브)	1.아랍화된 2.아랍어 전문가	عربية (아라비 - 야)	1.아랍여성 2.아랍어
عربد (아르바다)	1.트집을 잡다 2.폭동을 일으키다	عربة (아라바)	1.마차, 수레 2.자동차
عربدة (아르바다)	폭동, 소동, 난동	عراب (아르라 - 브)	1.대부, 보증인 2.후원자
عربيد (이르비 - 드)	부랑자, 말썽꾸러기	عرابة (아르라 - 바)	대모, 여보증인
عربس (아르바싸)	엉클어시게 하다	عارب (아 - 리브)	순수 아랍인, 순수혈통
عربسة (아르바싸)	엉클어짐, 엉망진창	عروية (우루 - 바)	1.아랍출신 2.아랍주의
مُعربس (무아르바쓰)	뒤엉킨, 뒤죽박죽 된	إعراب (이으라 - 브)	1.표시 2.분석
عربن (아르바나)	1.선금을 주다 2.저당잡히다	تعريب (타으리 - 브)	번역(아랍어로), 아랍화
عربون (우르부 - 느)	1.선불 2.저당	مُعرب (무아르리브)	아랍어 통역자

أَعرس (아으라싸)	피로연을 베풀다	عرج (아라자)	1.절뚝거리다 2.오르다
عرس (이르쓰)	배우자, 신랑, 신부	عرج (아르라자)	1.멈춰서다 2.휘다
عرسة (이르싸)	족제비	تعرج (타아르라자)	지그재그로 가다
عروس (아루 - 쓰)	신부, 새색씨	تعارج (타아 - 라자)	발을 저는체 하다
عروسة (아루 - 싸)	인형	عرج (아라즈)	절름발이, 발을 절기
عروسان (아루싸 - 니)	신혼부부	تعريج (타으리 - 즈)	굴곡, 만곡, 굴절
عريس (아리 - 쓰)	신랑	تمرج (타마르루즈)	꾸불꾸불함, 굴곡
عرش (아라샤)	1.짓다 2.감겨올라가다	معراج (미으라 - 즈)	1.사다리 2.천상여행
عرش (아르쉬)	1.옥좌, 왕위 2.천장, 지붕	منعرج (문아리즈)	1.꼬부라짐 2. 굽음, 굴곡
عرشة (아르샤)	정자, 초막	متعرج (무타아르리즈)	1.꾸불꾸불한 2.휜
عريش (아리 - 싀)	1.정자 2.마차 3.덩굴	عرس (아르라싸)	결혼하다

اِسْتَعْرَضَ (이쓰타으라돠)	사열하다, 돌아보다	مُعَرِّش (무아르라싴)	포주, 뚜쟁이
عَرْض (아르드)	사유재산 2.본질, 본성	عَرِصَ (아리솨)	명랑하다, 유쾌하다
عَرْض (아르드)	제출 2.전시, 전람 3.폭	عَرْصَة (아르솨)	정원
عُرْض (우르드)	1.쪽, 측, 편, 면 2.대부분	مُعَرِّص (무아르라스)	뚜쟁이, 포주
عُرْضَة (우르돠)	1.목적, 목표 2.보임, 노출	عَرَضَ (아라돠)	1.전시하다 2.제안하다
عِرْض (이르드)	1.명예, 체면 2.정조	عَرِضَ (우리돠)	미치다, 정신이 나가다
عَرُوض (아루-드)	시형론, 운율학	عَرُضَ (아루다)	넓어지다
عَارِض (아-리드)	1.사건 2.장애 3.광기	عَارَضَ (아-라돠)	1.저항하다 2.반대하다
عَارِضَة (아-리돠)	1.대들보 2.용감성	أَعْرَضَ (아으라돠)	1.피하다 2.저버리다
عَرِيض (아리-드)	넓은, 광범한, 광활한	تَعَرَّضَ (타아르라돠)	1.당하다 2.드러내다
عَرِيضَة (아리-돠)	청원서, 신청서	اِعْتَرَضَ (이으타라돠)	1.항의하다 2.이의를 제기하다

아랍어	한국어
تعرف (타아르라파)	1.인지하다 2.사귀다
اعترف (이으타라파)	1.승인하다 2.자백하다
استعرف (이쓰타으라파)	알아내다, 분간하다
عرف (아르프)	향기, 향수, 향료
عرف (우르프)	1.선행, 덕행 2.습관, 관례
عرفى (우르피)	1.재래의 2.조건부의
عارفة (아-리파)	선물
عراف (아으라-프)	점쟁이, 점술가, 예언자
عرافة (아르라-파)	점치기, 점술, 예언
عريف (아리-프)	1.조교, 모니터 2.강사
أعراف (아으라-프)	연옥, 일시적인 고난
إعراض (이으라-드)	회피, 도피
تعارض (타아-루드)	충돌, 불일치
اعتراض (이으티라-드)	1.반대 2.반항 3.항의
استعراض (이쓰티으라-드)	1.회상 2.열병식 3.시위행진
معرض (마으리드)	1.전시, 전람 2.전시회 3.진열실
معارض (무아-리드)	1.반대자, 항의자 2.반대하는
معارضة (무아-라돠)	1.저항, 항소 2.반대파
معروضات (마으루-돠-트)	전시품, 진열품
معترض (무으타리드)	1.가로의 2.반대하는
عرف (아라파)	1.알다 2.발견하다 3.여자를 알다
عرف (아르라파)	1.알리다 2.해석하다

تعرفة (타으리파)	요금표, 운임표, 목록	**عراق** (이라 - ㄲ)	해변, 해안
تعريف (타으리 - 프)	1.알림, 통지 3.소개	**عراقة** (아라 - 까)	고귀한 신분, 고대적인 것
تعارف (타아 - 루프)	사귀는 것	**عرقان** (아르까 - ㄴ)	땀에 젖은, 땀이 난
اعتراف (이으티라 - 프)	1.인정 2.자백 2.참회(종교)	**عريق** (아리 - ㄲ)	1유구한 3.명문출신의
معرفة (마으리파)	1.지식, 학문 2.얼굴, 용모	**معروق** (마루 - ㄲ)	야윈, 깡마른
معارف (마아 - 리프)	아는 사람들, 벗들	**عرقل** (아르깔라)	장애물을 놓다, 방해하다
معروف (마루 - 프)	1.알려신 2.유명한 3.호의, 친절	**تعرقل** (타아르깔라)	어려워지다, 엉클어지다
عرق (아라까)	1.논쟁하다 2.벗기다	**عراقيل** (아라낄 - 르)	난관, 장애물
عرق (아리까)	땀을 흘리다, 땀이 나다	**عرك** (아라카)	문지르다, 비비다
عرق (아루까)	뿌리가 깊이박히다	**عارك** (아 - 라카)	싸우다, 다투다
عرق (이르끄)	1.뿌리, 기초 2.정맥, 혈관	**اعترك** (이으타라카)	싸우다, 다투다

아인

اعترى (이으타라)	닥치다, 발생하다	عرك (아르크)	경험, 시련, 단련
عروة (우르와)	1.올가미 2.고리, 연계	عركة (아르카)	싸움, 투쟁
عرى (아리야)	1.발가벗다 2.…이 없다	عريكة (아리-크)	성질, 기질, 성격
عرّى (아르라)	1.발가벗기다 2.폭로하다	معركة (마으라카)	1.싸움, 전투 2.운동, 캠페인
تعرّى (타아르라)	1.발가벗다 2.드러나다	معترك (무으타리크)	1.싸움터, 전쟁터 2.무대
عرٍ (아린)	1.나체의, 벌거벗은 2.…이 전혀 없는	عرم (아르라마)	1.섞다 2.축적하다
عارية (아-리야)	1.무이자 대부 2.허구적인	تعرّم (타아르라마)	1.기뻐하다 2.쌓이다
عراء (아라-)	옥외, 야외, 노천	عرم (아람)	퇴적, 더미
عريان (우르야-ㄴ)	1.벌거벗은 2.알몸의	عرمة (아리마)	1.둑 2.세찬 물살 3.폭우
عريانية (우르야니-야)	나체주의	عرام (우라-ㅁ)	1.사악한 2.거셈(성격이)
تعرية (타으리야)	1.폭로, 노출 2.침식, 풍화	عرّ (아라)	1.일어나다(감정이), 생기다

معرى (마으라)	드러난 곳, 노출된 부분	اعتزاز (이으티자 - 즈)	자기과시, 자만
عز (앗자)	1.강하다 2.드물다	معتز (무으탓즈)	승리를 뽐내는, 당당한
عزز (앗자자)	1.떠받치다 2.강화하다	عزب (아자바)	1.떠나다 2.미혼으로 있다
أعز (아앗자)	좋아하다, 강력하게 만들다	عزب (아즈브)	독신, 독신자
تعزز (타앗자자)	강화되다, 긍지를 가지다	عزبة (우즈바)	독신생활
اعتز (이으탓자)	1.높이 평가하다 2.강해지다	عزبة (이즈바)	농장, 농원, 재배지
عز (잇즈)	1.영광, 명예 2.절정 3.힘, 세력	عازب (아 - 지브)	미혼자, 총각
عزة (잇자)	1.영광 2.자랑, 긍지	عازبة (아 - 지바)	독신녀, 미혼여성
عزيز (아지 - 즈)	1.강한 2.친애하는	عزوية (우주 - 바)	독신생활
إعزاز (이으자 - 즈)	1.강화 2.애정 3.존경	عزوبية (우주비 - 야)	독신생활
تعزيز (타으지 - 즈)	강화, 후원	عزيب (아지 - 브)	독신, 총각, 홀아비

아인

عزل (아잘라)	1.격리하다 2.해고하자	**عزر** (아자라)	나무라다, 꾸짖다
انعزل (인아잘라)	1.해임되다 2.고립되다	**عزر** (아즈르)	꾸짖음, 비난, 꾸지람
اعتزل (이으타잘라)	1.피하다 2.사직하다	**تعزير** (타으지-르)	꾸짖음, 비난
عزل (아잘)	맨손의, 비무장의	**اعتزار** (이으티자-르)	자제
عزل (아즐)	1.격리 2.면직, 해고, 해임	**عزف** (아자파)	노래하다, 부르다(노래를)
عزلة (우즐라)	1.퇴직 2.고독, 외로움	**عزاف** (앗자-프)	연주가, 음악가
انعزال (인이자-르)	1.고립 2.해임, 면직	**معزفة** (미으자파)	하프(악기)
انعزالية (인이잘리-야)	쇄국주의, 고립주의	**معزوف** (마으주-프)	버림받은, 내버려둔
اعتزال (이으티자-르)	1.2.사직, 면직, 퇴직	**معزوفة** (마으주-파)	연주곡
معزل (마으질)	은거처, 외진 곳, 벽촌	**عزق** (아자까)	고랑을 내다
معزول (마으주-르)	떨어진, 격리된, 유리된	**معزقة** (미으자까)	괭이, 곡괭이, 호미

아인

معتزل (무으타질)	따로 떨어진, 고립된	**معزوم** (마으주 - ㅁ)	1.초청된 2.초청객
عزم (아자마)	1.결심하다 2.촉구하다	**معتزم** (무으타짐)	결정된
انعزم (인아자마)	초청되다	**عزا** (아자)	…의 탓으로 하다, 위로받다
اعتزم (이으타자마)	결심하다, 작정하다	**عزو** (아즈우)	1.귀속 2.비난, 비방, 규탄
عزم (아즘)	1.결심, 결의 2.힘, 세기	**عزوة** (이즈와)	1.관계 2.친척, 친족, 일가
عزمة (아즈마)	의도, 결의, 결심	**عزى** (아자야)	돌리다, …탓으로 하다
عازم (아 - 짐)	1.결심한 2.확고한, 단호한	**عزى** (앗자)	위로하다, 애도를 표시하다
عزوم (아주 - ㅁ)	과감한, 결단성 있는	**تعزى** (타앗자)	위로받다
عزومة (우주 - 마)	초청, 초대	**عزاء** (아자 -)	1.위로, 애도 2.인내, 참음
عزيمة (아지 - 마)	1.주문을 욈 2.결심 3.초청	**تعزية** (타으지야)	위로, 위안, 애도
تعزيم (타으지 - ㅁ)	주문(무속의)	**عس** (앗싸)	1.야간경비를 하다 2.만지다

أعسر (아으싸르)	완손잡이	عسة (앗싸)	경호원
إعسار (이으싸-르)	1.가난 2.지불불능	عسس (아싸쓰)	야간경비원들
عسير (아씨-르)	어려운, 곤란한, 힘든	عسر (아싸라)	1.누르다 2.괴롭히다
تعسر (타앗쑤르)	어려움, 난관	عسر (아쑤라)	1.어렵다 2.가난하다
معسر (무으씨르)	1.가난한 2.지불능력이 없는	عسر (아씨라)	왼손잡이가 되다
معسرة (마으싸라)	1.난관 2.가난, 빈곤, 빈궁	عاسر (아-싸라)	못살게 굴다
متعسر (무타앗씨르)	어려운, 힘든, 곤란한	أعسر (아으싸라)	1.돈이 궁색하다 2.파산하다
عسف (아싸파)	억압하다, 강압하다	تعسر (타앗싸라)	어렵다, 어려워지다
أسعف (아쓰아파)	무거운 짐을 지우다	اعتسر (이으타싸라)	좌지우지하다
تعسف (타앗싸파)	전횡을 부리다	عسر (아씨르)	어려운, 곤란한, 힘든
اعتسف (이으타싸파)	강요하다, 강박하다	عسرة (우쓰라)	어려움, 곤궁, 난관

عسف 압박, 억압, 강압, 강제 (아쓰프)	**عسل** 1.꿀을 바르다 2.눈이 감기다 (앗쌀라)
عساف 폭군, 압제자, 박해자 (앗싸 - 프)	**عسل** 꿀, 벌꿀, 화밀 (아쌀)
عسوف 1.가혹한 2.폭군 (아쑤 - 프)	**عسلي** 충충한, 갈색의 (아쌀리)
عسيف 막노동자, 품팔이꾼 (아씨 - 프)	**عسال** 양봉가, 꿀을 파는 사람 (앗싸 - ㄹ)
تعسف 강압, 강제, 전횡 (타앗쑤프)	**تعسيلة** 졸음, 단잠 (타으씰 - 라)
اعتساف 1.강요 2.이탈 (이으티싸 - 프)	**معسلة** 벌집, 벌통 (마으쌀라)
عسكر 1.소집하다 2.야영하다 3.주둔하다 (아쓰카라)	**معسول** 꿀을 바른, 꿀 같은, 달콤한 (마으쑤 - ㄹ)
عسكر 1.군대, 군인 2.부대 (아쓰카르)	**عسا** 시들다(식물이), 마르다 (아싸)
عسكرة 1.야영 2.군국화 (아쓰카라)	**عاس** 마른, 물기 없는 (아 - 씬)
عسكرية 1.군대, 군인 2.군복무 (아쓰카리 - 야)	**عسى** 1.아마도 2…이 가능하다 (아싸)
معسكر 1.캠프장 2.동아리 (무아쓰카르)	**عشب** 풀이 자라다 (아쉬바)

عشرون (이슈루-나)	이십, 20	عشاب (앗샤-브)	식물학자, 약초학자
عشري (이샤리-유)	사교적인, 부침성이 좋은	عشب (우슈브)	풀
عشرينات (이슈리나-트)	20년대	عشب (아쉬브)	풀이 무성한
عاشر (아-쉬르)	열번째의	معشب (무으쉬브)	수풀이 우거진
عاشوراء (아슈-라)	이슬람력 1월 10일째 되는 날	عشر (아샤라)	10분의 1을 모으다
عشار (앗샤-르)	십일조를 거두는 사람	عشر (앗샤라)	10분의 1로 나누다, 열개로 나누다
عشير (아쉬-르)	친구, 벗, 한패	عاشر (아-샤라)	1.연합시키다 2.열개를 만들다
عشيرة (아쉬-라트)	1.종족, 씨족 2.여자친구	تعاشر (타아-샤라)	서로 교제하다, 사로 사귀다
أعشور (우으슈-르)	열흘간, 십일간	عشر (아슈르)	열, 열개
تعشير (타으쉬-르)	혼례, 선보임	عشرة (이슈라)	교제, 사귐
معشر (마으샤르)	1.무리, 집단 2.열개씩	عشر (우슈르)	10분의 1

معاشر (무아-쉬르)	동료, 동업자, 친구	**عشم** (앗샤마)	희망을 주다
معاشرة (무아-샤라)	1.교제, 사귐 2.성생활	**تعشم** (타앗샤마)	바라다, 기대하다
معشار (미으샤-르)	10분의 1	**عشم** (아샴)	1.탐욕, 욕심 2.희망, 기대
عشق (아쉬까)	열정적으로 사랑하다	**عشا** (아샤)	밤눈이 어둡다, 야맹증이 있다
تعشق (타앗샤까)	사랑하다, 반하다	**أعشى** (아으샤)	야맹증을 일으키다
عشق (이슈끄)	사랑, 열애	**تعشى** (타앗샤)	저녁 먹다, 만찬을 갖다
عاشق (아-쉬끄)	1.사랑하는 2.연인, 애인	**عشاء** (아샤-)	1.만찬 2.아맹, 야맹증
عشيق (아쉬-끄)	1.사랑을 받는 2.연인, 애인	**عشوة** (아슈와)	1.어둠 2.초저녁 3.저녁식사
تعشيق (타으쉬-끄)	결합, 맞물림	**عشاوة** (아샤-와)	야맹증, 시력이 약한 것
معشوق (마으슈-끄)	남자 애인	**عشية** (아쉬-야)	늦은 저녁
معشوقة (마으슈-까)	여자 애인	**عصب** (아솨바)	1.접히다 2.동여매다

مُعتصِب (무으타식브)	파업을 하는, 파업자	تَعصّب (타앗솨바)	붕대로 감싸다
عَصَر (아솨라)	과즙을 짜내다, 압착하다	اِعتصب (이으타솨바)	파업하다
عاصَر (아 - 솨라)	…와 동시대 사람이다	عَصب (아솨브)	1.신경 2.힘줄, 건
تَعاصَر (타아 - 솨라)	같은 시대에 살다	عَصبيّة (아솨비 - 야)	1.신경과민 5.종파주의
اِعتصر (이으타솨라)	눈살을 찌푸리다	عُصبة (우스바)	1.일당, 패거리 2.연맹, 동맹
عَصر (아스르)	1.짜는 것 2.시대 3.한낮 시간대	عاصِب (아 - 싀브)	아버지쪽의 친척
عَصريّة (아스리 - 야)	1.현대성 2.현대적 사고방식	عِصابة (이솨 - 바)	1.도당, 악당 2.연맹
عَصير (아싀 - 르)	주스, 즙, 액	عَصيب (아싀 - 브)	1.어려운 2.뜨거운
إعصار (이으솨 - 르)	회오리바람, 태풍, 허리케인	تَعصّب (타앗수브)	1.열중, 열의 2.광신적인 것
مَعصَر (마으솨르)	기름공장	اِعتصاب (이으티솨 - 브)	파업, 노동쟁의
مَعصَرة (미으솨라)	프레스, 압착기	مُتعصِّب (무타앗식브)	광신적인, 열성분자

اعتصم (이으타쇠마)	1.피하다 2.고수하다	معاصر (무아 - 쇠르)	동시대의, 동연대의
اعتصام (이으티쇠 - 므)	1.집착, 고수 2.보호	معصرات (무으쇠라 - 트)	비구름
عصمة (이스마)	1.보호 2.결백 3.과오가 없음	عصف (아쇠파)	1.폭풍우가 일다 2.흥분하다
عصمة (우스마)	목걸이	عصفة (아쇠파)	돌풍, 폭풍
عاصمة (아 - 쇠마)	수도, 중심도시	عاصف (아 - 쇠프)	날씨가 사나운, 바람이 부는
معصوم (마으수 - 므)	1.신성불가침의 2.결함이 없는	عاصفة (아 - 쇠파)	사나운 바람, 강풍, 폭풍우
عصا (아쇠)	매로 때리다	عصفور (우스푸 - 르)	1.참새, 작은 새 2.멋쟁이
عصا (아쇠)	1.지팡이, 막대기 2.지팡이	عصفورة (우스푸 - 라)	나무 못, 나무쐐기
عصاية (아쇠 - 야)	막대기, 지팡이	عصفورية (우수푸리 - 야)	멋을 부리는 것
عصى (아쇠)	거역하다(부모에게)	عصم (아쇠마)	1.막다 2.보전하다
عاصى (아 - 쇠)	반란을 일으키다	أعصم (아으쇠)	단단히 묶다, 동이다

عضد (아다다)	돕다, 지원하다, 지지하다	**تعصّى** (타앗)	1.어려워지다 2.폭동을 일으키다
تعاضد (타아-다다)	서로 돕다, 협력하다	**عصيّ** (아쉬-유)	1.반란의 2.어려운
اعتضد (이으타다다)	원조를 바라다	**عصيان** (이시야-ㄴ)	1.거역, 반항 2.폭동
عضد (아드드)	협조, 원조, 지지, 도움	**عاصٍ** (아-쉰)	1.거역하는 2.반란자, 폭동자
عضد (아두드)	팔, 팔뚝	**معصية** (마으시야)	1.거역 2.죄, 과오
تعضيد (타으듸-드)	원조, 지지, 지원	**متعصٍّ** (무타앗신)	1.힘든, 어려운 2.불치의
تعاضد (타아-두드)	상호원조, 상호협력	**عضّ** (앗돠)	1.물어뜯다 2.달라붙다 3.집착하다
عضل (아딜라)	억세다	**انعضّ** (인앗돠)	물리다
عضل (아딸라)	방해하다	**عضّ** (앗드)	무는 것, 깨무는 것
عضل (아딸)	근육의, 튼튼한(근육이)	**عضاض** (앗돠-드)	무는, 물어 뜯는, 사나운
عضلة (아딸라)	근육, 힘줄	**معضوض** (마으두-드)	물린

إعطاب (이으따ー브)	못쓰게 만드는 것
معطب (마으따브)	여물통, 구유, 물통
معطب (무앗따브)	상한, 썩은
معطوب (마으뚜ー브)	상한, 썩은, 못쓰게 된
عطر (아뜨라)	향기를 풍기다
عطر (앗따라)	향기를 풍기다, 향수를 뿌리다
تعطر (타앗따라)	향기롭다, 향기로워지다
عطر (이뜨르)	1.향료, 향유 2.향수
عطريات (이뜨리야ー트)	향료, 화장품
عاطر (아ー띠르)	향기로운, 향긋한
عطورات (우뚜라ー트)	향수

عضال (우돠ーㄹ)	불치의, 고치기 힘든
معضل (무으딜)	1.어려운 2.할바를 모르는
معضلة (무으딜라)	어려움, 궁지, 딜레마
عضو (우드우)	1.일부분(신체의), 회원 2.기관
عضوية (우두위ー야)	회원자격, 회원의 신분
عطب (아띠바)	멸망하다, 사라지다
أعطب (아으따바)	손해를 입히다, 망쳐놓다
تعطب (타앗따바)	상하다, 못쓰게 되다
انعطب (인아따바)	소멸되다, 없어지다
اعتطب (이으타따바)	1.멸망하다 2.상하다, 썩다
عطب (아따브)	1.손해, 손상 2.파멸, 멸망, 파산

아인

معطر (무앗따르)	향기로운, 향수를 바른	**عطف** (앗따파)	1.접다 2.겹치다, 포개다
عطس (아땃싸)	재채기하다	**تعطف** (타앗따파)	1.동정하다 2.친절히 대하다
عطاس (우따-쓰)	재채기	**انعطف** (인아따파)	방향을 바꾸다(자동차)
عاطوس (아뚜-쓰)	코담배	**اعتطف** (이으타따)	외투를 입다
معطس (마으띠쓰)	후각	**استعطف** (이쓰타으따파)	1.탄원하다 2.달래다(마음을)
عطش (아띠샤)	1.목마르다 2.열망하다	**عطف** (아뜨프)	1.성향, 편향 2.동정, 애정
تعطش (타앗따샤)	1.목말라하다 2.갈망하다	**عطف** (이뜨프)	옆, 측면
عطاش (우따-슈)	심한 갈증, 갈증병	**عطفة** (아띠파)	정서, 공감, 동정, 친절
عطشان (아뜨샤-느)	목마른	**عطفة** (아뜨파)	1.전환(방향의) 2.골목, 뒷골목
تعطش (타앗뚜슈)	열망, 갈망	**عاطف** (아-띠프)	다정한, 친절한
عطف (아따파)	1.애착을 느끼다 2.동정하다	**عاطفية** (아띠피-야)	1.정서주의 2.다정다감

عطل (아딸)	실업	**عطاف** (아따-프)	외투
عطل (우뚤)	1.전혀 없는 2.고장, 파손	**عطوف** (우뚜-프)	사랑하는, 인자한
عطلة (우뜰라)	1.실업, 실직 2.여가 3.쉼, 휴식	**عطوفة** (아뚜-파)	자애, 정, 다정함
عطالة (아딸-라)	실업, 무직업, 실직	**تعاطف** (타아-뚜프)	동정
عطلان (우들라-느)	1.실업의 2.고장난	**انعطاف** (인이따-프)	1.경사 2.애착 3.전환
تعطيل (타으띠-ㄹ)	1.정회(회의를) 2.휴업	**معطف** (미으따프)	외투
تعطل (타앗뚤)	1.실업, 무직 2.고장, 파손	**متعاطف** (무타아-띄프)	동정어린, 농성하는
معطل (무앗딸)	1.고장난 2.실업의	**منعطف** (문아따프)	1.골목 2.굽이
متعطل (무타앗띨)	고장난, 작용하지 않는	**عطّل** (아띨라)	전혀 없다, 일자리가 없다
عطن (아따나)	담가서 부드럽게 하다	**عطل** (앗딸라)	1.정회하다(회의 등을) 2. 연기하다
عطن (아띠나)	썩다, 부식하다, 부패하다	**تعطل** (타앗딸라)	실업자가 되다, 고장나다

아인

إعطاء (이으따 -)	제공, 주는 것	عطن (아뜨느)	1.친가, 고향집 2.썩는
استعطاء (이쓰티으따 -)	구걸, 동냥	عطين (아띠 - 느)	썩은, 곰팡이 낀
معط (무으띠)	기증자, 주는 사람	تعطين (타으띠 - 느)	부드럽게 하는 것
معطاء (미으따 -)	너그러운, 후한	عطا (아따)	주다
معطيات (무으따야 - 트)	1.논거 2.통계자료	أعطى (아으따)	1.주다 2.갚다 3.수여하다
مستعط (무쓰타으띠)	1.빌어먹는 2.거지	تعطى (타앗따)	사무나 일을 보다 (은행 등에서)
عظم (아주마)	위대하다, 거대하다	تعاطى (타아 - 따)	1.수령하다 2.종사하다
عظم (앗좌마)	1.찬미하다 2.과장하다	استعطى (이쓰타으따)	적선을 구하다
أعظم (아으좌마)	과장하다, 중시하다	عطا (아따)	선물
تعظم (타앗좌마)	자랑하다, 자만하다	عطاء (아따 -)	1.주는 것 2.선물 3.입찰
عظم (아줌)	뼈, 골격, 유골	عطية (아띠 - 야)	선물

عفيف (아피-프)	1.순결한, 정숙한 2.미덕	**عظمة** (아좌마)	1.자존심 2.장엄 3.폐하
عفر (아파라)	더럽히다	**عظم** (이쫌)	1.위대함, 거대함 2.중요성
عافر (아-파라)	싸우다	**عظيم** (아쥐-ㅁ)	1.위대한 2.중대한, 웅대한
تعفر (타앗파라)	먼지가 끼다	**عظيمة** (아쥐-마)	큰 재난, 큰 불행
عفر (우프르)	맷돼지	**تعظيم** (타으쥐-ㅁ)	확대, 과장
عفار (우파-르)	먼지	**تعاظم** (타아-주므)	과시, 자랑
عفارة (앗파-라)	문부기	**معظم** (무으쫌)	1.대부분, 대다수
أعفر (아으파르)	뿌연	**عف** (앗파)	1.정숙하다 2.삼가다
تعفرت (타앗파라트)	1.흉악해지다 2.교활해지다	**تعفف** (타앗파파)	1.고매하다 2.순결하다
عفرتة (아프라타)	악마의 짓, 마법	**عفة** (잇파)	1.순결, 정숙 2.성실, 정직
عفريت (이프리-트)	1.도깨비 2.교활한 3.개구쟁이	**عفاف** (아파-프)	순결, 정숙, 순수

아 인

تعفّى (타앗파)	지워지다	عفريتة (이프리 - 타)	마귀할멈, 마녀
تعافى (타아 - 파)	회복되다, 완쾌되다	عفش (아파샤)	모으다, 축적하다(재산을)
استعفى (이쓰타으파)	1.용서를 구하다 2.사임하다	عفش (아프슈)	1.폐물 2.짐, 보따리
عفاء (아파 -)	1.먼지 2.멸망, 사멸	عفاشة (우파 - 샤)	쓰레기, 폐물
عافية (아 - 피야)	1.왕성한 건강 2.힘, 기력	عفن (아피나)	1.썩다 2.변질되다
عفو (아프우)	1.없애는 것(흔적을) 2.용서	عفونة (우푸 - 나)	부패, 변질, 썩음
عفو (아푸우)	용서해 주는, 인자한, 자애로운	تعفّن (타앗푼)	썩는 것, 부패, 변질
عفوية (아파위 - 야)	방임, 자연발생	معفّن (무아판)	썩은, 부패한, 상한
إعفاء (이으파 -)	1.면제 2.해방	عفا (아파)	1.지우다 2.용서하다
استعفاء (이쓰티으파 -)	1.용서를 바라는 것 2.사직	عافى (아 - 파)	1.회복하다(건강을) 2.해방시키다
معافاة (무아파 -)	1.회복 2.해방, 면제 3.취소	أعفى (아으파)	1.해방시키다 2.해고하다

اعتقب (이으타까바)	뒤따르다, 뒤를 밟다	**معافى** (무아 - 파)	1.건강한 2.해방된
عقب (아끼브)	1.발꿈치 2.아들, 후손, 3.결말	**عق** (앗까)	불효하다, 거역하다
عقب (우끄브)	1.끝, 종료 2.결말 3.나머지	**عق** (앗꼬)	불효의, 순종치 않는
عقبة (아까바)	1.장애, 장애물 난관 2.산길	**عاق** (앗 - 꼬)	1.불효하는 2.불효자식
عقبى (우끄바)	1.끝, 종료 2.결과, 결말	**عقوق** (우꾸 - 끄)	1.말을 듣지않는 2.애먹이는 것
عاقب (아 - 끼브)	총독, 지방장관	**عقيق** (아끼 - 끄)	협곡, 골짜기
عاقبة (아 - 끼바)	1.끝, 종료 2.결말	**عقب** (아까바)	1.뒤따르다 2.물려받다
عقاب (이까 - 브)	처벌, 벌	**عقب** (앗까바)	1.비난하다, 나무라다
عقوبة (우꾸 - 바)	1.처벌, 형벌 2.제재	**عاقب** (아 - 까바)	1.처벌하다 2.뒤따르다
تعقيب (타으끼 - 브)	1.추적 2.조사 3.비평 4.공소	**أعقب** (아으까바)	1.개혁하다 2.낳다(아이를)
تعقيبة (타으끼 - 바)	임질, 성병	**تعقب** (타앗까바)	1.추적하다 3.조사하다

عقد (우끄드)	1.목거리(가톨릭) 2.묵주	**تعقب** (타앗꾸브)	추적, 추격, 조사
عقدة (우끄다)	1.어려운 일 2.골치거리 3.망상	**تعاقب** (타아 - 꾸브)	1.연속, 계승 2.시간의 교체
عقود (우꾸 - 드)	계약서, 협정서, 합의서	**معقب** (무앗끼브)	해설자, 논평자
عقيد (아끼 - 드)	계약당사자, 계약자	**معاقبة** (무아 - 까바)	1.추궁 2.처벌 3.교대
عقيدة (아끼 - 다)	1.신념 2.교리 3.관념	**متعاقب** (무타아 - 끼브)	1.잇따른 2.번갈아하는
عقائد (아까 - 이드)	사상, 관념	**عقد** (아까다)	1.개회하다 2.계약하다
اعتقاد (이으티까 - 드)	1.확신 2.신념 3.생각	**عقد** (아끼다)	굳어지다, 단단해지다
تعقيد (타으끼 - 드)	복잡, 말려듦	**تعقد** (타앗까다)	1.굳어지다 2.복잡해지다
تعقيدات (타으끼다 - 트)	얽히고설킨 문제들	**تعاقد** (타아 - 까다)	계약을 체결하다
تعاقد (타아 - 꾸드)	협약, 협정, 합의	**انعقد** (인아까다)	1.소집되다 2.체결되다
انعقاد (인이까 - 드)	모임, 회기, 개회중(회의)	**عقد** (아끄드)	1.증서, 서류(서명한) 2.임대차계약

اعتقادات (이으티까다-트)	교리, 사상, 믿음	عاقر (아-끼르)	1.불임의 2.불모의
معقد (무앗까드)	1.뒤엉킨, 복잡한 2.어려운, 힘든	عقار (아까-르)	부동산, 소유지, 영지
معقود (마으꾸-드)	1.체결된 2.굳어진	عقار (앗까-르)	약, 약품, 약재
معتقد (무으타까드)	신앙, 신념, 신조, 견해	عقار (우까-르)	잔여재산
متعاقد (무타아-끼드)	1.계약한 2.계약자	عقارة (아까-라)	불임
عقر (아까라)	1.상처를 입히다 2.물어뜯다	عقيرة (아끼-라)	목소리
عقر (아꾸라)	임신을 못하다	معقر (마으까르)	무농산
عاقر (아-까라)	열중하다, 몰두하다, 빠지다	معقور (마으꾸-르)	물린, 물어뜯긴
أعقر (아으까라)	깜짝놀라게 하다, 아찔하게 하다	عقرب (아끄랍)	1.전갈 2.바늘(시계의)
عقر (우끄르)	1.꽃을 땀, 처녀를 능욕함 2.불임	عقارب (아까-리브)	재난, 불행
عقور (아꾸-르)	무는, 깨무는, 사나운	معقرب (무아끄라브)	구부러진, 꼬브라진

عقال (이까 - ㄹ)	1.쇠고랑 2.밧줄, 포승	**عقف** (아까파)	굽히다, 구부리다
عقول (아꾸 - ㄹ)	1.이해하는 2.설사를 멎게 하는	**عقف** (아끄프)	굽은 것, 굴곡
عقيلة (아낄 - 라)	1.여성 2.부인, 배우자	**معقفان** (무아까파 - 니)	1.괄호 2.따옴표, 인용표
تعقل (타앗꿀)	이해하는 것, 분별, 사려	**عقل** (아깔라)	속박하다, 변비를 일으키다 3.이해하다
اعتقال (이으티까 - ㄹ)	체포, 구금, 구류, 억류	**تعقل** (타앗깔라)	생각하다, 사색하다, 납득하다
معقول (마으꾸 - ㄹ)	1.합당한 2.당연한	**اعتقل** (이으타깔라)	강제수용하다, 구금하다
معقل (마으깔)	1.피난소, 은신처 2.지하엄폐호	**عقل** (아끌)	1.지능 2.지성 3.합리성
معقلة (마으깔라)	살인 사례금	**عقلية** (아끌리 - 야)	지적수준, 사고방식
معتقل (무으타깔)	1.강제수용소 2.억류된, 갇힌	**عقليون** (아끌리유 - 나)	합리주의자들
متعقل (무타앗낄)	똑똑한, 영리한, 이지적인	**عقلانية** (아끌라니 - 야)	합리성
عقم (아까마)	임신을 못하다	**عاقل** (아 - 낄)	1.이성적인 2.분별있는

عقم (앗까마)	1.불임케하다 2.살균하다	عكر (아카라)	흐리다, 혼탁하다
أعقم (아으까마)	불임케하다	تعكر (타앗카라)	1.혼탁해지다 2.악화되다(상황이)
تعقم (타앗까마)	1.임신 못하다 2.살균되다	عكر (아카르)	혼탁, 앙금, 침전물
عقم (아끔)	생식불능	عكر (아키르)	1.흐린, 탁한 2.불안한
عقيم (아끼-ㅁ)	1.불임의 2.쓸데없는	عكارة (아카-라)	앙금, 침전물, 퇴적물
تعقيم (타으끼-ㅁ)	1.피임 2.살균, 소독	معكر (무앗카르)	흐린, 탁한, 우울한
معقم (무앗낌)	1.소독기 2.살균제, 소독제	عكز (아카자)	기대다(지팡이에), 의지하다
معقم (무앗깜)	소독된, 살균된	تعكز (타앗카자)	기대다, 의지하다
عك (앗카)	무덥다, 찌는듯이 덥다	عكاز (웃카-즈)	지팡이, 목발
عكة (앗카)	무더운	عكس (아카싸)	1.뒤집다 2.반사하다, 비치다
عكيك (아키-크)	무더운, 찌는듯이 더운	عاكس (아-카싸)	1.반대하다 2.괴롭히다

아 인

عكاشة 거북함, 어색함	**تعاكس** 1.모순되다 2.반사되다
(아카 - 샤)	(타아 - 카써)
معكوش 헝클어진, 뒤엉킨	**انعكس** 1.뒤집어지다 2.반사되다
(마으쿠 - 슈)	(인아카써)
عكف 1.여념이 없다 2.은둔하다	**عكس** 1.뒤집는 것, 대조 2.반사
(아카파)	(아크쓰)
تعكف 1.은퇴하다	**عاكسة** 반사경, 반사체
(타앗카파) 2.은둔생활을 하다	(아 - 키싸)
انعكف 숨어서 살다, 은퇴하다	**عكيس** 어린가지, 새싹
(인아카파)	(아키 - 쓰)
اعتكف 1.바깥출입을 하지 않다	**انعكاس** 반사, 반영
(이으타카파) 2.전념하다	(인이카 - 쓰)
عاكف 1.열중하는 2.세상을 등진	**معاكسة** 1.반작용, 반대 2.투쟁
(아 - 키프)	(무아 - 카써)
معتكف 은둔생활을 하는	**معكوس** 1.반사된 2.상반되는
(무으타키프)	(마으쿠 - 쓰)
عكم 1.묶다 2.삼가다 3.저축하다	**متعاكس** 대조되는, 상반되는
(아카마)	(무타아 - 키쓰)
عكم 묶음, 뭉치, 꾸러미	**عكش** 엉클어지게 하다
(이큼)	(아카샤) (머리카락을)
عكام 낙타몰이꾼	**عكاشة** 1.거미집, 거미줄 2.거미
(앗카 - ㅁ)	(우카 - 샤)

معلول (마을루-ㄹ)	1.앓은 2.결함이 있는	**عل** (알라)	앓다, 병중에 있다
معتل (무으탈)	앓는, 몸이 약한	**علل** (알랄라)	1.원인을 밝히다 2.위로하다
علب (알라바)	소인을 찍다	**تعلل** (타알랄라)	1.위로하다 2.구실을 대다
علبة (울바)	1.우유통 2.작은 곽, 함 3.깡통	**اعتل** (이으탈라)	1.앓다, 병들다 2.변명을
تعليب (타을리-브)	통조림 생산	**علة** (알라)	첩, 내연의 처
معلب (무을라브)	1.통조림한 2.곽에 넣은	**علة** (일라)	1.병, 아픔 2.결함 3.원인 4.핑계
عالج (알-라자)	1.치료하다 2.문제를 해결하다	**علالة** (울라-라)	1.위로, 위안 2.나머지
اعتلج (이으탈라자)	1.싸우다 2.마음이 동요하다	**عليل** (알리-ㄹ)	1.앓은 2.결함이 있는
علج (일즈)	1.무신론자 2.시골뜨기	**تعلة** (타일라)	구실, 핑계, 미봉책
علاج (일라-즈)	1.치료 2.약, 치료약	**تعليل** (타을리-ㄹ)	1.원인을 밝히는 것 2.핑계
تعالج (타알-루즈)	치료, 의료행위	**معل** (무알르)	앓는, 건강하지 못한

معالجة (무알 - 라자)	1.치료 2.장려 3.가공	**تعلق** (타알라까)	1.매달다 2.관계하다
علف (알라파)	1.사료를 주다 2.살찌우다	**علق** (알라끄)	1.거머리 2.응고된 피 (의료용의)
انعلف (인알라파)	살찌다	**علقة** (알까)	때림, 매질, 구타
اعتلف (이으탈라파)	먹이를 먹다	**علق** (일끄)	1.귀중한 2.귀중품 3.협잡꾼
علف (알라프)	먹이, 여물	**علاقة** (알라 - 까)	1.애착 2.관계 3.간통 4.걸이
علاف (알라 - 프)	사료상인	**عليقة** (알리 - 까)	가축의 먹이
عليف (알리 - 프)	살찐	**عليقة** (울라이이까)	수풀, 덤풀, 관목
معلف (미울라프)	구유, 여물통	**أعلق** (아울라끄)	마음이 더 내키는
معلوف (마울루 - 프)	살찐, 기름진	**تعليق** (타울리 - 끄)	1.매달기 2.지연 3.주석
علق (알리까)	1.달라붙다 2.좋아하다 3.논평하다	**تعليقة** (타울리 - 까)	주석, 주해, 해석
أعلق (아울라까)	매달다, 거머리를 붙이다 (치료 목적으로)	**تعلق** (타알루끄)	1.접착 2.애착 3.관계

معلق (무알리끄)	해설자, 평론가	**علم** (알라마)	1.가르치다 2.훈련하다
معلق (무알라끄)	1.매달린 2.해결 못한 3.의존된	**أعلم** (아을라마)	1.알리다 2.공포하다
معلقة (마울라까)	숟가락, 티스푼	**تعلم** (타알라마)	1.배우다 2.교육을 받다
معلقة (무알라까)	현수막, 플랑카드, 포스터	**تعالم** (타알-라마)	학자티를 내다
معلاق (미으라-끄)	동물의 내장, 혀	**استعلم** (이쓰타을라마)	알아보다, 조회하다
متعلق (무타알리끄)	1.관계되는 2.의존하는	**علم** (알람)	1.기, 국기 2.간판
علك (알라카)	씹다(말이 자갈을), 자꾸 씹다	**علم** (일므)	1.지식 2.학식 3.인식, 지각
علك (일크)	1.껌 2.유향수(식물)	**علماني** (알마니-)	1.평신도 2.아마추어, 문외한
علك (알크)	잡담, 객담, 수다	**عالم** (알-람)	세계, 우주, 세상
علكة (일카)	껌	**عالمية** (알라미-야)	1.세계주의 2.세속성
علم (알리마)	1.알다 2.오관으로 지각하다	**عالم** (알-리므)	1.석학 2.과학자 3.이슬람 학자

아인

مَعلَم (마을람)	1.자국 2.푯말 3.용모, 인상	عَلّام (알라 - 므)	1.해박한, …에 정통한 2.학자
مُعلِّم (무알림)	1.선생, 교원, 교사 2.가르치는	عَلّامة (알라 - 마)	1.표식, 기호 2.상표 3.저명한 학자
مُعلِّمة (무알리마)	여교사	عَليم (알리 - 므)	1.박식한 2.현명한 3.전지전능한
مَعلَمة (마을라마)	백과사전	عُلَماء (울라마 -)	학자들
مَعلُومات (마을루 - 마트)	지식, 인식, 지각	أَعلُومة (아을루 - 마)	팻말, 이정표 2.표시, 기호
مُتَعلِّم (무타알림)	1.교양있는 2.배운 사람	إِعلام (이을라 - 므)	알림, 통지, 통보 기별, 보도
عَلَن (알라나)	명백하다, 뚜렷하다	تَعليم (타을리 - 므)	1.강의 2.교육, 훈련 3.안내
أَعلَن (아을라나)	1.공포하다 2.통지하다 3.광고하다	تَعليمات (타을리마 - 트)	지시, 교시
عَلَنى (알라니)	공개적인, 노골적인	تَعلُّم (타알룸)	배우는 것, 공부하는 것
عَلَنِية (알라니 - 야)	공개적인 것	اِستِعلام (이쓰티을라 - 므)	문의, 조회 알아보는 것
عَلانِية (알라니 - 야)	노골적이고 공개적인 것	اِستِعلامات (이쓰티을라마 - 트)	정보, 안내

إعلان (이을라-ㄴ)	1.공표 2.간행 3.광고 4.선전	**عليا** (울야)	높은 곳
علا (알라)	1.높아지다 2.오르다	**علية** (울리-야)	다락방
أعلى (아을라)	1.위로 올리다 2.승진시키다	**علية** (일야)	상류층, 걸출한 민족
تعالى (타알-라)	높아지다, 올라가다	**علياء** (알야-)	하늘
اعتلى (이으탈라)	1.오르다 2.왕자에 오르다	**عليون** (일리윤-ㄴ)	1.가장 위에 있는 하늘 2.상류층
عال (알-린)	1.높은 2.저명한	**استعلاء** (이쓰티을라-)	1.우월, 우세 2.거만, 교만
علاء (알라-)	1.고도 2.높은 위치	**إعلاء** (이을라-)	올리기, 높임, 들어올림
علوي (알라위-)	1.천상의 2.위쪽의	**تعال** (타알-린)	1.높이, 고도 2.거만, 교만
علوي (울루위-)	하늘의, 신성한	**تعلية** (타을리야)	향상, 높임
علاوة (알라-와)	증가, 첨가, 첨부, 추가	**معلاة** (마을라-)	1.명예 2.공로 3.존엄
على (알라)	1.…위에 2.…에 반대하여	**متعال** (무타알-린)	1.높은 2.숭고한

아인

تعميم (타미 - ㅁ)	1.일반화, 보편화 2.전파	عم (암마)	1.일반화되다 2.포함하다
معمم (무암맘)	모자를 쓴, 머리에 수건을 감은	عمم (암마마)	1.일반화하다 2.모자를 씌우다
عمد (아마다)	1.의지하다 2.결심하다	تعمم (타암마마)	모자를 쓰다, 대중화되다
عمد (암마다)	세례를 주다, 기독교인으로 만들다	اعتم (이으탐마)	머리수건을 쓰다
أعمد (아으마다)	지지하다, 받치다, 버티다	عم (암므)	1.삼촌, 큰 아버지 2.아저씨
تعمد (타암마다)	1.의도하다 2.세례를 받다	عمة (암마)	고모
اعتمد (이으타마다)	1.의존하다 2.빌려주다 3.신임하다	عام (암 - 므)	일반적인, 공동의, 사회적인
عمد (암드)	1.버티는, 지지하는 2.의지, 목적	عامة (암 - 마)	1.전체의, 일반의 2.대중, 평민
عمدة (움다)	1.버팀, 지주 2.기초, 토대 3.촌장	عمامة (이마 - 마)	머리에 두르는 것, 모자
عماد (이마 - 드)	1.세례 2.버팀대, 지주, 기둥	عموم (우무 - ㅁ)	널리 행해짐, 유행
عمود (아무 - 드)	1.기둥 2.신문의 난 3.주요부분	عميم (아미 - ㅁ)	일반적인, 널리 유행하는

عمر (우므르)	1.생명, 일생 2.생활 3.나이, 연령
عمرة (아므라)	1.모자, 터반 2.수리, 수선
عمرة (우므라)	메카 소순례
عامر (아-미르)	1.인구가 조밀한 2.사람이 살고
عمارة (이마-라)	1.빌딩, 건물 2.부동산
عمار (우마-르)	1.개간지 2.건설 3.문화
عمران (우므라-ㄴ)	1.빌딩 2.문명 3.번영
تعمير (타으미-르)	1.건축 2.재건 3.개간
استعمار (이쓰티으마-르)	1.식민화 2.제국주의
استعمارية (이쓰티마리-야)	제국주의, 식민주의
معمر (무암마르)	1.선배 2.오래사는, 다년생의

عميد (아미-드)	1.장, 책임자 2.교장 3.고등판무관
تعميد (타으미-드)	세례, 세례주는 것
تعمد (타암무드)	고의적인 것
اعتماد (이으티마-드)	1.믿음 2.허가 3.대부, 대여
معتمد (무의타마드)	1.믿을 만한 3.대표, 특사 4.위임된
عمر (아마라)	1.번창하다 2.살다 3.건설하다
أعمر (아으마라)	1.거주시키다, 살게하다
تعمر (타암마라)	번영하다, 장수하다, 오래 살다
اعتمر (이으타마라)	1.방문하다 2.소순례를 하다
استعمر (이쓰타으마라)	1.이주시키다 2.식민지로 만들다
عمر (아마르)	여성의 머리수건, 스카프

아인

معمار (미으마 - 르)	건축가, 석수	عمل (아말)	1.행위, 행동 2.일, 업무, 사업
معمور (마으무 - 르)	인구가 조밀한, 개간된	عملية (아말리 - 야)	1.외과수술 2.군사행동
مستعمرة (무쓰타으마라)	식민지, 정착지	عمليات (아말리야 - 트)	실제문제, 실질적 문제
عمق (아무까)	깊다, 심원하다	عملة (우믈라)	1.임금, 노임 2.화폐, 돈
أعمق (아으마까)	깊게 하다	عامل (아 - 밀)	1.근로자, 노동자 2.요인, 요소
تعمق (타암마까)	1.깊이 파고들다 2.심화되다	عمالة (이말 - 라)	1.도, 군, 면 2.임금, 급료
عمق (우므끄)	1.깊이, 깊음 2.밑바닥	عمالة (우말 - 라)	월급, 봉급, 노임
عميق (아미 - 끄)	깊은, 심오한, 심원한	عمولة (우물 - 라)	1.거간, 중개 2.위임, 위탁
عمل (아밀라)	1.만들다 2.실행하다	عميل (아미 - 르)	1.대표, 대리인 2.고객, 단골손님
عامل (아 - 말라)	1.다루다 2.행동하다 3.교역하다	تعمل (타암물)	매너리즘, …체 함, 가상적인 것
استعمل (이쓰타으말라)	1.이용하다 2.기계를 돌리다	تعامل (타아 - 물)	상거래, 무역관계, 취급, 거래

아인

استعمال (이쓰티으마 - ㄹ)	1.사용, 실행 2.고용	**تعامى** (타아 - 마)	1…인체하다 2.묵과하다
معمل (마으말)	1.공장, 제조소 2.연구실, 실험실	**عماية** (아마 - 야)	시력상실
معمول (마으무 - ㄹ)	1.만들어진 2.완성된	**عماوة** (아마 - 와)	1.비구름 2.맹목적인 것 3.혼돈
معاملة (무아 - 말라)	교역, 상호관계, 사교, 사회생활	**عميان** (아므야 - ㄴ)	장님, 소경
مستعمل (무쓰타으밀)	사용자	**عمية** (아미 - 야)	문맹, 무식, 무지몽매
مستعمل (무쓰타으말)	1.고용된 2.중고의	**أعمى** (아으마)	1.눈이 먼 2.장님, 소경
عملاق (이믈라 - ㄲ)	1.거인 2.귀골이 장대한	**تعمية** (타으미야)	눈속임, 번징, 위장
عمان (우마 - ㄴ)	오만	**معمى** (무암마)	1.수수께끼 2.골치거리
عمان (암마 - ㄴ)	요르단의 수도	**عن** (안)	1…을 위하여 2…로부터 3…에 대하여
عمى (아미야)	1.장님이 되다 2.모호하다	**عن** (안나)	1.나타나다, 출현하다 2.나타나다
تعمى (타암마)	장님이 되다, 소경이 되다	**عناء** (이나 -)	고삐, 굴레

أَعْنَتَ (아으나타)	괴롭히다, 애먹이다	عَنَان (아나 - ㄴ)	구름
تَعْنَتَ (타안나타)	1.난처하게 하다 2.트집잡다	عَنَانة (이나 - 나)	1.무기력 2.발기불능
عَنَت (아나트)	1.악의 2.박해 3.고난 4.트집	عَنِينة (아니 - 나)	1.무능력 2.생식불능
إِعْنَات (이으나 - 트)	1.강제, 강압 2.구속	عَنَّبَ (안나바)	포도가 맺히다
تَعَنُّت (타안누트)	1.고집, 억지 2.트집	عِنَب (이나브)	포도
مُتَعَنِّت (무타안니트)	1.완고한 2.트집잡기 좋아하는	عُنَّاب (운나 - 브)	종려나무 열매
عَنْتَرَ (안타라)	용감하다, 영웅적 자질을 보이다	عُنَّابة (운나 - 바)	종려나무
عَنْتَرة (안타라)	용감성, 대담성	عَنْبَر (안바르)	1.향유고래 3.가게, 상점 4.기숙사
عَنَدَ (아나다)	1.벗어나다 2.완고하다 3.집요하다	عَنْبَرة (안바라)	한겨울
عِنْدَ (인다)	1… …에서 2…때에 3……할 때	عَنِتَ (아니타)	어려움을 겪다
عِنْدِيَّات (인디야 - 트)	자기멋대로의 판단, 주관주의	عَنَّتَ (안나타)	억지로 …을 시키다

عنيد (아니-드)	1.완고한 2.고집이 센
تعند (타안누드)	1.고집, 완고성 2.독단
معاند (무아-니드)	완고한, 고집이 센
معاندة (무아-나다)	1.반대, 저항 2.완고 3.독단적인
عندلة (안달라)	나이팅게일의 노래, 지저귐
عندليب (안달리-브)	꾀꼴새, 나이팅게일
عنس (아니싸)	노처녀로 남아있다
عانس (아-니싸)	노처녀, 늙은 처녀
عانسة (아-니싸)	노처녀
عنصر (운수르)	1.기원 2.인종 3.구성요소
عنصرية (운수리-야)	민족, 국적
عنصرة (안솨라)	오순절, 성신강림절
عنعبات (안아바-트)	전설, 전통
عنف (아누파)	엄격히 하다, 날카롭게 하다
أعنف (아으나파)	1.비난하다 2.거칠게 대하다
عنف (안프)	엄격, 가혹, 엄함, 격렬
عنيف (아니-프)	1.가혹한 2.완강한
عنفة (운파)	다시, 다시금, 또
عنفوان (운프와-ㄴ)	전성기, 청춘시대
تعنيف (타우니-프)	질책, 신랄한 비난
معتنف (무으타니프)	간접적인, 이차적인
عنق (안나까)	…의 목덜미를 잡다

عانق (아 - 나까)	1.포옹하다 2…을 사모하다	**عنا** (아나)	1.복종하다 2.탈취하다, 점령하다
تعانق (타아 - 나까)	서로 포옹하다, 얼싸안다	**عنوة** (안와)	강제, 폭력
اعتنق (이으타나까)	1.서로 껴안다 2.받아들이다(종교)	**عنون** (안와나)	1.주소를 쓰다 2.제목을 달다
عنق (우느끄)	목, 목덜미	**عنوان** (우느와 - ㄴ)	1.주소 2.제목 3.기호
عناق (이나 - 끄)	포옹	**عنى** (아나)	1.의미하다 2.보살피다 3.관심을 가지다
أعنق (아으나끄)	목이 긴	**عنى** (아니야)	1.수고하다 2.염려하다
اعتناق (이으티나 - 끄)	종교나 이념을 받아들임	**تعنى** (타안나)	수고하다, 염려하다
معانقة (무아 - 나까)	포옹	**اعتنى** (이으타나)	1.주의하다 2.돌보다 3.걱정하다
عنكبوت (안카부 - 트)	거미	**استعنى** (이쓰타으나)	주의를 환기시키다
عنم (안나마)	손톱에 빨간 물을 들이다	**عناء** (아나 -)	1.고생 2.피로 3.불안, 걱정
تعنيم (타으니 - ㅁ)	손톱에 물들이기	**عناية** (이나 - 야)	1.보살핌 2.간호, 시중

تعنية (타으니야)	고통, 아픔, 괴로움
اعتناء (이으티나 -)	1.근심 2.간호 3.관심
معنى (마으나)	1.의미, 뜻, 생각 2.감각
معنوي (마으나위)	1.뜻있는 2.의미상의 3.정신적인
معنوية (마으나위 - 야)	정신, 정신상태
معنويات (마으나위야 - 트)	군인정신, 군인의 사기
معاناة (무아나 - 트)	1.난관 2.노력하는 것
عهد (아히다)	1.지키다 2.약속하다 3.위임하다
عاهد (아 - 하다)	1.계약하다 2.맺다(동맹을)
تعهد (타아흐하다)	1.보증하다 2.옹호하다
تعاهد (타아 - 하다)	서로 약속을 하다, 합의를 하다
استعهد (이쓰타으하다)	생명보험을 계약하다
عهد (아흐드)	1.이행 2.우호관계 3.계약
عهدة (우흐다)	1.책임, 의무 2.보증, 신용 3.약함
عهدئذ (아흐다이딘)	그 시대에, 그 때에
عهود (우후 - 드)	1.책임 2.서약 3.계약
عهيد (아히 - 드)	1.동맹자, 동맹국 2.고대의
تعهد (타아흐후드)	1.계약, 협약 2.약속, 보증
تعاهد (타아 - 후드)	조약, 협정
استعهاد (이쓰티으하 - 드)	보험, 보증
معهد (마으하드)	1.연구소 2.학회, 협회
معهود (마으후 - 드)	알려진, 유명한

معاهدة 1.협정 2.계약 3.동맹 (무아 - 하다)	**تعوج** 구부러지다, 굴곡하다 (타우와자)
متعهد 계약자, 청부인 (무타아흐하드)	**عاج** 코끼리의 상아 (아 - 즈)
متعاهد 계약당사자, 계약측 (무타아 - 히드)	**عوج** 1.휜 것, 굴곡 2.부정확성 (이와즈)
عهر 1.간통하다 (아하라) 2.매춘부와 관계하다	**عواجة** 불구자, 병신 (아우와 - 자)
عهر 1.간음, 간통 2.매춘, 매음 (아흐르)	**أعوج** 1.구부러진, 휜 2.꼽추의 (아으와즈)
عاهر 간부, 간통자 (아 - 히르)	**معوج** 구부러진, 휜 (무아우와즈)
عاهرة 매춘부, 매음부, 창부 (아 - 히라)	**عاد** 돌아오다, (아 - 다) 이자가 발생하다
عهارة 간통, 간음 (아하 - 라)	**عيد** 1.명절을 맞다 (아이야다) 2.명절을 축하하다
عاهل 황제, 통치자, (아 - 힐) 군주, 왕자	**أعاد** 1.돌려주다 2.반복하다 (아아 - 다)
عاج 1.길이 갈라지다 (아 - 자) 2.지나가다	**تعود** 익숙케하다, 습관들이다 (타우와다)
أعوج 구부러지다, 굴곡하다 (아으와자)	**اعتاد** 1.습관되다 2.버릇되다 (이으타 - 다)

اعتياد (이으티야 - 드)	습관, 습성, 버릇	**استعاد** (이쓰티아 - 다)	1.소환하다 2.되살리다
استعادة (이쓰티아 - 다)	회복, 복구, 재생	**عادة** (아 - 다)	1.습관, 버릇, 풍습 2.월경, 생리
معاد (마아 - 드)	1.행선지 2.저승 3.돌아가는 것	**عائد** (아 - 이드)	1.돌아오는 2.반복, 되풀이
معيد (무이 - 드)	조교, 개인교사, 대학조교	**عائدة** (아 - 이다)	이익, 수익, 이윤, 이득
متعود (무타아우위드)	습관의, 습관이 된, 길든	**عائدات** (아이다 - 트)	총수입, 소득총액
عاذ (아 - 자)	1.보호를 요구하다 2.피난하다	**عودة** (아우다)	1.돌아오는 것 2.회복 3.반복
عوذ (아우와자)	1.보호하다 2.주문을 외우다	**عود** (우 - 드)	1.막대기 2.체격 3.힘, 세기
استعاذ (이쓰티아 - 자)	보호하다	**عيادة** (이야 - 다)	환자방문, 의사의 왕진
عياذ (이야 - 즈)	피난, 보호, 구원	**عيادات** (이야다 - 드)	진료소, 진찰실
تعويذ (타으위 - 즈)	주문을 외우는 것, 주문	**إعادة** (이아 - 다)	1.반복 2.재생, 회복
تعويذة (타으위 - 자)	1.주문, 마력 2.보호, 부적	**تعود** (타아우와드)	습관

إعارة 빌려주기, 대여, 대출
(이아 - 라)

معاذ 구원, 피난, 피난처, 수용소
(마아 - 즈)

تعاور 교대, 교체, 변화, 변동
(타아 - 우르)

عار 1.죽이다 2.외눈이 되다
(아 - 라)

استعار 1.빌리는 것 2.은유, 은유법
(이쓰티아 - 라)

عور 1.한쪽 눈을 빼다 2.상처를 입히다
(아우와라)

مستعار 1.빌린 2.그릇된 가짜의
(무쓰타아 - 르)

أعار 1.빌려주다, 대부하다 2.주위를 돌다
(아아 - 라)

مستعير 빌린 사람, 채무자
(무쓰타이 - 르)

تعور 1.병신이 되다
(타아우와라)

عاز 1.가난하다 2.요구하다
(아 - 자)

عار 벌거벗은, 나체의
(아 - 린)

عائز 1.요구하는 2.가난한, 빈곤한
(아 - 이즈)

عارية 1.빌린 물건 2.이자없는 대여
(아 - 리야)

عازة 1.부족, 결핍 2.가난, 빈궁
(아 - 자)

عارة 대부, 대출, 대여
(아 - 라)

عوز 필요, 소용, 부족, 요구
(아와즈)

عورة 1.결함 2.약점 3.생식기, 외음부
(아우라)

عوز 가난한, 빈곤한, 궁핍한
(아위즈)

عيرة 1.가공의, 인공의 2.의치 3.가발
(이 - 라)

أعوز 가난한, 궁핍한, 빈곤한
(아우와즈)

أعور 1.애꾸는 2.애꾸눈의
(아우와르)

عوض (이와드)	1.대체 2.배상 3.보답 4.동등한	إعواز (이으와 - 즈)	1.필요 2.가난, 빈곤
تعويض (타으위 - 드)	1.보상, 배상 2.교체, 대치	معوز (무으위즈)	가난한, 궁핍한
تعويضات (타으위돠 - 트)	1.동등한 2.보답	معتوز (무으타위즈)	필요, 소용, 부족
اعتياض (이으티아 - 드)	교체, 대리, 대신	عوص (아위싸)	이해가 난해하다
استعاضة (이쓰티아 - 돠)	대체, 교체, 교환	اعتوص (이으타와싸)	1.일이 엉키다 2.분명하다(말이)
عاق (아 - 까)	1.미루다 2.방해하다, 훼방하다	عويص (아위 - 스)	1.난해한, 불명료한 2.엉킨, 혼란된
أعاق (아아 - 까)	1.연기하다 2.훼빙하다	اعتياص (이으티야 - 스)	불명확, 이해되지 않는 것
تعوق (타으와까)	1.지연되다 2.곤란해지다	عاض (아 - 돠)	1.환불하다 2.보상하다
اعتاق (이으타 - 까)	1.미루다 2.방해하다	عوض (아우와돠)	1.지불하다 2.표창하다
عاقة (아 - 까)	1.방해, 훼방 2.지체, 지연	أعاض (아아 - 돠)	1.갚다 2.대신하다
عائق (아 - 이끄)	장애, 방해, 훼방	تعوض (타아우와돠)	1.보상하다 2.보수를 받다

عائل (아 – 일)	1.가난한 2.지지자, 후원자	**عائقة** (아 – 이까)	장애물, 방해물
عائلة (아 – 일라)	가정, 가족	**عايقة** (아 – 야까)	포주, 창녀
عول (아울)	1.부정, 불의 2.부양 3.부양자	**عوق** (아우끄)	1.지연, 지체, 연기 2.방해, 장해, 훼방
عول (이왈)	신뢰, 의지, 신임	**عياق** (우이야 – 끄)	멋쟁이
عويل (아위 – ㄹ)	1.비탄 2.식객 3.기생동물	**عياقة** (이야 – 까)	멋을 피우는 것
عيل (아이일)	1.가족, 부양, 가족 2.어린아이	**إعاقة** (이아 – 까)	1.지연, 지체 2.방해, 장해
عيال (이야 – ㄹ)	부양가족, 식객	**عال** (알 – 라)	많은 식솔을 거느리다
إعالة (이알 – 라)	1.부양, 양육 2.지탱, 떠받침	**عول** (아울왈라)	1.애도하다 2.결심하다, 마음먹다
تعويل (타으위 – ㄹ)	의거, 의존	**أعول** (아으왈라)	애도하다, 슬퍼하다, 울다
معول (무아우왈)	희망, 기대	**أعال** (아알 – 라)	1.먹여 살리다 2.버티다
معول (무아윌)	결심한, 단호한	**عالة** (알 – 라)	1.우산, 양산 2.짐, 장애물

عانة 음모(털) (아 - 나)	**مَعيل** 가족의 부양자, 양육자 (무이 - ㄹ)
عون 1.협조, 조력 (아운) 2.구원, 구조 3.협력자	**عام** 1.헤엄치다 (아 - 마) 2.뜨다, 떠나다
عونة 강제노동, 무보수노동, (아우나) 근로봉사	**عاوم** 일년간 고용하다 (아 - 와마)
عوان 1.중년의 나이 2.중간의 (아와 - ㄴ)	**عام** 해, 년, 연도 (아 - ㅁ)
إعانة 1.협조 2.보조금, 지원금 (이아 - 나)	**عامة** 평민, 서민 (암 - 마)
تعاون 협력, 협조, 협동 (타아 - 우느)	**معاومة** 연간 계약 (무아 - 와마)
تعاونية 협력성신, 협동징신 (타아우니 - 야)	**عون** 돕다, 조력하다, (아우와나) 지원하다
استعانة 1.도움요청 2.사용 (이쓰티아 - 나)	**عاون** 1.원조하다 2.구원하다 (아 - 와나)
معونة 도움, 원조, 조력, 지지 (마우 - 나)	**أعان** 1.해방하다 2.협조하다 (아나 - 나) 3.구원하다
معاون 협력자, 지지자, 조수 (무아 - 위느)	**تعاون** 서로돕다, 협력하다 (타아 - 와나)
معاونة 도움, 원조, 조력, 지지 (무아 - 와나)	**استعان** 도움을 청하다, (이쓰티아 - 나) 도움을 호소하다

عار (아 - 르)	부끄럼, 수치, 창피, 불명예	معاونية (무아워니 - 야)	경찰서
عير (이 - 르)	사막의 대상, 카라반	معين (무이 - 느)	협력자, 조수, 지원자
عيرة (이 - 라)	1.위조품 허위 2.떨어진	عوه (아우와하)	사람을 불구로 만들다
عيار (이야 - 르)	1.표준규격 2.금이나 은의 순도	عاهة (아 - 하)	병, 질환 3.불구, 흠집
عيار (아이야 - 르)	1.방랑자, 부랑자 2.교활한	عاب (아 - 바)	1.비난하다 2.비웃다, 놀리다
معاير (마아 - 이르)	1.결함, 흠집, 오점 2.나쁜 버릇	عيب (아입)	1.허물 2.약점, 흠 3.부끄럼
معيار (미으야 - 르)	표준, 기준, 수준	عيبة (아이바)	1.결함, 흠집 3.모욕, 모독
عاش (아 - 샤)	1.살다, 생존하다 2.먹고 살다	معابة (마아 - 바)	흠집, 결함, 허물, 오점
تعيش (타아이야샤)	생계를 꾸려가다	معيب (무이 - 브)	수치스러운, 불명예스러운
تعايش (타아 - 야샤)	함께 살다, 함께 살다	عير (아 - 라)	헤매다, 돌아다니다, 방랑하다
عيش (아이슈)	1.생활, 생존 2.빵, 먹을 것	عير (아이야라)	1.비난하다 2.학대하다

عال (알 - 라)	가난하다, 빈곤하다	**عائش** (아 - 이슈)	사는, 살아 있는
أعيل (아으알라)	많은 식구를 가지다	**إعاشة** (이아 - 샤)	음식, 자양분, 먹을 것
عالة (알 - 라)	1.부양가족 2.짐, 부담	**تعايش** (타아 - 유슈)	공존, 병립
عائل (아 - 일)	1.가난한 2.가난한 사람	**معاش** (마아 - 슈)	1.생계 2.노임, 봉급 3.연금
عائلة (아 - 일라)	가족, 가정	**معيشة** (마이 - 샤)	1.생활 2.생계 3.양육, 부양
عيالة (이얄 - 라)	부양, 양육	**معايشة** (무아 - 야샤)	공생, 공존
معيل (무이 - ㄹ)	가장, 세대주, 부양자	**عاف** (아 - 파)	1.혐오하다 2.예언하다
عين (아이야나)	1.상술하다 3.임명하다	**عيف** (아이프)	싫증, 혐오, 증오
عاين (아 - 야나)	1.보다 2.조사하다	**عياف** (아이야 - 프)	점쟁이, 예언자
أعان (아아 - 나)	돕다, 지원하다	**عيوف** (아유 - 프)	오만한, 거만한
تعين (타아이야나)	1.임명되다 2.기대하다	**عيفان** (아아피 - ㄴ)	싫증, 혐오, 증오

عين   1.눈 2.작은 구멍
(아인)   3.경화, 금화

عينة   견본, 샘플
(아이이나)

عينة   작은 구멍, 작은 눈
(우아이나)

أعيان   고관, 귀족, 양반
(아으야 - ㄴ)

تعيين   1.임명 2.상술 3.할당
(타으이 - ㄴ)

معين   샘물
(마이 - ㄴ)

معاين   1.구경꾼 2.감사원
(무아 - 이느)

معاينة   1.목격 2.관찰 3.검사
(무아 - 야나)

(가인 : الغين)

아랍어	발음	뜻
غار	(가 - 르)	월계수
غاز	(가 - 즈)	1.가스, 기체 2.석유
غب	(갑바)	주기적으로 방문하다
أغب	(아갑바)	재발하다, 되풀이되다
تغيب	(타가이야바)	결과를 기다리다
غب	(깁브)	1.결과, 결말 2.주기적 방문
غب	(굽브)	작은 만(해안의), 작은 항구
غبي	(가비 브)	상한, 신선하지 않는
مغبة	(마갑바)	결과, 결말
غبر	(가바라)	1.경과하다 2.재빛으로 되다
اغبر	(이그바르라)	재빛나다, 회색빛나다
تغبر	(타갑바라)	먼지투성이가 되다
غبرة	(가바라)	먼지, 우주진운
غبرة	(구브라)	먼지 색, 회색, 재빛, 흙색
غبر	(기브르)	증오, 원한
غابر	(가 - 비르)	1.과거의, 지난 2.과거
غبار	(구바 - 르)	1.먼지, 재, 티끌 2.꽃가루
إغبار	(이그바 - 르)	원한, 증오
مغبر	(무갑바르)	먼지가 낀, 먼지투성이의
غبس	(가바싸)	어두워지다, 캄캄하다
غبس	(가브쓰)	어둠, 암흑

571

مغتبط 1.기쁜, 즐거운 2.만족한 (무그타비뜨)	**غبش** 어두워지다, 흐려지다 (가비샤)
غبن 1.속이다, 기만하다 (가바나) 2.유린하다	**تغبش** 1.흐려지다 2.기만당하다 (타갑바샤)
تغابن 서로 속이다 (타가-바나)	**غبش** 1.어둠(새벽의) (가바슈) 2.땅거미, 황혼
غبن 1.사기 2.모욕 3.인권모독 (가븐)	**غبش** 어두운 (밤이), 불투명한 (가비슈)
غبنة 주름, 주름살 (가브나)	**غباشة** 1.불투명 2.시력약화 (가바-샤)
غبانة 우둔함, 어리석음 (가바-나)	**مغبش** 어두운, 컴컴한 (무갑바슈)
غبينة 기만, 사기, 거짓 (가비-나)	**غبط** 부러워하다, 질투하다 (가바따)
تغابن 서로 속이는 것 (타가-분)	**اغتبط** 1.기뻐날뛰다 (이그타바따) 2.의기양양하다
غبى 1.알려지지 않다 (가비야) 2.우둔하다	**غبطة** 행복, 만족, 큰 기쁨 (기브따)
غبى 기절하다, 의식을 잃다 (구비야)	**اغتباط** 1.기쁨, 환희 2.유쾌 (이그티바-뜨)
تغبى 바보로 인정하다 (타갑바)	**مغبوط** 1.행복한 (마그부-뜨)2.성인으로 추앙된

تغابى 1.알지 못하다 2.바보짓을 하다
(타가 - 바)

غباوة 1.무지 2.어리석음, 우둔
(가바 - 와)

غبى 1.무지한 2.바보, 얼간이
(가비이)

أغبى 바보, 얼간이, 정신박약자
(아그바)

غث 1.야위다 2.상처가 곪다
(갓싸)

غث 1.야윈 2.빈약한, 부족한
(갓쓰)

غثاثة 야윈 것, 여윈 것
(가싸 - 싸)

غثيث 1.야윈 2.빈약한 3.고름
(가씨 - 쓰)

غثى 1.혼돈되다 2.구역질나다
(가싸)

غثاء 물에 떠있는 찌꺼기
(구싸 -)

غثيان 메스꺼움, 구역질, 멀미
(가싸야 - ㄴ)

غجر 꾸짖다, 욕설을 퍼붓다
(갓자라)

غجرى 1.집시, 방랑자 2.집시의
(가자리 -)

تغجير 욕설, 책망
(타그지 - 르)

غدر 1.배반하다 2.포기하다
(가다라)

غادر 떠나다, 출발하다
(가 - 다라)

أغدر 비가 억수로 오다
(아그다르)

انغدر 속다, 기만당하다
(인가다라)

غدر 배신, 변절, 반역, 배반
(가드르)

غدار 배신자, 배반자, 변절자
(갓다 - 르)

غدور 배신적인, 반역적인
(가두 - 르)

غدير 1.연못, 늪 2.시내, 개울
(가디 - 르)

اغتدى (이그타다)	1.아침에 떠나다 2…이 되다	مغادرة (무가 - 다라)	출발, 떠남
غد (가두)	내일	غدف (가다프)	풍부한 것, 풍족, 풍부
غداء (가다 -)	아침밥, 아침식사	غداف (구다 - 프)	갈가마귀
غادية (가 - 디야)	아침구름	غدفة (구드파)	머리수건 (여성의), 터번
غدوة (가드와)	점심식사	غدق (가디까)	비가 억수로 오다
غدوة (구드와)	이른 아침	غدق (가디끄)	1.풍부한(비, 물이) 2.기름진(땅이)
غذا (가자)	먹이다, 자양분을 주다	غدا (가다)	1.아침에 가다 2…이 되다 3.떠나다
غذى (갓자)	공급하다, 양육하다	غدوة (가드와)	1.아침 2.오는 것 3.점심
تغذى (타갓자)	1.먹고살다 2.공급받다	غدى (가디야)	아침을 먹다
اغتذى (이그타자)	영양을 섭취하다	غادى (가 - 다)	…에게 이른 아침에 가다
غذاء (기자 -)	자양분, 영양분, 음식물	تغذى (타갓다)	1.점심을 먹다 2.아침에 먹다

أغذية (아그지야)	식료품, 음식, 양식	**غار** (가 - 르르)	가짜의, 허위적인
تغذية (타그지야)	영양공급, 영양섭취	**غرارة** (가라 - 라)	1.무경험 2.소박성 3.무분별
غرّ (가르라)	1.유혹하다 2.현혹시키다	**غرارة** (기라 - 라)	1.자루, 마대 2.투박한 양탄자
غرّر (가르라라)	속이다, 유혹하다	**غرّار** (가르라 - 르)	현혹시키는, 유혹하는
أغرّ (아가르라)	깜짝놀라게 하다	**غرور** (가루 - 르)	1.유혹하는 2.사기의, 거짓의
انغرّ (인가르라)	속다, 기만당하다	**غرور** (구루 - 르)	1.기만 2.허무 3.허영 4.유혹
اغترّ (이그타르라)	1.현혹되다 2.실수하다	**غرير** (가리 - 르)	1.속은 2.유혹당한
غرّ (기르르)	1.미숙한 2.풋내기, 초심자	**أغرّ** (아가르루)	우아한, 기품있는, 풍채가 좋은
غرّة (기르라)	1.태만, 방심 2.방심한 찰라에	**مغرور** (마그루 - 르)	1.속은 2.허영심이 강한
غرّة (구르라)	1.최고 2.시초, 처음 3.본보기	**غرب** (가라바)	1.해가 지다 2.숨다
غرر (가라르)	위험, 위태로움	**غرب** (가루바)	1.낯설다 2.난해하다

تغريب (타그리-브)	추방, 축출	غرب (가르라바)	1.서쪽으로 가다 2.추방하다
تغرب (타가르루브)	1.망명, 이주 2.서구화	تغرب (타가르라바)	타국으로 이주하다
اغتراب (이그티라-브)	1.이민생활 2.이민	اغترب (이그타라바)	타향살이 하다
استغراب (이쓰티그라-브)	경이, 놀라움, 경악	استغرب (이쓰타그라바)	서양인이 되다, 서구화되다
مغرب (마그리브)	1.서쪽, 서양 2.서부 아프리카	غرب (가르브)	1.서쪽, 서양 2.먼 거리, 먼 곳
مغربية (마그리비-야)	저녁, 해질무렵	غربة (구르바)	1.타향살이 2.국외추방
متغرب (무타가르라브)	국외로 추방된	غراب (구라-브)	1.까마귀 2.가장자리
مستغرب (무쓰타그리브)	서양화 된	غرابة (가라-바)	이상함, 기이함, 괴상함
مستغرب (무쓰타그라브)	기이한, 기묘한	غروب (구루-브)	지는 것(해, 달이)
غرث (가리싸)	굶다, 배고파하다	غريب (가리-브)	1.낯선, 생소한 2.이상한
غرث (가라쓰)	굶주림, 기아	غريبة (가리-바)	기묘함, 이상함, 놀라운 것

انغرز (인가라자)	1.찔리다 2.몰락하다	**غارث** (가 - 리쓰)	굶주린.배고픈 사람
اغترز (이그타라자)	1.꿰뚫다 2.삽입되다	**غرثان** (가르싸 - ㄴ)	1.굶주린 2.굶은 사람
غريزة (가리 - 자)	1.본능, 본성 2.직관	**غرد** (가리다)	새가 지저귀다, 찍찍 울다
مغرز (마그라즈)	농담, 못된 장난	**تغرد** (타가르라다)	새가 노래하다, 지저귀다
غرس (가라싸)	나무를 심다.접부치다	**غرد** (가라드)	지저귐(새가), 노래함
غرسة (가르싸)	묘목, 모종	**غرد** (구르드)	해변의 모래언덕
غراس (기라 - 쓰)	1.식복, 나무심기 2.묘목	**غريد** (가리 - 드)	지저귀는, 노래하는
غراسة (기라 - 싸)	나무를 경작, 재배	**أغرودة** (우그루 - 다)	새가 지저귐, 노래함
غريسة (가리 - 싸)	묘목, 모종	**مغرد** (무가르리드)	지저귀는, 찍찍 우는
مغرس (마그리쓰)	묘상, 종묘원	**غرز** (가라자)	1.끼우다, 삽입하다 2.심다
مغروسات (마그루싸 - 트)	심겨진 나무들	**تغرز** (타그라자)	1.관통하다 2.찔리다

가인

غرض (가라드)	1.목적 2.취지, 요지 3.소원	**أغرق** (아그라까)	1.물에 빠뜨리다 2.범람시키다
غرضية (가라듸-야)	1.편견 2.사리사욕	**تغرق** (타가르라까)	물에 빠지다, 익사하다
غريض (가리-드)	1.신선한 2.부드러운(고기가)	**اغترق** (이그타라까)	빨아들이다 (공기를), 흡입하다
تغرض (타가르루드)	편견, 선입관, 편향적인 태도	**استغرق** (이쓰타그라까)	1.깊이 빠져들다(시간) 2.걸리다
مغرض (무그리드)	치우친, 편견을 가진, 편향의	**غرق** (가라끄)	1.침수, 침몰 2.범람
غرف (가라파)	1.국자로 푸다 2.음식을 차려내다	**غرقان** (가르까-ㄴ)	1.물에 잠긴 2.파묻힌
اغترف (이그타라파)	국자로 푸다, 떠내다	**غاروقة** (가루-까)	감채기금(금융)
غرفة (기르파)	샌들	**غريق** (가리-끄)	1.물에 잠긴 2.마음을 빼앗긴
غرفة (구르파)	1.다락방 2.방, 회의실, 칸막이	**إغراق** (이그라-끄)	1.과장 2.과장법 3.침수
مغرفة (미그라파)	큰 숟가락, 국자, 바가지	**تغريق** (타그리-끄)	침수, 침몰
غرق (가리까)	1.침몰하다 2.익사하다 3.잠기다(사색)	**مستغرق** (무쓰타그리끄)	빠진, 잠긴

غرم (가리마)	1.손해를 입다 2.벌금을 물다	**غرى** (구리야)	…에 애착을 갖다, 애정을 갖다
أغرم (아그라마)	벌과금을 지우다, 부과하다	**أغرى** (아그라)	1.선동하다 2.유혹하다
أغرم (우그리마)	…을 아주 좋아하다	**أغرى** (우그리야)	열중하다, 사랑하다
تغرم (타가르라마)	벌금을 물다	**تغرى** (타가르라)	달라붙다, 들러붙다
غرم (구름)	1.손해, 손실 2.배상	**غراء** (기라 -)	풀, 접착제, 아교
غرام (가라 - ㅁ)	1.사랑 2.벌금, 과태료	**إغراء** (이그라 -)	1.부추김, 선동 2.유혹
غرامة (가라 - 마)	1.벌금, 과태료 2.배상금	**مغريات** (무그리야 - 트)	유혹물, 매력적인 것
غريم (가리 - 므)	채권자 2.채무자	**غزر** (가주라)	1.풍부하다 2.광활하다
مغرم (마그람)	1.손해, 2.빚, 부채 3.벌금	**غزر** (가즈르)	풍부, 많음, 다량
مغرم (무그람)	사랑에 빠진, …을 좋아하는	**غزارة** (가자 - 라)	풍부, 많음, 다량
غرا (가라)	아교로 붙이다, 접착제로 붙이다	**غزير** (가지 - 르)	1.풍부한 2.빽빽히 자라는

غزل (가잘라)	실을 잣다, 방적하다	**مغازلة** (무가 - 잘라)	남녀간의 희롱, 장난
غزل (가잘라)	1.구애하다 2.칭찬하다	**غزا** (가자)	군사원정을 하다, 정복하다
غازل (가 - 잘라)	구애하다, 여자를 쫓아다니다	**غزو** (가즈우)	1.공격, 침략, 원정 2.정복
تغزل (타갓잘라)	1.칭찬하다 2.구애하다	**غزوة** (가즈와)	1.침략 2.군사원정 3.정복
اغتزل (이그타잘라)	실을 잣다, 방적하다	**غازية** (가 - 지야)	여자 무용수
غزل (가잘)	1.아양, 교태 2.사랑 3.애정시	**مغزاة** (마그자 -)	1.군사원정, 침입, 침공
غزل (가즐)	1.방적, 방사 2.실 방적사	**مغزو** (마그주)	침략당한, 정복된
غزالة (갓잘 - 라)	1.계략을 꾸미는 자 2.거미	**مغزى** (마그자)	1.감각 2.의의 3.모토
تغزل (타갓줄)	성희롱	**غسق** (가싸까)	어두워지다, 캄캄해지다
مغزل (마그잘)	방적공장	**غسق** (가싸끄)	황혼, 땅거미
مغازل (무가 - 질)	난봉꾼, 제비족	**غسل** (가쌀라)	1.물로 씻다 2.깨끗이 하다

مغتسل (무그타쌀)	화장실, 세면소	اغتسل (이그타쌀라)	1.몸을 씻다 2.목욕하다
غش (갓샤)	기만하다, 배반하다	غسل (가쓸)	세탁, 빨기, 씻기, 세척
غشش (갓샤샤)	눈이 침침해지다	غسل (구쓸)	1.세척 2.손과 발 씻는 것
انغش (인갓샤)	속다, 기만당하다	غسال (갓싸-ㄹ)	세탁인, 세탁업자
غش (갓스)	1.속임, 기만 2.사기, 협잡, 배반	غسالة (갓쌀라-라)	세탁기, 세척기
غشاش (갓샤-스)	1.사기꾼 2.거짓의	غسالة (굿쌀-라)	씻어낸 물, 구정물
مغشوش (마그슈-스)	1.속은, 기만당한 2.변조된, 위조된	غاسول (가쑤-ㄹ)	1.비누 2.잿물, 알카리액
غشم (가샤마)	포악하게 다루다	غسيل (가씨-ㄹ)	1.세탁 2.빨래, 빨래감
تغاشم (타가-샤마)	모르는 체하다	مغسل (마그쌀)	세탁소, 빨래터
استغشم (이쓰타그샤마)	얼간이로 알다	مغسل (미그쌀)	1.세면대 2.빨래통
غشم (구슘)	무지, 미숙, 무지목매, 무경험	مغسلة (마그쌀라)	세면대, 화장대

가
인

아랍어	발음	뜻
غِشَاء	(기샤 -)	1.싸개, 보자기 2.피부, 살갗
غِشَاوَة	(기샤 - 와)	1.덮개, 보자기 2.백내장 (의학)
غَاشِيَة	(가 - 쉬야)	심낭(해부), 심포 2.재난, 재해
غَشَيَان	(가샤야 - ㄴ)	무의식, 의식불명, 실신, 기절
غَشْيَان	(가쉬야 - ㄴ)	실신한, 의식불명의, 기절한
مَغْشِيّ	(마그쉬)	덮인, 씌워진
غَصّ	(갓솨)	1.숨이 막히다, 목메다 2.꽉차다
أَغَصّ	(아갓솨)	질식시키다, 숨막히게하다
اغْتَصّ	(이그탓솨)	꽉차다, 혼잡하다
غُصَّة	(굿솨)	고통, 고뇌, 비탄
غَصَص	(갓솨스)	숨막힘, 목이 메임

아랍어	발음	뜻
غَاشِم	(가 - 쉼)	1.부당한 2.포악한 3.폭군
غَشُوم	(가슈 - ㅁ)	1.부당한 2.포악한
غَشُومَة	(구슈 - 마)	무경험, 미숙련, 미숙
غَشِيم	(가쉬 - ㅁ)	1.미숙한, 서투른 2.설익은
غَشَا	(가샤)	…을 씌우다, …에 걸치다
غَشِي	(가쉬야)	1.종종 방문하다 2.여자와 동침하다
غُشِي	(구쉬야)	의식을 잃다, 실신하다, 기절하다
غَشَّى	(갓샤)	1.덮다, 씌우다 2.…에 퍼지다
أَغْشَى	(아그샤)	어두워지다, 밤이 되다
تَغَشَّى	(타갓샤)	1.덮다, 씌우다 2.가리워지다
غَشْيَة	(가쉬야)	1.실신, 기절 2.동물의 겨울잠

غاص (갓 - 쉰)	1.가득 찬, 포만한 2.혼잡한	غض (갓드)	1.시선을 낮추는 것 2.울창한, 번성한
غصب (가쏴바)	1.강탈하다 2.권력을 찬탈하다	غضة (굿돠)	1.결점, 단점 2.모욕, 천대 3.수치, 창피
اغتصب (이그타쏴바)	억지로 …를 시키다	غضاضة (가돠 - 돠)	1.단점 4.오점 5.이별의 고통
غصب (가스브)	1.강제, 강압 2.강간	غضيض (가되 - 드)	신선한, 수분이 많은, 부드러운
غاصب (가 - 씨브)	약탈자, 강탈자, 침략자	غضب (가돠바)	1.화를 내다 2.방어하다
غصبانية (구스바니 - 야)	강제, 강박, 강압	أغضب (아그돠바)	화나게 하다, 괴롭히다
غصيب (가씨 - 브)	강점된, 빼앗긴	غضب (가돠브)	화, 분노, 노여움, 불만
اغتصاب (이그티쏴 - 브)	1.강탈 2.권리침해	غضبة (가드바)	격분, 노발대발, 화
مغتصب (무그타쏴브)	약탈당한, 빼앗긴, 강점당한	غضبان (가드바 - 누)	화난, 성난, 격분한
مغتصب (무그타씨브)	1.격렬한, 맹렬한 2.강탈자	إغضاب (이그돠 - 브)	1.격분 2.성가심
غض (갓돠)	1.시선을 아래로 하다 2.값을 깎아내리다	مغضوب (마그두 - 브)	분노의 대상

가
인

غضر (가돠라)	1.거절하다 2.찬성하다	**غطرة** (구뜨라)	이깔 안에 두르는 머리수건
غضر (가되르)	1.무성한 2.수분이 많은	**غطرس** (가뜨라싸)	위압하다, 과시하다
غضارة (가돠 - 라)	1.번성, 무성 2.행복한 생활	**تغطرس** (타가뜨라싸)	과시하다, 뽐내다
غضير (가되 - 르)	무성한, 울창한, 우거진	**غطرسة** (가뜨라싸)	1.오만, 거만 2.뽐냄
غضن (갓돠나)	주름살지게 하다	**غطريس** (기뜨리 - 쓰)	오만한, 거만한, 건방진
غاضن (가 - 돠나)	여성에게 윙크하다	**متغطرس** (무타가뜨리쓰)	오만한, 거만한
تغضن (타갓돠나)	주름이 지다	**غطس** (가따싸)	1.물에 뛰어들다 2.가라앉다
غضن (가든)	1.주름, 구김 2.고생, 수고 3.피로	**تغطس** (타갓따싸)	1.물에 잠기다 2.세례를 받다
مغاضنة (무가 - 돠나)	곁눈질, 추파를 던짐	**غطس** (가뜨쓰)	잠수, 물속에 잠그는 것
غضا (가돤)	바늘방석위에, 참을 수 없는 상황에	**غطاس** (기따 - 쓰)	세례
إغضاء (이그돠 -)	1.눈감아줌 2.묵과, 못본체 함	**غطسان** (가뜨싸 - 누)	물에 잠긴, 물밑에 있는

غطيس (가띠-쓰)	어두운(색갈이)	**غطم** (기Em므)	바다가 거대한, 광대한
تغطيس (타그띠-쓰)	1.물에 잠금, 침수 2.세례	**غطا** (가따)	덮다, 씌우다
مغطس (미그따쓰)	1.욕조 2.잠수도구	**غطى** (갓따)	1.감싸다, 싸다 2.비용을 충당하다
مغطيس (마그띠-쓰)	자석	**تغطى** (타갓따)	…를 씌우다, 숨기다, 감싸다
غطش (가따샤)	밤이 어두워지다	**غطاء** (기따-)	1.덮개 2.의복 3.뚜껑
غطش (가띠샤)	눈이 어두워지다, 침침해지다, 시력이 약해지다	**تغطية** (타그띠-야)	1.비용 충당 2.씌우는 것
تغطش (타갓따샤)	눈이 어두워지다, 침침해지다, 시력이 약해지다	**غف** (갓파)	1.물시에 습격하나 2.붙잡다, 붙들다
		غفر (가파라)	용서하다, 사면하다
غطش (가뜨슈)	어둠, 암흑	**غفر** (갓파라)	1.덮다, 씌우다 2.경계하다
غطش (가따슈)	시력이 약한 것, 약시	**استغفر** (이쓰타그파라)	용서를 빌다, 사죄하다
أغطش (아그따슈)	시력이 약한, 근시의	**غفر** (가파르)	보초병, 위병대, 경비대

أغفل (아그팔라)	무시하다, 묵살하다	غفر (가프르)	용서
تغافل (타가 - 팔라)	경시하다, 무시하다	غفرة (구프라)	덮개, 뚜껑, 씌우개
استغفل (이쓰타그팔라)	바보취급하다, 속이다	غفارة (기파 - 라)	1.머리수건, 덮개 2.원추형 모자
غفل (가팔)	태만, 부주의, 방심, 소홀	غفران (구프라 - ㄴ)	용서, 면죄
غفل (구플)	1.출신이 비천한 2.가공되지 않은	غفور (가푸 - 르)	용서하는, 너그러운
غفلة (가플라)	1.소홀함, 무관심 2.미련함	غفير (가피 - 르)	1.많은 양, 많은 수 2.보초, 파수
غفلان (가플라 - 누)	1.소홀한 2.졸리는	مغفر (미그파르)	헬멧, 철모
إغفال (이그파 - ㄹ)	경멸, 무시, 경시	مغفرة (마그피라)	용서, 면죄
تغفل (타갓풀)	1.무시 2.무관심한 체함	مغفور (마그푸 - 르)	용서된, 면죄된
تغافل (파가 - 풀)	태만, 부주의	غفل (가팔라)	1.게을리하다 2.졸다, 자다
مغفل (무그팔)	익명의, 무명의	غافل (가 - 팔라)	불시에 습격하다

가인

مغفل (무갓팔)	어리석은, 우둔한, 바보 같은	**غلة** (갈라)	1.소득, 수익 2.생산물, 농작물
متغفل (무타갓필)	열등생, 저능아, 바보, 멍청이	**غلة** (굴라)	1.갈증 2.갈망, 열망
غفا (가파)	졸다, 꾸벅꾸벅 졸다	**غليل** (갈릴-르)	1.갈증 2.악의 3.열망 4.탈진된
غفوة (가프와)	졸음, 겉잠, 졸기	**غليلة** (갈릴-라)	1.갑옷 2.잠수복, 속옷
غل (갈라)	수갑을 채우다 2.농작물을 산출하다	**تغلل** (타갈룰)	침투
غلل (갈라라)	수갑을 채우다	**استغلال** (이쓰티그랄)	1.결실 2.투자 3.개발
أغل (아갈라)	농산물을 수확하다	**مغلل** (무갈랄르)	수갑을 잔
تغلل (타갈랄라)	들어가다, 통과하다	**مغلول** (마글루-르)	1.갈증이 심한 2.원한을 품은
استغل (이쓰타갈라)	투자하다, 돈을 들이다	**مستغل** (무쓰타갈르)	1.생산물 2.수익 3.식량
غل (길르)	원한, 악의, 증오, 앙심	**مستغل** (무쓰타길르)	이용자, 착취자
غل (굴르)	1.쇠고랑, 수갑 2.갈증, 욕구	**غلب** (갈라바)	1.이기다 2.승리를 거두다

가인

أغلبية (아글라비-야)	대부분, 대다수	**تغلب** (타갈라바)	이겨내다, 극복하다, 앞도하다
تغلب (타갈루브)	1.승리 2.정복 3.통치, 지배	**تغالب** (타갈-라바)	서로 싸우다
مغلب (무갈라브)	압도당한, 패배한, 무너진	**انغلب** (인갈라바)	정복되다, 극복되다
مغلوب (마글루-브)	1.패배한 2.패배자	**غلب** (갈브)	승리, 정복, 타도
مغالبة (무갈-라바)	1.전투, 투쟁 2.경쟁	**غلبة** (갈라바)	1.수다 2.승리 3.소동, 소음
متغلب (무타갈리브)	1.이기는, 승리하는 2.승리자	**غلبان** (갈바-느)	가엾은, 불쌍한, 가련한
غلط (갈리따)	실수하다, 틀리다	**غلباوى** (갈바-위)	수다쟁이, 말 많은 사람
غالط (갈-라따)	1.실수하다 2.속이다	**غالب** (갈-리브)	1.정복자 2.뛰어난, 우세한
أغلط (아글라따)	…를 실수하게 하다	**غالبية** (갈리비-야투)	대부분, 대다수
غلط (갈라뜨)	잘못, 실수, 과오, 착오	**غلاب** (길라-브)	싸움, 전투, 투쟁, 경쟁
غلطة (갈따)	한번의 실수, 잘못, 과오	**أغلب** (아글라부)	1.…의 대부분, 대다수 2.힘센, 강한

غالط 틀린, 잘못된, 실수하는 (갈 - 리뜨)	**غلغل** 1.잠입하다 2.잠수하다 (갈갈라)
غلطان 실수, 잘못 (갈따 - 누)	**تغلغل** 1.잠입하다 2.참견하다 (타갈갈라)
أغلوطة 1.헐뜯는 질문 2.궤변 (우글루 - 따)	**تغلغل** 침투, 침입 (타갈갈)
مغلطة 억지질문, 궤변 (마글라따)	**غلف** 1.봉하다 2.책을 포장하다 (갈라파)
مغالطة 속임, 사취, 사기, 협잡 (무갈 - 라따)	**تغلف** 밀봉하다, 포장되다 (타갈라파)
مغلوط 잘못된, 그릇된 (마글루 - 뜨)	**غلاف** 1.봉투 2.책 표지 3.껍질 (길라 - 프)
غلظ 1.끈적이다 2.거칠게 대하다 (갈라좌)	**أغلف** 1.봉한 2.할례를 받지 않은 (아글라푸)
أغلظ 거칠게 말하다 (아글라좌)	**مغلف** 1.봉해넣는 2.할례받지 않은 (무갈라프)
غلظة 거칠음, 무례함 (갈좌)	**غلق** 문을 닫다, 잠그다 (갈라까)
غليظ 1.투박한 2.거친 3.무례한 (갈리 - 즈)	**أغلق** 애매하다, 모호하다 (아글라까)
مغلظ 선서, 맹세 (무갈라즈)	**انغلق** 1.애매하다 3.외출을 하지 않다 (인갈라까)

غلق (갈라끄) 1.자물쇠, 빗장 2.바구니, 광주리	**مستغلق** (무쓰타글리끄) 애매한, 모호한
غلق (갈리끄) 모호한, 애매한	**غلم** (갈리마) 1.튼튼하다 2.흥분되다
غلاق (길라 - 끄) 계정, 미지급 차감 잔액	**اغتلم** (이그탈라마) 1.원기왕성하다 2.사로잡히다
غلاقة (갈라 - 까) 계정, 잔액	**غلم** (갈리므) 성적으로 흥분된
إغلاق (이글라 - 끄) 1.폐쇄함 2.파산	**غلام** (굴라 - ㅁ) 1.소년, 젊은이 2.하인, 종
انغلاق (인길라 - 끄) 불명료, 모호함 점, 난해한 점	**غلامية** (굴라미 - 야) 1.젊은이, 청년 2.청춘기
مغلق (마글라끄) 1.제목 2.소득이 있는 기업	**غلمة** (굴마) 1.욕망, 갈망 2.육체적인 욕구
مغلق (무글라끄) 1.닫힌, 잠긴 2.애매한	**غلومة** (굴루 - 마) 1.청춘 2.성적 충동, 정욕
مغلقات (무글라까 - 트) 비밀	**غلا** (갈라) 1.비싸다 2.가격을 올리다
مغلاق (미글라 - 끄) 1.자물쇠 2.잠금장치	**غالى** (갈 - 라) 과장하다, 높이 평가하다
مغلوق (마글루 - 끄) 차월계정	**أغلى** (아글라) 가격을 올리다, 칭찬하다

استغلى (이쓰타글라)	귀중하게 여기다	مغلي (무글라)	끓인
غال (갈 - 린)	1.소중한, 사랑하는 3.귀중한, 비싼	غم (감마)	1.덮다, 씌우다 2.슬프게 하다
غلاء (갈라 -)	고가, 비싼 가격	غم (굼마)	모호하다, 어두컴컴하다
غلاة (갈라 -)	고물가, 값이 비싼 것	أغم (아감마)	1.슬프게 하다 2.흐리다
إغلاء (이글라 -)	1.찬양, 칭찬 2.감탄, 찬탄	انغم (인감마)	슬퍼하다, 수심에 잠기다
مغالاة (무갈라 -)	1.낭비 2.과장, 과대	غمة (굼마)	슬픔, 비탄에 잠김, 비애
غلى (갈라)	1.펄펄 끓다 2.끓이다	غام (감 - 므)	1.무더운 2.슬픈 3.흐린
غالية (갈 - 리야)	사향과 용연향으로 만든 향료	غمام (가마 - 므)	구름, 먹구름
غلاية (갈라 - 야)	보일러, 끓이는 용기(주전자 등)	غمامة (가마 - 마)	눈싸리개
غليان (갈리야 -)	비등, 끓어오름	اغتمام (이그티마 - ㅁ)	슬픔, 비애, 근심
غليون (갈유 -)	수도관	مغم (무김무)	1.무더운 2.우울한 3.구름이 낀

가
인

غمار (가마 - 르)	사람의 무리, 집단, 떼	**مغموم** (마그무 - ㅁ)	1.슬픈 2.모호한, 애매한
غمار (기마 - 르)	위험	**غمر** (가마라)	물이 범람하다, 꼭 껴안다
غمارة (가마 - 라)	1.미숙함 2.인간의 무리	**غمر** (가무라)	많다, 풍부하다
مغامر (무가 - 미르)	1.무모한 2.모험가	**غامر** (가 - 마라)	위험에 내맡기다
مغامرة (무가 - 마라)	1.모험 2.괴이한 사건	**انغمر** (인가마라)	1.물에 잠기다 2.몰두하다
مغمور (마그무 - 르)	1.모호한 2.잠긴, 침수된	**اغتمر** (이그타마라)	삼키다, 들이키다
غمز (가마자)	1.더듬다 2.눈짓하다	**غمر** (가므르)	1.침수, 범람 2.대홍수 3.대양
اغتمز (이그타마자)	하찮게 보다, 비방하다	**غمرة** (가므라)	1.고민 2.범람 3.일진일퇴, 고난
غمزة (감자)	1.눈짓, 윙크 2.비웃음	**غمر** (구므르)	1.초심자 2.속기 쉬운
غمازة (감마 - 자)	1.얼굴의 보조개 2.방아쇠	**غمر** (기므르)	경험이 없는, 미숙한
غميزة (가미 - 자)	1.성격의 결점 2.비방, 중상	**غامر** (가 - 미르)	1.풍부한 2.황폐한 3.물에 잠긴

غامض (가 - 미드)	1.모호한 2.신비한	**غمس** (감마싸)	가라앉다, 잠기다, 빠지다
غامضة (가 - 미돠)	신비, 불가사의	**انغمس** (인가마싸)	가라앉다, 잠기다
غموض (구무 - 드)	1.애매, 모호 2.불확실	**غموس** (가무 - 쓰)	1.힘든 일 2.불길한
غموضة (구무 - 돠)	애매, 불가사의, 불확실	**مغموس** (마그무 - 쓰)	잠긴, 빠진
غميضاء (구마이돠 -)	숨바꼭질, 장님놀이	**غمص** (가마솨)	얕잡아 보다, 멸시하다
مغمض (무감마드)	닫힌, 폐쇄된	**أغمص** (아그마수)	눈이 잘 보이지 않는
غمغم (감가마)	숭얼거리다	**غمض** (가마돠)	1.난해하다 2.눈을 감다
تغمغم (타감가마)	중얼거리다	**أغمض** (아그마돠)	눈을 감다, 눈감아주다
غمغمة (감가마)	함성(투쟁 등의), 외침	**انغمض** (인가마돠)	눈이 감기다, 자다
غمق (가미까)	축축하다, 젖다, 습기 차다	**غمض** (굼드)	잠, 수면
أغمق (이그맛까)	색갈이 어둡다(색깔이)	**غمضة** (굼돠)	눈을 깜박임, 눈짓, 윙크

مغمى (마그미이)	덮인, 씌우진	**غمق** (구미끄)	축축한, 눅눅한, 습기 찬
غن (간나)	콧소리를 내다, 비음화하다	**غمق** (구므끄)	깊이, 심도
غن (간느)	비음, 콧소리 발음	**غامق** (가-미끄)	어두운(색깔), 어두침침한
غنة (군나)	비음, 콧소리	**غميق** (가미-끄)	1.깊은, 심오한 2.어두운
غنج (가니자)	교태를 짓다(여자가)	**غمى** (구미야)	기절하다, 실신하다
تغنج (타간나자)	아양을 부리다	**غمى** (감마)	눈을 감싸다, 눈을 싸매다
غنج (가니즈)	애교를 부리는, 아양을 떠는	**أغمى** (우그미야)	기절하다, 실신하다
غنج (구느즈)	애교, 교태, 아양	**غمى** (가므이)	기절, 실신, 무의식
غناجة (간나-자)	교태를 부리는 여자	**غميان** (가므야-ㄴ)	기절한, 실신한
تغنج (타간누즈)	애교, 교태, 아양	**إغماء** (이그마-)	기절한, 실신한, 무의식의
مغناج (미그나-즈)	애교, 교태, 아양	**استغماية** (이쓰티굼마-야)	술래잡기, 장님놀이

غانم (가 - 님)	1.승리하는 2.승리자	**غندر** (간다라)	몸치장하다, 단장하다
غنام (간나 - ㅁ)	목동, 양치기, 목자	**تغندر** (타간다라)	멋을 부리다
غنيمة (가니 - 마)	전리품, 노획물	**غندرة** (간다라)	멋을 부리는 것
مغنم (마그남)	전리품, 노획물	**غندر** (군두르)	살찐, 풍만한
غنى (가니야)	1.부유하다 2.…할 수 있다	**غندور** (간두 - 르)	멋쟁이, 맵시꾼
غنى (간나)	1.노래하다 2.친찬하다	**غنم** (가니마)	1.전리품을 취하다 2.강탈하다
أغنى (아그나)	1.대신하다 5.보호하다	**أغنم** (아그나마)	사심없이 주다, 수여하다
تغنى (타간나)	1.노래하다 2.찬양하다	**اغتنم** (이그타나마)	1.…을 틈타다 2.기회를 잡다
استغنى	1.부자가 되다 2.필요하지 않다	**استغنم** (이쓰타그나마)	1.…을 이용하다 2.기회를 잡다
غنى (기난)	1.부, 재산, 풍요 2.만족	**غنم** (가남)	양
غناء (가나 -)	1.풍부, 부유 2.가능성 .	**غنم** (구늠)	전리품, 노획물

가
인

غناء (기나 -)	노래, 멜로디	**غواث** (구와 - 쓰)	구제, 구조, 원조
غانية (가 - 니야)	아름다운 여자, 미녀	**إغاثة** (이가 - 쓰)	도움, 구조, 원조
أغنية (우그니야)	노래, 멜로디	**استغاثة** (이쓰티가 - 쓰)	구원요청, 도움요청
مغن (무간닌)	가수, 성악가	**مغيث** (무기 - 쓰)	1.원조자 2.구세주, 하나님
مغنية (무간니야)	여가수, 여성 성악가	**غار** (가 - 라)	1.스며들다 2.마르다(샘이)
مغنى (마그나)	주택, 별장	**أغار** (아가 - 라)	1.침공하다 2.침략하다
مستغنى (무쓰타그나)	여분의, 필요없는	**غار** (가 - 르)	1.동굴, 굴 2.월계수(잎)
غاث (가 - 쓰)	도와주다, 살려주다	**غارة** (가 - 라)	침공, 침입, 습격, 공격
أغاث (아가 - 쓰)	돕다, 구제하다	**غور** (가우르)	1.밑, 밑바닥, 밑창 2.깊이
استغاث (이쓰타가 - 쓰)	도움을 간청하다	**إغارة** (이가 - 라)	공격, 공습, 습격
غوث (가우쓰)	도움, 구조, 원조	**مغارة** (마가 - 라)	동굴, 굴

غَوِيص (가위 - 스)	1.복잡한, 풀기 어려운 2.깊은	**مِغوار** (미그와 - 르)	1.침략자 2.무모한
غِياصة (기야 - 솨)	1.진주캐기 2.잠수하는 일	**مغير** (무기 - 르)	공격자, 침입자
غوط (가우와따)	깊게 파다(우물을)	**غاز** (가 - 자)	가다, 떠나다
تغوط (타가와따)	배설하다, 똥을 누다	**غوّز** (가우와자)	가스로 만들다, 가스화하다
غوط (가우뜨)	1.저지, 오지 2.깊이	**غاز** (가 - 즈)	1.가스, 기체 2.석유, 기름
غوط (구 - 뜨)	깊이, 깊음	**غاص** (가 - 솨)	잠수하다, 뛰어들다(물)
غائط (가 - 이뜨)	1.배설물, 대변, 똥 2.분지	**غَوص** (가우스)	1.잠수 2.추락(비행기의)
غويط (가위 - 뜨)	깊은	**غائص** (가 - 스)	잠수부
غال (갈 - 라)	1.기습을 하다 2.암살하다	**غائصة** (가 - 이솨)	해녀, 잠수부
غول (가우왈라)	귀신처럼 놀다	**غوّاص** (가우와 - 스)	1.잠수부 2.진주 채집자
تغول (타가우왈라)	외모를 바꾸다	**غوّاصة** (가와 - 사)	잠수함

اغتال (이그탈 - 라)	살해하다, 암살하다	**استغوى** (이쓰타그와)	유혹하다, 꾀다
غائل (가 - 일)	1.뜻밖의 2.괴물, 요물	**غاو** (가 - 윈)	유혹자, 유인자
غائلة (가 - 일라)	재난, 재해, 황폐	**غواة** (구와 - 트)	애호가, …광
غول (구울)	1.악마, 괴물 2.고릴라 3.재난	**غوية** (가위 - 야)	1.취미 2.유혹 3.애착
غولة (굴 - 라)	여자 귀신	**غواية** (가와 - 야)	1.잘못, 실수 2.방황
غيلة (길 - 라)	1.교활, 속임 2.암살, 살해	**أغوية** (아그위 - 야)	함정, 덫, 올가미
اغتيال (이그티야 - ㄹ)	1.암살 2.교활, 간계	**إعواء** (이그와 -)	사주, 유혹, 유인
مغتال (무그탈 - 르)	살인자, 암살자	**مغواة** (무가우와 - 트)	함정, 올가미
غوى (가와)	길을 잃다, 몹시 사랑하다	**غيى** (가이야)	내걸다(깃발을), 올리다(국기를)
أغوى (아그와)	현혹시키다, 유혹하다, 꾀다	**أغيى** (아그야)	목표를 세우다, 한계를 정하다
تغاوى (타가 - 와)	모르는 척하다	**غائية** (가이이 - 야)	궁극적 목적

غاية 1.깃발 2.의향 3.목표 (가 - 야)	**غيبوبة** 기절, 실신상태 (가이부 - 바)
غاب 1.결석하다 2.지다(해가) (가 - 바)	**غياب** 1.일몰 2.결석 3.불가시계 (기야 - 브)
غيب 1.이전시키다 2.추방하다 (가이아바)	**مغيب** 일몰, 전기, 하늘의 조화 (마기 - 브)
تغيب 1.결석하다 2.사라지다 (타가이야바)	**مغيب** 별거중인 여자, 이혼녀 (무기 - 브)
اغتاب 헐뜯다, 중상하다 (이그타 - 바)	**مغيب** 1.숨은, 보이지 않는 (무가이야브)
استغاب 헐뜯다, 욕하다 (이쓰티가 - 바)	**مغيب** 1.마취제 2.마취시키는 (무가이이브)
غائب 1.결석한 2.숨은 3.제삼자 (가 - 이브)	**مغيبات** 마취세 (무기바 - 트)
غابة 1.갈대밭 2.숲 3.정글 (가 - 바)	**مغتاب** 비방자, 중상자, 비난자 (무그타 - 브)
غيوب 숨겨져 있는 것 (구유 - 브)	**غاث** 하나님께서 비를 내리다 (가 - 싸)
غيب 1.결석 2.숨겨진 (가이브)	**غيث** 비, 많은 비 (가이쓰)
غيبة 결석, 불참석 (가이바)	**غيد** 가냘프다, 날씬하다 (가이다)

가
인

غيرة (가이라)	1.질투, 샘 2.열심, 열중	**تغايد** (타가 - 야다)	우아하게 걷다
غيري (가이리 -)	사심이 없는, 이기적이 아닌	**غيد** (가야드)	날씬함(여성의), 부드러움
غيرية (가이리이 - 야)	이타주의	**غادة** (가 - 다)	1.처녀 2.신분이 높은 처녀
غيرة (기 - 라)	변화, 변경	**أغيد** (아그야두)	어리고 가냘픈
غيران (가이라 - 누)	질투심이 많은	**غار** (가 - 라)	1.질투하다 2.열정을 보이다
تغير (타그이 - 르)	변경, 변화	**غير** (가이야라)	바꾸다, 변경하다
تغيرة (타그이 - 라)	1.교환, 변경 2.도서대출	**غاير** (가 - 야라)	1.다르다 2.흥정하다
تغير (타가이유르)	변경, 변화	**أغار** (아가 - 라)	질투나게 하다
تغاير (타가 - 유르)	차별, 구별	**تغير** (타가이야라)	변경되다, 바뀌다
مغاير (무가 - 이르)	얌전하지 않는, 부도덕한	**غيور** (가유 - 르)	1.질투가 많은 2.열심인
مغايرة (무가 - 야라)	구별, 차이	**غير** (가이르)	1.다른 2.… 이 아닌

متغير (무타가이야르)	변화되는, 바뀌는	**أغاظ** (아가 -)	화를 내게하다
غاض (가 - 돠)	1.값이 내리다 2.물이 빠지다	**تغيظ** (타가이야좌)	노하다, 화를 내다
أغاض (아가 - 돠)	1. 물을 빼다 2.값을 낮추다	**غيظ** (가이즈)	격노, 노염, 분노, 화
تغيض (타가이야돠)	마르다, 고갈되다	**اغتياظ** (이그티야 - 즈)	분노, 화
غيض (가이드)	1.조산의, 유산의 2.약간	**مغيظ** (마기 - 즈)	성난, 화난, 노한
غيضة (가이돠)	수풀, 밀림	**غام** (가 - 마)	1.구름이 끼다 2.안개가 끼다
غاط (가 - 뜨)	몰래 들어가다, 잠입하다	**تغيم** (타가야마)	구름이 뒤덮다
غيط (가이뜨)	벌판, 들, 밭	**غائم** (가 - 임)	구름이 낀, 흐린
غيطاني (가이따 - 니)	농부, 농장주	**غيام** (기야 - ㅁ)	1.구름 2.안개
مغايطة (무가 - 야똬)	논쟁, 싸움	**غيوم** (구유 - ㅁ)	구름이 낀, 구름이 뒤덮인
غاظ (가 - 좌)	1.화내다 2.괴롭히다	**غيماء** (가이마 - 우)	목마른

مُتَغَيِّم 구름이 낀, 구름이 뒤덮인

(무타가이임)

(الفاء : 파)

فَأَد 1.심장을 찌르다
(파아다) 2.사로잡다(감정을)

فُؤَاد 1.심장 2.지혜 3.마음
(푸아 - 드)

مَفْؤُود 1.심장병에 걸린
(마프우 - 드) 2.심장병 환자

فَانِلَا 내의, 속옷
(파 - 닐라)

فَانُوس 등, 초롱, 램프
(파누 - 쓰)

فَأْر 쥐
(파으르)

فَأْس 1.도끼 2.호미, 괭이
(파으쓰)

فَأَل 좋은 징조로 여기다
(파알라)

فَأْل 전조, 길조, 징후
(파을)

تَفَاؤُل 1.낙천주의 2.좋은 징조
(타파 - 울)

مُتَفَائِل 1.낙관적인 2.낙천주의자
(무타파 - 일)

فِئَة 1.떼, 집단 2.떼거리
(피아) 3.세금율

فِئَام 단체의, 무리의
(피아 - 므)

فَتّ 약화시키다,
(팟타) 용기를 잃게 하다

تَفَتَّت 분열되다(핵이)
(타팟타타)

تَفْتِيت 분열(원자력의)
(타프티 - 트)

تَفَتُّت 1.부시짐 2.속상함
(타팟투트)

فَتَح 1.열다 2.정복하다
(파타하)

فَاتَح 대화를 시작하다
(파 - 타하)

تَفَتَّح 감동하다
(타팟타하)

اِفْتَتَح 1.열다(마음이),응하다
(이프타타하) (회의를) 2.열리다

파

افتتاح (이프티타-흐)	시작, 개막	استفتح (이쓰타프타하)	시작하다, 착수하다
افتتاحية (이프티타히-야)	1.사설, 논설 2.서곡	فتح (파트흐)	여는 것, 개막, 시작
استفتاح (이쓰티프타-흐)	시작, 개시, 착수	فتحة (푸트하)	1.여는 것 2.틈, 구멍, 틈새
مفتح (무팟티흐)	입맛을 돋구는	فاتح (파-티흐)	1.정복자 2.가벼운(색이)
مفتح (무팟타흐)	이성적인, 이지적인	فاتحة (파-티하)	1.처음 2.서문 3.꾸란의 첫장
مفتاح (미프타-흐)	1.열쇠 2.페달	فتاح (팟타-흐)	개시자, 정복자
مفتوح (마프투-흐)	1.열린 2.정복된, 점령된	فتاحة (파타-하)	깡통따개, 병마개따개
مفتتح (무프타타흐)	시작, 개시	فتوح (푸투-흐)	승리, 정복
فتر (파타라)	1.약화되다 2.식다	فتوحات (푸투하-트)	1.점령지 2.성과, 업적
أفتر (아프타라)	1.식히다 2.약화시키다	تفتح (타팟투흐)	열리는 것, 피는 것(꽃이)
تفتر (타팟타라)	1.약화되다 2.차지다	انفتاح (인피타-흐)	1.개방(지적인) 2.발전

파

مفتشية (무팟티쉬 야) 검찰직, 검사직	**فترة** (파트라) 1.휴지 2.기간, 동안 3.권태
فتق (파타까) 1.옷을 찢다 2.폭로하다	**فاتر** (파 - 티르) 1.미지근한 2.허약한
تفتق (타팟타까) 1.공개되다 2.궁리하다	**فتور** (푸투 - 르) 1.미지근함 2.허약, 쇠약
انفتق (인파타까) 공개되다, 폭로되다	**فاتورة** (파투 - 라) 1.송장, 계산서 2.견본
فتاق (피타 - 끄) 탈장(의학)	**مفتر** (무팟타르) 1.언약한 2.미지근한, 식은
مفتوق (마프투 - 끄) 1.째진, 2.탈장에 걸린	**متفتر** (무타팟티르) 간헐적인
فتك (파타카) 1.공격하다 2.숙이다	**فتش** (파타샤) 1.검사하다 3.수사하다
فتك (파트크) 1.살인, 살육 2.소멸, 전멸	**فتش** (팟타샤) 샅샅이 찾다
فتكة (파트카) 파괴, 황폐	**فتيش** (파티 - 쉬) 꽃불, 봉화
فتن (파타나) 1.유혹하다 2.탄핵하다	**تفتيش** (타프티 - 쉬) 1.수색 2.사찰, 조사
فتن (푸티나) 현혹되다, 미치다	**مفتش** (무팟티쉬) 검사원, 감독원, 감사원

파

أفتن (아프타나)	유혹하다, 매혹시키다	**فتية** (파티-야)	젊음, 청춘
افتتن (이프타타나)	유혹받다, 황홀해지다	**فتوى** (파트와)	1.법적 견해 2.면제
فتنة (피트나)	1.유혹 2.선동 3.추문, 불명예	**فتاء** (파타-)	젊음, 청춘
فاتن (파-티느)	1.매력적인 2.악마, 사탄	**فتاة** (파타-트)	처녀, 젊은 여성
فتان (팟타-느)	1.유혹하는 2.밀고자, 고발자	**فتوة** (푸투-와)	1.귀족 2.청춘, 젊음
فتين (파티-느)	1.매혹된 2.미친, 미치광이	**افتاء** (이프타-)	이슬람법의 공식의견
مفاتن (무파-티누)	1.아름다움, 매력 2.마력	**استفتاء** (이쓰티프타-)	국민투표, 일반투표
مفتون (마프투-느)	1.유혹받는 2.사랑에 빠진	**مفتي** (무프티)	공식적인 이슬람법 해석자
فتى (파티야)	젊어지다, 청춘이 되다	**فج** (팟자)	성큼성큼 걷다
أفتى (아프타)	1.판결을 내리다 2.해설하다	**فج** (핏진)	1.익지 않은 2.말이 무뚝뚝한
فتى (파탄)	1.젊은이 2.소년 3.하인, 머슴	**فجاج** (푸자-즈)	산길, 계곡길

파

اِنْفَجَرَ (인파자라)	1.폭발하다 2.급습하다	**فَجَاجَة** (파자-자)	익지 않은 것
فَجْر (파즈르)	1.새벽, 여명 2.시초, 시작	**فَجِئَ** (파자아)	1.갑자기 오다, 뜻밖에 오다
فُجْر (푸즈르)	간음, 방탕	**فَاجَأَ** (파-자아)	습격하다, 공격하다
فَاجِر (파-지르)	1.방탕아 2.간음자 3.거짓말쟁이	**فَاجِئ** (파-지으)	뜻밖의, 예상외의
فَاجِرَة (파-지라)	창녀, 간음녀	**فُجَاءَة** (푸자-아)	갑작스러움, 돌연성
تَفْجِير (타프지-르)	폭발	**مُفَاجَأَة** (무파-자아)	놀람, 경악
تَفَجُّر (타팟주르)	폭발	**مُفَاجَئَات** (무파지아-트)	놀랄만한 일
اِنْفِجَار (인피자-르)	1.폭발, 폭파 2.돌발	**فَجَرَ** (파자라)	1.새어나오다 2.간음하다
مُتَفَجِّر (무타팟지르)	폭발의, 폭발성의	**فَجَّرَ** (팟자라)	폭발시키다
مُنْفَجِرَات (문파지라-트)	폭발물, 폭발물질	**أَفْجَرَ** (아프자라)	간통하다, 간음하다
فَجَعَ (파자아)	1.괴롭히다 2.불쌍하게 만들다	**تَفَجَّرَ** (타팟자라)	1.샘솟다, 분출하다(화산)

فجا (파자)	열다(문을)	فجع (푸지아)	슬픔을 겪다, 괴로워하다
فجوة (파즈와)	1.구멍 2.비석 3.비밀장소	تفجع (타팟자아)	괴로워하다, 비통해하다
فحش (파후샤)	1.지나치다 2.음탕하다	فاجع (파 - 지으)	고통스러운, 괴로운, 아픈
تفاحش (타파 - 하샤)	음탕한 말을 하다	فاجعة (파 - 지아)	불상사, 불행
فحش (푸흐슈)	1.혐오, 증오, 극악무도	فجاع (팟자 - 으)	파멸적인, 참담한, 비참한
فاحش (파 - 히슈)	1.지나친 2.음탕한	فجاعة (파자 - 아)	대식, 폭식
فاحشة (파 - 히샤)	1.매춘부, 창녀 2.간통, 매춘	فجوع (푸주 - 으)	아픈, 고통스러운, 괴로운
فحاش (파흐하 - 슈)	1.점잖지 못한 2.방탕자	فجيعة (파지 - 아)	불행, 재난, 재해
فحشاء (파흐샤 -)	1.간통, 매춘 2.혐오, 못된 짓	فجعان (파즈아 - 느)	게걸스럽게 먹는
فواحش (파와 - 히슈)	혐오, 못된 것	تفجع (타팟주으)	고민, 고통, 고뇌
تفاحش (타파 - 후슈)	혐오, 극악무도	مفجعات (무팟자아 - 트)	공포, 전율, 겁

استفحال (이쓰티프하 - ㄹ)	1.무서움 2.중대함	**مفحشة** (무프히샤)	매춘부, 창부
مستفحل (무쓰타프힐)	1.무서운 2.심각한	**متفاحش** (무타파 - 히슈)	지나친, 과분한
فحم (파후마)	검다, 검게 되다	**فحص** (파하솨)	1.조사하다 5.검사하다
فحم (파하마)	어이없어 말을 못하다	**تفحص** (타파흐하솨)	1.조사하다 2.검사하다
فحم (푸히마)	1.엉엉 울다 2.침묵하다	**فحص** (파흐스)	1.실험 2.검진 3.조사, 수사
انفحم (인파하마)	붉으락 푸르락하다	**فاحص** (파 - 히스)	1.시험관 2.진찰하는, 검진하는
فحم (파흠)	1.숯, 목탄 2.석탄, 연탄	**فحل** (파할라)	1.뚱뚱해지다 2.커지다
فحام (파흐하 - 므)	1.연탄장사 2.광부	**استفحل** (이쓰타프할라)	심각하다, 중대하다
فحوم (푸후 - ㅁ)	검은 색	**فحل** (파흘)	1.뛰어난 인물 2.귀감, 본보기
فحيم (파히 - ㅁ)	새까만	**فحلة** (파흘라)	여장부, 표독스러운 여자
مفحم (무프힘)	1.침묵하게 하는 2.확고한	**فحولة** (푸훌 - 라)	우수, 탁월, 뛰어남

파

مفحمة 광산지대, 석탄지대
(마프하마)

فحوى 1.의미, 뜻 2.취지, 요지
(파흐와)

فحواء 1.의미, 뜻 2.취지, 요지
(파흐와 -)

فخر 1.자랑으로 여기다
(파카라) 2.자랑하다

تفخر 자랑하다, 뽐내다
(타팟카라)

افتخر 영광으로 생각하다
(이프타카라)

استفخر 영광으로 생각하다
(이스타프카라)

فخر 1.자랑, 긍지 2.영광, 명예
(파크르)

فخرة 명예, 영광, 자랑
(푸크라)

فاخر 1.거만한 2.뛰어난 3.화려한
(파 - 키르)

فخار 자랑, 긍지, 영광
(파카 - 르)

فخار 토기, 질그릇, 도기
(팟카 - 르)

فخاري 도공, 도예가
(팟카 - 리이)

فخور 1.교만한 2.자랑하는
(파쿠 - 르)

فاخورة 도자기 공장
(파쿠 - 라)

تفاخر 오만, 자부, 자만
(타파 - 쿠르)

افتخار 자랑, 자존심, 오만
(이프티카 - 르)

مفخرة 자랑거리
(마프카라)

مفاخر 자랑하는, 허풍떠는
(무파 - 키르)

مفاخرة 자랑, 허풍떰
(무파 - 키라)

مفاخرة 1.오만 2.자랑, 자존심
(무파 - 카라)

مفتخر 1.거만한 2.뛰어난
(무프타카르)

파

فدم (파두마)	1.우둔하다 2.힘들다(이해가)	**فخم** (파쿠마)	1.거대하다 2.화려하다
فدم (파담)	1.둔한 2.귀찮은, 싫증나는	**تفخم** (타팟카마)	1.화려해지다 2.이름을 떨치다
فدام (피나-므)	덮개, 마개, 뚜껑	**فخم** (파큼)	1.당당한, 웅대한 2.우아한
فدى (파다)	1.되사다 2.희생하다	**فخامة** (파카-마)	1.장대, 장엄 2.각하, 폐하
فادى (파-다)	희생하다, 바치다(신에게)	**مفخم** (무팟캄)	높이 존경받는 2.어세가 강한
تفادى (타파-다)	1.보호하다 2.면하다	**فدح** (파다하)	…에게 짐을 지우다
افتدى (이프타다)	…를 해방하다	**فادح** (파-디흐)	1.힘든 2.중대한 3.과대한
فدية (피드야)	1.구원, 구출 2.몸값, 배상금	**فادحة** (파-디하)	불행, 재난, 참사, 참극
فداء (피아-)	1.구원, 되찾음 2.몸값, 배상금	**فدع** (파다아)	부수다, 금가게 하다
فدائية (피다이-야)	자기 희생정신	**تفدع** (타팟다아)	부서지다, 깨지다
فدائيون (피다이유-나)	특공대, 유격대	**فدع** (파다으)	기형 관절염

فرار (피라-르)	도망, 도주	مفدى (마프디)	1.귀중한 2.헌신적인 사람
فرّار (파르라-르)	1.도망치는 3.탈주자	مفاداة (무파다-)	희생, 헌신
مفر (마파르르)	1.도망 2.탈출구, 배출구	فذ (팟즈)	1.유일한 2.보통이 아닌, 이상한
فراولة (파라-왈라)	딸기	أفذاذ (아프자-즈)	비상한 사람들
فرات (푸라-트)	1.민물 2.유프라테스 강	فذلك (파즐라카)	결산하다, 청산하다
فرتونة (푸르투-나)	1.행운의 여신 2.폭풍	فذلكة (파즐라카)	1.요약, 개요 2.결산
فرج (파라자)	1.분리하다 3.없애다(근심)	فر (파르라)	도망치다, 도주하다
أفرج (아프라자)	석방하다, 해방하다	فرر (파르라라)	도주시키다
تفرّج (타파르라자)	1.즐기다 2.관찰하다	افترّ (이프타르라)	미소짓다, 웃다
إفراج (이프라-즈)	해방, 석방	فر (파르르)	도망, 탈주
فرج (파라즈)	1.긴장을 품 2.행복한 결말	فار (파-르르)	탈영병, 군무이탈자

أفرح (아프라하)	기쁘게, 행복하게 하다	فرج (파르즈)	1. 음부, 외음부 2. 갈라진 틈
فرح (파라흐)	1. 기쁨, 환희 2. 결혼 3. 잔치	فرج (푸리즈)	무분별한, 경솔한, 지각없는
فرح (파리흐)	기쁜, 유쾌한, 즐거운, 행복한	فرجة (푸르자)	1. 갈라진 틈 2. 행복한 상태
فرحة (파르하)	1. 기쁨, 즐거움 2. 결혼식	فروج (푸루-즈)	닭, 병아리
فرحان (파르하-느)	기쁜, 유쾌한, 즐거운	تفرجة (타르리자)	깊은 상처, 갈라진 틈
تفريح (타프리-흐)	즐거움, 유쾌, 상쾌	تفرج (타파르라즈)	1. 검사, 조사 2. 감시, 감찰
مفرح (무프리흐)	즐겁게 하는, 흥겹게 하는	انفرج (인파라자)	1. 이완, 풀림 2. 열리는 것
مفارح (마파-리흐)	즐거운 일	مفرج (마프라즈)	1. 경감 2. 행복한 결말
فرخ (파르라카)	1. 품다(알을) 2. 싹트게 하다	متفرج (무타파르리즈)	관람자, 구경꾼
فرخ (파르크)	1. 어린 새, 병아리 2. 새싹	منفرج (문파리즈)	1. 벌어진 2. 명랑한
فرخة (파르카)	어린 암컷의 새	فرح (파리하)	즐겁다, 기뻐하다, 좋아하다

파

فريدة (파리 - 다)	귀중한 보석, 진주	**فراخ** (피라 - 크)	가금, 닭
تفريدى (타프리 - 디)	상세한, 정밀한	**تفريخ** (타프리 - 크)	부화, 알을 품음
انفراد (인피라 - 드)	1.고독 2.격리, 고립	**مفرخ** (마프라크)	부화장, 알까는 장소
مفرد (무프라드)	1.유일한 2.단어	**فرد** (파라다)	1.유일하다 2.물러가다
مفردة (무프라다)	약초	**فرد** (파르라다)	고립시키다, 분리시키다
مفردات (무프라다 - 트)	어휘	**أفرد** (아프라다)	1.제쳐두다 2.선발하다
متفرد (무타파르리드)	1.외로운 2.독특한	**انفرد** (인파라다)	1.홀로 서다 2.고립되다
منفرد (문파리드)	1.고립된 2.홀로 3.개별적인	**فرد** (파르드)	1.하나 2.개인 3.유일의
فردوس (파르다우쓰)	1.낙원, 천국 2.정원	**فردية** (파르디 - 야)	개인주의
فرز (파라자)	1.분리하다 2.가려내다	**فردة** (피르다)	인두세
أفرز (아프라자)	1.배설하다 2.검사하다	**فريد** (파리 - 드)	1.유일한 2.비할데 없는

파

فرز (파라즈)	1.분리 2.선별 3.배설	**فرسنة** (파르싸나)	용감성, 대담성
فريز (파리-즈)	테두리, 모서리	**فارس** (파-리쓰)	1.기사 2.영웅 3.이란인
إفراز (이프라-즈)	분비(땀 등의), 배설	**فراسة** (피라-싸)	1.관상학 2.총명, 예민
مفرزة (마프라자)	일대, 떼, 무리	**فروسة** (푸루-싸)	1.미술, 기마술 2.기사도
مفرزات (무프라자-트)	배설물, 분비물	**فروسية** (푸루씨-야)	영웅적 기질
مفروز (마프루-즈)	1.분리된 2.구분된	**فريسة** (파리-싸)	희생물, 잡은 동물
فرس (파라싸)	1.잡아먹다 2.죽이다	**فرش** (파라샤)	1.전개하다 2.포장하다(길 등을)
تفرس (타파르라싸)	1.노려보다 2.알아보다	**فرش** (파르라샤)	포장하다, 타일을 붙이다
افترس (이프타라싸)	능욕하다, 강간하다	**انفرش** (인파라샤)	깔리다
فرس (파라쓰)	말(가축), 암말	**افترش** (이프타라샤)	1.내뻗다 2.여자와 동침하다
فرس (푸르쓰)	1.이란 사람 2.이란, 페르시아	**فرش** (파르슈)	1.가구를 갖춤 2.가구

파

فرشة (파르샤)	침대, 침대요, 매트리스	**فرص** (파르라쌰)	공휴일로 만들다
فراش (파라 - 슈)	나방, 나비	**افترص** (이프타라쌰)	붙잡다, 포착하다
فراشة (파라 - 샤)	1.나방 2.경솔한 사람	**فرصة** (푸르쌰)	1.기회, 호기 2.차례 3.휴가
فراش (피라 - 슈)	1.매트리스 2.방석 3.담요	**مفرص** (무파르리스)	피서객, 관광객
فراش (파르라 - 슈)	1.하인, 시종 2.사환	**فرض** (파라돠)	1.추측하다 2.판결하다
فروشات (푸루샤 - 트)	가구, 살림살이	**فرض** (파르라돠)	1.법제화하다 2.해석하다
مفرش (미프라슈)	1.덮는 것 2.침대보	**افترض** (이프타라돠)	1.규정하다(책임을) 2.지우다
مفرشة (미프라샤)	깔개, 까는 담요	**فرض** (파르드)	1.상상, 추측 2.의무, 책임
مفروش (마프루 - 슈)	가구가 갖추어진	**فارض** (파 - 리드)	오래된, 늙은
مفروشات (마프루샤 - 트)	가구, 살림살이	**فرضية** (파르듸 - 야)	가설, 가정, 상상
فرص (파라쌰)	절개하다, 해부하다	**فريضة** (파리 - 돠)	1.의무예배 2.신의 명령

فُراطة (푸라 - 따)	잔돈, 동전	**افتراض** (이프티라 - 드)	가설, 가상, 추측
فارط (파 - 리뜨)	지난, 흘러간	**مفروض** (마프루 - 드)	1.예측되는 2.규정된
فروط (푸루 - 뜨)	불쑥 튀어나온 말	**مفروضات** (마프루돠 - 트)	의무들, 책임들
إفراط (이프라 - 뜨)	무절제, 사치	**فرط** (파라따)	1.놓치다 2.등한시하다
تفريط (타프리 - 뜨)	태만, 부주의	**فرّط** (파르라따)	1.낭비하다 2.남용하다
مفرط (무프리뜨)	지나친, 과도한	**أفرط** (아프라따)	극단으로 흐르다
فرع (파라아)	1.높다 2.능가하다	**انفرط** (인파라따)	1.벗겨지다 2.용해되다
تفرّع (타파르라아)	1.갈라지다 2.기원하다	**فرْط** (파르뜨)	1.과도함 2.가혹 3.풀린
انفرع (인파라아)	분할되다, 분리되다	**فرَط** (파라뜨)	이익, 이자
افترع (이프타라아)	…의 처녀성을 빼았다	**فرِط** (피르뜨)	값이 싼, 저렴한, 저가의
فرع (파르으)	1.가지 2.부, 과 3.지점	**فرطة** (푸르똬)	짧은 거리, 구간

파

تفرغ (타파르라가)	1.한가하다 2.쏟다(정력을)
استفرغ (이쓰타프라가)	1.써버리다 2.토하다
فرغ (파리그)	1.빈, 공허한 2.한가한
فارغ (파 - 리그)	1.텅 빈 2.바쁘지 않는
فراغ (파라 - 그)	1.텅 빔 2.공간 3.틈, 여가
فروغ (푸루 - 그)	1.공석, 공백 2.종료
تفريغ (타프리 - 그)	1.철거 2.하역함 3.소모
مفروغ (마프루 - 그)	1.해결된 2.다 써버린
متفرغ (무타파르리그)	한가한, 일 없는
فرفش (파르파샤)	성원하다, 응원하다
فرفشة (파르파샤)	편안, 안락, 안일

فرعى (파르이)	1.부분적인 2.지협적인
فارع (파 - 리으)	1.날씬한 3.풍채 좋은
أفرع (아프라으)	키가 큰, 호리호리한
تفرع (타파르루으)	1.다재다능 2.이차적인 것
مفرع (무파르라으)	분파된, 갈라진
متفرع (무타파르리으)	1.갈라지는 2.가지가 많은
فرعن (파르아나)	1.거만하다 2.잔인하다
فرعنة (파르아나)	1.전횡 2.교만 3.악의
فرعون (피르아운)	1.파라오 2.폭군
فرغ (파라가)	1.비다 2.전념하다
أفرغ (아프라가)	1.비우다 2.짐을 부리다

مفرفش 기분이 좋은, 유쾌한 (무파르파슈)	**فرق** 공포, 두려움, 무서움 (파라끄)
فرفك 문지르다, 비비다 (파르파카)	**فرق** 1.차이 2.구별 3.차액 (파르끄)
فرفكة 마찰, 비비는 것 (파르파카)	**فرق** 1.무리 3.국, 과, 반 (피르끄)
فرق 1.구별하다 2.분리하다 (파라까)	**فرقة** 1.국, 과, 반 2.등급 3.분파 (피르까)
فرق 1.무서워하다, 두려워하다 (파리까)	**فرقة** 분할, 분리, 분열 (푸르까)
فرق 1.분배하다 2.이간시키다 (파르라까)	**فراق** 1.이별, 작별 2.차이점 (피라 - 끄)
فارق 1.갈라서다 2.떠나다 (파 - 라까)	**فاروق** 아주 겁 많은 (파루 - 끄)
تفرق 분리되다, 해체되다 (타파르라까)	**فروق** 1.겁 많은 2.이스탄불 (파루 - 끄)
تفارق 1.헤어지다 2.흩어지다 (타파 - 라까)	**فروقة** 겁쟁이 (파루 - 까)
انفرق 분리되다, 이탈하다 (인파라까)	**فريق** 1.일행 2.일대 3.팀 4.당파 (파리 - 끄)
افترق 해산되다 (이프타라까)	**فرقان** 1.증거 2.식별 3.꾸란 (푸르까 - ㄴ)

파

فرقعة (파르까아)	총소리, 폭발음	**تفرق** (타파르루끄)	1.분산 2.분리, 분할, 격리
مفرقع (무파르끼으)	1.폭파의 2.폭발물	**تفريق** (타프리 - 끄)	1.분리, 분산 2.분배 3.차별
فرك (파라카)	문지르다, 비비다	**تفريقة** (타프리 - 까)	1.분할 2.구별, 차별
تفرك (타파르라카)	1.비비다 2.마찰하다	**افتراق** (이프티라 - 끄)	분리, 격리, 분할
فركة (파르카)	비비는 것, 문지르는 것	**مفرق** (마프라끄)	1.분기점 2.교차로, 십자로
مفروك (마프루 - 크)	1.문지른 2.부드러운	**مفرق** (무파르리끄)	1.소매상인 2.우체부
فرم (파라마)	잘게 썰다(고기 등을)	**مفارقة** (무파 - 라까)	1.이별, 작별 2.구별
فرمة (파르마)	부스러기, 조각	**متفرق** (무타파르리끄)	흩어진, 분산된
فرمان (파라마 - ㄴ)	칙령, 법령, 포고	**متفرقات** (무타파르리까 - 트)	갖가지의, 잡다한
مفرمة (미프라마)	분쇄기, 절단기	**مفترق** (무프타라끄)	1.분기점 2.교차로
مفروم (마프루 - ㅁ)	잘게 썰어진, 다져진	**فرقع** (파르까아)	폭발하다, 파열시키다

فرملة (파르말라)	제동기, 브레이크	فاره (파 - 리흐)	1.활기에 넘친 2.미모의
فرن (푸른)	오븐, 화덕, 화실(기관차의)	فراهة (파라 - 하)	1.민첩, 활발 2.미모
فرنية (푸르니 - 야)	과자, 생과자	فرهد (파르하다)	지치다, 녹초가 되다
فرنج (파르나자)	유럽화하다, 구라파화하다	فرهدة (파르하다)	녹초, 기진맥진
تفرنج (타파르나자)	유럽을 모방하다	فروة (파르와)	모피, 모피제품
افرنج (이프라즈)	유럽사람	فرى (파라)	1.날조하다 2.중상하다
تفرنج (타파르란즈)	유럽화, 서구화	أفرى (아프라)	째다, 자르다
متفرنج (무타파르란즈)	유럽화 된	افترى (이프타라)	1.날조하다 2.비방하다
فرند (피린드)	1.검도솜씨 2.광채, 섬광	فرية (피르야)	1.거짓말 2.중상, 비방
فرندة (파란다)	베란다, 뒷마루	افتراء (이프티라 -)	1.비방, 중상 2.날조
فره (파루하)	1.민첩하다 2.아름답다	مفتريات (무프타리야 - 트)	거짓말들

파

فَزَّ (팟자)	1.깜짝놀라다 2.달아나다	أَفْزَعَ (아프자아)	위협하다, 놀라게 하다
تَفَزَّزَ (타팟자자)	마음이 들뜨다	تَفَزَّعَ (타팟자아)	무서워하다, 놀래다
اِسْتَفَزَّ (이쓰타팟자)	자극하다, 부추기다	اِنْفَزَعَ (인파자아)	놀라다, 무서워하다
فَزَّة (팟자)	펄적 뜀, 급격한 돌진	فَزَعٌ (파자으)	두려움, 무서움, 공포
اِسْتِفْزَازٌ (이쓰티프자 - 즈)	부추김, 선동	فَزِعٌ (파지으)	두려운, 겁에 질린
مُسْتَفِزٌّ (무쓰타핏즈)	도발자, 선동자	فَزْعَة (파즈아)	허수아비
فَزَرَ (파자라)	파열하다, 찢다, 째다	فُزْعَة (푸즈아)	비겁한 사람
تَفَزَّرَ (타팟자라)	찢다, 째다, 쪼개다	فَزْعَانُ (파즈아 - 느)	두려운, 겁에 질린
فَزَارَة (파자 - 라)	암표범	مَفْزَعٌ (마프자으)	피난처, 은신처, 피신처
فَزُّورَة (파주 - 라)	수수께끼	مَفْزَعَة (마프자아)	1.피신처 2.허수아비
فَزِعَ (파자아)	1.무서워하다 2.피하다	مُفْزِعٌ (무프자으)	겁나는, 놀라는

فسخ (파싸카)	1.시들다 2.무효로 하다	فستان (푸쓰타 - 느)	드레스, 부인복
فسخ (파쌋카)	1.째다 2.소금에 절이다	فستق (푸쓰투끄)	땅콩의 일종
انفسخ (인파싸카)	취소되다, 폐기되다	فسح (파쑤하)	넓다, 넓게 되다
فسخ (파쓸크)	취소, 폐지, 폐기	أفسح (아프싸하)	1.자리를 내주다 2.개방하다
فساخة (파싸 - 카)	생선 통졸임 공장	تفسح (타팟싸하)	1.넓다 2.걷다 3.배설하다
فسيخ (파씨 - 크)	소금에 절인 작은 생선	فسحة (파싸하)	1.로비, 넓은 방 2.안뜰
مفسوخ (마프쑤 - 크)	취소된, 폐기된	فسحة (푸쓰하)	1.널찍함 2.공간 3.산책
متفسخ (무타팟씨크)	타락한, 퇴화한	فسحات (푸쓰하 - 트)	1.빈, 공간 2.유람
فسد (파싸다)	1.썩다 2.부패하다	فساحة (파싸 - 하)	공간, 넓은 곳
أفسد (아프싸다)	1.못쓰게 만들다 2.무효로 하다	فسيح (파씨 - 흐)	넓은, 광범위한
استفسد (이쓰타프싸다)	선동하다, 부추기다	انفساح (인파싸 - 흐)	넓음, 넓힘, 확장

فاسد (파 - 씨드)	1.타락한 2.부패한	**مفسر** (무팟씨르)	해설자, 주석자, 설명자
فساد (파싸 - 드)	1.부패, 타락 2.비행	**فسفس** (파쓰파싸)	빈대
إفساد (이프싸 - 드)	파락, 부패, 퇴패	**فسفوسة** (파쓰푸 - 싸)	여드름(의학), 뽀루지, 농포
مفسدة (마프싸다)	1.나쁜 짓 2.음모	**فسيفساء** (푸싸이피싸 -)	모자이크, 모자이크 작품
مفاسد (마파 - 씨드)	사악한 행동, 속임수	**فسق** (파싸까)	간음하다(여자를), 능욕하다
فسر (파싸라)	검사하다(소변), 실험하다	**فسق** (피쓰끄)	1.방탕 2.간통, 간음, 방탕한 생활
فسر (팟싸라)	1.해석하다 2.주석을 달다	**فسقية** (파쓰끼 - 야)	분수, 우물
تفسير (타프씨 - 르)	1.해석 2.뜻풀이 3.번역	**فاسق** (파 - 씨끄)	1.방탕한 2.죄인 3.경건치 않은
تفسرة (타프씨라)	검사용의 소변	**مفسقة** (마프싸까)	창녀집
تفسيرات (타프씨라 - 트)	주해, 범례	**فسل** (파쌀라)	나쁘다, 저열하다
استفسار (이쓰티프싸 - 르)	…에 대한 문의, 질문	**فسل** (파쓸르)	1.비천한 2.야비한, 비열한

فشخة (파슈카)	큰 걸음, 활보	**فسولة** (푸쑬-라)	낮음(신분이), 비천함
فشر (파샤라)	허풍떨다, 떠벌리다	**فسلج** (파쓸라자)	생리학
فشار (피샤-르)	튀긴, 옥수수, 팝콘	**فسا** (파싸)	소리없이 방귀를 뀌다
فشار (팟샤-르)	허풍쟁이, 거짓말쟁이	**فساء** (푸싸-)	체내의 가스, 방귀
فشل (파쉴라)	1.낙담하다 2.실패하다	**فش** (팟샤)	1.가라앉다 2.열쇠없이 열다
أفشل (아프샬라)	훼방놓다, 실패하게 하다	**انفش** (인팟샤)	가라앉았다
تفشل (타팟샬라)	실패하다, 잘못되다	**فشاش** (파샤-슈)	도둑(열쇠를 부수고 들어온)
فشل (파샬)	실패, 실망, 실수	**فشاشة** (팟샤-샤)	자물쇠를 여는 사람이나 도구
فاشل (파-쉴)	1.실패한 2.가치 없는	**فشوش** (파슈-슈)	실패한, 망친
فشا (파샤)	1.유포되다 2.드러나다	**مفش** (미팟슈)	허풍쟁이
تفشى (타팟샤)	퍼지다(병이), 유행하다	**فشخ** (파샤카)	1.찰싹 때리다 2.활보하다

파

تفصح (타팟솨하)	허풍을 떨다	**انفشى** (인파샤)	폭로되다, 드러나다
فصح (파스흐)	1.부활절 2.유월절 3.순수한 언어	**فشو** (파슈우)	돌발, 퍼짐, 유포
فصاحة (파솨 - 하)	웅변, 말재간	**فاش** (파 - 쉰)	소문난, 전파되는, 누설된
فصيح (파시 - 흐)	1.순수한 아랍어 2.능변의.	**تفش** (타파쉰)	펼쳐짐, 전파됨, 누설
تفاصح (타파 - 수흐)	과장된, 말, 호언장담	**مفشى** (마프쉬)	전파된(병이), 누설된(기말이)
مفصح (무프시흐)	1.분명한 2.쾌청한	**فصص** (팟솨솨)	껍질을 벗기다
فصد (파솨다)	피를 뽑다, 방혈을 하다	**فص** (팟스)	1.기본, 본질 2.돌보석
انفصد (인파솨다)	피가 나다, 흐르다(코피가)	**مفصص** (무팟솨스)	1.조각난 2.껍질이 벗겨진
افتصد (이프타솨다)	피를 뽑다	**فصح** (파수하)	말을 유창하게 하다
فصد (파스드)	1.채혈 2.코피가 나는	**فصح** (팟솨하)	표준 아랍어를 사용하다
فصل (파솰라)	1.분리하다 2.해고하다	**أفصح** (아프솨하)	1.선언하다 2.표준어를 사용하다

مفصل (마프실)	관절, 마디, 절	**فصل** (팟쌀라)	1.상술하다 2.재단하다(옷)
مفصل (무팟쌀)	1.상세한 2.맞춤의(옷 등)	**فاصل** (파 - 쌀라)	1.흥정하다 2.분리되다
مفصو (마프수 - ㄹ)	1.분리된 2.해임된	**انفصل** (인파쌀라)	1.분리되다 2.사임하다
منفصل (문파실)	1.분리된 2.해임된, 제명된	**فصل** (파슬)	1.분할 2.책의 장 3.학년 4.계절
فصم (파쏘마)	1.절단하다 2.부수다	**فاصل** (파 - 실)	1.결정적인 2.사이, 구간
انفصم (인파쏘마)	1.단절되다 2.풀리다	**فصيل** (파실 - ㄹ)	1.젖을 뗀 2.젖 뗀 아이
انفصام (인피쏘 - ㅁ)	1.분열 2.성신분일쯩	**فصيلة** (파실 - 라)	종(생물의), 종류
فض (팟돠)	1.해산시키다(의회) 2.결말을 짓다(분쟁)	**فيصل** (파이쏼루)	1.결정적인 기준 2.중재인
فضض (팟돠돠)	은을 도금하다	**تفصيل** (타프시 - ㄹ)	1.상술, 진술 2.재단(옷)
تفضض (타팟돠돠)	도금이 되다	**انفصال** (인파쏴 - ㄹ)	1.분리 2.해방 3.탈퇴
انفض (인팟돠)	1.해산하다 2.끝내다	**انفصالية** (인파쏼리 - 야)	분리주의, 독립주의

파

627

فضحة (파드하)	수치, 창피한 일	**افتضّ** (이프탓돠)	처녀성을 빼앗다
فاضح (파 - 디흐)	수치스러운, 창피한	**فضّ** (팓드)	1.분산, 해산 2.해결 3.종결, 폐회
فضاحة (파돠 - 하)	수치, 불명예, 망신	**فضة** (핏돠)	은
فضيح (파디 - 흐)	1.수치스러운 2.폭로된	**تفضيض** (타프디 - 드)	은도금
فضيحة (파디 - 하)	수치, 굴욕, 불명예	**انفضاض** (인피돠 - 드)	1.해산 2.종결, 폐회
فضائح (파돠 - 이흐)	1.창피 2.추행, 비행	**افتضاض** (이프디돠 - 드)	능욕(처녀를), 유린
انفضاح (인피돠 - 흐)	1.폭로, 노출 2.수치	**مفضّض** (무팟돠드)	은을 도금한
افتضاح (이프티돠 - 흐)	파렴치한 행위	**فضح** (파돠하)	들추어내다, 망신시키다
مفضوح (마프두 - 흐)	1.망신시키는 2.폭로된	**انفضح** (인파돠하)	폭로되다, 모욕당하다
فضل (파돨라)	나머지가 있다, 보다 좋다	**افتضح** (이프타돠하)	폭로되다, 노출되다
فضّل (팟돨라)	좋아하다, 선호하다	**فضح** (파드흐)	폭로, 들춤, 치욕, 굴욕

| فاضل (파-딜) | …와 우열을 다투다, 경쟁하다 | فضولية (푸둘리-야) | 1.호기심 2.간섭, 참견 |

| أفضل (아프돨라) | 은혜를 베풀다 | فضيل (파듸-ㄹ) | 1.뛰어난 2.박식한 |

| تفضل (타팟돨라) | 친절하다, …하여 주다 | فضيلة (파딜-라) | 1.미덕 2.장점, 우월 |

| فضل (파들) | 1.호의 2.장점 3.공로 4.우월 | أفضلية (아프돨리-야) | 1.선택 2.우선권, 특혜 |

| فضلة (파들라) | 1.나머지 2.과잉 3.자투리 | أفاضل (아파-딜루) | 학식 있는 사람 |

| فضلات (파돨라-트) | 배설물, 똥 | تفضل (타팟둘) | 겸손, 친절, 호의, 예의 |

| فاضل (파-딜) | 1.진액 3.정숙한 4.기특한 | تفضيل (타프듸-ㄹ) | 1.우선권 2.편애 3.존중 |

| فاضلة (파-딜라) | 1.공로, 공적 2.덕성 3.증가 | مفضل (무팟돨) | 1.바람직한 2.좋아하는 |

| فضالة (푸달-라) | 1.나머지, 여분 2.찌꺼기 | مفضلة (미프돨라) | 실내복, 간편한 복장 |

| فضلاء (푸돨라-우) | 1.뛰어난 2.박식한 | مفضلات (미프돨라-트) | 아마포, 린넨 |

| فضول (푸두-ㄹ) | 1.호기심 2.참견, 간섭 | مفاضلة (무파-돨라) | 비교, 대조 |

파

مفضول (마프두 - 르)	열등한, 제일 나쁜
فضا (파돠)	1.넓다 2.비다, 공허하다
أفضى (아프돠)	1.알리다 2.공헌하다
تفضى (타팟돠)	1.몰두하다 2.한가하다
فاض (파 - 딘)	1.빈, 공허한 2.한가한
فضاء (파돠 -)	1.공간 2.우주 3.광활한 공간
فطر (파똬라)	1.창조하다 2.조반을 먹다
أفطر (아프똬라)	단식을 깨다, 아침을 먹다
فطر (파뜨르)	갈라진 금, 틈
فطر (푸뜨르)	버섯
فطر (피뜨르)	금식을 깨는 것
فطرة (피뜨라)	1.창조 2.창조 3.본성
فاطر (파 - 띠르)	1.조물주 2.창작자, 제작자
فطور (파뚜 - 르)	아침식사, 조반
فطير (파띠 - 르)	누룩을 넣지 않는 빵
إفطار (이프따 - 르)	금식을 깨뜨리는 식사
فطس (파따싸)	죽다, 소멸하다
فطسان (파뜨싸 - 누)	질식사한, 목졸라 죽인
فطيس (파띠 - 쓰)	질식하는, 숨막히는
فطيسة (파띠 - 싸)	1.시체, 송장 2.짐승의 시체
فطم (파똬마)	젖을 떼다, 이유시키다
فطام (피따 - ㅁ)	젖을 뗀 아이

파

فاطمة (파 - 티마)	예언자 무함마드의 딸 이름	**فظ** (팟좌)	무례하다, 버릇이 없다
فطيم (파띠 - ㅁ)	젖을 뗀	**فظ** (팟즈)	버릇없는, 무례한, 거치른
مفطوم (마프뚜 - ㅁ)	젖을 뗀	**فظاظة** (파좌 - 좌)	난폭, 무례한 것
فطن (파띠나)	1.영리하다 2.회상하다	**فظع** (파주아)	무섭다, 끔찍하다
تفطن (타팟따나)	이해하다, 파악하다	**فظع** (팟좌아)	만행을 하다
فطن (파띠느)	1.총명한, 재치있는 2.교활한	**فظاعة** (파좌 - 아)	1.공포, 전율 2.잔인, 흉악
فطنة (피뜨나)	1.총명, 영민 2.이해, 파악	**فظيع** (파지 - 으)	무서운, 끔직한, 추한
فاطن (파 - 띠느)	1.영리한, 총명한 2.교활한	**مفظع** (무프지으)	끔직한 죄
فطونة (푸뚜 - 나)	영리함, 재치있음, 이해력	**فعل** (파알라)	1…을 하다 2.영향을 미치다
فطين (파띠 - 느)	1.영리한, 총명한 2.교활한	**تفاعل** (타파 - 알라)	상호작용하다
تفطن (타팟뚜느)	지능, 이해력, 이해	**انفعل** (인파알라)	1.영향을 받다 2.흥분되다

파

افتعل (이프타알라) 1.조작하다 2.위조하다	**مفعولية** (마프울리-야) 1.행동, 작용 2.분노
فعل (피을) 1.행동, 행위, 일 2.영향 3.기능	**منفعل** (문파일) 1.흥분한 2.성격이 급한
فعلة (파을라) 행동, 행위	**فعم** (파아마) 가득 채우다, 채워넣다
فاعل (파-일) 1.행위자 2.가해자 3.유효한	**مفعم** (무프아므) 가득 찬, 충만한
فاعلية (파일리-야) 효과, 효능, 효력	**فغر** (파가라) 입을 열다, 하품을 하다
تفاعل (타파-울) 1.상호작용 2.화학반응	**فغرة** (푸그라) 계곡 어귀, 골짜기 입구
انفعال (인파아-ㄹ) 1.흥분 2.노여움 3.반작용	**فاغر** (파-기르) 결원 된, 빈
انفعالات (인피알라-트) 흥분, 동요, 소동	**فغم** (파가마) 냄새가 코를 찌르다
انفعالية (인파알리-야) 흥분잘하는 성질	**فاغم** (파-김) 냄새가 코를 찌르는
افتعال (이프티아-ㄹ) 꾸며내는 것, 날조	**فاغية** (파-기야) 헤나 꽃
مفعول (마프우-ㄹ) 1.영향 2.효력 3.끝난	**فغوة** (파그와) 향기

فقأ (파까아)	1.도려내다 2.린넷으로 절개하다	**تفقد** (타팟꾸드)	1.탐색 2.방문 3.검사 4.필요
تفقأ (타팟까아)	파열하다, 폭발하다, 터지다	**مفقود** (마프꾸 - 드)	행방(생사)불명의 사람
فقحة (파끄하)	항문, 똥구멍	**متفقد** (무타팟끼드)	1.검사하는 2.검사관
فقد (파까다)	1.잃다 2.놓치다(기회를)	**مفتقدات** (무프타끼다 - 트)	잃은 물건
أفقد (아프까다)	빼앗다, 강탈.약탈하다	**فقر** (파까라)	구멍을 뚫다, 꿰뚫다, 찌르다
تفقد (타팟까다)	1…을 찾다 2.시찰하다	**فقر** (파꾸라)	가난하다
استفقد (이쓰타프까다)	부족감을 느끼다	**افتقر** (이프타까라)	1.필요하다 2.부족하다
فقد (파끄드)	1.잃음, 상실 2.사별	**فقر** (파끄르)	1.가난, 빈곤 2.부족, 결핍
فاقد (파 - 끼드)	…을 잃은, …이 없는	**فقرة** (파끄라)	척추골, 허리뼈
فقدان (푸끄다 - ㄴ)	1.잃음, 상실 2.사별	**فقرة** (피끄라)	1.문장, 절, 단락 2.사슬의 고리
فقيد (파끼 - 드)	1.잃어버린 2.죽은, 고…	**فاقرة** (파 - 끼라)	불행, 재난, 재해

파

فقط (파까뜨)	1.다만, 오직 2.합계하여	**فقارة** (파까 - 라)	등뼈대, 척추
فقع (파까아)	1.노란색이 되다 2.일사병으로 죽다	**فقير** (파끼 - 르)	1.가난한 2.가난뱅이
انفقع (인파까아)	벌어지다, 활짝피다	**افتقار** (이프티까 - 르)	요구, 필요, 결핍
فقع (푸끄으)	버섯	**مفقور** (마프꾸 - 르)	허리를 다친
فاقع (파 - 끼으)	1.색갈이 밝은 2.샛노란	**فقس** (까파싸)	알을 까다, 부화하다
فاقعة (파 - 끼아)	1.물집(의학), 수포 2.농포	**مفقس** (미프까쓰)	부화기, 조산아 보육기
فقاعة (풋까 - 아)	거품, 기포	**فقص** (파까솨)	알을 품다, 까다
فقوع (푸꾸 - 으)	1.터진 틈 2.바보, 천치	**فقوص** (팟꾸 - 스)	큰 오이
فقم (파끼마)	심상치 않다, 위험하다	**تفقيص** (타프끼 - 스)	부화, 알을 품음
تفاقم (타파 - 까마)	심상치 않다	**فقط** (팟까따)	숫자를 문자로 쓰다
أفقم (아프까무)	뻐드렁니의	**تفقط** (타팟까따)	숫자가 문자로 쓰이다

파

تفكيك (타프키-크)	분열, 해체, 분할	تفاقم (타파-꿈)	악화, 격화
تفكك (타팟쿠크)	분열, 분리, 분해, 파괴	فقه (파끼하)	법률적 지식을 가지다
انفكاك (인피카-크)	1.해방 2.해약	أفقه (아프까하)	알게 하다, 가르치다
مفكوك (마프쿠-크)	풀린, 매지 않은	تفقه (타팟까하)	이슬람법률을 연구하다
مفكك (무팟카크)	말이 앞뒤가 맞지 않는	فقه (피끄흐)	1.지식, 학식 2.이슬람 법률
فكر (파카라)	생각하다, 사색하다, 명상하다	فقيه (파끼-흐)	이슬람 법률학자
تفكر (타팟카라)	회상하다, 생각해내다	فك (팟카)	1.옷을 벗기다 2.노예를 석방하다
افتكر (이프타카라)	생각하다, 사색하다, 명상하다	تفكك (타팟카카)	1.분해되다 2.와해되다
فكر (피크르)	1.사상, 생각 2.견해 3.근심, 염려	فك (팟크)	1.분해, 해체, 분리 2.탈골
فكرة (피크라)	1.이념, 의견 2.불안, 걱정, 주저	فكة (팟카)	1.잔돈, 거스름돈, 동전 2.만족
فكريات (피크리야-트)	이데올로기, 이념, 사상	فكاك (파카-크)	1.해방, 노예해방 2.몸값, 배상금

파

فكير (팟키-르)	생각에 잠긴, 사려 깊은	**فكه** (파키흐)	1.유쾌한 2.농담의 3.맛있는
تفكر (타팟쿠르)	1.생각, 사색, 명상 2.고려	**فاكه** (파-키흐)	1.즐거운 2.유머스러운, 해학의
تفكرة (타프키라)	1.회상, 회고, 상기 2.수첩	**فاكهانى** (파키하-니)	과일장수
تفكير (타프키-르)	1.심사숙고 2.고려 3.사상	**فكاهة** (푸카-하)	1.웃기는 것, 우스개 말 2.유모
مفكر (무팟키르)	사상가, 사색가	**فكاهى** (푸카-히)	1.유머러스한 2.익살꾼, 해학자
مفكرة (무팟키라)	수첩, 비망록, 공책	**فكيه** (파키-흐)	맛있는, 맛좋은
مفكرات (무팟키라-트)	생각, 의견, 견해	**أفكوهة** (우프쿠-하)	1.우스개소리 2.유머, 해학
فكه (파키하)	즐겁다, 기쁘다, 익살스럽다	**أفاكيه** (아파키-흐)	농담, 익살맞은 말이나 행동
فكه (팟카하)	1.즐겁게 하다 2.과일을 먹다	**تفكه** (타팟쿠흐)	1.기쁨, 즐거움 2.유머스러운 말
فاكه (파-카하)	농담을 하다, 익살을 부리다	**مفاكهة** (무파-카하)	1.놀리는 말 2.유머
تفكه (타팟카하)	1.재미있어 하다 2.농담을 하다	**فل** (팔라)	1.무디게 하다 2.도망가다

فلج (팔라좌)	1.무찌르다 3.경작하다	**فلة** (필라)	빌라, 시골집
فلج (풀리좌)	마비되다	**فلال** (풀라 - ㄹ)	패배한, 참패한
انفلج (인팔라좌)	마비되다	**فلت** (팔라타)	1.해방하다 2.가버리다
فلج (팔즈)	개천, 시냇물	**أفلت** (아플라타)	해방시키다, 구출하다
فالج (팔 - 리즈)	마비, 중풍	**انفلت** (인팔라타)	1.석방되다 2.달아나다
فيلج (파일라좌)	누에고치	**فلت** (팔라트)	도망, 도주
مفلوج (마플루 - 즈)	마비된, 중풍에 걸린	**فلتة** (팔타)	과실, 잘못, 착오, 실패
فلح (팔라하)	1.경작하다 2.성공하다	**فالت** (팔 - 리트)	1.구속 없는 2.방탕자
أفلح (아플라하)	성공하다, 행복을 누리다	**إفلات** (이플라 - 트)	1.도주 2.해방, 석방
فلح (필흐)	1.시골, 농촌 2.농촌생활	**انفلات** (인필라 - 트)	도망, 탈출, 벗어남
فلاح (팔라 - 흐)	1.성공 2.복지 3.농부	**مفلت** (마플리트)	출구, 빠져 나가는 길

파

فلاس (팔라 - 쓰)	환전상인	**فلاحة** (필라 - 하)	1.경작 2.농사, 농업
إفلاس (이플라 - 쓰)	1.파산 2.지불불능 3.실패	**مفلح** (무프리흐)	1.성공한 2.유복한 사람
تفليسة (타플리 - 싸)	파산, 도산	**فلز** (필즈)	금속, 광물
تفليس (타플리 - 쓰)	파산선언	**فولاز** (풀라 - 즈)	강철
تفاليس (타팔리 - 쓰)	파산, 지불불능, 실패	**فولاذى** (풀라 - 지)	강철의, 강철 같은, 강인한
مفلس (무플리쓰)	1.판산한 3.파산자	**أفلاز** (아플라 - 즈)	땅속의 보물
فلسطين (필리스티 - ㄴ)	팔레스타인	**فلس** (팔라싸)	파산하다, 실패하다
فلسف (팔싸파)	철학적으로 해석하다	**أفلس** (아플라싸)	1.파산하다 2.몰락하다
فلسفة (팔싸파)	철학	**فلس** (팔라쓰)	가난, 빈궁
فيلسوف (파일라쑤 - 프)	철학가	**فلس** (팔쓰)	1.돈 2.작은 동전
متفلس (무타팔씨프)	철학자인체 하는 사람	**فلوس** (풀루 - 쓰)	돈, 현금

فلط (풀뜨)	볼트(전기)	**فلقة** (팔라까)	매질, 곤장(발바닥 때리는)
فلطية (풀띄-야)	전압, 전기량	**فلاق** (팔라-끄)	노상강도
فلفل (팔팔라)	고추가루를 뿌리다	**فيلق** (파일라끄)	대군, 군단, 여단
فلفل (필필)	후추, 고추	**انفلاق** (인필라-끄)	분열
مفلفل (무풀팔)	고추를 친 후추를 넣은	**مفلق** (무플리끄)	뛰어난, 탁월한
فلق (팔라까)	쪼개다, 찢다, 가르다	**مفلوق** (마플루-끄)	쪼개진, 균열이 생긴
تفلق (타팔라까)	쪼개지다, 갈라지다	**فلك** (팔라카)	소녀가 큰 젖가슴을 가지다
انفلق (인팔라까)	1.갈라지다 2.틈이 생기다	**فلك** (팔라크)	1.궤도(천문) 2.천구 3.천체, 별
فلق (팔라끄)	새벽, 동녘, 여명	**فلك** (풀크)	배, 방주(노아의)
فلق (팔끄)	갈라진 틈, 균열	**فلكة** (팔라카)	엉덩이, 궁둥이
فلقة (팔까)	1.반쪽, 반개 2.조각, 파편	**فلكة** (필카)	도르래

파

فلوكة (팔루-카)	돛단배, 작은 배, 보트	**فن** (판느)	1.종류, 견본 2.예술, 기술
فلكي (팔라키)	천문학자, 점성가	**فنان** (판나-느)	1.예술가 2.얼룩말
فلائكي (팔라-이키)	뱃사공, 뱃사람	**فنانة** (판나-나)	여류 예술가
مفلك (무팔리크)	가슴이 큰 소녀	**فنية** (판니-야)	예술성, 예술적 기교
مفلوك (마플루-크)	운수가 나쁜, 불행한	**فنون** (푸누-느)	예술, 기술
فلان (풀라-ㄴ)	아무개, 누구누구	**أفانين** (아파니-누)	변화, 다양
فلى (팔라)	1.기생충을 없애다 2.조사하다	**تفتن** (타팟투느)	1.다양성 2.재주 3.전문기술
افتلى (이프탈라)	꼼꼼히 보다, 샅샅이 뒤지다	**فنار** (파나-르)	1.등대 2.초롱
فم (팜므)	1.입 2.하구(강의) 3.입구(운하의)	**فنجان** (판자-ㄴ)	찻잔, 컵
فنن (판나나)	1.섞다 2.분류하다, 가르다	**فنجر** (판자라)	관대함을 보이다
تفتن (타팟타나)	전문가가 되다, 대가가 되다	**تفنجر** (타판자라)	1.자랑하다 2.관대하다

파

فند (판다나)	1.논박하다 2.상술하다	**فناء** (피나 -)	1.안뜰 2.앞마당 3.공간, 공회당
أفند (아프나다)	논박하다, 반박하다	**إفناء** (이프나 -)	1.소멸, 사라짐 2.파멸, 파괴
تفنيد (타프니 - 드)	논박, 반박	**فهرس** (파흐라싸)	책에 색인을 넣다
فندق (판다까)	활짝 열다(문을)	**فهرس** (피흐리쓰)	1.목차, 목록 2.일람표
فندق (푼두끄)	여관, 호텔	**فهرسة** (파흐라싸)	목차를 다는 것
فانوس (파누 - 쓰)	호롱등, 램프	**فهرسية** (피흐리씨 - 야)	참고서 목록
فنى (파니야)	1.소멸하다 2.끝나다	**فهق** (파히까)	철철 넘치다
أفنى (아프나)	1.타파하다 2.소비하다	**تفيهق** (타파이하까)	장황하다, 이야기가 길다
تفانى (타파 - 나)	마음과 정성을 바치다	**فاهق** (파 - 히끄)	괴로운, 쓰라린
فان (파 - 닌)	1.소멸하는 2.사라지는 3.죽는	**فيهقة** (파이하까)	장황, 지루
فناء (파나 -)	1.소멸 2.고갈 3.죽음 4.자아소멸	**فهم** (파히마)	1.이해하다 2.듣다, 알다

파

아랍어	뜻	아랍어	뜻

أفهم 인식시키다, 가르치다
(아프하마)

مفهومية 이해력, 지력
(마프후미 - 야)

تفهم 1.통찰하다 2.깨닫다
(타파흐하마)

مفاهيم 개념
(마파히 - ㅁ)

تفاهم 합의에 이르다
(타파 - 하마)

فات 1.경과하다 2.능가하다
(파 - 타)

استفهم 묻다, 문의하다
(이쓰타프하마)

تفاوت 서로 다르다, 틀리다
(타파 - 와타)

فهم 1.이해 2.지력, 두뇌 4.식별력
(파흠)

افتات 1.조작하다 2.위반하다
(이프타 - 타)

فهم 총명한, 현명한,
(파히 - ㅁ)

فائت 1.일시적인 2.무상한
(파 - 이트)

تفهيم 지도, 교육, 가르침
(타프히 - 므)

فوت 1.탈출, 도망 2.차이, 다툼
(파우트)

تفهم 점진적 이해, 납득
(타파흐훔)

فوات 경과, 지나가는 것
(파와 - 트)

تفاهم 합의, 일치
(타파 - 훔)

فويت 제멋대로 하는, 독단적인
(푸와이트)

استفهام 물음, 문의, 질문
(이쓰티프하 - ㅁ)

تفاوت 1.차이, 대조 2.부조화
(타파 - 우트)

مفهوم 1.이해되는 2.의미, 뜻
(마프후 - ㅁ)

افتيات 반역, 배반
(이프티야 - 트)

فور (파우라)	곧, 즉시, 바로	متفاوت (무타파 - 위트)	구별되는, 차이나는
فورة (파우라)	확타오름, 감정의 폭발	فوج (파우즈)	1.군중, 집단 2.패거리
فوارة (파우와 - 라)	분수	فاح (파 - 하)	향기를 발산하다, 풍기다
فوري (파우리)	즉시의, 조속한, 즉석의	فوح (파우흐)	냄새가 나는, 풍기는
فورشة (푸 - 르샤)	침대, 침대요	فوحة (파우하)	향기발산
فاز (파 - 자)	1.이기다 2.득점하다	فواح (파우와 - 흐)	향긋한, 향기로운
فوز (파우와자)	사막을 가로지르다	فار (파 - 라)	1.끓어 넘치다 2.거품이 일다
فائز (파 - 이즈)	1.이긴 2.성공한 3.승리자	فور (파우와라)	1.물을 끓이다 2.선동하다
فوز (파우즈)	1.승리 2.성공 3.성취, 쟁취	فار (파 - 르)	쥐, 새양쥐
مفازة (마파 - 자)	황야, 광야, 사막	فائرة (파 - 이라)	1.소란, 소동 2.동요
فوض (파우와돠)	위임하다, 권한을 주다	فور (파우르)	1.비등 2.현금지불로

파

تفوق (타파우와까)	능가하다, 보다 낫다	**فاوض** (파 - 와돠)	교섭하여 결정하다
فائق (파 - 이끄)	1.뛰어난 2.현저한 3.탁월한	**فوضى** (파우돠)	1.무질서, 혼란 2.무정부 상태
فاقة (파 - 까)	가난, 빈곤, 결핍	**فوضوية** (파우돠위 - 야)	무정부상태, 혼란
فوق (파우끄)	1.위로, 위에 2…에 더하여	**تفويض** (타프위 - 드)	1.위임, 위탁 2.위임장
فواق (푸와 - 끄)	딸꾹질	**تفاوض** (타파 - 우드)	회담, 교섭, 협상
إفاقة (이파 - 까)	1.각성 2.회복, 완쾌	**مفوض** (무파우와드)	대리, 대리인
أفاويق (아파위 - 끄)	친절, 호의, 은혜	**مفوضية** (무파와듸 - 야)	전권대표부, 공사관
تفوق (타파우우끄)	1.우월 2.재능 3.최우수	**مفاوضة** (무파 - 와돠)	1.협상, 회담 2.협력
متفوق (무타파우위끄)	1.우수한 2.능숙한	**فوطة** (푸 - 따)	1.앞치마 2.수건, 타월
مفيق (무피 - 끄)	1.정신이 든 2.잠에서 깬	**فاق** (파 - 까)	1.능가하다 2.초월하다
فول (푸울)	콩, 완두콩	**أفاق** (아파 - 까)	1.깨닫다 2.회복하다

파

أفاد	1.알리다 2.이익이 되다	فولاذ	강철
(아파 - 다)		(풀라 - 즈)	
استفاد	1.이용하다 2.추론하다	فوم	마늘
(이쓰티파 - 다)		(푸 - ㅁ)	
فائدة	1.이익 2.성과 3.수익	فاه	1.발음하다 2.말하다
(파 - 이다)		(파 - 하)	
إفادة	알림, 통지, 통보	تفوه	말하다, 발언하다
(이파 - 다)		(타파우와하)	
استفادة	이용, 사용	فوه	입
(이쓰티파 - 다)		(푸 - 흐)	
مفيد	1.유익한 2.도움이 되는	فوهة	중상, 비방
(무피 - 드)		(파우하)	
فيزياء	물리학	فوية	은박지, 호일
(피지야 -)		(푸 - 야)	
فيسيولوجيا	생리학	مفوه	능변의, 말재간 있는
(피씨율루 - 지야)		(무파우와흐)	
فاش	1.뽐내다 2.부풀다	في	1…에, 안에 2.때에
(파 - 샤)		(피)	
فائش	뽐내는, 교만한	فاد	1.이롭다 2.이자가 붙다
(파 - 이슈)		(파 - 다)	
فياش	허풍선이	فيد	이자를 주다
(파이야 - 슈)		(파이야다)	

파

فاض (파 - 돠)	1.넘치다 2.풍부하다	**فائظ** (파 - 이즈)	1.고리대금업 2.이자
أفاض (아파 - 돠)	1.눈물을 흘리다 2.보고하다	**فيظ** (파이즈)	죽음, 사망
فيض (파이드)	1.풍부 2.홍수, 범람	**فيل** (파이얄라)	비방하다, 모독하다
فيوض (푸유 - 드)	시내, 개울	**تفيل** (타파이얄라)	불건전해지다
فائض (파 - 이드)	1.넘치는 2.풍부한 3.여분	**فيل** (피 - ㄹ)	코키리
فوائض (파와 - 이드)	이자, 나머지	**فيال** (파이야 - ㄹ)	코키리 몰이꾼
فياض (파이야 - 드)	1.넘치는 2.인색하지 않은		
فيضان (파이돠 - 느)	1.홍수 2.범람, 홍수		
مفيض (무피 - 드)	1.배출구, 배수관		
مستفيض (무쓰타피 - 드)	정밀한, 정교한		
فاظ (파 - 좌)	죽다		

(까프 : القاف)

قب (깝바) 천정을 둥글게 건설하다

اقتب (이끄탑바) 절단하다, 잘라내다

قبة (꿉바) 1.둥근 천정 2.돔형의 성원

مقبب (무깝바브) 1.둥근지붕의. 2.볼록한.

قبح (까부하) 1.추하다. 2.상스럽다

قبح (꾸브흐) 1.추한 것 2.부끄러운 행위

قباحة (까바 - 하) 부끄럼 없음, 무례함

قبيح (까비 - 흐) 1.못생긴 2.수치스러운

قبيحة (까비 - 하) 추악한 행위

مقبحة (마끄바하) 1.나쁜 점 2.나쁜 행위

قبر (까바라) 파묻다, 매장하다

قبر (까바르) 1.무덤, 분묘, 묘 2.매장

قبرة (꿉바라) 종달새

قبرية (까브리 - 야) 비문, 묘비명

مقبرة (마끄바라) 무덤, 묘, 공동묘지

مقبرى (마끄부리) 묘지 관리인

قبس (까바싸) 1.얻다 2.걸리다(질병에)

اقتبس (이끄타바싸) 인용하다, 따라쓰다

قبس (끼브쓰) 근원, 원천, 기원, 출처

قبسة (까브싸) 횃불, 불붙는 석탄

اقتباس (이끄티바 - 쓰) 1.인용, 차용 2.습득

قبضية (까브듸-야)	월급, 봉급, 임금	اقتباسات (이끄티바싸-트)	인용문, 인용구
قابض (까-비드)	1.수취인 2.변비의	مقباس (미끄바-쓰)	햇불
قباضة (끼바-돠)	징수(세금), 거둬들임	مقتبسات (무끄타바싸-트)	대부, 대여, 차관
انقباض (인까바-드)	1.변비 3.압박, 억압	قبص (까바솨)	손가락으로 집다
مقبوض (마끄부-드)	풀이 죽은, 슬픈, 우울한	قبص (까브스)	모래더미
مقبوضات (마끄부돠-트)	영수증, 인수증	قبض (까바돠)	1.움켜쥐다 2.체포하다
قبّط (깝바따)	찌프리다, 오만상을 하다	قبض (꾸비돠)	죽다
قبط (꿉뜨)	1.콥트 사람 2.콥트교인	تقبض (타깝바돠)	1.줄어들다 2.변비에 걸리다
قبع (까바아)	머리나 몸을 움츠리다	انقبض (인까바돠)	기죽다, 편치않다
تقبع (타깝바아)	모자를 쓰다	قبض (까브드)	1.변비 2.체포, 구류, 억류
قبع (꾸브으)	트럼펫, 나팔	قبضة (까브돠)	1.움켜쥠 2.한움큼

قبل (끼발)	힘, 능력, 할수 있는 힘
قابلة (까 - 빌라)	1.그릇 2.조산원 3.초기
قابلية (까빌리 - 야)	1.기질 2.식욕 4.능력
قبالة (끼발 - 라)	조산술, 산과학
قبالة (까발 - 라)	1.책임, 보증 2.계약, 협약
قبيل (까비 - ㄹ)	1.담보인 2.종류, 견본
قبيلة (까빌 - 라)	1.부속, 송속 2.어족(언어)
قبيل (꾸바일라)	…직전에
إقبال (이끄바 - ㄹ)	1.도착, 도래 2.행운, 복지
تقبيل (타끄비 - ㄹ)	입맞춤, 키스하는 것
تقبل (타깝불)	감수성, 수용성

قبعة (꿉바아)	모자(테가 있는), 중절모
مقبع (무깝바으)	모자를 쓴
قبل (까빌라)	1.받아들이다 2.용인하다
قبل (깝발라)	입맞추다, 키스하다
قابل (까 - 발라)	1.마주치다 2.면접하다
أقبل (아끄발라)	1.접근하다 2.착수하다
تقبل (타깝발라)	1.수락하다 2.들어주다(기도를)
استقبل (이쓰타끄발라)	1.환영하다 2.떠맡다
قبلة (꾸블라)	입맞춤, 키스
قبلة (끼블라)	예배방향
قبل (까블라)	…앞서, …전에

까프

اقتبال (이끄티바-ㄹ)	받아들임, 수용, 접수	**قبن** (깝바나)	큰 저울로 달다, 저울질 하다
استقبال (이쓰티끄바-ㄹ)	1.접견, 영접 2.만월	**قبان** (깝바-ㄴ)	1.큰 저울 2.저울대 3.계량대
مقبل (무끄빌)	다가오는, 앞으로	**قبانة** (끼빠-나)	1.계량요금 2.저울 질
مقبلات (무깝빌라-트)	입맛을 돋구는 음식	**قبانى** (깝바-니)	검량원, 계량원
مقابل (무까-빌)	1.상대 2.보답 4.보수	**قتر** (까타라)	잔소리하다, 바가지 긁다
مقابلة (무까-빌라)	1.면회 2.대화 3.면접	**قتر** (까트르)	인색, 극도의 절약
مقبول (마끄부-ㄹ)	1.만족한 2.합당한 3.합격	**قترة** (까트라)	먼지, 티끌
مقتبل (무끄타발)	청년시대(21-28세 사이)	**قاتر** (까-티르)	인색한, 극도로 절약하는
متقابل (무타까-빌)	대치된, 맞서는	**تقتير** (타끄티-르)	1.인색 2.빈곤, 빈궁
مستقبل (무쓰타끄발)	1.정면 2.미래, 장래	**مقتر** (무깟티르)	1.인색한 2.구두쇠, 깍쟁이
مستقبل (무쓰타끄빌)	수신기, 수신장치	**قتل** (까탈라)	죽이다, 살해하다,

قاتَلَ (까-탈라)	싸우다, 전투하다	**مَقْتَلَة** (마끄탈라)	전쟁터, 전장
قَتْل (까틀)	1.살해, 사살 2.살인행위 3.암살	**مُقاتِل** (무까-틸)	1.투사, 전사 2.싸우는
قَتْلَة (까틀라)	살인사건	**مُقاتَلَة** (무까-탈라)	싸움, 투쟁, 전투, 격투
قاتِل (까-틸)	살인자, 살범, 살해자	**قَتَمَ** (까타마)	올라가다(먼지 등이)
قاتِلات (까-틸라-트)	살인대행자, 청부살인자	**اِسْتَقْتَمَ** (이쓰타끄타마)	어두워지다, 검게 되다
قِتال (끼타-ㄹ)	싸움, 전투, 전쟁	**قَتْمَة** (까트마)	1.암흑 2.검은 색
قَتيل (까티-ㄹ)	1.피살된 2.사상자, 희생자	**قاتِم** (까-팀)	1.어두운, 검은
تَقْتيل (타끄티-ㄹ)	도살, 살육, 학살	**قَحَّ** (까흐하)	1.진짜다, 순종이다 2.기침하다
تَقاتُل (타까-툴)	싸움, 전쟁	**قُحّ** (꾸흐)	순수한, 순결한, 진짜의
مَقْتَل (마끄탈)	1.살해 2.유일한 약점	**قَحَّة** (꾸흐하)	기침
مَقْتَلَة (마끄탈라)	살육, 학살, 대량학살	**قَحَطَ** (까하따)	1.가물다 2.건조하다

قحط (까흐뜨)	1.가뭄, 한발 2.기근, 굶주림	أقحم (아끄하마)	1.강요하다 2.다져넣다
قحط (까히뜨)	가문, 메마른	تقحم (타까흐하마)	대담하게 달려들다
قحطان (까흐따-누)	굶주리는, 배고픈	اقحم (이끄타하마)	1.돌진하다 2.참견하다
قحيط (까히-뜨)	가문, 메마른	قحمة (꾸흐마)	1.난관, 곤경 2.위험한 모험
قحف (까하파)	1.참다 2.휩쓸어가다	اقتحام (이끄티하-ㅁ)	1.침입 2.돌진, 돌격
قحاف (꾸하-프)	급류, 세찬 물결	مقحام (미끄하-ㅁ)	1.모험적인, 대담한
قحل (까힐라)	1.마르다, 건조하다, 시들다	قد (깟드)	절단하다, 자르다, 베다
قحل (까힐)	마른, 척박한, 메마른	قدد (깟다다)	잘라서 말리다
قاحل (까-힐)	마른, 시든, 척박한	قد (깟드)	1.뼈대, 구조 2.크기, 넓이, 치수
قحولة (꾸훌-라)	건조, 메마름	قد (까드)	이미, 벌써
قحم (까하마)	대담하게 달려들다, 돌진하다	قدح (까다하)	비난하다, 꾸짖다,

تقدير (타끄디-르)	1.평가 2.예측 3.판단	**انقدح** (인까다하)	불꽃이 일다
تقديرات (타끄디라-트)	예측, 판단	**اقتدح** (이끄타다하)	신중하게 고려하다
مقدرة (마끄디라)	1.힘, 능력 2.능력, 재능	**قدح** (까드흐)	1.트집 2.비방 3.훼손 4.절하
مقدر (무깟디르)	1.감정인 2.과세평가인	**مقدحة** (미끄다하)	라이타, 부싯돌
مقدر (무깟다르)	1.함축된 2.예정된	**قدر** (까다라)	힘이 있다, 능력이 있다
مقدرات (무깟디라-트)	1.운명 2.귀중품	**قدر** (깟다라)	1.평가하다 2.추정하다
مقدار (미끄다-르)	1.분량, 수량 2.범위	**قدر** (까다르)	1.숙명, 운명 2.예정
مقدور (마끄두-르)	예정된, 미리 정해진	**قدرية** (까다리-야)	운명론, 숙명론
قدس (까두싸)	거룩하다, 신성하다	**قدر** (까드르)	1.양, 율(세금의) 2.정도 3.예측
قدس (깟다싸)	1.봉헌하다 3.찬미하다	**قدرة** (까드라)	1.힘, 세기 2.능력, 재능
قدس (꾸드쓰)	1.신성한 곳 2.신성, 거룩함	**قادر** (까-디르)	1.할 수 있는 2.유능한

까 프

653

أَقدَم (아끄다마)	착수하다, 종사하다	قُدسِيّة (꾸드씨 - 야)	신성, 거룩함
تَقدَّم (타깟다마)	1.전진하다 2.앞서다	قُداس (꿋다 - 쓰)	미사, 예배
قِدَم (끼담)	1.이전 2.낡음 3.옛날에	قَداسة (까다 - 싸)	목사, 사제의 지위
قَدَمية (까다미 - 야)	변호사나 성직자에게 주는 돈이나 사례금	قُدُّوس (꿋두 - 쓰)	거룩한, 신성한
قادِم (까 - 딤)	다가오는, 도착하는	تَقديس (타그디 - 쓰)	1.축하, 찬양 2.숭배
قُدّام (꿋다 - ㅁ)	1.앞부분, 앞 2.…앞에, …전에	مَقدِس (마끄디쓰)	성지, 성당
قُدوم (꾸두 - ㅁ)	도착, 도래, 오는 것	مُقَدَّس (무깟다쓰)	거룩한, 신성한
قُدومية (꾸두미 - 야)	오솔길, 산길	قَدَم (까다마)	…에 선행하다, 앞서다
قَديم (까디 - ㅁ)	1.낡은 2.고대의	قَدِم (까디마)	도착하다, 오다
أَقدَمون (아끄다무 - 나)	고대.옛날 사람들	قَدُم (까두마)	낡다, 오래되다
أَقدَمية (아끄다미 - 야)	연상임, 선임자임(지위)	قَدَّم (깟다마)	1.제출하다 2.제시하다

تقدم (타깟둠)	전진, 발전, 발달	**قذر** (까지르)	더러운, 불결한, 때묻은
تقدمة (타끄디마)	1.예물 2.봉헌 3.희생	**قاذورة** (까주 - 라)	1.불결함 2.나쁜 행실
تقديم (타끄디 - ㅁ)	증여, 수여, 증정	**قاذورات** (까주라 - ㅌ)	쓰레기, 오물, 폐물
مقدم (무깟딤)	제공자, 제출자, 기증자	**قذع** (까자아)	욕하다, 험담하다
مقدمة (무깟다마)	1.서문 2.전주곡 3.전제(논리)	**قذيعة** (까지 - 아)	1.욕, 욕설 2.모욕
متقدم (무타깟딤)	앞서가는, 전진하는	**مقذع** (무끄지으)	모욕적인
قدى (까디야)	맛있다(음식이), 짭짤하다	**قذف** (까자파)	중상하다, 비방하다
اقتدى (이끄타다)	본보기가 되다, 예를 따르다	**قذف** (까즈프)	비방, 중상, 욕질
اقتداء (이끄티다 -)	모델이나 예를 따르는 것	**قاذف** (까 - 지프)	1.욕하는 3.비방하는
قدوة (꾸드와)	본보기, 예, 모범, 표본	**قاذفة** (까 - 지파)	폭격기
قذر (까지라)	더럽다, 불결하다	**قذيفة** (까지 - 파)	1.발사체 2.뇌관, 신관

까
프

655

قارورة	1.병, 유리병 2.여자	**مقذوف**	1.미사일 2.발사체
(까루 - 라)		(마끄주 - 프)	
قارون	부자, 백만장자	**فذى**	눈에 티끌이 들어가다
(까루 - ㄴ)		(파지야)	
قرار	1.결정, 결의 6.판결(법의)	**قذى**	고운 먼지
(까라 - 르)		(끼잔)	
قرير	행복한, 즐거운, 기쁜	**قر**	1.정주하다 2.승인하다
(까리 - 르)		(까르라)	
إقرار	공인, 승인, 인정	**قرر**	1.규정하다 2.선언하다
(이끄라 - 르)		(까르라라)	
تقرير	1.보고서 2.규정 3.결산	**أقر**	1.동의하다 2.인정하다
(타끄리 - 르)		(아까르라)	
استقرار	1.정착 2.지속 3.안착	**تقرر**	1.수립되다 2.결정되다
(이쓰티끄라 - 르)		(타까르라)	
مقر	본부, …하는 장소	**استقر**	1.정착하다 2.안정되다
(마까르르)		(이쓰타까르라)	
مقرر	보고자, 보도기자	**قرة**	추움, 추위
(무까르리르)		(끼르라)	
مقرر	1.안정된 2.결정된	**قرة**	즐거움, 기쁨
(무까르라르)		(꾸르라)	
مقررات	교육과정	**قارة**	대륙, 본토
(무까르라라 - 트)		(까 - 르라)	

까프

مقرى‎ء (무끄리으)	1.꾸란 낭송가 2.꾸란 낭송교사	**مستقر** (무쓰타끼르르)	1.안정된 2.고정된
قرب (까루바)	1.가까이 있다 2.접근하다	**مستقر** (무쓰타까르르)	1.거처 2.좌석 3.거주
قرب (까르라바)	1.제물로 바치다 2.친구로 삼다	**قرأ** (까라아)	1.읽다 2.외우다 3.배우다
قارب (까 - 라바)	1.…에 가깝다 2.…와 거의 같다	**استقرأ** (이쓰타끄라아)	수사하다, 탐험하다
أقرب (아끄라바)	출산 날이 가까오다	**قرء** (꾸르으)	1.운율, 리듬 2.월경
تقرب (타까르라바)	1.접근하다 2.영성체를 받다	**قارى‎ء** (까 - 리으)	1.독자, 독서가 2.암송가
اقترب (이끄타라바)	접근하다, 가까이 하다	**قراءة** (끼라 - 아)	1.독서 2.암송
استقرب (이쓰타끄라바)	지름길을 택하다	**قراء** (꾸르아 -)	금욕주의자, 고행자
قرب (꾸르브)	가까음, 접근, 근접	**قرآن** (꾸르아 - ㄴ)	1.읽음 2.낭송 3.꾸란
قربة (끼르바)	가죽부대(물을 넣는)	**استقراء** (이쓰티끄라 -)	조사, 연구, 탐험
قارب (까 - 리브)	작은 배, 보트, 쪽배	**مقرأ** (미끄라으)	독서대

مقارب (무까-리브)	1.중용의 2.근접한	قراة (까라-바)	친족관계, 혈족관계
قرت (까라타)	응고되다(피가), 엉키다, 굳다	قرابة (꾸라-바)	태략, 약
قرت (까라트)	응고, 굳어짐	قربان (꾸르바-ㄴ)	1.희생제물 2.미사
قربط (까르바따)	1.인색하다 2.절약하다	قربانة (꾸르바-나)	성체, 미사의 빵
قربطة (까르바따)	1.인색 2.아낌, 절약	قواربى (까와-리비)	뱃사공, 선원
قرح (까리하)	궤양이 생기다, 곪다	قريب (까리-브)	1.가까운 2.친척
تقرح (타까르라하)	상처를 입다, 곪다	أقارب (아까-리부)	1.친척 알가 2.가족관계
اقترح (이끄타라하)	1.창작하다 3.제의하다	تقرب (타까르루브)	접근, 근사
قرحة (꾸르하)	궤양, 종양, 종기	اقتراب (이끄티라-브)	1.접근 2.근사 3.친밀
قارح (까-리흐)	1.교활한 3.능숙한	مقرب (마끄라브)	지름길, 첩경
قريح (까리-흐)	맑은(물이), 투명한	مقرب (무까르라브)	마음에 드는 사람

까프

قارس 차가운, 추운, 혹독한 (까 - 리쓰)	**قريحة** 1.직관 2.재주, 재능 (까리 - 하)
قريس 1.혹한 2.굳어진 (까리 - 쓰)	**اقتراح** 1.창작 3.제의, 제안 (이끄티라 - 흐)
قرش 돈을 벌다, 부양하다 (까라샤)	**مقترح** 제의, 제안, 제기, 제언 (무끄타라흐)
أقرش 부유해지다 (아끄라샤)	**مقترح** 궤양이 생긴.퍼진 (무끄타리흐)
اقترش 가족을 부양하다 (이끄타라샤)	**قرد** 진드기를 잡다, 없애다 (까르다)
قرش 이집트의 화폐 단위 (끼르슈)	**قرد** 1.원숭이 2.악마, 귀신 (끼르드)
قريش 부족 이름 (꾸라위슈)	**قرد** 진드기 (꾸르드)
قريش 1.시큼한 치즈 (까리 - 슈) 2.응고된 우유	**مقرود** 기운이 빠진 (마끄루 - 드)
مقرش 부유한, 돈 많은 (무끄리슈)	**قرس** 모질다, 심하다(추위가) (까라싸)
قرص 1.꼬집다 2.쏘다, 물다 (까라솨)	**أقرس** 감각을 잃다, 마비되다 (아끄라싸)
قرّص 알약으로 만들다 (까르라솨)	**قرس** 혹한, 강추위 (까라쓰)

까프

قارض (까 - 리드)	1.깨무는 2.갉아먹는	**قارص** (까 - 리스)	1.할퀴는 2.괴로운
قريض (까리 - 드)	시, 시가, 시문학	**قريصة** (꾸라이솨)	작은 알
انقراض (인끼라 - 드)	1.사멸, 퇴화 2.소멸	**قرصان** (꾸르솨 - 느)	해적선, 해적
اقتراض (이끄티라 - 드)	채용, 빌리는 것	**قرصنة** (꾸르솨나)	표절, 저작권 침해
استقراض (이쓰티끄라 - 드)	대부, 차관	**مقراص** (미끄라 - 스)	집게, 못뽑이
مقرض (무끄리드)	대여자, 채권자	**قرض** (까라돠)	좀먹다, 부식하다
منقرض (문까리드)	꺼진(불이), 끊어진(생명이)	**قرض** (까르라)	1.물다, 씹다 2.먹다
مقترض (무끄타리드)	채무자	**أقرض** (아끄라돠)	돈을 빌려주다
قرط (까라뜨)	잘게 자르다, 썰다	**اقترض** (이끄타라돠)	빌리다, 꾸다
قرّط (까르라뜨)	1.엄격하다 2.괴롭히다	**استقرض** (이쓰타끄라돠)	대출을 요청하다
تقرّط (타까르라뜨)	귀고리를 끼다	**قرض** (까르드)	대부, 대여, 차관

قرط (꾸르뜨) 1.귀고리 2.다발, 송이	**قرع** (까르라아) 1.꾸짖다 2.비웃다
قيراط (끼라 - 뜨) 1.길이의 단위 2.캐럿	**قارع** (까 - 라아) 1.제비를 뽑다 2.괴롭히다(병이)
تقريط (타끄리 - 뜨) 복통	**اقترع** (이끄타라아) 1.투표하다 2.주사위를 던지다
قرطس (까르따싸) 표적을 맞이다	**قرع** (까르으) 1.대머리 2.텅 빔, 공허
قرطاس (끼르따 - 쓰) 1.종이 2.과녁	**قرعة** (까르아) 1.노크 2.박, 호박
قرطاسية (끼르따씨 - 야) 문구, 사무용품	**قرعة** (꾸르아) 제비, 주사위던지기, 추첨
قرظ (까르라좌) 찬양하다, 찬미하다	**فارعة** (까 - 리아) 물행, 재난, 억성
قريظ (까리 - 즈) 찬송, 칭찬	**قريع** (까리 - 으) 1.절묘한, 가려낸 2.영웅
تقريظ (타끄리 - 즈) 1.찬송, 칭찬 2.서평	**أقرع** (아끄라우) 1.대머리의 2.빈, 공허한
قرع (까라아) 1.부딪치다 2.울리다(종, 벨이)	**تقريع** (타끄리 - 으) 질책, 잔소리, 비난
قرع (까리아) 1.대머리가 되다 2.텅 비다	**اقتراع** (이끄티라 - 으) 투표, 표결, 추첨

까프

مقترف (무끄타리프)	범인, 범죄자	**مقرعة** (미끄라아)	채찍, 매, 몽둥이
قرقوز (까르꾸 - 즈)	꼭두각시 놀음, 인형극	**مقارعة** (무까 - 라아)	1.투쟁 2.내기, 도박
قرم (까라마)	물다, 물어뜯다	**قرف** (까라파)	껍질을 벗기다
قرم (까르라마)	인색하다	**قرف** (까리파)	몹시 싫어하다
قرم (까름)	영주, 주인	**اقترف** (이끄타라파)	범죄를 저지르다
مقرم (미끄)	침대보, 침대커버	**قرف** (까라프)	혐오, 몹시 싫어함
قرمد (까르마다)	회반죽을 바르다	**قرافة** (까라 - 파)	공동묘지
قرمد (까르마드)	소석고, 회반죽	**قرفان** (까르파 - ㄴ)	1.메스꺼운 2.싫증나는
قرميد (끼르미 - 드)	1.붉은 벽돌 2.회반죽	**قريفة** (까리 - 파)	불쾌감, 불쾌한 기분
قرن (까라나)	1.연결하다 2.협력하다	**اقتراف** (이끄티라 - 프)	죄를 저지름
قارن (까 - 라나)	비교하다, 대조하다	**مقرف** (무끄리프)	1.추한 2.메스꺼운

까
프

662

مقارنة (무까 - 라나)	1.비교, 대조 2.연결	تقارن (타까 - 라나)	비교되다, 대조되다
مقرون (마끄루 - ㄴ)	연결된, 결합된	اقترن (이끄타라나)	1.연결되다 2.결혼하다
مقترن (무끄타린)	결혼한	استقرن (이쓰타끄라나)	곪다(상처가)
قرى (까라)	환대하다, 대접하다	قرن (까른)	1.뿔(동물) 2.일세기(100년)
اقترى (이끄타라)	환대하다, 대접하다	قرنية (까르니 - 야)	각막(해부)
قروية (까라위야)	시골여성, 농촌처녀	قرين (까리 - ㄴ)	1.연결된 2.남편, 배우자
قرية (까르야)	1.농촌 2.읍, 작은 도시	قرينة (까리 - 나)	1.처, 아내 2.연결
استقراء (이쓰티끄라 -)	귀납법(철학)	قران (끼라 - ㄴ)	1.결혼 2.결합, 연결
قز (깟자)	몹시 싫어하다, 혐오하다	قرنان (까르나 - ㄴ)	뿔이 난, 뿔이 있는
قزز (깟자자)	유리를 끼우다	اقتران (이끄티라 - 느)	1.결혼 2.연결
تقزز (타깟자자)	넌저리나다, 싫어하다	مقارن (무까 - 리누)	비교의, 대비의

قزعة (꾸즈아)	난쟁이, 꼬마동이	قزاز (끼자 - 즈)	유리
قزل (까잘라)	절뚝거리다	قزاز (깟자 - 즈)	1.비단장사 2.방직공
قزل (까잘)	절뚝거림	قازوزة (까주 - 자)	1.작은 유리병 2.탄산음료
قزم (까잠)	1.난쟁이 2.건방진놈	تقزز (타깟주즈)	1.혐오감 2.구역질, 메스꺼움
قزمة (까즈마)	가래, 삽, 곡괭이	قزح (깟자하)	재미있게 하다(연설을)
قس (깟싸)	1.쫓다 2.갈망하다	قزح (까즈흐)	양념, 조미료
قس (깟쓰)	무당, 점쟁이	قزح (꾸자흐)	무지개
قساس (깟싸 - 쓰)	헐뜯는 사람	قزحة (꾸즈하)	무지개 빛
قسيس (낏씨 - 쓰)	목사, 신부, 성직자	مقزحة (미끄자하)	양념병(식탁용의)
قسحر (까쓰하라)	온도를 재다	قزع (까자으)	1.새털구름 2.머리칼의 술
قسحر (끼쓰하르)	온도계, 한란계	قزعة (까즈아)	머리칼의 술

까프

أَقْسَمَ (아끄싸마)	맹세하다, 선서하다	قَسَرَ (까싸라)	1.강요하다 2.정복하다
تَقَاسَمَ (타까싸마)	1.분배되다 2.일소하다	قَاسِر (까 - 씨르)	강요하는, 강제적인
اِنْقَسَمَ (인까싸마)	흩어지다, 분산되다	اِقْتِسَار (이끄티싸 - 르)	정복
قِسْم (끼씀)	1.과, 국 2.분과위원회 3.종류	قَسَطَ (까싸따)	공평하게 하다
قَسَم (까쌈)	맹세, 선서, 서약	قَسَّطَ (깟싸따)	할부로 지불하다
قَسَمَة (까싸마)	용모, 얼굴 생김새, 면모	أَقْسَطَ (아끄싸따)	공정하게 행하다
قَسَام (까싸 - ㅁ)	아름다움, 미	قِسْط (끼쓰뜨)	1.공정 2.월부, 할부 3.채권
قَسِيمَة (까씨 - 마)	1.쿠폰 2.수증	تَقْسِيط (타끄씨 - 뜨)	분할지불, 할부지불
تَقْسِيم (타끄씨 - ㅁ)	1.분할 2.할당, 배당	مُقْسِط (무끄시뜨)	공정한, 공평한, 정직한
اِنْقِسَام (인끼싸 - ㅁ)	1.분할, 분배 2.분리	قَسَمَ (까싸마)	1.나누다 2.할당하다
مُقَاسِم (무까 - 씸)	참가자, 동참자, 가담자	قَسَّمَ (깟싸마)	1.성직에 임명하다 2.마귀를 쫓아내다

قشيش (까싀 - 슈)	쓰레기, 오물	**مقاسمة** (무까 - 싸마)	1.동참 2.공동협력
قشب (까샤바)	독약을 넣다(음식에)	**مقسوم** (마꾸쑤 - ㅁ)	이익배당당금
قشيب (까싀 - 브)	1.새로운 2.깨끗한	**قسا** (까싸)	1.잔인하다 2.학대하다
قشر (까샤라)	껍질을 벗기다	**قاسى** (까 - 싸)	견디다, 인내하다
قشر (까슈르)	1.딱지(상처의) 2.비듬, 때	**أقسى** (아끄싸)	무자비하다, 가혹하다
قشارة (꾸샤 - 라)	껍질, 껍데기, 외피	**قاس** (까 - 씬)	1.가혹한, 엄격한 2.어려운
قشعر (까슈아라)	1.떨다(추워서) 2.전율하다(공포로)	**قسوة** (까쓰와)	1.엄격, 가혹 2.잔인
قشعريرة (꾸샤으리 - 라)	1.전율, 몸서리 2.소름	**مقاساة** (무까싸 -)	괴로움, 고통, 인내
قشعم (까슈아므)	1.재난, 참화 2.전쟁, 싸움	**قش** (깟샤)	1.구걸하다 2.청소하다
قشف (까쉬파)	곤궁하게 살다, 비참하다	**قش** (깟슈)	1.짚, 밀짚 2.폐물
تقشف (타깟샤파)	절제하며 살다, 소박하게 살다	**قشاش** (깟샤 - 슈)	청소부, 미화원

까프

قص (깟스)	가위질, 깎기	**قشف** (까샤프)	절제, 절약, 겸손
قصص (까솨스)	이야기, 서술	**تقشف** (타깟슈프)	금욕주의, 소박한 생활
قصة (낏솨)	이야기, 설화	**متقشف** (무타깟식프)	금욕주의자, 절제하는
قصاص (끼솨 - 스)	1. 벌, 형벌 2. 앙갚음, 보복	**فشل** (파쉴라)	가난하다, 구차하다
قصاصة (깟솨 - 솨)	이발기계	**فشل** (파샬)	가난한 것, 돈이 없는 것
أقصوصة (우꼬수 - 솨)	1. 소설 2. 단편소설	**فشلة** (파슬라)	1. 막사 2. 병원, 진료소
اقتصاص (이끄티솨 - 스)	1. 처벌, 징벌 2. 대응조치	**فشلان** (파쉴라 - 느)	무일푼의, 무척 가난한
مقص (미깟스)	가위	**قص** (깟솨)	1. 가로로 자르다 2. 이야기하다
قصب (까솨바)	베다, 고기를 자르다	**قاص** (깟 - 솨)	1. 앙갚음하다 2. 보상하다
قصاب (깟솨 - 브)	백정, 도살업자	**تقصص** (타깟솨솨)	…의 뒤를 쫓다, 밟다
قصابة (깟솨 바)	피리, 퉁소, 관악기	**اقتص** (이끄탓솨)	1. 보복하다 2. 벌하다

مقتصد (무끄타시드)	검소한, 절약하는, 알뜰한
قصر 1.한정하다 2.억제하다 (까수라)	
قصر 1.태만하다 5.축소하다 (까쏴라)	
أقصر (아끄쏴라)	1.생략하다(말을) 2.그만두다
اقتصر 1.만족하다 2.제한하다 (이끄타쏴라)	
قصر (까쏴르)	1.게으름 2.태만, 소홀, 부주의
قصر (끼쏴르)	1.간결 2.어린 것, 어린 나이
قصر 1.성, 성곽 2.궁전, 궁궐 (까스르)	3.청사
قصرية 1.화분 2.변기, 요강 (가스리 - 야)	
قصارة (끼쏴 - 라)	1.표백 2.표백업
قصارى (꼿쏴 - 라)	1.극도의 힘 2.결국 …이다

قصابة 도살업, 육류판매업 (낏싸 - 바)	
قصد (까싸다)	1.향하다 2.의도하다, 뜻하다
قصد (깟싸다)	시를 쓰다
انقصد (인까쏴다)	깨지다, 쪼개지다
اقتصد 1.검소하다 4.절약하다 (이끄타쏴다)	
قصد 1.목적, 의도 2.동기 (가스드)	3.의미
قصيدة , 고대 아랍의 정형시 (까시 - 다)	
اقتصاد 1.절약 2.경제 3.검약 (이끄티싸 - 드)	
مقصد 1.목적지 2.의향, 의지 (마끄씨드)	
مقصود 고의의, 의도된, 기도된 (마끄쑤 - 드)	
متقصد 고의적인, 의도적인 (무타깟씨드)	

مقصف 1.뷔페 2.술집 3.매점 (마끄솨프)	**قصور** 1.게으름, 나태 2.부족, 결핍 (꾸수 - 르)
قصل 베다, 베어내다, 자르다 (까솰라)	**قصير** 1.짧은 2.작은(키가) (까싀 - 르)
قصال 끝이 뾰족한, 예리한 (깟솨 - ㄹ)	**تقصير** 1.단축 2.무능 3.태만 (타끄싀 - 르)
مقصل 끝이 뾰족한, 예리한 (미끄솰)	**اقتصار** 1.축소, 간소 2.간결성 (이끄티솨 - 르)
مقصلة 단두대 (미끄솰라)	**قيصرية** 1.제국주의 2.제왕절개 (까이솨리 - 야)
قصم 똑 끊다, 박살내다 (까솨마)	**مقصر** 1.태만한, 소홀한 2.늦은 (무깟식르)
انقصم 부서지다, 끊어지다 (인까솨마)	**مقصور** 1.축소된 2.짧아진 3.제한된 (마끄수 - 르)
قصيمة 간상균(의학) (까싀 - 마)	**مقصورة** 1.저택 2.특별관람석 3.피고석 (마끄수 - 라)
قصا 1.멀다, 2.물러나다 (까솨)	**مقتصر** 1.개략, 요점, 요약 2.간결한 (무끄타솨르)
أقصى 1.멀리하다 2.해고하다 (아끄솨)	**قصف** 1.애먹이다 2.폭격하다 (까솨파)
تقصى 1.파악하다 2.타진하다 (타깟솨)	**قصف** 1.폭음 2.폭격 (가스프)

اقتضاب (이끄티돠 -)	1.즉흥장착 2.요약 3.초록	أقصى (아끄솨)	1.가장 먼 곳 2.최대한도
قضع (까돠아)	복종시키다, 굴복시키다	استقصاء (이쓰티끄솨 -)	조사, 심리, 연구
قضاع (꾸돠 - 으)	복통, 배앓이	قض (깟돠)	1.폭파하다 2.제거하다
قضم (까돠마)	1.물어뜯다 2.갉아먹다	قضض (까돠드)	자갈, 조약돌
قضم (까돰)	1.검, 칼 2.용감한, 대담한	انقضاض (인끼돠 - 드)	1.하강 2.돌진
قضى (까돠)	1.집행하다 2.보내다(시간)	قضب (까돠바)	베다, 자르다
قاضى (까 - 돠)	1.호소하다 2.기소하다	اقتضب (이끄타돠바)	1.삭제하다 2.요약하다
تقضى (타깟돠)	1.지나다 2.끝나다	قضب (까드브)	절단, 가지치기(나무)
قضى (까돠)	1.재판, 판결 2.사법부 3.이슬람법	قضابة (꾸돠 - 바)	가지치기, 정돈, 다듬질
قضية (까듸 - 야)	1.소송, 고소 2.문제(법적)	قضيب (까듸 - 브)	1.막대 2.음경 3..철도
قاض (까 - 듸)	1.판사 2.결정적인	تقضيب (타끄듸 - 브)	가지치기, 나무손질

قطب (꾸뜨브)	1.축(천문, 지리), 굴대 2.극
قاطب (까 - 띠브)	찡그린, 찌푸린, 우울한
قاطبة (까 - 띠바)	모두 함께, 전부, 전체
قطر (까따라)	1.물방이 똑똑 떨어지다 2.타르를 칠하다
قطر (깟따라)	1.정제하다
تقاطر (타까 - 따라)	모이다, 떼지어 모이다
قطر (까따르)	카타르(나라이름)
قطر (꾸뜨르)	1.지역, 지대 2.나라 3.직경(원의)
قطار (끼따 - 르)	1.기차, 열차 2.횡대, 종대
تقطير (타끄띠 - 르)	1.증류 2.여과
استقطار (이쓰티끄따 - 르)	증류

قضاء (까돠 -)	1.이행 2.판결 3.운명
انقضاء (인끼돠 -)	1.종료, 만료 2.소멸
اقتضاء (이끄티돠 -)	필요, 요구
مقضى (마끄되)	1.실행된 2.결심한, 확정된
مقتضى (무끄타돠)	1.필요한 2.필수품
قط (깟따)	1.파다(조각칼로), 조각하다
قط (깟뜨)	1.결코 ...않았다
قط (낏뜨)	고양이
قطاط (까따 - 뜨)	1.선반공 2.조각가
قطاط (끼따 - 뜨)	모형, 본, 표본, 모델
قطب (까따바)	1.모으다 2. 찡그리다

까프

671

قطع (끼뜨으)	1.면, 단면 2.벤 조각, 부분	مقطر (무깟따르)	증류된
قطعة (끼뜨아)	1일부 2.부, 과	مقطرات (무깟따라 - 트)	독한 술, 화주
قاطع (까 - 띄으)	1.예리한 2.결정적인 3.가로지르는	مقطورة (마끄뚜 - 라)	매춘부, 창녀
قاطعة (까 - 띄아)	회로 차단기(전기)	قطع (까따아)	1.베다 2.절단하다 3.가로막다
قطيعة (까띄 - 아)	1.멀리함 2.영지, 봉토	قاطع (까 - 따아)	1.단절하다 2.분리하다
إقطاعة (이끄따 - 아)	영지, 받은 봉토	أقطع (아끄따아)	1.할당하다 2.친구관계를 끊다
تقطيع (타끄띠 - 으)	1.분할 2.복통 3.방해, 혼란	تقطّع (타깟따아)	1.단절되다 2.단전되다
تقاطع (타까 - 뚜으)	1.교차, 가로지름 2.단절	تقاطع (타까 - 따아)	1.교차하다 2.참견하다
انقطاع (인끼따 - 으)	1.분리 2.정지 3.불화	انقطع (인까따아)	1.꺼지다(전기) 2.끝나다
انقطاعية (인끼따이 - 야)	분리주의	اقتطع (이끄타따아)	발췌하다, 표절하다
استقطاع (이쓰티끄따 - 으)	공제, 뺌	قطع (까뜨으)	1.절단 2.분리 3.가로지름(국토를)

까프

مقاطعة (무까 - 따아)	1.거부 2.지역 3.분리 4.단절	**مقتطف** (무끄타띠프)	1.발췌 것 2.선발, 선택
مقطوع (마끄뚜 - 으)	1.절단된 2.가망 없는	**قطل** (까딸라)	베다, 자르다
مقطوعة (마끄뚜 - 아)	소품, 음악작품	**قطيلة** (까띨 - 라)	1.수건, 타월 2.마루걸레
متقطع (무타깟띠으)	앞뒤가 맞지 않는	**قطم** (까따마)	1.물어뜯다, 물어 끊다 2.잘라내다(가지를), 치다
منقطع (문까띠으)	1.끊어진 2.단전된(전기) 3.중단된	**قطمة** (까뜨마)	1.무는 것(한번) 2.조각, 단편
مستقطع (무쓰타끄따으)	공제(월급에서), 뺌, 감봉	**قطن** (까따나)	살다, 거주하다
قطف (까따파)	1.꺾다, 따다 2.수확하다	**قطن** (꾸뜬)	솜, 변화, 목화
اقتطف (이끄타따파)	골라내다, 선택하다	**قطنية** (꾸뜨니 - 야)	면직물
قطف (끼뜨프)	땀, 수확한 과일, 열매	**قاطن** (까 - 띤)	1.거주자, 주민 2.거주하는, 사는
اقتطاف (이끄티따 - 프)	거둠(과일 등을), 땀	**قطين** (까띠 - ㄴ)	노예, 하인
مقطف (마끄따프)	왕골로 만든 바구니	**مقطنة** (마끄따나)	목화농장

673

قعد 1.앉다 2.매복하여 기다리다 (까아다)	**متقاعد** 1.퇴직한 (무타까 - 이드) 2.연금 수령자
تقعد 그만두다, 중지하다 (타까으아다)	**قعر** 깊게 하다, 깊게 파내다 (까아라)
تقاعد 1.삼가다, 참다 (타까 - 아다) 2.퇴직하다	**قعر** 1.밑바닥 2.굴착 3.구덩이 (까으르)
قاعد 1.게으른 2.병역기피자 (까 - 이드)	**قعير** 깊은, 밑바닥이 깊은 (까이 - 르)
قاعدة 1.기초, 토대 (까 - 이다) 2.기지(군대) 3.규칙	**قعس** 가슴이 불쑥 나오다 (까이싸)
قعادة 실내용 변기 (까으아 - 다)	**قعس** 가슴을 내밀고 가다 (까아싸)
قعيد 1.친구, 동료 (까이 - 드) 2.약한, 무능한	**تقاعس** 1.망설이다 (타까 - 아싸)2.이해관계가 없다
قعيدة 1.여자 친구 (까이l - 다) 2.부인, 아내	**قفر** 발자취를 따라가다 (까파라)
تقاعد 1.예비 2.퇴직 3.태만 (타까 - 우드)	**قفر** 1.황무지 땅 2.황폐한 (까프르)
مقعد 1.의자, 걸상 (마꾸아드) 2.의석(국회 등의)	**قفرة** 사막, 불모지 (까프라)
مقعد 1.저지된 2.약한, 무능한 (무꾸아드)	**قفراء** 건조한 사막 (까프라 -)

까프

قفص (까파스) 1.새장 2.혈관 3.바구니	**قفير** (까피-르) 벌집, 벌통
تقفيصة (타끄피-솨) 닭장, 새장	**مقفر** (무끄피르) 1.황폐한 2.전혀 없는
قفع (파끼아) 1.수축되다 2.주름살지다	**قفز** (까파자) 1.껑충뛰다 2.이륙하다, 출발하다
تقفع (타깟파아) 1.오그라들다 2.시들다	**تقفز** (타깟파자) 1.장갑을 끼다 2.손톱에 물들이다
قفل (까팔라) 1.닫다 2.잠그다 3.끄다	**قفزة** (까프자) 뛰기, 도약, 비약
قفل (깟팔라) 1.공급을 끊다 2. 잠그다	**قفاز** (끗파-즈) 장갑
أقفل (아끄팔라) 1.폐쇄하다 2.잠그다, 끄다	**مقفز** (마끄피즈) 뜀판(수영의), 도약판(체조의)
قفل (꾸플) 1.자물쇠 2.수문, 갑문 3.빗장	**قفش** (까파샤) 1.수집하다 2.붙들다, 잡다
قافل (까-필) 잠그는, 채우는	**انقفش** (인까파샤) 잡히다, 붙잡히다
قافلة (까-필라) 1.낙타대열 2.종대, 종렬	**قفش** (까프슈) 지껄임
قفال (깟파-르) 자물쇠 제조공	**قفشة** (까프샤) 농담, 익살

까프

إقفال (이끄파 - ㄹ)	1.폐쇄 2.잠금 3.중단	**قلة** (꿀라)	1.정상, 꼭대기 2.절정, 정점
مقفل (무끄팔)	잠겨진, 채워진, 닫힌	**قليل** (깔리 - ㄹ)	1.작은, 적은 2.부족한
قفا (까파)	발자취를 따르다, 따라가다	**أقلية** (아깔리 - 야)	1.소수파 2.소수 민족
اقتفى (이끄타파)	1.따라가다 2.모방하다	**تقليل** (타끌리 - ㄹ)	감소, 축소
قافية (까 - 피야)	1.운, 각운 2.익살 3.목덜미	**استقلال** (이쓰티끌라 - ㄹ)	독립, 자립
اقتفاء (이끄티파 -)	1.추적 2.모방	**استقلالية** (이쓰티끌랄 - 리야)	자치권, 독립권
قل (깔라)	1.적다, 작다 2.부족하다, 희귀하다	**مستقل** (무쓰타낄)	1.독립한 2.별개의, 다른
قلل (깔랄라)	줄이다, 축소하다	**قلب** (깔라바)	뒤집다, 전복시키다
استقل (이쓰타깔라)	1.깔보다 2.독립하다	**تقلب** (타깔라바)	1.전복되다 2.변동하다
قلة (낄라)	1.약간 2.부족 3.소수 4.진기	**انقلب** (인깔라바)	1.전복하다 2.거역하다
قلة (깔라)	1.회복(병, 가난 등) 2.부활, 부흥	**قلب** (깔브)	1.전환 2.마음 3.중앙

مقلد (무깔라드)	1.모조의 2.위조된 3.모방하는	**قالب** (깔 - 리브)	형, 주형, 모형, 틀
مقلاد (미끌라 - 드)	열쇠	**قلاب** (꿀라 - 브)	심장병
مقلود (마끌루 - 드)	꼬인, 꼬여진	**قلاب** (깔라 - 브)	1.뒤집을 수 있는 2.투매자
قلس (깔라싸)	1.춤추고 노래하다 2.토하다	**قليب** (깔리 - 브)	우물, 샘
أنقليس (안낄리 - 쓰)	뱀장어	**تقلب** (타깔루브)	1.전복, 변경 2.물가의 변동
تقليس (타끌리 - 쓰)	1.토함, 구토 2.비꼼	**انقلاب** (인낄라 - 브)	1.변화 2.전복, 혁명
قلص (깔라쏴)	1.줄어들다 2.물러나다	**مقلب** (마끌라브)	1.절정 2.음모
أقلص (아끌라수)	더 간결한, 간단한	**متقلب** (무타깔리브)	가변적인, 변할수 있는
تقلص (타깔루스)	수축, 줄임, 움추림	**قلد** (깔라다)	1.주다(권력, 지위를) 2.모방하다
متقلص (무타깔리스)	1.수축된 2.오무린(입술)	**تقلد** (타깔라다)	1.졸라매다 2..지다(책임을)
قلط (깔라따)	대변을 보다, 뒤를 보다	**تقليد** (타끌리 - 드)	1.모방 2.전통 3.관례

اقتلاع (이끄틸라-으)	뽑아냄, 추출, 발췌	قليط (깔리-뜨)	1.탈장(의학), 탈장환자
مقلع (마끌라으)	채석장	قليط (낄리-뜨)	탈장으로 괴로워하는
قلف (깔라파)	벗기다(나무껍질을)	قلع (깔라아)	1.뽑아내다 2.벗다(옷 등)
قلفة (깔파)	1.십장, 감독 2.품팔이꾼	أقلع (아끌라아)	1.출항하다 2.이륙하다 3.끊다(담배 등을)
قلفة (꿀파)	포피(해부)	انقلع (인깔라아)	빠지다, 제거되다
أقلف (아끌라푸)	할례를 받지 않은	اقتلع (이끄탈라아)	1.빼내다 2.벗다(옷 등)
قلق (깔리까)	1.걱정하다 2.잠못이루다	قلع (낄으)	뽑아냄, 추출, 발췌
أقلق (아끌라까)	1.당황케 하다 2.흥분시키다	قلعة (깔아)	성채, 요새, 보루
تقلق (타깔라까)	1.불안하다 2.잠못이루다	قلاع (꿀라-으)	구강(의학), 구내염
قلق (깔라끄)	1.안달 3.불면 4.근심 5.동요, 흥분	إقلاع (이끌라-으)	1.항해, 출항 2.이륙
قلق (깔리끄)	1.걱정하는 2.불면의 3.안달하는	تقليعة (타끌리-아)	1.쇄신, 혁신 2.변덕

قلاء (깔라 -)	증오, 싫어함	**قلقان** (깔깐 - ㄴ)	1.근심에 싸인 2.불면의
مقلى (마끌리)	튀긴, 볶은	**إقلاق** (이끌라 - 끄)	1.불안, 걱정 2.소동, 혼란
قمّ (깜마)	1.청소하다 2.요기하다	**قلم** (깔라마)	1.깎다(손톱) 2.치다(가지)
قمّة (낌마)	꼭대기, 정상, 수뇌	**أقلم** (아끌라마)	외국의 풍토나 기후에 순응하다
قمامة (까마 - 마)	오물, 쓰레기통	**قلم** (깔람)	1.펜 2.필체, 문체 3.과, 국
قمائم (까마 - 이무)	쓰레기	**قلّما** (깔라마)	거의 …이 아니다
قمح (깜마하)	월부로 지불하다	**اقليم** (이끌리 - ㅁ)	1.지역, 지방 2.구역
أقمح (아끄마하)	밀의 이삭이 익다	**تقليم** (타끌리 - ㅁ)	1.절단 2.가지치기
قمح (까므흐)	1.밀 2.밀 이삭	**مقلم** (무깔림)	자르는, 깎는
قمر (까미라)	도박을 하다	**مقلمة** (미끌라마)	필통, 연필통
قمر (깜마라)	불그레하다	**قلا** (깔라)	기름에 튀기다

أقمر (아끄마라)	달이 밝다	**قمس** (까마싸)	잠그다, 담그다
قمر (까마르)	1.달 2.위성	**قومس** (까우마쓰)	1.바다의 깊이 2.재앙, 불행
قمرة (까마라)	1.들창(다락의) 2.달빛	**قاموس** (까무 - 쓰)	1.사전 2.대양, 해양
قمرية (까마리 - 야)	1.정자 2.들창	**قمش** (까마샤)	쓰레기를 모으다
قمار (끼마 - 르)	도박	**تقمش** (타깜마샤)	입다(옷을)
قمارتى (꾸마 - 라티)	도박꾼	**قماش** (꾸마 - 슈)	1.직물 2.쓰레기, 폐물
مقمر (무깜마르)	잘 구워진(빵이)	**قماش** (깜마 - 슈)	비단장사, 포목장사
مقمر (무끄미르)	달이 밝은	**قمص** (까마쏴)	1.질주하다 2.걷어차다
مقمر (마끄마르)	도박장	**قمص** (깜마쏴)	1.질주하다 2.옷을 입다
مقامر (무까 - 미르)	도박꾼, 투기꾼	**تقمص** (타깜마쏴)	1.변모되다 2.윤회하다(종교)
مقامرة (무까 - 미라)	도박, 투기	**قمى** (까미 - 스)	1.껍질 2.셔스 3.화신

قمل (까밀라)	이가 득실거리다	**تقميص** (타끄미-스)	윤회, 화신
قمل (까믈)	이	**تقمص** (타깜무스)	1.변모 2.옮아가는 것
مقمل (무깜말)	이가 득실거리는	**قمط** (까맏따)	1.기저귀를 채우다 2.붕대를 감다
قمن (까미나)	어떤 특징을 가진, 어떤 성질을 가진	**تقمط** (타깜마따)	기저귀를 차다
قمين (까미-ㄴ)	1.가마, 화로 2.…할 자격이 있는	**قماط** (끼마-뜨)	기저귀
قمينة (까미-나)	난로, 화로	**قمع** (까마아)	1.진압하다(화재를) 2.끄다
قنن (깐나나)	1.제정하다(법을) 2.곰팡이가 쓸다	**أقمع** (아끄마아)	1.탄압하다 2.방해하다
اقتن (이끄탄나)	농노로 취급하다	**تقمع** (타깜마아)	맵시를 내며 걷다
قن (낀느)	노예, 농노, 종	**انقمع** (인까마아)	진압되다, 탄압되다
قنانة (까나-나)	노예신분	**قمع** (까므으)	1.진압(화재를) 2.억제 3.끄는 것
قنونة (꾸누-나)	농노제도	**قمع** (끼므으)	1.깔때기 2.손잡이 3.꽁초

قانون 1.법, 법률 2.법칙, 규칙 (까누 - ㄴ)	**قنديل** 등, 등불, 초롱불 (낀디 - ㄹ)
قانونية 합법성 (까누니 - 야)	**مقندل** 나쁜, 불행한 (무깐달)
قنينة 병, 향수병, 유리병 (낀니 - 나)	**قنص** 사냥하여 잡다, 사냥하다 (까나쏴)
تقنين 입법화 (타끄니 - ㄴ)	**اقتنص** 사냥하다, 잡다 (이끄타나쏴)
مقنن 법제자, 입법자 (무깐니ㄴ)	**قنص** 1.들새 2.사냥한 짐승 (까나스)
قنال 운하 (까나 - ㄹ)	**قناص** 사냥꾼, 명사수 (꾼나 - 스)
قنبل 1.부대 2.무리 3.기마병단 (깐발)	**مقنوص** 사냥감, 사냥한 짐승 (마끄누 - 스)
قنبلة 포탄, 폭탄 (꾼불라)	**قنصل** 영사 (꾼술)
قنت 순종하다, 기도문을 읽다 (까나타)	**قنصلية** 영사관 (꾼술리 - 야)
قانت 경건한, 신앙심이 깊은 (까 - 니트)	**قنط** 실망하다, 절망하다 (까누따)
قنوت 신에게의 복종, 순종 (꾸누 - 트)	**أقنط** 실망케 하다, 절망케 하다 (아끄나따)

قناع (끼나 - 아)	1.면사포, 베일 2.가면 3.마스크	**قناطة** (까나 - 따)	실망, 절망, 낙심
قناعة (까나 - 아)	1.만족, 확신 2.까다롭지 않는 것	**قنوط** (꾸누 - 뜨)	실망, 절망, 낙심
قنوع (꾸누 - 으)	만족해하는	**قنطر** (깐따라)	궁륭식으로 짓다
إقناع (이끄나 - 으)	1.설득시키는 것 2.만족해하는	**تقنطر** (타깐따라)	궁륭식으로 건축하다
اقتناع (이끄티나 - 으)	1.만족 2.확신	**قنطرة** (깐따라)	1.궁륭식 다리 2.아치
مقنع (무끄니으)	1.만족한, 흡족한 2.설득력 있는	**قنطري** (낀따리)	백만장자
قنا (까나)	1.얻다 2.소유하다 3.기르다(가축을)	**مقنطار** (무깐따르)	궁륭식으로 지어진
قنى (깐나)	파다(운하를)	**قنع** (까나아)	1.만족해하다 2.확신하다
اقتنى (이끄타나)	1. 소유하다 2.획득하다	**قنع** (까나아)	베일을 씌우다
قناة (까나 - 트)	1.운하, 수로, 도랑 2.관 3.하수도	**أقنع** (아끄나아)	1.만족시키다 2.설득시키다
قنية (꾼야)	소유, 획득	**تقنع** (타깐아아)	1.면사포를 쓰다 2.마스크를 끼다 3.위장하다

تقنية (타끄니야)	운하파기, 도랑파기	**قهرمانة** (까흐라마-나)	1.주부 2.가정교사
اقتناء (이끄티나-)	획득, 소유	**قهقر** (까흐까라)	후퇴하다
قهر (까하라)	1.극복하다 2.강요하다	**قهقرة** (까흐까라)	1.퇴각, 후퇴 2.퇴보, 퇴화
انقهر (인까하라)	1.굴복하다 2.슬퍼하다	**تقهقر** (타까흐까르)	1.퇴보 2.퇴각
قهر (까흐르)	1.정복 2.강요, 강압 3.슬픔, 설음	**قهوة** (까흐와)	1.커피원료 2.커피 3.다방
قهرة (까흐라)	강요, 강제, 강압	**قهواتى** (까화와-티)	다방주인
قاهر (까-히르)	1.극복하는 2.강요하는	**مقهى** (마끄하)	다방, 카페
قاهرة (까-히라)	카이로	**قاب** (까-바)	부리로 알을 까다
قهار (까하-르)	전지전능한, 전능하신	**تقوب** (타까우와바)	깨지다(달걀이)
قهران (까흐라-ㄴ)	1.모욕당한 2.서러운	**قاب** (까-브)	거리, 구간
مقهور (마끄후-르)	1.굴복한 2.강요된 3.슬픈	**قوب** (꾸-브)	병아리

قواد (까우와 - 드)	1.뚜쟁이, 포주 2.남창	**قوباء** (꾸바 -)	버짐, 습진
قيد (까이이드)	온순한, 잘 길든	**قات** (까 - 타)	1.먹여 살리다 2.영향을 공급하다
قيادة (끼야 - 다)	1.지휘 2.지도력 3.운전	**قوت** (까우와타)	1.부양하다 2.기르다
انقياد (인끼야 - 드)	1.순종, 복종 2.추종	**تقوت** (타까우와타)	먹다
منقاد (문까 - 드)	온순한, 고분고분한	**قوت** (꾸 - 트)	1.음식 2.양식, 영양
قار (까 - 라)	1.발끝으로 걷다 2.도려내다	**إقاتة** (이까 - 타)	양육
قارة (까 - 라)	언덕, 야산	**تقوت** (타까우와트)	영양
قارة (까 - 르라)	대륙	**مقيت** (무끼 - 트)	1.알라 하나님 2.영양이 있는
تقويرة (타끄위 - 라)	홈, 패인자리	**قاد** (까 - 다)	1.지휘하다 2.조종하다, 운전하다
قوس (까위싸)	구부러지다, 휘여지다	**انقاد** (인까 - 다)	1.끌리다 2.빠지다(꼬임에)
قوس (까우와싸)	1.사격하다 2.구부리다	**قائد** (까 - 이드)	1.안내자 2.지도자 3.운전수

قائف (까 - 이프)	예언자, 점쟁이	**قوس** (까우쓰)	1.활 2.무지개형, 활모양형
قال (깔 - 라)	1.말하다 2.주장하다	**قواس** (까우와 - 쓰)	1.사수, 궁수 2.사냥꾼
قاول (까 - 왈라)	1.흥정하다 2.계약을 맺다	**مقوس** (무까우쓰)	구부러진, 휜
أقول (아꼬왈라)	둘러씌우다(말했다고)	**قاض** (까 - 돠)	부수다, 파괴하다
تقول (타까우왈라)	비방하다, 소문을 퍼뜨리다	**تقوض** (타까우와돠)	무너지다, 붕괴되다
قائل (까 - 일)	1.말하기를 2.말하는 자	**انقاض** (인까 - 돠)	허물어지다, 파괴되다
قول (까울)	1.말, 발언 2.이론, 학설	**تقويض** (타끄위 - 드)	파괴
قولة (꾸왈라)	수다쟁이	**مقاوضة** (무까 - 와돠)	교환, 상호교환
أقاويل (아까윌 - 루)	1.수다스러운 2.수다쟁이	**قاع** (까 - 으)	1.평지, 분지 2.바닥
مقال (마까 - ㄹ)	논설, 글, 논문, 원고	**قاعة** (까 - 아)	1.강당, 홀 2.병실
مقاول (무까 - 윌르)	청부업자	**قاف** (까 - 파)	1.예언하다 2.뒤따르다

مقاولة 1.논쟁 2.계약 3.청부업 (무까 - 왈라)	**قائم** 1.서 있는 2.존재하는 (까 - 임)
قولب 규격화하다 (까울라바)	**قائمة** 1.기둥 2.목록, 명부 3.계획표 (까 - 이마)
قولبة 규격화 (까울라바)	**قوم** 1.민족 2.사람들, 백성 3.종족 (까움)
قولنج 대장염, 결장염 (까울란즈)	**قومة** 1.일어나는 것 2.봉기, 폭동 (까우마)
قولون 결장, 대장전체 (까울루 - 느)	**قومية** 1.민족성 2.민족주의 (까우미 - 야)
قام 1.일어서다 2.수행하다 (까 - 마)	**قوام** 1.정직성 2.밀도 3.정력 4.체구 (까와 - ㅁ)
قوم 1.바로잡다 4.값을 정하다 (까우와마)	**قوام** 1.토대, 기둥 2.의미 4.지지 (끼와 - ㅁ)
قاوم 대항하다, 저항하다 (까 - 와마)	**قوامة** 후견, 간호, 보호, 시중 (끼와 - 마)
أقام 1.설치하다 2.머물다 (아까 - 마)	**قوام** 1.준비된 2.책임자 (까우와 - ㅁ)
استقام 1.정직하다 2.지속되다 (이쓰티까 - 마)	**قيام** 1.출발 2.존재 3.수행, 집행 (끼야 - ㅁ)
قامة 1.키(사람의) 2.체격, 체구 (까 - 마)	**قيامة** 1.부활, 소생 2.후견 3.소동 (끼야 - 마)

مقومات (무까우와마 - 트)	귀중품	**قويم** (까위 - ㅁ)	1.곧바른 2.정직한
مقاوم (무까 - 웜)	1.반항, 대항 2.적, 적수	**قيم** (까이임)	1.귀중한 2.유익한
مقاومة (무까 - 와마)	저항, 반항, 대항	**قيمة** (끼 - 마)	1.값, 가치, 가격 2.량
مقيم (무끼 - ㅁ)	1.거주하는 2.집행하는	**قيوم** (까이유 - ㅁ)	영원한 것, 하나님
مقيمية (무끼미 - 야)	거주지, 관저	**إقامة** (이까 - 마)	1.설립 2.창설 3.체류
مستقيم (무쓰타끼 - ㅁ)	1.곧바른 2.정직한	**تقويم** (타끄위 - ㅁ)	1.수정 3.평가 4.달력
قوى (까와)	황량하다, 인적이 없다	**تقييم** (타끄이 - ㅁ)	가격사정, 평가
قوى (까위야)	1.강하다 2.극복하다	**استقامة** (이쓰티까 - 마)	1.정직성, 솔직성 2.정확성
قوى (까우와)	1.강화하다 2.지지하다	**مقام** (마까 - ㅁ)	1.체류 2.위치 3.자리 4.묘, 고분
قاوى (까 - 와)	싸우다, 힘겨루기 하다	**مقامة** (마까 - 마)	범위, 영역
أقوى (아끄와)	1.황량하다 2.가난하다	**مقومات** (무까우와마 - 트)	성분, 구성요소, 요인

مقيئات (무까이아 - 트)	구토제	**تقوى** (타끄와)	1.강화되다 2.고무되다
قاح (까 - 하)	곪다	**قواء** (까와 -)	굶주림, 기아, 기근
قيح (까이흐)	고름	**قواء** (끼와 -)	황야, 무인지경
قيد (까이야다)	1.제한하다 3.결박하다	**قوة** (꾸우와)	1.힘, 위력 2.능력 3.폭력
تقيد (타까이야다)	1.제한되다 2.엄격히 준수하다	**قوى** (까위)	1.튼튼한 2.독한(술이) 3.힘센
قيد (까이드)	1.족쇄 2.매듭 3..제한,	**تقوية** (타끄위야)	1.지지 2.강화 3.자극
قيودات (꾸유다 - 트)	1.제약 2.등록부	**مقويت** (까위야 - 트)	강장제, 보약
تقييد (타끄이 - 드)	1.결박 2.기입 3.제한	**قاء** (까 - 아)	토하다, 구토하다
مقيد (무까이야드)	1.묶인 2.제한된 3.기록된	**أقاء** (아까 - 아)	토하게,구역나게 하다
مقيدات (무까이야다 - 트)	기록부, 등록부	**تقيأ** (타까이야아)	토하다, 구토하다
قاس (까 - 싸)	1.측량하다 2.비교하다	**قيء** (까이)	구토, 구역질

까
프

689

انقاض (인까-돠)	무너지다(담벽이)	**قيس** (까이야싸)	표준화하다, 규격화하다
قياض (끼야-드)	동일한, 동등한, 꼭 같은	**قايس** (까-야싸)	비교하다, 대조하다
مقاية (무까-야돠)	1.교환 2.교역, 물물교환	**اقتاس** (이끄타-싸)	1.재다 2.모방하다
قاظ (까-좌)	무겁다, 덥다	**قياس** (끼야-쓰)	1.측정 2.비교 3.유추 4.치수
قائظ (까-이즈)	무더운, 찌는 듯한	**قياس** (까이야-쓰)	측량사
قيظ (까이즈)	1.찜통더위 2.가뭄 3.한여름	**مقاس** (마까-쓰)	크기, 치수, 분량
قال (깔-라)	낮잠을 자다	**مقايسة** (무까-야싸)	1.비교, 대조 2.평가, 평점
قيل (까이얄라)	낮잠자다	**مقياس** (미끄야-쓰)	1.표준, 기준 2.측정기 3.치수
أقال (아깔-라)	1.면직하다 2.폐기하다	**قيسارية** (끼싸리-야)	바자회, 자선시장
تقيل (타까이얄라)	낮잠자다	**قاض** (까-돠)	1.바꾸다 2.쪼개다
استقال (이쓰티깔-라)	사직하다	**تقيض** (타까이야돠)	깨지다, 쪼개지다

قائلة 1.낮잠 2.한낮, 정오
(까 - 일라)

قيل 1.추장, 족장 2.우두머리
(까일)

قيالة 낮더위
(까아알 - 라)

قيلولة 오침, 낮잠
(까일룰 - 라)

إقالة 1.해임, 해고(계약) 2.폐기
(이깔 - 라)

استقالة 1.사직서 2.사직
(이쓰티깔 - 라)

(الكاف : 카프)

아랍어	한국어
كارثة (카 - 리싸)	재앙
كاريكاتور (카리카투 - 르)	만화
كافور (카푸 - 르)	장뇌
كالون (칼루 - ㄴ)	자물쇠
كئب (카이바)	서러워하다, 침통하다
إكتئاب (이크티아 - 바)	쓸쓸해하다
كأب (카으브)	슬픔, 설음, 괴로움
كئيب (카이 - 브)	슬픈, 애달픈, 애틋한
إكتئاب (이크티아 - 브)	슬픔, 비애, 서러움
مكتئب (무크타이브)	우울한, 침울한, 슬픈

아랍어	한국어
كأد (카아다)	괴롭히다, 속태우다
إكتأد (이크타아다)	장애로 되다
كؤود (카우 - 드)	어려운, 힘든
كأس (카으쓰)	잔, 컵
كؤول (쿠우 - ㄹ)	알코올
كب (캅바)	1.넘어뜨리다, 2.붓다
أكب (아캅바)	1.몰두하다 2.착수하다
كباب (카바 - ㅂ)	꼬치불고기, 카밥
كباية (쿱바야)	컵, 잔
كبة (쿱바)	1.공, 알 2.흑사병, 페스트
كبت (카바타)	1.무찌르다 2.억제하다

كبر (캅바라)	1.확대하다 2.과장하다 3.찬미하다	كبوت (캅부-트)	1.비옷 2.덮개 3.콘돔
كابر (카-바라)	1.뽐내다 2.완강하다 3.반박하다	كبح (카바하)	억제하다, 억누르다
أكبر (아크바라)	1.존중하다 2.찬양하다	كبح (카브흐)	1.억제, 제압 2.제동
تكبر (타캅바라)	1.우쭐대다 2.자만하다	مكبح (미크바흐)	제동기
إستكبر (이쓰타크바라)	자랑하다, 뽐내다	كبد (카바다)	괴롭히다, 고생시키다
كبر (카브르)	1.거만 2.자만 3.위대함	كابد (카-바다)	겪다, 참다, 당하다
كبر (키바르)	1.웅대함, 거대함 2.고령	كبد (카브드)	간, 간장
كبرة (카브라)	노년, 늘그막	كبد (카바드)	중심, 가운데, 중앙의
كبرى (쿠브리-)	다리	كباد (쿠바-드)	간장염, 간염
كبرياء (키브리야-으)	1.교만 2.자랑, 자만	كبر (카부라)	1.크다 2.위대,중요하다
كبير (카비-르)	1.큰 2.위대한 3.중요한 4.늙은	كبر (카바라)	나이가 들다, 늙다

까프

693

كبس (카브쓰)	압착, 압축, 프레스	كبيرة (카비 - 라)	1.큰 죄 2.엄중한 과오
كبس (쿠브쓰)	휴즈	تكبير (타크비 - 르)	1.확대 2.찬양 3.존중
كبسة (카브싸)	1.습격 2.포위망	كبار (쿠바 - 르)	1.위대한, 거대한 2.중대한
كبيس (카비 - 쓰)	1.절인 2.통조림 한	كبارات (쿠바라 -)	위인들, 명인들
تكبيس (타크비 - 쓰)	안마	تكبر (타캅부르)	1.자랑, 자만 2.교만, 거만
كابوس (카부 - 쓰)	악몽, 악마	مكبر (무캅비르)	1.확성기 2.확대하는
مكبس (미크바쓰)	1.압착기 2.피스톤	متكبر (무타캅비르)	교만한, 거만한
مكبسات (무캅바싸 - 트)	통조림	مكابر (무카 - 비르)	1.고집이 센 2.반박하는
مكبوس (마크부 - 쓰)	1.압축된 2.절인 3.통조림 한	مكابرة (무카 - 바라)	1.교만 2.고집 3.반박
كبل (카발라)	1.수갑을 채우다 2.지불을 연기하다	كبرتة (키브리타)	성냥
كابل (카 - 발라)	연장하다(지불을)	كبس (카바싸)	1.통조림하다 2.붙잡다

كاتب (카-티브)	1.쓰는 2.서기 3.비서 4.작가	**تكبل** (타캅발라)	묶이다, 얽매이다
كُتّاب (쿳타-브)	소학교, 서당	**كبل** (카블)	수갑, 족쇄
كاتبة (카-티바)	여비서	**مكبل** (무캅발)	묶인, 족쇄에 채인
كتاب (키타-브)	1.책, 서적 2.편지, 서한	**كتب** (카타바)	1.글을 쓰다 2.기록되다
كتابة (키타-바)	1.쓰기, 글씨, 필적	**كاتب** (카-타바)	1.서신거래를 하다 2.통보하다
كتيب (쿠타이브)	소책자	**أكتب** (아크타바)	불러주다, 받아쓰게 하다
كتيبة (카티-바)	1.부대, 연대 2.서류	**تكتب** (타캇타바)	정열하다, 대열을 짓다
إكتتاب (이크티타-브)	서명, 조인	**إنكتب** (인카타바)	1.필사하다 2.조인하다
إستكتاب (이쓰티크타-브)	받아쓰기	**إكتتب** (이크타타바)	복사하다, 베끼다
مكتب (마크탑)	1.학교 2.사무실 3.책상	**كتب** (카트브)	1.쓰기, 서법 2.문건 3.계약
مكتبة (마크타바)	1.도서관 2.책방	**كتبة** (키트바)	글씨, 필적

كتل (카탈라)	모으다, 쌓아두다	مكاتبة (무카-타바)	서신거래, 통신
كتل (캇탈라)	동맹을 결성하다, 연합을 형성하다	مكتوب (마크투-브)	쓰여진, 기록된
تكتل (타캇탈라)	1.단합되다 2.불럭이 형성되다	مكتوب (마크투-브)	편지, 서한
كتلة (쿠틀라)	1.대중 2.불럭, 동맹 3.핵심, 중심부	كتف (카타파)	손을 뒤로 묶다
تكتل (타캇툴)	불럭형성	تكاتف (타카-타파)	나란히 가다, 서로 돕다
تكتلات (타캇툴라-트)	파벌, 분파	إستكتف (이쓰타크타파)	팔짱을 끼다
كتم (카타마)	1.감추다 2.억제하다 3.숨을 죽이다	كتف (카트프)	1.어깨 2.경사, 비탈
تكتم (타캇타마)	비밀에 붙이다, 숨기다	كتاف (키타-프)	수갑
انكتم (인카타마)	1.은폐되다 2.침묵하다	تكاتف (타카-타프)	단결, 단합, 단결력
اكتتم (이크타타마)	숨기다, 감추다	مكتوف (마크투-프)	묶이운
كتمة (카트마)	무더위, 숨막히게 하는 공기	متكتف (무타캇티프)	팔짱을 낀

كَثْرَة (카쓰라)	다량, 풍족함, 넉넉함	كَتُوم (카투-므)	말없는, 덤덤한, 과묵한
كَثِير (카씨-르)	많은, 수많은, 풍부한	كَتِيم (카티-므)	1.밀봉한 2.빈틈없는 3.숨막히는
أَكْثَرِيَّة (아크싸리-야)	대부분, 대다수	كِتَام (키타-므)	변비
تَكَاثُر (타카-쑤르)	확대, 증가, 증식	تَكَتُّم (타캇툼)	비밀, 숨김
مَكْثُور (마크쑤-르)	빚을 잔뜩 짊어진	مَكْتُوم (마크투-므)	1.숨은, 감추어진
كَثُف (카싸파)	1.무성하다 2.진하다, 짙다	كَثّ (캇싸)	숱이 많은, 조밀한
كَثَافَة (카싸-파)	1.밀도, 농도 2.두께, 굵기	كَثِيث (카씨-쓰)	조밀한, 빽빽한
كَثِيف (카씨-프)	1.무성한 3.둔한 4.조잡한	كَثَب (카싸바)	근처, 부근, 근방
كَحَل (카할라)	눈을 새까맣게 하다	كَثِيب (카씨-브)	모래언덕
كَحَّال (캇할-르)	안과의사	كَثُر (카쑤라)	1.많다 2.증가하다
كَحِيل (카히-일)	검은, 까맣게 그린	تَكَثَّر (타캇싸라)	말이 많다, 장황히 늘어놓다

까 프

كدر (카다라)	1.침울하다 2.화내다	كحول (쿠후 - ㄹ)	알코올, 술
تكدر (타캇다라)	1.흐려지다 2.슬퍼하다	أكحل (아크할르)	눈이 새까만
إنكدر (인카다라)	우울하다, 침울하다	كد (캇다)	1.내쫓다 2.일하다 3.힘들게 하다
كدر (카다르)	1.걱정, 번뇌 2.슬픔, 비애	إكتد (이크탓다)	1.몰아내다 2.독촉하다
كدر (카디르)	1.흐린, 희미한 2.적적한	كد (캇드)	일, 노력, 노고
مكدر (무캇다르)	희미한, 어슴푸레한	كدود (카두 - 드)	근면한, 부지런한
متكدر (무타캇디르)	1.화난 2.슬픔에 잠김	مكدود (마크두 - 드)	기진맥진한, 맥이 풀린
كدس (카다싸)	쌓다	كدح (카다하)	일하다
إنكدس (인카다싸)	쌓이다, 가득 차다	إكتدح (이크타다하)	일해서 벌다
كداس (쿳다 - 쓰)	1.무더기, 더미 2.낟가리	كدح (카다흐)	노력, 노동
مكدس (무캇다쓰)	1.쌓아올린 2.축적된	كادح (카 - 디흐)	근로자, 노동자

كذبة (키드바)	거짓말, 허구, 날조	كدم (카다마)	1.물다 2.타박상을 입히다
كذاب (캇다-브)	거짓말쟁이, 허풍쟁이	كدمة (카드마)	타박상, 멍
تكذيب (타크디-브)	1.반박, 논박 2.거짓말	كدى (카다-)	깍쟁이 노릇하다
أكذوبة (아크두-바)	거짓말, 허구	كدى (캇다-)	구걸하다, 동냥하다, 빌어먹다
مكذوب (마크두-브)	허위적인, 허황한, 가상적인	تكدى (타캇다-)	구걸하다, 빌어먹다
كر (카르라)	1.퇴각하다 2.습격하다	كدية (카드야)	구걸
كرر (카르라라)	1.반복하다 2.정제하다	كدية (쿠드야)	지렛대, 쇠몽둥이
تكرر (타카르라라)	1.거듭되다 2.정제되다	كداية (키다-야)	걸식, 구걸
كر (카르르)	1.공격 2.경과, 흐름(시간의)	كذا (카다)	그렇게, 이와 같이
كرة (카라르라)	1.공격, 습격 2.한번, 한차례	كذب (카다바)	1.거짓말하다 2.비방하다
كرة (카르라)	10만	كذب (카디브)	거짓, 허위

까
프

699

كرب (카르브)	1.슬픔, 비애 2.고민, 번뇌	كرار (카라-르)	헛간, 고간, 창고, 광
كربة (쿠르바)	슬픔, 애수, 설움	كرارجى (카라르지-)	창고지기
مكروب (마크루-브)	애수에 찬, 슬픔에 잠긴	تكرير (타크리-르)	1.반복 2.정제, 정류
مكروب (마크루-브)	미생물	تكرار (타크라-르)	반복
كربون (카르부-느)	1.탄소 2.먹지	مكرر (무카르라르)	1.반복된 2.정제된
كربونات (카르부나-트)	탄산염	متكرر (무타카르리르)	빈번한, 거듭되는
كرث (카리싸)	슬프게 하다, 근심시키다	كراج (카라-즈)	1.차고 2.자동차 정비업소
اكترث (이크타라싸)	관심을 돌리다	كراكة (카르라-카)	준설기, 준첩선
اكتراث (이크티라-쓰)	관심, 주의	كرب (카라바)	1.상심시키다 2.시작하다
كارث (카-리쓰)	불행한, 비참한	أكرب (아크라바)	1.서두르다 2.슬프게 하다
كارثة (카-리싸)	불행, 재난, 재해, 불상사	إنكرب (인카라바)	서러워하다, 비애에 잠기다

كراسة (쿠르라-사)	공책, 소책자	كريث (카리-쓰)	비참한, 끔찍한, 불행한
كرسى (쿠르시-)	1.의자 2.강좌 3.수세식 변기	كرج (카리자)	곰팡이 쓸다
كروسة (카르루-사)	마차	كرج (카라즈)	곰팡이
مكرس (무카르라스)	공헌된 봉헌된 신성한	كرز (카라자)	1.설교하다 2.잠복하다
كرش (카라샤)	1.쫓다, 내쫓다 2.재촉하다	كرز (카르즈)	설교, 전도
تكرش (타카르라샤)	얼굴을 찡그리다	كرزة (카르자)	설교, 전도
انكرش (인카라샤)	1.축출되다 2.서두르다	تكريز (타크리-즈)	성직수업
استكرش (이스타크라샤)	뚱뚱해지다, 배가 커지다	كاروز (카루-즈)	설교자, 전도사
مكترش (무크타리쉬)	배가 나온	كرس (카르라사)	1.신성화하다 2.헌신하다
كرع (카라아)	마시다(물을)	تكرس (타카르라사)	1.바쳐지다 2.신성화되다
تكرع (타카르라아)	1.트림하다 2.발을 씻다	تكريس (타크리-스)	1.헌신, 공헌 2.신성화

까프

كريم (카리-므)	1.너그러운 2.인자한 3.고결한
كريمة (카리-마)	귀동녀, 딸
تكريم (타크리-므)	1.존경, 존중 2.경축, 축하
إكرام (이크라-므)	존경, 존중, 대접
إكرامية (이크라미-야)	상금, 상여금, 보너스
مكرم (무크라므)	존경하는, 존중하는
كره (카리하)	1.미워하다 2.마지못해 하다
كره (카루하)	징그럽다, 추악하다
أكره (아크라하)	강요하다, 하게끔하다
تكره (타카르라하)	괘씸히 여기다
استكره (이스타크라하)	1.증오하다 2.강요하다

تكرية (타크리-아)	트림
كرب (카카바)	1.교란시키다 2.괴롭히다
كربة (카르카바)	1.무질서, 혼란 2.소음
كركوبة (카르쿠-바)	1.노파 2.낡아빠진 가구
كرم (카루마)	1.귀중하다 2.너그럽다
كرم (카르라마)	존경하다, 존중하다
أكرم (아크라마)	존경하다, 존대하다
تكرم (타카르라마)	1.너그럽다 2.친절하다
كرم (카라므)	1.너그러움, 아량 2.은혜, 은덕
كرم (카름)	1.포도 2.정원, 과수원
كرامة (카라-마)	1.고결, 존경 2.존엄, 위엄

كراهة (카라 - 하)	증오감, 반감, 증오심	**كرى** (카리아)	졸다
كروهية (쿠루히 - 야)	증오, 증오심	**أكرى** (아크라 -)	빌려주다, 임대하다
كريه (카리 - 흐)	밉살스러운, 징그러운	**تكرى** (타카르라 -)	졸다
كريهة (카리 - 하)	불행, 재난, 불상사	**اكترى** (이크타라 -)	세를 내고 빌리다
إكراه (이크라 - 흐)	1.강요, 강압 2.폭력사용	**كرى** (카라 -)	졸음, 토끼잠, 노루잠
مكروح (마크루 - 흐)	1.바람직스럽지 못한 2.나쁜, 미운	**كروة** (키르와)	1.임차, 빌리는 것, 2.소작료
مكروهة (마크루 - 하)	불행, 재난	**اكتراء** (이크티라 - 으)	빌리는 것, 소작
متكره (무타카르리흐)	마음에 내키지 않는 마지못하여	**مكتر** (무크타린)	임차인
كرا (카라 -)	1.파다, 파내다 2.놀다	**مستكر** (무스타크르)	임차인
كرة (쿠라)	공, 구	**كز** (캇자)	1.꽉 조이다 2.마르다, 시들다
كروية (쿠라위 - 야)	둥근 모양, 원형	**كز** (캇즈)	1.마른, 시든 2.수축된, 꽉 다문

까프

مكتسبات (무크타사바 - 트)	성과	كزاز (쿠자 - 즈)	파상풍
كسح (카사하)	1.쓸다 2.씻어내다	كزازة (카자 - 자)	마른 것, 굳어진 것
كسح (카시하)	발을 절다, 절뚝거리다	كسب (카사바)	1.얻다, 벌다 2.이익을 보다
تكسح (타캇사하)	절뚝거리다, 절룩거리다	تكسب (타캇사바)	벌다, 밥벌이 하다
اكتسح (이크타사하)	1.쓸다 2.배척하다(상품)	اكتسب (이크타사바)	1.얻다 2.이기다 3.죄를 짓다
كسيح (카시 - 흐)	1.허약한 2.절름발이	كسب (카스브)	1.획득 2.이윤, 이익, 소득
كساحة (쿠사 - 하)	쓰레기	كسبان (카스바 - 느)	얻은, 획득한, 쟁취한
مكسحة (미크사하)	비, 빗자루	كسبة (쿠스바)	찌끼, 깨묵
مكسح (무캇사흐)	1.절름발이 2.불구자	اكتساب (이크티사 - 브)	획득, 쟁취
كسد (카사다)	1.고이다(물이) 2.경기가 침체하다	مكسب (마크사브)	1.획득 2.획득물 3.이윤, 이익
كساد (카사 - 드)	침체, 불경기	مكتسب (무크타사브)	얻어진, 쟁취한, 획득한

تكاسير (타카시-르)	사소한 일, 대수롭지 않은 일	كيسد (카시-드)	팔리지 않는, 체화된
تكسر (타캇수르)	1.파괴, 파손 2.굴절 3.불편(몸의)	كاسد (카-시드)	1.재고의 2.침체된, 불경기의
انكسار (인키사-르)	1.파괴, 파손 2.패배, 좌절	كسر (카사라)	1.깨뜨리다(협정을) 2.어기다
مكسر (무캇시르)	파괴하는, 깨뜨리는	كسر (캇사라)	1.박살내다 2.잔돈으로 바꾸다
مكسر (무캇사르)	박살이 난, 깨진, 파괴된	كاسر (카-사라)	값을 낮추려고 흥정하다
مكسور (마크수-르)	1.부서진 2.파산된 3.패배한	انكسر (인카사라)	1.깨지다 2.좌절되다
كسف (카사파)	1.가리우다 2.핀잔을 주다	كسرة (카스라)	1.파손, 부스는 것 2.패배
انكسف (인카사파)	일식하다, 쑥쓰러워하다	كسور (쿠수-르)	1.주름 2.여분, 나머지
كسوف (쿠수-프)	1.쑥쓰러움 2.일식	كسير (카시-르)	1.부서진 2.괴로운, 상심하는
انكساف (인키사-프)	일식	كسير (캇시-르)	1.출납원 2.출납
مكسوف (마크수-프)	1.해가 가린 2.창피한	كسارة (캇사-라)	분쇄기

تكسى (타캇사-)	입다	كسل (카실라)	게으르다, 태만하다
كسوة (키스와)	1.옷 2.덮개	أكسل (아크살라)	놀고먹게하다
كشح (카샤하)	1.내쫓다 2.증오하다	تكاسل (타카-살라)	놀고먹다, 빈둥빈둥 놀다
انكشح (인카샤하)	흩어지다, 분산되다	كسل (카살르)	1.게으름 2.권태, 싫증
كشاحة (쿠샤-하)	악의, 적의, 앙심	كسلان (카슬라-느)	1.게으른 2.건달
كشر (카샤라)	보이다, 드러내다(이를)	تكاسل (타카-술르)	게으름, 건달
كاشر (카-샤라)	헤벌쭉이 웃다, 씻웃다	كسم (카사마)	벌다, 벌이를 하다
كشارة (카샤-라)	1.우울, 침울 2.무뚝뚝함	كسم (캇사마)	치장하다, 장식하다
مكشر (무캇샤르)	우울한, 침울한	كسم (카슴)	1.모양, 형식 2.유행
كشف (카샤파)	1.벗기다 2.폭로하다	كسيم (카시-므)	1.의무 2.세율, 세금
كاشف (카-샤파)	1.털어놓다 2.통지하다	كسا (카사-)	1.씌우다 2.덮다, 포장하다

까프

مكتشفات (무크타샤파 - 트)	발명품, 고안품	**انكشف** (인카샤파)	1.드러나다 2.제거되다
مكشوف (마크슈 - 프)	1.드러난 2.숨김없는	**اكتشف** (이크타샤파)	1.드러나다 2.적발하다
كظم (카다마)	1.억제하다 2.침묵을 지키다	**استكشف** (이스타크샤파)	1.폭로, 정찰하다
كظيم (카듸 - 므)	분노로 가득 찬	**استكشاف** (이스티크샤 - 프)	1.정탐 2.폭로
كاظمة (마 - 듸마)	보온병	**اكتشاف** (이크티샤 - 프)	1.발견 2.정찰 3.탐험
كعب (카아바)	젖이 볼록 나오다	**انكشاف** (인키샤 - 프)	노출, 발로
كعاب (카아 - 브)	젖가슴이 큰 처녀	**كشاف** (캇샤 - 프)	1.폭로자 2.정찰병 3.탐험가
كعب (카으브)	1.영광, 명예 2.입방체	**كشافة** (캇샤 - 파)	1.정찰대 3.소년단
كعب (쿠으브)	여성의 젖가슴	**كشافة** (키샤 - 파)	1.정찰 2.탐험, 탐색
كعبة (카으바)	입방, 입방체	**كشف** (카쉬프)	1.명단 2.목록 3.명세서
كعبة (쿠으바)	처녀성, 동정, 순결	**كشيف** (카쉬 - 프)	드러난, 노출된, 폭로된

아랍어	한국어	아랍어	한국어
كف (캇파)	1.말리다 2.삼가하다	مكفوف (마크푸-프)	장님, 소경
تكفف (타캇파파)	구걸하다, 빌어먹다	كفأ (카파아)	1.물러서다 2.뒤집다
انكف (인캇파)	그만두다, 버리다	كافأ (카-파아)	1.표창하다 2.보상하다
استكف (이스타캇파)	빌어먹다, 구걸하다	تكافأ (타카-파아)	동등하다, 평등하다
كافة (캇-파)	모두, 예외 없이, 총체	تكافؤ (타카-푸우)	1.평등, 동등 2.등가
كف (캇프)	1.손, 손바닥 2.접시(저울의)	كفاء (카파-으)	1.평등, 동등 2.보상, 보수
كفاف (카파-피)	그만 하시요! 됐소!	كفاية (키파-야)	충분
كفاف (키파-프)	테두리, 가장자리, 변두리	كفاءة (카파-아)	1.동등 2.재능 3.자격
كفة (킷파)	저울	مكافأة (무카-파아)	1.상, 표창 2.보상, 배상
كفة (쿳파)	테두리, 변두리, 가장자리	كفت (카파타)	1.모으다 2.막다 3.붓다
كفيف (카피-프)	소경, 장님	انكفت (인카파타)	죽다

كفر (쿠프르)	신의 존재 불신, 배은망덕	كفت (카프트)	죽음
كفران (카프라-느)	1.화가 난 2.적적한	كفح (카파하)	적과 맞서다
كافور (카푸-르)	장뇌	كافح (카-파하)	1.싸우다 2.수호하다
كفور (카푸-르)	은혜를 모르는, 배은망덕의	كفاح (키파-흐)	1.투쟁 2.싸움, 전투
كفل (카팔라)	1.보증하다 2.보호하다 3.책임을 지다	مكافحة (무카-파하)	싸움, 전투, 투쟁
كافل (카-팔라)	계약을 체결하다	كفر (카파라)	1.덮다 2.신을 부정하다
تكافل (타카-팔라)	일치단결하다	كفر (캇파라)	1.속죄하다 2.용서해주다
كفيل (카피-일)	1.보증인 2.보호자	تكفير (타크피-르)	1.용서 2.속죄 3.배교
كفالة (카팔-라)	1.보증, 담보 2.보호, 후견	كافر (카-르)	1.불신자 2.배은망덕한
كافل (카-필르)	1.보증인 2.보호자, 후견인	كفارة (캇파-라)	1.속죄 2.속죄물
تكافل (타카-풀르)	1.상호보증 2.단결, 단합	كفر (카프르)	작은 마을, 고을, 촌락, 시골

مكفول	1.보장된 2.담보된	تكلل	1.결혼하다 2.끝나다
(마크푸 - 울)		(타칼랄라)	
كفن	수의를 입히다	كل	1.전체, 전부 2.모든, 온갖
(카파나)		(쿨르)	
كفن	수의,	كل	1.지친, 피곤한 2.쇠약, 허약
(카판)	시체를 감싸는 흰 천	(칼르)	
كفى	1.충분하다 2.살리다	كلة	모기장
(카파 -)		(킬라)	
كافى	갚다, 보상하다, 보답하다	كلية	1.보편성 2.학부, 단과대학
(카파 -)		(쿨리 - 야)	
اكتفى	1.만족하다 2.제한되다	كلا	아니다, 전혀 그렇지 않다
(이크타파 -)		(칼라 -)	
اكتفاء	충족, 만족	كليل	1.지친, 피곤한 2.둔한 3.약한(시력이)
(이크티파 - 으)		(칼리 - ㄹ)	
كفاية	1.충분함 2.정량 3.능력	تكليل	즉위식, 대관식
(키파 - 야)		(타클리 - 일)	
مكافأة	1.상, 상장 2.보수, 보상	إكليل	1.화환, 꽃다발 2.왕관
(무카 - 파아)		(이클리 - 일)	
كل	1.지치다, 피곤하다 2.무디다	مكلل	1.왕관을 쓴 2.결혼한
(칼라)		(무칼랄르)	
كلل	1.왕관을 씌우다 2.결혼시키다	كلب	1.미치다, 2.간청하다
(칼랄라)		(칼리바)	

مكلوب (마클루-브)	미친, 광견병에 걸린	كلب (칼라바)	개를 훈련시키다
كلح (칼라하)	1.우울하다 2.색이 날다	تكالب (타칼-라바)	미쳐날뛰다, 발광하다
أكلح (아클라하)	찌푸리다, 찡그리다	استكلب (이스타클라바)	1.미치다 2.미쳐날뛰다
كالح (칼-리흐)	우울한, 침울한	كلب (칼라브)	1.광증, 광견증 2.갈증
كلس (칼라사)	회칠하다, 석회화하다	كلب (칼브)	개, 수캐
كلس (칼스)	생석회, 석회	كلِب (칼리브)	1.미친 2.탐욕스러운
كلسة (칼사)	양말	كلبية (칼비야)	냉소, 자유주의
كلف (칼리파)	1.사랑하다 2.주근깨투성이다	كلاب (쿨라-브)	갈고리
كلف (칼라파)	1.위임하다 2.부과하다	كليب (칼리-브)	미친, 광견병에 걸린
تكلف (타칼라파)	1.담당하다 2.고생하다	كليب (쿨라이브)	강아지
كلف (칼라프)	1.주근깨 2.열렬한 사랑	مكلب (무칼리브)	개수련사

까
프

كلفة (쿨파)	1.수고 2.가격 3.비용	كلمة (칼리마)	1.단어 2.말, 토론, 연설
تكليف (타클리 - 프)	1.위임 2.부과 3.의무	كلام (칼라 - 므)	1.대화 2.말 3.회화 4.언어
تكلف (타칼루프)	1.엄살, 어색함 2.체면	كليم (칼리 - 므)	1.말동무 3.연설가 4.대변인
تكلفة (타클리파)	값, 가격, 비용	مكالمة (무칼 - 라마)	담화, 대화
تكاليف (타칼리 - 프)	1.지출, 비용 2.세금	كلى (칼리아)	신장염을 앓다
مكلف (무칼라프)	1.책임진 2.부과된 3.값진	كلوة (쿨와)	콩팥, 신장
مكلفة (무칼라파)	토지대장	كلية (쿨야)	신장, 콩팥
متكلف (무타칼리프)	꾸며진, 가짜의	كم (쿠므)	굴레를 씌우다
كلم (칼라마)	1.상처를 입히다 2.슬프게 하다	كمم (캄마마)	1.억누르다(비판을) 2.소매를 달다
كلم (칼르라마)	1.이야기 하다 2.상처를 입히다	كم (쿠므)	소매
تكلم (타칼르라마)	이야기하다, 담화하다	كمامة (키마 - 마)	1.굴레 2.마스크

كَم (캄) 1.몇개인가 2.얼마나 많이 3.많이	كَماخ (쿠마-크) 꺼만, 오만, 교만
كَمّ (캄므) 수량, 분량, 정량, 정액, 양	كَمِدَ (카미다) 1.슬퍼하다 2.색이 바래다
كَمِّية (캄미-야) 수량, 양	كَمَد (캇마다) 찜질하다
كَما (카마-) 처럼, 듯이, 마냥, 같이	اِنكَمَد (인카마다) 가슴아파하다
كَمان (카마-느) 바이올린의 일종	اِكتَمَد (이크타맛다) 색이 날다, 색이 바라다
كَمانجى (카마느지-) 바이올리스트	أَكمَد (아크마드) 쌕이 바랜, 희미한
كَمءُ (캄으) 버섯	تَكمِيد (타크미-드) 찜질
كَمَح (카마하) 제지하다, 억제하다	كامِد (카-미드) 1.비통한 2.색이 퇴색한
كَماحَة (캇마-하) 제동기, 브레이크	كَمَد (카마드) 슬픔, 괴로운, 쓰라림, 고민
كَمَخ (카마카) 거만하다	كَمِد (카미드) 1.슬픈 2.색이 달은
كامِخ (카-미크) 건방진, 거만한, 오만한	كَمِيد (카미-드) 슬픈, 애달픈, 쓰라린

까프

كمل (캇말라)	1.보충하다 2.완성하다	كمر (카마라)	밀봉하다
أكمل (아크말라)	1.보충하다 2.완결짓다	كمر (카마르)	띠, 허리띠, 허리주머니
استكمال (이스티크말 - 르)	1.완결 2.충만	كمش (카미샤)	줄어들다, 수축되다
اكتمال (이크티말 - 르)	1.완성, 완결 2.성숙	كمش (카마샤)	1.집다 2.구기다 3.꽉쥐다
إكمال (이크말 - 르)	완성, 완결, 완공	انكمش (인카마샤)	줄어들다, 수축되다
تكامل (타카 - 물르)	1.완전, 완비 2.충만	انكماش (인키마 - 쉬)	1.수축 2.통화수축
تكملة (타크밀라)	첨가, 첨부, 보충	كماشة (캇마 - 샤)	집계
تكميل (타크밀 - 르)	1.완성 2.보충, 첨가	كمع (카마아)	끊다, 베내다
كامل (카 - 밀르)	1.완전한 2.절대적인 3.완성된	كامع (카 - 마아)	동침하다, 포옹하다
كمال (카말 - 르)	1.완전무결 2.완성 3.만원	كميع (카미 - 으)	잠자리를 같이하는
كمالة (카말 - 라)	1.첨부, 추가 2.첨가물	كمل (카물라)	완전하다, 완성되다

까프

714

كمه (카미하)	눈이 멀다	كماليات (카말리야-트)	사치품
أكمه (아크마흐)	소경	مكمل (무캇말르)	1.완성된 2.보충된
كن (칸나)	1.품다 2.가리다(얼굴을)	كمن (카미나)	1.숨다 2.잠복하다
أكن (아칸나)	1.숨기다 2.품다	أكمن (아크마나)	숨기다, 감추다
استكن (이스타칸나)	둥지를 틀다	اكتمن (아크타마나)	숨기다, 비밀에 붙이다
كنة (칸나)	며느리, 형수, 제수, 시누이	استكمن (이스타크마나)	숨다, 은폐하다
كنة (쿤나)	1.현관 2.친막집 3.정지	كمان (카마-느)	1.역시 2.바이올린
كنين (카니-느)	1.숨은, 은폐된 2.잠복한	كمنجة (카만자)	바이올린
مستكن (무스타칸느)	둥지, 굴(짐승의)	كمون (쿠무-느)	은폐, 잠복, 매복
كنب (카니바)	감각이 둔해지다	كمين (카미-느)	1.숨은 2.매복, 잠복
كنب (카나브)	경결(피부의), 무감각	مكمن (마크마느)	1.매복지점 2.매장지

까프

كنيس (카니-스)	1.마대, 자루 2.꼴망태	كنبة (카나바)	소파
كنيسة (카니-사)	1.유대사원 2.교회	مكنب (무크니브)	경결의(피부의), 무감각의
كنيست (카니-사트)	이스라엘 의회	كند (카나다)	은혜를 잊다, 배은망덕하다
كناسة (쿠나-사)	쓰레기	كنود (쿠누-드)	은혜를 모르는
كناس (칸나-스)	미화원, 청소부	كنز (카나자)	1.저축하다, 모으다 2.파묻다
كناسة (칸나-사)	여자 미화원	كنز (칸즈)	1.저축, 축적 2.보물, 보배
مكنسة (미크나사)	빗자루	كناز (키나-즈)	살찐, 피둥피둥한
كنف (카나파)	보호하다, 포위하다, 둘러싸다	إكتناز (이크티나-즈)	축적, 저축
أكنف (아크나파)	도와주다	مكنوز (마크누-즈)	1.숨은, 파묻힌 2.축적된
اكتنف (이크타나파)	포위하다, 에워싸다	مكتنز (무크타니즈)	뚱뚱한, 몸이 난
كنف (카나프)	1.날개 2.보호, 보살핌	كنس (카나사)	쓸다, 쓸어내다, 청소하다

مكهرب (무카흐라브)	충전된, 감전된	كنيف (카니-프)	수세식 화장실
كهف (카흐프)	큰 동굴, 움푹 들어간 곳	مكانفة (마카-나파)	원조, 후원, 지원
كهل (카훌라)	어른이 되다, 성인이 되다	كنى (카나-)	1.별명을 붙이다 2.암시하다
اكتهل (이크타할라)	어른이 되다	كنية (쿤야)	별명
كهولة (쿠훌-라)	성년, 중년, 장년	كناية (키나-야)	1.암시 2.기호, 신호 3.칭호
كهم (카후마)	1.노쇠하다 2.지치다	مكنى (무칸나-)	…의 별명을 가진
كهامة (카하-마)	1.쇠약, 노쇠 2.피로	كهرب (카흐라바)	전기를 일으키다
كهن (카하나)	예언하다, 짐작하다	كهرب (카흐라브)	전자
كهن (카후나)	승려가 되다, 신부가 되다	كهربة (카흐라바)	전기화, 전기
كهنة (쿠흐나)	1.낡은, 다 해진 2.넝마	كهربائية (카흐라바이-야)	전기, 전력
كهانة (카하-나)	짐작, 추측, 예언	كهيرب (쿠하이리브)	전자, 양전자

تكور (타카우와라)	1.동그랗게 되다 2.말리다	**كهين** (카히-느)	교활한, 앙큼한, 능글맞은
كورة (쿠-라)	1.구역 2.고을, 마을 3.공, 알	**كاهن** (카-히느)	1.신부, 목사, 승려 2.점쟁이
كارة (카-라)	꾸러미, 보따리, 무치	**كوب** (쿠-브)	잔, 컵
مكورة (미크와라)	머리수건, 터반	**كوبة** (쿠-바)	1.잔, 컵 2.공이, 절구
كورنيش (쿠르니-쉬)	해안거리	**كوت** (쿠-트)	강변마을, 어촌
كوريا (쿠리야-)	한국, 대한민국	**كويت** (쿠와이트)	쿠웨이트
كوري (쿠리-)	1.한국의 2.한국사람	**كوثر** (카우싸르)	많은, 풍부한, 허다한
كاف (카-파)	거의...하다, 하마터면...하다	**كاد** (카-다)	하마터면 ... 할뻔하다
تكوف (타카우와파)	1.쌓이다 2.모이다	**كاد** (카-다)	가까스로, 거의, 하마터면
كوف (쿠-프)	쿠파(이라크의 도시명)	**كودة** (카우다)	무더기, 더미
كوفي (쿠피-)	쿠피체 (아랍 서체의 일종)	**كور** (카우와라)	1.말다 2.둥글게 하다

까 프

كون (카우느)	1.실재, 본질 2.정체, 상태 3.우주세계	**كوفية** (쿠피 - 야)	머리수건
استكانة (이스타카 - 나)	순종, 복종, 굴복	**كوكب** (카우카브)	1.별 2.백내장 3.책임자
تكوّن (타카우우느)	조성, 형성, 구성	**كوكبة** (카우카바)	1.무리, 떼 2.별, 성좌
تكوين (타크위 - 느)	1.구성 2.몸집 3.기원	**كولان** (쿨라 - 느)	파피루스
تكوينات (타크위나 - 트)	구조	**كوم** (카우와마)	수북히 쌓다, 축적하다
كائن (카 - 이느)	있는, 존재하는, 현존하는, 실재의	**تكوّم** (타카우와마)	1.쌓이다 2.응결되다
كيان (키야 - 느)	1.존재 2.자연, 천성, 본성, 본질	**كومة** (쿠 - 마)	무더기, 더미
كينونة (카이누 - 나)	1.존재 2.존재의 가능성	**كومية** (쿠와이마)	작은 더미
مكان (마카 - 느)	1.곳, 장소 2.위치, 지위, 공간, 여지	**كان** (카 - 나)	1.존재하다, 있다 2.발생하다
مكانة (마카 - 나)	1.지위, 직위, 신분 2.의의	**كوّن** (카우와나)	구성하다, 형성하다
مكوّن (무카우와느)	형성된, 구성된, 이루어진	**تكوّن** (타카우와나)	구성되다, 형성되다

كيس (카이사)	문질러주다, 마사지해주다	مكون (무카우위느)	1.조물주 2.창작가
كويس (무와이-스)	1.훌륭한 2.좋다	مكونات (무카우와나-트)	성분, 구성요소
كياسة (키야-사)	1.통찰력 2.아름다움	كوى (카와-)	1.태우다 2.다리다 (옷을)
كيس (카이스)	1.명석함 2.재치, 민첩	مكواة (미크와-)	다리미, 인두
كيس (키-스)	주머니, 자루, 포대, 봉투	مكوى (마크위-)	1.태운, 지진 2.다린, 다림질한
كيف (카이야파)	1.형태를 만들다 2.기쁘게 하다	كي (카이-)	위하여, ...려고, ...도록
تكييف (타크이-프)	1.가공 2.조절 3.환기	كاد (카-다)	1.속이다 2.모략하다 3.화나게 하다
كيف (카이프)	1.상황, 상태 2.기질 3.기호	كيد (카이드)	1.속임 2.음모 3.분노, 격분
كيف (카이파)	어떻게, 얼마나	كيدى (카이디-)	교활한, 간교한
مكيفة (무카이-파)	공기조절기, 에어콘디션	مكيدة (마키-다)	음모, 계략, 모략
مكيفات (무카이파-트)	마취제	كاس (카-사)	1.총명하다 2.아름답다

كيما ...을 위하여
(카이마 -)

كيماوى 1.화학의 2.화학자
(키마위 -) 3.연금기술자

كيمياء 1.화학 2.연금술
(키미야 - 우)

كيمياويات 화학제품, 화학약품
(키미야위야 - 트)

람

(اللام : 람)

لا 1.아니요 2.…이 아니다
(라 -)

لأْلأ 1.반짝이다 2. 꼬리를 치다
(라라 -)

لؤلؤ 진주
(루으루우)

لؤلؤة 진주알
(루울루아)

لأم 1.고치다 3.용접하다
(라아 마)

لاءم 1.적합하다 2.화해시키다
(라 - 아마)

إلتأم 1.아물어붙다 2.단결되다
(일타아마)

إستلأم 1.뭉치다
(이쓰탈라 - 마) 2.갑옷을 입다

لأمة 갑옷
(라 - 마)

لِئام 화목, 화해 2.일치 3.한마음
(리암)

لَئيم 1.비굴한 2.인색한
(라이 - ㅁ) 3.간교한

تلاؤم 1.화해, 화목
(탈라 - 움) 2.단결, 단합

ملائم 어울리는, 알맞은,
(물라임) 적당한

ملاءمة 1.적절함 2.조화, 일치
(물라아마)

ملتئم 1.뭉친 2.아무는(상처가)
(물타임)

لبّ 명철해지다, 총명해지다
(랍바)

لبّب 1.여물다, 영글다 2.붙잡다
(랍바바)

تلبّب 준비하다(일, 전투)
(탈랍바바)

لبّ 1.알맹이, 진짜
(룹부) 2.본질, 내용

لباب 1.지혜 2.심정 3.정수
(루바 - ㅂ)

لبيب 영리한, 명철한, 총명한,
지적인

722

لبث (라비싸)	1.체류하다 2.계속하다	لبس (라바싸)	모호하게 하다, 애매하게 하다
تلبث (탈랍바싸)	지체하다, 머물다, 멎다	لبس (라바싸)	입다, 신다
لبث (라바쓰)	1.체류 2.지체	ألبس (알바싸)	1.입히다 2.도금하다 3.혼동시키다
لبخ (라바카)	때리다, 패다	تلبس (탈랍바싸)	1.옷을 입다 2.모호해지다
لبخ (랍바카)	1.찜질하다 2.미장하다	إلتبس (일타바싸)	1.혼돈되다 2.뒤엉키다 3.숨기다
لبخة (라브카)	찜질약	لبس (루브쓰)	혼돈, 애매모호함
لبيخ (라비-크)	뚱뚱한, 피둥피둥한	لبسة (리브싸)	1.옷 2.옷차림새
لبد (라바다)	1.달라붙다 2.숨기다 3.거주하다	لبوسة (라부-싸)	애매함, 모호함
لبد (라비드)	엉킨, 응집성의, 밀착한	لبيس (라비-쓰)	해진, 낡은
لبيد (라비-드)	성욕, 성적충동	لباس (리바-쓰)	옷
متلبد (무탈랍바드)	드리운, 엉킨	تلبس (탈랍바쓰)	범죄행위에의 관여

람

람

إلتساس (일티사-쓰)	혼란, 모호함, 혼동	لبك (라바카)	당황하게 하다, 교란시키다
ملبس (말바쓰)	옷	تلبك (탈랍바카)	1.혼동되다 2.문란해지다
ملابسة (물라바싸)	형편, 사태, 형세	لبكة (라브카)	1.혼란 2.곤경
ملبس (물랍바쓰)	알사탕	تلبك (탈랍비크)	1.혼란, 혼잡 2.장애(건강상태의)
متلبس (무탈랍비쓰)	1.모호한 2.범죄행위에 가담한	لبن (라바나)	벽돌을 만들다, 벽돌을 굽다
لبط (라바뜨)	1.땅에 넘어뜨리다 2.차다	ألبن (알바나)	젖을 분비하다
ملابطة (물라바뜨)	씨름	التبن (일타바나)	젖을 빨다
لبق (라비까)	어울리다, 적합하다	لبن (라반)	1.젖 2.우유 같은 즙
لبق (라바끄)	1.예의 2.수완 3.알맞는 것	لبنيات (라바니야-트)	우유제품
لباقة (라바-까)	1.예절 2.재간, 능력 3.우아함	لبان (라바-ㄴ)	젖가슴
لبيق (라비-끄)	1.귀여운 2.솜씨있는 3.화려한, 수려한	لبونات (라부나-트)	포유동물

لبانة (루바-나)	1.일, 임무 2.요구, 소원	**لثم** (랏싸마)	마스크를 쓰다
لبانة (라바-나)	우유제품생산	**لاثم** (라-싸마)	서로 입맞추다
لبانة (리바-나)	껌	**التثم** (일타싸마)	1.얼굴을 싸다 2.마스크를 쓰다
لبنان (루브나-ㄴ)	레바논	**لثام** (리싸-ㅁ)	면사포, 너울, 수건
ملبة (말바)	1.젖소목장 2.우유가공공장	**لثمة** (라쓰마)	입맞춤, 키스
لبى (랍바야)	1.응답하다 2.수락하다(초청)	**لج** (랏자)	완강성을 보이다, 주장하다
تلبية (탈비야)	1.수락(초청) 2.응답, 호응	**لاج** (라앗자)	다투다, 논쟁하다
لت (랏타)	1.찧다 2.수다스럽다	**لجة** (랏자)	소음, 설레임 소리
لت (랏트)	지껄임, 수다스러움	**لجة** (룻자)	심연, 깊은 바다
لتات (랏타-트)	수다쟁이	**لجوج** (라주-즈)	1.완강한 2.귀찮은
لثم (라싸마)	입맞추다	**لاج** (랏즈)	완강한, 끈덕진

람		
لحد (라하다)	1.매장하다 2.무덤을 파다 3.믿지 않다	لجأ (라자아)	1.피난처를 찾다 2.의지하다
ألحد (알하다)	1.매장하다 2.신의 존재를 부정하다	ألجأ (알자아)	1.대피시키다 2.보호하다
التحد (일타하다)	1.물러서다, 포기하다 2.기울어지다	التجأ (일타자아)	1.피신하다 2.매달리다
لحد (라흐드)	묘, 무덤	لاجئ (라 - 지유)	망명자, 피난민
إلحاد (일하 - 드)	1.이교, 이단 2.무신론	ملجأ (말자으)	1.피난처, 은신처 2.대피호
إلحادية (일하 - 디야)	무신론	لجم (라자마)	1.깁다 2.자갈을 물리다
ملحد (물히드)	1.무신론자 2.이단자	ألجم (알자마)	자갈을 물리다, 억제하다
لحس (라하사)	1.핥다(벌레가) 2.쓿다	لجن (라지나)	붙다, 들어붙다
لحس (라흐스)	핥음	لجنة (라즈나)	위원회
ملحوس (말후 - 스)	1.경박한 2.핥은 3.미치광이	لحب (라하바)	때리다
لحظ (라하자)	1.보다, 살피다 2.준수하다	لاحب (라 - 히브)	1.큰 길, 도로 2.전극

726

مِلْحَفة (밀하파)	1.이불, 씌우개 2.외투	لاحظ (라 - 하자)	1.주시하다 2.감시하다
مُلْتَحَف (물타히파)	싸여진, 덮여진, 씌워진	لَحْظة (라흐자)	1.순간 2.시선, 눈길
لَحِق (라히까)	1.입학하다 4.뒤따르다	لِحاظ (라하 - 즈)	눈곱, 눈귀
لاحَق (라 - 하까)	1.뒤따르다 2.주의 깊게 살피다	مَلْحَظ (말하즈)	1.시선 2.의견, 소견
أَلْحَق (알하까)	1.첨가하다 2.합병하다 3.덧붙이다	مُلاحِظ (물라히즈)	1.감시하는 2.감독
إِسْتَلْحَق (이스탈하까)	가입시키다, 가담하다	مُلاحَظة (물라하좌)	1.관찰, 감시 2.소견
لَحْق (라흐끄)	부록(잡지의)	لَحَف (라하파)	이불을 덮어주다
لاحِق (라 - 히끄)	1.따라가는 2.최근의	أَلْحَف (알하파)	주장하다, 성가시게 굴다
مُلْحَق (물하끄)	1.부록 2.보충재료	إِلْتَحَف (일타파하)	뒤집어쓰다, 덮다
مُلاحَقة (물라하까)	1.추격 2.추종	لَحْف (리흐프)	산기슭, 산밑
مُتَلاحِق (무탈라히끄)	연속된, 연계되는	إِلْحاف (일하 - 프)	완강성, 집요함

람

لحم (라하마)	1.결합하다 2.아물다(상처)
لحم (라후마)	살찌다, 뚱뚱해지다
لاحم (라 - 하마)	1.결합하다 2.용접하다
التحم (일타하마)	1.결합되다 2.아물다 (상처를)
لحم (라힘)	살찐, 비대한, 뚱뚱한
لحم (라흠)	용접
لحم (라흠)	고기, 살
لحمة (라흐마)	1.고기덩이 2.접착제, 아교
لحمة (루흐마)	친척, 혈통관계
لحيم (라히-ㅁ)	살찐, 비대한
لحام (리하 -ㅁ)	용접
تلاحم (탈라훔)	1.싸움 2.응집 3.단결
التحام (일티하 - ㅁ)	1.유착 2.싸움 3.결합
ملحمة (말하마)	1.혈전, 전투 2.서사시
متلاحم (무탈라힘)	1.단합된 2.결합된
لحن (라하나)	1.엉터리로 말하다 2.암시하다
لحن (랏하나)	1.작곡하다 2.노래하다
لاحن (라 - 하나)	이해하다
لحن (라흔)	1.곡, 음조 2.말투, 방언 3.뜻, 의미
لحن (라힌)	1.이해하는 2.영리한, 총명한
ملاحنة (물라하나)	은어, 결말
ملحون (말후 - ㄴ)	부정확한, 엉터리로 말하는

728

ملخصات (물랏카사-트)	발췌문, 요약문	لحا (라하-)	욕하다, 비방하다, 모욕하다
لخم (라카마)	1.뺨을 때리다 2.방해하다	تلاحى (탈라하아)	1.서로 욕하다
لخمة (루크마)	1.굼뜬 2.굼뱅이, 느린사람	التحى (일타하아)	수염을 기르다
لخمة (라크마)	1.당황, 곤경 2.몸이 불편한 것	لحى (라흐으)	1.턱, 아래턱 2.턱수염
لد (랏다)	극히 적대시하다, 심하게 싸우다	لحاء (리하-우)	상호비난, 상호비방
لدد (랏다다)	1.비방하다 2.당황케 하다	لحية (리흐야)	턱수염
لدود (라두-드)	불구대천의, 철천지의	ملاحاة (물라하-)	서로 비방하는 것
ألد (알랏두)	철천지의, 불구대천의	ملتح (물타힌)	턱수염을 길게 기른
متلدد (무탈랏디드)	적대시하는, 고집하는	لخص (랏카사)	개괄하다, 요약하다
لدغ (라다가)	1.쏘다 2.욕설을 퍼붓다	تلخيص (탈키-스)	개괄, 개요, 요약
ملدوغ (말두-그)	쏘인, 물린	ملخص (물랏카스)	1.개요 2.요약된

لَذَغَ (라다가) 1.물다, 쏘다 2.욕하다, 모욕하다	لَدُنَ (라두나) 부드러워지다, 연해지다
لاذِغ (라 - 디그) 1.쏘는 듯한 2.날카로운, 신랄한	لَدْن (라단) 부드러운, 연한, 무른
لاذِغة (라 - 디가) 풍자, 조소, 조롱	لَدُنْ (라둔) 1.에게 2.때
لَزَبَ (라자바) 1.견고해지다 2.붙다	لُدُونة (라두 - 나) 유연성, 부드러운 것
لَزِب (라지브) 적은, 보잘나위 없는	لَدَى (라다아) 1.에게, 때 2.앞에서
لَزْبة (라즈바) 불행, 재난	لَذَّ (랏다) 1.유쾌하여지다 2.달콤해지다
لازِب (라 - 지브) 1.고정된 2.들어붙은	تَلَذَّذَ (탈랏다다) 즐겨하다, 쾌감을 주다
لَزِقَ (라지까) 붙다	اِلْتَذَّ (일탓다) 즐기다, 쾌락을 느끼다
أَلْزَقَ (알자까) 붙이다	لَذَّة (랏다) 유쾌함, 만족, 쾌락
اِلْتَزَقَ (일타자까) 붙다, 접착되다	لَذِيذ (라디 - 드) 1.달콤한, 맛있는 2.미묘한
لَزِق (라지끄) 접착성 있는, 찐득찐득한	مَلَذَّة (말랏다) 1.쾌락 2.욕망 3.식욕

التزام (일티자-ㅁ)	1.의무 2.책임 3.준수	لزاق (리자-ㄲ)	접착제
ملازمة (물라자마)	1.관련 2.불가분리 3.동반	لزم (라자마)	1.필요하다 2.지키다, 준수하다
ملتزم (물타짐)	계약자	ألزم (알자마)	…하게끔하다, 강요하다
لسع (라사아)	1.쏘다, 물다 2.욕하다	التزم (일타자마)	1.지키다 2.담당하다
لاسع (라-시으)	1.쏘는 2.예리한, 신랄한	استلزم (이스탈자마)	1.필요하다고 보다 2.요구하다
لسيع (라시-으)	물린, 쏘인	لزوم (루주-ㅁ)	필요, 요구, 수요
لسن (라사나)	말을 잘하나, 구변이 좋다	لوازمات (라와지마-트)	1.필수품 2.상비
لاسن (라-사나)	서로 비방하다	لازم (라-짐)	1.필요한 2.요구되는 3.반드시
لسن (라산)	웅변, 말재간, 말주변	لازمة (라-지마)	1.필수품 2.부속품 3.장비
لسان (리사-ㄴ)	1.혀 2.언어	إلزام (일자-ㅁ)	강박, 강요, 강압, 강제
ألسنية (알사니야)	언어학	إلزامية (일자미-야)	책임, 의무

람

لاصق (라 - 쑤까)	1.붙다 2.치근거리다, 달라붙다	ملاسنة (물라사나)	상호비방
ألصف (알쏴까)	1.붙이다 2.강요하다	لاشى (라 - 샤)	소멸하다, 없애버리다
التصق (일타쌰까)	1.의지하다 2.교제하다, 사귀다	تلاشى (탈라샤 -)	사멸하다, 사라지다
لصق (라스끄)	풀기있는, 끈끈한	ملاشاة (물라샤 -)	소멸, 사멸
لصقة (라스까)	고약, 반창고	متلاش (무탈라쉰)	1.사멸하는 2.죽어가는
لصيق (라씨 - 끄)	1.인접한 2.가까운 3.연관된	لص (랏사)	1.훔치다 2.몰래하다
تلاصق (탈라수끄)	밀착	تلصص (탈랏사사)	1.물건을 훔치다 2.내탐하다
التصاق (일티쏴 - 끄)	1.결합, 접합 2.교제	لص (릿스)	도둑, 강도, 도적
ملصقات (물쏴까 - 트)	광고, 포스터	لصوصية (루수씨 - 야)	도적질, 강도질
ملاصق (물라스끄)	인접한	لصق (라스까)	붙다
ملاصقة (물라사까)	1.결합, 연결, 접합 2.인접	لصق (랏쏴까)	붙이다, 달다

لطخ (라따카)	더럽히다, 어지럽히다
تلطخ (탈랏따카)	어지러워지다, 얼룩지다
لطخة (라뜨카)	반점, 얼룩
لطخة (루뜨카)	1.우둔한, 미련한 2.바보
لطف (라따파)	친절하게 대하다
لطف (라뚜파)	섬세하다, 부드럽다
لاطف (라 - 따파)	1.친절히 대하다 2.귀여워하다
تلطف (탈랏따파)	1.친절을 베풀다 2.비위를 맞추다
لطف (라따프)	선물
لطف (루뜨프)	부드러운 것, 친절, 인자함, 예의
لطيف (라띠 - 프)	1.상냥한 2.귀여운
لطيفة (라띠 - 파)	1.섬세성 2.일화 3.인자
تلطف (탈랏뚜프)	상냥함, 친절, 인자함
ملاطفة (물라 - 따파)	1.친절, 상냥함 2.애무
ملاطفات (물랏띄파 - 트)	진정제, 진통제
لاعب (라이바)	1.놀다, 장난하다 2.속이다
لعب (라아바)	침을 흘리다
لاعب (라 - 아바)	장난하다, 데리고 놀다
تلعب (탈랏아바)	놀다, 장난하다, 뛰어놀다
تلاعب (탈라아바)	속이다, 음모를 꾸미다
لعبة (루으바)	1.장난감 2.농담 3.놀이
لعبة (라으바)	한판

람

لعل (라알라)	아마, 모름지기
لعن (라아나)	1.저주하다 2.내쫓다
لعن (리안)	간음을 증거로 한 이혼행위
لعنة (라으나)	저주
لعين (라이-ㄴ)	1.저주스러운 2.간악한
لعيان (라아야-ㄴ)	구역질, 메스꺼움
ملعون (말우-ㄴ)	악마, 사탄, 귀신
لغب (라기바)	지치다, 기진맥진 하다
لاغب (라-기브)	피로한, 고달픈
لغوب (루구-브)	피곤, 피로, 지침
لغز (라가자)	수수께끼를 말하다

لعيبة (루아이바)	작은 인형, 작은 장난감
لاعب (라-이브)	1.노는 2.유쾌한 3.운동선수
لاعبة (라-이바)	1.쾌활한 여성 2.여성 운동선수
تلاعب (탈라웁)	1.거짓, 협잡 2.주인행세 3.놀음
ملاعب (물라이브)	거짓말쟁이, 사기꾼
ملعب (말아브)	1.경기장, 놀이터, 운동장 2.무대
ملعبة (말아바)	놀이감
ملعوب (말우-브)	술책, 간계, 획책
لعق (라이까)	핥다
لعوق (라우-ㄲ)	불행한 사람, 불행아
ملعقة (밀아까)	수저, 숟가락

ألغى (알가아)	무효로 선언하다, 폐기하다	**لغز** (루그즈)	1.수수께끼, 퀴즈 2.비밀
لغو (라그우)	1.어리석은 말 2.실없는 말	**لغاز** (랏가 - 즈)	비방자, 시비꾼
لغة (라가)	1.말, 언어 2.구, 이디엄	**ملغز** (물가즈)	애매모호한, 분명치 않은
لاغ (라 - 그)	1.폐지된 2.취소된 3.무효의	**لغم** (라가마)	지뢰를 묻다, 매설하다
إلغاء (일가 - 으)	취소, 철폐, 폐지	**ألغم** (알가마)	지뢰를 묻다
ملغى (물간)	1.폐지된, 2.취소된 3.만기가 된	**لغم** (라감)	지뢰, 수뢰, 폭약
لف (랏파)	1.싸다, 포장하다 2.말다, 감다	**لغام** (루가 - ㅁ)	거품
لف (랏프)	1.감기 2.싸기, 포장 3.꼬기 4.말기	**إلغام** (일가 - ㅁ)	매설
لف (릿프)	덤불, 잡목 숲	**ملغوم** (말구 - ㅁ)	지뢰.수뢰가 있는
لفة (랏파)	1.터반 2.짐꾸러미 3.순서, 차례	**لغا** (라가 -)	말하다
لفافة (리파 - 파)	1.포장지 2.붕대	**لغى** (라기아)	실없는 소리를 하다

람

735

람

لفات (라파-트)	성질이 나쁜
التفات (일티파-트)	1.관심, 주의 3.염두
ملفت (물피트)	주목할 만한 것은
لفح (라파하)	1.때리다 2.화상을 입히다
تلفح (탈랏파하)	덮다, 뒤집어쓰다, 걸치다
لفحة (라프하)	1.불 2.열 3.화상 4.타격
لفوح (라푸-흐)	타는, 작렬하는, 뜨거운
تلفيحة (탈피-하)	머플러
ملفوح (말푸-흐)	탄, 그을린
لفظ (라파돠)	1.말을 내뱉다 2.발음하다
لفظ (라프드)	1.발음 2.단어 3.표현

لفيف (라피-프)	1.군중 2.무리, 집단
تلافيف (탈라피-프)	무성한 수림
ألفاف (알파-프)	포대기, 기저귀
ملف (밀라프)	1.보자기 2.포장지 3.서류철
ملفة (밀랏파)	문건, 문서
ملفوف (말푸-프)	1.배추 2.첨부된
لفت (라파타)	1.돌리다 2.향하게 하다
تلفت (탈랏파타)	주위를 살피다, 주위를 모다
التفت (일타파타)	1.주의하다 3.고려하다
لفت (리프트)	무우
لفتة (라프타)	1.곁눈질 2.몸짓, 제스쳐

لفيظ (라피-드)	1.분출된 2.발음된	**لافى** (라-파아)	수정하다, 교정하다
تلفظ (탈랏파드)	발음	**ألفى** (알파아)	1.찾다, 발견하다
ملفوظ (말푸-드)	1.분출된 2.발음된	**تلاف** (탈라프)	수정, 개정, 수리
لفع (라파아)	백발이 되다	**ملافاة** (물라파-)	수정, 개정, 시정
تلفع (탈랏파아)	뒤집어쓰다	**لقب** (랏까바)	별명을 짓다
التفع (일타파아)	뒤집어쓰다	**لاقب** (라-까바)	별명으로 부르다
لفاع (리파-으)	머플러	**تلقب** (탈랏까바)	별명을 얻다, 칭호가 붙다
لفق (랏파까)	1.위조하다 2.옷을깁다	**لقب** (라끕)	1.별명 2.칭호 3.성씨, 칭호
تلفيق (탈피-끄)	1.날조, 위조 2.장식	**ملقب** (물랏깝)	별명을 가진
تلفيقة (탈피-까)	허구, 꾸며낸 이야기	**لقح** (라까하)	1.수정하다 2.접목하다 3.접종하다
ملفق (물랏피끄)	거짓말투성이의, 꾸며낸	**لقح** (랏까하)	1.접목하다 2.접종하다 3.비웃다

람

람

ألقح (알까하) 수정하다, 수태시키다	**لقطة** (루끄따) 1.주은 물건 2.찾은 물건
تلقح (탈랏까하) 새끼를 배다	**لقيط** (라끼 - 뜨) 1.주은 2.찾은
تلاقح (탈라까하) 1.수정되다 2.번식되다	**ملقط** (밀까뜨) 집게, 핀셋
لقاح (라까 - 흐) 1.접종 2.수정, 수분	**ملقوط** (말꾸 - 뜨) 1.주운 2.수집한 3.채집한
لفاح (리파 - 흐) 1.수정 2.꽃가루 3.정액	**ملتقط** (물타까뜨) 주운
تلقيح (탈끼 - 흐) 1.수정 2.접목 3.접종	**لقم** (라끼마) 1.입으로 물다 2.삼키다
لقط (라까뜨) 줍다	**لقم** (라까마) 막다, 틀어막다
لقط (랏까뜨) 줍다	**ألقم** (알까마) 1.입에 넣다 2.삼키게 하다
تلقط (탈랏까뜨) 줍다, 수집하다	**لقمة** (루끄마) 부스러기(빵), 조각(빵)
التقط (일타까뜨) 1.줍다 2.본따다 3.듣다	**لقمان** (루끄마 - ㄴ) 현자
لقاط (루까 - 뜨) 논밭에 있는 이삭	**لقمى** (라끄미 -) 대추야자 술

تلقاء (틸까 - 으)	1.상봉 2.앞에 3.맞은 편에	لقن (라끼나)	이해하다, 알아차리다
تلقائي (틸까 - 이)	자동적인, 자의적인	تلقين (탈끼 - ㄴ)	1.훈시, 지시 2.제의
تلاق (탈라 - 끄)	상봉, 만남	لقي (라끼아)	1.만나다 2.수취하다 3.겪다
استلقاء (이스틸까 - 으)	눕는 것	لاقى (라 - 까아)	1.만나다 2.체험하다
ملقى (말깐)	네거리, 사거리	ألقى (알까아)	1.던지다 2.연설하다
ملتقى	1.교차점 2.만남, 상봉	تلقى (탈랏까아)	1.만나다 2.받다
لكع (라키)	비열하게 놀다	التقى (일타까)	만나다, 상몽하다
تلكع (탈랏카아)	우물거리다, 주저하다	استلقى (이스틸까)	반듯이 눕다
لكع (라키으)	느린, 우물거리는	لقى (루꼬아)	상봉, 만남
لكيع (라키 - 으)	비열한, 추악한, 너절한	لقية (라끼 - 야)	1.찾은 물건 2.주은 물건
لكاعة (라카 - 아)	1.지체, 지연 2.너절함	لقاء (리까 - 으)	상봉, 회견, 만남

람			
لكم (라카마)	주먹으로 때리다, 때리다	**التم** (일탐마)	1.모이다, 단합하다 2.방문하다
لكمة (라크마)	권투, 주먹으로 때림	**لمة** (람마)	1.집회, 회의 2.재난 3.무리, 떼
ملاكم (물라 - 킴)	권투선수	**لمة** (룸마)	여행단체, 무리 떼, 동행자
لكن (라키나)	말을 더듬다	**لما** (람마 -)	1.때에, …한 후에 2.아직
لكن (라킨)	그러나	**إلمام** (일마 - ㅁ)	1.지식, 학식 2.경험, 체험
لكنما (라킨나마)	그러나	**ملم** (말림므)	1.청춘기의 2.통달한
لكنة (루크나)	1.말을 더듬는 것 2.서툰 발음	**ملمة** (물림마)	불행, 재난, 재앙
لكى (리카이)	위하여, ….도록	**لمج** (라마자)	입가심하다, 약간 먹다
لم (람)	부정사	**تلمج** (탈람마자)	요기하다, 조금먹다
لم (람마)	1.모으다 2.오다(…에게로)	**لمجة** (룸자)	조금 먹는 것, 요기
ألم (알람마)	1.닥치다(불행이…에게) 2.잘 알다	**لمح** (라마하)	1.얼핏보다 2.반짝이다

لامس (라 - 마사)	1.접촉하다 2.성교하다	람
تلمس (탈람마사)	더듬어 찾다, 모색하다	
تلامس (탈라 - 마사)	1.맞붙다 2.합선되다(전기가)	
التمس (일타마사)	1.찾다 2.요구하다, 청원하다	
لمس (라므스)	1.감촉 2.만지는 것	
لميس (라미 - 스)	부드러운, 연한, 연약한	
تلامس (탈라 - 무스)	1.섭촉 2.합선(선기의)	
التماس (일티마 - 스)	청원, 요구, 신청	
ملمس (말마스)	접촉, 촉감	
ملامسة (물라 - 마사)	접촉	
ملتمس (물타마스)	신청서, 청원서	

لمح (람마하)	1.암시하다 2.눈짓하다	
لامح (라 - 마하)	몰래보다, 엿보다	
ألمح (알마하)	1.가리키다 2.슬쩍보다	
لمح (라므흐)	1.시선 2.순간	
لمحة (라므하)	1.시선 2.순간 3.모습	
تلميح (탈미 - 흐)	암시, 지시, 힌트	
ملامح (말라 - 미후)	모습, 용모	
لمز (라마자)	1.비웃다 2.비방하다	
لمز (라므즈)	1.비웃음, 조소 2.비방, 중상	
لماز (람마 - 즈)	비웃기 좋아하는 사람	
لمس (라마사)	1.만지다 2.보다 3.찾다	

لهب (라히바)	불타다
ألهب (알하바)	불태우다
تلهب (탈랏하바)	불타다
التهب (일타하바)	불타다, 끓어오르다(욕망으로)
لهبان (라흐바-ㄴ)	1.심한 갈증 2.불길, 화염
لهيب (라히-ㅂ)	불길, 불
لهاب (루하-ㅂ)	1.심한 갈증 2.불길,화염
لاهب (라-히브)	불타는, 뜨거운
إلهاب (일하-ㅂ)	발화, 점화
التهاب (일티하-브)	1.연소 2.염증(의학)
ملتهب (물타히브)	1.불타는 2.열정적인
ملموس (말무-스)	1.접촉되는 2.구체적인
ملموسات (물무사-트)	물체, 물건
لمع (라마아)	1.번쩍이다 2.휘두르다(칼을)
ألمع (알마아)	암시하다
تلمع (탈람마아)	빛나다, 반짝이다
لمعة (라므아)	1.섬광, 광택 2.개요
لمعة (루므아)	1.섬광, 번쩍임 2.소량
لميع (라미-으)	빛나는, 휘황한
لامع (라-미으)	빛나는, 휘황한, 찬란한
ألمعية (알마이야)	명철함, 현명함, 총명함
لن (란)	결코 … 하지 않을 것이라

لهف (라흐프)	1.슬픔, 비애 2.그리움 3.열망	ملهبات (물히바 - 트)	자극제, 흥분제
لهفة (라흐파)	1.애도 2.그리움 3.불안 4.열정	لاهوت (라후 - 트)	1.자극제 2.신학
لهيف (라히 - 프)	1.성급한 2.슬픈 3.후회하는	لاهوتى (라후 - 티)	1.신학의 2.신학자
لاهف (라 - 히프)	서글픈, 애수에 찬	لهث (라하싸)	1.헐떡거리다(개가) 2.혀를 내놓다
تلهف (탈랏하프)	갈망, 열망	لهاث (루하 - 쓰)	가쁜 숨
ملهوف (말후 - 프)	1.슬퍼하는 2.열망하는	لاهث (라 - 히쓰)	헐떡이는, 숨가빠하는
لهم (라히마)	넉나, 삼켜버리나	لهج (라히자)	1.빠지다(수색에) 2.열심히 하다
ألهم (알하마)	1.고무하다 2.삼키게 하다	ألهج (알하자)	말을 시키다
التهم (일타하마)	삼켜버리다	لهجة (라흐자)	1.방언 2.어조 3.허풍
لهوم (라후 - ㅁ)	게걸스러운, 탐욕스러운	لهف (라히파)	1.한숨을 쉬다 2.후회하다
إلهام (일하 - 므)	1.고무 2.영감 3.계시	تلهف (탈랏하파)	1.슬퍼하다 2.열망하다

람

لها (라하-) 1.놀다, 장난하다 2.즐기다	**تلوث** (탈라우와쓰) 오염, 더러워지는 것
لهى (라히아) 1.즐기다 2.무관심하다 3.잊다	**ملوث** (물라우와쓰) 얼룩진, 불결한
ألهى (알하아) 즐겁게 하다, 재미있게 하다	**لاح** (라-하) 1.드러나다 2.생각되다
التهى (일타하아) 즐기다, 놀다	**لوح** (라우와하) 1.흔들다 2.신호하다
لهو (라호우) 오락, 유희, 놀음, 유흥	**لوحة** (라우하) 1.문패, 간판 2.화폭 3.판넬
تلهية (탈하야) 오락, 심심풀이, 카드놀이	**تلويحة** (탈위-하) 1.주석 2.의견 3.단평
ألهية (울히야) 1.오락, 심심풀이 2.도박	**لائح** (라-이흐) 1.명백한, 명료한 2.보기 좋은
ملهى (말한) 1.오락, 유희 2.오락장, 유흥장	**لائحة** (라-이하) 1.설명서 2.통계표 4.규정 5.명부
لوث (라우쓰) 우물거리다, 머뭇거리다	**لاذ** (라-자) 숨다, 은신하다, 도피하다
لاث (라-쓰) 더럽히다, 오염시키다	**ملاذ** (말라즈) 은신처, 망명지, 대피소
تلوث (탈라우와쓰) 오염되다, 더러워지다	**لاط** (라-따) 1.애착을 갖다 2.간음을 하다

التاط (일타 - 따)	1.애착을 가지다 2.아첨을 하다	لون (라운)	1.색, 색깔 2.물감 3.종류
لواطة (리와 - 따)	동성연애	تلوين (탈위 - ㄴ)	색칠, 채색
لام (라 - 마)	비난하다, 꾸짖다	ملون (물라우윈)	색칠하는
لوم (라우와마)	신랄하게 비난하다	لوى (라와아)	1.비틀다, 꼬다 2.방향을 돌리다
تلوم (탈라우와마)	질질 끌다, 늦추다	ألوى (알와아)	1.손짓하다 2.올리다(깃발)
لومة (라우마)	책망, 질책, 나무람	تلاوى (탈라 - 와아)	합의를 보다, 약속하다
لوام (라우와 - ㅁ)	비난자, 비방자	لوى (라완)	복통, 위의 통증
تلويم (탈위 - ㅁ)	호된 비난, 질책	لواء (리와 -)	깃발
لائمة (라 - 이마)	비난, 질책, 욕, 책망	ليبيا (리비야 -)	리비아
ملوم (말루 - ㅁ)	비난 받을만한, 욕먹을	ليت (라이타)	만일…이라면
لون (라우와나)	색칠하다	ليس (라이싸)	용감하다

람

أليس (알야쑤)	용감한, 용맹스러운	لين (라이얀)	1.온순한 2.부드러운 3.탄력있는
ليس (라이싸)	1.없다, 아니다 2.외에, 제외하고	لين (리 - ㄴ)	1.설사 2.온순함 2.연한 것
ليسانس (리싼 - 쓰)	학사	لينة (리 - 나)	1.부드러운 것 2.온순한 것
لاق (라 - 까)	어울리다, 적합하다, 알맞다	ليونة (루유 - 나)	부드러움, 유연성, 유순함
ليق (라이야까)	부드럽게하다, 연하게하다	ملاينة (물라 - 야나)	친절, 상냥함, 유연함
لائقة (라 - 이까)	1.적합한 2.유익성	ملينات (물라이나 - 트)	설사약
ليقان (라이까 - ㄴ)	어울림, 적합함, 알맞음		
ليل (라일)	밤, 저녁		
ليلة (라일라)	하룻밤, 한밤		
لان (라 - 나)	부드럽다, 연하다, 유연하다		
لين (라이야나)	부드럽게 하다		

(ميم : 밈)

ما (마)	1.무엇, 무엇인가? 2.아니다 3.없다
ماجستير (마지스티 - 르)	석사학위
ماس (마 - 쓰)	금강석
مكياج (미크야 - 즈)	얼굴화장
ماكنة (마 - 키나)	기계, 기구
ماهية (마히 - 야)	본질, 본성, 성격
مأتم (마으탐)	1.추도식, 추도회 2.장례, 장례식
مأن (마아나)	식량을 공급하다
مأنة (마으나)	배꼽
مؤونة (무우나)	1.양식, 식량 2.곤경, 곤란
مؤونة (마우 - 나)	식량, 양식, 예비양식
مائة (미아)	100, 백 개
مترو (미트루)	지하철도
متراس (미트라 - 쓰)	보루, 성채
متع (마타아)	1.확고하다 2.가져가다
متع (맛타아)	1.즐겁게 하다 2.수여하다
تمتع (타맛타아)	누리다, 즐기다, 향유하다
استمتع (이쓰탐타아)	누리다, 즐기다
متعة (무트아)	1.향유 2.이용 3.레크리에이션
متاع (마타 - 으)	1.생활필수품 2.재물 3.짐
استمتاع (이쓰팀타 - 아)	1.즐김 2.향락주의

مَثَل (마쌀)	1.속담, 격언 2.교훈 3.모범, 본보기	مُمتِع (뭄티으)	재미있는, 매력있는
مِثل (미쓸루)	1.비슷한, 유사한 2.유사, 비슷	مَتُن (마투나)	단단하다, 견고하다
ماثِلة (마 - 씰라)	샹델리에, 장식등	مَتَّن (탓타나)	단단하게 하다, 강화하다
مِثَال (미싸 - ㄹ)	1.실례, 예 2.교훈 3.본보기	مَتن (마튼)	1.등 2.원문, 본문
مَثَالة (마쌀 - 라)	1.우월성 2.학파 3.과제	مَتِين (마티 - ㄴ)	튼튼한, 견고한, 질긴
مَثِيل (마씨 - ㄹ)	1.비슷한 2.대상, 적수, 상대	مَتَى (마타)	1.언제, 어느 때 2.…할 때
أُمثُلِية (암쑬리 - 야)	관념론	مَثَل (마쌀라)	1.닮다 2.모방하다 3.비교하다
مَثُولة (움쑬 - 라)	1.격언 2.학파	مَثَّل (맛쌀라)	1.대표하다 2.무대에 서다
تِمثَال (팀싸 - ㄹ)	1.동상, 조각 2.인체모형	ماثَل (마 - 쌀라)	모방하다, 모범을 따르다
تَمثِيل (탐씨 - ㄹ)	1.연출 2.대표, 대리 3. 공연	تَمَثَّل (타맛쌀라)	1.상상하다 2.구현되다
تَمثِيلِية (탐씰리 - 야)	연극, 희곡작품	اِمتَثَل (임타쌀라)	복종하다, 본보기로 삼다

ماجِد (마 - 지드)	1.명예로운 2.우수한 3.고상한	اِمْتِثال (임티싸 - ㄹ)	순종, 복종
مَجيد (마지 - 드)	1.영광스러운 2.찬양받을	مُمَثِّل (무맛씰)	1.배우, 연극인 2.대표, 대리인
أَمْجاد (암자 - 드)	유명한 인물들, 우수한 인재들	مُمَثِّلة (무맛씰라)	여배우
تَمْجيد (탐지 - 드)	찬양, 찬미, 칭찬	مُماثِل (무마 - 씰)	비슷한, 유사한, 닮은
مَجَرَ (마자라)	갈증을 느끼다	مُماثَلة (무마 - 씰라)	유사성, 비슷한 것
مَجَر (마자르)	1.항아리 2.항아리 사람	مُتَمَثِّل (무타맛씰)	복종하는, 순종하는, 순응하는
مَجْر (마즈르)	수많은(군인의 숫자가)	مُتَماثِل (무타마 - 씰)	유사한, 비슷한
ماجَرَيات (마자라야 - 트)	사고, 사건	مَجَدَ (마자다)	영광스럽다, 영광을 누리다
مَجَلَ (마잘라)	물집이 생기다, 부르트다	مَجَّدَ (맛자다)	찬양하다, 찬미하다, 칭찬하다
مَجَلَة (마잘라)	1.물집 2.잡지	تَمَجَّدَ (타맛자다)	명성을 떨치다, 찬양하다
مَجَنَ (마자나)	1.철면피하다 2.농담하다	مَجْد (마즈드)	1.영광, 명예 2.위대함

밈

ماجن (마 - 자나)	1.제멋대로 하다 2.웃기다	**محيص** (마히 - 스)	빛나는, 번쩍이는(칼날)
تمجن (타마자나)	희롱하다, 조롱하다	**تمحيص** (탐히 - 스)	1.정화, 정제 2.시험
ماجن (마 - 진)	1.철면피한, 뻔뻔스러운, 파렴치한	**ممحص** (무마흐히스)	1.연구하는 2.정제하는
مجان (맛자 - ㄴ)	1.무료로, 무상의 2.익살꾼, 농담꾼	**محض** (마후돠)	순수하다, 순결하다
مجانية (맛자니 - 야)	무상, 무료	**محض** (마하돠)	진실하다, 성실하다
مجون (마주 - ㄴ)	1.철면피 2.익살, 농담	**تمحض** (타마흐하돠)	모든 정성을 다하다
مح (마흐)	1.헤진 것 2.정수, 핵심 3.노란자위	**محض** (마흐드)	순수한, 섞이지 않은
ماح (마 - 히흐)	헤진(옷이), 초라한	**أمحوضة** (움후 - 돠)	진실한 충고, 조언
محص (마하솨)	1.정제하다, 순화하다 2.밝게 하다	**محق** (마하까)	1.파괴하다 2.제거하다 3.무효로 하다
محص (마흐하솨)	1.정제하다 2.시험하다	**تمحق** (타마흐하까)	1.말라버리다 2.죽어가다
تمحص (타마흐하솨)	정제되다, 명백해지다	**ماحق** (마 - 히끄)	치명적인, 파괴적인

مُمحِل (뭄힐)	1.흉년의 2.메마른	محاق (마하 - 끄)	그믐, 이지러짐(달이)
محن (마하나)	시험하다, 검사하다, 실험하다	محق (마흐끄)	1.소멸, 섬멸 2.지워짐, 삭제됨
امتحن (임타하나)	시험하다, 검사하다, 실험하다	ماحك (마하카)	1.말다툼하다 2.트집잡다
محنة (미흐나)	시련, 불행	محك (마히크)	말씨름을 일삼는
امتحان (임티하 - ㄴ)	1.시험 2.실험	ماحك (마 - 히크)	1.종알거리는 2.떠벌이
ممتحن (뭄타히누)	1.심사원 2.출제위원	مماحكة (무마 - 하카)	1.말다툼, 논쟁 2.트집
محا (마하)	지우다, 삭제하다	محل (마할라)	1.흉년이 들다 2.음모 꾸미다 3.헐뜯다
محى (마하)	지우다, 삭제하다	محل (마훌라)	1.불모지다, 메마르다 2.흉년이 들다
امتحى (임타하)	1.지워지다, 삭제되다 2.없어지다, 사라지다	تمحل (타마흐할라)	1.모략으로 쟁취하다 2.회피하다
محو (마흐우)	제거, 폐지, 삭제, 지워버림	محل (마흘)	1.불모 2.교활 4.기아, 기근 5.장소
ماحية (마 - 히야)	지워버림	إمحال (임하 - ㄹ)	1.가뭄, 한발 2.흉작 3.기아

밈

مَخْمَضَ (마크마다)	양치질하다	**مِحَايَة** (마흐하 - 야)	1.걸레 2.지우개
مَخْمَضَة (마크마다)	양치질	**مِمْحَاة** (밈하 -)	지우개
مَخُول (마크왈라)	놀라게 하다, 정신나가게 하다	**مَمْحِى** (맘히)	제거된, 지워진, 삭제된
مَخُولَة (마크왈라)	놀람, 경탄	**مَخَخَ** (맛카카)	골수를 뽑아내다
مَدَّ (맛다)	1.늘리다 2.돕다 3.밀려들다(바닷물이)	**مُخّ** (무크)	1.뇌, 대뇌 2.정수, 알짜
مَدَّدَ (맛다다)	1.연장하다 3.펼치다	**مَخِيخ** (마키 - 크)	골수가 있는, 뇌수의
أَمَدَّ (아맛다)	1.돕다 2.공급하다	**مَخَرَ** (마카라)	밭갈이 하다
تَمَدَّدَ (타맛다다)	늘어나다.	**مَاخِرَة** (마 - 키라)	배, 선박
اِمْتَدَّ (임탓다)	1.연장되다 3.가설되다(전선, 관이)	**مَخُور** (마쿠 - 르)	창녀촌
اِسْتَمَدَّ (이쓰타맛다)	1.도움을 청하다 2.얻다	**مَخَضَ** (마카다)	1.버터를 만들다 2.신중히 생각하다
مَدّ (맛드)	1.연장 2.밀물 3.부설	**تَمَخَّضَ** (타맛카다)	1.아이를 낳다 2.응결되다(우유가)

		밈

امتداد (임티다 - 드) 1.연장 2.확장 3.펼침

استمداد (이쓰팀다 - 드) 1.지원 2.공급 3.지원요청(군사)

ممدود (맘두 - 드) 1.뻗은 2.긴 3.연장된 4.넓은

ممتد (뭄탓드) 1.확장된, 넓혀진 2.펼쳐진 3.넓은

مستمد (무쓰타맛드) 1.원천, 근원, 기원 2.파생된

مدح (마다하) 칭찬하다, 찬양하다

تمدح (타맛다하) 1.자랑하다 2.찬양하다

امتدح (임타다하) 칭송하다, 송덕시를 짓다

مديحة (마디 - 하) 1.칭찬, 찬양 2.송시

أمدوحة (움두 - 하) 찬사, 찬양, 칭찬

تمدح (타맛두흐) 1.극찬, 찬양 2.자기미화

مدد (마다드) 1.원조, 지원 2.강화(군대), 지원병

مدة (뭇다) 1.기한, 기간 2.시기, 시간

مدة (밋다) 고름

مداد (미다 - 드) 1.잉크 2.비료 3.본보기

مادة (맛 - 다) 1.물질, 재료 2.규정 3.자료 4.과목 5.주제

مادية (맛 - 디야) 1.물질주의 유물론 2.현실성, 실제성

مديد (마디 - 드) 1.긴, 오랜 2.늘어난, 연장된, 넓혀진

إمداد (임다 - 드) 1.원조, 지원 2.공급, 보급 3.증원병

أمدود (움두 - 드) 습관, 풍습, 관습

تمديد (탐디 - 드) 연장, 확장

تمدد (타맛두드) 1.연장 2.확장 3.팽창

밈

مذيق (마지 - 끄)	묽은, 물에 탄	ممادح (마마 - 디흐)	공적, 공훈
مر (마르라)	1.지나가다 2.쓰다(맛이)	ممدوح (맘두 - 흐)	칭찬을 받는
مرر (마르라라)	1.통과시키다 2.주고받다(공을)	مدن (마다나)	살다, 거주하다
استمر (이쓰타마르라)	1.계속되다 2.이어가다	مدن (맛다나)	1.건설하다(도시를) 2.개화시키다
مر (마르르)	1.경유, 통과 2.몰약, 몰약나무	مدينة (마디 - 나)	도시
مرة (마르라)	한번, 한차례	مدنية (마다니 - 야)	문명, 문화
مرة (미르라)	1.담즙 2.힘, 위력	متمدن (무타맛딘)	개화된, 세련된, 교육을 받은
مار (마 - 르르)	보행자, 길손, 통행인	مادى (마 - 다)	1.연기하다 2.같다, 동등하다
مرارة (마라 - 라)	1.쓴맛 2.쓸개, 담낭	تمادى (타마 - 다)	1.오래 끌다 2.완고하다
مرور (무루 - 르)	1.통과, 경과(시간의) 2.흐름	مذق (마자까)	묽게 하다, 물을 타다
مريات (무르라야 - 트)	쓴 약	مذاق (맞자 - 끄)	1.워선자 2.불성실자

مرير (마리-르)	1.쓴 2.고통스러운 3.완강한	**إمرؤ** (이므루)	1.남자 2.남편
مريرة (마리-라)	1.견고성 2.불변성	**إمرأة** (이므라아)	1.부인, 여자 2.아내, 처
استمرار (이쓰티므라-르)	계속, 연속, 지속	**مرج** (마리자)	문란해지다, 무질서하다
ممر (마마르르)	1.통과 2.통로 3.복도 4.가로수길	**مرج** (마라자)	방목하다(짐승을)
ممرور (마므루-르)	1.담즙의 2.어리석은 3.바보의	**مرج** (마르즈)	1.방목장 2.초원, 풀밭
مستمر (무쓰타미르르)	끊임없는, 지속적인	**مرج** (마르즈)	문란, 소란, 무질서, 혼잡
مرؤ (마루아)	1.대담하다 2.구미에 맞다	**مرجان** (마르자-ㄴ)	1.산호초, 산호 2.진주
مرأ (마라아)	맛있다 (음식이), 입에 맞다	**مرجانة** (마르자-나)	산호
مرء (마르으)	1.남자, 사람 2.남편	**مرجح** (마르자하)	흔들다
مرأة (마르아)	1.부인, 여자 2.아내, 처	**تمرجح** (타마르자하)	1.흔들리다 2.휘다
مروءة (무루-아)	1.용기 2.너그러움	**مرجحة** (마르자하)	진동, 흔들림, 요동

믹

مرجونة (마르주-나)	바구니, 광주리	**مرد** (마라다)	봉기하다, 폭동을 일으키다
مرح (마리하)	기뻐하다, 즐거워하다, 활기차다	**مرد** (마루다)	거인이 되다
مرح (마라흐)	환희, 무척 기쁜 것	**مرد** (마리다)	턱수염이 나지 않다
مرحى (마르하)	부라보! 잘한다! 멋있다!	**تمرد** (타마르라다)	1.봉기하다 2.거만스럽다
مراح (마라-흐)	기쁨, 환희, 반가움	**مارد** (마-리드)	1.거인 2.반란자 3.악마, 마귀
ممراح (밈라-흐)	활발한, 활기있는, 생기있는	**مردى** (마르디)	불쌍한, 가련한, 불행한
مرحب (마르하바)	환영하다	**مريد** (마리-드)	폭도, 봉기자, 반란자
مرخ (마라카)	칠하다, 바르다(기름을)	**تمرد** (타마르루드)	1.반란, 폭동, 봉기 2.오만, 거만
مرخ (마리크)	1.부드러운, 연한 2.시들은	**متمرد** (무타마르리드)	반란자, 폭도, 봉기자
مروخ (마루-크)	연고	**مرس** (마라싸)	풀다(물에), 적시다
مريخ (마리-크)	화성(천문)	**مرس** (마리싸)	일이 꼬이다

밈

تمارض (타마 - 라돠)	아픈척 하다, 꾀병을 부리다	مارس (마 - 라싸)	1.착수하다 2.행사하다(직권을)
مرض (마라드)	병, 아픔	تمرس (타마르라싸)	1.비비다 2.경험을 얻다
مرضان (마르돤 - ㄴ)	몸이 몹시 불편한	تمارس (타마 - 라싸)	1.다투다 2.협상하다
مريض (마리 - 드)	1.환자 2.병든 3.병에 걸린	مرس (마리쓰)	1.노련한 2.정력적인
تمريض (타므리 - 드)	간호, 환자시중	مراسة (마라 - 싸)	힘, 기력, 원기, 정력
تمارض (타마 - 루드)	꾀병	مريس (마리 - 쓰)	열대성 남풍
ممرض (무마르리드)	간호사	تمرس (타마르루쓰)	실행, 실천, 실습
ممرضة (무마르리돠)	여자 간호사	ممارسة (무마 - 라싸)	1.실습, 연습 2.협상 3.실행
متمرض (무타마르리드)	허약한, 쇠약한	مرض (마리돠)	앓다, 병에 걸리다, 아프다
مرط (마라뜨)	뽑다(털이나 깃을)	مرض (마르라돠)	간호하다, 병나게 하다
مريط (마리 - 뜨)	털이 없는, 대머리의	تمرض (타마르라돠)	1.병들다, 앓다 2.질질끌다

밈

أمرط (아므라뚜)	털이 빠진, 대머리의	**مرقعة** (마르까아)	1.연약성, 나약성 2.여성다움
مرع (마라아)	1.기름을 바르다 2.망치다	**مركز** (마르카자)	집중되다
مرع (마루아)	기름지다, 비옥하다	**تمركز** (타마르카자)	1.집중되다 2.발판을 굳히다
مرعى (마르으)	1.사료, 먹이 2.목장, 방목지	**تمركز** (타마르쿠즈)	집중
مرعة (마르아)	지방, 기름	**مرن** (마라나)	1.탄력이 있다 2.습관화되다
مريع (마리 - 으)	비옥한, 기름진	**مرّن** (마르라나)	가르쳐주다, 훈련시키다
مرق (마라까)	1.관통하다 2.돌진하다	**تمرّن** (타마르라나)	훈련하다, 연습하다
مرّق (마르라까)	1.노래하다 2.묽게 하다	**مرونة** (무루 - 나)	탄력, 신축성
مارق (마 - 리꼬)	1.배신자 2.이교도, 배교자	**مرانة** (마라 - 나)	1.실습, 견습 2.탄력
مروق (무루 - 꼬)	1.이단, 배교 2.편향	**تمرين** (타므리 - ㄴ)	1.연습, 실습 2.훈련
مرقع (마르까아)	1.나약해지다 2.여성답다	**ممرّن** (무마르린)	노련한, 숙련된, 단련된

متمرن (무타마르린)	훈련생, 견습생, 실습생	**مزج** (마즈즈)	혼합, 배합
مرى (마라)	부인하다, 거절하다, 반박하다	**مزاج** (미자-즈)	1.기질 2.기분 3.몸집
تمارى (타마-라)	논쟁하다, 언쟁하다	**مزاجى** (미자-지)	여성의 머리수건
امترى (임타라)	1.의심하다 2.짜다(젖을)	**مزيج** (마지-즈)	1.혼합된 2.혼합물 3.잡종
مرية (미르야)	1.논쟁, 반박 2.의심, 의혹	**تمازج** (타마-주즈)	1.혼합, 혼성 2.결합
مماراة (무마라-)	1.의심 2.반박, 논쟁	**امتزاج** (임티자-즈)	1.혼합, 배합 2.결합
مزج (마자자)	혼합하다, 뒤섞다, 섞다	**ممزوج** (맘주-즈)	1.혼합한 2.합성물
مزج (맛자자)	누렇게 되다(이삭이)	**ممتزج** (뭄타지즈)	혼합된, 섞인, 합성된
مازج (마-자자)	1.섞다, 타다 2.사귀다,	**مزح** (마자하)	웃기다, 농담하다, 익살을 부리다
امتزج (임타자자)	1.섞이다, 혼합되다 2.화합되다(화학)	**مازح** (마-지흐)	익살꾼, 농담꾼, 어릿광대
استمزج (이쓰탐자자)	자세히 알아내다, 탐지하다	**مزاحة** (무자-하)	농담, 익살, 웃기는 것

مِساس (미싸 - 쓰)	1.접촉 2.필요, 필요성	مزق (마자까)	째다, 찢다
مَسِيس (마씨 - 쓰)	1.접촉 2.필요	مزّق (맛자까)	갈기갈기 찢다
أمَسّ (아맛쑤)	절실히, 필요한	تمزّق (타맛자까)	째지다, 찢기다
تِماس (티맛 - 쓰)	1.접촉, 접근 2.연락, 관계	تمزيق (탐지 - 끄)	찢기, 째기
مُماسّة (무마 - 싸)	1.접촉 2.연계	مزقة (무즈까)	나이팅게일 새
مَمسُوس (맘쑤 - 쓰)	1.미친, 정신나간 2.접촉된	مِزقة (미즈까)	조각, 덩어리, 부스러기
مسَح (마싸하)	1.닦아내다 2.지우다 3.측량하다	ممزّق (무마자끄)	찢어진, 째진
ماسَح (마 - 싸하)	1.어루만지다 2.악수하다	مَزِيّة (마지 - 야)	1.공덕, 공훈 2.우월 3.특성
تماسَح (타맛싸하)	1.닦다 2.문지르다	مسّ (맛싸)	1.만지다 2.여자와
امتسَح (임타싸하)	1.닿다, 해지다 2.빼다(칼을)	مَسّ (맛쓰)	1.만지는 것 2.미침, 광증, 광란
مَسح (마싸흐)	1.씻는 것 2.닦는 것 3.측량, 측정 4.삭제	ماسّ (맛 - 쓰)	1.만지는2.간절한

밈

ماسخ (마 - 씨크)	무미건조한, 취미없는	مساح (맛싸 - 흐)	측량사
مسيخ (마씨 - 크)	1.왜곡된 2.변형된	مساحة (마싸 - 하)	1.측량 2.면적, 넓이
ممسوخ (맘쑤 - 크)	1.왜곡된 2.변형된	مساحة (맛싸 - 하)	고무지우개
مسد (맛싸다)	문지르다, 안마하다	مسيح (마씨 - 흐)	1.예수 2.세례를 받은 3.해진, 낡은
تمسد (타맛싸다)	안마받다	مسيحى (마씨 - 히)	기독교의, 기독교 신자
تمسيد (탐씨 - 드)	안마, 문지르는 것	ممسحة (밈싸하)	1.헝겊, 누더기 2.걸레, 신발털이
مسط (마싸따)	짜다, 짜내다(손으로)	ممسوح (맘쑤 - 흐)	1.평평한 2.지워진 3.해진, 닳은
مسطرة (마쓰따라)	견본, 샘플	مسخ (마싸카)	왜곡하다, 애매모호하게 하다
مسك (마싸카)	1.붙잡다 2.변비에 걸리다 3.소유하다	انمسخ (인마싸카)	왜곡되다, 애매모호하게 하다
مسك (맛싸카)	사향냄새를 풍기다	مسخ (마쓰크)	1.변태, 변형, 변화 2.왜곡
أمسك (암싸카)	1.쥐다 2.자제하다 3.준수하다	مسخة (무쓰카)	어릿광대

밈

مَسِيك (마씨 - 크) 1.인색한 2.꽉 붙잡는	تمسك (타맛싸카) 1.준수하다 2.매달리다
إمساك (임싸 - 크) 1.인색 2.절약 3.변비 4.금식준수	تماسك (타마 - 싸카) 1.합치다 2.억제하다
إمساكية (임싸키 - 야) 라마단 달 금식시간 일정표	انمسك (인마싸카) 손안에 있다, 체포되다
تمسك (타맛쑤크) 1.준수, 고수 2.고집 3.충성	استمسك (이쓰탐싸카) 고수하다, 그만두다
تماسك (타마 - 쑤크) 연합, 결합, 단결	مسك (마쓰크) 1.잡는 것, 장악 2.관리 3.경리
استمساك (이쓰팀싸 - 크) 1.고수, 집착 2.충성	مسك (무쓰크) 양식, 식량
ممسك (뭄씨크) 1.인색한 2.붙잡은 3.절약하는	مسك (무쑤크) 인색한
ممسك (무맛싸크) 사향냄새가 나는, 냄새가 향기로운	مسك (미쓰크) 사향
متماسك (무타마 - 씨크) 1.단결한 2.지속적인	مسكة (무쓰카) 1.발판 2.지지 3.인색
مسكنة (마쓰카나) 빈곤, 궁핍, 가난	مساك (맛싸 - 크) 1.인색한 2.깍쟁이
مسكين (미쓰키 - ㄴ) 불쌍한, 가련한, 거지	مسكان (무쓰카 - ㄴ) 선금, 예약금

مشط (무쉬뜨)	1.빗 2.발바닥	مسمر (마쓰마라)	박다(못을)
مشطة (미쉬따)	털빗, 말솔	مسى (맛싸)	저녁인사를 하다
ماشط (마 - 쉬뜨)	1.머리를 빗는 2.이발사	أمسى (암싸)	1.이 되다 2.저녁이 되다
ماشطة (마 - 쉬따)	하녀, 몸종	مساء (마싸 -)	저녁
مشيط (마쉬 - 뜨)	가지런히 빗은	أمسية (움씨 - 야)	저녁시간
ممشوط (맘슈 - 뜨)	가지런히 빗은	ممسى (뭄싸)	황혼, 저녁, 저녁때
مشق (마샤까)	1.머리를 빗다 2.찢다, 째다	مش (맛샤)	1.흡수하다 2.썩다 3.절이다(소금에)
مشق (마슈끄)	1.날씬한 2.모범, 본보기, 모형	مشش (맛샤샤)	썩다, 상하다, 변질하다
ممشوق (맘슈 - 끄)	균형잡힌, 단정한, 날씬한	مشوش (마슈 - 슈)	내프킨
مشى (마샤)	1.걷다 2.행진하다 3.움직이다(기계가)	ممشش (뭄샤슈)	썩은(달걀이)
أمشى (암샤)	1.걷게 하다 2.관장시키다, 설사시키다	مشط (마샤따)	머리를 빗다

مص (맛솨)	1.빨다 2.흡수하다	تمشي (타맛샤)	1.걷다 2.부합되다 3.뒤를 따르다
امتص (임탓솨)	1.흡수하다 3.삼키다	ماش (마 - 쉬)	1.떠나는 3.보행자 4.보병
ماص (맛 - 스)	1.빨아먹는 2.흡수하는	مشي (마싀)	1.걷기, 보행 2.이동 3.행군
ماصة (맛 - 솨)	양수펌프	مشو (마슈)	설사약
امتصاص (임티솨 - 스)	1.빠는 것 2.흡수	ماشية (마 - 쉬야)	가축, 집짐승
ممتص (뭄탓스)	흡수하는	مشية (마쉬 - 야)	요구, 욕망, 희망
مصر (맛솨라)	1.정착하다 2.살다	مشيان (마쉬야 - ㄴ)	1.보행, 걷기 2.설사
تمصر (타맛솨라)	문명도시가 되다	ممشي (맘샤)	1.인도 2.복도 3.오솔길
مصر (미스르)	1.경계 2.도시 3.이집트 4.수도(이집트의)	مشهر (마슈하라)	거닐다, 떠돌아다니다
مصاري (마솨 - 리)	돈	مشورة (마슈와라)	산보
مصير (마싀 - 르)	내장	مشوار (미슈와 - 르)	1.방랑 2.산보 3.용무, 업무

ضَمْضَمَ (마드마다)	1.양치질하다 2.씻다	تَمْصِير (탐쉬-르)	1.정착 2.문명화
مَضْمَضَة (마드마다)	1.양치질 2.빨래, 세탁	مُتَمَصِّر (무타맛시르)	이집트화 된
مَضَى (마다)	1.떠나다 2.종료되다 3.서명하다	مَضَّ (맛돠)	아파하다
أَمْضَى (암돠)	1.보내다(시간을) 2.이서하다	أَمَضَّ (아맛돠)	아프게 하다
مَاضٍ (마-디)	1.지나간 2.이전의, 종전의	مَضّ (맛드)	아픈, 고통스러운
إِمْضَاء (임돠-)	1.서명, 이서 2.실행	مَضَض (마다드)	1.아픔, 고통 2.증오 3.쉰 우유
إِمْضَاءَة (임돠-아)	서명, 이서	مَضَاضَة (마다-다)	아픔, 고통
مُمْضٍ (뭄디)	1.서명자, 이서자 2.조인하는	مَضَغَ (마다가)	씹다, 새김질하다
مُمْضًى (뭄디이)	서명된, 이서된	مُضْغَة (무드가)	1.한입 2.새김질
مَطّ (맛따)	늘리다, 연장하다	مَاضِغ (마-디그)	어금니
مَطَّطَ (맛따따)	1.힘껏 당기다 2.헐뜯다	مُضَاغَة (무다-가)	1.씹는 껌 2.새김질

밈

تمطط (타맛따따)	늘어나다, 연장되다	**مطير** (마띠ㄹ)	늘 비가 오는, 비가 많이 오는
مط (맛뜨)	1.늘어나는 것, 연장 2.당기는 것	**ممطر** (뭄띠르)	늘 비가 오는, 비가 많이 오는
مطاط (맛따-뜨)	1.탄력성이 있는 2.용수철	**ممطرة** (밈따라)	비옷
تمطط (타맛뚜뜨)	탄력성, 신축성	**مطل** (마딸라)	1.끌다, 당기다 2.가설하다
مطر (마따라)	1.비가 오다 2.뛰어가다	**ماطل** (마-딸라)	1.연기하다(지불) 2.녹이다
أمطر (암따라)	뿌리다, 살포하다	**مطالة** (마딸-라)	지연, 지체
استمطر (이쓰탐따라)	도움을 청하다, 빌다	**مطيلة** (마띨-라)	철판
مطر (마따르)	비	**مماطلة** (무마-딸라)	연기, 지연, 지체
مطرة (마따라)	소나기	**ممطول** (맘뚜-ㄹ)	1.지연된, 지체된 2.압연된
مطرية (마따리-야)	우산	**مع** (마아)	1…와 함께 2…에 관하여
ماطر (마-띠르)	음산한, 날씨가 궂은	**معج** (마아자)	파도치다, 물결치다

معض (마아돠)	화를 내다, 분개하다	متمعج (무타마으이즈)	구불구불한, 굽은
امتعاض (임티아-드)	1.분개, 분노 2.불만, 불평	معد (무이다)	위병에 걸리다
ممتعض (뭄타이드)	화가난, 격분한	معدة (마이다)	위
معط (마아따)	뽑다(털, 깃털을)	معمود (마으무-드)	위병을 앓은
أمعط (암아뚜)	1.털이 없는 2.대머리, 빈대머리	معر (마이라)	빠지다(털, 깃, 머리가)
معمعة (마으마아)	1.소란 2.싸움 3.무더위 4.절정	معر (마아라)	과장하다, 허풍떨다
معمعان (마으마아-ㄴ)	절정, 극치, 최고점	أمعر (암아라)	가난해지다, 빈곤해지다
معمعاني (마으마아-니)	무더운	أمعر (암아루)	대머리, 빈대머리
أمعن (아므아나)	1.신중하다 2.주의 깊게 검토하다	معز (마으즈)	염소
تمعن (타마으아나)	자세히 연구하다	ماعز (마-이즈)	염소, 산양
إمعان (임아-ㄴ)	주의, 관심, 심사숙고	معاز (마으아-즈)	염소키우는 목동

밈

تمغط (타맛가따)	길어지다, 연장되다	**تمعن** (타마으안)	주의, 관심, 심사숙고
متمغط (무타감미뜨)	탄력있는, 탄성이 있는	**ماعون** (마우 - 느)	1.도구 2.뭉치
مغنط (마그나따)	자석화 하다	**ماعونة** (마우 - 나)	화물선, 짐배
مغنطة (마그나따)	자석화	**معين** (무이 - 느)	조수, 조교
مغنطيس (마그나띠 - 스)	1.자석 2.자성, 자력	**معيونة** (마우이와나)	원조, 지원, 협조
مغنطيسية (마그나띠씨 - 야)	자성(물리)	**مغص** (마기사)	배가 아프다
ممغنط (무마그나뜨)	자석화 된	**تمغص** (타맛가사)	배가 아프다, 배앓이 하다
مقت (마까타)	1.증오하다 2.여위다	**مغص** (마그스)	복통, 배앓이
إنمقت (인마까타)	미움을 사다	**ممغوص** (맘구 - 스)	배앓이 하는
مقت (마끄트)	미움, 증오	**مغط** (마가따)	늘리다, 연장시키다, 펴다
مقيت (마끼 - 트)	1.증오, 미운 2.여윈	**مغط** (맛가따)	쭉 늘리다, 연장시키다

مكر (마카라)	속이다, 기만하다	ممقوت (맘꾸-트)	1.증오, 2.해쓱한
ماكر (마-키르)	교활한, 간교한, 음흉한	مقع (마까아)	쭉들이키다
مكار (맛카-르)	교활한 사람	أمتقع (암투끼아)	안색이 변하다
مكر (마크르)	1.교활, 꾀 2.거짓, 사기	ممتقع (뭄타끼으)	창백한, 안색이 변한
مكس (마카사)	1.징수하다 2.흥정하다	مك (맛카)	빨다
مكس (마크스)	세금 징수, 통행료 징수	تمكك (타맛카카)	빨다
مكاس (맛카-스)	세무공무원	مكوك (맛쿠-크)	1.술잔 2.북(방직기계의)
مكن (마카나)	견고하다, 영향력이 있다	مكة (맛카)	메카, 막카
أمكن (암카나)	1.가능케 하다 2.가능하다	مكث (마카싸)	1.체류하다 2.남아 있다
تمكن (타맛카나)	1.가능하다 2. …할 능력이 있다	مكث (마크쓰)	1.거주하는 2.남아있는
مكان (마카-안)	1.장소 2.공간 3.지위, 위치	مكوث (마쿠-쓰)	1.거류, 체류 2.잔류

밈

밈

مكانة (마카-나)	1.지위 2.세력 3. 중요성, 의의	مل (말라)	답답해하다, 싫증을 느끼다
تمكين (탐키-느)	1.강화 2.확립 3.수여, 서임	أمل (아말라)	1.괴롭히다 2.짜증나게 하다
ماكنة (마키 나)	기계	تملل (타말랄라)	1.피로하다 4.미신을 믿다
إمكان (임카-느)	1.능력 2.가능성 3.힘	مل (말)	1.권태, 가깝증 2.피곤, 피로
إمكانية (임카니-야)	1.가능성 능력 2.잠재력	ملي (밀리-)	1.민족의 2.종파의, 교파의
مكين (마키-느)	1.견고한, 견실한 2.지위가 있는	مليل (말리-일)	갑갑한, 적적한, 피곤한
ممكن (뭄킨)	1.가능한 2.가능성 있어 보이는	ملال (말-랄)	1.싫증, 권태 2.피곤
ممكنات (뭄키나-트)	가능성	ملة (밀라)	종교적 공동체, 교리, 종파
ممكنة (뭄키나)	1.능력, 재능 2.힘, 역량	ملة (말라)	1.뜨거운 재 2.피로 3.땀
متمكن (무타맛키느)	1.단단한 2.지속적인	ممل (무밀)	1.답답한 2.피곤
ماكياج (마키야-즈)	화장, 분장	ملا (물라)	물라(이슬람 대학자에 대한 존칭)

ملا (밀라)	다름 아닌, 바로
ملأ (말라아)	1.가득 채우다 2.써넣다
إمتملأ (임탈라아)	차다, 충만되다
ملأ (말라아)	1.무리 2.명문, 귀족
ملاءة (물라 - 아)	1.밀라야(여성의 겉옷) 2.홑이불
إمتلاء (임틸라 - 으)	1.충족, 충만 2.비대, 살찐 것
ملانة (말라 - 나)	1.가득 찬 2.충분한 3.살찐
مليان (말야 - ㄴ)	가득 찬, 충만된
مماألة (무마 - 알라아)	1.협조, 협력 2.편견, 편애
ممتلىء (뭄탈리 - 으)	가득 찬, 충만 된
مملوء (맘루 - 으)	가득 찬, 충만된
ملح (말루하)	짜다, 소금 맛이 있다
ملح (말루하)	아름답다, 재치가 있다
مالح (마 - 알리흐)	동석하여 식사하다
تملح (타말르라하)	1.짜다 2.즐거워하다
ملح (밀흐)	1.소금 2.대접, 환대 3.흥미
ملح (말라흐)	1.백내장 2.위트, 재치
ملحة (물하)	1.말재간 2.맛있는 요리
ملحة (밀하)	계약, 조약, 동맹
ملوحية (말루히 - 야)	짠맛
مليح (말리 - 흐)	1.고운, 멋진 2.잘 생긴 3.짠
ملاح (말라 - 흐)	1.선원 2.해병 3.소금장사

밈

مملوخ 삐인, 접지른, 위골된 (마물루 - 크)	**ملاحة** 1.우아함 2.짠맛 3염전 (말라 - 하) 4.항해
ملس 반들반들하다, 매끈하다 (말리사)	**مالح** 잔, 염분이 있는 (마 - 알리흐)
ملس 뽑아내다, 빼내다 (말라사)	**أملح** 눈이 크고 눈에 빛이 나는 사람
تملس 뺑소니치다, (타말라사) 슬그머니 가버리다	**أملوحة** 날카로운 비판 (아믈루 - 하)
انملس 슬그머니 가버리다 (인말라사)	**مويلح** 약간 짭잘한 (무와일리흐)
ملس 1.반들반들한 2.평탄한 (말리스) 3.미끈미끈한	**مملح** 짠, 소금에 절인 (무말라흐)
ملط 회칠하다(벽에), 칠하다 (말라뜨)	**مستملح** 영리한, 재치있는 (무스타믈라흐)
ملط 벌거숭이, 벌거벗은, (말뜨) 나체의	**ملخ** 1.뽑다 2.삐다(발목을) (말라카)
مليط 빈대머리 (말리 - 뜨)	**إمتلخ** 뽑다(칼을) (임탈라카)
ملاط 1.교활한 2.분별이 없는 (밀라뜨)	**ملخ** 1.삐는 것 (말크) 2.빼는 것(칼 등을)
أملط 빈대머리 (아믈라뜨)	**مليخ** 맛없는 (말리 - 크)

ملق (말리까)	아양을 부리다, 아첨, 아부하다	تملك (타말라카)	1. 점유하다 2. 통치하다
ملق (말라까)	아첨하다, 아양을 부리다	تمالك (타말 - 라카)	참다, 자제하다
أملق (아믈라까)	빈곤하다, 가난하다	امتلك (임탈라카)	1. 차지하다 2. 습득하다
تملق (타말라까)	아첨하다	ملك (물크)	1. 재산, 부동산 2. 소유, 점유
ملق (말라끄)	1. 아첨, 아부 2. 빈 땅, 공터	ملكة (말리카)	1. 여왕 2. 황태후 3. 왕비
تمليق (타믈리 - 끄)	아첨, 아부, 환심사기	ملكية (물키야 -)	1. 소유제 2. 소유권
ملاق (말라 - 끄)	아첨쟁이	ملوكية (물루키 - 야)	군주제도, 군주정치
إملاق (이믈라 - 끄)	빈곤, 빈궁, 극빈, 가난	ملاك (말라 - 크)	천사
تملق (타말루끄)	아첨, 아부	مالك (마 - 알리크)	1. 왕, 통치자 2. 소유자
متملق (무타말리끄)	1. 아첨하는 2. 아첨쟁이	مالكية (말리키 - 야)	말리키 법학파
ملك (말라카)	1. 소유하다 2. 지배하다 3. 왕으로 모시다	تملك (타말루크)	1. 획득, 습득 2. 소유

밈

مَن (만)	누구
مِن (민)	1.…부터, …이래로 2. …을 지나서, 걸쳐서
مَنَّ (만나)	1.베풀다 2.좋은 일을 하다
تَمَنَّنَ (타만나나)	책망, 질책하다, 비난하다
اِمْتَنَّ (임탄나)	1.감사하다 2.너그럽다
مَنّ (만느)	1.은혜, 사은 2.선물, 예물
مَنَّان (만나-느)	너그러운, 인자한
مِنَّة (민나)	1.인자, 선행, 친절 2.은혜 3.감사
مُنَّة (문나)	정력, 지구력, 힘
مَنُون (마누-느)	1.감사 2.죽음 3.운명
اِمْتِنَان (임티나-느)	1.친절 2.감사 3.사은
اِمْتِلَاك (임틸라-크)	1.소유 2.지배 3.소유권
مَمْلَكَة (마믈라카)	1.왕국, 제국 2.왕위, 왕권
مَمْلُوك (마믈루-크)	1.소유된, 재산 2.매혹된
مَمْلُوك (마믈루-크)	1.노예 2.근위병
مُمْتَلِك (뭄탈리크)	1.소유권 2.소유물
مُمْتَلَكَات (뭄탈리카-트)	1.재산, 재물 2.영토
مَلَنْخُولِيَا (말른쿨리야-)	우울증
مَلَا (말라-)	서둘러 걷다, 뛰다, 달리다
أَمْلَى (아믈라-)	받아쓰게 하다
تَمَلَّى (타말라-)	1.즐기다 2.장수하다
مَلَا (말라-)	1.공지, 공터 2.사막, 광야

تمنع (타맛나아)	1.저항하다 2.비호하다	**ممنون** (맘누 - 느)	1.매우 감사한 2.친절한
امتنع (임타나아)	1.자제하다 2.거절하다	**ممنونية** (맘누니 - 야)	1.감사 2.친절성
منع (만으)	1.금지 2.방해 3.방지, 예방	**منح** (마나하)	주다, 수여하다, 제공하다
منعة (만아)	힘, 위력	**منح** (만흐)	수여, 증정, 제공
منيع (마니 - 으)	1.견고한 2.면역성을 가진	**منحة** (민하)	1.선물 2.장학금 3.수당
مناعة (마나 - 아)	1.견고성 2.난공불락	**منديل** (민디 - 일)	손수건
مانع (마 - 니으)	1.거절하는, 사설하는 2.방해가 되는	**منذ** (문두)	이래로, 부터, 전에
ممانعة (무마 - 나아)	1.저항 2.반대, 반박	**منشوية** (만슈비 - 야)	골방, 지하실 방
تمنع (타맛누으)	1.거절, 거부, 사절 2.사퇴, 포기	**منع** (마나아)	1.금지하다 2.거절하다
امتناع (임티나 - 으)	1.거절, 사절 2.사퇴 3.불가능	**منع** (마누아)	1.강하다 2.도달할 수 없다
ممنوع (맘누 - 으)	금지되는, 허용되지 않는	**مانع** (마 - 나아)	1.저항하다 2.거절하다

밈

مهد (마하다)	1.길을 포장하다 2.편하게 하다	ممتنع (뭄타니으)	1.불가능한 2.도달할 수 없는
مهد (마흐하다)	1.준비하다 2.시작하다, 개시하다	منا (마나-)	시험하다, 시련을 겪다
مهد (마흐드)	요람, 보금자리	منى (마나-)	1.체험하다 2.행운을 맞다
مهاد (미하-드)	잠자리, 침대, 이부자리	تمنى (타맛나-)	원하다, 바라다, 기원하다
تمهيد (타므히-드)	1.정리 2.준비 3.머리말, 서문	استمنى (이스탐나-)	성적 자위행위를 하다
ممهد (무마흐하드)	1.평탄한 2.준비된 3.개통된	منى (마니-)	정액
مهر (마하라)	1.능숙하다 2.혼임금을 주다	منى (마나-)	운명, 숙명
مهر (마흐르)	혼인금	منية (마니-야)	1.운명, 숙명 2.죽음, 사망
مهر (무흐르)	직인, 도장, 인장, 스탬프	أمنية (암니야)	희망, 기대, 소망, 바람
مهارة (마하-라)	재간, 솜씨, 기능, 기교	استمناء (이스티므나-으)	성적자위행위
ماهر (마-히르)	능숙한, 능란한, 노련한	متمنيات (무타만니야-트)	기원, 축원, 희망

مهلا (마흘란)	천천히
مهلة (무흘라)	1.연장된 기한 2.여가, 짬
إمهال (임하-알)	연기, 지연, 지체
تمهل (타맛훌)	완만성, 굼뜬 것
متمهل (무타마흐힐)	느린, 굼뜬, 완만한
متماهل (무타마-힐)	여유있게, 편안하게
مهما (마흐마-)	어떻든 간에, 아무튼
مهمة (무힘마)	수수료, 커미션
مهن (마하나)	1.복무하다 2.종사하다
مهن (마후나)	너절하다, 졸렬하다
امتهن (임타하나)	1.멸시하다 2.부려먹다
مهرجان (마흐라자-느)	명절, 경축, 축전
مهردار (무흐라다-르)	옥쇄를 관리하는 사람
مهك (마하카)	가루로 만들다, 빻다
انمهك (인마하카)	가루가 되다
مهكة (마흐카)	청춘
ممهكة (밈하카)	분쇄기
مهل (마할라)	1. 굼뜨다, 서두르지 않다 2.연기하다
مهل (맛할라)	연기하다, 시간을 더 주다
أمهل (아므할라)	1.연기하다 2.주저하다
تمهل (타맛할라)	질질끌다, 우물쭈물하다
مهل (마흘)	1.완만, 지체, 주저 2.여가, 여유

موتان (무타 - 느)	가축의 유행병	**مهنة** (미흐나)	1.일, 직업 2.직무, 직책
ميتون (마이투 - 느)	시체	**مهين** (마히 - 느)	시시한, 보잘것없는, 천한
ميتة (마이타)	시체	**ماهن** (마 - 히느)	하인, 일꾼, 머슴, 종
ميت (미 - 트)	농촌, 부락	**امتهان** (임티하 - 느)	1.멸시 2.침범 3.남용(권리를)
ميتة (마이타)	동물의 죽음, 동물의 시체	**ممتهن** (뭄타한)	1.가련한 2.헐어진, 낡은
موات (마와 - 트)	1.황무지, 불모지 2.무생물	**مات** (마 - 타)	1.죽다 2.남기다 3.멸망하다
مائت (마 - 이트)	죽을 운명의, 생기가 없는	**موت** (마우와타)	자살하다
إماتة (이마 - 타)	1.살해 2.억제, 자제	**أمات** (아마 - 타)	1.살해하다 2.누르다, 억제하다
استماتة (이스티마 - 타)	결사적 노력, 자기희생	**استمات** (이스타마 - 타)	목숨을 걸다
ممات (마마 - 트)	죽음, 사망	**موت** (마우트)	1.죽음 2.사망, 서거 3.사멸, 멸망
مميت (무미 - 트)	죽이는, 치명적인, 살해하는	**موتان** (마우타 - 느)	가축의 폐사

موضة (무 - 다)	모양, 유행, 패션
ماج (마 - 자)	1.파도가 치다 2.흥분하다
موج (마우즈)	물결, 파도
مال (말 - 라)	1.부자가 되다 2.융자하다
موجة (마우자)	1.물결, 파도 2.파장, 진동
مول (마우왈라)	1.융자해주다 2.세금을 물다
تمويج (타므위 - 즈)	웨이브(머리카락의)
تمول (타마우왈라)	자금을 얻다, 융자를 얻다
مواج (마우와 - 즈)	1.물결이 이는 2.격동하는(감정이)
استمال (이스티말 - 라)	부유해지다, 부자가 되다
متموج (무타마우위즈)	1.물결치는 2.흥분하는, 격동하는
مال (말 - 르)	1.재산, 재물 2.돈 3.세금
مودة (무 - 다)	모양, 유행, 패션
مالية (말리 - 야)	1.재정, 금융 2.금융상태
ماس (마 - 사)	면도하다
تمويل (타므위 - 일)	1.융자 2.세금지불(이집트)
موسى (무사 -)	1.면도날, 면도칼 2.모세
موال (마우와 - ㄹ)	1.자본가 2.민요
ماس (마 - 스)	금강석, 다이아몬드
ممول (무마우와 - 알)	1.납세자 2.자본가
ماسة (마 - 사)	유리칼
مان (마 - 나)	부양하다

밈

ماث (마-싸)	풀다, 용해하다(물에)
ماد (마-다)	1.진동하다 2.현기증을 느끼다
تميد (타마이야다)	1.비틀거리다 2.현기증을 느끼다
مائد (마-이드)	1.비틀거리는 2.어지러운
مائدة (마-이다)	식탁, 밥상, 책상, 탁자
ميدان (마이다-느)	1.광장, 마당 2.무대, 활동분야
ماز (마-자)	1.분리하다 2.베풀다, 특혜를 주다
ميز (마이야자)	1.구분하다 2.특권을 주다
تميز (타마이야자)	구별되다, 구분되다, 식별되다
امتاز (임타-자)	우월하다, 특권을 가지다
ميزة (미-자)	1.특징, 특색, 특성 2.우월, 우월성
مون (마우와나)	식량을 공급하다
مونة (무-나)	1.식량, 양식 2.횟가루
تموين (타므위-느)	1.공급, 부양 2.식량
ماه (마-하)	물을 혼합하다, 섞다
موه (마우와하)	1.과장하다 5.위장하다
أماه (아마-하)	1.혼합하다 2.물을 묻히다
ماء (마-으)	1.물 2.즙, 액 3.백내장
تمويه (탐위-흐)	1.도금 2.과장, 기만, 날조
مموه (무마우와흐)	1.도금된 2.가짜의 허위의
ماهية (마히-야)	1.본질, 핵심 2.급여, 봉급
ميتافيزيقية (미타피지-야)	형이상학

أمال (아말 - 라)	기울어지게 하다, 쏠리게 하다	**تمييز** (타미 - 즈)	1.편애 2.특혜, 우대 3.구별 4.차별
تميل (타마이알라)	1.기울어지다 2.흔들리다	**امتياز** (임티야 - 즈)	1.특권 2.이권 3.특허 4.우세
ميل (마일르)	1.기욺 2.경사 3.탈선 4.경향 5.취미	**مميز** (무마이야즈)	1.뛰어난, 탁월한 2.특권이 있는
تمايل (타마 - 율)	연약성, 나약성, 신축성	**متميز** (무타마이야즈)	1.탁월한, 훌륭한 2.특징이 있는
متمايل (무타마 - 일)	1.동요하는 2.연약한, 나약한	**ماع** (마 - 아)	1.스며들다 2.녹다, 용해되다
ممل (마말 - 르)	경사도	**ميع** (마이으)	액체
مان (마 - 안)	거짓말하다, 날조하다	**ميعة** (마이아)	1.액체 2.한창시절 3.유연성
مين (마인)	거짓말, 유언비어	**ميعان** (마이아 - 느)	액체상태
ميان (마이야 - 느)	거짓말쟁이	**مائع** (마 - 이으)	1.용액, 액체 2.묽은, 멀건
ميناء (미나 -)	항구, 부두	**إماعة** (이마 - 아)	용해, 액화
		مال (말 - 라)	1.기울다 2.애착을 갖다 3.벗어나다

(눈 : النون)

ناس (나 - 스)	사람들
ناسوت (나수 - 트)	1.본성 2.인류 3.인간성
نافورة (나푸 - 라)	분수
ناقوس (나꾸 - 스)	종
ناموس (나무 - 스)	1.법률 2.규칙 3.양심
ناموس (나무 - 스)	1.총명한 2.교활한 3.막연한 친구
ناؤوس (나우 - 스)	묘, 고분, 릉
ناي (나이 -)	피리, 퉁소
نايّاتي (나야티 -)	피리 연주가
نأى (나아)	1.멀다, 아득하다 2.멀리하다
أنأى (아나 -)	멀리하다, 떼어놓다
تناءى (타나 - 아)	1.벗어나다 2.멀어지다
نأي (나아)	도랑, 작은 구덩이
منأى (문아 -)	먼 곳, 벽지, 외지
متناء (무타나)	먼, 멀리 있는, 아득한
أنبوب (안부 - 브)	관, 파이프
أنبوبة (안부 - 바)	관, 작은 관
أنبوبيات (안부비야 - 트)	균, 관상균
نبأ (나바아)	1.높다 2.구역질나다 3.장악하다
نبّأ (낫바아)	1.알려주다 2.보여주다
أنبأ (안바아)	1.통지하다 2.예고하다

تنبيت 묘종, 식목 (탄비-트)	**تنبأ** 예언하다, 예고하다 (타낫바아)
منبت 1.모판 2.근원 3.발원지 4.온상 (만비트)	**نبي** 예언자 (나비-)
نبذ 1.버리다 2.위반하다 (나바다)	**نبأة** 바스락 소리, 설레임 소리 (나브아)
نابذ 1.반항하다 2.적대시하다 (나-바다)	**نبوءة** 예언 (누부와아)
أنبذ 술을 빚다, 술을 담그다 (안바다)	**متنبىء** 예언하는, 예고하는 (무타낫비-으)
انتبذ 물러나다, 이탈하다 (인타바다)	**نبت** 1.자라다 2.싹트다 3.무르익다 (나바타)
نبذ 1.거절, 거부, 배척 2.취소, 단념, 포기 (나브드)	**أنبت** 1.재배하다 2.움트게 하다 (안바타)
نبذة 1.과, 부 2.소개소책자, 팜플렛 (나브다)	**نبت** 식물, 초목 2.싹, 움, 새싹 (나브트)
نبيذ 1.배척당한 2.술 (나비-드)	**نبوت** 몽둥이, 긴 막대기 (낫부-트)
تنابذ 반목, 알력 (타나-부드)	**نبات** 1.초목 2.식물, 채소 (나바-트)
منابذة 거절, 거부, 배척 (무나-바다)	**نباتى** 1.식물학자 2.채식주의자 (나바티-)

아랍어	한국어	아랍어	한국어
نبش (낫바샤)	샅샅이 뒤지다, 면밀히 조사하다	منبوذ (만부 - 드)	1.거절당한 2.취소된 3.버린 아이
استنبش (이스탄바샤)	조사하다, 깊이 연구하다	نبر (나바라)	1.외치다 2.강조하다
نبيش (나비 - 쉬)	파내는, 도굴하는	انتبر (인타바라)	1.강단에 올라서다 2.붓다(상처가)
نباش (낫바 - 쉬)	1.파내는 2.도굴자	أنبار (안바 - 르)	창고
أنبوشة (안부 - 샤)	발굴한 유품	منبر (민바르)	교단, 강단, 설교단
منباش (민바 - 쉬)	불갈구리	منبار (문바 - 르)	내장
منبوش (만부 - 쉬)	파헤친, 파낸	نبراس (니브라 - 스)	1.전등, 호롱불 2.가로등
نبض (나바다)	고동치다, 맥박이 뛰다	نبز (나바자)	별명을 붙이다
نبض (나브드)	맥박, 고동, 약동	نابز (나 - 바자)	말다툼하다, 논쟁하다
نبضة (나브다)	약동	نبز (나바즈)	별명
نابض (나 - 비드)	1.두근거리는 2.두근거림	نبش (나바샤)	1.파내다 2.발굴하다 3.폭로하다

منبض (만비드)	맥, 맥박	**نبع** (나브으)	수원(강의), 발원지
نبط (나바따)	1.분출하다 2.발견하다	**منبع** (만바으)	수원(강의), 발원지
نبط (낫따)	1.트집을 잡다 2.조소하다	**منبوع** (만부-으)	발원지, 샘터, 샘, 우물
أنبط (안바따)	채굴하다, 발견하다	**نبغ** (나바가)	1.특출하다 2.퍼지다
استنباط (이스틴바-뜨)	1.고안 2.추출 3.추리	**نبغ** (나브그)	1.특출, 월등 2.재간, 재능
نبط (나바뜨)	1.깊이, 심도 2.평민, 백성	**نبوغ** (누부-그)	뛰어남, 재능, 우월함
تنبيط (탄비-뜨)	조롱, 비웃음, 조소	**نابغة** (나-비가)	1.탁월한 2.천재
مستنبط (무스탄바뜨)	1.발견된 2.발명된	**نبل** (나발라)	고결하다, 고상하다
مستنبط (무스탄비뜨)	1.발명가 2.탐사대원	**تنبل** (타낫발라)	고상해지다
مستنبطات (무스탄바따-트)	발명품	**نبل** (누블)	1.명문출신 2.고귀함, 고상함
نبع (나바아)	샘솟다, 시작되다(강이)	**نبل** (나블)	화살

تنبيه (탄비 - 흐)	1.일깨움 2.경고 3.충고	**نبيل** (나비 - 일)	1.명문출신의 2.귀족, 양반
انتباه (인티바 - 흐)	1.주의, 조심, 신중 2.각성	**نبال** (닛발 - 르)	궁수
منبه (무낫비흐)	1.깨우는 2.자명종시계	**نبالة** (나발 - 라)	1.명문출신 2.고귀함
منبهات (무낫비하 - 트)	자극제, 흥분제	**متنبل** (무타낫빌)	고상한, 고결한
منتبه (문타비흐)	주의 깊은, 조심스러운	**نبه** (나부하)	1.유명하다 2.유식하다
نتج (나타자)	1.유래하다 2.결과가 나오다	**نبه** (나비하)	1.깨나다, 각성하다 2.보다
أنتج (안타자)	1.생산하다 3.빚어내다(결과를)	**نبه** (낫바하)	1.상기시키다 2.경고하다
استنتج (이스탄타자)	1.결론짓다 2.추리하다	**تنبه** (타낫바하)	1.깨닫다 2.조심하다
نتاج (니타 - 즈)	1.산물 2.제품, 공산품	**انتبه** (인타바하)	1.깨닫다 2.주의하다
نتيجة (나티 - 자)	1.결과 2.영향, 효과	**نبه** (나비흐)	1.총명한, 명철한 3.저명한, 유명한
ناتج (나 - 티즈)	초래되는, 빚어지는	**نباهة** (나바 - 하)	1.품위, 교양 2.명성, 명망

아랍어	발음	뜻
منتن	(문티느)	악취를 풍기는
إنتاج	(인타 - 즈)	생산, 제조, 제작
نثر	(나싸라)	1.뿌리다 2.산문을 쓰다
استنتاج	(이스틴타 - 즈)	1.결론 2.결과
انتثر	(인타싸라)	뿌려지다, 흩어지다
منتجات	(문타자 - 트)	생산품, 제품
استنثر	(이스탄싸라)	콧속에 물을 넣어 씻어내다
مستنتج	(무스탄티즈)	생산자
نثر	(나쓰르)	1.뿌리는 것 2.산문
منتوج	(만투 - 즈)	1.생산된 2.생산제품
نثريات	(나쓰리야 - 트)	1.잡동사니 2.잡화
منتوجات	(만투자 - 트)	생산품, 제품
نثير	(나씨 - 르)	뿌려진, 흩어진
نتر	(나타라)	1.뽑다, 빼다 2.살포하다 3.던지다
نثارة	(누싸 - 라)	부스러기
نترات	(니트라 - 트)	〈화〉 질산염
ناثر	(나 - 씨르)	산문작가
نتن	(나타나)	1.악취를 풍기다 2.썩다, 부패하다
انتثار	(인티싸 - 르)	흩어지는 것, 확산
نتن	(나튼)	1.부패, 썩음 2.악취
متناثر	(무타나 - 씨르)	흩어진, 널려진, 뿌려진
نتانة	(나타 - 나)	1.부패, 썩음 2.악취

نجح (나자하)	성공	**نجب** (나주바)	1.명문출신이다 2.우량종이다
نجاح (나자 - 흐)	성공, 성과	**أنجب** (안자바)	낳다, 출산하다
ناجح (나 - 지흐)	성공한, 성공적인	**انتجب** (인타자바)	고르다, 선택하다, 선정하다
إنجاح (안자 - 흐)	성공	**استنجب** (이스탄자바)	선택하다, 선정하다
نجد (나자다)	도와주다, 구제하다	**نجب** (나즈브)	1.명문출신의 2.너그러운, 관대한
نجد (나지다)	땀을 흘리다, 땀이 나다	**نجيب** (나지 - 브)	1.훌륭한 2.혈통이 좋은 3.영리한
نجد (낫자다)	장식하다, 치장하다	**نجيبة** (나지 - 바)	종자말, 종자낙타
أنجد (안자다)	도와주다, 보호하다	**نجابة** (나자 - 바)	1.고결 2.우월함 3.재능, 재간
استنجد (이스탄자다)	구조 청하다	**إنجاب** (인자 - 브)	낳는 것(아이를)
نجد (나즈드)	1.고원, 고지 2.구제, 구원	**انتجاب** (인티자 - 브)	선발, 선택, 선정, 선출
نجدة (나즈다)	1.구원, 구제 2.용감성	**نجح** (나자하)	1.성공하다 2.번성하다

نَجَزَ (나자자)	완성하다, 달성하다	تَنْجِيد (탄지 - 드)	실내장식(업)
نَاجَزَ (나 - 자자)	다투다, 싸우다	إِنْجَاد (인자 - 드)	구원, 구제
أَنْجَزَ (안자자)	1.완성하다 2.실행하다	مُنْجِد (문지드)	1.구원하는 2.구원자 3.참고서
نَجَاز (나자 - 즈)	1.수행 2.완료, 완수	مُنَجِّد (무낫지드)	가구장식가
إِنْجَاز (인자 - 즈)	1.집행 2.달성 3.성과	نَجَرَ (나자라)	대패질하다, 나무를 다듬다
مُنَاجَزَة (무나 - 자자)	전투, 격투, 싸움	نِجَار (누자 - 르)	1.근본, 근원 2.천성, 본성
مُنْجَزَات (무나자자 - 트)	성과, 업적	نَجَّار (낫자 - 르)	목수, 목공
نَجِسَ (나지사)	더럽다, 불결하다	نُجَارَة (누자 - 라)	대패밥
نَجُسَ (나주사)	더럽다, 불결하다	نِجَارَة (니자 - 라)	목수업, 목공업
تَنَجَّسَ (타낫자사하)	더러워지다	مِنْجَر (민자르)	대패
نَجِس (나지스)	1.불결한 2.추악한	مَنْجَرَة (만자라)	목공소

눈

نجف (나자프)	언덕, 둑, 제방	تنجيس (탄지 - 스)	더러움, 불결, 오염
نجفة (나즈파)	샹들리에	نجاسة (나자 - 사)	불결, 더러운 것
نجل (나잘라)	1.낳다(아이를) 2.경작하다	نجش (나자샤)	1.부추기다 2.가격을 인상하다
أنجل (안잘르)	눈매가 아름다운, 큰 눈을 가진	نجاشى (나자쉬 -)	고대 이디오피아의 황제
نجل (나즐르)	1.아들, 자식 2.후손, 자손, 후대	نجع (나자아)	효과가 있다(약이), 유익하다
منجل (민잘)	낫(풀베는)	أنجع (안자아)	효능, 효과가 있다
منجلة (만잘라)	압착기	انتجع (인타자아)	찾다(방목지를)
إنجيل (인지 - 일)	소식, 복음	نجع (나즈으)	마을, 고을, 부락, 촌락
نجم (나자마)	1.나타나다(별) 2.기인하다	نجيع (나지 - 으)	1.유익한 2.사료, 먹이
نجم (낫자마)	1.미래를 예언하다 2.할부로 지불하다	نجاعة (나자 - 아)	1.건강에 좋은 것 2.성과
تنجم (타낫자마)	별을 관찰하다	منجع (만자으)	1.방목지 2.휴양소

نجوة (나즈와)	1.고지, 구릉, 고원 2.구원	**نجم** (나즘)	1.분할지불 2.별
نجاة (나자 -)	1.구원, 해방 2.안전 3.면함, 벗어남	**نجيم** (누자임)	작은 별, 애기 별, 새끼 별
تنجية (탄지 - 야)	구원, 구제	**نجيمة** (누자이마)	1.작은 별 2.소행성
منجاة (마나자 -)	1.대피소 2.보호 3.구원, 구제	**تنجيم** (탄지 - 므)	점성학
مناجاة (무나자 -)	밀담, 대화, 밀회	**منجم** (만자므)	1.원천, 출처 2.광산, 탄광
نحب	울다, 통곡하다	**منجم** (무낫지므)	점성가
نحب (나흐브)	1.기한, 시기 2.죽음, 사망	**نجا** (나자)	구원되다, 벗어나다
نحيب (나히 - 브)	통곡	**نجى** (낫자)	구원하다, 살리다
نحت (나하타)	1.다듬다(돌을) 2.조각하다	**ناجى** (나자)	1.귀띔해주다 2.밀담하다
نحت (나호트)	조각	**أنجى** (안자 -)	구원하다, 살리다
نحاتة (나하 - 타)	1.석공 2.조각	**استنجى** (이스탄자 -)	1.씻다 2.구원을 바라다

نحز (나하자)	찧다, 빻다	نحات (나흐하 - 트)	1.석공 2.조각가
نحيزة (나히 - 자)	천성, 성질, 성격	منحوتة (만후 - 타)	조각
منحاز (민하 - 즈)	절구	نحر (나하라)	가축을 도살하다
نحس (나후사)	불행하다, 운수가 나쁘다	تناحر (타나 - 하라)	서로 살해하다
نحس (나흐하사)	도금하다	انتحر (인타하라)	자살하다
نحس (나흐스)	불행, 불운	نحر (나흐르)	도살
نحوسة (누후 - 사)	불운, 불길함	نحر (니흐르)	유능한, 노련한, 경험이 풍부한
نحاس (누하 - 스)	1.구리 2.천성, 기질	تناحر (타나 - 후르)	싸움, 충돌
نحاسة (누하 - 사)	1.동전 2.놋그릇	انتحار (인티하 - 르)	자살
تنحيس (탄히 - 스)	구리도금	منحر (만하르)	목
منحوس (만후 - 스)	1.불행한 2.불길한, 기구한	منحور (만후 - 르)	1.도살된, 살해된 2.화난

نحف (나후파)	여위다, 홀쭉해지다
نحيف (나히-프)	여윈, 갸름한, 홀쭉한
نحافة (나하-파)	여윈 것, 허약, 빈약
منحوف (만후-프)	빼빼마른, 여윈, 해쓱한
نحل (나할라)	여위다, 해쓱하다
تنحل (타낫할라)	사취하다, 사칭하다
انتحل (인타할라)	1.가로채다 2.믿다(종교)
نحل (나흘)	꿀벌
نحلة (니흘라)	1.선물, 예물 2.종파, 교파
نحول (누훌-르)	여윈 것, 쇠약
نحيل (나힐-르)	1.여윈, 빼빼마른 2.가련한
نحالة (니할-라)	1.양봉 2.선물, 예무
انتحال (인티할-르)	1.가로챔 2.두둔, 비호
منحل (만할)	양봉장
منتحل (문타힐)	표절자
منتحل (문타할)	표절한 사칭하여 가로챈
منحول (만훌-르)	1.조작한 2.너덜너덜한)
نحا (나하)	1.향하다 2.전철을 밟다
تنحى (타낫하)	1.물러나다 2.해임되다
نحو (나흐우)	1.방향, 방면 2.변방, 지방
نحو (나호와)	1.향하여 2.대략, 약 3.처럼
تنحية (탄히-야)	1.해임, 해고 2.삭제

مَنْخُوب (만쿠 - 브)	비겁한, 겁이 많은	**نَاحِيَة** (나히 - 야)	1.방향 2.관점 3.지역 4.측면
نَخَرَ (나카라)	코를 풀다	**اِنْتِحَاء** (인티하 - 으)	1.방향선택 2.지향
نَخِرَ (나키라)	1.파괴되다 2.썩다 3.좀먹어 들어가다	**مَنْحَى** (만하 -)	1.방향, 방면 2.목적, 목표 3.태도
نَخِرٌ (나크르)	부패	**نَخَبَ** (나카바)	1.선택하다 2.선거하다
نَخِير (나키 - 르)	코고는 소리	**نَخِبَ** (나키바)	비겁하다
نَخِيرَة (나키 - 라)	탈저, 골저	**اِنْتَخَبَ** (인타카바)	1.선택하다 2.선거하다
مِنْخَار (만카 - 르)	코, 콧구멍	**نَخْب** (나크브)	선택, 선발, 선출
مَنْخُور (만쿠 - 르)	1.좀먹은 2.썩은(이빨이)	**نُخْبَة** (누크바)	알맹이, 알짜, 정수
نَخَعَ (나카아)	승인하다, 인정하다	**نَاخِب** (나 - 키브)	1.선택하는 2.투표자
نَخَّعَ (나카아)	1.학살하다 2.흔들다	**اِنْتِخَاب** (인티카 - 브)	1.선거, 선출 2.도태
تَنَخَّعَ (타낫카아)	뱉다(침을)	**مُنْتَخَب** (문타카브)	1.선출된 2.선별된

تَنادَّ (타낫 - 다)	사분오열되다	نُخاع (누카 - 으)	척수, 등골
نَدّ (낫드)	높은 언덕	نُخاعة (누카 - 아)	가래, 담, 점액
نَديد (나디 - 드)	동등한, 맞먹는	نَخَل (나칼라)	체로 치다
تَنديد (탄디 - 드)	비난, 질책, 신랄한 비판	نَخل (나클)	종려나무
نَدَب (나다바)	1.애도하다 2.위임하다	نَخيل (나키 - 일)	종려나무
نَدِب (나디바)	아물다(상처가)	نَخَم (나키마)	뱉다(가래를)
اِنتَدَب (인타다바)	1.파견하다 2.위임하다	نُخامة (누카 - 마)	가래, 침, 점액
نَدب (나드브)	애도, 곡을 하는 것	نَخا (나카 -)	1.거만하다 2.완화시키다
نَدَبة (나드바)	허물, 베인 자리	نَخوة (나크와)	1.용감성, 의협성 2.거만
نُدبة (누드바)	1.장송곡, 애도가 2.애도	نَدّ (낫다)	도망치다, 빠져나가다
نادبة (나 - 디바)	고용되어 곡을 하는 여성	نَدَّد (낫다다)	1.욕하다 2.퍼트리다(비밀)

نادر 1.드문, 희귀한 2.신기한 (나 - 디르)	**انتداب** 1.대표임명 2.위임장 (인티다 - 브) 3.위임통치
نادرة 1.희귀한 것, 진귀한 것 (나 - 디라)	**منتدب** 위임된, 전권이 부여된 (문타다브)
مندرة 응접실, 사랑방 (만다라)	**مندوب** 1.전권대표 2.대리자 (만두 - 브)
منادرات 재미있는 이야기들 (무나다라 - 트)	**مندوبية** 대표단 (만두비 - 야)
ندل 붙잡다, 잡아채다 (나달라)	**ندح** 넓히다, 확장하다, (나다하) 확대하다
ندل 더러워지다(손이) (나딜라)	**ندحة** 공간, 광할한 땅 (누드하)
نادل 접대원, 시중꾼, 웨이터 (나 - 딜르)	**منتدح** 1.공간, 여지 2.자유 (문타다흐)
مندل 1.마술, 요술 2.향, 향료 (만달)	**منتدح** 1.대안 2.행위의 자유 (문타다흐)
منديل 수건, 손수건 (민디 - 일)	**ندر** 1.희귀하다 (나다라) 2.보잘 것 없다
ندم 뉘우치다, 후회하다 (나디마)	**ندر** 이상하다, 비정상적이다 (나두라)
نادم 1.사귀다 (나 - 다마) 2.같이 마시다(술)	**ندرة** 1.희귀한 것 2.약간 (나드라)

ند (나드)	물기있는, 젖은, 축축한	**تندم** (타낫다마)	뉘우치다, 후회하다
ندى (나단)	이슬	**ندم** (나다므)	후회
نداء (니다 - 으)	1.부름, 호소 2.구호	**نديم** (나디 - 므)	1.술친구 2.친구, 동료
ندوة (나드와)	1.협회 2.집회장, 클럽 3.토론회	**ندامة** (나다 - 마)	후회, 뉘우침
نداوة (나다 - 와)	습기, 누기	**مندم** (만다므)	후회, 뉘우침
ندى (나단)	1.습기, 누기 2.이슬 3.관대	**منادم** (무나 - 디므)	친구, 술친구
نديان (나드야 - 느)	1.축축한 2.즙이 많은	**منادمة** (무나 - 다마)	1.깊은 우정 2.술판 3.이야기
ناد (나 - 드)	클럽, 모임, 협회, 동아리	**ندا** (나다)	모여들다, 모이다, 회합하다
مناداة (무나다 -)	1.선포, 선언 2.호출	**ندى** (나디 -)	1.축축하다, 젖다 2.두드러지다
منتدى (문타다 -)	모임, 동아리, 클럽	**نادى** (나다 -)	1.부르다 2.호출하다(법정)
نذر (나다라)	1.봉헌하다 2.선서하다	**انتدى** (인타다 -)	1.시원하다 2.모여들다

نرفزة (나르파자)	신경질	**نذر** (나디라)	주의하다, 유의하다
نروزة (나르와자)	신경질, 신경과민	**أنذر** (안다라)	1.경고하다 2.통지하다
نزح (나자하)	1.멀리 떠나다 2.이주하다	**نذر** (나드르)	1.예고 2.통지 3.권고
أنزح (안자하)	퍼내다(물을)	**نذير** (나디-르)	1.경고자 2.선구자, 예언자
انتزح (인타자하)	이주하다, 망명하다	**انذار** (인다-르)	1.권고 2.경고 3.통지
نزح (나자흐)	흙탕물, 흐린 물	**منذر** (문디르)	1.예고하는 2.경고자
نزوح (나주-흐)	먼, 멀리 떨어진	**نذل** (나둘라)	1.너절하다 2.비굴하다
نزع (나자아)	1.제거하다 2.해임하다	**نذلة** (누둘라)	1.비굴, 비열 2.저열
نزع (낫자아)	1.제거하다 2.뺏다	**نذيل** (나디-일)	1.저열한 2.비굴한, 비열한
نازع (나-자아)	1.임종의 고통을 겪다 2.말다툼하다	**نذالة** (나달-라)	1.비굴, 비열 2.저열
تنازع (타나-자아)	논쟁하다, 말다툼하다	**نرفز** (나르파자)	신경을 거슬리다

متنازع (무타나 - 자으)	논쟁하는, 부딪치는	انتزع (인타자아)	1.몰수당하다 2.해임되다
منزوع (만주 - 으)	빼앗긴, 몰수된, 해체된	نزع (나즈으)	1.제거 2.박탈, 몰수 3.모짐(임종의)
نزغ (나자가)	1.부추기다 2.이간시키다	نزعة (나즈아)	1.경향 2.특징 3.욕망 4.견해, 관념
نزغة (나자가)	선동, 부추김 2.유혹	نزوع (누주 - 으)	동경, 욕망, 열망
نزف (나자파)	1.피흘리다 2.퍼내다(물을)	نزيع (나지 - 으)	1.빼앗는 2.낯설은
استنزف (이스탄자파)	1.고갈케하다 2.퍼내다	نزاع (니자 - 으)	1.논쟁, 충돌 2.임종의 모짐
نزف (나즈프)	1.퍼내는 것 2.출혈 3.쇠약	نازعة (나 - 지아)	지향, 동경, 갈망, 열망
نزيف (나지 - 프)	출혈	تنازع (타나 - 주으)	1.싸움 2.논쟁 3.경쟁
استنزاف (이스틴자 - 프)	고갈(자원의)	انتزاع (인티자 - 으)	1.탈취, 강탈 2.제거
منزوف (만주 - 프)	쇠약해진(출혈로)	منزع (만자으)	1.의향 2.경향 3.품위
نزق (나자까)	1.경솔하다 2.신경질적이다	منازعة (무나 - 자아)	1.충돌 2.싸움 3.임종의 모짐

نزلة (나즐라)	1.감기 2.하강 3.체류	نزق (낫자까)	박차를 가하다
نزول (누주 - 울)	1.착륙 2.거주 5.감기	نزق (나자끄)	1.경솔, 경박 2.신경질
نزيل (나질 - 르)	1.손님, 나그네 2.하숙생	نزق (나지끄)	1.신경질적인 2.경솔한
تنزيل (탄지 - 일)	1.낮추는 것 2.계시	نزل (나잘라)	1.내리다 2.머물다 3.착륙하다
نازل (나 - 질르)	1.세들어사는 사람 4.거주하는	نزل (나질라)	감기들다
نازلة (나 - 질라)	1.불행, 재난 2.소송	نزّل (낫잘라)	1.퇴위시키다 2.짐을 풀다
تنازل (타나 - 줄르)	1.양도 2.포기 3.투쟁	نازل (나 - 잘라)	1.경쟁하다 2.교전하다
منزل (문잘)	계시된, 하늘에서 내려진	أنزل (안잘라)	1.계시하다 2.낮추다(값을)
منزل (만질)	1.집 2.주택, 주거지	تنزّل (타낫잘라)	1.양보하다, 양도하다 2.물러서다
منزلة (만질라)	1.지위 2.직급 3.위신	تنازل (타나 - 잘라)	1.물러서다 2.양도하다(권리)
متنازل (무타나 - 질르)	1.포기하는 2.양보하는	نزل (누즐)	여관, 호텔, 여인숙

منتزه (문타자)	공원, 유원지, 놀이터	متنازل (무타나-잘르)	양도된
نزا (나자-)	1.교미시키다 2.마음을 끌다	منزول (만줄-르)	마취제
تنزى (타낫자-)	두근거리다 (심장이), 흥분하다	نزه (나주하)	1.시원하다(공기) 2.결백하다
نزوة (나즈와)	1.발작 2.뛰는 것 3.변덕, 괴벽	تنزه (타낫자하)	1.산보하다, 산책하다 2.멀리하다
نزاء (니자-으)	교배(동물의)	نزه (나자흐)	순결, 정직, 결백, 청렴
نسأ (나사아)	1.미루다 2.외상으로 팔다	نزهة (누즈하)	1.산보, 산책 2.견학, 소풍 3.오락
نساء (나사-으)	장수, 만수	نزاهة (나자-하)	순결, 정직, 결백, 청렴
نساء (니사-으)	여인들, 부인들	نزيه (나지-흐)	결백한, 정직한
نسأة (나스아)	1.지불연기 2.신용대부	تنزه (타낫주흐)	산보, 산책
نسيئة (나지-아)	1.기한연장 2.신용대부	منزه (만자흐)	공원, 유원지
نسب (나사바)	1.귀착시키다 2.거슬러 올라가다	منزه (무낫자흐)	1.결백한, 청렴한 2.벗어난

مناسبة 1.연계, 관련 2.이유 3.비례 (무나 - 사바)	**ناسب** 적절하다, 친척이 되다 (나 - 사바)
متناسب 1.비례되는 2.어울리는 (무타나 - 시브)	**تناسب** 1.서로 조화를 이루다 2.균형이 잡히다 (타나 - 사바)
منتسب 회원 (문타시브)	**انتسب** 1.소속되다 2.관련되다 3.가입하다 (인타사바)
منسوب 수준, 수위, 수평 (만수 - 브)	**نسب** 1.사돈관계 2.친족관계 (나사브)
منسوبية 1.족벌주의 2.혈통관계 (만수비 - 야)	**نسبة** 1.비율 2.관계 3.친척 (니스바)
ناسوت 인성, 인간의 속성 (나수 - 트)	**نسبية** 상대성 (니스비 - 야)
ناسوسية 인간의 속성, 인성 (나수시 - 야)	**نسيب** 1.친척 2.사돈, 사위 (나시 - 브)
نسج 짜다, 뜨다, 편직하다 (나사자)	**نسابة** 1.족벌주의 2.혈통관계 (나사 - 바)
نسيج 1.텍스타일, 천 2.조직 (나시 - 즈)	**تناسب** 1.연계, 연관 2.상호관계 3.균형 (타나 - 수브)
نساج 방직공 (낫사 - 즈)	**انتساب** 1.관계, 관련 2.가입 (인티사 - 브)
نساجة 방적, 편직 (나사 - 자)	**مناسب** 1.적합한 2.잘 어울리는 3.비례하는 (무나 - 시브)

ناسور (나수 - 르)	종양(의학)	**منسج** (만사즈)	1.방직공장 2.방직기
منسر (만사르)	악당, 도당, 깡패무리	**منسوجات** (만수자 - 트)	직물, 천, 텍스타일
نسف (나사파)	1.발파하다 2.수뢰를 발사하다	**نسخ** (나사카)	1.복사하다 2.취소하다, 폐지하다
نسف (나사프)	현무암(광물)	**نسخ** (나스크)	1.폐기, 취소 2.필사, 복사
نسف (나스프)	폭파, 발파, 폭파	**نسخة** (누스카)	복사본, 필사본
نسيفة (나시 - 파)	어뢰	**تناسخ** (타나 - 수크)	윤회
نسافة (낫사 - 파)	어뢰정	**استنساخ** (이스틴사 - 크)	복사, 필사, 전사
ناسفة (나 - 시파)	폭약, 다이나마이트	**تناسخية** (타나수키 - 야)	윤회설
نسق (낫사까)	1.배열하다 2.조직하다	**منسوخ** (만수 - 크)	1.폐기된 2.복사된, 필사된
تنسق (타낫사까)	배치되다, 균형이 잡히다	**نسر** (나사라)	1.갈기갈기 찢다 2.벗기다(껍질을)
نسق (나사끄)	1.조화 2.정돈 3.배열	**نسرة** (나스라)	부스러기, 조각

نسيق (나시-끄)	균형 잡힌, 조화를 이룬	**نسل** (나슬르)	자손, 후손, 후예
تنسيق (탄시-끄)	1.정돈 2.배열 3.조직	**نسيل** (나실-르)	…의 후손, 자손
منسق (무나사끄)	질서정연한, 조화를 이룬	**نسيلة** (나실-라)	발췌 인쇄, 재판
متناسق (무타나-시끄)	잘 정돈된, 균형이 잡힌	**تناسل** (타나-술르)	증식, 번식, 생식, 출산
نسك (나수카)	금욕생활을 하다	**نسم** (나사마)	불다, 솔솔불다(바람이)
نسك (누스크)	1.경건함 3.은거생활	**نسم** (나시마)	달라지다, 변화되다
ناسك (나-시크)	1.금욕주의자 2.수도승	**تنسم** (타낫사마)	1.숨쉬다 2.냄새나다
منسك (만시크)	1.의식, 예식 2.절간, 수도원	**نسمة** (나사마)	1.호흡 2.사람, 명, 숫자 3.생명체
نسل (나살라)	낳다(아이를), 번식하다	**نسيم** (나시-므)	미풍, 산들바람, 실바람
أنسل (안살라)	낳다, 번식시키다	**نساء** (니사-으)	여인들, 여성들, 아낙네들
تناسل (타나-살라)	1.번식되다 2.기원하다	**نسوة** (니스와)	여인들, 여성들, 아낙네들

نَشْء (나쉬 - 으)	1.발생 2.기원 3.성장	**نِسائيّات** (니사이야 - 트)	여성사업, 여성문제
نَشْأة (나쉬아)	청년	**نُسونة** (나스와나)	여성적임, 나약
تَنْشِئة (탄쉬아)	육성, 교양	**نَسِيَ** (나시아)	1.망각하다, 잊다 2.소홀히 하다
ناشِئ (나쉬 - 으)	1.시작하는 2.초보자	**تَناسَى** (타나사 -)	1.잊은체 하다 2.잊으려고 애쓰다
ناشِئة (나 - 쉬아)	청년, 자라나는 세대, 젊은이	**نِسْيان** (니스야 - 느)	기억상실증
إنْشاء (인샤 - 으)	1.설립, 창립 2.저술 3.건설	**مَنْسِيّ** (만시 -)	기억에서 사라진, 잊어버린, 망각한
مَنْشَأ (만샤아)	1.발원지, 발생지 2.원산지, 출생지	**نَشَأ** (나샤아)	1.시작하다 2.발생하다 3.성장하다
مُنْشَأة (마나샤아)	1.시설물 2.상부구조	**نَشَّأ** (낫샤아)	키우다, 육성하다
مُنْشِئ (문쉬이 -)	1.창시자 2.설립자 3.저자	**أنْشَأ** (안샤아)	1.설립하다 2.집필하다 3.건설하다
نَشِبَ (나쉬바)	1.달라붙다 2.발발하다(전쟁이)	**تَنَشَّأ** (타낫샤아)	1.자라다, 발육하다 2.발생하다
أنْشَبَ (안샤바)	찌르다, 시작하다(전쟁)	**اِسْتَنْشَأ** (이스탄샤아)	알아내다, 탐지하다

مُنْشِد (문쉬드)	1.가수 2.낭송자(시를 낭송하는)	تنشب (타낫샤바)	붙들고 매달리다
مُنَاشَدَة (무나 - 샤다)	간청, 강구, 탄원	نَشَب (나샤브)	재산, 재물, 부동산
مَنْشُود (만슈 - 드)	1.추구하는 2.바라던, 염원하던	نُشُوب (나슈 - 브)	발생, 발발
نَشَرَ (나샤라)	1.펼치다 2.발간하다 3.전파하다	نَشَّاب (낫샤 - 브)	궁수
أَنْشَرَ (안샤라)	재생시키다, 부활시키다	نُشَّاب (눗샤 - 브)	화살
تَنَشَّرَ (타낫샤라)	1.보급되다 2.퍼지다 3.뿌려지다	نَشَدَ (나샤다)	1.추구하다 2.간청하다 3.노래하다
اِنْتَشَرَ (인타샤라)	퍼지다(소문, 전염병이)	نَاشَدَ (나 - 샤다)	애원하다, 빌다, 원하다
نَشْر (나쉬르)	1.출판, 발행 2.부활 3.전파 4.보급	أَنْشَدَ (안샤다)	1.노래부르다 2.낭송하다
نَشْرَة (나쉬라)	1.공시 2.광고 3.발표 4.팜플렛	نَشِيد (나쉬 - 드)	1.노래, 가곡 2.서사시
نُشُور (누슈 - 르)	재생, 부활	إِنْشَاد (인샤 - 드)	낭송, 읊음
نَشِير (나쉬 - 르)	잠옷, 가운	أُنْشُودَة (안슈 - 다)	노래

ناشر 1.발행자 2.발표자 (나 - 쉬르)	**تنشط** 고무적이다, 활동적이다 (타낫샤따)
انتشار 1.퍼짐, 전파 2.보급 (인티샤 - 르)	**نشطة** 활기, 민첩성, 쾌활 (나쉬따)
منشرة 제재소 (만샤라)	**نشاط** 1.열성 2.활기 3.힘, 활력 (나샤 - 뜨)
منشار 톱 (민샤 - 르)	**نشيط** 1.적극적인 2.활기찬 (나쉬 - 뜨)
منتشر 1.널리 통용되는 (문타쉬르) 2.보급된	**تنشيط** 1.고무, 격려 2.활기 (탄쉬 - 뜨)
منشور 1.회람, 팜플렛 (만슈 - 르) 2.전파된	**أنشوطة** 올가미, 고리, 매듭 (안슈 - 따)
نشز 1.앙탈을 부리다 (나샤자) (부인이 남편에게)	**متنشط** 활발한, 활기를 띤 (무타낫쉬뜨)
نشاز 1.고지 2.불협화음(음악) (나샤 - 즈)	**متنشطات** 자극제, 활력소 (무타낫샤따 - 트)
نشوز 1.앙탈, 고집 2.반목 (나슈 - 즈)	**نشف** 마르다 (나쉬파)
نشط 1.활발하다 2.활동적이다 (나샤따)	**نشف** 1.흡수하다 2.말리우다 (나샤파)
أنشط 1.용기 북돋워주다 (안샤따) 2.격려하다	**نشف** 말리다(젖은 것을), (낫샤파) 건조시키다

눈

تنشيقة (탄쉬 - 까)	코로 약간 들이쉬는 것	**تنشف** (타낫샤파)	닦아내다(물기), 훔치다
تنشق (타낫쉬끄)	1.숨쉬는 것 2.알아내는 것(소식을)	**نشف** (나쉬프)	물기를 흡수하는.
استنشاق (이스틴샤 끄)	콧속에 물을 들이 마시는 것	**نشافة** (낫샤 - 파)	수건, 타올
نشل (나샬라)	1.훔쳐내다 2.구출하다	**نشفان** (나샤파 - 느)	쇠약, 허약
انتشل (인타샬라)	구출하다(어려움에서)	**نشوفة** (누슈 - 파)	메마름
نشل (나쉴)	소매치기	**نشوفات** (누슈파 - 트)	말린 과실
انتشال (인티샬 - 르)	1.훔침 2.구출	**منشفة** (민샤파)	수건, 타올
نشن (낫샤나)	1.겨누다 2. 표적을 하다	**نشق** (나쉬까)	1.숨을 들이쉬다 2.냄새를 맡다
نشان (니샤 - 느)	1.조준, 겨냥 2.목표, 과녁	**تنشق** (타낫샤까)	1.숨쉬다 2.냄새 맡다 3.알아내다(소식을)
نص (낫사)	1.내용을 담고 있다 2.규정하다	**انتشق** (인타샤까)	1.숨을 쉬다 2.공기를 마시다
تنصيص (탄시 - 스)	인용	**استنشق** (이스탄샤까)	물로 콧속을 씻다

نص (낫스)	1.조항, 규정 2.본문, 원문
منصة (미낫사)	좌석, 강단
منصوص (만수-스)	1.규정된 2.본문에서 이야기되고 있는
نصب (나사바)	1.속이다 2.밝히다 3.설치하다
نصب (나시바)	1.피곤해지다 2.애쓰다, 노력하다
ناصب (나-사바)	앙심을 품다
أنصب (안사바)	몫을 나누다, 할당하다
تنصب (타낫사바)	임명되다
انتصب (인타사바)	1.일어나다 2.임명되다
نصب (나스브)	1.병, 아픔 2.임명 3.기만
نصب (누스브)	1.동상, 우상 2.기념비
نصب (누스바)	앞에
نصب (나사브)	1.피곤, 고달픔 2.고역, 힘든 일
نصيب (나시-브)	1.몫, 부분 2.운명, 팔자
نصاب (니사-브)	1.근원, 시원 2.정족수
نصاب (낫사-브)	사기꾼, 절도범, 협잡꾼
تنصيب (탄시-브)	임명
ناصب (나-시브)	피곤한, 지친
منصب (만시브)	1.직위, 위치 2.직책
منصوب (만수-브)	1.세워진, 설치된 2.임명된
نصت (나사타)	1.경청하다 2.잠잠해지다
نصتة (나스타)	경청, 듣는 것

눈

انتصر (인타사라)	1.승리하다 2.지지하다	**نصح** (나사하)	충고하다, 성실히 대하다
استنصر (이스탄사라)	도움을 청하다	**انتصح** (인타사하)	충고를 받아들이다
نصر (나스르)	1.승리 2.협조, 원조	**استنصح** (이스탄사하)	상담하다
نصرة (누스라)	1.협조, 원조 2.승리	**نصوح** (나수 - 흐)	진실한, 진정한
نصير (나시 - 르)	지지자, 옹호자, 신봉자, 수호자	**نصيحة** (나시 - 하)	1.조언, 충고 2.성실성
نصراني (나스라니 -)	1.기독교의 2.기독교인	**ناصح** (나 - 시흐)	1.조언자 2.충고하는
تنصير (탄시 - 르)	복음화, 세례	**نصر** (나사라)	1.도와주다 2.수호하다
ناصر (나 - 시르)	1.돕는 2.지지자 3.협조자	**نصر** (낫사라)	기독교인으로 만들다
ناصور (나수 - 르)	후원, 지지, 원조	**ناصر** (나 - 사라)	1.지지하다 2.옹호하다
انتصار (인티사 - 르)	승리	**تنصر** (타낫사라)	1.기독교인이 되다 2.편을 들다
منصر (만사르)	도당, 악당	**تناصر** (타나 - 사라)	서로 돕다

أنصف (안사파)	공정하다, 시중을 들다
تنصف (타낫사파)	시중을 들다, 보복하다
استنصف (이스탄사파)	공정을 요구하다
نصف (니스프)	1.절반, 반조각 2.중반의
نصفة (나사파)	공정, 공평
نصيف (나시 - 프)	베일
تنصيف (탄시 - 프)	이등분
إنصاف (인사 - 프)	공평, 공정, 공명정대
منصف (민사프)	하인, 시중드는 사람
مناصفة (무나 - 사파)	이등분, 50대50
منتصف (문타시프)	절반, 중반
مناصر (무나 - 시르)	1.지지하는 2.후원자, 지지자
منتصر (문타시르)	승리한
منصور (만수 - 르)	1.승리한 2.승리자
نصع (나사아)	1.순수하다 2.인정하다
أنصع (안사아)	인정하다, 승인하다, 공인하다
نصيع (나시 - 으)	1.명백한 2.순결한
نصاعة (나사 - 아)	1.순수함 2.냉백함
ناصع (나 - 시으)	1.순수한 2.눈부신
منصع (만사으)	공중변소
نصف (나사파)	1.절반에 이르다 2.공정하다
نصف (낫사파)	이등분하다

منضدة (민다다)	1.상, 탁자 2.스탠드 3.침대	**منصف** (문시프)	공정한, 공평한, 공명정대한
نضر (나두라)	1.생기발랄하다 2.아름답다	**نضب** (나다바)	1,2.고갈되다 2.죽다
نضر (나디르)	1.참신한 2.아름다운 3.푸른	**نضوب** (나두-브)	고갈
نضير (나디-르)	1.꽃피는 2.아름다운	**ناضب** (나-디브)	1.메마른 2.비생산적인
نضارة (누다-라)	1.신선함 2.아름다움	**نضج** (나디자)	1.성숙하다 2.요리되다(음식이)
ناضر (나-디르)	1.신선한 2.아름다운 3.번성하는	**أنضج** (안자자)	1.잘 익히다 2.성숙시키다
نضل (나달라)	우세하다	**نضج** (나드즈)	성숙
ناضل (나-달라)	1.투쟁하다 2.옹호하다	**نضيج** (나디-즈)	1.무르익은 2.잘 익은
تناضل (타나-달라)	경쟁하다	**نضد** (나다다)	1.쌓다 2.정리하다
نضال (니달-르)	1.논쟁 2.대항 3.방어	**نضيد** (나디-드)	1.정연하게 쌓인 2.가지런히 놓인
نضالية (니달리-야)	전투 능력	**نضيدة** (나디-다)	1.침대깔개, 매트리스 2.베개

نطق (나따까)	1.말하다 2.발음하다	**مناضل** (무나 - 딜르)	1.투사 2.수호자
تنطق (타낫따까)	띠를 두르다, 매다	**مناضلة** (무나 - 달라)	1.투쟁 2.방어 3.경쟁
استنطق (이스탄따까)	1.심문하다 2.매스껍다	**نطح** (나따하)	받다(머리나 뿔로)
نطق (누뜨끄)	1.말 2.발음	**تناطح** (타나 - 따하)	서로 받다(머리나 뿔로)
نطاق (니따 - 끄)	1.구역, 영역 2.규모, 범위	**ناطح** (나 - 띠하)	고층건물, 마천루
ناطق (나 - 띠끄)	1.말하는 2.지적인	**منطوح** (만뚜 - 흐)	받친(뿔에)
استنطاق (이스틴따 - 끄)	1.심문, 위조 2.구토	**نطر** (나따라)	1.지키다 2.기다리다
منطق (만띄끄)	1.말, 언어 2.논리, 논법	**نطار** (눗따 - 르)	허수아비
منطقة (민따까)	1.범위 2.지역, 구역	**ناطر** (나 - 띠르)	경비, 감시인
منطقية (만띄끼 - 야)	1.논리성 2.변증법	**نطف** (나따파)	조금씩 조금씩 떨어지다
منطيق (민띄 - 끄)	논리적인, 사리정연한	**نطفة** (누뜨파)	1.정액(남녀의) 2.물방울

눈

نظيرة (나지 - 라)	1.사본, 복사 3.표본	**مستنطق** (무스탄띠끄)	1.심문하는 2.예심원
نظرية (나좌리 - 야)	1.이론 2.학설	**منطوق** (만뚜 - 끄)	1.진술한 2.의미, 내용
نظارة (낫돠 - 라)	1.안경 2.망원경 3.구경꾼	**نطل** (나딸라)	1.긷다(물을) 2.찜질하다
ناظر (나 - 지르)	1.경영자, 행정관 2.교장	**نطالة** (낫딸 - 라)	물을 퍼 올리는 두레박
انتظار (인티좌 - 르)	1.기대 2.기다리는 것	**نطول** (나뚤 - 르)	찜질
منظر (민좌르)	1.안경 2.망원경	**منطل** (민딸르)	샤워장
منظر (만자르)	1.전경, 전망 2.모습, 용모 3.망루	**نظر** (나좌라)	1.주시하다 2.견해를 갖다
منظرة (만좌라)	1.전망대, 망루 2.응접실, 접견실	**انتظر** (인타돠라)	기다리다, 세심히 살피다
منظار (민좌 - 르)	1.망원경, 현미경 2.안경	**نظر** (나좌르)	1.시력 2.식견 3.고려, 참고
مناظر (무나 - 지르)	1.유사한 2.적수	**نظرة** (나즈라)	1.시선 2.개요 3.동정
مناظرة (무나 - 좌라)	1.토론 2.감독 3.진찰	**نظير** (나지 - 르)	1.동등한 2. …와 유사한

نظم (나듬)	1.조직 2.정돈, 정리 3.시, 운문	منتظر (문타좌르)	기대되는, 예상되는
نظام (니좌-므)	1.질서, 체계 제도, 법규	منظور (만주-르)	1.눈에 띄는 2.예견된
تنظيم (탄듸-므)	1.정리, 정돈 2.조직, 편성	نظف (나좌파)	깨끗하다, 청결하다
تنظيمات (탄즤마-트)	기관	نظف (낫좌파)	깨끗이 하다, 닦다
انتظام (인티좌-므)	1.질서, 규칙 2.체계성	تنظف (타낫좌파)	말끔해지다, 깨끗해지다
منظم (무낫좌므)	1.정리된, 정연한 2.조직된	نظافة (나좌-파)	청결, 깨끗함
منظمة (무낫좌마)	조직, 단체, 기구	نظيف (나즤-프)	깨끗한, 청결한, 말끔한
منتظم (문타듸므)	규칙적인, 정규적인, 정확한	تنظيف (탄즤-프)	깨끗이 함, 청결하게 함
منظومة (만두-마)	1.시 2.체계, 열, 줄	نظم (나좌마)	1.정돈하다 2.조직하다
نعت (나아타)	1.묘사하다 2.수식하다	تنظم (타낫좌마)	1.정리되다 2.조직되다
نعت (나으트)	1.묘사, 형용 2.속성, 특질	انتظم (인타좌마)	1.조직되다 2.가입하다

눈

إنعاش (인아 - 쉬)	1.복구 2.호황	**منعوت** (만우 - 트)	수식을 받는, 파수식어
انتعاش (인티아 - 쉬)	1.재생 2.활기 3.완쾌 4.호황	**نعس** (나아사)	1.자다, 졸다 2.침체되어 있다
منعش (문이쉬)	생기있는, 소생시키는	**أنعس** (안아사)	잠재우다
منعشات (문위샤 - 트)	청량음료	**تناعس** (타나 - 아사)	자는 체하다
نعظ (나아좌)	서다, 꼿꼿해지다(성기가)	**نعسة** (나오사)	풋잠, 선잠, 토끼잠
أنعظ (안아좌)	흥분되다, 뜨거워지다	**نعاس** (누아 - 스)	단잠, 졸음
نعظ (나으즈)	1.음란 2.지속적인 발기	**نعسان** (나오사 - 느)	잠이오는, 졸리는
ناعوظ (나우 - 즈)	1.성욕을 촉진하는 2.최음제	**منعسات** (무느으사 - 트)	수면제
إنعاظ (인아 - 즈)	오르가슴, 성쾌감의 절정	**نعش** (낫아샤)	소생시키다, 회복하다
نعل (나알라)	신을 신기다, 편자를 박다	**انتعش** (인타아샤)	1.되살아나다 2.활기띠다
نعل (나을)	1.샌달, 신발 2.편자	**نعش** (나으쉬)	1.관, 널 2.영구차

نعومة (누우-마)	부드러운 것, 야들야들한 것	**نَعِم** (나이마)	1.호화생활하다 2.누리다
نعيم (나이-므)	1.안락한 생활 2.행복	**نَعُم** (나우마)	1.부드럽다 2.보드랍다
ناعم (나-임)	1.부드러운 2.호화로운	**أنعم** (안아마)	1.선물하다 2.은혜를 베풀다
إنعام (인아-므)	1.선물, 예물 2.은혜	**نعم** (나암)	1.예, 그렇소! 2.뭐라구요?, 예?
مُنعِم (문이므)	1.은덕을 베푸는 2.은인	**نَعَم** (나암)	가축, 집짐승
نعنع (나으나으)	〈식〉 박하	**نعم** (누음)	행복한 생활, 유복한 생활
نعى (나아-)	1.부고하다 2.애도하다 3.질책하다	**نِعم** (니암)	얼마나 훌륭한가? 멋있는가!
نعية (나으야)	사망통지	**نعمة** (나으마)	행복한 생활, 유복한 생활
منعاة (만아-)	사망통지, 부고	**نِعمة** (니으마)	1.행복 2.은혜, 은덕, 덕택
نغش (나가샤)	분주하다, 안절부절하다	**نُعمى** (누으마-)	행복, 호강, 호사
ناغش (나-가샤)	희롱하다(여성을)	**نعامة** (나아-마)	1.타조 2.혼, 영혼

انتغش (인타가샤)	욱실거리다, 와글거리다	**نغم** (나가마)	노래하다
نغشة (니그샤)	1.매혹적인 여성 2.간사한 여성	**تناغم** (타나 - 가마)	합창하다
نغاشى (누가쉬 -)	1.키가 작은 2.난쟁이	**نغم** (나감)	곡, 멜로디
مناغشة (무나 - 가샤)	성의 장난	**نغمة** (나그마)	1.곡 2.음정, 멜로디
نغص (낫가샤)	1.방해하다 2.싫증나다	**تناغم** (타나 - 굼)	화음
تنغص (타낫가샤)	1.고민하다 2.고달파지다	**منغوم** (만구 - 므)	곡이 아름다운
نغصة (누그사)	1.고민, 번뇌 2.방해 3.불쾌	**نغا** (나가)	차근차근 말하다
منغصات (무낫가사 - 트)	장애, 방해	**ناغى** (나가)	1.달래다 2.희롱하다
نغل (나길라)	1.썩다, 곪다 2.앙심을 품다	**نغوة** (나그와)	1.이야기, 좋은 말 2.소문
نغل (나글)	사생아, 서출	**نغى** (나가 -)	이야기해주다, 차근차근 말하다
نغولة (누굴 - 라)	서출, 서자	**نغية** (나그야)	1.이야기, 좋은 말 2.소문

نفحة (나프하)	1.냄새 2.주는 것, 선물	**نفث** (나프싸)	1.뱉다(침을) 2.분출하다(화산이)
نفخ (나파카)	1.세게 불다 2.고취하다	**نفث** (나프쓰)	가래, 침, 타액
تنفخ (타낫파카)	1.팽창하다 2.우쭐대다	**نفثة** (나프싸)	1.분출(화산의) 2.침, 타액 3.사고
انتفخ (인타파카)	1.부풀어오르다 2.뽐내다	**نفاثة** (낫파 - 싸)	여자마술사
نفاخ (낫파 - 크)	거드름을 피우는	**نفاثة** (누파 - 싸)	침, 타액
نفاخ (눗파 - 크)	1.거품 2.충치, 부스럼	**منفث** (무낫피쓰)	거담제
تنفخ (타낫파크)	거드름, 교만성	**نفج** (나파자)	1.허풍을 떨다 2.뛰어오르다(경기에서)
منفخ (민파크)	1.풀무 2.펌프(바람을 넣는)	**نفج** (나프즈)	허풍, 자만, 자랑
منفوخ (만푸 - 크)	1.부푼 2.바람을 넣은	**نفاج** (낫파 - 즈)	허풍쟁이, 자만하는 사람
نفد (나파다)	1.소멸되다 2.절판되다 3.매진되다	**نفح** (나파하)	1.풍기다(향기) 2.선물하다
انفد (안파다)	소비하다, 소모하다	**نافح** (나 - 파하)	1.싸우다 2.보위하다

눈

نافذة 1.창문, 통풍구 2.구멍
(나 - 피다)

إنفاذ 1.발송, 송출 2.수행
(인파 - 드)

منفذ 1.출구 2.통풍구 3.구멍
(만피드)

منفذ 집행자
(무낫피드)

متنفذ 유리한, 영향력 있는
(무타낫피드)

نفر 1.도주하다 2.싫어하다
(나파라)

نفر 1.쫓아버리다 2.이간시키다
(낫파라)

أنفر 놀래다, 도망치게 하다
(안파라)

تنافر 서로 회피하다
(타나 - 파라)

استنفر 1.선동하다 2.동원하다(전투에)
(이스탄파라)

نفر 1.몇 개, 몇 사람 2.한
(나파르)

استنفد 1.소비하다 2.탕진하다
(이스탄파다)

نفاد 1.결핍, 결여 2.소모
(나파 - 드)

نافدة 텅빈 것, 공백
(나 - 피다)

استنفاد 1.소모, 소비 2.탕진
(이스틴파 - 드)

نفذ 1.집행하다 2.찌르다 3.보내다
(낫파다)

أنفذ 1.수행하다 2.발송하다
(안파다)

نفذ 1.출구 2.통로 3.구멍
(나파드)

نفاذ 1.침투, 통과 2.집행, 수행
(나파 - 드)

نفوذ 1.영향 2.세력 3.관통
(누푸 - 드)

تنفيذ 수행, 집행, 실행, 완수
(탄피 - 드)

نافذ 1.효력있는 3.유력한
(나 - 피드)

نفرة (나파라)	혐오, 반감	نفس (나피사)	부러워하다
نفار (니파-르)	1.반감, 알력 2.도망 3.겁	نفس (낫파사)	1.위로하다 2.억제하다 3.낳다(아이를)
نفور (나푸-르)	1.도망, 도주 2.비겁성 3.반감	نافس (나-파사)	1.경쟁하다 2.온 전력을 다하다
نفير (나피-르)	1.나팔 2.몇 몇	أنفس (안파사)	귀중하다, 고귀하다
نافر (나-피르)	1.싫어하는 2.두드러진	تنفس (타낫파사)	1.숨쉬다 2.숨을 돌리다
نافورة (나푸-라)	분수	تنافس (타나-파사)	서로 경쟁하다, 서로 겨루다
تنافر (타나-푸르)	상호대립, 불화, 대립	نفس (나파스)	1.호흡, 숨 2.증기, 김
استنفار (이스틴파-르)	1.선동 2.동원 3.궐기촉구	نفس (나프스)	1.마음, 정신 2.사람 3.자신 4.본질
منافرة (무나-파라)	1.알력, 적대 2.경쟁, 서로 다툼	نفسيات (나프시-야트)	1.심리현상 2.정신상태
متنافر (무타나-피르)	어울리지 않는	نفساء (나프사-으)	산모
نفس (나푸사)	귀중하다, 가치가 있다	نفسية (나프시-야)	1.영혼, 정신 2.정신 3.기질

눈

눈

نفيضة (나피 - 다)	정찰병, 척후병	**نفيس** (나피 - 스)	값비싼, 귀중한
نفاض (누파 - 드)	1.낙엽 2.떨어진 열매	**نفيسة** (나피 - 사)	귀중품, 값진 물건
إنفاض (인파 - 드)	빈궁, 가난	**نفاس** (니파 - 스)	1.해산, 몸풀이(해산후) 2.생리
انتفاضة (인티파 - 다)	1.봉기, 폭동 2.떨림, 소름	**تنفس** (타낫푸스)	1.호흡 2.한숨
منفضة (민파다)	먼지떨이	**تنافس** (타나 - 푸스)	상호경쟁, 투쟁, 경쟁
نفط (나피뜨)	피부에 물품이 끼다, 물집이 생기다	**منافسة** (무나 - 파사)	경쟁, 시합
نفط (나파뜨)	1.격분하다 2.끓다	**متنفس** (무타낫파스)	1.호흡기관 2.환기구멍
تنفط (타낫파뜨)	1.물집이 생기다 2.화가 나다	**نفض** (나파다)	1.옷 색이 바래다 2.회복하다
نفط (니프뜨)	원유	**أنفض** (안파다)	1.소비하다 2.해고하다
نفطة (나프똬)	거품, 기포, 물집	**انتفض** (인타파다)	일어나다, 봉기하다
نفاطة (낫파 - 똬)	1.유전 2.석유산업	**نفضة** (나프다)	오한, 몸서리

تنفق …에게 거짓말을 하다 (타낫파까)		**نفاطة** 석유산업 (니파 - 따)	
نفق 굴, 갱도, 터널 (나파끄)		**نفع** 1.유익하다 2.도움이 되다 (나파아)	
نفقة 1.비용, 지출 2.생활비 (나파까)		**انتفع** 1.이용하다 2.이익을 얻다 (인타파아)	
نفاق 시장성이 있는, 잘 팔리는 (나파 - 끄)		**نفع** 1.이익, 이윤 2.복지, 복리 (나프으)	
نفاق 위선, 가장, 꾸밈 (니파 - 끄)		**نفعية** 1.사리사욕 2.유익성 (나파이 - 야)	
إنفاق 소비, 낭비, 탕진, 지출 (인파 - 끄)		**نافع** 유익한, 유리한, 유용한 (나 - 피으)	
منافق 위선자 (무나 - 피끄)		**انتفاع** 1.이용, 활용 2.이윤 (인티파 - 으)	
منافقة 위선, 가장, 꾸밈 (무나 - 파까)		**منفعة** 1.이익, 이득, 유익 2.복리 (만파아)	
نفل 해야할 것보다 더 많이 하다 (나팔라)		**نفق** 1.소비되다 2.호경기다 (나파까)	
نفل 1.예물 2.전리품, 획득물 (나팔르)		**نافق** 위선을 떨다, 가장하다 (나 - 파까)	
نافلة 1.임의 사항 2.전리품 (나 - 필라)		**أنفق** 1.소비하다 2.부양하다 (안파까)	

نفى (나파 -)	1.부정하다 2.추방하다 3.버리다	**ناقب** (나 - 바)	서로 다투다, 경쟁하다
نافى (나파 -)	1.박해하다 2.추적하다 3.불일치하다	**تنقّب** (타낫까바)	1.면사포를 쓰다 2.해지다
تنافى (타나파 -)	모순되다	**انتقب** (인타까바)	면사포를 쓰다
نفْى (나프이)	1.부인, 거부, 부정 2.유형, 추방	**نقْب** (나끄브)	1.갱을 파는 것 2.갱, 굴, 구멍
نفاء (나파 - 으)	쓰레기, 오물, 폐물	**نقبة** (니끄바)	자취, 흔적
نفاية (누파 - 야)	1.부인, 거부 2.유형, 추방	**نقيب** (나끼 - 브)	1.책임자 2.지도자
منفى (만파 -)	유형지, 유배지	**نقيبة** (나끼 - 바)	1.정신 2.성격 3.이성 4.협의
منفىّ (문피 -)	1.유배된 2.거부당한 3.유배자	**نقاب** (니까 - 브)	면사포, 베일
منافاة (무나파 -)	모순	**نقابة** (니까 - 바)	협의체, 연맹,, 노동조합
نقب (나까바)	1.굴을 파다 2.조사하다 3.뚫다	**تنقيب** (탄끼 - 브)	탐색, 탐사, 시추, 발굴
نقب (낫까바)	1.시추하다 2.발굴하다	**منقب** (만끼브)	오솔길, 산길

نقاد (낫까 - 드)	평론가, 비평가	**منقبة** (만까바)	1.공적, 공로 2.산길
انتقاد (인티까 - 드)	1.비탄 2.규탄 3.반대	**منقب** (무낫끼브)	1.발굴자 2.고고학자 3.탐사자
منتقد (문타끼드)	평론가, 비평가	**نقح** (낫까하)	1.개정하다, 수정하다, 4.다듬다
نقذ (나까다)	구원하다, 구출하다	**تنقح** (타낫까하)	개정되다, 수정되다
أنقذ (안까다)	구출하다, 구조하다	**نقحة** (나끄하)	타격, 충격
إنقاذ (인까 - 드)	구원, 구제, 구출	**تنقيح** (탄끼 - 흐)	개정, 수정, 교정
منقذ (문끼드)	구원자, 구제자	**نقد** (나까다)	1.평론하다 2.현금으로 지불하다
نقر (나까라)	1.조각하다 2.조롱하다 3.탐색하다	**نقد** (나끼다)	썩다, 상하다(이빨이), 부패하다
نقر (나끼라)	화를 내다	**ناقد** (나 - 까다)	1.결산을 요구하다 2.토의하다
ناقر (나 - 까라)	1.논쟁하다 2.말다툼하다	**انتقد** (인타까다)	1.비판하다 2.규탄하다
تناقر (타나 - 까라)	옥신각신하다	**نقد** (나끄드)	현금, 돈, 화폐

نقر (나끄르)	1.조각 2.틈, 구멍 3.홈	**نقريس** (나끄리-스)	저명한 의사, 명의
نقرة (누끄라)	패인 곳, 홈, 구멍	**نقز** (낫자자)	흔들어주다, 잠재우다(흔들어서)
نقرة (니끄라)	말다툼, 분쟁	**نقزة** (나꼬자)	1.도약, 비약 2.전율, 떨림
نقير (나끼-르)	1.근본, 근원 2.하찮은 것	**نقس** (나까사)	종을 치다
نقار (니까-르)	논쟁, 말다툼	**نقس** (나끼사)	비웃다, 조롱하다
نقار (낫까-르)	조각가	**ناقوس** (나꾸-스)	1.종 2.트라이앵글
ناقورة (나꾸-라)	1.말다툼, 논쟁 2.불행	**نقش** (나까샤)	1.색칠하다 2.조각하다
تناقر (타나-꾸르)	논쟁, 말다툼	**ناقش** (나-까샤)	1.토론하다 2.논쟁하다
منقر (민까르)	1.곡괭이 2.조각칼 3.부리	**تناقش** (타나-까샤)	1.토론하다 2.논쟁하다
مناقرة (무나-까라)	논쟁, 말다툼, 분쟁	**نقاش** (니까-쉬)	논쟁, 토론, 토의
نقرس (니끄르스)	통풍(의학)	**نقاش** (낫까-쉬)	1.조각가 2.도장공

ناقص (나 - 끼스)	모자라는, 결함이 있는	نقوشات (누꾸샤 - 트)	조각
انقاص (인까 - 스)	축소, 감소, 삭감	منقاش (민까 - 쉬)	조각칼
منقصة (만까사)	흠집, 결함	مناقشة (무나 - 까샤)	1.토의, 토론 2.협의
مناقصة (무나 - 까사)	입찰, 공개입찰	منقوش (만꾸 - 쉬)	조각된, 새겨진
منقوص (만꾸 - 스)	1.모자라는 2.불완전한	نقص (나까사)	1.줄어들다 2.부족하다
نقض (나까다)	1.어기다(계약등을) 2.파기하다	ناقص (나 - 까사)	입찰에 붙이다, 경매에 붙이다
ناقض (나 - 까다)	모순되다, 어긋나다	أنقص (안까사)	축소하다, 줄이다
أنقض (안까다)	고생시키다, 부담을 주다	انتقص (인타까사)	1.깎아내리다, 훼손시키다
تناقض (타나 - 까다)	1.상호모순되다 2.대조를 이루다	نقص (나끄스)	1.부족 2.삭감 3.흠집
نقض (나끄드)	1.파괴 2.위반 3.폐기	نقيصة (나끼 - 사)	흠집, 결함
نقيضة (나끼 - 다)	반대, 대립, 대조	تنقيص (탄끼 - 스)	축소, 감소, 삭감

منقوط (만꾸 - 뜨)	1.점이 찍힌 2.종지부를 찍은	**ناقض** (나 - 끼드)	효력을 발생 못하는
نقع (나까아)	1.고이다(물이) 2.약을 다리다	**إنقاض** (인까 - 드)	잿더미, 폐허
انتقع (인타까아)	변하다	**تناقض** (타나 - 꾸드)	1.모순 2.의견의 상충
استنقع (이스탄까아)	물이 고이다, 물이 썩다	**انتقاض** (인티까 - 드)	1.폐기, 취소 2.파괴, 반란
نقع (나끄으)	1.먼지, 티끌 2. 고인 물	**مناقضة** (무나 - 까다)	모순, 대립, 상반, 저촉
نقيع (나끼 - 으)	건과로 빚은 술	**متناقض** (무타나 - 끼드)	모순되는, 대립되는
منقع (문까으)	건과, 마른 과일	**متناقضات** (무타나끼다 - 트)	모순
مستنقع (무스탄까으)	습지, 늪	**منقوض** (만꾸 - 드)	1.위반된, 저촉된 2.취소된
منقوع (만꾸 - 으)	과일주	**نقط** (낫까따)	1.마침표를 찍다 2.선물하다(신부에게)
نقل (나깔라)	1.수송하다 2.이사하다 3.인용하다	**نقطة** (누끄따)	1.사례금 2.신부에게 주는 선물
تنقل (타낫깔라)	이동하다, 이사가다	**نقطة** (누끄따)	1.점 2.지점 3.중풍 5.조항 6.조항

انتقل (인타깔라)	1.이동하다 2.퍼지다(소식)	**منتقل** (문타낄르)	1.전염성의 2.기동성의
نقل (나끌)	1.이동 2.수송 3.전달 4.번역 5.인용	**منقول** (만꾸-울)	1.이동하는 2.인용된, 차용된
نقل (누끌)	1.호두, 개암 2.말린 과일	**منقولات** (만꿀라-트)	동산
نقلة (누끌라)	1.이동 2.비방 3.본보기	**منقولية** (만꿀리-야)	전염성, 유전성
نقليات (나끌리야-트)	1.이동, 운반 2.운송체계	**نقم** (나까마)	1.책망하다 2.복수하다 3.증오하다
تنقيل (탄낄-르)	교체, 교환	**انتقم** (인타까마)	보복하다, 복수하다
تنقل (타낫꿀)	1.이동 2.재구성 3.변전	**انتقام** (인티까-암)	복수, 보복, 앙갚음
انتقال (인티깔-르)	1.이동, 출발 3.죽음	**انتقامية** (인티까미-야)	복수주의
منقل (만깔르)	오솔길, 산길	**منتقم** (문타끼므)	1.보복하는 2.복수심에 불타는
منقلة (만깔라)	구간, 노정	**نقه** (나끼하)	회복되다, 완쾌되다
متنقل (무타낫낄르)	1.이동하는 2.유랑하는	**نقاهة** (나까-하)	완쾌, 회복

منكب (만키브)	1.어깨 2.방향
منكوب (만쿠-브)	1.재난을 입은 2.이재민
نكت (낫카타)	1.농담하다 2.비웃다
انتكب (인타카바)	뒤집어지다
نكتة (누크타)	1.풍자 2.농담 3.우스운 이야기
نكات (눗카-트)	1.익살꾼 2.평론가, 비평가
تنكيت (탄키-트)	1.조소 2.풍자, 위트
نكث (나카싸)	위반하다, 파기하다(계약)
انتكث (인타카싸)	깨어지다(협정이)
نكث (나크쓰)	위반, 파기, 어김
نكيثة (나키-싸)	1.위반 2.곤란

ناقه (나-끼흐)	요양중에 있는
نقى (나끼야)	1.깨끗하다 2.순수하다
تنقى (타낫까-)	1.청결해지다 2.선정하다
نقى (나끼-)	1.깨끗한 2.티가 없는
نقاوة (나까-와)	1.순결성 2.알맹이
نقاية (누까-야)	1.선택, 선별 2.씨앗
تنقية (탄끼야)	1.선정, 선별 2.정화, 깨끗하게 함
انتقاء (인티까-으)	선정, 선택
نكب (나카바)	1.닥치다(불행이) 2.수난을 겪다
تنكب (타낫카바)	1.피하다 2.어깨에 메다
نكبة (나크바)	불행, 재난, 참사, 파국

منكود (만쿠-드)	불행한, 불운의	ناكث (나-키쓰)	1.배신적인 3.위반자
نكر (나키라)	1.위장하다 2.부정부인하다	انتكاث (인티카-쓰)	1.위반 2.배신 3.파기(협정을)
انكر (안카라)	1.부인하다 2.싫어하다	نكح (나카하)	1.결혼하다 2.성관계를 갖다
تنكر (타낫카라)	1.변장하다 3.숨다,	أنكح (안카하)	결혼시키다
تناكر (타나-카라)	1.시치미떼다 2.무시하다	نكاح (니카-흐)	1.결혼, 약혼 2.성교
نكير (나키-르)	1.고약한 2.부정된, 부인된	مناكح (마나-키흐)	여자들, 아낙네들
إنكار (인카-르)	거부, 거절, 부인	نكد (나키다)	1.쪼들리다(생활) 2.불행하다
تنكر (타낫쿠르)	가장, 변장, 분장	تنكد (타낫카다)	곤란해지다(생활이)
استنكار (이스틴카-르)	1.비난, 규탄 2.싫어함	نكد (나크드)	1.고달픔 2.불행, 불운
منكر (문카르)	1.비난받을 2.혐오스러운	مناكدة (무나-카다)	1.불편 2.어려움, 고달픔
منكرات (문카라-트)	1.혐오스러운 것들 2.경고망동	منكود (만쿠-드)	1.수심에 싸인 2.불우한

منكوس (만쿠-스)	1.뒤집어 진 2.재발된(병이)	**منكر** (무낫카르)	불확실한, 정확하지 않는
نكص (나카사)	1.주춤하다, 회피하다 2.후퇴하다	**متنكر** (무타낫키르)	1.변장한, 정체를 숨긴
نكوص (누쿠-스)	1.퇴각, 후퇴 2.퇴보	**مستنكر** (무스탄키르)	규탄하는
نكف (나카파)	1.멈추다 2.조롱하다	**منكور** (만쿠-르)	1.부정된, 부인된 2.알리지 않은
ناكف (나-카파)	1.대꾸하다 2.귀찮아지다	**نكس** (나카사)	1.뒤집다 2.재발하다(병이)
تناكف (타나-카파)	논쟁하다, 다투다	**تنكس** (타낫카사)	퇴화하다, 변질하다, 악화되다
استنكف (이스탄카파)	1.업신여기다 3.거만해하다	**انتكس** (인타카사)	1.재발하다(병이) 2.쇠퇴하다
نكفى (니카피-)	트집쟁이	**نكسة** (나크사)	1.뒤집는 것 2.재발 3.실패 4.퇴보
نكاف (누카-프)	이하선염 (의학)	**تنكس** (타낫쿠스)	퇴화, 쇠퇴, 타락
استنكاف (이스틴카-프)	1.멸시 2.거만, 교만	**انتكاس** (인티카-스)	1.재발(병의) 2.퇴화
مناكفة (무나-카파)	옥신각신 다투는 것 2.흥정	**متنكس** (무타낫키스)	1.뒤집어 놓은 2.퇴화하는

نكل (나칼라)	1.피하다 2.본보기가 되다	**انتكى** (인타카-)	붉으락푸르락하다
نكل (나킬라)	1.처벌하다 2.니켈 도금을 하다	**نكاية** (니카-야)	1.전멸 2.약을 올림 3.심술
أنكل (안칼라)	1.방지하다 2.방어하다	**ناك** (나-크)	비참한, 불행한, 어려운
نكل (니클)	쇠사슬, 족쇄, 철쇄	**نم** (남마)	1.헐뜯다 2.이간시키다
نكيل (니킬)	니켈	**نم** (남므)	비방, 중상
نكال (나칼-르)	1.경고(처벌시) 2.본보기 3.처벌	**نميمة** (나미-마)	중상, 비방, 뒷공론, 험담
نكول (누쿨-르)	법정증언 거절	**نامة** (남-마)	1.활동, 운동 2.생명, 생기
تنكيل (탄키-일)	1.형벌, 징벌 2.학대, 탄압	**نموذج** (나무-다쥐)	1.본보기 2.견본 3.양식 4.표준
نكه (나카하)	숨쉬다, 호흡하다(코로)	**نمر** (나미라)	화를 내다, 노여워하다
نكهة (나크하)	1.입냄새 2.향기, 향취	**نمر** (남마라)	번호를 매기다
نكى (나카)	1.무찌르다 2.약을 올리다	**نمر** (나미르)	깨끗한(물이), 건강에 좋은

نمطية (나마띠 - 야)	표준, 규격	**نمر** (니므르)	범, 표범
نمل (나밀라)	마비되다, 저리다	**نمرة** (누므라)	1.번호 2.추첨 3.표식
نمل (나믈르)	개미	**تنمير** (탄미 - 르)	번호, 번호표시
نمال (낫말 - 르)	비방자, 험담자	**نمس** (나마사)	비밀로 하다
تنميل (탄미 - 일)	마비, 저린 것	**نامس** (나 - 마사)	비밀을 털어놓다
أنملة (안물라)	손가락 끝	**ناموس** (나무 - 스)	1.법률 2.규범 3.모기
نمى (나마 -)	1.자라다 2.성장하다	**ناموسية** (나무시 - 야)	모기장
انتمى (인타마 -)	1.소속되다 2.발전되다	**نمش** (나미샤)	주근깨가 많다
نماء (나마 - 으)	1.성장, 장성 2.발육, 발전	**نمش** (나마쉬)	주근깨
نمو (나무와)	발전, 성장	**انمش** (안마쉬)	주근깨투성이의
تنمية (탄미 - 야)	1.육성, 배양 2.발전	**نمط** (나마뜨)	1.양식 2.형태 3.기준

إنماء 1.성장 2.증대 3.육성 (인마 - 으)	**نهج** 1.대로 2.방법 3.노선 (나흐즈)
انتماء 1.소속 2.가입 3.발전 (인티마 - 으)	**نهيج** 숨이 차는 것, 헐떡거림 (나히 - 즈)
نهب 1.강탈하다 2.질주하다 (나하바)	**منهاج** 1.방법, 방식 2.계획, 요강 (민하 - 즈)
تناهب 공모하여 약탈하다 (타나 - 하바)	**نهد** 1.부풀어 오르다(젖가슴이) (나하다)
انتهب 1.약탈하다 2.사로잡다 (인타하바)	**ناهد** 1.옥신각신하다 2.도전하다 (나 - 하다)
نهبة 1.약탈 2.약탈 물건 (누흐바)	**تنهد** 한탄하다, 탄식하다 (타낫하다)
نهيية 노획물, 약탈물 (나히 - 야)	**نهد** 1.젖가슴, 젖통 2.돌출부 (나흐드)
نهاب 약탈자, 강탈자 (낫하 - 브)	**نهدان** 가득 찬, 충만된 (나흐다 - 느)
منهوب 1.빼앗긴 2.사로잡힌 (만후 - 브)	**ناهدة** 가슴이 부푼 처녀 (나 - 히다)
نهج 1.걷다(길을) 2.해명하다 (나히자)	**تنهد** 한숨, 탄식, 한탄 (타낫후드)
انتهج 길을 따라가다 (인타하자)	**تنهدة** 한숨 (타나흐다)

نهزة (누흐자)	기회, 시기, 순간	**منهدة** (민하드)	젖짜개
نهاز (낫하-즈)	기회주의자	**مناهدة** (무나-하다)	말다툼, 싸움, 투쟁
انتهاز (인티하-즈)	기회의 포착	**نهر** (나하라)	1.흐르 (물이) 2.비난하다
انتهازية (인티하지-야)	기회주의	**نهر** (나흐르)	1.강, 하천 2.난, 칼럼(신문의)
نهض (나하다)	1.활력을 불어넣다 2.부흥하다	**نهرة** (나흐라)	외침 소리, 부르는 소리
ناهض (나-하다)	1.반항하다 2.도전하다	**نهير** (누하이르)	1.개울, 실개천 2.지류
أنهض (안하다)	1.고무하다 2.일깨우다	**نهير** (나히-르)	풍만한, 풍부한
انتهض (인타하다)	일어나다, 궐기하다	**نهار** (나하-르)	낮, 낮 시간
نهض (나흐드)	1.부흥 2.성장, 발전	**انتهار** (인티하-르)	욕설, 질책
نهضة (나흐다)	1.부흥, 재생 2.능력	**نهز** (나하자)	1.격려하다 2.격퇴하다
نهوض (누후-드)	재생, 부흥, 발전, 증진	**انتهز** (인타하자)	기회를 잡다, 포착하다

نهم (나흐므)	1.폭음폭식 2.탐욕, 게걸	**انهاض** (인하-드)	1.자극, 고무 2.일깨움, 각성
نهمة (나흐마)	욕심, 게걸	**مناهضة** (무나-하다)	반대, 저항, 반항
منهوم (만후-므)	탐욕하는, 게걸스러운	**نهك** (나히카)	1.허약하게 만들다 2.엄벌에 처하다
نهى (나하)	1.금지하다 2.마감짓다, 끝내다	**انتهك** (인타하카)	1.유린하다 2.성폭행하다
أنهى (안하)	1.끝내다 2.기별하다	**انتهاك** (인티하-크)	1.유린 2.강간, 성폭행 3.모욕
انتهى (인타하)	1.종결되다 2.만기가 되다(기한이)	**نهك** (나흐크)	1.유린 2.강간 3.모욕
انتهاء (인티하-으)	1.종결, 마감 2.만기(기한)	**نهكة** (나흐카)	1.쇠약, 기진맥진 2.파리함, 여윔
إنهاء (인하-으)	1.완성, 종결 2.정지, 중지	**منهوك** (만후-크)	쇠약한, 기진맥진한, 피로한
ناهية (나히-야)	1.금지 2.계율, 금기	**نهل** (나힐라)	마시다, 갈증을 덜다
نهاء (누하-으)	1.유리 2.수정	**منهل** (만할르)	샘터
نهاية (니하-야)	1.끝, 마지막 2.한계, 한도	**نهم** (나히마)	1.욕심껏 먹다, 2.탐욕하다

إنابة (이나 - 바)	1.대체 2.대표파견	**نهائية** (니하 - 이야)	한계, 한도
تناوب (타나 - 우브)	1.교체, 대체 2.차례	**منته** (문타흐)	1.끝난 2.만기가 된 3.끝이 난
متناوب (무타나 - 위브)	순환의, 교체되는	**منتهى** (문타한)	1.마지막 2.끝 3.종점
مناوبة (무나 - 와바)	1.교체 2.순번, 순서	**ناب** (나 - 바)	1.대행하다 2.대리하다, 대표하다
منيب (무니 - 브)	돌아오는	**ناب** (나 - 바)	불행이 찾아들다, 불운이 닥치다
نائب (나 - 이브)	1.대리하는 2.대리인 3.하원의원	**نوب** (나우와바)	위임하다
نائبة (나 - 이바)	재앙, 재난, 불행, 재해	**ناوب** (나 - 와바)	1.교체되다 2.당번을 서다
نوبة (나우바)	1.기회 2.순번, 차례 3.발작 4.당번	**أناب** (아나 - 바)	1.위임하다 2.사죄하다
نوبة (누 - 바)	불행, 재앙	**تناوب** (타나 - 와바)	교체되다, 순번이 바뀌다
نيابة (니야 - 바)	1.대리 2.대표하는 것	**انتاب** (인타 - 바)	1.사로잡다(감정이) 2.닥치다(불운이)
نات (나 - 타)	휘청거리다, 비틀거리다	**استنابة** (이스티나 - 바)	1.사절, 대표 파견 2.전권위임

نوتة (누-타)	1.기록부 2.비망록, 각서	مناحة (마나-하)	애도, 울음
ناح (나=하)	울다, 애도하다, 곡을 하다	نوخ (나우와카)	풍토에 적응하다
ناوح (나-와하)	마주서다, 상대하다	أناخ (아나-카)	머물다, 거주하다
تناوح (타나우와하)	요동하다, 진동하다	مناخ (마나-크)	1.기후, 날씨 2.주거지
تناوح (타나-와하)	서로 마주서다, 대항하다	مناخة (마나-카)	머무는 곳, 거처
نواح (나우와-흐)	애도자	نار (나-라)	반짝이다, 빛나다
نواحة (나우와-하)	고용된 여성 애도자	نور (나우와라)	1.꽃이 피다 2.빛을 밝히다
نواح (누와-흐)	애도	أنار (아나-라)	1.밝혀주다 2.빛나다
نوح (누-흐)	노아	تنور (타나우와라)	1.밝아지다 2.계몽되다
نوح (나우흐)	애도	تناور (타나-와라)	기동훈련을 하다
نياحة (니야-하)	애도, 울음소리	إنارة (이나-라)	1.계몽 2.밝혀주는 것

눈

تنوير (탄위-르)	1.조명 2.계몽 3.개화	**منور** (무나우와르)	빛나는, 밝은
نار (나-르)	1.불 2.화재 3.사격	**منير** (무니-르)	1.밝은, 휘황한 2.빛나는
نائرة (나-이라)	증오, 악의, 앙심	**ناس** (나-사)	흔들리다, 건들거리다
نور (누-르)	광선, 빛	**ناس** (나-스)	사람들
نور (나와르)	방랑자, 집시	**ناسوت** (나수-트)	인간성, 인정
نورانية (누와라니-야)	빛, 섬광	**ناسوتية** (나수티-야)	인간의 본심
نير (나이이르)	발광체	**ناووس** (나우-스)	고분, 석릉
متنور (무타나우위르)	계몽된, 학식이 있는	**نواس** (누와-스)	흔들흔들하는
مستنير (무스타니-르)	교양있는, 교육받은	**ناش** (나-샤)	1.사로잡다(감정이) 2.걱정시키다
منارة (마나-라)	1.등대 2.사원의 미나렛	**ناوش** (나-와샤)	충돌하다, 부딪치다(적과)
مناورة (무나-와라)	1.연습, 훈련 2.책략	**تناوش** (타나-와샤)	싸우다, 맞붙다(적과)

نُووش (나우 - 쉬)	1.유력한 2.용기 있는	**منوط** (마누 - 뜨)	의존되는, 관련되는
نوشة (나우샤)	장티푸스	**منوط** (무나우와뜨)	위임된, 책임을 맡은
مناوشة (무나 - 와샤)	충돌, 격전, 교전	**نوع** (나우아)	1.분류하다 2.다양화하다
ناص (나 - 사)	1.약해지다(빛이) 2.피하다	**تنوع** (타나우와아)	여러 종류가 되다
انتاص (인타 - 사)	가물가물하다(불빛이)	**تنوع** (타나우으)	형형색색, 각양각색
نواصة (나우와 - 사)	등잔, 초롱	**نوع** (나우으)	1.종류, 형태 2.품질, 품종
مناص (마나 - 스)	회피, 피할 곳	**نوعية** (나우이 - 야)	1.질 2.방식 3.다양성
ناط (나 - 따)	1.매달다 2.위임하다	**متنوع** (무타나우위으)	갖가지의, 다양한
نوط (나우뜨)	1.목걸이, 귀거리 2.훈장, 메달	**متنوعات** (무타나우위아 - 트)	1.논문(문집에 실린) 2.수필 (신문에 실린)
نوطات (누따 - 뜨)	1.비망록 2.단편, 수기	**منوع** (무나우와으)	여러 가지의, 다양한
نياط (니야 - 뜨)	대동맥		

مناولة 1.위임, 위탁	**ناف** 1.높다 2.고귀하다
(무나 - 왈라) 2.인도, 넘겨줌	(나 - 파) 3.초과하다
منوال 방법, 방식, 형식	**إنافة** 귀하, 각하, 대주교님
(민왈 - 르)	(이나 - 파)
نام 1.잠을 자다 2.침체되다	**نياف** 1.높은 2.날씬한
(나 - 마) 3.감각을 잃다	(니야 - 프)
نوم 1.잠재우다 2.마취시키다	**نيافة** 귀하, 각하, 대주교님
(나우와마)	(니야 - 파)
أنام 눕히다, 재우다	**نيف** 20개 남짓
(아나 - 마)	(나이이프)
تنوم 꿈을 구다	**منيف** 1.높은 2.뛰어난, 탁월한
(타나우와마)	(무니 - 프)
تناوم 자는체 하다	**نال** 1.선물하다
(타나 - 와마)	(날 - 라) 2.얻다, 획득하다
استنام 1.신뢰하다 2.몰두하다	**نول** 1.주다 2.성찬식을 베풀다
(이스타나 - 마)	(나우왈라)
إنامة 1.최면 2.마취	**تناول** 1.마시다 2.읽다 3.다루다
(이나 - 마)	(타나 - 왈라)
نائم 1.잠자는	**نول** 1.선물 3.방법, 모양
(나 - 이므) 2.마비된, 마취된	(나울) 4.뱃삯
نوام 잠병, 졸음병	**نوال** 1.받은 선물 2.접수
(누와 - 므)	(나왈 - 르) 3.의무

نوم (나움)	잠	نوى (나우와-)	씨를 맺다, 핵을 이루다
نومة (나우마)	토끼잠, 선잠	ناوى (나와-)	적대시 하다, 원한을 품다
منام (마나-ㅁ)	1.잠 2.꿈, 현몽 3.침실 4.침대	نواة (나와-)	1.씨(과일의), 알맹이 2.핵, 핵심
منامة (마나-마)	1.잠옷 2.기숙사 3.잠자리	نووي (나와위-)	핵의
منومات (무나우와마-트)	수면제	نية (니-야)	1.결심, 작정 2.의도, 의향
نون (누-ㄴ)	1.생선, 물고기 2.고래	ناء (나-아)	익지 않다, 날것이다
نونة (누-나)	보조개(턱의)	نيء (니-으)	1.날것의 2.성숙하지 못한 3.덜 익은
نوه (나우와하)	1.찬양하다 4.암시하다	ناك (나-카)	성교제를 하다, 동침하다
تنويه (탄위-흐)	1.찬양 3.암시 4.언급	منيوكة (만유-카)	매춘부
منوه (무나우와흐)	언급된, 지적된	نال (날-라)	1.얻다 2.성취하다
نوى (나와-)	1.결심을 하다 2.의도하다	نيل (나이얄라)	나일강의 물로 관개하다

눈

843

أنال 1.제공하다 2.얻게 하다
(아날 - 라)

نائل 1.선물 2.이익 3.승리자
(나 - 일르)

نول 1.획득 2.받는 것 3.이익 4.성공
(나울)

نيل 나일강
(닐 - 르)

تنييل 홍수, 범람으로 인한 충적
(탄이 - 일)

منال 획득, 달성, 도달
(마날 - 르)

(هاء : 하)

هذا (하다-)	이것은(남성)	هباب (히바-브)	검댕, 그을음
هذه (하디히)	이것은(여성)	هباب (하바-브)	먼지 바람, 모래바람
هؤلاء (하울라으)	이것들은, 이들은	هبوب (후부-브)	강한 질풍, 광풍
هكذا (하카다-)	이와 같이	مهب (마핫브)	바람부는 방향
هابيل (하비-ㄹ)	아벨(카인의 동생)	مهبب (무핫바브)	검댕이 묻은
هات (하-티)	가져다주시오	هبت (하바타)	1.미련하다 2. 소심하다
هب (핫바)	1.불다, 일다(바람이) 2.발생하다	هبيت (하비-트)	1.미련한 2.소심한
أهب (아핫바)	깨우다, 각성시키다	هبر (하바라)	1.큼직하게 썰다 2.난도질하다
هبة (핫바)	돌풍, 광풍	هبر (하브르)	1.살고기 2.비계 없는 고기
هبة (히바)	선물, 증여	هبارية (후바리-야)	비듬(머리의)
		هبط (하바따)	1.내리다 2.착륙하다

أهبط (아흐바따)	1.착륙시키다 2.낮추다	**هبل** (하발라)	자식을 잃다(어머니가)
هبطة (하브따)	저지, 낮은 땅	**هبل** (핫발라)	1.벌다, 얻다 2.데치다, 삶다
هبوط (후부-뜨)	1.낙하 2.도착 3.급락	**تهبل** (타핫발라)	사우나를 하다, 증기목욕을 하다
هبوط (하부-뜨)	경사, 경사면	**انهبل** (인하발라)	머저리가 되다
هبيط (하비-뜨)	여윈, 앙상한, 수척한	**اهتبل** (이흐타발라)	1.포착하다 2.얻다, 벌다(기회)
هابطة (하-비따)	낙하산	**هبل** (하발르)	1.둔한 것, 아둔함 2.일, 업무
أهابيط (아하비-뜨)	공수병들	**هبلة** (하발라)	증기, 스팀
مهبط (마흐바뜨)	1.발생지 2.요람 3.착륙지 4.낙하지점	**هبيل** (하비-ㄹ)	미련한, 바보스러운, 둔한
مهبطة (미흐바따)	낙하산	**هابيل** (하-빌)	아벨(아담의 차남)
مهبوط (마흐부-뜨)	여윈, 앙상한, 수척한	**أهبل** (아흐발르)	1.둔한, 멍청한 2.바보
هبل (하불라)	둔하다	**مهبل** (미흐발르)	가벼운, 경쾌한

هتر (후트르)	노령, 망령
هتر (히트르)	1.허튼 말 2.거짓말
مهتر (무흐타르)	노망한, 망령이 든
مستهتر (무스타흐티르)	분별없는, 방종한
مستهتر (무스타흐타르)	미친, 정신이 팔린
هتف (하타파)	1.외치다 2.부르다
هتاف (후타 - 프)	1.외침소리 2.환호
هتاف (핫타 - 프)	1.박수 2.생생함 3.교환수
هاتف (하 - 티프)	1.외치는 2.전화
هتك (하타카)	1.유린하다 2.욕보이다(여성을)
انتهك (인타하카)	1.유린당하다 2.폭로되다

مهبول (마흐부 - 울)	둔한, 바보스러운
هبهب (하브하바)	가물거리다, 아물거리다
هبهبة (하브하바)	가물거림
هبهاب (하브하 - 브)	신기루
هبا (하바 -)	1.떠다니다(먼지) 2.달아나다
هبوة (하브와)	먼지바람, 먼지 소용돌이
هباءة (하바 - 아)	티끌, 미진
هتر (하타라)	더럽히다, 훼손하다
هاتر (하 - 타라)	서로 욕하다
أهتر (아흐타라)	1.노망하다 2.헛소리하다
استهتر (이스타흐타라)	지랄을 부리다

تهجير (타흐지 - 르)	1.이주 2.망명	**هتيكة** (하티 - 카)	수치, 불명예, 스캔들
هاجرة (하 - 지라)	1.대낮, 정오(한낮의) 2.무더위	**متهتك** (무타핫티크)	1.파렴치한 2.방탕한, 음탕한
مهجر (마흐자르)	1.이주지 2.타고장 3.망명지	**هجد** (하자다)	밤을 지새다, 밤을 밝히다
مهجور (마흐주 - 르)	1.버려진 2.쓸모없는	**تهجد** (타핫자다)	밤새우다
مهاجر (마하 - 지르)	상소리, 상말	**هجر** (하자라)	1.그만두다 2.이주하다
مهاجر (무하 - 지르)	1.망명자 2.이주자	**هاجر** (하 - 자라)	1.이주하다 2.망명하다
مهاجرة (무하 - 자라)	1.이주 2.망명	**أهجر** (아흐자라)	1.떠나다 2.잠꼬대하다
هجس (하자사)	머리에 떠오르다(생각이)	**تهاجر** (타하 - 자라)	서로 피하다
هجس (하즈스)	1.생각 2.허튼소리, 빈말	**هجرة** (히즈라)	망명, 이민, 이주
هجاس (핫자 - 스)	1.협잡꾼 2.허풍쟁이	**هجران** (하즈라 - 느)	상소리, 상말
هاجس (하 - 지스)	1.추측 2.시름, 걱정	**هجيرة** (하지 - 라)	1.무더위 2.대낮, 정오

هجع (하자아)	1.자다 2.잔잔해지다	**هجوم** (후주 - ㅁ)	1.공격, 돌격 2.발작
هجعة (하즈아)	토끼잠	**هجوم** (하주 - ㅁ)	1.강풍 2.땀나게 하는
هجوع (후주 - 으)	1.잠 2.적막, 고요함	**هجومية** (후주미 - 야)	공격정신
هجيع (하지 - 으)	야경(밤의 한 부분)	**تهحم** (타핫주므)	공격, 공습, 침략
هاجع (하 - 지으)	1.잠자는 2.고요한	**مهاجم** (무하 - 지므)	1.공격수 2.침략자
مهجع (마흐자으)	1.침대, 침실 2.막사	**مهاجمة** (무하 - 자마)	공격, 돌격, 습격
هجم (하자마)	1.공격하다 2.침묵하다	**هجن** (하주나)	1.흠집이 잇다 2.혼혈이 되다
هاجم (하 - 자마)	습격하다, 침략하다	**هجن** (핫자나)	교배시키다
انهجم (인하자마)	1.무너지다 2.늙다	**هجنة** (후즈나)	흠집, 결함
هجمة (하즈마)	불의의 공격, 돌격	**هجنة** (히즈나)	이상한 것, 괴이한 것
هجام (핫자 - 므)	용감한, 대담한	**هجين** (하지 - 느)	1.혼혈의 2.혼혈아 3.경주용 낙타

مهجو (마흐주)	우롱당한, 풍자된	**هجان** (핫자 - 느)	낙타 몰이꾼
مهاجاة (무하자 -)	풍자	**تهجين** (타흐지 - 느)	교배
هد (핫다)	1.허물다 2.타도하다	**استهجان** (이스티흐자 - 느)	비난, 거절
هد (핫다)	위협하다	**مستهجن** (무스타흐자느)	1.비천한 2.이상한
تهدد (타핫다다)	협박하다, 협박을 당하다	**هجا** (하자)	1.비웃다 2.풍자로 표현하다
انهد (인핫다)	허물어지다, 상하다(몸이)	**تهاجى** (타하자 -)	서로 흉보다
هداد (하다 - 드)	1.부드러움 2.은화	**هجيان** (히즈야 - 느)	비웃음, 조소, 비방
تهديد (타흐디 - 드)	위협, 공갈	**هجاء** (히자 - 으)	1.비방 2.야유, 풍자
مهدد (무핫다드)	위협을 받는	**هاج** (하 - 즈)	1.풍자작가 2.비방자
مهدد (무핫디드)	위협하는, 협박하는	**أهجوة** (아흐주 - 와)	풍자시, 풍자문학
مهدود (마흐두 - 드)	1.허물어진 2.무기력한	**أهجية** (아흐지 - 야)	알파벳, 자모, 철자

هدار (핫다 - 르)	철썩이는, 파도치는	هدأة (하드아)	정적, 고요
مهدور (마흐두 - 르)	1.헛되이 흘린(피를) 2.낭비한	هدوء (후두 - 으)	고요, 정적
هدف (하다파)	1.접근하다 2.지향하다	تهدئة (타흐디아)	안정, 안심
أهدف (아흐다파)	다가가다, 접근하다	هادىء (하디 - 으)	고요한, 조용한, 잔잔한
استهدف (이스타흐다파)	목적으로 삼다	هدج (하다자)	1.간신히 걷다 2.떨면서 걷다
هدف (하다프)	1.목표, 과녁 2.목적 3.득점	أهجد (아흐다자)	진동시키다
هداف (핫다 - 프)	명사수, 저격수	متهدج (무타핫디즈)	떨리는
مستهدف (무스타흐디프)	노출된	هدر (하다라)	1.낭비하다 2.헛되이 사라지다
هدل (하딜라)	드리워지다, 늘어지다	أهدر (아흐다라)	잊어버리다(기억에서
هديل (하디 - 일)	가라앉은, 침전된(모래가)	هدر (하드르)	헛수고, 공연한 짓
أهدل (아흐달르)	1.늘어진, 헐렁한 2.드리운	هدرا (하다란)	쓸데없이, 헛되이, 공연히

하

متهدم (무타핫디므)	1.무너지는 2.낡아빠진	متهدل (무타핫딜르)	늘어진, 처진
مهدوم (마흐두-므)	파괴된, 허물어진	هدم (하디마)	배멀미를 하다
هدن (하다나)	조용하다, 잔잔하다	هدم (핫다마)	파괴하다, 허물다
هادن (하-다나)	휴전을 체결하다	تهدم (타핫다마)	1.파괴되다 2.허약해지다
تهادن (타하-다나)	휴전협정을 체결하다	هدم (하듬)	파괴, 붕괴
هدنة (후드나)	1.정전, 휴전 2.중지, 중단	هدم (히듬)	누더기, 넝마, 낡은 옷
هدون (후두-느)	정적, 평온, 고요	هدام (후다-므)	뱃멀미
هدانة (히다-나)	정전, 휴전	هدام (핫다-므)	파괴적인, 파멸적인
مهادنة (무하-다나)	정전, 휴전	تهديم (타흐디-므)	파괴
هدى (하다)	1.안내하다 2.선물하다	هادم (하-디므)	1.파괴하는 2.파괴자
أهدى (아흐다)	1.증정하다 2.선물을 주다	مهدم (무핫다므)	1.파괴된 2.쇠약한

하

تهذّب (타핫다바)	1.교양교육을 받다 2.개선되다	تهادى (타하다)	1.교환하다(인사를) 2.안내하다
هذب (하드브)	1.교양 2.손질 3.개선	اهتدى (이흐타다)	1.본보기로 삼다 2.새로 시작하다
تهذيب (타흐디 - 브)	1.교양 2.훈련 3.수정	هدى (후단)	1.바른 길 2.참 종교 3.안내, 인도
تهذّب (타핫두브)	교양, 수양, 예절	هدية (하드야)	1.길, 도로 2.방법
مهذّب (무핫디브)	교육자, 지도교사	هدية (하디 - 야)	선물, 예물
مهذّب (무핫디브)	1.교양 있는 2.수정한, 개정한	هداية (히다 - 야)	1.인도, 안내 2.개심
متهذّب (무타핫디브)	교양 있는, 예절바른	إهداء (이흐다 - 으)	증정, 수여, 증여
هذر (하다라)	지껄이다, 종알대다	اهتداء (이흐티다 - 으)	목적에 이름, 목적 달성
هذّر (핫다라)	농담하다, 익살을 부리다	مهدى (마흐디)	1.인도된 2.개선한 사람 3.인도자
هذر (하드르)	우스개, 허튼소리, 넌센스	هذب (하다바)	1.가지를 치다 2.정제하다
هذار (하다 - 르)	농담, 허튼 소리, 익살	هذّب (핫다바)	교육을 시키다, 바로잡다

하

هربان (하르바-느)	도주자, 도피자	مهذار (미흐다-르)	수다쟁이, 익살꾼
هروب (후루-브)	도망, 탈주	هذى (하다)	조리없이 말하다
هراب (하르라-브)	겁쟁이, 얼간이, 비겁자	هذاء (후다-으)	잠꼬대, 헛소리
تهريب (타흐리-브)	밀수, 탈주시킴, 구출	هر (하르라)	설사나다, 설사를 시키다
هارب (하-리브)	1.도망가는 2.탈주자, 도주자	هر (히르르)	고양이
مهرب (마흐라브)	1.피신처 2.피신 3.출구	هرار (후라-르)	설사
مهرب (무하르리브)	밀수업자	هريرة (후라이라)	고양이 새끼
مهربات (무하르라바-트)	밀수품	هرب (하라바)	1.뛰다 2.도피하다, 도망가다
هرج (하라자)	흥분하다, 격분하다	أهرب (아흐라바)	탈주시키다
هرج (하르라자)	1.웃기다 2.취하게 하다	تهرب (타하르라바)	1.회피하다 2.꾀를 부리다
هرج (하르즈)	1.흥분, 격분 2.소동, 혼란	تهارب (타하-라바)	함께 도주하다

مهرقان (마흐라까-느)	해변, 바닷가	مهرج (무하르리즈)	익살꾼, 어릿광대, 농담꾼
هرم (하리마)	늙다, 쇠약해지다	هرش (하라샤)	허비다, 긁다
أهرم (아흐라마)	늙게 하다, 쇠약하게 하다	هرش (하리샤)	사나워지다, 고약해지다
هرم (하람)	쇠약, 노쇠, 늙음	هارش (하-라샤)	부추기다, 수선을 떨다
هرم (하람)	피라미드	تهارش (타하-라샤)	1.싸우다 2.농담하다
هرم (하림)	늙어빠진, 고령이 된	هراش (히라-쉬)	1.소동, 소란 2.싸움
هرمان (후르-느)	재간, 재능, 지혜	مهارشة (무하-라샤)	1.싸움 2.소동, 소란
هرول (하왈라)	뛰어가다, 황급히 가다	مهروش (마흐루-쉬)	낡은, 헌, 해진
هرولة (하르왈라)	다급한 걸음, 달음박질	هرق (하라까)	흘리다, 쏟다
مهرول (마하르왈르)	발걸음을 재촉하는	هرق (하라끄)	유혈
هز (핫자)	1.흔들다 2.감동시키다 3.자극하다	هراقة (하라-까)	유혈, 피를 흘리는 것

하

مستهزئ (무스타흐지 - 으)	1.비웃는, 조롱하는	**اهتز** (이흐탓자)	1.진동하다 2.몸부림치다
هزج (하지자)	콧노래를 부르다	**هزة** (핫자)	1.떨림 2.흔드는 것
هزج (핫자자)	노래하다	**هزة** (힛자)	흥분, 환희, 기쁨
هازجة (하 - 지자)	목청을 떨면서 노래하는 가수	**اهتزاز** (이흐티자 - 즈)	진동, 떨림, 흔들림
أهزوجة (아흐주 - 자)	노래, 타령, 대중가요	**مهزوز** (마흐주 - 즈)	떠는, 떨리는, 흔들리는
هزر (하자라)	웃다, 놀려주다	**هزأ** (하자아)	1.비웃다 2.무시하다
هزار (히자 - 르)	1.농담 2.잡담, 3.나이팅게일	**تهزأ** (타핫자아)	1.비웃다 2.업신여기다
هزل (하잘라)	1.농담하다 2.여위다, 쇠약하다	**استهزأ** (이스타흐자아)	조소하다, 업신여기다
انهزل (인하잘라)	빼빼 마르다, 여위다	**هزأة** (후즈아)	웃음거리, 조롱거리
هزل (하즐)	농담	**استهزاء** (이스티흐자 - 으)	비웃음, 조롱, 조소
هزل (하질르)	1.웃기는 2.익살꾼	**مهزأة** (마흐자아)	1.조롱 2.웃음거리

هزيمة (하지 - 마)	패배, 실패	**هزلان** (하즐라 - ㄴ)	파리한, 여윈
إنهزام (인히자 - ㅁ)	패배, 파멸	**هزليات** (하즐리야 - 트)	농담, 우스운 이야기
إنهزامية (인히자미 - 야)	패배주의	**هزال** (후잘 - ㄹ)	수척, 마름, 여윔
مهزوم (마흐주 - ㅁ)	패한	**هزيل** (하질 - ㄹ)	1.여윈, 마른 2.초라한
هس (핫샤)	속삭이다, 귓속말을 하다	**هزال** (핫잘 - ㄹ)	익살꾼, 코미디
هس (핫스)	속삭임, 귀속말	**مهزلة** (마흐잘라)	코미디, 희극
هش (핫샤)	1.쾌활하다 2.생긋 웃다	**مهزول** (마흐주 - 울)	여윈, 피골이 상접한
هش (핫쉬)	부드러운, 유쾌한, 즐거운	**هزم** (하자마)	승리하다
هشاشة (하샤 - 샤)	1.유쾌함 2.상냥함	**إنهزم** (인햐자마)	1.패배하다 2.소심해지다
هشيش (하쉬 - 쉬)	부드러운	**هزم** (하즘)	실패, 패배
هشم (하샤마)	망가뜨리다, 부수다	**هزيم** (하지 - ㅁ)	1.소리 2.우뢰 3.진동 4.패배한

하

هطل (하뜰라)	1.내리다(비가) 2.흐르다(눈물이)	**انهشم** (인하샤마)	박살나다, 부서지다
تهاطل (타하-뜰라)	억수로 퍼붓다	**هشم** (하쉼)	박살, 파괴
هطل (하뜨르)	굳은 비	**هشام** (히샤-므)	너그러움, 관대함
هطول (후뚤-르)	폭우	**هشيم** (하쉬-므)	1.약한 2.마른풀, 건초
هفت (하파타)	굶주려 허약하다, 몹시 굶주리다	**تهشيم** (타흐쉬-므)	박살, 파괴
تهافت (타하-파타)	1.아첨하다 2. 돌진하다	**هضم** (하다마)	소화하다 (배운 것이나 음식을)
هفتان (하프타-느)	1.굶주린 2.허약한	**اهتضم** (이흐타다마)	1.유린하다 2.모욕하다
هفية (하피-타)	굶주린 사람들	**هضم** (하듬)	소화
هافت (하-피트)	1.굶주린, 2.쇠약한, 허약한	**إنهضام** (인히다-므)	소화
تهافت (타하-푸트)	1.아첨 2.허약 3.붕괴	**مهضم** (무핫디므)	소화제
هفا (하파-)	1.실수하다 2.굶주리다	**مهضوم** (마흐두-므)	소화 잘 되는

هفوة (하프와)	실수, 과오, 오류	هلل (할랄라)	찬양하다, 찬미하다
هاف (하 - 프)	굶주린, 허기진	أهل (아할라)	1.뜨다(초승달이) 2.신에게 제물을 바치다
هكذا (하카다 -)	이와 같이, 그렇게, 이처럼	تهلل (타할랄라)	1.기뻐 날뛰다 2.기쁨에 차다(얼굴이)
هكم (핫카마)	노래 부르다, 찬송하다	هلال (힐라 - 알)	1.초승달 2.그믐달
تهكم (타학카마)	1.비웃다 2.후회하다	تهليل (타홀리 - 일)	1.환성 2.찬양, 찬미
أهكومة (아흐쿠 - 마)	조롱, 비웃음, 조소	تهلل (타할룰르)	환희, 기쁨
تهكم (타핫쿠므)	조소, 비웃음, 풍자, 야유	استهلال (이스티홀라 - 알)	1.시작 2.서곡
مستهكم (무스타흐키므)	거만한 자, 허풍쟁이	متهلل (무타할랄르)	기쁜, 유쾌한
هيكل (하이칼)	1.웅대한 2.대형건물 3.사원, 절	مستهل (무스타할르)	시작, 개시, 처음
هلا (할라)	과연 …지 않는가	هلس (할르라사)	1.헛소리를 하다 2.야위게 하다
هل (할라)	1.나타나다 2.시작하다	أهلس (아흘라사)	시무룩 웃다

اهتلك (이흐탈라카)	목숨을 내걸다	هلس (할스)	1.잡담, 난센스 2.방탕 3.폐병
استهلك (이스타흘라카)	1.소모하다 2.삭감하다(채무)	هلاس (할라-스)	허풍쟁이
هلكة (할르카)	1.멸망 2.위험	هلاس (훌라-스)	폐병, 폐결핵
هلاك (할라-크)	1.멸망, 파멸 2.죽음, 종말	هلوسة (할르와사)	1.환각상태 2.정신착란
هالك (할-리크)	1.파멸하는 2.가망이 없는	هلع (할리아)	1.근심하다 2.질겁하다
تهلكة (타흘라카)	1.멸망 2.위험한 사태	هلع (할라으)	1.근심 2.질겁, 공포, 무서움
تهالك (타할-루크)	1.열정, 열의 2.허약	هلوع (할루-으)	겁많은, 소심한
استهلاك (이스티흘라-크)	1.소비 2.감가상각	منهلع (문할리으)	실망한, 시름에 싸인
مهلك (무흘리크)	1.파멸적인 2.치명적인 3.위험한	هلك (할라카)	죽다, 멸망하다, 소멸하다
متهالك (무타할-리크)	1.붕괴된 2.소모된	أهلك (아흘라카)	1.소탕하다 2.소비하다
مستهلك (무스타흘라크)	1.극도로 지친 3.소비	تهالك (타할-라카)	1.뒤쫓다 2.전력을 다하다

تهميمة (타흐미 - 마)	자장가	مستهلك (무스타흘리크)	소비자
هام (함 - 므)	1.중요한 2.흥미있는	هلم (할룻마)	자, 갑시다!, 자 …합시다
هامة (함 - 마)	곤충, 해충	هليم (할리 - 므)	끈끈한, 끈적끈적한
أهمية (아함미 - 야)	중요성, 의의	هلهل (할르할라)	성글성글 짜다
اهتمام (이흐티마 - 므)	1.관심 2.보살핌 3.불안	هلهولة (할르훌 - 라)	헌옷, 누더기
مهم (무힘므)	1.중요한 2.관심을 끄는	هلوسة (할르와사)	환각, 환상
مهمة (무힘마)	1.사명, 임무 2.중요한 일	هم (함마)	1.걱정시키다 2.관심을 끌다
مهمات (무힘마 - 트)	1.설비 2.식량 3.자재	همم (함마마)	자장자장 재우다
مهام (마함 - 므)	중요한 일	اهتم (이흐탐마)	1.관심을 갖다 2.배려하다
مهتم (무흐탐므)	관심있는	هم (함므)	1.염려, 관심 2.의도, 의향
همج (하미자)	굶주리다, 배고프다	همة (힘마)	1.정력, 열정 2.결심 3.근면

هماز (함마 - 즈)	비방자, 중상모략자
مهماز (미흐마 - 즈)	1.박차 2.살, 침(벌레의)
همس (하마사)	1.중얼거리다 2.속삭이다
تهامس (타하 - 마사)	서로 속삭이다
همس (함스)	귓속말, 속삭임
همسات (하마사 - 트)	소곤거림, 속삭임
مهموس (마흐마우스)	소곤거리는
همش (하마샤)	깨물다
هامش (하 - 미쉬)	1.여백(책 페이지의) 2.교외, 주변
همك (하마카)	1.부추기다 2 전념하다
همكة (하므카)	난관, 곤경

همج (하마즈)	1.굶주림 2.불량배
همجية (하마지 - 야)	야만적인 행위, 만행
همد (하마다)	1.잠잠해지다 2.멎다(아픔)
همدان (하므다 - 느)	조용한, 고요한
همود (후무 - 드)	1.고요함 2.잠잠함 3.피곤
هامد (하 - 미드)	1.꺼진 2.고요한, 잔잔한
مهمد (무함마드)	몸이 마른, 피로한
همر (하마라)	1.쏟다 2.깨물다 3.쏟아지다
همرة (하므라)	폭우, 소낙비
همز (하마자)	1.때리다 2.물다 3.헐뜯다
همزة (후마자)	비방자, 중상모략자

منهمك (문하미크)	몰두한, 정신이 팔린	**هنيء** (하니 - 으)	1.상쾌한 2.건강에 좋은
همل (하말라)	흐르다, 쏟아지다	**هناء** (하나 - 으)	1.행복 2.기쁨 3.번영
أهمل (아흐말라)	1.소홀히 하다 2.팽개치다	**تهنئة** (타흐니아)	축하, 인사
انهمل (인하말라)	줄기차게 퍼붓다(비가)	**هندس** (한다사)	1.기사로 일하다 2.설계하다
إهمال (이흐말 - 르)	1.태만 2.소홀 3.무관심	**هندسة** (한다사)	1.건축학 2.토목 3.기하학
مهمل (무흐밀르)	소홀히 하는, 동한시하는	**مهندس** (무한디스)	기사, 기술자
مهمل (무흐말르)	내버린 2.무시된 3.쓸모 없이 된	**هندم** (한다마)	1.정논하다 2.상식하다
هنا (하나아)	1.유익하다(몸에) 2.상쾌하다	**هندمة** (한다마)	조화, 고름, 매끈함
هنئ (하니아)	1.기뻐하다 2.성공하다	**هندام** (힌다 - 므)	1.맵시 있는 것 2.아리따운 외모
هنأ (핫나아)	축하하다, 행복하게 하다	**مهندم** (무한다므)	1.잘 정돈된 4.미끈한
تهنأ (타핫나아)	기뻐하다, 흐뭇해하다	**هنف** (핫나파)	서두르다

하

هوجاء (하우자 - 으)	태풍, 회오리 바람	**اهنف** (아흐나파)	1.비웃다 2.흐느끼다
هاد (하 - 다)	1.유태인이 되다 2.후회하다	**مهانفة** (무하 - 나파)	비웃음, 조소
هود (하우와다)	1.가격을 할인하다 2.유대인으로 만들다	**هنهن** (하느하나)	아이를 잠재우다 (자장가를 부르며)
هاود (하 - 와다)	관대하다, 비위를 맞추다	**هنهونة** (하느후 - 나)	자장가
تهود (타하우와다)	1.유태인이 되다 2.유태교를 믿다	**هنيهة** (후나이하)	잠시, 잠깐
هود (후 - 드)	유태인들	**هاء** (하 - 아)	1.기뻐하다 2.지향하다
هوادة (하와 - 다)	1.관대성 2.온화한 것	**هوء** (하우으)	1.목표 2.지향
يهود (야후 - 드)	유태인들	**هوية** (후와이야)	1.본질 2.개인, 개성
مهاودة (무하 - 와다)	1.관대성 2.양보, 고려	**هوتة** (하우타)	구렁, 낭떠러지, 심연
هار (하 - 라)	1.무너지다 2.파괴하다	**هوج** (하우자)	1.미련하다 2.가혹하다
هور (하우와라)	1.위험에 빠뜨리다 2.파괴하다	**أهوج** (아흐와즈)	1.경솔한 2.미련한

تهوس (타하우와사)	미치다	**تهور** (타하우와라)	1. 분별이 없다 2. 넘어지다
هوس (하와스)	정신나간, 미친	**انهار** (인하-라)	1. 붕괴되다 2. 떨어져 나오다 (노선에서)
هوس (하와스)	1. 공상, 망상 2. 정신착란	**هار** (하-르)	허물어지는, 붕괴되는
هويس (하위-스)	1. 수문(운하의) 2. 관념	**إنهيار** (인히야-르)	1. 붕괴 2. 인하(가격) 3. 멸망
مهوس (무하우와스)	미친, 공상가, 광신자	**هور** (하우르)	호수
متهوس (무타하우위스)	1. 미친 2. 미치광이	**هورة** (하우라)	멸망
هاش (하-샤)	술렁이다, 야단법석이다	**هواري** (하우와리-)	비정규군
هوش (하우와샤)	불화를 조성하다	**هير** (하이-르)	경솔한, 경박한
هاوش (하-와샤)	짜증이 나다	**هيار** (히야-르)	붕괴, 낙반
تهوش (타하우와샤)	야단법석이다	**متهور** (무타하우위르)	무모한, 분별없는
هوشة (하우샤)	1. 격분 2. 소동, 난리	**هوس** (하위사)	1. 곤경에 빠지다 2. 미치다

تهويش (타흐위 - 쉬)	부추김, 선동	مهول (마후 - 울)	무서운, 무시무시한
مهوش (무하우위쉬)	1.흥분시키는 2.선동자	مهول (무하우월)	공포를 주는
هال (할 - 라)	놀라게 하다, 무섭게 하다	هوم (하우와마)	졸다
هول (하우왈라)	1.협박을 하다 2.걱정하다	هامة (하 - 마)	1.두목 2.꼭대기 3.정상
استهول (이스타흐왈라)	무서워하다	هان (하 - 나)	1.쉽다 2.대수롭지 않다
هال (할 - 르)	신기루	هون (하우와나)	쉽게 하다
هالة (할 - 라)	후광, 달무리	أهان (아하 - 나)	1.천대하다 2.모욕하다
هول (하울)	무서움, 공포	تهاون (타하 - 와나)	무시하다
هولة (하울라)	괴물, 요물, 공포의 대상	هون (하운)	1.창피 2.멸시 3.쉬움
تهويل (타흐위 - 일)	1.공갈 2.과대	هوان (하와 - 느)	모욕, 천시, 천대
هائل (하 - 일)	1.무시무시한 2.거대한	إهانة (이하 - 나)	천대, 무시, 경시

تهاون (타하 - 우느)	1.경시 2.소홀	**هواء** (하와 - 으)	1.공기 2.대기 3.바람
استهانة (이스티하 - 나)	업신여김	**هواء** (하우와 - 으)	아마추어, 애호가
مهين (무히 - 느)	모욕적인, 굴욕적인	**هوائيات** (하와이야 - 트)	1.공간 2.안테나
مهانة (무하 - 나)	1.모욕, 천대 2.굴욕, 수치	**هواية** (히와 - 야)	1.취미 2.정욕, 성욕
هوى (후와 -)	1.떨어지다 2.죽다 3.불다(바람이)	**هواية** (하우와 - 야)	환풍기, 통풍기
هوى (하위아)	사랑에 빠지다, 갈망하다	**هاوية** (하 - 위야)	1.심연, 낭떠러지 2.공기
هاوى (하와 -)	1.비위를 맞추다 2.눈감아주다	**مهوى** (마흐완)	1.벼랑, 심연 2.대기
استهوى (이스타흐와 -)	유혹하다, 매혹하다	**مهواة** (미흐와 -)	1.환풍기, 통풍기 2.부채
هوة (후 - 와)	1.심연 2.구멍	**مهواة** (마흐와 -)	1.대기, 공기 2.심연
هوى (하완)	1.애정 2.애호 3.성욕 4.변덕	**مهاواة** (무하와 -)	1.아부, 아첨 2.환풍기
هوية (하위 - 야)	취미, 좋아하는 것, 취미	**هيا** (하이야)	빨리! 서두르시오! …합시다!

تهيب (타하이야바)	1.겁을 주다 2.두려워하다	هاء (하 - 아)	몹시 바라다
اهتاب (이흐타 - 바)	1.두려워하다 2.존경심을 품다	هيأ (하이아아)	1.준비하다 2.정돈하다
هيبة (하이바)	1.두려움 2.존경 3.품위	تهيأ (타하이야아)	〈군〉차려!
هياب (하이야 - 브)	겁이 많은, 소심한	هييء (하이 - 으)	잘 생긴, 풍채가 좋은
هائب (하 - 이브)	1.존경하는 2.두려워하는	هيأة (하이아)	1.모양 2.방식, 형식 3.기구
تهيب (타하이유브)	두려움, 공포	تهيئة (타흐이아)	준비, 마련, 정돈
مهوب (무후 - 브)	1.두려운 2.엄숙한	تهيؤ (타하이유우)	군사훈련
مهيب (마히 - 브)	1.점잖은 2.위풍있는	مهيأ (무하이야아)	준비된, 마련된, 갖추어진
مهاب (마하 - 브)	존경, 경의의 대상	هاب (하 - 바)	위압을 느끼다, 경외하다
مهابة (마하 - 바)	1.두려움 2.존경, 존중	هيب (하이야바)	겁을 주다, 위협하다
متهيب (무타하이 - 브)	1.두려워하는 2.존경하는	أهاب (아하 - 바)	1.소리쳐 몰아넣다 2.호소하다

هات ⟨여⟩ 주시요, 가져오시오 (하 - 티)	متهيج 1.설레이는 2.흥분된 (무타하이 - 즈)
هاج 1.흥분하다 2.설레다 (하 - 자)	هير 1.촉진시키다 2.집어던지다 (하이야라)
أهاج 흥분시키다, 야기시키다 (아하 - 자)	تهير 허물어지다, 파괴되다 (타하이야라)
تهيج 흥분하다, 동요되다 (타하이야자)	هيار 사태 (하야 - 르)
هيجة 1.흥분 2.격분 (하이자)	هاش 흥분하다, 설레다 (하 - 샤)
هيجاء 싸움, 전투, 전쟁 (하이자 - 으)	هيشة 흥분, 소동 (하이샤)
هيجا 싸움, 전투, 전쟁 (하이자 -)	هيشة 수풀, 밀림 (히 - 샤)
هياج 1.흥분 2.분노 3.불안 (히야 - 즈)	هاص 1.기뻐하다 2.떠들썩하다 (하 - 샤)
هائج 1.사나운(파도가) 2.흥분된 (하 - 이즈)	هيص 소란을 피우다, 기뻐하다 (하이야사)
تهيج 흥분, 격분, 감정의 교란 (타하이유즈)	هيصة 흥분, 소음, 소동, 소란 (하이사)
مهيج 1.흥분제 2.선동자 (무하이 - 즈)	تهييص 소음, 외침소리 (타호이 - 스)

هيوف (후유-프)	갈증으로 목이 타는	**مهياص** (미흐야-스)	놀기 좋아하는 사람, 유쾌한 사람
هائف (하-이프)	1.탈증의 2.빈약한	**هاض** (하-다)	1.꺾다 2.재발시키다(병을)
أهيف (아흐야프)	호리호리한, 날씬한	**هيضة** (하이다)	1.재발(병의) 2.설사 3.콜레라
هيكل (하이칼르)	1.사원 2.대형건물 3.구조	**مهيض** (마히-드)	부러진, 꺾여진
هيكلية (하이칼리-야)	구조	**هاط** (하-따)	소란을 피우다, 떠들썩하다
هال (할-라)	뿌리다, 쏟다	**هياط** (히야-뜨)	고함, 소란, 외침
هيلان (하얄라-느)	모랫더미	**هيف** (하이파)	가냘프다, 호리호리하다
هيول (하율-르)	티끌, 미진, 원자	**هاف** (하-파)	1.실패하다 2.도주하다
هام (하-마)	1.방랑하다 2.사랑에 빠지다	**هيف** (하이프)	열풍
هيم (하이야마)	넋을 잃게 하다	**هيف** (하야프)	날씬한 것, 호리호리한 것
استهيم (아스투히-마)	몹시 반하다, 사랑에 빠지다	**هيفان** (하이파-느)	1.실패한 2.목말라하는

هيمان (하이마 - 느)		몹시 반한, 사랑에 미친
هيوم (하유 - 므)		사랑에 빠진
هيام (후야 - 므)		1. 심한 갈증 2. 열렬한 사랑
هائم (하 - 이므)		방황하는, 상사병에 걸린
أهيم (아흐야므)		몹시 갈증을 느끼는
مهامة (마하 - 마)		황야, 무인지경
مستهام (무스타하 - 므)		사랑에 미쳐버린
هيمن (하이마느)		감독하다, 감시하다
هيمنة (하이마나)		주도권, 헤게모니, 지배
مهيمن (무하이미느)		보호자, 관리자, 감독관
هيهات (하이하 - 타)		어림없다! 당치도 않다!

하

(الواء : 와우)

تواءم (타와 - 아마)	서로 어울리다
وئام (와아 - ㅁ)	조화, 화목, 일치
مواءمة (무와 - 아마)	화목, 한마음, 한뜻
وبئ (와비아)	전염병을 앓다
وباء (와바 -)	1.전염병(의학) 2.콜레라
وبائي (와바 - 이)	전염병의, 유행성의
وبائيات (와바이야 - 트)	전염병
موبوء (마우부 -)	1.전염병에 걸린 2.전염병 환자
وبخ (왓바카)	꾸짖다, 나무라다
توبيخ (타우비 - 크)	1.질책, 꾸짖음 2.경고
وبر (와바라)	털로 뒤덮이다, 털이 많다

وأد (와아다)	생매장하다
توأد (타와으아다)	침착하게 행동하다
اتأد (잇터아다)	조심스럽게 행동하다
وأد (와아드)	1.여아의 생매장 2.무너지는 소리
وئيد (와이 - 드)	1.생매장된 2.침착한
تؤدة (투아다)	1.조심성, 침착성 2.자제력
متئد (뭇타이드)	느린
وأل (와알라)	피할 곳을 찾다, 피난하다
موئل (마우일)	피난처, 은신처, 대피소
وأم (와아마)	어울리다, 화목하다, 알맞다

وبل (와블)	소낙비, 폭우	**وبر** (와바르)	1.털 2.솜털
وابل (와 - 빌)	소나기	**أوبر** (아우바루)	텁수룩한, 털이 많은
وبال (와바 - ㄹ)	재난, 불행	**موبر** (무왑바르)	보플보플한 (천, 수건 등이)
وبيل (와비 - ㄹ)	1.해로운 2.건강에 해로운	**وبش** (와바슈)	망나니, 불량배, 건달
وتد (와타다)	꽂다, 박다(말뚝을)	**أوباش** (아우바 - 슈)	인간쓰레기, 불량배
وتد (와타드)	말뚝, 기둥, 나무못, 쐐기	**وبق** (와바까)	멸망하다, 사멸하다
وتر (와타라)	1.조이다(줄을) 2.헐뜯다	**أوبق** (아우바까)	1.파괴하다 2.천대하다
واتر (와 - 타라)	계속 …하다	**موبق** (마우비끄)	1.감옥 2.멸망한 장소
أوتر (아우타라)	조이다(줄을)	**موبقة** (무 - 비까)	1.위반 2.범죄 2.폭행
توتر (타왓타라)	1.긴장되다 2.예민해지다	**وبل** (와발라)	쏟아지다(비가)
تواتر (타와 - 타라)	계속 …하다	**وبل** (와불라)	해롭다(기후가)

와 우

وَثِيء (와씨으)	타박상을 입은	**وِتْر** (와트르)	기수(수학)
وِثَاءة (와싸 - 아)	타박	**وِتْرى** (와트리)	꼬리를 물고, 연이어
وَثَبَ (와싸바)	1.뛰어넘다 2.달려들다	**وَتِيَّة** (와티 - 라)	방법, 방식
واثَبَ (와 - 싸바)	달려들다, 먼저 공격하다	**تَوَتُّر** (타왓투르)	1.긴장 2.전압 3.팽팽함
أوثَبَ (아우싸바)	부추기다	**تَواتُر** (타와 - 투르)	연속성, 계속성, 부단성
تَوَثَّبَ (타왓싸바)	1.활발하다 2.지향하다	**مُتَوَتِّر** (무타왓티르)	팽팽한, 긴장된
وَثْب (와쓰브)	도약, 뛰어넘는 것	**مَوتُور** (마우투 - 르)	악의, 원한을 품은
وَثْبَة (와쓰바)	1.도약, 비약 2.고조 3.운동	**مُتَواتِر** (무타와 - 티르)	연속적인, 부단한
وَثَّاب (왓싸 - 브)	1.뛰어넘는 2.대담한	**واتَى** (와 - 타)	1.유리하다 2.잘 어울리다
تَوَثُّب (타왓쑤브)	생기, 민첩, 활발	**مُواتٍ** (무와 - 트)	1.유리한 2.적합한
مُتَوَثِّب (무타왓씨브)	활발한, 패기있는, 정력적인	**وَثَأ** (와싸아)	1.타박상을 입히다 2.부러뜨리다

وَثُرَ (와싸라)	푹신하다(침대가)	**وَثَاقَة** (와싸 - 까)	결속, 단결, 확신, 견고
وِثْر (와쓰르)	반바지, 짧은 바지	**وُثُوق** (우쑤 - 끄)	믿음, 신임
وَثِير (와씨 - 르)	푹신푹신한	**وَثِيق** (와씨 - 끄)	튼튼한, 견고한
مِيثَرَة (미 - 싸라)	베개	**وَثِيقَة** (와씨 - 까)	문서, 문건, 증명서
وَثِقَ (와씨까)	1.신임하다 2.확신하다	**تَوْثِيق** (타우씨 - 끄)	1.강화 2.인준, 비준
وَثُقَ (와쑤까)	확고부동하다, 견실하다	**تَوْثِقَة** (타왓싸까)	안전, 보장
وَثَّقَ (왓싸까)	1.강화하나 2.비준하다, 공증하다	**ثِقَة** (씻까)	1.신뢰, 믿음 3.의지, 의존
أَوْثَقَ (아우싸까)	묶다, 동이다	**مَوْثِق** (마우씨끄)	조약, 협정, 협약
تَوَثَّقَ (타왓싸까)	1.강화되다 2.확신을 갖다	**مُوَثِّق** (무왓씨끄)	공증하는, 비준하는
وَثِيق (와씨끄)	1.튼튼한 2.믿음직한	**مَوْثُوق** (마우쑤 - 끄)	믿음직한
وَاثِق (와 - 씨끄)	믿는, 확신하는	**مِيثَاق** (미싸 - 끄)	1.협정, 조약 2.규약, 헌장

와
우

إيجاب (이자-브)	1.의무 2.긍정 3.동의	وثن (와싼)	우상, 동상
يجب (야집)	필수적인, 의무인, 당연한	وثنية (와싸니-야)	우상숭배
موجب (무-자브)	1.긍정적인 2.확고한	وجب (와자바)	1.필수적이다 2. …을 해야한다
موجب (무-지브)	1.동기, 원인 2.필요 3.죽음.	وجب (와주바)	비겁하다, 떨다
موجبة (무-지바)	이유, 동기, 원인	واجب (와-자바)	책임을 지우다
موجبة (무우자바)	명제, 긍정문	أوجب (아우자바)	의무를 지우다
مستوجب (무쓰타우지브)	…할 가치가 있는	استوجب (이쓰타우자바)	…을 받을 권리가 있다
وجد (와자다)	1.찾다 2.얻다 4.고안하다	وجبة (와즈바)	1.끼니 2.할당량 3.교대(작업의)
وجد (우지다)	존재하다	واجب (와-집)	1.불가피한 2.의무, 책무, 과제
وجد (와지다)	1.슬퍼하다 2.사랑하다	واجبة (와-지바)	의무, 임무, 직무, 직책
أوجد (아우자다)	1.발명하다 2.이루다	وجوب (우주-브)	1.필요성, 책임 2.의무

와우

توجد (타왓자다)	1.슬퍼하다 2.사랑하다	**موجود** (마우주 - 드)	1.존재하는 2.실제의
تواجد (타와 - 자다)	존재하다, 있다	**موجودات** (마우주다 - 트)	우주만물
وجد (와즈드)	1.열정 2.기쁨 4.재산	**وجر** (와자라)	1.두려워하다 2.입에 넣다(약을)
وجدان (위즈다 - ㄴ)	1.느낌 2.양심 3.심정 4.직관	**وجرة** (와즈라)	함정
وجود (우주 - 드)	1.존재 2.발견 3.체류	**مِجار** (미자 - 르)	채, 정구채, 당구봉
وجودية (우주디 - 야)	실존주의	**وجز** (와자자)	1.요약하다 2.간결하다
إيجاد (이자 - 드)	1.창작 2.발명 3.생산	**أوجز** (아우자자)	개괄하다, 간략하다, 축소하다
تواجد (타와 - 주드)	존재, 공존	**استوجز** (이쓰타우자자)	간단히 서술하다
جدة (짓다)	1.감정 2.열정 3.분노	**وجز** (와즈즈)	간단한, 함축된
موجد (무 - 지드)	1.창조하는, 창조자 2.저자	**وجيز** (와지 - 즈)	간단한, 간략한
موجدة (마우지다)	1.감정 2.앙심, 원한	**وجيزة** (와지 - 자)	짧은 기간에

إيجاز (이자 - 즈)	간략, 요약, 개괄	**توجع** (타왓지으)	아파하는 것, 아픔, 고통
موجز (무 - 자즈)	1.개요 2.요약한, 간략한	**موجع** (무와지으)	아픈, 고통스러운
وجس (와자싸)	1.숨다 2.예감하다	**موجوع** (무주 - 으)	아픈, 괴로워하는(아파서)
أوجس (아우자싸)	불길한 예감을 느끼다	**وجف** (와자파)	흥분하다, 뛰다(심장)
وجس (와즈쓰)	걱정, 우려, 불안	**أوجف** (아우자파)	흥분시키다
واجس (와 - 지쓰)	불길한 생각, 예감	**استوجف** (이쓰타우자파)	설레이게 하다
توجس (타왓주쓰)	겁, 두려움	**واجف** (와 - 지프)	두근거리는, 고동치는
وجع (와지아)	아프다, 아픔을 느끼다	**وجل** (와질라)	두려움을 느끼다
وجع (와자으)	1.아픔, 고통 2.간단한 병	**أوجل** (아우잘라)	공포감을 주다
وجع (와지으)	앓은	**وجل** (와잘르)	무서움, 두려움
وجيع (와지 - 으)	아픈, 괴로운	**وجم** (와자마)	침묵을 지키다, 침울하다

واجم 1.말이 없는 2.우울한 (와 - 지므)	**وجيه** 명물, 저명인사 (와지 - 흐)
وجوم 1.침묵 2.우울, 침울 (우주 - 므)	**وجاهة** 1.존엄 2.의의 3.정확성 (위자 - 하)
وجه 유명하다, 저명하다 (와주하)	**واجهة** 1.정면, 표면, 겉 2. 전선 (와 - 지하)
وجه 뺨을 때리다 (와자하)	**جهة** 1.방향, 측면 2.지역 3……을 향해서 (지하)
واجه 1.맞서다 2.면회하다 (와 - 자하)	**توجيهات** 명령, 지침 (타우지하 - 트)
أوجه 존경하다, 존중하다 (아우자하)	**اتجاه** 1.방향, 노선 2.경향, 추세 (잇티자 - 흐)
توجه 1.대하다 2.떠나다 (타왓자하)	**تجاه** 맞은편에, 대하여, 맞보고 (투자 - 하)
تواجه 서로 대면하다 (타와 - 자하)	**موجه** …로 향한, …로 방향을 잡은 (무왓자흐)
اتجه 1.향하다 2.기울다 3.목표로 삼다 (잇타자하)	**مواجهة** 1.대면, 면회 2.전선 (무와 - 자하)
وجه 1.얼굴 2.앞면 3.용모 4.방향 (와즈흐)	**متجه** 방향 (뭇타지흐)
وجهة 1.방향 2.맞은편 3.목적 4.취지 (위즈하)	**وحد** 1.단일화 되다 2.유일하다 (와하다)

توحد (타왓후드)	고독, 외로움	وحد (와흐다다)	통일하다, 연합하다
اتحاد (잇티하-드)	1.일치 2.단결 3.연합	توحد (타왓하다)	1.홀로 남다 2.통일되다
متحد (뭇타히드)	1.통일된 2.단합된, 연합된	تواحد (타와-하다)	서로 단합하다
مستوحد (무스타우히드)	외로운, 고독한	اتحد (잇타하다)	1.연합하다 2.일치되다
وحس (와하사)	궁지에 몰아넣다	وحد (와흐드)	단독, 홀몸
اتوحس (이트와하사)	곤경에 처하다	وحدة (와흐다)	1.고독 2.단위 3.통일
وحسة (와흐사)	곤경, 궁지	وحيد (와히-드)	1.유일한 2.외로운 3.인적이 없는
وحش (와하샤)	1.없애다 2.그리워하다	وحدانية (와흐다니-야)	1.외로움 2.유일성
وحش (왓하샤)	잔인하게 하다	أحد (아하드)	1.하나 2.유일한
أوحش (아우하샤)	인적이 없다, 쓸쓸하다	واحد (와-히드)	1.하나 2.독특한 3.홀로
وحى (와하)	1.영감을 주다 2.계시를 내리다	توحيد (타우히-드)	1.표준화 2.일신교

أوحى (아우하 -)	1.고무하다 2.사촉하다 3.계시를 하다	**أوخم** (아우카므)	더욱 건강에 해로운
استوحى (이스타우하 -)	1.고무되다 2.영감을 받다	**تخمة** (투크마)	과다, 포식, 소화불량
واحة (와 - 하)	오아시스	**مستوخم** (무스타우카므)	소화가 안되는
وحى (와흐이)	1.영감, 계시 2.암시 3.격려, 고무	**وخى** (와카 -)	1. 마음을 먹다 2.안내하다
إيحاء (이하 - 으)	1.고취 2.시사 3.영감, 계시	**واخى** (와카 -)	의형제를 맺다, 친교를 맺다
مستوحى (무스타우한)	고무된, 영향을 받은	**توخى** (타왓카 -)	1.추구하다 2.나타내다(감정을)
وخز (와카자)	괴롭히다, 찌르다(양심을)	**وخى** (와크이)	목적, 시도, 기노, 의도
وخزة (와크자)	1.아픔, 쑤심 2.가책	**مواخاة** (무와카 -)	1.친교 2.의형제
وخم (와키마)	소화가 안되다	**ود** (왓다)	1.좋아하다 2.원하다, 바라다
وخم (왓카마)	졸음이 오다, 몸이 무겁다	**تودد** (타왓다다)	1.알랑거리다 2.애정을 표시하다
اتخم (잇타카마)	소화가 안되다	**تواد** (타왓 - 다)	서로 사랑하다

와 우

وادع (와 - 다아)	화해하다, 친숙해지다	**ود** (왓드)	1.사랑, 친교 2.희망, 소원
أودع (아우다아)	1.맡기다 2.가두다(감옥에)	**ودّي** (왓디 -)	우호적인, 화기애애한
توادع (타와 - 다아)	송별하다, 이별하다	**وداد** (위다 - 드)	1.사랑, 애정 2.우호, 우의
استودع (이스타우다아)	보관시키다, 맡기다	**ودادي** (위다디 -)	아기자기한, 우호적인
ودع (와드으)	1.보관 2.허용 3.예치(돈을)	**ودود** (와두 - 드)	사랑스러운, 상냥한
وديع (와디 - 으)	1.얌전한 2.소박한 3.수탁자	**تواد** (타와 - 드)	사랑, 친교
وديعة (와디 - 아)	저금, 예금	**تودد** (타왓두드)	알랑거림
وداعة (와다 - 아)	작별, 이별, 송별	**مودة** (마왓다)	1.사랑 2.애착 3.소원
توديع (타우디 - 으)	이별, 작별, 송별	**ودع** (와다아)	1.예금하다 2.포기하다
إيداع (이다 - 으)	1.예금 2.감금 3.보관시킴	**ودع** (와두아)	1.온순하다 2.단순하다
استيداع (이스티다 - 으)	예비역, 예비군	**ودع** (왓다아)	1. 송별하다 2.바라다

وَرَاء (와라 - 으)	1.뒤에, 후미 2.멀리	مُودَع (무왓디으)	바라는, 소원하는
وَرَّبَ (와라바)	경사지게 하다	مُسْتَوْدَع (무스타우다으)	1.비축된 2.창고
وَرِبَ (와리바)	부패하다, 상하다	مُسْتَوْدِع (무스타우디으)	1.위임자 2.예금자
وَرَّى (와르라바)	말을 둘러대다	وَدُكَ (와디카)	살찌다, 기름지다
وَارَبَ (와 - 라바)	1.둘러말하다 2.속이다	وَدِيك (와디 - 크)	기름진, 지방분이 많은
تَوْرِيب (타우리 - 브)	둘러대는 것	مُودَك (무왓다크)	양념이 된, 맛을 낸
وَارِب (와 - 리브)	경사진, 비뚤어진	وَدَى (와다)	보상하다(피해자에게)
مَوْرُوب (무루 - 브)	1.갸우뚱한 2.경사진	وَدَّى (왓다)	보내다, 파견하다
مُوَارَبَة (무와 - 라바)	1.애매모호함 2.거짓	أَوْدَى (아우다)	1.멸망하다 2.살해하다
وَرِثَ (와리싸)	상속하다, 물려받다	وَاد (와 - 드)	1.골짜기, 계곡 2.유역
وَرَّثَ (와르라싸)	물려주다(재산을	دِيَة (디야)	보상금, 배상금

مُوَرِّثَة (무와르리싸)	유전자, 유전인자	أَوْرَثَ (아우라싸)	유산을 남기다, 초래하다
مُوَرِّثَات (무와르리싸-트)	유전	وِرْث (위르쓰)	유산, 유물, 상속재산
مَوْرُوث (마우루-쓰)	계승된, 물려받은	وَرَّاث (와르라-쓰)	상속자, 계승자
وَرَدَ (와라다)	1.도달하다 2.오다 3.얻다	وِرَاثَة (위라-싸)	1.계승, 상속 2.유전, 유전병
وَرَّدَ (와르라다)	1.지불하다 2.꽃피다 3.수입하다	وِرَاثِيَّة (위라씨-야)	유전성
أَوْرَدَ (아우라다)	1.인용하다 2.제공하다 3.수입하다	وَرِيث (와리-쓰)	상속자, 계승자
تَوَرَّدَ (타와르라다)	1.붉어지다 2.공급되다	إِرْث (이르쓰)	유산, 상속재산, 유물
تَوَارَدَ (타와-라다)	1.연달아오다 2.일치하다(생각)	تُرَاث (투라-쓰)	유물, 유적
اِسْتَوْرَدَ (이스타우라다)	1.수입하다 2.주문하다	مِيرَاث (미라-쓰)	유산, 상속, 상속재산
وِرْد (위르드)	샘물, 수원지	مُوَرِّث (무와르리쓰)	상속인
وَرْد (와르드)	장미꽃, 장미	مُوَرَّث (무와르라쓰)	계승자, 피상속인

와우

مورد (마우리드)	1.원천, 시원 2.자원 3.수입
مورّد (무와르리드)	1.공급자 2.공급하는
مورّد (무와르라드)	홍조를 띤, 불그스레한
مستورد (무쓰타우리드)	수입자
مستوردات (무쓰타우라다 - 트)	수입품
ورش (와라샤)	1.불청객으로 오다 2.끼어들다
ورش (와리샤)	활발하다, 생기가 있다
ورّش (와르라샤)	이간시키다, 방해하다
ورش (와라쉬)	민첩성, 생기발랄
ورشة (와르샤)	공장, 직장, 작업장
وارش (와 - 리쉬)	불청객, 초청하지 않은 손님

وردية (와르디 - 야)	1.당직 2.교대 3.홍역
ورديان (와르디야 - 느)	야간경비원, 등대지기
ورود (우루 - 드)	1.도착, 도달 2.수원지, 샘터
وريد (와리 - 드)	정맥
توريد (타우리 - 드)	1.공급 2.수입, 납입
توريدات (타우리다 - 트)	공급품
واردات (와리다 - 트)	수입품
إيراد (이라 - 드)	1.공급 2.인용 3.수익성
إيرادات (이라다 - 트)	이윤, 수입, 이자
توارد (타와 - 루드)	일치, 부합
استيراد (이쓰티라 - 드)	수입, 반입

وريف (와리 - 프)	무성한, 그늘진	**ورط** (와르라따)	몰아넣다, 곤경에 빠뜨리다
وارف (와 - 리프)	무성한, 푸르른	**تورط** (타와르라따)	1.진퇴양난에 빠지다 2.말려들다
ورق (와라까)	잎이 돋아나다, 잎을 따다	**استورط** (이스타우라따)	1.말려들다 2.곤경에 처하다
ورق (와르라까)	도배하다, 종이를 바르다	**ورطة** (와르따)	곤경, 곤란, 진퇴양난, 딜레마
أورق (아우라까)	1.부자가 되다 3.낙방하다	**تورط** (타와르라뜨)	1.개입 2.얽힘
ورق (와리끄)	잎이 무성한	**موروط** (마우루 - 뜨)	곤경에 처한, 딜레마에 빠진
ورق (와라끄)	1.잎사귀 2.종이 3.화폐	**ورع** (와리아)	1.경건한 마음을 가지다 2.신을 믿다
ورقة (와라까)	문건, 서류, 증명서	**تورع** (타와르라아)	1.두려워하다 2.절제하다
وارق (와 - 리끄)	1.잎이 무성한 2.푸르른	**ورع** (와라으)	경건, 경외
مورق (무 - 리끄)	잎이 무성한	**ورع** (와리으)	신앙심이 깊은, 독실한
ورم (와리마)	붓다, 부어오르다	**ورف** (와라파)	1.무성해지다 2.길어지다

와우

تورم (타와르라마)	붓다, 부어오르다	**وراء** (와라-으)	뒤, 뒷부분, 배후, 뒤쪽
ورم (와라므)	종양, 혹	**تورية** (타우리야)	1.은폐 2.위장 3.위선
وارم (와-리므)	부은, 부어오른	**توراة** (타우라-)	토라, 구약성서
تورم (타와르루므)	부어오름	**مواراة** (마와라-)	은폐, 숨김
مورم (무와르라므)	부은, 부어오른	**وزب** (와자바)	흐르다, 새어나오다(물이)
ورى (와라)	불을 켜다, 불을 피우다	**ميزاب** (미자-브)	하수관
ورى (와르라)	1.감추다 2.가장하다	**وزر** (와자라)	무거운 짐을 짊어지다
أورى (아우라)	부시를 치다, 불을 피우다	**وزر** (왓자라)	장관으로 임명하다
تورى (타와르라-)	숨다, 잠복하다, 사라지다	**وازر** (와-자라)	원조하다, 지원하다
استورى (이스타우라-)	불꽃을 일으키다	**آزر** (아-자라)	원조하다, 돕다
ورى (와르이)	1.인류, 인간 2.삼라만상	**توزر** (타왓자라)	장관이 되다

와
우

استوزر (이스타우자라)	장관이 되다	أوزاع (아우자-으)	무리, 집단, 군중
وزر (위즈르)	1.죄, 죄악 2.부담, 책임	توزع (타왓주으)	1.분배 2.배치(병력의)
وزير (와지-르)	장관, 대신, 서기장	موزع (무왓지으)	1.분배하는 2.배달하는
وزارة (위자-라)	부처, 내각, 부, 성	موزع (무왓자으)	1.할당된 2.사로잡힌(감정)
وزاري (위자리-)	부의, 부처의, 내각의	وزن (와자나)	저울에 달다
وزع (와자아)	1.억제하다 2.선동하다	وزن (와주나)	신중하다
وزع (왓자아)	1.분배하다 2.배포하다	وازن (와-자나)	1.비교하다 2.조절하다
توزع (타왓자아)	1.분배되다 2.배치되다(병력이)	توازن (타와-자나)	균형이 잡히다
وزيعة (와지-아)	몫, 할당, 배당액	وزن (와즌)	1.무게, 중량 2.중요성
توزيع (타우지-으)	1.분배 2.배포, 배달	توازن (타와-주느)	균형, 균등, 평형, 평행
وازع (와-지으)	1.양몰이 개 2.장애, 방해	وزى (와자-)	줄어들다, 수축되다

와
우

وسد (왓싸다)	1.베개를 베다 2.위임하다	**وازى** (와자 -)	부합되다, 알맞다
توسد (타왓싸다)	베개를 베다	**توازى** (타와자 -)	평행되다, 나란히 가다
وسادة (위싸 - 다)	베개	**موازاة** (무와자 -)	1.평행 2.대응, 상응, 일치
وسط (와싸따)	중심에 있다	**متواز** (무타와 - 즈)	평행의, 병행의
وسط (왓싸따)	1.중개인 역할을 하다 3.중립노선을 취하다	**متوازيات** (무타와지야 - 트)	위도, 평행
توسط (타왓싸따)	1.중개하다 2.중립을 지키다	**وسخ** (와씨카)	더럽다, 때묻다, 불결하다
تواسط (타와 - 싸따)	가운데를 차지하다	**وسخ** (왓싸카)	더럽히다, 어지럽히다
وسط (와쓰뜨)	복판, 가운데	**توسخ** (타왓싸카)	더러워지다
وسط (와싸뜨)	1.중앙, 중간, 중심 2.계층	**وسخ** (와싸크)	오물, 때
وسيط (와씨 - 뜨)	1.중간의 2.중개인	**وسخ** (와씨크)	더러운, 때묻은, 불결한
وسيطة (와씨 - 따)	1.수단 2.매체, 매개체	**وسائخ** (와싸 - 이크)	때, 오물

와
우

وِساطة (위싸 - 따)	1.조정, 중재 2.알선	**سَعة** (싸아)	1.확장 2.폭, 넓이 3.풍부 4.용량
واسِطة (와 - 씨따)	1.수단 2.중재, 조정	**وُسعة** (우쓰아)	1.넓음 2.넓이 3.용량 4.넉넉함
أوسَط (아우싸뜨)	중심의, 중앙의, 중간의	**وَسيع** (와씨 - 으)	넓은, 광활한
توسَّط (타왓싸뜨)	1.중심 2.중재, 조정	**توسيع** (타우씨 - 으)	확대, 확장, 넓힘
مُتوسِّط (무타왓씨뜨)	1.중심의 2.중개인 3.중간의	**واسِع** (와 - 씨으)	넓은, 광활한, 광범한
وَسِع (와씨아)	1.넓다 2.포함하다, 수용하다	**توسُّع** (타왓쑤으)	1.확장, 확대 2.팽창
وَسَّع (왓싸아)	1.넓히다 2.자리를 내주다	**اتِّساع** (잇티싸 - 으)	1.확장 2.넓이 3.용량
توسَّع (타왓싸아)	넓어지다, 크게 벌려놓다	**موسَّع** (무왓싸으)	확대된, 확장된
اتَّسع (잇타싸아)	1.수용하다 2…할 수 있다	**مُتَّسِع** (뭇타씨으)	1.넓은 2.풍부한
وَسع (와싸으)	넓은 공간, 방대한 영역	**موسوعة** (마우쑤 - 아)	백과사전, 대사전
وُسع (우쓰으)	1.힘, 능력, 가능성 2.용량	**وَساية** (위싸 - 야)	넓은 공간

اتسم (잇타싸마)	1.낙인이 찍히다 2.표식이 되다	**وسق** (와싸까)	1.부담을 주다 2.싣다(짐)
وسم (와쑴)	1.도장, 불도장 2.표, 표식, 기호	**اتسق** (잇타싸까)	1.정돈되다 2.조화가 되다
وسمة (와쓰마)	1.도장, 낙인 2.표, 딱지	**وسق** (와쓰끄)	짐, 화물
وسيم (와씨 - 므)	아름다운, 예쁜, 귀여운	**اتساق** (잇티싸 - 끄)	1.정연한 것 2.조화
وسام (위싸 - 므)	훈장, 배지	**متسق** (뭇타씨끄)	잘 정돈된, 잘 배열된
وسامة (위싸 - 마)	아름다움, 고운 것	**وسل** (와쌀라)	동정을 구하다, 간구하다
سمة (씨마)	1.낙인 2.표식, 기호 3.특징, 양상	**توسل** (타왓쌀라)	1.애원하다 2.수단으로 이용하다
موسم (마우씸)	1.정기시장 2.계절, 시기 3.축제일	**وسيلة** (와씰 - 라)	수단, 방법
موسوم (마우쑤 - 므)	1.낙인찍힌 2.딱지가 붙은	**توسل** (타왓쑬)	간청, 애원
وسن (와씨나)	졸다	**وسم** (와싸마)	표시하다, 낙인을 찍다
أوسن (아우싸나)	실신시키다	**توسم** (타왓싸마)	1.살피다 2.알아내다

موسى (무-싸)	면도날, 면도칼	وسن (와싸느)	잠, 졸음
وشج (와샤자)	1.뒤엉키다 2.엮다, 짜다	وسن (와싸느)	요구, 수요
توشج (타왓샤자)	엉키다, 뒤엉키다	وسنان (와쓰나-느)	졸리는, 잠이 오는
وشيج (와쉬-즈)	연결된, 연관된	سنة (씨나)	잠, 졸음
وشيجة (와쉬-자)	결속관계	وسوس (와쓰와싸)	1.속삭이다 2.불안하게 하다
متواشج (무타와-쉬즈)	연관된, 연결된	توسوس (타와쓰와싸)	의심하다
وشح (왓샤하)	1.장식하다 2.전제를 두다	وسوسة (와쓰와싸)	1.유혹, 유인 2.불안, 의심
وشاح (위샤-흐)	1.장식띠 2.스카프	وسواس (와쓰와-쓰)	1.의심 2.우울 3.유혹
موشح (무왓샤흐)	전주곡, 서곡	وسى (와싸-)	면도하다
متشح (무탓샤흐)	장식된	واسى (와-싸)	위로하다
وشر (와샤라)	톱질하다(나무를)	أوسى (아우싸-)	1.면도하다 2.자르다

موشور (마우슈 르)	각주, 프리즘	**وشى** (와샤 -)	1.장식하다 2.수놓다
وشك (와슈카)	빠르다, 신속하다	**وشى** (와샤 -)	1.비방하다 2.밀고하다
أوشك (아우샤카)	…할 찰나에 있다	**وشاية** (위샤 - 야)	1.밀고 2.비방, 중상
وشيك (와쉬 - 크)	빠른, 신속한	**شية** (쉬야)	1.얼룩, 반점 2.오점, 결함
وشكان (와쉬카 - ㄴ)	속도, 신속성	**توشية** (타우쉬야)	1.자수 2.무늬, 장식
وشم (와샤마)	1.문신하다 2.표시하다	**واش** (와 - 쉬)	1.밀고자 2.비방자 3.수예공
وشم (와샤므)	문신	**موشى** (무왓샨)	수놓아진, 장식된
وشيمة (와쉬 - 마)	적대, 적의	**وصب** (와시바)	계속 앓다, 지병이다
وشوش (와쉬와샤)	속삭이다	**وصب** (왓사바)	잡혀 앉다
توشوش (타와쉬와샤)	서로 속삭이다	**وصب** (와사브)	지병, 질환, 만성적인 질환
وشوشة (와쉬와샤)	속삭임, 소곤거림	**واصب** (와 - 시브)	만성적인, 항시적인

와
우

وصيف (와시-프)	1.하인, 종 2.청년
وصيفة (와시-파)	1.하녀 2.처녀 3.궁녀
مواصفة (무와-사파)	설명서, 일람표, 작업명세
متصف (뭇타시프)	…으로 특징 지워진
مستوصف (무스타우사프)	진료소
موصوف (마우수-프)	1.묘사되는 2.처방된
وصل (와살라)	1.연결짓다 2.도착하다
واصل (와-살라)	1.계속하다 2.우호관계 유지하다
أوصل (아우살라)	1.수반하다 2.가설하다(전기를)
توصل (타왓살라)	1.도달하다 2.달성하다
تواصل (타와-살라)	계속되다, 상호왕래하다

وصد (와사다)	견고하다, 견고해지다
أوصد (아우사다)	닫다, 폐쇄하다
وصيد (와시-드)	문지방
وصاد (왓사-드)	방직공
موصد (무-사드)	닫힌
وصف (와사파)	1.묘사하다 2.처방을 내리다
اتصف (잇타사파)	묘사되다, 서술되다
استوصف (이스타우사파)	의사 처방을 바라다
صفة (시파)	1.특징, 특성, 속성 2.자격 3.수사
وصف (와스프)	1.묘사 2.표식 3.품성, 속성
وصفة (와스파)	1.설명서, 처방 2.공식(수학에서)

وصولى (우술리 -)	출세주의자	اتصل (잇타살라)	1. 접촉하다 2. 이르다, 도달하다
وصولية (우술리 - 야)	출세주의	وصل (와슬)	1. 연결, 이음 2. 연계 3. 재결합(연인들의)
صلة (실라)	1. 연결, 관계 2. 유대관계 3. 고리	وصل (와슬)	영수증
توصيل (타우시 - 일)	1. 송달(전기) 2. 연계 3. 연결	وصل (우슬)	관절, 매듭, 뼈마디
وصيلة (타우실 - 라)	연결승차요금	وصلة (우슬라)	1. 연계, 결합 2. 연결관
إيصا (이살 - 르)	영수증	وصلة (와슬라)	막간휴식(연극 등에서)
تواصل (타와 - 술)	계속, 연속, 지속	وصيل (와시 - 일)	1. 연결된 2. 항상 같이 붙어 다니는
اتصال (잇티사 - 알)	1. 연결, 연락 2. 지속 3. 교제	وصيلة (와실 - 라)	1. 포목 2. 광활한 대지
مواصلة (무와 - 살라)	1. 교환 2. 계속 3. 교차점	وصلية (우슬리야)	연결도로
متصل (뭇타실르)	1. 연결된 2. 인접한 3. 연속적인	وصال (위살 - 르)	1. 연계 2. 성적 관계
متواصل (무타와 - 실르)	부단한, 끊임없는	وصول (우수 - 울)	1. 도착 2. 영수, 접수

와
우

وصية (와시 - 야)	1.유언 2.위탁 3.명령	**موصول** (마우수 - 울)	연합된, 연결된
وصاة (와사 -)	1.지시, 권고 3.유서, 유언	**وصم** (와사마)	1.망신시키다 2.못쓰게 만들다
وصاية (위사 - 야)	1.후견, 보호 2.후견인의 임무	**توصم** (타왓사마)	불쾌감을 느끼다
توصية (타우시야)	1.조언 2.자문 3.추천 4.제안	**وصم** (와슴)	1.수치, 모욕, 창피 2.오점, 흠
موص (무 - 산)	1.추천된, 소개된 2.유언의	**وصمة** (와스마)	치욕의 오점
موص (무 - 신)	유언자	**توصيم** (타우시 - 므)	불쾌감, 아픈 증세
وضأ (왓다아)	씻다, 말끔히 씻다(물로)	**وصوص** (와스와사)	엿보다(구멍으로)
توضأ (타왓다아)	기도 전에 몸을 씻다	**وصواص** (와스와 - 스)	들여다보는 구멍, 틈새
وضوء (와두 - 으)	세수, 몸을 씻는 것	**وصوصة** (와스와사)	주시, 들여다보는 것 (구멍으로)
وضاءة (와다 - 아)	청결, 순결	**وصى** (왓사 -)	1.알선하다 2.유언하다
وضاء (왓다 - 으)	밝은, 빛나는	**أوصى** (아우사 -)	1.추천하다 2.위임하다

와우

توضُؤ (타왓두우)	몸을 청결하게 하는 것	**توضيح** (타우디 - 흐)	해설, 해명
وضىء (와디 - 으)	깨끗한, 순결한	**واضح** (와 - 디흐)	1.분명한, 확실한 2.명확한
وضب (왓다바)	1.정돈하다 2.조정하다, 맞추다	**إيضاح** (이다 - 흐)	1.해설, 설명 2.발현, 표현
توضب (타왓다바)	1.정돈되다 2.때리다(죄인을)	**اتضاح** (잇티다 - 흐)	1.명백성 2.발현, 발견
توضيب (타우디 - 브)	1.정돈, 정렬 2.준비	**استيضاح** (이스티다 - 흐)	설명, 해명을 요구
وضح (와다하)	명백하다, 밝혀지다	**متضح** (무탓디흐)	명백한, 분명한, 확실한
أوضح (아우다하)	1.밝히다 2.해명하다	**وضع** (와다아)	1.천시하다 2.놓다 3.저술하다
اتضح (잇타다하)	밝혀지다, 나타나다	**وضع** (와두아)	1.비열하다 2.소박하다, 겸손하다
وضح (와다흐)	1.빛, 광선 2.새벽, 동틀 무렵	**توضع** (타왓다아)	1.조성되다 2.규정되다
وضوح (와두 - 흐)	1.명백, 명료 2.명확성	**تواضع** (타와 - 다아)	겸손하다, 예의가 있다
وضاح (왓다 - 흐)	1.눈부신 2.선명한 3.밝은(얼굴이)	**اتضاع** (잇티다 - 으)	1.겸손, 겸허 2.온순함

تواضع 겸손, 겸허, 소박함 (타와 - 두으)	**متواضع** 1.겸허한 2.별거 아닌 (무타와 - 디으)
واضع 1.저자, 작가 2.겸손한 (와 - 디으) 3.온순한	**مواضعة** 1.형태, 모양 (무와 - 다아) 2.규정한 조건
واضعة 산모 (와 - 디아)	**موضع** 1.장소 2.경우, 행사 (마우디으)
وضاعة 1.선량, 순진 2.얌전함 (와다 - 아) 3.저열함	**موضوع** 1.규정된 2.시작된 (마우두 - 으) 3.제조된
وضع 1.장소 2.설치 3.저술 (와드으)	**موضوع** 1.주제 2.연구대상 (마우두 - 으) 3.문제의 본질
وضع 1.제정 2.모양 3.정세 (와드으)	**موضوعية** 객관성, 객관주의 (마우두이 - 야)
وضعة 1.자세, 태도 2.상황 (와드아)	**مواضعات** 유사어, 비슷한 말 (무와다아 - 트)
وضعية 1.정세, 형세 (와드이 - 야) 2.실용주의	**وطىء** 1.밟다 (와띠 - 아) 2.성관계를 가지다
وضيع 1.저속한 2.겸손한 (와디 - 으)	**وطأ** 1.밟다 2.평탄하게 하다 (와따아)
متضع 1.겸손한 2.중요치 않은 (무탓디으)	**واطأ** 1.합의하다 (와 - 따아) 2.성관계를 갖다
وضيعة 1.조세 2.할인 5.손실 (와디 - 아)	**توطأ** 1.밟다 2.합의하다 (타왓따아)

توطيد 1.강화 (타우띄 - 드) 2.땅을 다지는 것	**تواطُؤ** 1.동의 2.약속, 결탁 (타와 - 뚜이으)
وطيد 견고한, 튼튼한, 굳센 (와띄 - 드)	**توطئة** 1.준비 2.서론, 서문 (타우띄아)
وطس 1.때리다 2.깨뜨리다 (와따사)	**واطِئ** 1.낮은 2.최하급의(질이) (와띄 - 으)
تواطس 충돌하다 (타와 - 따사)	**وطاء** 낮은 곳, 저지 (와따 - 으)
وطيس 1.정점, 최고점 2.전투 3.용광로 (와띄 - 스)	**وطأ** 1.밟는 것 2.저지 (와뜨으)
وطن 거주하다, 정착하다, 살다 (와따나)	**وطأة** 1.압력, 억압 2.무게, 중량 (와뜨아)
وطّن 버릇을 들이다, 정착하다 (왓따나)	**مواطأة** 합의, 공모, 결탁 (무와 - 따아)
توطّن 귀화하다, 시민권을 얻다 (타왓따나)	**موطِئ** 1.발자취 2.발판 (마우띄 - 으)
استوطن 1.이주하여 살다 2.영주하다 (이쓰타우따나)	**وطد** 확고하게 하다, 강화하다 (와따다)
استيطان 1.이주, 이사 2.정착 (이쓰티따 - 느)	**وطّد** 1.강화하다 2.안정시키다 (왓따다)
وطن 조국, 모국, 고향, 출생지 (와따느)	**توطّد** 강화되다, 공고히 되다 (타왓따다)

وطنية (와따니 - 야)	1.민족주의 2.애국주의	**موظف** (무왓돠프)	1.관리, 공무원, 관료 2.사무원
متوطن (무타왓띠느)	1.풍토병의 3.토박이의	**وعب** (와아바)	포함하다, 포괄하다
موطن (마우띠느)	1.모국 2.출생지 3.난로 4.저장소	**أوعب** (아우아바)	1.포괄하다 2.개입시키다
وظف (와돠바)	정규적으로 …하다, 계속하다	**استوعب** (이쓰타우아바)	이해하다, 수용하다
وظف (왓다파)	1.직책에 임명하다 3.투자하다	**استيعاب** (이쓰티아 - 브)	1.습득, 파악 2.연구 3.용량
واظب (와 - 다바)	1.전력을 다하다 2.종사하다	**وعيب** (와이 - 브)	넓은
توظف (타왓돠파)	1.직무에 임명되다 2.관리되다	**وعث** (와이싸)	걸어가기가 힘들다(도로가)
مواظب (무와 - 듸브)	꾸준한, 완강한	**وعث** (와으쓰)	1.난관 2.거칠은(길 등이)
مواظبة (무와 - 돠바)	확고부동, 열성, 노력	**وعثاء** (와으싸 - 으)	1.고달픔 2.피로, 피곤
توظيف (타우띄 - 프)	1.임명 2.투자	**وعوث** (와우 - 쓰)	1.불행, 고통 2.악
وظيفة (와듸 - 파)	1.직책 2.임금 3.기능 4.일당	**وعد** (와아다)	1.약속하다 2.위협하다

إيعاز (이아-즈)	1.선동 2.암시 3.제의	**اتعد** (잇타아다)	서로 이해하다
وعس (와아싸)	경험을 하다	**توعد** (타우아드)	위협, 협박
وعساء (와으싸-으)	모래언덕	**واعد** (와-이드)	1.약속하는 2.희망적인
ميعاس (미아-쓰)	흔적, 영향	**وعد** (와으드)	약속
وعظ (와아좌)	1.설교하다 2.훈계하다	**وعدة** (와으다)	1.기간 2.약속
اتعظ (잇타아좌)	충고를 받아들이다	**وعيد** (와이-드)	위협, 협박
واعظ (와-이즈)	설교자, 훈시자	**موعد** (마우이드)	1.약속장소 2.약속시간
وعظة (와으좌)	설교, 교훈, 훈시	**موعود** (마우우-드)	약속된, 지정된
موعظة (마우이좌)	교훈, 정신적 훈계	**ميعاد** (미아-드)	1.기한 2.상봉 3.약속
وعق (와우까)	악하다, 고약하다	**وعز** (와아자)	부추기다, 고무하다
وعق (와으끄)	1.악한, 고약한 2.성급한	**أوعز** (아우아자)	1.선동하다 2.제의하다

와
우

وعك (와아카)	1.숨막히다(더위로) 2.건강이 나쁘다	**وعى** (와으이)	1.주의, 주목 2.의식, 자각
توعك (타왓카)	편치 않다, 건강이 좋지 않다	**وعاء** (위아 - 으)	그릇, 용기
توعك (타왓우크)	1.질환, 질병 2.무더위	**واعية** (와 - 이야)	1.의식, 자각 2.각성
وعك (와으크)	1.병 2.무더위 3.가벼운 일	**وغر** (와가라)	격분하다, 노발대발하다
وعكة (와으카)	1.불쾌 2.병, 질환	**وغر** (와가르)	1.악의, 증오 2.적의, 분노
وعيك (와이 - 크)	축적, 집적	**وغل** (와갈라)	1.침투하다 2.불청객으로 오다
متوعك (무타왓이크)	앓은, 몸이 불편한	**توغل** (타왓갈라)	1.깊이 침투하다 2.빠지다
موعوك (마우우 - 크)	건강치 못한, 아픈	**واغل** (와 - 길르)	침입자, 난입자, 불청객
وعى (와아 -)	1.인식하다 2.정신이 들다	**وغل** (와글)	1.불청객 2.기생, 기생충
أوعى (아우아 -)	1.기억하다 2.이해하다	**موغل** (무와길르)	깊숙이 뿌리내린
استوعى (이쓰타우아 -)	1.주의하다 2.외우다	**وفد** (와파다)	도착하다, 방문하다

وفر (와프르)	1.잉여 2.풍부 3.저축, 저금	**اوفد** (아우파다)	대표로 파견하다
وفير (와피-르)	풍부한, 풍요로운	**توافد** (타와-파다)	모여들다, 모이다
وفارة (와파-라)	다량, 풍부, 부유	**وفد** (와프드)	대표단
توفير (타우피-르)	1.풍부 2.절약 3.저축	**وفادة** (위파-다)	도착, 도래
وافر (와-피르)	넉넉한, 풍부한, 많은	**وافد** (와-피드)	1.유행의 2.대표, 사절
توفر (타왓푸르)	1.풍요 2.잉여 3.이행	**وافدة** (와-피다)	유행병, 전염병
توافر (타와-푸르)	1.풍족, 다량 2.존재, 현존	**إيفاد** (이파-드)	1.파견 2.대표
متوافر (무타와-피르)	많은, 풍부한	**وفر** (와파라)	1.풍족하다 2.증가하다
متوفر (무타왓피르)	저축된, 보관된	**وفر** (왓파라)	1.저축하다 2.절약하다
متوفرات (무타왓피라-트)	저금, 저축금	**أوفر** (아우파라)	확대하다
موفور (마우푸-르)	풍부한, 넉넉한, 많은	**توفر** (타왓파라)	1.번성하다 2.몰두하다

와우

وفق (와피까) 적절하다, 합당하다, 알맞다	**موفق** (무왓피끄) 성과가 있는, 성공적인
وفق (왓파까) 1.성공을 기원하다 2.성과를 거두다	**موافق** (무와-피끄) 1.찬성하는 2.부합되는
وافق (와-파까) 1.찬성하다 2.일치하다	**متفق** (무탓피끄) 1.일치하는 2.유사한
توفق (타왓파까) 1.도움을 받다(신의) 2.성공하다	**متفق** (무탓파끄) 합의된, 약속된, 일치된
توافق (타와-파까) 1.일치하다 2.동의하다	**وفى** (와파-) 1.약속을 지키다 2.지불하다, 갚다
اتفق (잇타파까) 1.일치하다 2.조약을 체결하다	**أوفى** (아우파-) 1.완불하다 2.완료하다
وفاق (위파-끄) 1.일치 2.적응 3.조화	**توفى** (타왓파-) 1.사망하다 2.완성하다
توفيق (타우피-끄) 1.성공 2.번영 3.행운	**استوفى** (이쓰타우파-) 1.만기가 되다 2.종결을 짓다
توافق (타와-푸끄) 1.일치 2.상호합의	**استيفاء** (이쓰티-파-으) 1.수행, 이행 2.지불, 3.완료
اتفق (잇티파-끄) 1.일치 2.협정 3.동일성	**إيفاء** (이-파-으) 1.집행, 이행 2.지불, 지출
اتفاقية (잇티파끼-야) 협정, 조약	**وفاء** (와파-으) 1.수행(약속) 2.지불(부채)

와우

وقح (와까하)	뻔뻔스럽다, 파렴치하다	**وفاة** (와파 -)	사망, 죽음, 서거
وقاحة (와까 - 하)	1.몰염치 2.철면피	**توفية** (타우피야)	1.만족 2.충족
وقيح (와끼 - 흐)	뻔뻔스러운	**متوفى** (무타와판)	사망한, 서거한, 죽은
وقاح (와까 - 흐)	무례한, 철면피한	**موافاة** (무와파 -)	1.도착, 도래 2.통지
وقد (와까다)	1.타다, 불타다 2.빛나다	**وقت** (왓까타)	1.시간을 정하다 2.시간을 배당하다
أوقد (아우까다)	점화하다, 태우다	**توقيت** (타우끼 - 트)	시간의 계산
توقد (타왓까다)	불타다, 불붙다	**وقت** (와끄트)	1.시기 2.시간 3.시기
وقدة (와끄다)	열, 고열	**مؤقت** (무왓까트)	임시의, 일시적인
وقاد (위까 - 드)	연료	**موقت** (마우끼트)	기간, 약속시간
إيقاد (이까 - 드)	불을 켜는 것, 점화	**موقوت** (마우꾸 - 트)	일시적인, 임시적인
موقد (마우끼드)	아궁, 난로, 화독	**ميقات** (미까 - 트)	1.기간 2.절기 3.시간표

와
우

موقود (마우꾸―드)	점화된,, 불이 켜진	**موقر** (무왓까르)	존경받는, 경애하는
وقذ (와까다)	허약하게 하다(질환이)	**وقع** (와까아)	1.발생하다 2.위치하고 있다
وقيذ (와끼―드)	죽을 병에 걸린	**وقع** (와까아)	악담하다, 헐뜯다, 비방하다
موقوذ (마우꾸―드)	죽을 병에 걸린	**وقّع** (왓까아)	서명하다, 조인하다
وقر (와꾸라)	신중하다, 위엄이 있다	**واقع** (와―까아)	공격하다, 성관계를 갖다
وقّر (왓까라)	존경, 존중하다, 숭배하다	**أوقع** (아우까아)	1.빠뜨리다 2.야기시키다
أوقر (아우까라)	부담을 주다, 괴롭히다	**توقع** (타왓까아)	1.예상하다 2.두려워하다
وقار (와까―르)	1.존중, 존경 2.위엄	**وقوع** (우꾸―으)	1.낙하 2.집행 3.발생
وقر (와끄르)	웅덩이, 오목한 곳	**وقيعة** (와끼―아)	1.사건, 사변 2.악담
وقور (우꾸―르)	위엄있는, 존경받는	**توقيع** (타우끼―으)	서명, 조인 2.등록
توقير (타우끼―르)	존경, 존중	**واقع** (와―끼으)	현실적인, 위치하고 있는

واقعة (와 - 끼아) 1.사실 2.사건 3.재난	**توقف** (타왓까파) 1.근거하다 2.의존하다
واقعية (와끼이 - 야) 사실주의, 현실주의	**تواقف** (타와 - 까파) 서로 맞서다, 대응하다
توقع (타왓꾸으) 예상, 기대	**استوقف** (이쓰타우까파) 제지하다, 저지시키다
موقع (마우끼으) 1.장소, 위치 2.현장	**وقف** (와끄프) 1.정지 2.기립 3.헌납
موقعة (마우끼아) 교전, 결전, 전투	**وقف** (와끄프) 성원의 부동산
مواقعة (마와 - 까아) 성교	**وقفة** (와끄파) 1.정지 2.체류 3.자세,
موقع (무왓까으) 서병뵌	**وقوف** (우꾸 - 프) 1.기립 2.정지 3.교제
متوقع (무타왓끼으) 예상하는, 기대하는	**وقيف** (와끼 - 프) 감시자, 관찰자
وقف (와까파) 1.멈추어서다 2.일어서다	**وقفية** (와끄피 - 야) 헌납제도, 와카프제도
وقف (왓까파) 1.제지하다 2.재물을 기증하다	**إيقاف** (이까 - 프) 1.정지 2.억류 3.해임 4.체포
أوقف (아우까파) 1.정지시키다 2.해고하다	**توقف** (타왓꾸프) 정지, 정차, 중지, 멈춤

와우

تقوى (타끄와 -)	1.신을 두려워함 2.경건함	**توقيف** (타우끼 - 프)	1.정지 2.억류, 제지
اتقاء (잇티까 - 으)	1.정당방위 2.두려움	**واقف** (와 - 끼프)	1.서 있는 2.방관자
وكأ (와카아)	기대다, 기대어 서다	**موقف** (마우끼프)	1.입장 2.정거장 3.주차장
اتكاء (잇티카 - 으)	의지하는, 기대는	**موقوف** (마우꾸 - 프)	1.의존된 2.기증된
متكأ (무탓카으)	1.기둥 2.안락의자	**متوقف** (무타왓끼프)	1.멈춰서는 2.의존하는
متكىء (뭇타키 - 으)	의지하는, 기대는	**وقى** (와까 -)	1.예방하다 2.옹호하다
وكب (와카바)	천천히 걸어가다, 행진하다	**توقى** (타왓까 -)	1.주의하다 2.피하다
واكب (와 - 카바)	1.행렬을 따라가다 2.안내하다	**اتقى** (잇타까 -)	1.조심하다 2.무서워하다
موكب (마우키브)	행렬, 행진	**وقاية** (위까 - 야)	1.보호, 수호 2.예방
مواكبة (마와 - 카바)	호송, 호위, 경호	**وقاية** (왓까 - 야)	보호덮개
وكد (와카다)	1.자리잡다 2.목표를 세우다	**تقى** (투깐)	심중성, 조심성, 경계, 주의

와우

وكد (와크드)	1.목표, 목적 2.노력, 시도	**تواكل** (타와 - 칼라)	서로 의지하다
وكيد (와키 - 드)	1.확실한 2.적극적인	**وكل** (와칼르)	약한, 힘없는, 허약한
توكيد (타우키 - 드)	1.강조 2.재확인, 확신	**وكيل** (와키 - 일)	대리인, 부책임자
موكد (무왓카드)	확실한, 분명한	**وكالة** (위칼 - 라)	대리, 대표권, 대리점
متوكد (무타왓키드)	확실한, 분명한	**توكيل** (타우키 - 일)	1.위임장 2.전권, 대표권
وكس (와카싸)	인하하다(가격을), 낮추다	**تكاول** (타카 - 울르)	1.자신감 2.상호신뢰
وكس (와크쓰)	1.가격의 인하 2.손해, 손실	**توكل** (타왓쿨르)	1.전권위임 2.기대 3.신에 의탁
وكل (와칼라)	1.위임하다 2.기대하다	**تواكل** (타와 - 쿨르)	의지, 의탁(타인에게)
وكل (왓칼라)	1.권한을 위임하다 2.위탁하다	**اتكالية** (잇티칼리 - 야)	신앙 철학
أوكل (아우칼라)	의지하다, 의탁하다	**موكل** (무왓킬르)	전권을 위임하는
توكل (타왓칼라)	위임장을 받다, 위탁하다	**متكل** (뭇타킬르)	의거하는, 의지하는

와 우

ولدة (왈르다)	해산	**ولج** (왈라자)	들어서다, 들어가다
ولدان (왈다 - 느)	아이들, 어린이들	**وليجة** (왈리 - 자)	1.죽마고우 2.깊이
ولدنة (왈다나)	유년시절, 어린 시절	**ولوج** (울루 - 즈)	관통, 들어감
ولود (왈루 - 드)	번식력이 강한, 다산하는	**إيلاج** (일라 - 즈)	도입, 삽입
ولودية (울루디 - 야)	유년시절	**لجة** (라자)	관통, 침투
وليد (울라이드)	어린아이, 꼬마	**مولج** (마울리즈)	입구
وليدة (왈리 - 다)	1.소년 2.아이 3.결말	**ولد** (왈라다)	1.출산하다 2.생산하다
ولادة (윌라 - 다)	1.출생, 탄생 2.출산	**تولد** (타왈라다)	1.태어나다 2.발생되다
توليد (타울리 - 드)	전기생산	**توالد** (타왈 - 라다)	태어나다, 출생하다
والد (왈 - 리드)	1.낳는 2.아버지	**استولد** (이쓰타울라다)	번식시키다 **(박테리아를)**
والدة (왈 - 리다)	어머니	**ولد** (왈라드)	1.자식 2.어린애 3.자손

와
우

910

ولس (왈라쓰)	기만, 속임, 협잡	**والدى** (왈리디-)	부모의, 어버이의
موالسة (마왈-라사)	사기, 기만, 허위	**مولد** (마울리드)	1.출생지 2.출생 3.생일
ولع (왈리아)	1.매혹되다 2.하고싶어하다	**مولد** (무왈리드)	1.조산원 2.산부인과 의사
ولع (왈라아)	1.유혹하다 2.불을 붙이다	**مولد** (무왈라드)	혼혈아
تولع (타왈라아)	1…에 미치다 2.불타다	**مولدة** (무왈리다)	산파, 조산원
ولع (왈리으)	사랑에 미친, 열애에 빠진	**مولود** (마울루-드)	출생한, 탄생한
ولع (왈라으)	열렬한 사랑, 유혹, 열중	**مولود** (마울루-드)	1.애기 2.탄생 3.생일
ولوع (왈루-으)	사랑에 빠진, 반한	**ميلاد** (밀라-드)	1.출생, 탄생 2.생일
ولوع (울루-으)	사랑, 열정	**مستولد** (무쓰타울라드)	산파
ولاعة (왈라-아)	라이터, 점화기	**ولس** (왈라쓰)	속이다, 기만하다
تولع (타왈루으)	1.열렬한 사랑 2.열정	**أولس** (아울라쓰)	왜곡하다

와
우

وله (타왈루흐)	얼빠짐, 정신나감	**ولف** (왈라파)	1.협조하다. 2.보호하다.
متوله (무타왈리흐)	당황, 혼란	**والف** (왈 - 라파)	친하다, 사이가 좋다
ولى (왈라)	1.인접하다 2.연속되다	**ولف** (왈르프)	1.친구, 동료 2.배우자
ولى (왈리아)	1.다스리다 2.관리하다	**توليف** (타울리 - 프)	비호
ولى (왈라)	1.부여하다 2.임명하다 3.맡기다	**توليفة** (타울리 - 파)	혼합, 뒤섞음
والى (왈라 -)	화목하게 지내다	**ولم** (왈라마)	베풀다(연회를)
تولى (타왈라 -)	지도자가 되다	**وليمة** (왈리 - 마)	1.연회 2.파티
استولى (이쓰타왈라 -)	소유하다, 점유하다	**وله** (왈리하)	넋을 잃다, 얼빠지다
ولى (왈리 -)	1.후원자, 후견인 2.성인, 성자	**أوله** (아울라하)	혼란시키다
ولية (왈리 - 야)	1.성인 2.여성 3.노파(여성)	**توله** (타왈라하)	혼란되다, 넋을 잃다
ولاء (왈라 - 으)	1.충성 2.근접 3.연속성	**واله** (왈 - 리흐)	혼란된, 넋을 잃은, 얼빠진

هبة (히바)	선물, 희사, 증여	**ولاية** (윌라-야)	1.통치 2.소국 3.주(연방의)
ايهاب (이하-브)	증여, 기증	**أولوية** (아울라위-야)	우선권, 제일먼저 해야 할 일
وهم (와하마)	공상하다, 상상하다	**استيلاء** (이쓰틸라-으)	점령, 점유, 소유
أوهم (아우하마)	1.추측하다 3.기소하다	**ومس** (와마싸)	비비다, 마찰하다
اتهم (잇타하마)	1.기소하다 2.혐의를 두다	**أومس** (아우마싸)	창녀가 되다
وهم (와흠)	1.환상, 상상, 공상	**مومسة** (무-미싸)	창녀
وهمية (와하미-야)	1.추측 2.환상 3.상상	**ومق** (와미까)	사랑하다
واهم (와-힘)	1.환상적인 2.실수하는	**مقة** (밋까)	사랑
واهمة (와-히마)	환상, 상상, 상상력	**موموق** (마우무-끄)	1.사랑하는 2.염원하는
إيهام (이하-ㅁ)	기만, 속임	**وهب** (와하바)	1.희사하다 2.선사하다
تهمة (투후마)	1.의심 2.기소, 고발, 고소	**هبة** (와흐바)	1.기부, 희사 2.팁, 하사금

와우

اتهام 기소, 비난, 고소 (잇티하 - ㅁ)	**ويل** 1.슬픔, 비애, 불행 2.멸망 (와일)
اتهامية 기소 (잇티하미 - 야)	**ويلة** 1.슬픔, 비애 2.수치 (와일라)
توهم 1.상상, 공상 2.예상 (타와흐함)	
موهوم 1.환상적인 2.불안한 (마우후 - ㅁ)	
متهم 1.비난하는 2.고발자 (뭇타힘)	
متهم 1.고발된 2.혐의를 받은 (뭇타함)	
وهن 허약하다, 힘이 없다 (와하나)	
وهن 연약성, 허약 (와혼)	
وهين 십장, 직공장, 감독 (와히 - ㄴ)	
موهون 약해진, 쇠약해진 (마우후 - ㄴ)	
ويك 당신에게 재앙이 있을 것이라! (와이카)	

(야 : الياء)

يأس (야으쓰)	실망, 절망
يئوس (야우 - 쓰)	희망을 잃은, 절망적인
يبس (야비싸)	마르다
أيبس (아이바싸)	말리다, 건조시키다
يبس (야바쓰)	가뭄, 한발
يبوسة (유부 - 싸)	가뭄
يابس (야 - 비쓰)	마른, 메마른
يابسة (야 - 비싸)	땅, 육지
يتم (야타마)	고아다가 되다
تيتم (타얏타마)	고아가 되다
يتيم (야티 - 므)	1.고아 2.무적의
يا نصيب (야 나시 - 브)	복권, 추첨
ياخور (야쿠 - 르)	마구간, 외양간
يازرجة (야 - 지르자)	점성학
يافطة (야 - 프따)	간판, 문패
يافوخ (야푸 - 크)	1.꼭대기, 정점 2.정수리
ياقوت (야꾸 - 트)	보석
ياما (야마 -)	얼마나 많이
يئس (야이싸)	절망하다, 실망케 하다
يائس (야 - 이쓰)	희망을 잃은, 절망적인
يآسة (야 - 싸)	실망, 절망

ميتم (마이탐)	1.고아원	**ياسر** (야-싸라)	1.점잖게 대하다 2.왼쪽으로 가다
ميتم (무얏타무)	1.고아가 된 2.장례식	**أيسر** (아이싸라)	1.부유하다 2.성공하다 3.번영하다
يد (야드)	1.손 2.팔 3.권력 4.지원	**تيسر** (타얏사라)	1.쉽다, 가능하다 2.성공하다
يرقان (야르까-ㄴ)	1.황달병 2.애벌레, 유충	**تياسر** (타야-싸라)	왼편으로 가다
يرقة (야라까)	유충, 애벌레	**يسر** (야싸르)	쉬운, 용이한
يرقانة (야라까-나)	유충, 애벌레	**يسر** (유쓰르)	1.부유함 2.성공
ميروق (마이루-꼬)	황달병에 걸린	**يسرى** (유쓰라-)	왼손
يسر (야씨라)	쉽다, 용이하다	**يسير** (야씨-르)	1.쉬운 2.포로 3.노예
يسر (야쑤라)	1.편리하다 2.보잘 것 없다	**يسار** (야싸-르)	1.부유 2.왼쪽 3.번성
يسر (야싸라)	도박하다	**يسارية** (야싸리-야)	좌익, 좌경적 편향
يسر (얏싸라)	쉽게 하다, 간편하게 하다	**أيسر** (아이싸르)	1.왼쪽의 2.좌경의

يفخ (야파카)	정수리를 때리다	**تيسر** (타얏쑤르)	1.쉬운 것 2.개화, 번영
يافوخ (야푸-크)	1.어린애의 머리 2.정수리	**موسر** (무와씨르)	풍부한, 유족한, 넉넉한
يفظة (야프좌)	간판, 문패	**ميسر** (마이씨르)	도박, 노름
يفع (야파아)	성숙하다, 어른이 되다	**ميسرة** (마이싸라)	1.왼쪽 2.좌익 3.쉬움
يفع (야파으)	젊은이, 청년	**ميسور** (마이쑤-르)	1.쉬운 2.행운의
يفاع (야파-으)	언덕, 둔덕	**ميسر** (무얏싸르)	1.성공적인 2.부유한 3.간편한
يفاعة (야파-아)	성숙, 성장	**متيسر** (무타얏씨르)	1.용이한 2.부유한
يافع (야-피으)	1.성장한 2.젊은이	**يسوع** (야쑤-으)	예수
يافعات (야피아-트)	어려운 일, 어려운 문제	**يعقوب** (야으꾸-브)	야곱
ياقوت (야꾸-트)	강옥, 금강사	**يغم** (얏가마)	약탈하다, 훔쳐가다
يقظ (야끼좌)	깨어있다, 경각하고 있다	**يغمة** (야그마)	전리품, 노획물, 약탈물

야

أيقظ (아이까좌)	깨우다, 각성시키다	**يقين** (야끼 - 느)	1.믿음, 신념 2.확신성
تيقظ (타얏까좌)	경각심을 갖다, 조심하다	**يقينيات** (야끼니야 - 트)	반박할 수 없는 사실
استيقظ (이스타이까좌)	잠을 깨다, 각성시키다	**إيقان** (이까 - 느)	신념, 확신
يقظ (야끼즈)	경각성 있는	**موقن** (무 - 끼느)	확고한, 확실한
يقظة (야고좌)	1.밤을 지새우는 것 2.경각성	**متيقن** (무타야끼느)	확고한, 확실한
يقظان (야고좌 - 느)	1.잠을 자지 않는 2.주의 깊은	**يكون** (야쿠 - 느)	계, 합계
ايقاظ (이까 - 즈)	1.깨움 2.각성	**يمم** (얌마마)	…로 가다, …로 향하다
تيقظ (타얏꾸즈)	경각성, 주의	**تيمم** (타얌마마)	시도하다, 의도하다
استيقاظ (이스티까 - 즈)	1.잠을 깨움 2.조심	**يمامة** (야마 - 마)	야생비둘기, 산비둘기
يقن (야끼나)	확신하다, 확실하다	**يمن** (야무나)	행운이 있다, 행복해지다
استيقن (이스타이까나)	확신하다, 굳게 믿다	**تيمن** (타얏마나)	좋은 징조를 보이다

야

يهودية (야후디 - 야)	1.유대교 2.유대이즘
يوبيل (유비 - 일)	50주년 기념일 유대인들
يوسف (유 - 스프)	요셉유대인들
ياوم (야 - 와마)	날품팔이 하다
يوم (야움)	1.날 2.한 주야 3.때
يومية (야우미 - 야)	1.일기장 2.하루 식량
يوميات (야우미야 - 트)	매일 소식
مياومة (무야 - 와마)	1일 작업, 1일 노동
يونس (유니스)	돌고래 1일 작업

يمن (야문)	1.행운, 길조 2.번성, 성공
يمن (야마느)	1.오른쪽 2.오른손
يمين (야미 - 느)	맹세, 선서
أيمن (아이마느)	1.오른쪽의 2.행운이 잇는
تيمن (타얌무느)	길조, 좋은 징조
ميمنة (마이마나)	1.오른쪽 2.우군 3.번영
ميمون (마이무 - 느)	1.행운이 있는, 축복받은
ينبوع (얀부 - 으)	샘터, 원천, 근원, 시원
ينع (야나아)	성숙하다, 잘 익다, 여물다
ينيع (야니 - 으)	1.성숙한, 잘 익은 2.붉은
يهود (야후 - 드)	유대인들

야